Sammlung

der

für die Königl. Preuß. Rheinprovinz
seit dem Jahre 1813
hinsichtlich der Rechts- und Gerichtsverfassung
ergangenen

Gesetze, Verordnungen, Ministerial-Rescripte 2c.

Im Auftrage Eines hohen Ministerii der Gesetzgebung
und Justizverwaltung der Rheinprovinz.

Von

F. A. Lottner,
Königl. Justizrath.

Dritter Band.

Berlin,
Sandersche Buchhandlung.

1834.

XI.

1826.

Gesetze, Verordnungen, Rescripte.

731.

Gebühren und Reisekosten der gerichtlichen Aerzte und Wundärzte.

Die königliche Regierung wird auf ihren Bericht vom 13. Juli vorigen Jahres,

betreffend die Gebühren und Reisekosten der gerichtlichen Aerzte und Wundärzte,

nachdem darüber die gutachtliche Aeußerung des General-Procurators am rheinischen Appellations-Gerichtshofe eingegangen ist, mit folgender Bescheidung versehen:

1) wird es genehmiget, daß den Kreis-Physikern und wirklichen Doctoren der Arzneikunde an Reisekosten die Vergütigung für zwei Pferde Extrapost nebst Zubehör nach der Verordnung vom 28. Juni pr. zu bewilligen;
2) die Kreis-Wundärzte sind nach §. 12. der angeführten Verordnung zu behandeln, wonach es dem Ermessen der Behörde überlassen ist, die Annahme einer Miethsfuhre oder die Reise mit Extrapost zu bewilligen, wenn die ordinaire Post nicht benutzt werden kann;
3) die Vergütigung der Reisekosten solcher Aerzte und Wundärzte, die weder Kreis-Physiker, noch wirkliche Doctoren der Medicin, noch auch Kreis-Wundärzte sind, von welchen daher die Verordnung vom 28. Juni pr. nicht handelt, kann nach den von der königlichen Regierung bisher angenommenen Sätzen zu 1 thlr. 20 sgr. und resp. 1 thlr. erfolgen.
4) Es ist allerdings der Regel gemäß, daß sich die gerichtlichen Behörden in Fällen, wo es auf die Untersuchung durch einen Pharmaceuten ankommt, we-

gen dessen Zuziehung nicht unmittelbar an diesen, sondern an den Kreis-Physicus wenden. Ausnahmen von dieser Regel werden in den Umständen ihre Rechtfertigung finden.

Berlin, den 2. Januar 1826.

An v. Altenstein. Graf v. Danckelmann.
die königliche Regierung zu Aachen.

732.

Bei Münzverbrechen muß die Begutachtung des corporis delicti von der königl. General-Münz-Direction eingeholt werden.

In Gefolge des abschriftlich anliegenden Schreibens des königlichen wirklichen Staats-Ministers Herrn Grafen von Lottum Excellenz vom 20. December v. J. werden Sie angewiesen, in allen Untersuchungssachen über Münzverbrechen, in welchen es auf ein sachverständiges Gutachten darüber ankommt, ob die in Beschlag genommene Münze falsch sei, dieses Gutachten jedesmal nur von der königlichen General-Münzdirection einholen zu lassen.

Nach geschlossener Untersuchung muß in allen Untersuchungssachen wegen Münzverbrechen das corpus delicti an des Herrn rc. Grafen v. Lottum Excellenz eingesandt werden.

Indem Sie aufgefordert werden, sich Ihrerseits hiernach zu achten, haben Sie auch die Ober-Procuratoren und die Untersuchungs-Richter demgemäß zu instruiren.

Berlin, den 2. Januar 1826. Der Justiz-Minister
An Graf v. Danckelmann.
den königl. General-Procurator Herrn Ruppenthal zu Cöln.

733.

Verfahren zur Abstellung der bei Visitation der Gefangenhäuser sich ergebenden Unregelmäßigkeiten durch die Assisen-Präsidenten.

Der Assisen-Präsident N. hat mit seinem Berichte über die zu N. stattgefundene Assise des rc. zugleich die Verhandlung über seine Visitation des Gefangenhauses eingereicht, welche verschiedene Beschwerden der Gefangenen, theils über die Verzögerung ihrer Untersuchungen, theils über Mängel der innern Einrichtung der Gefangenanstalt enthalten. Aus dem hierüber von Ihnen, Herr General-Procurator, erforderten und unter dem 23. November v. J. erstatteten Berichte geht hervor, daß diese Beschwerden größtentheils ungegründet sind. So heilsam nun auch die gesetzliche Vorschrift ist, welche den Assisen-Präsidenten die jedesmalige Visitation zur Pflicht macht, so ist es doch jedenfalls unzweckmäßig, wenn sie die dabei zu ihrer Kenntniß kommenden Beschwerden und wahrgenommenen Unregelmäßigkeiten ohne alles weitere zur unmittelbaren Kenntniß des Justiz-Ministers bringen, vielmehr erscheint bei weitem angemessener, zunächst hierüber mit den unmittelbar dabei concurrirenden Beamten, hauptsächlich mit dem Ober-Procurator und dem Instructions-Richter Rücksprache zu nehmen, und ihnen dadurch augenblickliche Gelegenheit zur Beseitigung wirklich obwaltender Irregularitäten oder zur Aufklärung ungegründeter Klagen der hierzu so sehr geneigten Gefangenen zu geben, und demnächst in dem Protocoll über die Visitation zu bemerken, was in der fraglichen Beziehung veranlaßt und durch die etwa angestellte Recherche ermittelt worden ist.

Ich veranlasse Sie, Herr Präsident und Herr General-Procurator, die Assisen-Präsidenten zur Beobachtung dieses Verfahrens anzuweisen, und Abschrift der deshalb erlassenen Verfügung einzureichen.

Berlin, den 2. Januar 1826. Der Justiz-Minister
An Graf v. Danckelmann.
den königl. ersten Herrn Appellationsgerichts-Präsidenten und den königl. Herrn General-Procurator zu Cöln.

734.

Sämmtliche Justizbeamte, welche Sporteln und Gebühren beziehen, müssen diese Emolumente buchen.

Schon durch eine in den Jahrbüchern der preußischen Gesetzgebung abgedruckte Ministerial-Verordnung vom 30. März 1822, sind sämmtliche Gerichtsbehörden angewiesen worden, darauf zu halten, daß alle Justizbediente, welche sich im Genuß von Sporteln, Commissions- oder sonstigen Gebühren befinden, über diese Dienst-Emolumente besondere Bücher führen, damit der Betrag derselben zu jeder Zeit übersehen werden könne.

Die genaue Befolgung dieser Vorschrift ist jetzt um so nothwendiger, da nach den Bestimmungen des Allerhöchst vollzogenen Pensions-Reglements vom 30. April 1825 jeder in Zukunft zur Pension berechtigte Staatsdiener, nach Verhältniß seines Diensteinkommens, zum Pensionsfonds beizutragen und den Abzug für diesen Fonds nicht blos von fixen Besoldungen, sondern auch von dem auf Gebühren angewiesenen Theil seines Einkommens zu erleiden verpflichtet ist, ohne Unterschied, ob die Emolumente aus Staatscassen gezahlt oder für amtliche Functionen unmittelbar von Privaten bezogen werden.

Sämmtliche rheinische Justizbeamten, auf welche die angegebene Voraussetzung Anwendung findet, namentlich die Friedensrichter, die Gerichtsschreiber bei den Land-, Handels- und Friedensgerichten, so wie die königlichen Justizbedienten im ostrheinischen Theile des Regierungs-Bezirks Coblenz, werden daher hiermit nochmals aufgefordert, über ihre Diensteinnahme an Emolumenten und Gebühren aller Art genaue Rechnung zu führen, insbesondere aber wird zum Zweck der Einziehung und gehörigen Berechnung der Pensions-Beiträge Folgendes bestimmt:

1) Die Friedensrichter und die Gerichtsschreiber bei den Land- und Friedensgerichten, so wie die betreffenden ostrheinischen Justizbedienten sind gehalten, ihre Gebühren-Register vierteljährlich abzuschließen und in vollständigen Auszügen an den Ober-Procurator des ihnen vorgesetzten Landgerichts resp. an den königlichen Justiz-Senat zu Coblenz einzuschicken.

2) Bei dem Abschluß dieser Gebühren-Nachweisungen müssen etwanige Auslagen für Hülfsschreiber 2c. speciell angegeben und durch Quittungen belegt werden.

3) Die Herren Ober-Procuratoren resp. der königliche Justiz-Senat zu Coblenz lassen sodann am Schlusse eines jeden Jahres aus den ad 1) gedachten Rechnungsauszügen, nach dem beigefügten Formular, eine allgemeine Nachweisung der von den Beamten ihres Bezirks im ganzen Jahre bezogenen Dienstemolumente zusammenstellen, welche von ihnen beglaubigt und der betreffenden königlichen Regierung mitgetheilt werden muß, damit letztere das sich aus dieser Nachweisung ergebende wirkliche Diensteinkommen jedes Beamten mit der nach einer frühern Fraction vorausgesetzten Einnahme vergleichen und hiernach beurtheilen kann, ob im Laufe des Jahres zu viel oder zu wenig für den Pensionsfonds eingezogen worden ist.

4) Eine ganz gleiche Nachweisung des Diensteinkommens der Handelsgerichtsschreiber ist beim jedesma-

ligen Jahresschlusse von den Herren Präsidenten der Handelsgerichte aufzustellen und ebenfalls an die betreffende königliche Regierung einzusenden, wobei den Herren Handelsgerichts-Präsidenten zur besonderen Pflicht gemacht wird, auf richtige Führung des Emolumenten-Registers der Gerichtsschreiber genau zu wachen.

5) Damit aber auch für das verflossene Jahr 1825 die Pensions-Beiträge so eingezogen werden können, wie sie von dem wirklichen Diensteinkommen eines jeden Beamten berechnet werden müssen, werden sämmtliche Friedensrichter und Gerichtsschreiber, so wie die betreffenden ostrheinischen Gerichts-Beamten, zugleich angewiesen, ihre Einnahme an Gebühren und Emolumenten während des Jahres 1825 in einer sofort an den Ober-Procurator des ihnen vorgesetzten Landgerichts resp. an den königlichen Justiz-Senat zu Coblenz einzusendenden Berechnung, deren Richtigkeit pflichtmäßig versichert werden muß, anzugeben, welchemnächst die Herren Ober-Procuratoren und der königliche Justiz-Senat diese Angaben, so wie es oben für die folgenden Jahre vorgeschrieben ist, in eine Hauptnachweisung zusammen zu tragen und letztere unverzüglich den königlichen Regierungen mitzutheilen haben. Dieselbe Nachweisung der Emolumenten-Einnahme der Handelsgerichtsschreiber für das Jahr 1825 muß auch von den Herren Präsidenten der Handelsgerichte ohne Verzug an die königlichen Regierungen eingesandt werden.

Ich erwarte, daß die Herren Ober-Procuratoren und Handelsgerichts-Präsidenten, der königliche Justiz-Senat zu Coblenz und sämmtliche obenbezeichnete rheinische Justizbeamte sich angelegen sein lassen werden, dieser Verfügung, so weit es jeden von ihnen angeht, pünktlich nachzukommen.

Cöln, den 2. Jannar 1826. Der General-Procurator
An Ruppenthal.
sämmtliche rheinische Untergerichtsbehörden.

a. Nachweisung

a.

Nachweisung
der
von den Friedensgerichts-Beamten im Landgerichtsbezirk N. (Gerichtsschreibern bei dem Landgerichte zu N., Justizbeamten im ostrheinischen Theile des Regierungs-Bezirks Coblenz, dem Gerichtsschreiber beim Handelsgerichte zu N.) im Kalenderjahre 182
bezogenen Emolumente und Gebühren.

No. des Etats.	Benennung der Beamten und Bezeichnung der Emolumente.	Einnahme an Gebühren überhaupt.			Davon gehen an nachgewiesenen Ausgaben zurück.			Betrag des Netto-Einkommens.			Bemerkungen.
		thlr.	sgr.	pf.	thlr.	sgr.	pf.	thlr.	sgr.	pf.	
	I. Friedensgericht zu N.										
1.	der Friedensrichter N.										
	a. Vacations- und sonstige Gebühren in Civilsachen 187 thl. 13 sgr. 6 pf										
	b. Gebühren in Strafsachen 43 - 4 - 3 -	230	17	9	—	—	—	230	17	9	
2.	der Gerichtsschreiber N.										
	a. Gebühren in Civilsachen 290 - 6 - — -										
	b. Gebühren in Strafsachen 106 - 4 - — -	396	10	—	40	—	—	356	10	—	

735.

Bescheinigung des Lebensalters und der Dienstzeit des Beamten bei Pensions-Vorschlägen.

Nach den Bestimmungen des neuen Pensions-Reglements vom 30. April 1825 kommt es zur vorschriftsmäßigen Prüfung und Feststellung der Pensions-Ansprüche wesentlich darauf an, daß das Lebensalter sowohl, als das Dienstalter des zu pensionirenden Beamten genau nachgewiesen werde.

Wiewohl nun vorausgesetzt werden kann, daß die Behörden sich auch schon bisher in Absicht der gedachten beiden Punkte bei Abgebung ihrer Pensionsvorschläge nicht blos auf die unbescheinigten Angaben der zu pensionirenden Beamten verlassen haben werden, so wird doch, damit hierunter kein Bedenken obwalte, hierdurch festgesetzt, daß künftig die einzureichenden Pensionsvorschläge jederzeit mit der auf Verantwortlichkeit der Behörden auszustellenden Bescheinigung,

> daß die darin berechnete Dienstzeit und das angegebene Alter nach der genommenen Ueberzeugung ihre völlige Richtigkeit haben,

versehen sein müssen.

Berlin, den 9. Januar 1826.

Der Justiz-Minister
Graf v. Danckelmann.

An
den Herrn General-Procurator beim rheinischen Appellations-Gerichtshofe zu Cöln.

736.

Festsetzung der Reisekosten der Justizbeamten in Untersuchungssachen nach dem Decret vom 18. Juni 1811.

Die in Ihrem Berichte vom 6. December vor. Jahres, über die Vergleichung des Diäten-Regulativs vom 28. Juni pr. mit den französischen Gerichtskosten-Decreten, aufgestellten Ansichten können mich nicht veranlassen, von der in dem Rescripte vom 9. Mai v. J. enthaltenen Festsetzung abzugehen. Das Regulativ vom 28. Juni 1825 bestimmt nur über Diäten und Reisekosten, welche bei commissarischen Aufträgen in Angelegenheiten des Staats vorkommen, und schließt die Fälle aus, wo Privatpersonen zur Reisekosten-Entschädigung verpflichtet sind. Dies ist in Untersuchungs-Sachen, wo die Verurtheilten die Kosten tragen müssen, in der Regel der Fall, und es sind die vorhandenen Gebühren-Taxen oder sonstigen besondern Verordnungen durch das Regulativ nicht aufgehoben, vielmehr ist darauf verwiesen worden. Der Umstand, daß der Staat dergleichen Kosten nach Maaßgabe des französischen Decrets vom 18. Juni 1811 vorschießt, ändert die ursprüngliche Verpflichtung nicht, und wenn auch der Fall vorkommt, daß bei erfolgender Freisprechung der Angeschuldigten der Ersatz der Kosten nicht kann erlangt werden, so würde es doch zu vielen Weiterungen und Verwirrungen führen, wenn für solche Fälle eine andere Liquidationsweise gestattet würde. Es muß also die Taxirung und Festsetzung der in Untersuchungssachen vorkommenden Entschädigung der Justizbeamten für vorfallende Reisen nach dem Decrete vom 18. Juni 1811 erfolgen.

Berlin, den 13. Januar 1826. Der Justiz-Minister
An Graf v. Danckelmann.
den königlichen General-Procurator Herrn Ruppenthal
zu Cöln.

a.

Beigehend erhalten Sie, Herr General-Procurator, das urschriftliche Schreiben der Regierung zu N. in Betreff der Diäten und Reisekosten der Gerichtsbeamten, um derselben zu eröffnen, wie das Justiz-Ministerium allerdings angenommen hat, daß das Diäten-Regulativ in allen Fällen, in denen die Zahlung aus den Staatscassen erfolgt, und nicht blos von vorschußweiser Zahlung die Rede ist, auch in den Provinzen des französischen Rechts zur Anwendung kommen muß. Hiernach ist daher, je nachdem die Voraussetzung eintritt oder nicht, auch im vorliegenden Fall zu verfahren. Ein Gerichtsschreiber-Gehülfe kann in allen Fällen, wo das Diäten-Regulativ zur Anwendung kommt, nur 20 Silbergroschen Diäten erhalten; auch können einem Untersuchungsrichter, wenn er auch die Reise zugleich mit einem Gerichtsschreiber-Gehülfen macht, nur drei Pferde passiren. Ferner haben Sie zur Kostenersparung durch ein Circular den Untersuchungsrichtern und Beamten des öffentlichen Ministeriums bekannt zu machen, daß sie in Fällen, wo die Zuziehung der letztern erforderlich ist, die Reise zusammen machen müssen und die Reisekosten nicht doppelt liquidiren können. Berlin, den 9. Mai 1825.

An Das Justiz-Ministerium.
den königl. General-Procurator Herrn Ruppenthal
zu Cöln.

737.

Die Untersuchung von Verbrechen auf frischer That muß bei Feststellung des Thatbestandes zugleich auf Entdeckung des Thäters, an Ort und Stelle, ausgedehnt werden.

In mehreren Untersuchungs-Sachen, welche über ein Verbrechen, das auf frischer That zur Kenntniß der königlichen Procuratoren und Untersuchungsrichter gekommen, verhandelt waren, ist bemerkt worden, daß diese Beamten gleich wie auch die, als Hülfsbeamten der Procuratoren fungirenden Friedensrichter, wenn sie sich in Gemäßheit der Art. 32 und 59. der Criminal-Proceß-Ordnung an Ort und Stelle des begangenen Verbrechens begeben, häufig sich begnügen, hier nur das zu untersuchen, was zum Thatbestande des Verbrechens gehört, dann aber in ihren Wohnsitz zurückkehren, und die weitere Untersuchung über den Thäter u. s. w. erst durch spätere Vorladung der Zeugen und deren Vernehmung vor dem Instructions-Richter fortsetzen.

Wenn sich bei der örtlichen Untersuchung über den Thatbestand noch gar keine Spuren, die auf den Thäter führen könnten, zeigen; so muß der königliche Procurator zwar abwarten, was später ihm von solchen Spuren durch seine Hülfsbeamten angezeigt werden möchte.

Die häufigeren Fälle sind aber doch wohl die, wo auch schon bei der ersten Untersuchung über den Thatbestand sich Spuren ergeben, die auf den Thäter hinleiten können; und in diesen Fällen ist es ohne Zweifel von der größten Wichtigkeit, daß diese Spuren ungesäumt an Ort und Stelle weiter aufgesucht und durch Vernehmung der Personen, die Aufschlüsse geben können, so weit als möglich verfolgt werden, daß also der königliche Procurator und der Untersuchungs-Richter nicht sogleich nach Feststellung des Thatbestandes zurückkehren, sondern wo möglich auch die Untersuchung über den Thäter an Ort und Stelle wenigstens in ihren Hauptstücken vollenden.

Bei den Untersuchungs-Aemtern, die nicht am Hauptorte des Landgerichts ihren Sitz haben, können allerdings, wenn nicht nur der königliche Procurator, sondern auch der Untersuchungs-Richter an Ort und Stelle der frischen That gegangen ist, Schwierigkeiten dieserhalb eintreten, wenn nämlich bereits früher auf diese Zeit für die Untersuchungen anderer Sachen entfernte Zeugen in das Instructions-Cabinet geladen sind, die dann bei Abwesenheit des Untersuchungs-

Richters unvernommen wieder nach Hause gehen müßten. Allein bei den Untersuchungs-Aemtern am Hauptorte des Landgerichtes ist dieser Schwierigkeit durch Art. 58. der Criminal-Proceß-Ordnung abgeholfen; und auch an den andern Orten ist es vielleicht möglich, ihr meistentheils vorzubeugen, wenn der Botengang daselbst in guter Ordnung ist und zeitige Rückbestellung der in andern Sachen geladenen Zeugen möglich macht.

Steht aber diese Schwierigkeit nicht mehr entgegen, so ist es gewiß in jeder Rücksicht das Beste und Zweckmäßigste, daß die Untersuchungs-Beamten so lange an Ort und Stelle bleiben, bis sie die Untersuchung nicht nur über den Thatbestand, sondern auch über den Thäter in ihren Hauptpunkten ganz vollendet haben.

Schon wegen Verminderung der Kosten empfiehlt sich diese Maaßregel, da an Ort und Stelle an einem Tage viele Zeugen vernommen und dadurch die Reisekosten aller derselben, die die Aufenthaltskosten der Untersuchungsbeamten meist beträchtlich übersteigen, erspart werden.

Das Wichtigste aber ist, daß jede Spur frischer aufgefunden, dem Thäter zu deren Verwischung oder Verdeckung, so wie zur Erdichtung von falschen Erzählungen, falschen Alibi u. s. w. (die eine Untersuchung oft so sehr verlängern, verwirren und auch kostspieliger machen) weniger Zeit gelassen wird, und daß man Zeugenaussagen bekommt, die wegen der näheren Erinnerung nothwendig glaubhafter und zuverlässiger und mit unbewußt, dem Gedächtnisse nur von Hörensagen aufgedrungenen Zusätzen noch nicht vermischt sind.

Der Justiz-Minister nimmt hieraus Veranlassung, Sie anzuweisen, die königlichen Procuratoren und Untersuchungs-Richter zu einer immer vollständigeren Beobachtung der Vorschriften der Criminal-Proceß-Ordnung Art. 32. 33 u. ff. aufzufordern.

Berlin, den 16. Januar 1826. Der Justiz-Minister
An Graf v. Danckelmann.
den königl. General-Procurator Herrn Ruppenthal
zu Cöln.

738.

Wiederherstellung der Adelsrechte auf dem linken Rheinufer.

Auf den Bericht und nach dem Antrage des Staats-Ministeriums, verordne Ich hierdurch, daß die Gesetze der vormaligen französischen Regierung, welche die Titel, Prädicate und Wappen des Adels abgeschafft haben, in den zur preußischen Monarchie gehörenden Provinzen am linken Rheinufer, außer Kraft treten und die Familien, welche sie zu führen vor der Abschaffung berechtigt gewesen sind, darin wieder hergestellt sein sollen. Ihnen, dem Minister der Angelegenheiten Meines Hauses, trage Ich auf, wegen Ausführung dieser Anordnung, die durch die Gesetzsammlung zur öffentlichen Kenntniß zu bringen ist, und wegen Verhütung etwaniger Mißbräuche, die erforderlichen Einleitungen zu treffen. Berlin, den 18. Januar 1826.

An das Staats-Ministerium.

Friedrich Wilhelm.

739.

Authorisation für den General-Procurator zur Verfolgung der Personenstandes-Beamten bei unregelmäßiger Führung der Personenstands-Register.

Auf Ihre Berichte vom 27. October und 28. December vorigen Jahres,

die Revision der Civilstands-Register in den Kreisen N. N. betreffend,

werden Sie ermächtigt, in denjenigen Fällen, wo nach dem hierbei urschriftlich zurückerfolgenden Berichte des Ober-Procurators N.

1) die aufgenommenen Urkunden, dem Art. 39. des bürgerlichen Gesetzbuches zuwider, von dem Personenstands-Beamten nicht unterzeichnet waren;
2) wo die Declaranten oder Zeugen die Urkunden nicht unterschrieben hatten, und
3) wo, gegen den Art. 42. des bürgerlichen Gesetzbuches, Löschungen, Ueberschreibungen, Zusätze und Rasuren geschehen sind, ohne solche mit dem Genehmigungs-Vermerk versehen, oder diesem die Paraphe der Declaranten und Zeugen beigefügt zu haben,

die gerichtliche Verfolgung der Personenstands-Beamten eintreten, und in Fällen, wo

4) der Personenstands-Beamte der Aufnahme der Urkunde nicht beigewohnt, und dieselbe dennoch als von ihm aufgenommen, unterzeichnet hat,

die Untersuchung einleiten zu lassen. Dies gilt auch

5) von dem ungesetzlichen und strafbaren Verfahren des Personenstandes-Beamten der Bürgermeisterei

N., wonach er zwei Tage vor der Revision unter seinem Namen eine Verehelichung eingetragen hat, wozu weder der Bürgermeister, noch ein Beigeordneter, sondern nur ein 14jähriger Schreiber des Erstern concurrirt hatte.

Hiernach haben Sie das Weitere zu veranlassen.

Berlin, den 23. Januar 1826. Der Justiz-Minister
Graf v. Danckelmann.

An
den königlichen General-Procurator Herrn Ruppenthal zu Cöln.

740.

Belegung der gerichtlichen Depositen des linken Rhein-Ufers bei der General-Depositen-Casse in Düsseldorf.

In Verfolg der früheren, von der königlichen General-Procuratur erstatteten Berichte, zuletzt vom 10. August 1824,

den Entwurf einer Instruction wegen Belegung der Depositalgelder betreffend,

wird Ihnen bekannt gemacht, daß bei der Allerhöchst befohlenen am 1. Januar 1828 bevorstehenden Einführung des Allgemeinen Landrechts und der Allgemeinen Gerichts-Ordnung in die Rheinprovinzen es nicht rathsam ist, eine Veränderung in Absicht der dortigen Deposital-Verwaltung zu machen, es ist daher mittelst Verfügung an die Commission zur Revision der rheinischen Deposital-Verwaltung vom heutigen dato bestimmt worden, daß bis zur Einführung der altländischen Gesetzgebung die General-Depositen-Commission in Düsseldorf fortfahren solle, in Gemäßheit des Rescripts vom 1. Juni 1818 an die vormalige Immediat-Justiz-Commission zu Cöln die Annahme und Verwaltung der Depositen zu bewirken. Die vorgedachte Verfügung muß entweder nicht gehörig bekannt gemacht sein, oder sie ist in Vergessenheit gerathen; denn aus dem abschriftlich anliegenden Bericht der königlichen Regierung zu Cöln vom 26. Juli v. J. geht hervor, daß der Ober-Procurator beim Landgericht daselbst bei jener Behörde anfragt, wo die Kaufgelder aus dem Verkauf von Gütern vacanter Erbschaften hinterzulegen seien. Auch beruhen nach einem Berichte der königlichen Regierung zu Trier vom 25. August pr. in deren Hauptcasse mehrere Deposita. Sie werden daher Ihrerseits aufgefordert, allenfalls unter Besprechung mit den Mitgliedern der königlichen Commission zur Revision der rheinischen

Deposital-Verwaltung in Cöln die erforderlichen Anweisungen an die Ober-Procuratoren der Landgerichte, und die Einleitungen bei den Handelsgerichten zu treffen und zu erlassen. Auch erwarte ich über die Befolgung dieser Verfügung demnächst binnen acht Wochen Ihren Bericht.

Berlin, den 6. Februar 1826. Der Justiz-Minister
An Graf v. Danckelmann.
den königlichen General-Procurator Herrn Ruppenthal
zu Cöln.

741.

Die aus dem Verkauf von Gütern vacanter Erbschaften eingehenden Gelder werden bei der General-Depositen-Casse in Düsseldorf deponirt.

Das königliche Finanz-Ministerium hat mir die Anfrage der Regierung zu Cöln vom 26. Juli v. J. mitgetheilt, nach welcher der Ober-Procurator des Landgerichts zu Cöln Auskunft von ihr verlangt hat,

bei welcher Casse die mit dem Verkauf von Gütern vacanter Erbschaften eingehenden Gelder niederzulegen sein werden?

Ich habe dasselbe hierauf ersucht, die Regierung anzuweisen, bis zur Einführung der altpreußischen Gesetze in den Rheinprovinzen, die in Rede stehenden Depositen an die General-Depositen-Casse und die Interessenten an die General-Depositen-Commission zu Düsseldorf zu verweisen. Auch ist der General-Procurator beim rheinischen Appellations-Gerichtshofe von dieser Anfrage des Ober-Procurators beim Landgerichte zu Cöln in Kenntniß gesetzt worden, welches der königlichen Commission zur Revision der rheinischen Deposital-Verwaltung hiermit nachrichtlich bekannt gemacht wird.

Berlin, den 6. Februar 1826. Der Justiz-Minister
An Graf v. Danckelmann.
die königliche Commission zur Revision
der rheinischen Deposital-Verwaltung
zu Cöln.

742.

Errichtung der Familien-Fideicommisse.

Auf den von dem Staats-Ministerium, wegen der Familienfideicommiß-Stiftungen in den Rheinprovinzen, Mir gemachten Vortrag, setze Ich hierdurch fest; daß in den genannten Provinzen die Errichtung von Familienfideicommissen nur nach vorgängiger Prüfung der Provinzial-Behörden und unter Meiner Immediatbestätigung erfolgen und daß durch deren Ertheilung die dermalen in den Rheinprovinzen noch geltenden französischen Gesetze, in Rücksicht der bestätigten Fideicommisse, ganz außer Anwendung gesetzt und die Rechtsverhältnisse derselben blos nach der bestätigten Stiftungsurkunde beurtheilt werden sollen. Ich authorisire das Staats-Ministerium, die gegenwärtige Festsetzung, mit deren Ausführung der Justiz-Minister in den vorkommenden Fällen beauftragt wird, durch die Gesetzsammlung zur allgemeinen Kenntniß zu bringen.

Berlin, den 25. Februar 1826.

An das Staats-Ministerium.

Friedrich Wilhelm.

743.

Modification der Forst-Ordonnanz vom J. 1669, die Begränzung der Staatswaldungen von Privatwaldungen betreffend.

Beigehend erhalten Sie Abschrift der Allerhöchsten Kabinets-Ordre vom 6. vorigen Monats,

in Betreff der in den Rheinprovinzen bisher in Anwendung gebrachten Bestimmungen der französischen Forstordonnanz vom Jahre 1669 bei Begränzung der Staatswaldungen, welche mit Privatwaldungen zusammenstoßen,

mit der Auflage, solche zur Kenntniß der dortigen Gerichte zu bringen.

Berlin, den 3. März 1826.

An den königlichen Herrn General-Procurator Ruppenthal zu Cöln.

Der Justiz-Minister Graf v. Danckelmann.

a.

Aus den im Berichte des Staats-Ministeriums angeführten Gründen, genehmige Ich, daß in den Rheinprovinzen die bisher in Anwendung gebrachten Bestimmungen der französischen Forstordonnanz vom Jahre 1669, nach welchen die Grenznachbaren der Staatswaldungen ihre Holzungen durch vier Fuß breite und fünf Fuß tiefe, auf ihrem eigenen Grund und Boden ausschließlich zu ziehende Graben von den Staatswaldungen abzusondern, verpflichtet worden, nicht weiter beobachtet werden sollen. Wo jedoch bei vorgenommenen Grenzberichtigungen hiernach bereits verfahren worden, soll es dabei und bei den in Folge derselben bestehenden Grenzzügen und Bezeichnungen, ohne Abänderung, verbleiben, künftige Erneuerungen solcher Grenzbezeichnungen aber auf Kosten beider Theile erfolgen. Ich authorisire Sie, den Finanz-Minister, diesemgemäß das Erforderliche an die betreffenden Forstverwaltungen zu erlassen.

Berlin, den 6. Februar 1826. Friedrich Wilhelm.

An
das Staats-Ministerium.

744.

Bei Untersuchungen gegen Unmündige muß der königlichen Regierung Nachricht von den Verhältnissen des Angeschuldigten gegeben und Abschrift des Erkenntnisses mitgetheilt werden.

Es kommt in einzelnen Provinzen immer häufiger der Fall vor, daß bedeutende Verbrechen von Personen verübt werden, die noch im frühen jugendlichen Alter stehen. Diese traurige Erscheinung macht Maaßregeln nothwendig, theils um den Quellen solcher Verbrechen auf die Spur zu kommen, und diese zu verstopfen, theils um Veranstaltungen zur Besserung der früh Verirrten zu treffen. Das königliche Ministerium der geistlichen, Unterrichts- und Medicinal-Angelegenheiten hat deshalb, um sich zunächst über den Umfang und die Beschaffenheit des Uebels genauere Kenntniß zu verschaffen, sämmtliche Regierungen zur Einsendung specieller Nachweisungen über die in ihren Bezirken ermittelten jungen Verbrecher angewiesen.

Mit Bezugnahme auf diese Anordnung werden Sie beauftragt, es zu veranlassen, daß bei jeder gegen einen Unmündigen eingeleiteten Untersuchung der betreffenden Regierung sofort Nachricht von den Personal-Verhältnissen des Angeschuldigten, der gegen ihn vorhandenen Anschuldigung und den Lehrern, bei welchen er Unterricht genossen hat, nach Abfassung des ersten Erkenntnisses aber Abschrift desselben mitgetheilt werde.

Berlin, den 6. März 1826. Der Justiz-Minister
Graf v. Danckelmann.

An
den königl. Herrn General-Procurator
zu Cöln.

745.

Stempelfreiheit der Festsetzungsdecrete über die von den Advocaten nach Beendigung der Sachen liquidirten Gebühren u. s. w.

Dem königlichen rheinischen Revisions- und Cassationshof eröffne ich auf den Bericht vom 8. d. M., daß ich kein Bedenken finde, mich für die Stempelfreiheit der Festsetzungs-Decrete über die von den Advocaten nach Beendigung der Sachen liquidirten Gebühren und Auslagen zu erklären, da sie als integrirende Theile des Urtels zu betrachten sind, zu welchem der Werthstempel genommen werden muß und wodurch alle übrige auf den Proceß Bezug habende Acte, hinsichtlich der Stempel-Steuer gedeckt werden.

Berlin, den 20. März 1826. Der Justiz-Minister
An Graf v. Danckelmann.
den königl. rheinischen Revisions- und Cassationshof.

746.

Uebergang der Cognition über alle Handlungen, mit denen außer der Polizei-Contravention ein vorsätzliches oder schuldbares Vergehen oder eine Privatrechtsverletzung verbunden ist, auf das Stadtgericht zu Wetzlar.

Auf den Bericht des ostrheinischen Senats des königlichen Appellationsgerichtshofes wird unter Zurücksendung des Schreibens der Regierung zu Coblenz vom 8. Januar c. angetragenermaaßen genehmigt, daß bei der Aufhebung der Polizeidirection zu Wetzlar die Cogniton über alle diejenigen Handlungen, mit denen, außer der Polizei-Contravention entweder ein vorsätzliches oder schuldbares Verbrechen, oder eine in das privatrechtliche Verhältniß eingreifende Rechtsverletzung verbunden ist, so wie überhaupt die der Polizei-Direction beigelegt gewesene Gerichtsbarkeit in solchen Fällen, da auf eine höhere Strafe als 5 Thaler Geldbuße oder äquivalirender Arrest ohne körperliche Züchtigung zu erkennen sein würde, auf das dasige Stadtgericht übergehe.

Berlin, den 25. März 1826. Der Justiz-Minister
An Graf v. Danckelmann.
den ostrheinischen Senat des königlichen
Appellationsgerichtshofes zu Cöln.

747.

Ressort der Militair-Gerichtsbehörden Behufs der Vollstreckung der Execution aus Civilerkenntnissen gegen Militair-Personen.

Beigehend erhalten Sie, Herr General-Procurator, Abschrift einer zwischen dem General-Auditoriat, dem Militair-Oeconomie-Departement und der dortigen Regierung bei Gelegenheit eines von den Erben des Rittmeisters N. nachgesuchten Arrestschlages auf das abzugsfähige Gehalt des General-Majors N. statt gehabten Correspondenz, mit dem Bemerken, daß durch die Verfügung vom 25. Januar 1822 der königlichen General-Procuratur bekannt gemacht worden ist,

> wie bei Beschlagnahme des Gehalts von Militair-Personen die Sache zum Zweck einer an die Militair-Behörde zu erlassenden Requisition an den Staats-Procurator zu bringen, und das Erforderliche an die Staats-Procuratoren zu erlassen sei.

Durch die Allerhöchste Kabinets-Ordre vom 4. Juni 1822 ist die Executions-Vollstreckung gegen Militair-Personen zwar den Civilgerichten übertragen, die Beschlagnahme der Gehalts-Abzüge aber ausdrücklich ausgenommen worden. Dieselbe Bestimmung (No. 511.) ist in der Allerhöchsten Kabinets-Ordre vom 8. September 1822, wodurch die Vorschriften der §. 155. und der §§. 165 bis 170. der Allgemeinen Gerichts-Ordnung für die Provinzen, wo das Allgemeine Landrecht und die Allgemeine Gerichts-Ordnung noch nicht eingeführt sind, anwendbar erklärt worden, wiederholt worden, und es versteht sich hiernach von selbst,

> daß die Executions-Vollstreckung durch Beschlagnahme des Gehalts gegen eine Militair-Person nicht unmittelbar durch den Gerichts-Vollzieher darf bewirkt werden, daß vielmehr die Militair-Behörde zu requiriren ist.

Ueber die Ressortverhältnisse der Militair-Gerichtsbehörden giebt das Schreiben des königl. General-Auditoriats vom 31. December 1824 vollständige Auskunft.

Sie werden beauftragt, die erforderliche Verfügung zu treffen, daß die Gerichts-Vollzieher und Ober-Procuratoren den obigen Vorschriften gemäß verfahren.

Berlin, am 25. März 1826. Der Justiz-Minister
Graf v. Danckelmann.

An
den königlichen General-Procurator Herrn Ruppenthal
zu Cöln.

a.

Um den häufigen Requisitionen an unrechte Behörden möglichst vorzubeugen, ersuchen wir Ein königliches Hochlöbliches General-Auditoriat ergebenst um geneigte Nachricht:

1) gegen welche active nnd inactive Militair-Personen die Executions-Requisitionen an Ein königliches General-Auditoriat zu richten sind;
2) gegen welche an die General-Commando's,
3) gegen welche an die Divisions-Commandeurs,
4) gegen welche an die Gouvernements-Gerichte und an welchen Orten Gouvernements-Gerichte bestehen?
5) gegen welche an die Commandeure der Landwehr-Brigaden,
6) an wen die Requisitionen gegen solche der unmittelbaren Gerichtsbarkeit Eines königlichen Hochlöblichen General-Auditoriats nicht unterworfene active Militair-Personen zu richten sind, die zu besondern Corps gehören, namentlich Artillerie, Ingenieure, Garnison-Truppen, Garde-Landwehr, Gensdarmerie, Train-Offiziere, Invaliden-Compagnien u. s. w.
7) an wen die Requisitionen gegen die zum Militair-Etat gehörigen Civil-Personen zu richten sind, namentlich Intendantur-, Proviant- und Fourage-Aemter, Festungs-Magazine, Montirungs-Depots, Garnison-Verwaltung u. s. w.
8) was etwa sonst noch von den requirirenden Gerichten zu beachten ist, um möglichen Weiterungen vorzubeugen. Königsberg, den 9. April 1824.

Königlich preuß. Ober-Landes-Gericht von Ostpreußen.

An
Ein königl. Hochlöbliches General-Auditoriat
zu Berlin.

b.

Einem königl. Hochlöblichen Ober-Landesgerichte erwiedern wir auf die Anfrage,

an welche Militair-Behörden die Executions-Requisitionen Hinsichts der verschiedenen activen, inactiven und zu besondern Corps gehörenden Militair-Personen, wie auch Hinsichts der zum Militair-Etat gehörenden Civil-Personen zu richten sind, und was etwa sonst noch von den requirirenden Gerichten zu beobachten sei?

ganz ergebenst Folgendes, indem wir der in dem geehrten Schreiben vom 9. April d. J. aufgestellten Fragereihe folgen.

ad 1) An das General-Auditoriat gehören dergleichen Requisitionen in Betreff

1) der Generale,
2) der Commandeurs von Regimentern, Bataillons und von einzelnen für sich bestehenden Truppentheilen,
3) der Commandanten,
4) der General- und Flügel-Adjutanten Seiner Majestät des Königs,
5) der Gouverneure der Prinzen des königl. Hauses,
6) der Offiziere des großen Generalstabes und macht es bei allen diesen Personen keinen Unterschied, ob sie im Dienst oder auf Pension, Wartegeld oder Inactivitätsgehalt gesetzt sind,
7) der Auditeure und etwanigen Gerichts-Actuarien und
8) der Divisions- und Garnison-Prediger und Küster, so lange diese Personen activ sind.

ad 2) An die General-Commando's gelangen die Requisitionen Hinsichts

1) der nach der Rang- und Quartierliste zum Etat derselben gehörenden Personen, so weit sie nicht ad 1) erwähnt sind,
2) der zu dem General-Commando gehörenden Reserve-Regimenter, und Jäger oder Schützen-Abtheilungen,
3) der im Bereich des General-Commando's sich aufhaltenden auf Pension, Wartegeld oder Inactivitätsgehalt gesetzten Offiziere, so weit sie nicht zu den ad 1) aufgeführten Personen gehören,
4) der bei dem commandirenden General stationirten Armee-Gensdarmen.

ad 3) An die Divisions-Commando's sind die Requisitionen zu richten, in Betreff

1) der zur Division gehörenden Infanterie-, Cavallerie- und Landwehr-Regimenter,
2) der Regiments- und Divisions-Garnison-Compagnien,
3) der Invaliden-Compagnien und
4) der zum Etat des Divisions-Commando's gehörenden Personen und der dabei stationirten Armee-Gensdarmen.

ad 4) Gouvernementsgerichte bestehen in den Städten Königsberg, Berlin, Breslau und Luxemburg. Ihnen gleich stehen die Garnison-Gerichte der Festungen. An diese sind die Executions-Requisitionen zu richten, Hinsichts

1) der zum Etat des Gouvernements oder der Commandantur nach der Rang- und Quartierliste gehörenden Personen,
2) Hinsichts aller zur Garnison gehörenden Truppenabtheilungen oder einzelnen Militairpersonen, insofern ihre eigenen (Divisions- oder Inspections-) Gerichte sich nicht am Orte befinden.

ad 5) erlediget sich die Frage durch das ad 3) Gesagte, denn die Landwehr-Brigade-Commandeurs haben keine eigene Gerichtsbarkeit, sondern ressortiren von dem Gericht der Division, zu welcher die Landwehr-Brigade gehört.

ad 6) bemerken wir nur

1) daß jede der Artillerie-Inspectionen ihr eigenes Gericht hat und an diese Inspectionen daher die betreffenden Requisitionen zu richten sind,
2) Hinsichts der Ingenieur-Offiziere resp. das hierselbst befindliche General-Commando oder die 3 Ingenieur-Inspections-Commando's zu requiriren sein werden, insofern nicht bei beiden das ad 4) gedachte Verhältniß eintritt.
3) Hinsichts der Land-Gensdarmerie wird der Chef der gesammten Gensdarmerie, Generallieutenant v. Brauchitsch zu requiriren sein.
4) Hinsichts der Garde-Landwehr gehen die Requisitionen an die 1ste oder 2te Garde-Division, je nachdem das Landwehr-Regiment zu einer derselben gehört.
5) Hinsichts der übrigen in der Frage angeführten Truppen-Arten, ist ad 3) und 4) bereits das Erforderliche angegeben.

ad 7) bemerken wir, daß die Intendantur-Beamten ihren Gerichtsstand bei dem General-Commando haben, zu dem sie gehören. Die übrigen in der Frage angeführten Militair-Beamten haben zur Friedenszeit den Militair-Gerichtsstand nur insofern sie in Festungen stationirt sind, und es sind daher die sie betreffenden Requisitionen an die Festungs-Commandanturen zu richten.

ad 8) Können wir nur die allgemeine Bemerkung machen, daß die Executions-Requisitionen außer den ad 1) erwähnten Fällen, nur an solche Militair-Commando's zu richten sind, die ein Militair-Gericht constituiren, indem ihnen Auditeure zugeordnet sind. Diese sind die General-Commando's, die Divisions-Commando's, die Gouvernements und Commandanturen und die Inspectionen der Artillerie und Ingenieurs, und daß die alljährlich erscheinende

Rang- und Quartierliste diejenigen Truppenabtheilungen und Militairpersonen angiebt, welche zu den Gerichtssprengeln eines jeden dieser Commando's gehören.

Berlin, den 31. December 1824.

Königlich preußisches General-Auditoriat.

An von Braunschweig.

Ein königl. Hochlöbliches Ober-Landes-Gericht von Ostpreußen zu Königsberg.

748.

Beschlagnahme des Vermögens der Deserteure in den Provinzen, woselbst das Allgemeine Landrecht keine Gesetzeskraft hat.

Auf Ihren gemeinschaftlichen Antrag vom 29. v. M., setze Ich hierdurch fest: daß auch in denjenigen Provinzen, in welchen das Allgemeine Landrecht keine Gesetzeskraft hat, die Beschlagnahme des Vermögens der Deserteure, welche von den Militairgerichten bei Erlassung der Citation derselben veranlaßt wird, vollzogen werden soll, und die diesfälligen Requisitionen der Militairgerichte nach den bestehenden Formen zur Vollstreckung zu bringen sind.

Potsdam, den 2. April 1826.

An Friedrich Wilhelm.

die Staats-Minister v. Hake und Graf v. Danckelmann.

749.

Bei Trauungen durch die Prediger der Garnisonen zu Mainz und Luxemburg muß der Civilact vorangehen.

Auf Ihren Bericht vom 25. August v. J., dessen Anlagen hierneben zurück erfolgen, benachrichtige ich Sie, daß in Verfolg der dieserhalb mit den königlichen Ministerien der geistlichen Angelegenheiten und des Krieges eingeleiteten Correspondence, das königliche Ministerium der geistlichen Angelegenheiten das Consistorium zu Coblenz beauftragt hat, die Garnison-Prediger der königlichen Truppenabtheilungen zu Mainz und Luxemburg dahin anzuweisen, darauf zu halten, daß allen von ihnen vorzunehmenden Trauungen ohne Ausnahme, der in den Rheinprovinzen vorgeschriebene Civil-Act vorausgehe.

Berlin, den 10. April 1826. Der Justiz-Minister

An Graf v. Danckelmann.

den königl. General-Procurator Herrn Ruppenthal zu Cöln.

750.

Inventarisirung der aus Staatsfonds angeschafften Utensilien, Bücher u. s. w.

Die königliche Ober-Rechnungs-Kammer hat in einer an die königlichen Regierungen erlassenen Circular-Verfügung vom 27. Januar festgesetzt, daß bei den Jahres-Rechnungen jeder öffentlichen Casse, insbesondere aber solcher Cassen, welche die Verwendung eines zur Unterhaltung von Utensilien, Geräthschaften, Bibliotheken ꝛc. bestimmten Fonds nachzuweisen haben, durch eine Bescheinigung der vorgesetzten Behörde dargethan werden soll:

daß über alle für Rechnung des Staats angeschaffte Utensilien ꝛc. ordnungsmäßige Inventarien fortgeführt, die gehörig geprüften Zugänge darin nachgetragen, die Abgänge als unvermeidlich nachgewiesen und die vorhanden sein sollenden Inventarienstücke wirklich vorgefunden worden sind.

Der Inhalt dieser Verfügung ist mir durch ein Rescript des Herrn Justiz-Ministers Excellenz vom 20. März d. J. auch für die rheinischen Gerichtsbehörden zur Nachachtung mitgetheilt und es ist mir zugleich aufgegeben worden, das Erforderliche zur Genügung dieser Vorschrift zu verfügen, weshalb ich zur Ausführung derselben Folgendes bestimme:

1) Die Friedensgerichte, so wie die königlichen Gerichte im ostrheinischen Theile des Regierungs-Bezirks Coblenz, müssen am Schlusse eines jeden Jahres dem Ober-Procurator des ihnen vorgesetzten Landgerichts resp. dem königlichen Justiz-Senat zu Coblenz die Anzeige einsenden, daß das Inventarium ihrer Utensilien, Bücher ꝛc., so weit solche Eigenthum des Staats sind, gehörig fortgeführt und in oben gedachter Art berichtigt und richtig gefunden worden ist.

2) Die Herren Ober-Procuratoren und der königliche Justiz-Senat theilen sodann der betreffenden königlichen Regierung auf den Grund dieser Anzeigen eine General-Bescheinigung des oben gedachten Inhalts für sämmtliche Gerichtsbehörden ihres Bezirks mit, um solche der Justiz-Verwaltungs-Rechnung als Belag der vorschriftsmäßigen Inventarisation beizufügen. Daß eben so wie bei den untergeordneten Gerichten das Inventarium des Landgerichts resp. des Justiz-Senats richtig gestellt worden ist, muß in diese Bescheinigung ebenfalls aufgenommen,

dasselbe muß aber auch durch ein besonderes Attest bei den Bureau-Kosten-Rechnungen der königlichen Landgerichte nachgewiesen werden.

3) Eine gleiche Bescheinigung haben die Handelsgerichte rücksichtlich der bei ihnen vorhandenen Utensilien, Bücher ꝛc., welche Staats-Eigenthum sind, der betreffenden königlichen Regierung beim jedesmaligen Jahresschluß unmittelbar zu übersenden.

Es versteht sich nach dieser Anordnung von selbst, daß die Inventarien da, wo dergleichen über schon vorhandene Geräthschaften ꝛc. gegen Erwarten, bisher noch nicht geführt sein sollten, ohne Verzug angelegt, daß ferner zur Justification der Rechnungen pro 1825 die vorgeschriebenen Bescheinigungen schon für das verflossene Jahr sofort eingesandt werden müssen, daß dagegen die Einsendung der Inventarien mit den Rechnungen ganz wegfällt. Nur für einzelne Fälle bleibt die Einforderung derselben vorbehalten, wenn sich bei Revision der Rechnungen besondere Veranlassung dazu finden sollte.

Sodann soll nach der Bestimmung der königlichen Ober-Rechnungs-Kammer zum Nachweise einer ordnungsmäßigen Inventarienführung, ferner bei Anschaffung neuer Utensilien ꝛc., unter jeder Liquidation oder Quittung über die Kosten solcher Gegenstände von dem mit Führung des Inventariums beauftragten Beamten bescheinigt sein,

daß die angeschafften Geräthschaften, Bücher ꝛc. in das Inventarium und auf welcher Seite und unter welcher Nummer desselben eingetragen worden.

Auch hiernach haben sämmtliche dem königlichen Appellationsgerichtshofe untergeordnete Gerichtsbehörden sich in vorkommenden Fällen zu achten. Cöln, den 21. April 1826.

Der General-Procurator
Ruppenthal.

a.

Nach dem §. 20. der uns unterm 18. December 1824 Allerhöchst ertheilten Instruction, müssen die für Rechnung des Staats angekauften Gegenstände, insofern sie aus Utensilien, Geräthschaften und den zu Kauf und andern Sammlungen, auch Bibliotheken gehörigen Gegenständen bestehen, in den betreffenden Inventarien in Zugang nachgewiesen werden, und ist es unserer Bestimmung überlassen worden, in wie weit die Inventarien den Rechnungen beizufügen sind, oder bei letztern nur deren regelmäßige Führung nachzuweisen ist.

In Folge dieser Allerhöchsten Anordnung wird über den

Nachweis der bei den Behörden und den ihnen untergeordneten Cassen bereits vorhandenen und der fernerhin neu angekauft werdenden Utensilien und Geräthschaften, auch Bücher und Land-Karten, Folgendes festgesetzt:

1) Zur Verminderung der Schreiberei und zur Erleichterung für die Rechnungsführer sollen von jetzt ab, der Regel nach, weder die über die Dienst- und Cassen-Utensilien und Geräthschaften, einschließlich der zu den erstern etwa gehörenden Bücher und Landkarten zu führenden Inventarien selbst, noch die Ab- und Zugangs-Nachweisungen, den Rechnungen beigefügt werden und bleibt deren Einforderung nur für einzelne Fälle vorbehalten, wo sich bei Revision der Rechnungen besondere Veranlassung dazu finden sollte. Dagegen muß

2) nicht nur bei den Rechnungen derjenigen Cassen, welche die Verwendung der zu Unterhaltung ihrer Utensilien und Geräthschaften und der Utensilien rc. ihrer vorgesetzten Behörde ausgesetzten Fonds nachzuweisen haben, sondern auch bei allen übrigen Cassen, Magazinen rc., deren Utensilien rc. aus dem Fonds einer andern Casse unterhalten werden, durch eine Bescheinigung ihrer vorgesetzten Behörde dargethan werden,

   daß die Inventarien ordnungsmäßig geführt, die gehörig geprüften Zugänge darin nachgetragen, die Abgänge als unvermeidlich nachgewiesen und die vorhanden sein sollenden Inventarienstücke wirklich vorgefunden worden sind.

3) Unter jeder Liquidation oder Quittung über den Geldbetrag für angeschaffte, den Inventarien hinzutretende Utensilien und Geräthschaften, muß von demjenigen Beamten, welcher mit der Führung des Inventarii beauftragt ist, bescheinigt sein,

   daß die angeschafften Gegenstände in das Inventarium und auf welcher Seite und unter welcher Nummer desselben eingetragen worden sind.

4) findet die ebengedachte Bestimmung sub 3) zwar auch auf die Liquidationen der Geldbeträge für alle andere als die zu den Dienstutensilien und Geräthschaften gehörende Inventarienstücke, mithin auch auf die zu Kunst- und andern Sammlungen rc. gehörigen Gegenstände Anwendung; hinsichtlich der Führung der Inventarien von allen andern Gegen

ständen als den gewöhnlichen Dienst- und Cassen-Utensilien und Geräthschaften, einschließlich der dazu gehörigen Bücher und Landkarten, so wie in Ansehung der Einsendung oder resp. Nichteinsendung dieser Inventarien mit den Rechnungen, behält es aber bei den diesfälligen bisherigen Anordnungen bis dahin sein Bewenden, daß deshalb nach Verschiedenheit der einzelnen Institute besondere Bestimmungen, in sofern sie noch nöthig erachtet werden, ergehen.

Die königliche Regierung hat sich nach diesen Bestimmungen, welche in die allgemeine Rechnungs-Instruction, deren Ausarbeitung in dem §. 46. unserer Instruction vorbehalten worden ist und nach Beseitigung der deshalb noch obwaltenden Hindernisse erfolgen wird, werden aufgenommen werden, nicht nur selbst zu achten, sondern auch die ihr untergeordneten Behörden und Cassen danach anzuweisen und auf deren genaue Befolgung zu halten.

Potsdam, den 27. Januar 1826.

Circular. Ober-Rechnungs-Kammer.

751.

Veränderung der Sprengel einzelner Friedensgerichte in den Landgerichtsbezirken von Düsseldorf, Coblenz und Trier.

Ich genehmige nach Ihrem Antrage vom 5. April d. J.

1) daß im Landgerichtsbezirk Düsseldorf, die Friedensgerichte zu Elberfeld No. 2., zu Neersen und zu Richrath, eingezogen und die Sprengel von Elberfeld No. 2. mit dem von No. 1., und der von Neersen mit Gladbach vereinigt, der Sprengel von Richrath aber in der Art vertheilt werde, daß dem Gericht zu Solingen die Bürgermeisterei Höhscheid, dem zu Opladen die Bürgermeistereien Richrath und Monheim zugetheilt werden.

2) daß im Landgerichtsbezirk Coblenz das Friedensgericht zu Virneburg eingezogen und der Sprengel desselben mit dem von Adenau vereiniget, daß ferner das bei der Organisation eingezogene Friedensgericht zu Sobernheim mit dem Sprengel über die Bürgermeistereien Sobernheim und Winterburg hergestellt werde;

3) daß der Gerichtssitz des Friedensgerichts zu Bedburdyk im Landgerichtsbezirke Düsseldorf nach Jüchen,

des Friedensgerichts Metternich im Landgerichtsbezirke Coblenz nach Coblenz und des Friedensgerichts Duttweiler im Landgerichtsbezirk Trier nach St. Johann verlegt werde.

Berlin, den 22. April 1826.

An den Staats- und Justiz-Minister Grafen v. Danckelmann.

Friedrich Wilhelm.

752.

Beschleunigung der Untersuchungen gegen Brandstifter.

Sie erhalten hierbei Abschrift der Circular-Verfügung vom heutigen dato,

die Beschleunigung der Untersuchungen und Erkenntnisse wegen Brandstiftungen betreffend,

um die königlichen Gerichtsbehörden in den Rheinprovinzen demgemäß anzuweisen. Berlin, den 11. Mai 1826.

An den königlichen Herrn General-Procurator zu Cöln.

Der Justiz-Minister Graf v. Danckelmann.

a.

Auf Veranlassung des Immediat-Antrags der schlesischen Provinzialstände:

Maaßregeln gegen die überhand nehmenden Brandstiftungen zu treffen,

wird dem königl. ꝛc. aufgegeben, die Beschleunigung der Untersuchungen und Erkenntnisse wegen Brandstiftungen, sich pflichtmäßig angelegen sein zu lassen.

Berlin, den 11. Mai 1826.

Circulare an sämmtliche Landes-Justiz-Collegien.

Der Justiz-Minister.

753.

Contumacial-Verfahren bei Verbrechen.

Durch die in den Berichten der Assisen-Präsidenten enthaltenen Bemerkungen ist das Justiz-Ministerium schon früher auf die Unzweckmäßigkeit der Vorschriften der rheinischen Criminal-Proceß-Ordnung, wegen des Contumacial-Verfahrens bei Verbrechen, aufmerksam gemacht worden. Bei armen Personen aus der niedern Volksklasse, wohin die meisten Verbrechen dieser Art gehören, sind die Contumacial-Urtheile als ganz wirkungslos anzusehen, da die Strafe daraus nie vollzogen werden kann (Art. 476.), die in Beziehung auf das Vermögen (Art. 471. 476.) angeordneten Folgen bei ihnen nicht eintreten können und die Ehrenstrafen (Art. 465. 472.) für diese Personen von geringer Bedeutung sind.

Dagegen beschweren die hohen, mit diesen Proceduren verknüpften Kosten bedeutend den Criminal-Fonds, und machen Zuschüsse nothwendig, durch welche so manche von mir intendirte Verbesserungen bei der Justizpflege verhindert worden.

Bei der nahe bevorstehenden allgemeinen Aufhebung der jetzt bestehenden Gesetzgebung am Rhein, ist es nicht geeignet, eine Abänderung dieses Uebelstandes im Wege der Legislation zu provociren, indeß wird der intendirte Zweck der Ersparung jener unnöthigen Proceduren und ihrer Kosten schon zum großen Theile dadurch erreicht werden, wenn die Ober-Procuratoren, nachdem das Anklage-Erkenntniß ergangen ist, und einer der im Eingange des Art. 465. der Criminal-Ordnung bezeichneten Fälle eintritt, nur nicht indistincte sich beeilen, die dort bezeichnete Ordonnanz des Präsidenten mit allen ihren gesetzlichen Folgen auszuwirken, vielmehr in der Regel, und wenn nicht die besondere Wichtigkeit des Falles, das Vorhandensein eines Vermögens, welches der Beschlagnahme lohnet, der höhere Stand des Angeklagten, oder das Auftreten einer Civil-Partei, nach ihrem Ermessen das Contumacial-Verfahren nöthig machen, die Sache, in Beziehung auf dieses Verfahren, auf sich beruhen lassen, übrigens, wie sich von selbst versteht, die Habhaftwerdung der Angeklagten durch Steckbriefe und andere polizeiliche Maaßregeln unablässig verfolgen. Während des Laufes der im Art. 637. bestimmten Verjährungsfrist wird jedenfalls die neue Gesetzgebung eingetreten sein, und die etwa bis dahin reclamirten Ueberführungsstücke können dem Empfangsberechtigten nach Analogie des Art. 474. zurückgegeben werden, ohne daß es dieserwegen allein eines Urtheils des Assisenhofes bedürfte.

Da unter diesen Modalitäten weder die Rechte des Angeklagten, noch die des Staats oder dritter Personen verletzt werden (denn etwanige angebliche Ansprüche der Gerichtsschreiber, Gerichts-Vollzieher und Scharfrichter auf den dabei zu machenden Verdienst kann ich durchaus nicht dahin zählen), so scheint dieser Verfahrungsweise nichts entgegen zu stehen, und ich authorisire Sie daher, wenn Sie mir keine sonstige Bedenken dagegen vorzutragen haben, die Ober-Procuratoren hiernach mit Anweisung zu versehen.

Berlin, den 19. Mai 1826. Der Justiz-Minister
An Graf v. Danckelmann.
den königlichen General-Procurator
Herrn Ruppenthal zu Cöln.

754.

Die Niederschlagung der inexigibeln Reste der Criminal-Gerichtskosten erfolgt von der General-Procuratur des Appellhofes.

Da die wiedereinzuziehenden Criminal-Gerichtskosten in den Rheinprovinzen nicht mehr auf dem Etat des königlichen Finanz-Ministeriums zur Einnahme, sondern gegenwärtig auf dem Justiz-Verwaltungs-Etat stehen, und zu den Fonds des Justiz-Ministeriums fließen, so muß auch die Niederschlagung der dabei entstehenden inexigibeln Reste, bei welchen das königliche Finanz-Ministerium nun nicht weiter interessirt ist, von hieraus ausgehen. Es sind die rheinischen Regierungen daher heute angewiesen worden, die Liquidationen der gedachten Ausfälle an Sie, Herr General-Procurator, gelangen zu lassen. Sie werden zur Niederschlagung der nicht beizutreibenden Reste auf die motivirten Anträge der resp. Regierungen hiermit authorisirt.

Berlin, den 19. Mai 1826. Der Justiz-Minister
An Graf v. Danckelmann.
den königlichen General-Procurator
Herrn Ruppeethal zu Cöln.

755.

Erläuterung des in der Taxordnung der Notarien befindlichen Ausdrucks „Emonitur".

Des Herrn Justiz-Ministers Excellenz haben mir die Vorstellung Euer Wohlgeboren, worin Sie um eine nähere Erläuterung des in der Taxordnung der Notarien befindlichen Wortes „Emonitur" bitten, zugehen lassen, mit dem Auftrage, Sie über diesen Zweifel zu bescheiden.

Aus der Verbindung zwischen Emonitur und Empfang, welche in der angeführten Taxordnung angenommen ist, so wie aus der dort befindlichen Beschränkung durch Hinweisung auf die Worte: „Auction und Subhastation" läßt sich der Sinn des Wortes „Emonitur" leicht entnehmen. Dieses Wort bezeichnet die Arbeiten des Notars, welche bei einem ihm übertragenen Geldempfange im Allgemeinen und unter andern auch dadurch verursacht werden, daß er die verschiedenen Debitoren zur Zeit des Zahlungs-Termins daran erinnern, sie zur Zahlung auffordern muß, und durch diese und ähnliche Arbeiten zu einer oft mühsamen Correspondenz und Schreiberei verpflichtet ist. Es sollen also hiernach dem Notar die unter dem Worte „Emonitur" bewilligten Gebühren bezahlt werden, wenn derselbe den Auftrag hat, Gelder zu empfangen, zu berechnen, und solche dem Eigenthümer zu übermachen; die 4 pCt. sind die Entschädigung für alle mit einer solchen Einnahme und Rechnungsführung verbundene Arbeit und möglichen Verluste. Jedoch findet dieses, wie die Taxordnung ausdrücklich sagt, nur statt, wenn die Erhebung nicht aus einer Auction von Mobilien oder einer Subhastation von Grundstücken oder denselben gleichgeachteten Objecten herrührt. Durch diese Ausnahme werden die Fälle freilich weniger häufig sein, wo jener unter dem Worte „Emonitur" bewilligte Tarifsatz seine Anwendung findet; da sie aber immer doch noch möglich bleiben, so wollte der Gesetzgeber auch hier eine feste Bestimmung geben, wenn allenfalls die Interessenten mit dem von ihnen beauftragten Notar nicht ein anderes Abkommen getroffen haben sollten.

Hierdurch hoffe ich Ihre Zweifel vollständig beseitigt zu haben.

Cöln, den 21. Mai 1826. Der General-Procurator
Ruppenthal.

An
den Herrn Notar N.
zu N.

756.

Beschlagnahme von Besoldungen und Pensionen der Staatsbeamten.

Das Staats-Ministerium hat sich veranlaßt gefunden, unter dem 29. November 1818, in einer Verfügung an das Präsidium der Regierung zu Cöln festzusetzen:

> daß die gesetzliche Beschränkung der Gehaltsabzüge nicht der Person des Schuldners, sondern des Königlichen Dienstes wegen bestimmt und keinesweges civilrechtlicher Natur, sondern der preußischen administrativen Verfassung eigenthümlich sei und daß daher in den Provinzen, in welchen das französische Recht noch Gültigkeit

hat, nur die preußischen Verordnungen zur Anwendung kommen können.

In Hinsicht der Militairpersonen habe Ich bereits durch Meine Ordre vom 8. September 1822 festgesetzt:

daß in den Provinzen, wo das Allgemeine Landrecht und die Allgemeine Gerichtsordnung noch nicht eingeführt sind, die Civilgerichte bei Vollstreckung der Execution die Vorschriften des Anhanges zur Allgemeinen Gerichtsordnung im §. 155. und in den §§. 165 bis 170. einschließlich beobachten sollen.

Nach dem Antrage in dem Berichte des Staats-Ministerii vom 16. d. M. bestätige Ich aber auch die vorgedachte Verfügung vom 29. November 1818 dahin:

daß in Hinsicht der Beschlagnahme von Besoldungen und Pensionen der Staatsbeamten in allen Landestheilen, in welchen das Allgemeine Landrecht und die Allgemeine Gerichtsordnung noch nicht gesetzliche Kraft haben, die der preußischen administrativen Verfassung eigenthümlichen Vorschriften der §§. 160 bis 164. einschließlich und 168 bis 170. einschließlich, des Anhanges zur Allgemeinen Gerichtsordnung, zur Ausführung gebracht werden sollen.

Das Staatsministerium hat den gegenwärtigen Kabinetsbefehl, nebst einem Extract aus dem Anhang zur Allgemeinen Gerichtsordnung durch die Gesetzsammlung zur öffentlichen Kenntniß zu bringen, in soweit es in Hinsicht des letztern bei Publication Meiner Ordre vom 8. September 1822 nicht schon geschehen ist, wobei Ich zugleich bestimme:

daß dasjenige, was in dem §. 161. von den Justizcommissarien verordnet worden, auf die Advocaten, Anwälde und Notarien, Anwendung finden soll.

Berlin, den 23. Mai 1826.

An Friedrich Wilhelm.

das Staats-Ministerium.

a.

(Aus dem Anhange zur Allgemeinen Gerichts-Ordnung.)

§. 160. Auf die Besoldungen und Emolumente der Civil-Beamten findet ein Beschlag nur in der Art statt, daß ein jeder jährlich 400 Thaler freibehält. Gegen diejenigen, welche nur 400 Thaler oder weniger Diensteinkünfte haben, soll daher kein Arrestschlag, desgleichen bei den übrigen der Beschlag nur auf die Hälfte des, nach Abrechnung der 400 Thaler, bleibenden Ueberschusses der Besoldung und Emolumente gestattet werden.

§. 161. Allen im Allgemeinen Landrecht Th. II. Tit. 10. §§. 68 und 69. gedachten Beamten, mithin auch den städtischen, geistlichen und landschaftlichen, kommt die Vorschrift des §. 160. des Anhanges zu Statten. Ein Gleiches gilt in Absicht der Justiz-Commissarien, nicht aber in Absicht der, als praktische Aerzte approbirten Doctoren der Medicin.

§. 162. Auch auf diejenigen, welche aus einem, unter öffentlicher Verwaltung stehenden Fonds, eine ihnen vom Staate, oder der vorgesetzten Behörde angewiesene Pension beziehen, findet die gedachte Vorschrift, jedoch mit der Einschränkung Anwendung, daß ihnen nur 200 Thaler ganz und von dem Ueberschuß die Hälfte frei bleiben soll.

§. 163. Eine Verzichtleistung auf die vorstehend festgesetzte Befreiung vom Arrestschlag ist, so wie jede Verpfändung und Anweisung fixirter Besoldungen, Emolumente und Pensionen, ohne alle rechtliche Wirkung.

§. 164. Die königlichen Cassen können nicht mit der unmittelbaren Zahlung der Gehaltsabzüge für einzelne Gläubiger belästiget werden. Die jedesmal für die Gläubiger bestimmte Summe muß vielmehr an dasjenige Gericht, welches die Execution dirigirt, gezahlt und demnächst die Einrichtung getroffen werden, daß entweder die Vorladung der Gläubiger zum Empfange sofort erfolgt, oder daß von dem Gerichte ein Curator, oder Rendant zum Empfang und zur Distribution ernannt, von diesem das Geld zur Stelle gebracht und, wenn die Distribution oder Zahlung nicht sogleich geschehen kann, die erhobene Summe einstweilen zur Asservation gegeben wird.

(Die §§. 155. 168 bis 170. sind bereits unter No. 511. abgedruckt worden.)

757.

Organisation des für die ehemals reichsunmittelbaren Besitzungen des Herrn Fürsten zu Wied zu bildenden Gerichts zweiter Instanz.

Nachdem der Herr Fürst zu Neu-Wied für das in der Standesherrschaft Wied zu bildende Obergericht die nöthigen Vorschläge gemacht und die gesetzliche Qualification der dazu denominirten Mitglieder nachgewiesen hat, so wird diesen Vorschlägen, mit Beziehung auf die in der Anlage enthaltenen näheren Bestimmungen, so wie unter dem Vorbehalte, welcher in dem abschriftlich anliegenden Schreiben des Herrn Fürsten vom 27. d. M. ausgedrückt ist, die Genehmigung er theilt und so viel insbesondere das ernannte Personal anbetrifft, der 2c. 2c. 2c. hiermit bestätigt.

Sie erhalten den Auftrag, sich über die förmliche Installirung des Obergerichts mit dem Herrn Fürsten zu Wied zu vereinigen, auch dabei hinsichtlich der solennen Verpflichtung der Beamten, die Vorschriften der Instruction vom 30. Mai 1820 überall zu beachten und wie solches geschehen, anzuzeigen. Die Vollziehung einer besonderen Geschäfts Instruction habe ich nicht für diensam erachtet, da bis zur bevorstehenden allgemeinen Justiz-Organisation die bestehenden Gesetze und Vorschriften, welche dem Justiz-Senat zu Coblenz zur Norm gedient haben, fernerweit befolgt werden müssen. Wo darüber Bedenken entstehen, hat der königliche rheinische Appellationsgerichtshof als nächste Aufsichtsbehörde das Nöthige zu resolviren, oder auch erforderlichen Falls bei dem Justiz-Ministerium anzufragen.

Der Herr Fürst zu Wied ist von dem Ihnen ertheilten Auftrag in Kenntniß gesetzt worden.

Berlin, den 29. Mai 1826. Der Justiz-Minister
Graf v. Danckelmann.

An
den königl. ersten Herrn Appellations-Gerichts-Präsidenten und den königl. Herrn General-Procurator zu Cöln.

a.

§. 1. Das für die ehemals reichsunmittelbaren Besitzungen des Herrn Fürsten zu Wied zu bildende Gericht zweiter Instanz hat unter dem Namen: „Fürstlich Wied'sches standesherrliches Ober-Gericht," seinen Sitz zu Neu-Wied, führt in seinem Siegel das Wappen des Herrn Fürsten zu Wied mit der Umschrift eben gedachter Benennung, und läßt seine, mit der Unterschrift des Direktors versehenen Ausfertigungen unter derselben einfachen Benennung ausgehen.

§. 2. Das Fürstlich Wied'sche standesherrliche Ober-Gericht zu Neu-Wied wird aus einem Direktor, zwei Räthen und einem stimmführenden Assessor bestehen, denen ein Obergerichts-Secretair, ein zu des Obergerichts-Schreibers Geschäften gleichfalls zu verpflichtender Registrator, und das nöthige Kanzlei- und Botenpersonale beigegeben wird. Die Besoldungen sind in folgender Art bestimmt:

1. für den Direktor	1000 Rthl.		
2. : : ersten Justiz-Rath	833	:	10 Sgr.
3. : : zweiten : :	833	:	10 :
4. : : Assessor	500	:	

5. für den Secretair .... 333 Rthlr. 10 Sgr.
6. " " Registrator ... 277 " 23 Sgr.
7. " " Boten ...... 166 " 20 "

§. 3. Das standesherrliche Obergericht zu Neu-Wied hat die Aufsicht über die standesherrlichen Untergerichte oder Justizämter, steht aber selbst nach §. 44. der Verordnung vom 30. Mai 1820, unter der Aufsicht des Appellations-Gerichtshofes zu Cöln und ferner wie dieser, unter der Aufsicht des Revisions- und Cassationshofes zu Berlin. Bei den Beurlaubungen der standesherrlichen Obergerichts-Beamten treten die Vorschriften des den Provinzial-Behörden mitgetheilten Staats-Ministerial-Beschlusses vom 23. März 1825 ein.

§. 4. Das standesherrliche Ober-Gericht zu Neu-Wied übt der Regel nach in allen bürgerlichen Rechtssachen über die ihm untergebenen Gerichtseinsassen der Fürstlich Wied'schen Standesherschaft, welche in erster Instanz unter den standesherrlichen Justiz-Aemtern stehen, die Gerichtsbarkeit in zweiter Instanz aus.

§. 5. Nach Vorschrift des §. 43. der Verordnung vom 30. Mai 1820 hat das standesherrliche Obergericht in allen Strafsachen in erster Instanz zu entscheiden, mit gänzlichem Ausschlusse der Untergerichte. Die standesherrlichen Untergerichte bleiben jedoch verpflichtet, die zu ihrer Kenntniß gelangenden Uebertretungen der Strafgesetze dem standesherrlichen Obergericht sofort anzuzeigen, auch diejenigen vorläufigen Verfügungen zu treffen, welche keinen Verzug leiden, zur Feststellung des Thatbestandes, Ergreifung des Thäters, und zur Sammlung der verschiedenen Beweismittel dienen. Sie senden die hierüber aufgenommenen Verhandlungen ohne Zeitverlust an das standesherrliche Obergericht ein, und lassen den Angeschuldigten, wenn er von ihnen ergriffen, und sofort über die Beschuldigung zu Protocoll vernommen worden ist, dem Obergericht gleichzeitig vorführen. Die fernere und eigentliche Untersuchung geschieht alsdann durch ein Mitglied des Obergerichts nach Vorschrift der Gesetze; und nach geschlossener Untersuchung und geführter Vertheidigung erkennt das Obergericht selbst, sendet jedoch alle condemnatorischen Urtheile vor deren Publication dem Appellationshofe zu Cöln zur Bestätigung ein.

§. 6. Hinsichtlich aller übrigen Fälle, in welchen das standesherrliche Obergericht in erster Instanz zu entscheiden hat, bleibt es lediglich bei den in der Verordnung vom 30. Mai 1820 gegebenen Vorschriften.

Den standesherrlichen Beamten werden hinsichtlich des Gerichtsstandes, die in der Standesherrschaft angestellten

Geistlichen aller Confessionen, so wie die Vorsteher und Lehrer der höheren Bildungs- und Lehranstalten gleichgestellt. Auch hat das standesherrliche Obergericht über alle Ehescheidungssachen seiner Gerichtsuntergebenen in erster Instanz zu erkennen.

§. 7. Die unter dem Namen der Consistorial-Convente bestandenen landesherrlichen Behörden sind aufgehoben, und alle zu ihrer Competenz gehörigen Angelegenheiten, welche nicht im vorstehenden Paragraphe zur Competenz des standesherrlichen Ober-Gerichts verwiesen sind, werden künftig von den Untergerichten in der gewöhnlichen Art erledigt.

§. 8. In Fällen, welche das standesherrliche Ober-Gericht in 2ter Instanz entschieden hat, geht die Oberberufung an den Revisions- und Cassationshof zu Berlin. Von Erkenntnissen, welche das Ober-Gericht in erster Instanz verlassen hat, geht die Berufung an den Appellationshof in Cöln, und — wo die dritte Instanz stattfindet — die Oberberufung an den Revisions- und Cassationshof zu Berlin, an welchen auch die Nichtigkeitsklagen in Criminalsachen, nach §. 114. der demselben zur Norm dienenden Ober-Appellations-Gerichts-Ordnung gehören.

§. 9. Die Berufung von einem Erkenntnisse erster Instanz in bürgerlichen Rechtssachen ist nur zuläsig, wenn der streitige Gegenstand wenigstens 50 Gulden rheinisch beträgt; die Oberberufung zur dritten Instanz nur bei einem Streitgegenstande von wenigstens 300 Fl. rh. In Armensachen ist für beide Fälle, wenn der Unvermögende die Berufung ergreift, die Hälfte der angegebenen Appellations-Summen hinreichend. Im Uebrigen bleibt es hinsichtlich der Rechtsmittel und der Nothfristen bei den bisherigen Vorschriften.

§. 10. Zur Ausübung der freiwilligen Gerichtsbarkeit ist das standesherrliche Ober-Gericht für das standesherrliche Gebiet in derselben Art befugt, wie es dafür bisher der Justiz-Senat zu Coblenz war.

§. 11. In Ansehung der Gerichtssporteln hat das standesherrliche Ober-Gericht die Taxordnung des Justiz-Senats zu befolgen. Und so wie das standesherrliche Ober-Gericht zu Neu-Wied gleich dem Justiz-Senat zu Coblenz überall nur nach den bestehenden, oder künftig zu emanirenden Gesetzen zu verfahren und zu entscheiden hat, so hat dasselbe auch in Ansehung seiner Geschäfts- und Dienst-Ordnung sich lediglich nach den Gesetzen und Vorschriften zu richten, welche dieserhalb für den Justiz-Senat zu Coblenz die Norm geben.

Berlin, den 29. Mai 1826. Der Justiz-Minister
Graf v. Danckemann.

b.

Ew. Excellenz erwiedere ich auf das geehrte Schreiben von heute ergebenst, daß ich mit dem darin, in Bezug auf das für mein Gebiet einzurichtende Ober-Gericht, ausgedrückten Vorbehalt aller Modificationen und Abänderungen:

welche in Folge des von dem königlichen Staatsministerium gefaßten Beschlusses über die Einrichtung meiner gesammten Verwaltungs-Behörden bei der Organisation des Ober-Gerichts eintreten mögten,

vollkommen einverstanden bin, und also meinen Antrag wiederhole, unter diesem Vorbehalte die nöthigen Verfügungen zur alsbaldigen Installation dieser Gerichtsbehörde zu erlassen, und, wie solches geschehen, mich gefälligst zu benachrichtigen.

Berlin, den 27. Mai 1826.

Sr. Excellenz
dem königlich preußischen Geheimen Staats- und Justiz-Minister ꝛc. Herrn Grafen v. Danckelmann.

A. Fürst zu Wied.

758.

Receß über die Organisation der Behörden des Gebietes des Herrn Fürsten zu Wied.

Mittelst Allerhöchster Kabinets-Ordre vom 31. Mai 1825, haben des Königs Majestät zu genehmigen geruhet, daß der Herr Fürst zu Wied für die Verwaltungsbehörden des Fürstlichen Gebiets eine der receßmäßigen Verwaltung der Grafschaft Wernigerode ähnliche Einrichtung in Vorschlag bringen könne.

Der Herr Fürst hat sich in Folge dieser Allerhöchsten Genehmigung gegen das königliche Staats-Ministerium erklärt, welches dem königl. Ober-Präsidenten, Herrn Staats-Minister v. Ingersleben den Auftrag ertheilt hat, hierüber mit dem Herrn Fürsten in weitere Verhandlung zu treten.

Diesem Auftrage gemäß ist die nachstehende Urkunde abgefaßt, in welche diejenigen Abänderungen aufgenommen worden sind, welche das königliche Staats-Ministerium bei der in Befolgung des Allerhöchsten Befehls vorgenommenen Prüfung erforderlich gefunden, und der Herr Fürst anerkannt hat.

§. 1. In den Rechtsverhältnissen des Herrn Fürsten, wie solche durch das Gesetz vom 21. Juni 1815, und durch die Instruction vom 30. Mai 1820 bestimmt werden, wird nichts geändert, vielmehr beziehen sich die in der gegenwärtigen Urkunde aufgenommenen Modificationen nur auf die Organisation und die Verwaltungsformen der Behörden, durch welche der Herr Fürst die verliehenen Regierungsrechte, gemäß §. 38 u. ff. der Instruction vom 30. Mai 1820 ausüben läßt.

§. 2. Innerhalb des Umfanges der dem Herrn Fürsten verliehenen Rechte ist demselben und seinen Behörden die Ausführung aller, auf die gesetzliche Art bekannt gemachten, oder ihnen von den betreffenden Behörden mitgetheilten Gesetze- und Verordnungen übertragen.

§. 3. Die Wahrnehmung der Königlichen Gerechtsame der Landeshoheit, der allgemeinen Landespolizei, der Militairgewalt, der directen und indirecten Steuern, und aller übrigen Regalien, so wie der Monopole ꝛc., die Untersuchung und Bestrafung von Uebertretungen der in dieser Hinsicht bestehenden Gesetze und Verordnungen, ingleichen die Einziehung aller fiscalischen Strafen, verbleibt den landesherrlichen Behörden, von denen es abhängt, ob sie sich dazu der königlichen, oder der standesherrlichen Unterbehörden bedienen wollen.

§. 4. Die Aufsicht darüber, daß die Gesetze und Verordnungen, deren Ausführung dem Herrn Fürsten und seiner Regierung zusteht, nicht nur überhaupt, sondern auch ihrem speciellen Inhalte gemäß angewandt, und daß sowohl von dem Herrn Fürsten selbst, als von der fürstlichen Regierung in Ausübung der bewilligten Rechte die gesetzlichen Schranken beobachtet werden, führen die königlichen Ministerien durch den Ober-Präsidenten der Provinz, dem hiezu entweder allgemeine oder besondere Aufträge und Instructionen, nach Maaßgabe der Umstände und des Bedürfnisses der Verwaltung ertheilt werden.

§. 5. Die Ausübung der nach §. 2. dem Herrn Fürsten zustehenden Regierungsrechte, geschieht im Umfange des Standesgebiets fortan durch eine collegial eingerichtete Behörde unter dem Namen: „Fürstlich Wied'sche Regierung."

Das Personal dieser Regierung besteht aus einem Direktor, zwei Justizräthen, zwei Regierungsräthen, einem Kirchen- und Schulrath, einem Forstrath, einem Medicinalrath, einem Assessor, einem Secretair, einem Registrator, einem Canzellisten und einem Boten. Wenn einer der beiden jetzt fungirenden Regierungsräthe abgeht, ist es nicht erforderlich, dessen Stelle wieder zu besetzen, da Ein Regierungsrath für den Umfang der Geschäfte hinreichend ist.

§. 6. Unter Voraussetzung der gesetzlichen Qualification, worüber ein Zeugniß derselben königlichen Behörden, von denen die königlichen Beamten gleicher Cathegorie geprüft werden, dem Ober-Präsidenten der Provinz vorzulegen ist, hängt die Anstellung des vorbemerkten Personals von dem Herrn Fürsten ab, ohne daß es einer weitern Bestätigung bedarf.

§. 7. Die Rentkammer und Domainen-Verwaltung des Herrn Fürsten bleiben von der Regierung getrennt; die fürstlichen Rent- und Domainen-Beamten können folglich, auch unter anderem Titel, nicht Mitglieder der Regierung sein.

§. 8. Die fürstlichen Regierungsbeamten bleiben Staatsdiener, und werden überall als solche behandelt. Was deren Pensionirung betrifft, so wird die besondere Uebereinkunft vorbehalten.

§. 9. Die Mitglieder der fürstlichen Regierung werden als Staatsdiener in ihrem Amts- oder Diensteide Sr. Majestät und dem Standesherrn dahin verpflichtet:

> daß sie Sr. Majestät und Allerhöchstdero Nachfolgern in der Regierung treu, gehorsam und unterthänig sein, nach ihren Kräften Allerhöchstdero Schaden abwenden und Nutzen befördern, das ihnen anvertraute Amt nach den Landesgesetzen treu, fleißig und gewissenhaft verwalten, die von den, ihnen vorgesetzten Behörden ihnen zukommenden Aufträge, Befehle und Weisungen gehörig vollziehen, und die durch das Edict vom 21. Juni 1815, die Allerhöchste Instruction wegen Ausführung dieses Edicts vom 30. Mai 1820, und die gegenwärtige Urkunde vom 20. Mai 1826 festgestellten Rechtsverhältnisse überall gebührend beachten wollen; auch daß sie dem Herrn Fürsten, als ihrer Standes- und Dienstherrschaft, so wie dessen Nachfolgern, alle schuldige Treue und gebührenden Gehorsam jederzeit erweisen, desselben Bestes möglichst befördern, seinen Schaden aber abwenden wollen.

Dem Eide des Direktors muß ferner der im §. 43. Tit. II. P. III. der preußischen Allgemeinen Gerichtsordnung vorgeschriebene Eid des Direktors eines Justiz-Collegii, und dem Eide der Räthe und des Assessors für die Justizgeschäfte der eben daselbst, §. 63., normirte Richtereid hinzugefügt werden, wozu die besondere Anweisung des königlichen Justiz-Ministeriums noch vorbehalten wird.

Die Vereidung des Direktors erfolgt vor dem Ober-Präsidenten der Provinz, der Mitglieder und Subalternen vor dem Direktor im versammelten Collegio. Nach der Vereidung der letzteren wird das darüber aufzunehmende Protocoll dem Ober-Präsidenten eingereicht, und durch diesen dann die Ernennung im Amtsblatte der Regierung zu Coblenz bekannt gemacht.

§. 10. Die Mitglieder der fürstlichen Regierung sind für die gesetz- und pflichtmäßige Verwaltung des ihnen anvertrauten Amtes verantwortlich. Sie haben jedoch den Verfügungen und Anordnungen des Herrn Fürsten, welche nach ihrer gewissenhaften Ueberzeugung den Gesetzen nicht entgegen sind, bei allen, die Justizpflege nicht betreffenden Gegenständen ihrer Verwaltung, Folge zu leisten. In Justizsachen beschränkt sich die Autorität des Herrn Fürsten auf eine Einwirkung bei Beschwerden über verzögerte Justiz- und Amtsversäumnisse, worin die Regierung seinen Verfügungen, denen er durch Ordnungsstrafen Nachdruck zu geben berechtigt ist, nachleben muß.

§. 11. Für die Bearbeitung

1) der Justiz-,
2) der Polizei- und Commmunal-,
3) der Kirchen- und Schul-Angelegenheiten,

bildet die fürstliche Regierung drei Abtheilungen. Die Ausfertigungen geschehen in allen Fällen unter dem Titel: Fürstlich Wied'sche Regierung. Die betreffende Abtheilung derselben wird auf den Ausfertigungen bei der Journal-Nummer mit dem vorbemerkten Prädikat ihres Ressorts bezeichnet. Der Direktor muß jederzeit der Direktor der Justiz-Abtheilung, mithin gemäß §. 9. zur Justiz verpflichtet sein.

§. 12. Der Justiz-Abtheilung, in welcher nur die zur Justiz verpflichteten Mitglieder der Regierung eine Stimme haben, sind alle Justiz-Angelegenheiten im ganzen fürstlichen Gebiet, soweit solche nicht in causis mere spiritualibus zur katholisch-geistlicher Gerichtsbarkeit gehören, in resp. zweiter und erster Instanz überwiesen.

§. 13. Der Appellationszug von der Regierung als zweiter Instanz in Justizsachen, geht an den königlichen Appellationshof in Cöln als dritte Instanz, dem das Recht der Oberaufsicht zusteht, an welchen folglich auch Beschwerden über verzögerte, entzogene, oder verweigerte Justiz zu bringen sind, in sofern der Beschwerdeführer nicht vorzieht, sich an den Herrn Fürsten selbst zu wenden.

§. 14. Wegen der königlichen Beamten und der Eximirten, die in dem fürstlichen Gebiete wohnen, hat es bei der Bestimmung der Instruction vom 30. Mai 1820, §. 39., nach welcher sie von der fürstlichen Gerichtsbarkeit ausgenommen sind, sein Verbleiben.

§. 15. Wenn in Ehescheidungssachen rc. die fürstliche Regierung als erste Instanz erkennt, so geht der Appellationszug an den königlichen Appellationshof zu Cöln als zweite Instanz, und von letzterem die Ober-Appellation in dritter Instanz an den königlichen Revisionshof zu Berlin.

§. 16. Wenn ein Proceß des Herrn Fürsten, der Mitglieder der fürstlichen Familie, oder der fürstlichen Rentkammer wider einen Eingessenen des fürstlichen Gebiets in zweiter Instanz an die Justiz-Abtheilung der fürstlichen Regierung gelangt, so hängt es von dem Eingesessenen ab, die Transmission der Acten an den königlichen Justiz-Senat zu Coblenz zur Abfassung des Erkenntnisses in dem Falle zu verlangen, wenn der Gegenstand des Processes eine weitere Instanz nicht mehr zulässig macht. Die abgefaßten Urtheile werden von dem königlichen Justiz-Senat den standesherrlichen Justizbehörden zur Publication und Execution übersandt.

§. 17. In allen fiscalischen Processen, mit Ausnahme der Domainen-Angelegenheiten, wenn die königlichen Behörden es nicht vorziehen, die Sachen im Disciplinar- oder im Resolutionswege zu erledigen, hängt es von der Wahl des königlichen Fiscus ab, untreue und nachlässige Beamte, ausgetretene Unterthanen und Militairpflichtige, so wie Contravenienten gegen Steuer- und andere, die Königlichen Regalien und Monopole betreffenden Gesetze und Verordnungen, entweder beim königlichen Justiz-Senat, oder bei den fürstlichen Justizbehörden zu verfolgen.

Ist eine Sache von den königlichen Behörden im Resolutionswege entschieden worden, und dem Contravenienten der Recurs an die Gerichte vorbehalten, so geht derselbe an den königlichen Justiz-Senat.

§. 18. Tritt der Domainen-Fiscus als Kläger auf, so hat er vor dem betreffenden fürstlichen Gericht sein Recht zu suchen.

§. 19. Bei Execution aller fiscalischen Gefälle, einschließlich der Domainen-Pachten und Abgaben, bleibt dem königlichen Fiscus das Recht, durch seine Verwaltungsbeamten die Pfändung und Versteigerung von Mobilien zu verfügen; die Execution in Immobilien wird von den fürstlichen Gerichten besorgt.

§. 20. In allen Civil-Processen, in welchen der königliche Justiz-Senat zu erkennen hat, wird die Insinuation der Vorladungen, und die Execution im Wege der Requisition durch die fürstliche Regierung bewirkt.

In allen Untersuchungssachen hängt es von dem Ermessen des königlichen Justiz-Senats ab, ob er die Insinuation der Vorladungen und die Execution selbst verfügen, oder dieserhalb die fürstliche Regierung requiriren will. Von den höheren königlichen Justizbehörden hat die fürstliche Regierung Verfügung anzunehmen.

§. 21. Die Rechtspflege in zweiter Instanz erstreckt sich auch über das Dorf Irrlich; die Handlungen der freiwilligen Gerichtsbarkeit daselbst stehen unter Aufsicht und Leitung des fürstlichen Justizbeamten.

§. 22. In allen peinlichen Fällen wird die Instruction von einem zur Justiz verpflichteten Mitgliede der Regierung, welches der Direktor zu bestimmen hat, geführt; alle peinlichen Erkenntnisse müssen von sämmtlichen zur Justiz verpflichteten Mitgliedern, mit Ausnahme desjenigen, welches die Instruction geführt hat, berathen, abgefaßt, und demnächst vor ihrer Publication dem königlichen Appellationshofe zu Cöln zur Bestätigung, oder weiteren verfassungsmäßigen Veranlassung eingesandt werden.

§. 23. Die Polizei- und Communal-Verwaltung bildet den Geschäftskreis der Polizei- und Communal-Abtheilung, welche aus dem Direktor, den beiden Regierungsräthen, dem Forstrath nnd dem Medicinalrath besteht. Auch die Justizräthe, wenn sie den Sitzungen dieser Abtheilung beiwohnen, haben eine Stimme darin.

§. 24. Die Befugniß der fürstlichen Regierung hinsichtlich der Polizei-Verwaltung umfaßt die Beaufsichtigung der Local-Polizei-Behörden, nnd die Ausübung derjenigen polizeilichen Gewalt, welche den königlichen Landräthen in den unmittelbaren Landestheilen beigelegt ist.

§. 25. Dieser Polizei-Aufsicht sind auch die in dem fürstlichen Gebiet sich aufhaltenden königlichen Beamten untergeordnet.

§. 26. Die allgemeine Landespolizei wird fernerhin, wie bisher, von den königlichen Behörden ausgeübt, und sofern dabei eine Mitwirkung der Localbehörden erforderlich ist, haben diese von dem Kreislandrath Befehle anzunehmen, zu deren Annahme und Befolgung die Localbehörden von der fürstlichen Regierung gleich nach deren Einführung ein für allemal anzuweisen sind.

§. 27. Alle Polizei-Angelegenheiten, soweit solche nicht (§. 26.) den königlichen Behörden vorbehalten bleiben, werden in der fürstlichen Regierung bearbeitet. In dringenden Fällen, wenn Gefahr im Verzuge ist, kann der Decernent für sich allein Verfügungen treffen; er ist aber gehalten, diese in der nächsten Sitzung zur Kenntniß des Collegii zu bringen. Polizei-Verordnungen bedürfen ohne Ausnahme des collegialischen Beschlusses.

§. 28. Auch die Ausübung der Gewerbepolizei gehört zu

den Befugnissen der fürstlichen Regierung. Soweit dabei ein Steuer-Interesse obwaltet, bedarf es der Zustimmung der betreffenden königlichen Steuerbehörden.

§. 29. Bei denjenigen Gewerben, zu deren Betriebe der Nachweis der gesetzlichen Qualification erforderlich ist, muß dieser der fürstlichen Regierung vorgelegt werden.

§. 30. Insbesondere Bauhandwerker müssen sich über die, vor einer königlichen oder fürstlichen Commission bestandenen Prüfung ausweisen, ehe ihnen die Ausübung ihres Gewerbes gestattet werden darf. Die Qualification der Mitglieder der fürstlichen Prüfungs-Commission ist, ehe dieselben in Function treten, dem Ober-Präsidenten nachzuweisen.

§. 31. Wer vor einer königlichen Commission die gesetzlich vorgeschriebene Qualification zur Ausübung eines Gewerbes nachgewiesen hat, kann solches in dem fürstlichen Gebiete ausüben, ohne daß es einer besondern Zustimmung bedarf, so wie derjenige, welcher vor der fürstlichen Commission den gleichen Nachweis geführt hat, in den unmittelbaren Landestheilen sein Gewerbe auszuüben berechtigt ist.

§. 32. Ob die Fortsetzung eines Gewerbes, wegen Verletzung der Polizei-Vorschriften, oder wegen verlorener Qualification, nicht weiter gestattet werden darf, darüber gebührt die Entscheidung der fürstlichen Regierung.

§. 33. Die Medicinal- und Gesundheitspolizei wird von dem Regierungs- und Medicinalrath, welcher in allen Angelegenheiten der Polizei- und Communal-Abtheilung ein Stimmrecht hat, in der Regierung bearbeitet.

§. 34. Die Beurtheilung der Qualification zur innern und äußern Heilkunde, so wie die Ertheilung der Approbation zur Ausübung derselben, gehört vor die betreffenden königlichen Behörden.

Der Hebammen-Unterricht kann im Standesgebiet selbst erfolgen, so weit die dazu vorgeschriebenen Einrichtungen vorhanden sind; die Prüfung der Hebammen findet alsdann durch die fürstlichen Medicinal-Personen statt. So lange die erforderlichen Unterrichtsanstalten fehlen, müssen die Hebammen in dem Hebammen-Institut zu Cöln unterrichtet und geprüft werden: es steht jedoch der fürstlichen Regierung frei, ihren Medicinalrath zur Theilnahme an der Prüfung abzusenden.

§. 35. In gerichtlich-medicinischen Fällen ist die Aufnahme der Obductions-Verhandlungen, so wie die Abfassung von Zeugnissen und Gutachten das Geschäft des fürstlichen Medicinalbeamten, insbesondere des Physikus.

Von dieser ersten Instanz, wenn nach allgemeiner Vorschrift, oder aus besondern Gründen eine weitere technische Beurtheilung der Obductionsberichte oder Gutachten erforderlich ist, gelangen solche durch den Ober-Präsidenten an das königliche Medicinal-Collegium als zweite, und von da an die wissenschaftliche Deputation für das Medicinalwesen als letzte Instanz.

§. 36. Bei Epidemieen und Epizootien, die das Wohl der benachbarten Kreise durch Verbreitung gefährden können, hat die fürstliche Regierung an das königliche Ober-Präsidium zu berichten.

§. 37. Die Forst- und Jagdpolizei wird in der fürstlichen Regierung durch den Regierungs- und Forstrath bearbeitet. Derselbe hat in allen Fällen, wo das Interesse des Herrn Fürsten in Bezug auf dessen eigene Waldungen und Forsten eintritt, nur ein votum consultativum, in Angelegenheiten der Communal-Waldungen und der Jagdpolizei aber ein votum decisivum.

§. 38. Die Angelegenheiten der Communen und der Institute, so weit diese letztern nicht der Abtheilung der Regierung für die Kirchen- und Schulsachen untergeordnet sind, werden, wie die Polizei-Angelegenheiten, in der Regierung, von einem der beiden Regierungsräthe, oder neben den Gegenständen der Polizei von beiden Regierungsräthen, wie dies der Direktor bei der Geschäftsertheilung näher bestimmen wird, bearbeitet.

§. 39. Unter der Leitung der königlichen Regierung zu Coblenz verwaltet der königliche Landrath in dem fürstlichen Gebiet alle, der fürstlichen Regierung nicht überwiesenen wesentlichen und zufälligen Hoheitsrechte ganz in der nämlichen Weise und dem nämlichen Umfange, wie solches in den übrigen Kreisen des Regierungsbezirks von den königlichen Landräthen geschieht.

In allen diesen Angelegenheiten requirirt der königliche Landrath die fürstliche Regierung, und verfügt unmittelbar an die übrigen fürstlichen Behörden; diese und insbesondere die Polizeibeamten, haben die Befehle des königlichen Landraths ebenso, wie die Befehle der fürstlichen Vorgesetzten, ohne Aufschub zu vollziehen, zu deren Annahme und Befolgung die Localbehörden von der fürstlichen Regierung gleich nach deren Einführung ein für allemal anzuweisen sind. Gleichfalls ist die Redaction des fürstlichen Amtsblattes verpflichtet, alle ihr von dem königlichen Landrath zukommenden Publicanda in das nächste standesherrliche Amts- oder Intelligenzblatt aufzunehmen.

§. 40. Die Angelegenheiten der Kirchen, Schulen, Erziehungsanstalten und milden Stiftungen, gehören vor die Kirchen- und Schulabtheilung der fürstlichen Regierung, und werden darin, unter Vorsitz des Direktors, von dem Kirchen- und Schulrath, den beiden Regierungs- und beiden Justizräthen, oder wenigstens einem derselben, bearbeitet.

§. 41. Der Wirkungskreis der fürstlichen Regierung bleibt in dieser Hinsicht auf die Gegenstände beschränkt, welche der §. 18. der Regierungs-Instruction vom 23. October 1817 den Kirchen- und Schul-Commissionen der königlichen Regierung zuweiset.

Soweit die königlichen Regierungen in Kirchen- und Schul-Angelegenheiten dem königlichen Consistorium untergeordnet sind, ist es die Fürstlich Wied'sche Regierung gleichfalls.

§. 42. In Bezug auf Kirchen und milde Stiftungen gehört demnach zum Wirkungskreise der fürstlichen Regierung:

a) die Einführung der, auf Verfügung eines königlichen Consistorii ordinirten, und von dem Herrn Fürsten ernannten Pfarrer und Geistlichen; desgleichen die Bestätigung aller, von Privat-Patronen und Gemeinden zu geistlichen Stellen erwählten Subjecte, unter Genehmigung des Herrn Fürsten; sofern Geistliche aus dem Auslande vocirt werden, bedarf es der Bestätigung des königlichen Consistorii; wo Se. Majestät der König selbst Patron ist, wird das Patronatrecht, wie in den unmittelbaren Landestheilen, durch die königliche Regierung ausgeübt;

b) die Aufsicht über die Amts- und moralische Führung der Geistlichen, die Urlaubsertheilung für selbige, die Untersuchung gegen Geistliche, die Suspension vom Dienst, und der Antrag auf deren Remotion, sofern solches nicht wegen eines gemeinen, nicht in der Eigenschaft als Geistlicher verübten Vergehens nothwendig wird, und die Amtsentsetzung nicht in Folge der gerichtlichen Untersuchung statt hat, — nach den Vorschriften in der Allerhöchsten Kabinets-Ordre vom 12. April 1822, betreffend das Verfahren bei Amtsentsetzung der Geistlichen;

c) die Aufrechthaltung der äußern Kirchenzucht und Ordnung;

d) die Direktion und Aufsicht über Kirchen, milde und fromme Stiftungen und Institute, insonderheit über gewissenhafte Verwaltung der diesen Gegenständen gewidmeten Fonds, folglich auch die Prüfung und

Bestätigung der betreffenden Etats, imgleichen die Abnahme und Decharge der Rechnungen;

e) die Aufsicht und Verwaltung sämmtlicher äußern Kirchen-Angelegenheiten, mithin auch die Regulirung des Stolwesens;

f) die Ertheilung von Concessionen und Dispensationen zu Haustrauungen, vom dritten Aufgebot und von den verfassungsmäßigen Erfordernissen der Confirmation;

g) die polizeiliche Aufsicht über alle litterarische Institute, Gesellschaften und Unternehmungen;

h) die Zusammenziehung und Vertheilung der Parochien, desgleichen die Umpfarrung einzelner Ortschaften, unter Zustimmung der Gemeinden und Patrone.

§. 43. Den kirchlich polizeilichen Einrichtungen im fürstlichen Gebiete sind auch sämmtliche darin sich aufhaltende königliche Beamte unterworfen; doch sind sie vom Pfarrzwange ausgenommen.

§. 44. In Bezug auf die Schulen und sonstigen Erziehungsanstalten gehört zum Ressort der fürstlichen Regierung:

a) die Aufsicht und Verwaltung des gesammten Elementar-Schulwesens, der Privatschulen und Erziehungsanstalten, mit Ausnahme des königlichen Schullehrer-Seminars zu Neuwied und der damit verbundenen oder noch zu verbindenden Elementar-Uebungsschule, welche der königlichen Provinzialbehörde untergeordnet bleiben;

b) die Besetzung der Schullehrerstellen fürstlichen Patronats, die Bestätigung aller, von Privat-Patronen und Gemeinden erwählten Schullehrer, unter Genehmigung des Herrn Fürsten, imgleichen die Ernennung der Schul-Inspectoren. Als Schullehrer dürfen nur solche Subjecte angestellt werden, welche die für die Schullehrer gleicher Art im Immediatgebiet angeordnete Prüfung bestanden haben. Sofern Schullehrer aus dem Auslande berufen werden, bedarf es der Bestätigung des königlichen Consistorii;

c) die Aufrechthaltung einer guten Disciplin unter den Lehrern, deren Suspension und Entsetzung in dazu geeigneten Fällen, gemäß der Verfügungen des königlichen Ministerii der geistlichen, Unterrichts- ꝛc. Angelegenheiten vom 27. August, 24. October, 19.

December 1824 und 4. Juli 1825 und unter den darin angegebenen Modificationen;

d) die Regulirung des Schulgeldes;

e) die Einrichtung und Vertheilung von Schulsocietäten nach dem Wunsche der Gemeinden oder nach Erforderniß der Local-Umstände.

§. 45. Dem Ober-Präsidenten stehen in Bezug auf die Verwaltung der innern Angelegenheiten der römisch-katholischen Kirche, so wie auf das römisch-katholische Erziehungs- und Unterrichtswesen, hinsichtlich des Religions-Unterrichts und der Anstellung der Religionslehrer innerhalb des fürstlichen Gebiets dieselben Befugnisse zu, welche er in den übrigen Theilen der Rheinprovinzen verfassungsmäßig ausübt. Es bleibt demselben dabei überlassen, diese seine Functionen in vorkommenden Fällen dem königlichen Landrath oder der fürstlichen Regierung zu übertragen. Die Verwaltung der äußern Angelegenheiten der katholischen Kirchen und Schulen wird dagegen von der Kirchen- und Schulabtheilung der fürstlichen Regierung besorgt.

§. 46. Haus- und Kirchencollecten, welche für den ganzen preußischen Staat, die Rheinprovinzen, oder für den Coblenzer Regierungsbezirk bewilligt werden, sind auch in dem fürstlichen Standesgebiet zu halten.

Für die Bedürfnisse der in dem fürstlichen Gebiet liegenden Kirchen, Schulen und milden Anstalten, oder für sonstige wohlthätige Zwecke, ist der Herr Fürst befugt, freiwillige Collecten in seinem Gebiet selbstständig anzuordnen.

§. 47. Mit Beachtung der Gesetze und mit Ausnahme der Gegenstände und Grundsätze, die nach der Verfassung und allgemeinen Einrichtung des Staats einer landesherrlichen Authorisation bedürfen, ist der Herr Fürst berechtigt, im ganzen Umfange seiner Rechte und innerhalb deren Grenzen selbstständig und in eigenem Namen Verordnungen und Verfügungen zu erlassen, welche jedoch, wenn sie nicht etwa nur die örtliche Polizei und die Verwaltung der fürstlichen Besitzungen betreffen, dem Ober-Präsidenten sogleich bei dem Erlaß mitzutheilen sind.

In Verordnungen des Herrn Fürsten, welche Polizei-Vergehen betreffen, kann jedoch die Strafe nicht über 1 bis 5 Thaler incl. festgesetzt werden.

§. 48. Der Recurs über Verfügungen der fürstlichen Regierung, geht in Justizsachen an das Appellationsgericht zu Cöln, und in den übrigen Angelegenheiten, wenn der Beschwerdeführer nicht vorzieht, zunächst Remedur bei dem

Herrn Fürsten selbst zu suchen, an den Ober-Präsidenten der Provinz.

Ist bei dem Herrn Fürsten selbst Remedur nachgesucht und geht der weitere Recurs an den Ober-Präsidenten, so ist in jedem solchen Fall der Eingabe des Beschwerdeführers die Entscheidung des Herrn Fürsten beizufügen.

Bedarf es zur näheren Ermittelung des Sachverhältnisses, oder zur Kenntniß der Entscheidungsgründe, einer Rücksprache mit dem Herrn Fürsten: so ist diese vorzunehmen, die Verfügung des Ober-Präsidenten aber an die fürstliche Regierung zu richten.

§. 49. Der §. 56. der Instruction vom 30. Mai 1820, betreffend die Publication der Gesetze und Verordnungen, kommt hinfort, unter nachstehenden Modificationen zur Anwendung:

Ohne Weiteres sind im Standesgebiet gültig:

1) alle Gesetze und landesherrliche Verordnungen, welche in der Gesetzsammlung stehen;
2) die durch das Amtsblatt publicirten Verfügungen der königlichen Ministerien, der königlichen Provinzialbehörden und der königlichen Regierung zu Coblenz, letztere nämlich soweit sie die Angelegenheiten der königlichen Gerechtsame der Landeshoheit, der allgemeinen Landespolizei, des Militair-Wesens, der directen und indirecten Steuern so wie aller übrigen Regalien und der Monopole betreffen.

Alle übrigen auf das fürstliche Gebiet anwendbaren Verordnungen königlicher Behörden werden der fürstlichen Regierung durch den Ober-Präsidenten zur Bekanntmachung zugesendet, in dringenden Fällen auch durch die königliche Regierung in Coblenz an sie befördert.

§. 50. In Justizsachen müssen auch diejenigen Verfügungen befolgt werden, welche in die, unter öffentlicher Autorität erscheinenden Sammlungen aufgenommen sind.

§. 51. Zur Haltung der Gesetzsammlung und des Amtsblatts der königlichen Regierung zu Coblenz sind in dem fürstlichen Gebiete alle diejenigen Personen verpflichtet, welche dazu in den unmittelbaren Landestheilen nach der bestehenden Verfassung angewiesen sind.

§. 52. Für alle öffentliche Bekanntmachungen und Verordnungen außer den, in der Gesetzsammlung und dem Amtsblatt der königlichen Regierung zu Coblenz erscheinenden Gesetzen und Verordnungen, wird unter dem Titel: „Fürstlich Wiedsches Regierungs- und Intelligenzblatt“ ein amtliches Blatt für das fürstliche Gebiet eingeführt. Die darin aufgenommenen Verordnungen und Verfügungen erhalten ebenfalls mit dem Anfange des achten Tages, nachdem sie zum erstenmale darin abgedruckt worden, Gültigkeit.

§. 53. Zur Bestreitung des Kostenaufwandes für die hiernach neu zu organisirende Regierung wird dem Herrn Fürsten, außer den, auf den Grund der Instruction vom 30. Mai 1820 bereits bewilligten oder noch zu bewilligenden Zuschüssen aus den directen Steuerfonds ein größerer Bedarf nicht überwiesen, sondern die Mehrkosten werden, so weit sie nicht durch die aufkommenden Sporteln gedeckt sind, aus dem Privatvermögen des Herrn Fürsten bestritten.

§. 54. Die Sporteln werden in Justizsachen nach der Taxe des königlichen ostrheinischen Justiz-Senats, und in Verwaltungsangelegenheiten nach den Vorschriften der königlichen Sporteltaxordnung vom 25. April 1825 erhoben.

In Ansehung der Gerichtsnutzungen bleibt es bei der bisherigen Verfassung, bis dieserhalb eine allgemeine abändernde Bestimmung im gesetzlichen Wege von Seiner Majestät getroffen worden.

§. 55. In Ansehung der Geldstrafen hat es bei den bestehenden Gesetzen sein Bewenden.

§. 56. Sämmtlichen Beamten sind etatsmäßige fixirte Gehalte, mit Ausschluß alles Antheils an den Sporteln, auszusetzen. Der Normal-Besoldungsetat wird dem Ober-Präsidenten eingesandt, um die Ueberzeugung zu gewähren, daß die Beamten auskömmlich salarirt werden.

§. 57. Se. Majestät der König behalten sich diejenigen nähern Bestimmungen dieser Bewilligung vor, welche in der Folge der Zeit das Staatswohl erfordern sollte.

Die vorstehende in Auftrag des königlichen Hohen Staats-Ministeriums nach den beschlossenen und übereingekommenen Bestimmungen abgefaßte Urkunde ist in zweien gleichlautenden Exemplaren ausgefertigt, auch in Auftrag des königlichen Hohen Staatsministeriums durch den Geheimen Staatsrath v. Stägemann, und von dem Herrn Fürsten zu Wied Höchsteigenhändig unterschrieben worden.

Berlin, den 29. Mai 1826.

Friedrich August v. Stägemann.
August Fürst zu Wied.

a.

Der vorstehende, nach den Bestimmungen Meiner Ordre vom 31. Mai 1825 mit dem Fürsten zu Wied über die Organisation der Verwaltungsbehörden des fürstlichen Gebiets abgeschlossene Receß vom 29. Mai 1826 wird hierdurch mit folgenden Maaßgaben von Mir genehmigt:

1) zum §. 34. bleibt der in Gemäßheit Meiner Ordre vom 28. Juni 1825 durch das Reglement vom 1. December 1825 angeordneten Prüfungs-Commission die Prüfung der Hebammen auch dann vorbehalten, wenn deren Unterricht im fürstlichen Gebiete selbst ertheilt wird;

2) zu den §§. 41 und 42. muß auch Meine die Abänderung in der bisherigen Organisation der Provinzial-Verwaltungsbehörden betreffende Ordre vom 31. December 1825 berücksichtiget, und insonderheit die Ordination der evangelischen Geistlichen dem landesherrlichen Consistorium überlassen werden.

Berlin, den 13. November 1826.

Confirmations-Urkunde. Friedrich Wilhelm.

759.

Gebühren der Gerichtsvollzieher in Strafsachen.

Auf Ihren Bericht vom 27. Januar d. J. wird Ihnen eröffnet, daß, da von einer zu bewirkenden Zurücknahme der Allerhöchsten Kabinets-Ordre vom 5. April vor. Jahres wegen der Gebühren der Gerichtsvollzieher in Straf-Sachen nicht die Rede sein kann, es sich von der zweckmäßigen Ausführung derselben handelt.

Da sich dem Berichte nach die von Ihnen am 21. Juni pr. entworfene Instruction (No. 700.) bewährt hat, so kann danach ferner verfahren werden, jedoch mit Ausnahme des dritten Punktes, welcher geradezu gegen die bestehenden Gesetze wegen Repartition der gleichzeitig von einem Gerichtsvollzieher auf Reisen verdienten Kosten läuft; es ist deshalb diese Verfügung sogleich zurückzuziehen.

Was die für die Gerichtsschreiber in Antrag gebrachten Gebühren von 5 Centimes für die durch die neue Einrichtung vermehrten Liquidations-Sätze anlangt, so kann deren Ansatz, da Sie das Recht der Gerichtsschreiber hierauf aus dem Gesetz selbst herleiten und einzelne Regierungen schon damit einverstanden sind, bei der Geringfügigkeit des Gegenstandes so lange, bis sich darüber nach Art. 152. des Decrets vom 18. Juni 1811 Contestationen erheben sollten, passiren.

Was die von den Regierungen zu Trier und Coblenz in Anspruch genommene Tantieme der Empfänger bei den eventuellen Gebühren der Gerichtsvollzieher betrifft, so ist dieselbe von Ihnen mit Recht abgelehnt worden, und ich bin deshalb dato mit dem königlichen Finanz-Ministerio in Communication getreten, von deren Resultat Sie zu seiner Zeit werden in Kenntniß gesetzt werden.

Berlin, den 4. Juni 1826. Der Justiz-Minister
An Graf v. Danckelmann.
den königl. General-Procurator Herrn Ruppenthal
zu Cöln.

760.

Verfahren bei Chaussee-Contraventionen.

Beigehend erhalten Sie Abschrift des diesseitigen Schreibens an das königliche Ministerium des Innern vom 17. April c.,

betreffend die Competenz der Bürgermeister in den Rheinprovinzen bei Chaussee-Contraventionen,

und des Rückschreibens des gedachten königlichen Ministerii vom 6. v. M., um die Gerichte von den übereinstimmenden Ansichten der Ministerien der Justiz und des Innern wegen des Fori der Chaussee-Contraventionen und wegen Anwendung des Anhangs zum Tarif vom 29. Mai 1822 mit Ausschluß der §§. 10 bis 14. auf alle gebauete Straßen in Kenntniß zu setzen, und die königlichen Ober-Procuratoren danach mit Anweisung zu versehen.

Berlin, den 5. Juni 1826. Der Justiz-Minister
An Graf v. Danckelmann.
den königlichen General-Procurator Herrn Ruppenthal
zu Cöln.

a.

Euer Excellenz geehrtes Schreiben vom 20. November vorigen Jahres,

betreffend die Competenz der Bürgermeister in den Rhein-Provinzen bei Chaussee-Contraventionen,

hat mir Veranlassung gegeben, zuvörderst den gutachtlichen Bericht des General-Procurators Ruppenthal zu Cöln zu erfordern. Nachdem derselbe eingegangen ist, beehre ich mich Denenselben Folgendes bei Zurücksendung des mir mit dem obgedachten geneigten Schreiben mitgetheilten Berichts des Herrn Staatsministers Ober-Präsidenten von Ingersleben vom 7. November pr. und dessen Beilagen ganz ergebenst zu erwiedern:

Was zuvörderst die Competenz der Bürgermeister über

die Bestrafung bei Wegegeld-Contraventionen betrifft, so läßt sich dieselbe aus der in den Rheinprovinzen bestehenden Gesetzgebung keinesweges rechtfertigen.

Das Gesetz vom 23. Juni 1806 beschäftiget sich lediglich mit der Ausführung einer jetzt gar nicht mehr bestehenden Anordnung, die Einrichtung und das Maximum des Gewichts der Lastwagen auf den Chausseen zu constatiren, um ihnen die Passage zu gestatten.

Lediglich auf die hierbei vorkommenden Streitigkeiten und Contraventionen, so wie auf die Vergehungen gegen das darin bezogene Gesetz vom 27. Ventose J. XII. (welches im allgemeinen — dans toute l'etendue de la république — mit Rücksicht auf die Zahl der Räder und Pferde, die Breite der Felgen bestimmt hatte) bezieht sich die im Art. 38. angeordnete Competenz der Bürgermeister, und nur in diesem Sinne hat mein Amts-Vorgänger dieselbe durch die Verfügung vom 7. Mai 1821 (zu einer Zeit, wo noch kein Wegezoll in den Rheinprovinzen erhoben wurde) aufrecht erhalten.

Wie wenig aber aus dieser anomalen Jurisdiction der Bürgermeister als solcher auf deren Competenz bei Wege-Geld-Contraventionen geschlossen werden kann, ergiebt sich daraus, daß zur Zeit der Emanation dieses Gesetzes vom 23. Juli 1806 noch eine Wegegelderhebung in Frankreich statt gefunden hat, welche durch die Gesetze vom 24. Fructidor J. V. (10. August 1797) Code général J. IX. pag. 211., vom 3. Nivose J. VI. (23. December 1797) ibid. 213. und vom 14. Brumaire J. VII. (4. November 1798.) ibid. 222. eingeführt und wie der Artikel 31. besagt, erst mit nächstem 22. September cessiren sollte; für Bestrafung der diesfälligen Contraventionen sind aber nach dem damals noch bestandenen Gesetze über den erwähnten Wegezoll vom 4. November 1798 ad 25. (ibid. pag. 226.) die Friedensrichter bei Strafen bis auf Höhe von 50 Francs, für höhere Summen die Tribunäle unbezweifelt allein competent gewesen.

Nachdem inzwischen durch die französische Criminal-Ordnung die Competenz der Strafgesetze im Allgemeinen regulirt und nach Art. 137. alle Contraventionen, deren Strafe nicht 15 Francs oder 5 Tage Gefängniß überschreiten, an die Polizeigerichte, die schwer verpönten Vergehen aber an die Zucht-Polizei-Gerichte verwiesen sind, so unterliegt es keinem Zweifel, daß, da mittlerweile die preußischen Wege-Zoll-Gesetze in den Rheinprovinzen publicirt und im §. 15. des Anhangs zum Tarif vom 29. Mai 1822 die zuständige Behörde nicht anderweitig bezeichnet worden, auch die Verfolgung der Contravenienten (wenn man nicht die höhere Competenz der Friedensrichter aus dem französischen Wegezollgesetze wieder aufleben lassen will), allein nach jenem Unterschiede resp. von den Polizei-Gerichten und Zuchtpolizei-Gerichten statt finden kann.

Denn, wenngleich auch der neue Chaussee-Tarif vom 18. August 1824 die mit Kopfnägel und Schienen beschlagenen Räder und die Breite der Felgen berücksichtigt, so geschieht dies nur, um die Höhe des Wegegeldes danach abzumessen, keinesweges aber, um ihre Zulässigkeit überhaupt zu bestimmen, worauf sich allein jene Competenz der Bürgermeister aus den allegirten frühern Gesetzen bezieht.

Bei der Höhe der Strafen wegen Verletzung der neuen Wegezollgesetze, wird nicht leicht der Fall vorkommen, daß die Untersuchung von einem andern, als dem Polizeigerichte in der ersten Instanz geführt wird, und da durch die Vorschrift des §. 15. des Reglements vom 29. Mai 1822 sowohl für die Sicherstellung des Staats wegen der Strafe, als auch des Contravenienten selbst gegen alle Weiterungen, sofern er sich zur Deposition der Strafe versteht, gesorgt ist, so liegt auch kein Grund vor, um in der bestehenden Verfassung etwas zu ändern.

Ich bemerke dabei ganz ergebenst, daß zwar nach dieser Verfassung die Bürgermeister keinesweges von aller Competenz ausgeschlossen sind, indem nach Art. 166. der rheinischen Criminal-Ordnung „die Bürgermeister als Polizeirichter mit den Friedensrichtern concurrente Jurisdictionen in den Gemeinen, welche nicht zum Haupt-Ort des Cantons erklärt sind, in Ansehung aller der Contraventionen haben, welche im Umfange der Gemeinde begangen werden, sofern die Contravenienten auf frischer That betroffen werden oder darin wohnen oder anwesend sind, sofern auch die Zeugen dort wohnen oder anwesend sind, und kein Civil-Kläger mehr als 15 Francs Entschädigung begehrt."

Allein diese Jurisdiction der Bürgermeister als Polizei-Richter ist nie recht zur Ausführung gekommen, und es ist bedenklich, sie da, wo sie noch nicht besteht, mit allen den dabei nöthigen Vorkehrungen, welche die Art. 167 bis 171. a. a. O. fordern, jetzt erst einzurichten, wo eine allgemeine Abänderung der ganzen rheinischen Justiz-Verfassung so nahe bevorsteht.

Ich kann daher nur das Verfahren der Regierung von Cöln, insofern sie durch Verweisung der Sachen an den Friedensrichter das durch ihn in der Regel verwaltete Polizei-Gericht im Auge hat, als das gesetzmäßige anerkennen, und ersuche ich hiernach Euer Excellenz ganz ergebenst, sämmtliche rheinische Regierungen instruiren, und diejenigen, welche über die Competenz bei Wegezoll-Sachen abweichende Anordnungen einseitig getroffen haben, wie namentlich die von N., zur Zurückziehung derselben gefälligst anzuweisen, mich aber von der erlassenen Verfügung unterrichten zu wollen.

Was den zweiten in dem Berichte des Herrn Staats-Ministers Ober-Präsidenten v. Ingersleben enthaltenen, von der Regierung zu Trier in Anregung gebrachten Gegenstand betrifft; so halte ich die Ausdehnung der gegen Beschädigungen der Straßen und der Reisenden im Anhang zum Tarif vom 29. Mai 1822 enthaltenen Vorschriften (mit Ausschluß der erwähnten §§. 10 bis 14.) auf alle gebaute Straßen für höchst heilsam und zweckmäßig, und bin zur Mitzeichnung dessen, was Euer Excellenz hierauf zu veranlassen belieben sollten, bereit; muß übrigens ergebenst bemerken, daß auch die diesfälligen Contraventionen, welche als matières de grande voirie früher nach dem Gesetz vom 29. Floreal J. X. (19. Mai 1802) Code général Tom. IX. pag. 138. und dem Decret vom 16. December 1811, ibid. pag. 305., von den Bürgermeistern und Wegebeamten constatirt und durch den souspréfet zur Entscheidung des Präfectur-Raths gebracht wurden, nach §. 20. No. 8. des rheinischen Ressort-Reglements vom 20. Juli 1818 zur Cognition der Gerichte gehören werden.

Berlin, den 17. April 1826. Der Justiz-Minister
Graf v. Danckelmann.

An
des königlichen wirklichen Geheimen Staats-Ministers
und Ministers des Innern Herrn von Schuckmann
Excellenz.

b.

Euer Excellenz ermangele ich nicht ergebenst zu benachrichtigen, daß ich die Regierungen zu Cöln, Aachen, Coblenz, Düsseldorf und Trier nach dem Inhalt des geehrten Schreibens vom 17. v. M., mit der erforderlichen Anweisung zur gleichförmigen Behandlung der dort vorkommenden Chaussee-Contraventionen durch das Ober-Präsidium zu Coblenz habe versehen lassen, und ersuche Dieselben ganz ergebenst, die rheinischen Justizbehörden gefälligst zu instruiren, daß die Ausdehnung der in dem Anhange zum Tarif vom 29. Mai 1822 enthaltenen Vorschriften, mit Ausschluß der §§. 10 bis 14. auf alle gebaute Straßen genehmigt worden, und daß die diesfälligen Contraventionen zur Cognition der Gerichte gehören.

Berlin, den 6. Mai 1826. v. Schuckmann.

An

des königlichen Geheimen Staats- und Justiz-Ministers Herrn Grafen v. Danckelmann Excellenz.

761.

Vorlegung der Acten in Steuerprocessen an die Steuerbehörde.

Mit der von Ihnen in dem Berichte vom 18. v. M. geäußerten Ansicht bin ich darin einverstanden, daß die Vorlegung der Acten in den Steuerprocessen nur an Gerichtsstelle statt finden kann, insofern die denuncirende Steuerbehörde nicht selbst in loco des Gerichts sich befindet, als in welchem Fall derselben solche auch zur Durchsicht verabfolgt werden dürfen.

Berlin, den 12. Juni 1826. Der Justiz-Minister Graf v. Danckelmann.

An

den königlichen General-Procurator Herrn Ruppenthal zu Cöln.

762.

Bei Bestimmung der den unvermögenden Holzdieben aufzuerlegenden subsidiairen Gefängnißstrafe kommt blos der Betrag der erkannten Geldstrafe in Betracht.

Mit der von dem königlichen Finanz-Ministerio in dem abschriftlich anliegenden Schreiben vom 12. v. M. geäußerten Ansicht bin ich dahin ganz einverstanden,

daß bei Bestimmung der den unvermögenden Holzdieben aufzuerlegenden subsidiairen Gefängnißstrafe nur allein auf den Betrag der gegen sie erkannten Geldstrafe, nicht aber zugleich auf das, von ihnen geforderte, Pfandgeld und Werthersatz des entwendeten Holzes Rücksicht genommen werden kann.

Da aus dem, dem Schreiben beigefügt gewesenen, hier ebenfalls in Abschrift angebogenen, Bericht der Regierung zu Coblenz vom 20. März d. J. hervorgeht, daß die Gerichte auf dem linken Rheinufer bei ihren Entscheidungen von einer der obigen entgegengesetzten Ansicht ausgehen, so veranlasse ich Sie, die Beamten des öffentlichen Ministeriums zu instruiren, in ihren bei jenen Gerichtshöfen zu formirenden Anträgen jener oben ausgesprochenen Ansicht zu folgen.

Berlin, den 12. Juni 1826. Der Justiz-Minister
An Graf v. Danckelmann.
den königl. General-Procurator Herrn Ruppenthal
zu Cöln.

a.

Nach dem abschriftlich beigefügten Berichte vom 20. März d. J., ist die Regierung in Coblenz der Meinung: daß in Absicht der Gefängnißstrafen zahlungsunfähiger Holzdiebe, bei Berechnung der Gefängnißtage die Strafe, sammt den Ersatz und Pfandgeldern, in Ansatz kommen müsse.

Ich kann diese Ansicht nicht theilen: Denn wollte man auch zugeben, daß der von der Regierung allegirte §. 1. des Gesetzes vom 7. Juni 1821 wegen Untersuchung und Bestrafung des Holzdiebstahls, nach seiner Fassung, einem Zweifel Raum geben könne; so wird doch die Vorschrift nur immer nach dem allgemeinen Grundsatz:

> daß eine Gefängnißstrafe nur einer andern nicht anwendbaren Strafe, nicht aber dem Schadenersatze substituirt werden könne,

zu erklären sein.

Da jedoch, wie die Regierung anführt, die Gerichtshöfe verschiedener Meinung sind, so muß Euer Excellenz ich den Gegenstand zunächst zur geneigten Prüfung und gefälligen Aeußerung ganz ergebenst anheim stellen.

Berlin, den 12. Mai 1826.

In Abwesenheit des Herrn Finanz-Ministers:
An Keßler.
des königl. wirklichen Geheimen Staats-Ministers
Herrn Grafen von Danckelmann Excellenz.

763.

Aufhebung der bergischen Gouvernements-Verordnung vom 31. August 1814, wegen öffentlicher Verkäufe und Verpachtungen aus freier Hand.

Durch eine Verfügung des General-Gouverneurs Gruner vom 31. August 1814 ist für die Provinzen, welche zum Großherzogthum Berg gehört haben, festgesetzt worden, daß jeder seine Mobilien entweder selbst oder durch wen er will, aus freier Hand öffentlich veräußern oder verpachten könne, ohne daß er nöthig habe, einen Notar oder Gerichtsvollzieher zuzuziehen. Kraft der durch die Allerhöchste Kabinets-Ordre vom 9. September 1822 den Ministerien ertheilten Ermächtigung, dergleichen Verfügungen der General-Gouvernements außer Kraft zu setzen, hebe ich die Verfügung vom 31. August 1814 hierdurch auf, und bestimme, daß die früher bestandenen Verordnungen, insbesondere das Decret vom 28. Januar 1813, wonach die öffentlichen Verkäufe an den Meistbietenden von Mobilien, Effecten, Waaren, Holz, Früchten sowohl eingescheuerten als auf dem Halm stehenden und aller andern beweglichen Gegenstände nur durch einen Notar, Gerichtsschreiber oder Gerichtsvollzieher geschehen können, wieder in Ausübung kommen sollen, und wenn gleich das Decret vom 28. Januar 1813 nach der Ueberschrift die Einregistrirungs-Gebühren betrifft, so kann doch die Vorschrift des Art. 19. durch das Gesetz wegen der Stempelsteuer vom 7. März 1822 und über die Einregistrirung vom 23. April 1824 nicht für aufgehoben erachtet werden, weil sie eine allgemeine Bestimmung ist, welche keinesweges in der Einregistrirung allein ihren Grund-hat und in der älteren Gesetzgebung abgesondert verordnet worden ist.

Demzufolge werden Sie, Herr General-Procurator, auf den Bericht vom 19. v. M. angewiesen, diese Verfügung zur Kenntniß des königlichen Appellations-Gerichtshofes und der Landgerichte zu bringen, und das Erforderliche wegen Ausführung und Befolgung dieser Bestimmungen zu erlassen.

Berlin, den 7. Juli 1826. Der Justiz-Minister
Graf v. Danckelmann.

An
den königlichen General-Procurator Herrn Ruppenthal
zu Cöln.

764.

Bestimmung wegen Versetzung in die zweite Klasse des Soldatenstandes bei Holzdiebstählen.

Auf die von dem ostrheinischen Senate des königlichen Appellationsgerichtshofes im Berichte vom 13. v. M. zur Entscheidung gebrachte Frage,

ob wegen vierten Holzdiebstahls auf Versetzung in die zweite Klasse des Soldatenstandes zu erkennen sei?

wird dem Collegio Abschrift des Schreibens des königlichen Kriegs-Ministerii vom 7. Februar 1824 mit dem Eröffnen zugefertiget, daß der Justiz-Minister gegen die darin aufgestellten Grundsätze nichts zu erinnern findet.

Berlin, den 17. Juli 1826. Der Justiz-Minister
An Graf v. Danckelmann.
den ostrheinischen Senat des königl. Appellationsgerichtshofes zu Cöln.

a.

Euer Excellenz ermangele ich nicht, auf das gefällige Schreiben vom 5. December v. J., worin Dieselben meine Meinung über die Anwendung des Gesetzes vom 7. Juni 1821 auf die von beurlaubten Landwehrmännern begangenen kleinen Holzdiebstähle wünschen, ganz ergebenst zu erwiedern, daß meines Erachtens Entwendungen an noch ungefälltem Holze, in so weit die gedachte Verordnung solche als ein bloßes Polizeivergehen behandelt und geahndet wissen will, nicht als ein eigentlicher Diebstahl, also auch nicht als ein entehrendes Vergehen anzusehen ist; daß mithin Kriegsreserve und beurlaubte Landwehrmänner wegen dieses Vergehens, in so weit es polizeilich, d. i. mit Geld- oder bloßer Gefängnißstrafe (event. Forstarbeit) zu bestrafen ist, nicht mit den, an den eigentlichen, criminell zu ahndenden Diebstahl geknüpften Strafen und Folgen zu belegen und daher nicht in die zweite Klasse des Soldatenstandes zu versetzen und des National-Militair-Abzeichens (Landwehrkreuzes) verlustig zu erklären sind; daß aber dieser Grundsatz nicht Anwendung finden kann, in den Fällen, wo die genannte Verordnung nicht mehr polizeiliche, sondern criminelle Ahndung vorschreibt, nämlich:

a) bei dem 4ten einfachen Holzdiebstahl, wo nach §. 30. Strafarbeit von 4 Wochen bis zu 2 Jahren in einem Arbeits- oder Besserungshause eintritt;
b) bei Diebstählen an zwar ungefälltem Holz, aber unter erschwerenden Umständen verübt, §. 31. l. c. und
c) bei Entwendungen an gefälltem Holz 2c. §. 32. ibid., in welchen Fällen nicht mehr das polizeiliche, sondern das Criminal-Verfahren eintritt, welche mithin als wirkliche Diebstähle anzusehen sind, und die, in den bürgerlichen und militairischen Criminal-Gesetzen vorgeschriebenen Folgen an den resp. danach zu behandelnden Thätern nach sich ziehen.

In dem Fall, daß Euer Excellenz mit vorstehenden Ansichten einverstanden sind, stelle ich ganz ergebenst anheim, danach nicht allein das königliche Oberlandesgericht zu Breslau auf die gegenwärtige Anfrage bescheiden, sondern auch die übrigen Civilgerichte gefälligst instruiren zu wollen, und erbitte ich mir davon eine geneigte Mittheilung, um meinerseits sodann die Militairbehörden darüber in Kenntniß setzen zu können. Berlin, den 7. Februar 1824.

An v. Hake.
den königl. wirklichen Geheimen Staats- und Justiz-Minister Herrn v. Kircheisen.

765.

Dienstvergehungen der Gerichtsschreiber und Gerichtsvollzieher.

Ich bestimme auf Ihren im Berichte vom 18. Juli c. enthaltenen Antrag, daß den Gerichten der Rheinprovinzen, gleichwie es in der Verordnung vom 25. April 1822 wegen der Notarien geschehen, die Befugniß beigelegt werden soll, auch gegen die Gerichtsschreiber und Gerichtsvollzieher, wegen Dienstvergehungen selbstständig zu erkennen. Zu dem Ende setze ich Folgendes fest:

1) Bei dem Appellationshofe, den Assisenhöfen, den Landgerichten und den Handelsgerichten erkennet jeder Senat oder jede Kammer über diejenigen Disciplinarvergehen der Gerichtsschreiber und Gerichtsvollzieher, welche in seiner Sitzung stattfinden, ohne daß eine Berufung zulässig ist.
2) Alle andere, zu einer Disciplinar-Rüge geeignete Handlungen der genannten Beamten, mit Ausnahme der bei dem Appellationshofe angestellten Gerichtsschreiber und Gerichtsvollzieher, werden, auf Betreiben des Ober-Procurators, vor eine Civilkammer des Landgerichts, in dessen Bezirk der Beschuldigte wohnt, gebracht, und es wird darüber entschieden, nachdem der Beschuldigte geladen, und, wenn er persönlich erschienen, in seiner Vertheidigung gehört worden ist.
3) Die Disciplinarstrafen, welche die Gerichte, nach Maaßgabe der Schwere des, dem beschuldigten Beamten zur Last fallenden Vergehens, zu erkennen haben, sind Ermahnung, Warnung, Verweis, Geldstrafe von 5 bis 20 Thalern, Suspension und Dienstentsetzung. Eine Suspension darf nie auf mehr als drei Monate erkannt werden. Ein Verweis zieht den Verlust eines monatlichen Gehalts, die

Suspension den Verlust desselben auf ihre ganze Dauer nach sich.

4) Gegen alle Entscheidungen dieser Art (§§. 2 u. 3.), so wie gegen diejenigen, hinsichtlich der Notarien nach der Verordnung vom 25. April 1822, soll die Berufung an den rheinischen Appellationshof, sowohl von Seiten des Ober-Procurators, als des Angeschuldigten, zulässig sein. Wenn jedoch das Erkenntniß der ersten Instanz eine Suspension, oder die Dienstentsetzung ausspricht, so muß der verurtheilte Beamte, vom Tage der Zustellung des Urtheils, bis zu einem in zweiter Instanz zu seinem Gunsten erfolgten abändernden Erkenntnisse, sich der Ausübung seines Amts enthalten, bei Vermeidung der, im Strafgesetzbuche angedrohten Strafen und der Nichtigkeit der von ihm vorgenommenen amtlichen Verhandlungen.

5) Die Disciplinarvergehen der bei dem Appellationshofe angestellten Gerichtsschreiber und Gerichtsvollzieher werden, auf Betreiben des General-Procurators von dem zweiten Civil-Senate des genannten Gerichtshofes bestraft. Die Berufung gegen die Entscheidung findet sowohl von Seiten des General-Procurators als des Angeschuldigten, mit der unter Nr. 4. festgesetzten Modification statt, und geht an den ersten Civil-Senat des gedachten Gerichtshofes.

6) Es behält bei dem bisherigen Ausschluß der Oeffentlichkeit des Disciplinarverfahrens gegen die genannten Beamten sein Bewenden.

7) Die Berufung gegen die Entscheidungen muß, vom Tage der Zustellung des Urtheils, in Monatsfrist eingelegt werden, und ist später nicht mehr zulässig.

Sie wird dem Ober-Procurator, oder, nach Verschiedenheit des Falls, dem General-Procurator zugestellt, auf dessen Betreiben das Urtheil ergangen ist.

Die von dem Ober-Procurator oder dem General-Procurator einzulegende Berufung ist ebenfalls an jene Frist von einem Monate, vom Tage des ergangenen Erkenntnisses an, gebunden; sie wird dem Angeschuldigten in der gewöhnlichen Art notificirt.

8) Die rechtskräftigen Erkenntnisse gegen Gerichtsvollzieher, welche auf Suspension oder Dienstentsetzung lauten, sollen durch die Amtsblätter der rheinischen Regierungen bekannt gemacht werden.

9) Die bis zur Verkündigung des gegenwärtigen Kabinetsbefehls ergangenen und von dem Appellationshofe, nach der bisher befolgten Form bereits bestätigten Disciplinarbeschlüsse, sollen ohne Weiteres vollstreckt werden. Hinsichtlich der von dem Appellationshofe noch nicht bestätigten Beschlüsse der Landgerichte, so wie derjenigen, welche nach den bisher bestandenen Gesetzen nicht dem Appellationshofe, sondern unmittelbar Ihnen, dem Justizminister, zur Bestätigung vorgelegt werden sollen und noch nicht bestätigt sind, fällt die Bestätigung in der bisher gewöhnlichen Art weg; aber es ist dem Beschuldigten eine Frist von einem Monate, vom Tage der ihm zu machenden Zustellung, bewilliget, um die Berufung in der oben angegebenen Art einzulegen. Auch dem Ober-Procurator steht diese Berufung zu, nur muß dieselbe in Monatfrist, vom Tage der Verkündigung des gegenwärtigen Befehls, dem Beschuldigten zugestellt werden.

10) Alle bisher bestandenen Gesetze, in soweit sie den obigen Bestimmungen zuwider sind, treten vom Tage der Verkündigung des gegenwärtigen Befehls, außer Kraft.

Teplitz, den 21. Juli 1826.

An Friedrich Wilhelm.

den Staats- und Justiz-Minister Grafen v. Danckelmann.

766.

Bei Gewerbesteuer-Contraventionen sind die Transportmittel des Contravenienten der Confiscation nicht unterworfen.

Auf Ihren Bericht vom 8. Mai d. J.

in Betreff des Verfahrens gegen den einer Gewerbesteuer-Contravention schuldig befundenen Schifferknecht N.,

und unter Zurücksendung der eingereichten Acten, erhalten Sie Abschrift der von dem königlichen Finanz-Ministerium im Gefolge der in dieser Angelegenheit gepflogenen Correspondenz erlassenen Verfügung vom 21. v. M. an sämmtliche Regierungen zur Nachricht und Achtung.

Berlin, den 21. Juli 1826. Der Justiz-Minister

An Graf v. Danckelmann.

den königlichen Herrn General-Procurator

zu Cöln.

a.

Die im §. 26. des Regulativs vom 28. April 1824 enthaltene Bestimmung, daß derjenige, welcher umherziehend ein Gewerbe treibt, ohne sich über seine Befugniß dazu, mittelst Gewerbscheines für das laufende Jahr, ausweisen zu können, auch die Confiscation derjenigen Gegenstände verwirkt hat,

die er wegen seines Gewerbes bei sich führt,

hat zu dem Zweifel Veranlassung gegeben, ob zu den zu confiscirenden Gegenständen auch die Transportmittel gehören, deren der Gewerbtreibende zur Fortschaffung der Gegenstände seines Verkehrs sich bedient hat, z. B. sein Wagen und die Pferde, die Schiffe u. s. w.

Damit hierüber überall nach gleichen Grundsätzen verfahren wird, erhält die königliche Regierung die Anweisung, bei Anwendung des Regulativs vom 28. Apeil 1824, die Transportmittel als der Confiscation unterworfen nicht zu behandeln.

Berlin, den 21. Juni 1826. Der Finanz-Minister
Circulare an v. Motz.
sämmtliche königliche Regierungen.

767.

Uebereinkommen wegen des, preußischen Communen in den Niederlanden, und wegen des, niederländischen Communen im preußischen Gebiete gehörigen Vermögens.

In Rücksicht derjenigen preußischen Communen, welche im Gebiet des Königreichs der Niederlande, und derjenigen niederländischen Communen, welche im preußischen Gebiete liegen, ist zwischen der königlich preußischen und der königlich niederländischen Regierung eine Uebereinkunft dahin getroffen worden:

1) daß das Vermögen, welches preußischen Communen, welche im Königreich der Niederlande liegen, so wie das Vermögen, welches niederländischen Communen, welche im Königreich Preußen liegen, gehört, gegenseitig als das Vermögen einzelner Privatbewohner angesehen und behandelt werden soll;
2) daß zur Gültigkeit der gerichtlichen Verhandlungen über das Vermögen solcher Communen gehöre: daß ein Certificat der Gültigkeit von derjenigen compe-

tenten Provinzialbehörde beigebracht werde, unter welcher die Commune, welcher das Vermögen gehört, gelegen ist, und daß Erklärungen, Vollmachten und andere Urkunden solcher Gemeinden in Hinsicht ihres Vermögens, nur als gültig anzuerkennen sind, wenn die vorgesetzte Behörde solche genehmigt habe, und

3) daß unter der Provinzialbehörde im Königreich der Niederlande der Präfect, und im Königreich Preußen die Departements-Regierung zu verstehen sei.

Sie, Herr General-Procurator, werden beauftragt, die Gerichte der Rheinprovinzen hiernach anzuweisen, und den Inhalt dieser Verfügung durch die Amtsblätter bekannt zu machen.

Berlin, den 28. Juli 1826. Der Justiz-Minister
An Graf v. Danckelmann.
den königlichen Herrn General-Procurator
zu Cöln.

768.

Für die Einziehung und Auszahlung der Gebühren der Gerichtsvollzieher in Strafsachen wird keine Tantieme erhoben.

Auf Ew. Excellenz geehrtes Schreiben vom 4. v. M., betreffend die durch die Allerhöchste Kabinets-Ordre vom 5. April 1825 angeordnete Aenderung der in den Rhein-Provinzen bisher bestandenen Weise der Berichtigung der Gebühren und Reisekosten der Gerichtsvollzieher aus Straf-Justiz-Sachen, sind heute die Regierungen zu Coblenz und Trier angewiesen worden, wegen der zu bewirkenden Einziehung, Verrechnung und Auszahlung der eventuellen Gebühren der Gerichts-Vollzieher, von Forderung einer Tantieme für die damit beauftragten Beamten abzustehen, und, in Gemäßheit der mit den Ober-Procuratoren bereits gepflogenen Correspondenz dafür zu sorgen, daß die eingehenden Gebühren den Gerichtsvollziehern unverkürzt verabreicht, und hierüber vollständige Controllen geführt werden.

Ew. Excellenz ermangele ich nicht, hiervon ganz ergebenst zu benachrichtigen. Berlin, den 24. Juli 1826.

An In Abwesenheit des Finanz-Ministers:
den königl. wirklichen Geheimen Staats- und Villaume.
Justiz-Minister Herrn Grafen v. Danckelmann.

Communicetur brevi manu in copia dem Herrn General-Procurator Ruppenthal zu Cöln zur Nachricht. Berlin, den 11. August 1826.

Der Justiz-Minister
Graf. v. Danckelmann.

769.

Personal-Arrest in Schuldsachen gegen Standesherren.

Beigehend erhalten Sie, Herr General-Procurator, Abschrift der unter dem 2. d. M. an das königliche Staats-Ministerium ergangenen Allerhöchsten Kabinets-Ordre,

die Zulässigkeit des Personal-Arrests in Schuldsachen gegen Standesherren betreffend,

um solche den betreffenden rheinischen Gerichtsbehörden zur Nachricht und Achtung bekannt zu machen.

Berlin, den 18. August 1826. Der Justiz-Minister
Graf v. Danckelmann.

An
den königlichen Herrn General-Procurator
zu Cöln.

a.

Wiewohl Ich es nach der Ansicht des Staats-Ministeriums den obwaltenden Verhältnissen angemessen finde, die im §. 201. des Anhangs zur Allg. Gerichts-Ordnung enthaltene Bestimmung, nach welcher regierende deutsche Fürsten und apanagirte Mitglieder eines regierenden fürstlichen Hauses, dem Personal-Arrest in Schuldsachen nicht unterworfen werden können, auf die Häupter der ehemals reichsunmittelbaren, jetzt standesherrlichen Fürstenhäuser anzuordnen, so will Ich doch keine besondere Declaration deshalb erlassen, vielmehr trage ich Ihnen, dem Justiz-Minister, auf, bei der Revision der Gerichts-Ordnung an dem gehörigen Orte zum 24. Titel der Proceßordnung das Erforderliche nach dem Vorschlage des Staats-Ministeriums, einzuschalten, wobei zu berücksichtigen ist, daß die Bestimmung im §. 201. des Anhangs zur Proceß-Ordnung nur vom Arrestschlage gegen Fremde handelt, mithin eine Erweiterung in Bezug auf die nicht fremden Fürsten zum 24. Titel der Proceßordnung überhaupt erforderlich bleibt. Sollte inzwischen wider Erwarten der Fall eintreten, daß gegen das Haupt eines standesherrlichen Hauses Personal-Arrest nachgesucht würde, so haben Sie, der Justiz-Minister, zu Meiner speciellen Bestimmung darüber an Mich zu berichten, weshalb Sie diese Ordre den betreffenden Gerichtsbehörden am Rhein und in Westphalen mitzutheilen haben, damit sie vorkommenden Falls Ihnen die nöthige Anzeige machen.

Berlin, den 2. August 1826.

An das Staats-Ministerium.

Friedrich Wilhelm.

770.

Befugniß der Anwälde zu Coblenz zur Ausübung der Praxis bei dem Ober-Gerichte zu Neu-Wied; privilegirter Gerichtsstand der beim Appellationshofe immatrikulirten Advocaten und Anwälde.

Nach Ihrem Berichte vom 27. v. M. halten Sie dafür, daß sämmtlichen in Coblenz angestellten Anwälden die Befugniß ertheilt werden könne, bei dem standesherrlichen Obergericht zu Neu-Wied zu practisiren, so wie Sie auch dagegen, daß den bei dem königlichen Appellations-Gerichtshofe immatrikulirten Advocaten, resp. den Anwälden der privilegirte Gerichtsstand zugesichert werde, nichts zu erinnern finden.

Mit dieser Ansicht einverstanden, beauftrage ich Sie, hiernach das weiter Erforderliche zu veranlassen, auch den Advocaten N. auf seine hier wieder beigefügte Vorstellung vom 15. Juli c., in Absicht der beiden in Rede stehenden Punkte zu bescheiden.

Berlin, den 11. September 1826.

Der Justiz-Minister
Graf v. Danckelmann.

An den königl. ersten Herrn Appellationsgerichts-Präsidenten und an den königl. Herrn General-Procurator zu Cöln.

771.

Verfahren bei Confiscation des Vermögens der Deserteurs.

Durch die Allerhöchste Kabinets-Ordre vom 2. April d. J. ist festgesetzt worden:

daß auch in denjenigen Provinzen, in welchen das Allgemeine Landrecht keine Gesetzeskraft hat, die Beschlagnahme des Vermögens der Deserteure, welche von deu Militair-Gerichten bei Erlassung der Citation derselben veranlaßt wird, vollzogen werden soll; und die diesfälligen Requisitionen der Militairgerichte nach den bestehenden Formen zur Vollstreckung zu bringen sind.

Zur Vermeidung eines verschiedenartigen Verfahrens wird dasselbe in Uebereinstimmung mit dem königlichen Kriegsministerium, für die Gerichte in den Rheinprovinzen nach den dort bestehenden Gesetzen dahin bestimmt,

daß die Requisitionen der Militair-Behörde um Beschlagnahme des Vermögens eines Deserteurs an den Ober-Procurator gehen, dieser sie dem Landgerichte vorlegt, welches dieselben executorisch erklärt, der Ober-Procurator der königlichen Regierung diesen Beschluß zur Vollstreckung und weiteren Verfolgung mittheilt, und der requirirenden Militair-Behörde von dem Geschehenen Nachricht giebt.

Es wird Ihnen diese Verfügung bekannt gemacht, und Sie werden angewiesen, solche zur Kenntniß des königlich rheinischen Appellations-Gerichtshofes, und durch die königl. Ober-Procuratoren zur Kenntniß der Landgerichte zu bringen.

Berlin, den 15. September 1826. Der Justiz-Minister
Graf v. Danckelmann.

An
den königl. Herrn General-Procurator Ruppenthal
zu Cöln.

772.

Inventarisirung der aus Staatsfonds angeschafften Utensilien und Bücher.

Extract.

Nach den Bestimmungen der königlichen Ober-Rechnungs-Kammer in der Verfügung vom 27. Januar c. sollen zur Vermeidung der Schreiberei, weder die Utensilien, Bücher und Landkarten, noch die darüber zu führenden Ab- und Zugangsnachweisungen, den Rechnungen beigefügt werden, und deren Einforderungen nur für einzelne Fälle vorbehalten bleiben, wo sich bei Revision der Rechnungen besondere Veranlassung dazu findet. Dagegen soll durch eine Bescheinigung der vorgesetzten Behörde dargethan werden:

daß die Inventarien ordnungsmäßig geführt, die gehörig geprüften Zugänge darin aufgetragen, die Abgänge als unvermeidlich nachgewiesen, und die vorhanden sein sollenden Inventarien-Stücke wirklich vorgefunden worden sind,

so wie von demjenigen Beamten, welcher mit der Führung

des Inventarii beauftragt ist, unter jeder Liquidation oder Quittung über den Geldbetrag für angeschaffte, dem Inventario hinzutretende Untensilien und Geräthschaften bescheinigt sein,

daß die angeschafften Gegenstände in das Inventarium, und auf welcher Seite, und unter welcher Nummer desselben, eingetragen worden sind.

Hiervon werden Sie bereits von Seiten der königlichen Ober-Rechnungskammer in Kenntniß gesetzt worden sein, und obwohl die Revision der Rechnungen, und der damit in Verbindung stehenden Inventarien nicht von der Ober-Rechnungskammer, sondern beim Justiz-Ministerio erfolgt, so bestimme ich doch, daß ein gleiches Verfahren beobachtet, und nur in den Fällen, wo solches von mir besonders verlangt werden wird, die Inventarien künftig einzureichen sind.

Damit aber auch eine gleichförmige Behandlung bei sämmtlichen Gerichten in den Rheinprovinzen in dieser Art eintrete, erhalten Sie zugleich ein Schema für die Inventarien der Mobilien, um solches bei der Rechnung pro 1826 zum Grunde legen, und auch die Inventarien für die Bibliothek darnach einrichten zu lassen.

Berlin, den 2. October 1826. Der Justiz-Minister

An Graf v. Danckelmann.

den königl. Herrn General-Procurator Ruppenthal zu Cöln.

Schema.

Schema.

Inventarium

über

die beim königlichen Landgerichte zu .... vorhandenen Mobilien und Utensilien

für

das Rechnungsjahr 182 .

(Attest des mit der Revision beauftragten Mitgliedes oder Subalternen.)

Daß die hierin aufgeführten Gegenstände sich wirklich vorgefunden haben, die Bestände aus dem abgelaufenen Jahre gehörig übertragen, die Zugänge vollständig nachgetragen, und die Abgänge als unvermeidlich nachgewiesen worden sind, wird bescheinigt, N. N.

angefertigt
von
dem rc. rc. rc.
als Rechnungsführer.

Laufende Nr.	Stückzahl	Benennung der Gegenstände	Bezeichnung des Zimmers, worin diese Gegenstände befindlich sind.	Es sind vorhanden: an Beständen aus vorigem Rechnungsjahre 182 . Stückzahl.	Es sind vorhanden: im laufenden Rechnungsjahre sind neu hinzugekommen. Stückzahl.	Es sind vorhanden: Stückzahl. Summa.	Im laufenden Rechnungsjahre sind als unbrauchbar abgegangen. Stückzahl.	verbleiben Bestände Summa. Stückzahl.	Bemerkungen.
1.	3	Stühle mit Rohr geflochten	Civil=Audienzsaal	3.	—	3.	1.	2.	
2.	6	Bänke für das Publicum	desgl. ..	6.	—	6.	—	6.	
3.	11	Tintenfässer	desgl. ..	11.	—	11.	4.	7.	wegen der neu angekauften Vorhänge wird auf Belag 10 der Geldrechnung Bezug genommen. (N.B. auf Belag 10 der Geldrechnung, muß wiederum die Seite und Nummer des Inventarii gesetzt werden, u. s. w.)
4.	8	Bücherschränke	Deliberationssaal	8.	—	8.	2.	6.	
5.	17	Vorhänge von weißem Battist=Mousselin	desgl. ..	4.	13.	17.	4.	13.	
	45	Soll Summa ...	......	32.	13.	45.	11.	34.	N. N. Rechnungsführer.

773.

Pensions-Berechtigung der standesherrlichen Beamten.

Das königliche Staats-Ministerium hat beschlossen:

1) daß die von den Standesherren zur Ausübung der ihnen nach der Instruction vom 30. Mai 1820 zuständigen Verwaltungs-Gerechtsame angestellten obrigkeitlichen Beamten dem §. 27. b. 3, ferner §. 57. und 59. der eben gedachten Allerhöchst vollzogenen Instruction vom 30. Mai 1820 zufolge, in Absicht ihrer Pensionsberechtigung den unmittelbar königlichen Beamten ganz gleich zu halten sind; daß also die ersterwähnten Beamten in den durch das Pensions-Regulativ vom 30. April 1825 bezeichneten Fällen, auf eine aus Staatskassen zu gewährende Pension Anspruch machen können, hingegen auch gleichmäßig, wie alle königliche Beamten zu dem, durch eben jenes Regulativ gebildeten Pensionsfonds mittelst procentartiger Abzüge von ihrem Diensteinkommen beizutragen haben, es sei denn, daß in besondern Fällen mit einzelnen Standesherren über die Regulirung ihrer Gerechtsame, und über die Festsetzung der ihnen für die Verwaltungs-Bedürfnisse, aus Staatskassen zu gewährenden Aversional-Zuschüsse, der Uebergang auch der Pensions-Verpflichtung auf die betreffende Standesherrschaft ausdrücklich stipulirt worden, oder ferner stipulirt werden möchte, und wohlverstanden immer, daß die Staatskassen für die Pensionirung solcher standesherrlichen Beamten nur in dem Maaße aufzukommen haben, als das Diensteinkommen der letztern aus den Staatskassen unmittelbar (durch die laut §. 27. b. 3. der Instruction vom 30. Mai 1820 zu gewährenden verhältnißmäßigen Zuschüsse) oder mittelbar durch Ueberweisung der besondern Einnahme des einzelnen Verwaltungszweiges (nach §. 59. l. c.) hinfließt, dagegen den Staatskassen keine Verpflichtung obliegt, bei Pensionirung solcher Beamten auch denjenigen Theil ihres Einkommens zu berücksichtigen, welchen ihnen der Standesherr aus seinen Patrimonialfonds bewilligt;

2) daß der Herr Finanz-Minister es übernehmen wird, wegen Ermittelung und Einziehung jener Pensionsabzüge für die Zukunft sowohl, als für die Ver-

gangenheit vom 1. Januar 1825 ab, die erforderlichen Einleitungen zu treffen.

Nach diesen Grundsätzen ist die Verpflichtung der standesherrlichen Beamten, Register über ihre unbestimmte Einnahme zu führen, worüber Sie unterm 5. April d. J. angefragt haben, ganz unzweifelhaft, nnd Sie haben diese Grundsätze in vorkommenden Fällen zur Anwendung und daher zur Kenntniß der königlichen Ober-Procuratoren und rheinischen Gerichtsbehörden zu bringen.

Berlin, den 16. October 1826. Der Justiz-Minister
An Graf v. Danckelmann.
den königl. Herrn General-Procurator Ruppenthal
zu Cöln.

774.

Verfahren gegen Frankreich wegen Auslieferung der Verbrecher.

Ihr Bericht vom 23. v. M.,
die Auslieferung des französischen Unterthanen N. betreffend,
ist erwogen, jedoch gegen die von Ihnen darin gemachten verschiedenartigen Anträge Bedenken gefunden.

Die diesseitige Gesetzgebung will, daß bei der Frage wegen Auslieferung fremder Verbrecher zunächst die etwa mit der requirirenden Regierung bestehenden Staatsverträge in Betracht gezogen werden.

Sind dergleichen nicht vorhanden, dann soll die Auslieferung an sich, falls das auswärtige Departement solche überhaupt für zulässig hält, der Regel nach, zwar nicht anders als gegen Ausstellung von Reversalien, Seitens der requirirenden Regierung stattfinden.

Erwägt man indessen, daß der Gesetzgeber bei dieser letzteren Bestimmung, dem Wesen nach, nicht wohl einen andern Zweck haben konnte, als auf die Nothwendigkeit aufmerksam zu machen, sich bei Genügeleistung fremder Requisitionen darin möglichst sicher zu stellen, daß man in umgekehrten Fällen von Seiten der betheiligten fremden Regierung auf eine gleiche Gewährigkeit in Berücksichtigung diesseitiger Anträge rechnen könne, so scheint es weniger auf die Form, in welcher dem diesseitigen Gouvernement hierunter Gewähr geleistet wird, als vielmehr darauf anzukommen, daß man überhaupt die nöthige Gewähr erhalte. Dies geht gewissermaaßen schon daraus hervor, daß die Criminal-Ordnung

Tit. I. §. 96. zu 2. dem auswärtigen Ministerio sogar die Befugniß beigelegt, die Ausstellung von Reversalien Seitens fremder Regierungen in einzelnen Fällen für überflüssig zu erklären.

Prüft man nun die in Ihrem Berichte enthaltene Anfrage hiernach, so stellt sich die Sache folgendermaaßen.

Der Regel nach liefert die französische Regierung fremde Unterthanen, welche in ihrer Heimath ein Verbrechen begangen, und sich der diesfälligen Bestrafung durch den Uebertritt nach Frankreich zu entziehen gesucht haben, nicht aus. Ein förmlicher Staatsvertrag, wodurch Frankreich zu Gunsten Preußens, als Ausnahme von jener Regel, sich zur Genügeleistung diesseitiger Requisitionen wegen Zurücklieferung ausgetretener diesseitiger Verbrecher im Allgemeinen verpflichtet hätte, ist nicht vorhanden.

Dagegen aber hat sich das französische Ministerium im diplomatischen Wege zum öftern schon bei speciellen Veranlassungen erboten, diesseitigen Auslieferungs-Anträgen ein Genüge leisten zu wollen, wenn sich solche auf Individuen beziehen, die diesseits ihre Heimath anzusprechen, und hier ein Verbrechen begangen haben, das, in Franreich verübt, eine peine afflictive ou infamante nach sich ziehen würde, ja es ist bei diesem Anerbieten allein nicht stehen geblieben, sondern die schon im März 1823 französicher Seits bewirkte Auslieferung des aus Cöln entwichenen Gerichtsschreibers N. N. ist lediglich in Folge jener allgemeinen Zusicherung geschehen. Aber auch von Seiten der diesseitigen Regierung sind seitdem verschiedentlich Verbrecher der bezeichneten Gattung ausgeliefert worden, und auf diese Weise hat sich, ohne Abschluß eines besondern Staats-Vertrages, eine im ministeriellen Wege gegenseitig anerkannte Norm über die Auslieferung einer gewissen Gattung von Verbrechen gebildet.

Sollte die französische Regierung Individuen reklamiren, die ein, nicht zu der oben bezeichneten Kathegorie gehöriges Verbrechen in Frankreich verübt haben, so kann von deren Auslieferung gar nicht die Rede sein, weil Frankreich nach seiner Gesetzgebung im Allgemeinen das Reciprocum nicht zu gewähren im Stande ist. Wird daher nach dem jetzigen Stande der Dinge einem Auslieferungs-Antrage der französischen Regierung überhaupt ein Genüge geleistet, so findet solches nur in Bezug auf das für gewisse Gattungen von Verbrechen in ministeriellem Wege geschehene gegenseitige Zugeständniß statt. In solchen Fällen aber kann diesseits um so weniger auf Ausstellung von, nach der französischen Gesetzgebung überhaupt nicht gebräuchlichen Reversalien bestanden werden, als die Gewähr für die jenseitige Erwiederung im umgekehrten Falle schon in dem beregten gegenseitigen ministeriellen Zugeständnisse selbst liegt.

Obiger Entwickelung zufolge werden Sie autorisirt, die Auslieferung des N. N., ohne auf die Ausstellung von Reversalien zu insistiren, zu veranlassen, auch sich in künftigen, mit dem französischen Gouvernement eintretenden ähnlichen Fällen nach den vorstehenden Grundsätzen zu achten.

Berlin, den 16. October 1826.

Ministerium der auswärtigen Angelegenheiten. Schönberg. — Ministerium der Justiz. Graf v. Danckelmann.

An
den königl. Herrn General-Procurator Ruppenthal
zu Cöln.

775.

Berichtigung der durch Verfolgung der Zoll- und Steuerdefraudanten entstehenden baaren Auslagen aus dem Criminalfonds.

Nach der von mir mit dem königlichen Finanz-Ministerium getroffenen Vereinigung sollen die durch die gerichtliche Verfolgung der Zoll- und Steuerdefraudanten entstehenden baaren Auslagen auch ferner aus dem Criminalfonds berichtiget werden. Hiervon werden Sie, Herr General-Procurator, mit Bezug auf Ihren Bericht vom 15. April v. J. in Kenntniß gesetzt, um demzufolge die weiteren erforderlichen Verfügungen zu erlassen.

Berlin, den 27. October 1826. Der Justiz-Minister
Graf v. Danckelmann.

An
den königlichen General-Procurator
Herrn Ruppenthal zu Cöln.

776.

Authorisation der General-Procuratur zur Abschließung der Miethsverträge über die Friedensgerichts-Localien.

Sie werden hiermit authorisirt, die Miethsverträge über die Localien der Friedensgerichte, insofern dieselben bisher schon miethweise verschafft worden, künftighin ohne Rücksprache abzuschließen und zu bestätigen.

Ich habe das Vertrauen, daß Sie dabei mit möglichster Sparsamkeit verfahren werden. Auch muß das zu den Miethen, Mobiliar und andern kleinen Ausgaben auf den verschiedenen Regierungsetats disponible Quantum nicht überschritten werden, weshalb Sie bei einer etwa vorkommenden Miethe-Erhöhung mit der betreffenden Regierung zuvor Rücksprache zu nehmen haben, ob noch disponibler Fonds vorhanden ist.

Berlin, den 30. October 1826. Der Justiz-Minister
An Graf v. Danckelmann.
den königlichen General-Procurator
Herrn Ruppenthal zu Cöln.

777.

Taxordnung für die Handelsgerichtsschreiber.

Da die im Artikel 624. des rheinischen Handelsgesetzbuchs angekündigte Taxordnung für die Gerichtsschreiber der Handelsgerichte bis dahin nicht erschienen ist, hierdurch aber hin und wieder bei den rheinischen Handelsgerichten eine ganz willkührliche Erhebung der Gebühren veranlaßt worden ist, so habe ich auf Ihren Bericht vom 19. v. M., um einer solchen Willkühr Schranken zu stellen, beschlossen, nachstehende Taxordnung für die Gerichtsschreiber der rheinischen Handelsgerichte einstweilen zu genehmigen, wobei ich jedoch ausdrücklich bemerke, daß der Zuwachs an Sporteln, den diese blos provisorische Maaßregel bewirkt, in keinem Falle einen Anspruch auf Beibehaltung eines so hohen Einkommens oder auf Entschädigung begründen kann.

I. Außer den Gebühren und Remisen, welche den Gerichts-Schreibern der Handelsgerichte durch das Gesetz vom 11. März 1799 und das Decret vom 12. Juli 1808 bewilliget worden sind, haben dieselben zu ihrem Vortheile noch folgende Gebühren zu erhalten:

A. Urtheile.

No. 1. Für jedes in das Audienz-Protocoll eingetragene interlocutorische oder präparatorische Urtheil, mit Ausnahme derjenigen jedoch, wodurch eine bloße Vertagung verordnet wird, ... — thlr. 4 sgr.

für jedes ausgefertigte Urtheil, dessen Qualitäten auf der Gerichtsschreiberei aufgenommen werden, nämlich

für das Contumacial-Urtheil . . . — „ 8 „
für ein contradictorisches Urtheil . . — „ 16 „

B. Protocolle.

Für jedes Protocoll

No. 2. über die Vorlegung oder Collationirung eines Actes (Art. 849 und folgende des Gesetzbuchs über das Verfahren in bürgerlichen Sachen, und Art. 15 und 16. des Handels-Gesetzbuchs) . . . . 1 thlr. — sgr.

No. 3. über die Vernehmung der streitenden Theile, über Thatumstände und Artikel (2ter Theil Artikel 428. des erwähnten Gesetzbuchs über das Verfahren in bürgerlichen Sachen) — : 16 :

No. 4. über die Versammlung der Gläubiger zur Bildung des Verzeichnisses der Candidaten für die Verrichtungen der provisorischen Syndiken (Handelsgesetzbuch Art. 476 u. folgende bis 780.) . . . . — : 16 :

No. 5. über die Rechenschaft, welche die Agenten über ihre Verrichtungen den provisorischen Syndiken zu geben haben (Handelsgesetzbuch Art. 481.) . . . . — : 25 :

No. 6. über die Untersuchung und eidliche Bekräftigung der Forderungen der Gläubiger (Handelsgesetzbuch Art. 503. 508.)
für jeden Gläubiger . . . . — : 4 :
für jeden Einspruch gegen die Richtigkeit einer Forderung, welcher in das Protocoll aufgenommen worden, und worauf eine Verweisung zur Audienz erfolgt ist, ... — : 4 :

No. 7. über die Versetzung der nicht erschienenen Gläubiger in den Versäumungsfall (Art. 510. des Handelsgesetzbuchs) . . — : 16 :

No. 8. über die Zusammenkunft der Gläubiger, deren Forderungen angenommen worden sind, um zu einem Vertrage mit dem Falliten oder einer Vereinigung unter sich wegen eines einzuleitenden gemeinschaftlichen Verfahrens zu schreiten (Art. 514 und 515. des Handelsgesetzbuchs) . . . . 1 : — :

No. 9. über die definitive Rechnung, welche die provisorischen Syndiken im Falle eines zu Stande gekommenen Vertrages dem Falliten abzulegen haben (Art. 525. des Handelsgesetzbuchs) . . . . 1 : — :

No. 10. über die Rechnungsablage der provisorischen Syndiken an die definitiven im Falle einer unter den Gläubigern selbst wegen des einzuleitenden gemeinschaftlichen Verfahrens zu

Stande gekommenen Vereinigung (Art. 527. des Handelsgesetzbuchs) . . . . . 1 thlr. — sgr.

No. 11. über die definitive Rechnungsablage der Syndiken an die Gläubiger, unter denen die oben erwähnte Vereinigung statt gefunden hat (Art. 526. des Handelsgesetzbuchs) 1 : — :

No. 12. über eine Versammlung der Gläubiger, um irgend einen in gegenwärtigen Bestimmungen nicht vorgesehenen Beschluß zu nehmen . . . . — : 25 :

No. 13. für die Anheftungen und Einrückung in die Zeitungen zufolge Art. 457. 476 und 512. des Handelsgesetzbuchs . . — : 8 :

No. 14. für Redaction, Druck und Versendung der Briefe, wodurch die Gläubiger eines Fallissements zusammenberufen werden, zufolge Art. 476. des Handelsgesetzbuchs, für jeden Brief . . . . — : 2 :

No. 15. für Redaction der Certificate, welche in dem vom Gesetze, von Verordnungen oder von Urtheilen bestimmten Fällen vom Gerichtsschreiber ausgefertiget werden . . — : 8 :

II. Die Gerichtsschreiber der Handelsgerichte sind verpflichtet, am Schlusse der den Partheien auszuhändigenden Expeditionen die Auslagen und Gebühren für die ausgefertigten Arten genau zu verzeichnen.

Wenn keine Ausfertigung ertheilt wird, muß den Partheien ein von den Gerichtsschreibern unterschriebenes Verzeichniß der erwähnten Auslagen und Gebühren zugestellt werden.

Die Gerichtsschreiber sind ferner gehalten, alle Summen, welche sie auf den Grund der gegenwärtigen Bestimmung oder früheren Gesetze oder Verordnungen erheben, in das durch den Art. 13. des Gesetzes vom 11. März 1799 vorgeschriebene Register einzutragen. Die Auslagen und Emolumente werden in getrennte Colonnen eingeschrieben, und ist überhaupt die Buchführung nach denjenigen Rubriken zu bewirken, welche den Gerichtsschreibereien im Allgemeinen in den desfalls ergangenen Verfügungen vorgeschrieben sind.

III. Wenn die Gerichtsschreiber der Handelsgerichte oder deren Gehülfen sich beigehen lassen sollten, unter was immer für einem Vorwande andere oder höhere Gebühren zu erheben, als ihnen durch das Gesetz vom 11. März 1799, das Decret vom 12. Juli 1808 und gegenwärtig bewilligt sind, so liegt es den Präsidenten der gedachten Gerichte ob, Sie, den königlichen General-Procurator vom rheinischen Appellationsgerichtshofe, hiervon sofort in Kenntniß zu setzen und haben Sie sodann Bericht an den Justiz-Minister zu erstatten.

Die Uebertreter sollen nach Bewandniß der Umstände und den bestehenden Gesetzen bestraft, auch zur Rückerstattung der unbefugt erhobenen Summen, oder Ersatz des etwa statt gefundenen Schadens angehalten werden.

Hiernach haben Sie, Herr General-Procurator, die erforderlichen Verfügungen und Bekanntmachungen zu erlassen.

Berlin, den 17. November 1826. Der Justiz-Minister
Graf v. Danckelmann.

An
den königlichen General-Procurator
Herrn Ruppenthal zu Cöln.

778.

Erläuterung der Verordnung vom 25. Januar 1823 wegen streitiger Auslegung von Staatsverträgen.

Der Chef der Justiz hat die Bemerkung machen müssen, daß die Gerichte in den Fällen, wo sie sich zu einer Anfrage bei dem königl. Ministerium der auswärtigen Angelegenheiten in Folge der Allerhöchsten Verordnung vom 25. Januar 1823 wegen streitiger Auslegung von Staatsverträgen veranlaßt gefunden haben, dabei meist von keiner richtigen Ansicht ausgegangen sind.

Es ist entweder die Stellung des gedachten Ministeriums verkannt worden, oder es sind die wesentlichen Formen unbeachtet geblieben, welche eine richtige Auslegung jener Verordnung voraussetzen.

Nach vorausgegangener Berathung mit dem Ministerium der auswärtigen Angelegenheiten, findet sich daher der Chef der Justiz bewogen, folgende Erinnerungen, wozu die bisher in Folge der obgedachten Verordnung gemachten Anfragen in beiderlei Hinsicht Veranlassung gegeben haben, zur Kenntniß der Gerichte zu bringen.

Es ist

a) der Fall vorgekommen, wo der anfragende Gerichtshof Auskunft gewünscht hat: ob und in wiefern eine genannte Convention auf den vorliegenden Rechtsstreit Anwendung finden könne?

Allein das Ministerium der auswärtigen Angelegenheiten ist nach der gedachten Verordnung nicht eine auf die besondern Thatsachen und Verhältnisse des vorliegenden Falles, sondern nur auf den Sinn, die Natur und Gültigkeit der Staatsverträge, welche bei Gelegenheit jenes Falles zweifelhaft oder streitig geworden, sich beziehende Erklärung zu geben berufen. Dem Gerichte selbst kommt es dagegen zu, zu untersuchen und zu entscheiden: ob in dem gegebenen Falle alle die factischen Voraussetzungen vorhanden sind, oder nicht, auf welche es bei Anwendung der von dem Ministerium der auswärtigen Angelegenheiten ertheilten allgemeinen, bei der Entscheidung zu Grunde zu legenden Aeußerung ankömmt.

b) In einem andern Falle, einen Rechtsstreit wider den Fiscus betreffend, hat der anfragende Gerichtshof das königliche Ministerium der auswärtigen Angelegenheiten ersucht:

in Vertretung des Finanz-Ministeriums eine authentische Erklärung in Beziehung auf die Auslegung eines Staatsvertrags zu geben.

Aus der in Rede stehenden Allerhöchsten Verordnung vom 25. Januar 1823 kann man sich aber bald überzeugen, daß nach der Absicht derselben dem königl. Ministerium der auswärtigen Angelegenheiten bei der Aeußerung, die darnach von ihm eingeholt werden soll, eine ganz freie, von dem Interesse der Partheien unabhängige Stellung gegeben ist, und daß es daher in keiner Art als Vertreterin einer Parthei concurriren könne, es mag nun der Proceß blos zwischen Privatpersonen schweben, oder auch Fiscus sich unter den Partheien befinden. Darum heißt es in der Verordnung auch ganz allgemein:

„Wenn unter den Partheien entgegengesetzte Behauptungen aufgestellt werden, so sollen die Gerichte verbunden sein, die Aeußerung des Ministeriums der auswärtigen Angelegenheiten einzuholen."

In der That würde alsdann, wenn das Ministerium der auswärtigen Angelegenheiten in Vertretung einer Parthei jene Aeußerung abzugeben berufen sein könnte, die Parthei selbst es sein, welche den Ausspruch thäte und sich das Urtheil machte.

So wenig die Gerichte deshalb, weil sie königliche Gerichte sind, in den Processen, welche der Fiscus vor ihnen betreibt, zugleich die Vertreter des letztern sind, eben so unangemessen ist es, die Function des Ministeriums der auswärtigen Angelegenheiten, vermöge deren es zur Auslegung der Staatsverträge, wenn darüber von dem Fiscus oder einer königlichen Behörde, welche dessen Interesse zu vertreten hat, und einer andern Parthei vor Gericht entgegengesetzte Behauptungen aufgestellt werden, verpflichtet ist, auch aus dem Gesichtspunkte einer Vertretung des Fiscus zu betrachten, weil demselben nicht minder die Eigenschaft einer königlichen Behörde zukommt.

c) Es sind mehrere Fälle vorgekommen, wo der Gerichtshof es den Partheien überlassen hat, bei dem Ministerium der auswärtigen Angelegenheiten die Ertheilung der der gerichtlichen Entscheidung zu Grunde zu legenden Aeußerung in Antrag zu bringen.

Es legt aber die Allerhöchste Verordnung den Gerichten selbst diese Verpflichtung auf, denn es heißt wörtlich:

„es sollen die Gerichte verbunden sein, die Aeußerung des Ministeriums der auswärtigen Angelegenheiten einzuholen u. s. w.“

Es können daher auch vom Gerichte keine an das gedachte Ministerium gerichtete Eingaben von den Partheien angenommen werden, da jenes Ministerium in keiner Berührung mit den Partheien steht, und letztere mit ersterem wegen ihrer Sachen nicht verhandeln können. Vielmehr steht, wie schon oben bemerkt worden ist, die Prüfung und Untersuchung der besondern Thatsachen und Verhältnisse des vorliegenden Falles lediglich den Gerichten zu, und wegen seiner auf den Sinn, die Natur und Gültigkeit der Staatsverträge, die bei Gelegenheit jenes Falles zweifelhaft oder streitig geworden sind, sich beziehenden Erklärung, kann das Ministerium der auswärtigen Angelegenheiten es allein mit der Gerichtsbehörde zu thun haben.

Der Chef der Justiz hat deshalb auch schon früher die allgemeine Anweisung ertheilt: daß die Anträge der Gerichte bei dem Ministerium der auswärtigen Angelegenheiten in Beziehung auf die Allerhöchste Verordnung vom 25. Januar 1823, an dasselbe durch das Justiz-Ministerium gelangen sollen, und derselbe bringt diese Anweisung, gegen welche mehrmals gefehlt worden ist, hierdurch in Erinnerung.

d) Die Allerhöchste Verordnung vom 25. Januar 1823 beschränkt die Anfrage wesentlich auf folgende Fälle:

α) über den Sinn einer in einem Staatsvertrage enthaltenen, zur Entscheidung der Sache beitragenden Bestimmung, oder

β) über die Frage: welcher von mehreren zugleich in Betracht kommenden Staatsverträgen und in wie fern dieser oder jener zum Grunde zu legen sei, desgleichen

γ) über die Frage: ob und in wiefern ein in Bezug genommener Staatsvertrag überhaupt an und für sich als völkerrechtlich gültig anzusehen sei?

entgegengesetzte Behauptungen aufgestellt werden.

Dennoch hat ein Gerichtshof Aeußerungen der Partheien, die sich nicht auf die streitige Auslegung von Staatsverträgen selbst, sondern auf andere, außerhalb dem abgeschlossenen Staatsvertrage gelegene Momente bezogen haben, zur Kenntniß des Ministeriums der auswärtigen Angelegenheiten mit dem Antrage gebracht, eine Aeußerung darüber zu ertheilen. Da gedachtes Ministerium durch die Allerhöchste Verordnung vom 25. Januar 1823 auf eine dergleichen Prüfung nnd Beurtheilung einzugehen nicht befugt erklärt worden ist, so hätte der Gerichtshof von selbst ermessen können, daß hierauf gerichtete Anträge der Partheien, als gedachter Verordnung unangemessen, zurückzuweisen seien.

Eben so hat ein Gerichtshof eine nur ganz allgemeine Frage der Art:

ob in diesem oder jenem Vertrage dies oder jenes Recht, diese oder jene Verbindlichkeit stipulirt worden sei?

an das Ministerium der auswärtigen Angelegenheiten gebracht, ohne dabei näher über den Zusammenhang und die Beziehung der Frage, wie diese bei Gelegenheit eines vorliegenden Processes zweifelhaft oder streitig geworden, und ob und in wiefern die Partheien darüber entgegengesetzte Behauptungen aufgestellt haben, sich zu äußern. Es mag sein, daß das Gericht jene einzelne Frage aus der Erklärung einer Parthei aufgenommen hat, aber, wenn die Partheien selbst so ganz unbestimmte Behauptungen in Beziehung auf Staatsverträge aufstellen, und die Gerichte nicht in den Stand sezzen, mit näherer Angabe derjenigen Bestimmungen eines Staatsvertrages, wobei von jeder Parthei ein verschiedener Sinn behauptet wird, die Aeußerung des königlichen Ministeriums der auswärtigen Angelegenheiten, nach Maaßgabe der Verordnung vom 25. Januar 1823 einzuholen, so ist es die Sache der Gerichte, durch die den Umständen nach geeignete Verfügung eine genauere Auslassung der Partheien zu bewirken.

Die mehrgedachte Verordnung spricht ausdrücklich davon:

„wenn im Laufe des Processes von den Partheien entgegengesetzte Behauptungen über den Sinn einer in einem Staatsvertrage enthaltenen, zur Entscheidung der Sache beitragenden Bestimmung oder über die beiden schon oben näher berührten Fragen, aufgestellt werden,“

und es ist nothwendig, daß von diesen entgegengesetzten Behauptungen das Ministerium der auswärtigen Angelegenheiten vollständige Kenntniß erhalte, um dasselbe in den Stand zu setzen, seine Aeußerung angemessen zu ertheilen.

Der Justiz-Minister erwartet, daß die Gerichte in Zukunft bei Anwendung der Allerhöchsten Verordnung vom 25. Januar 1823 einer besondern Aufmerksamkeit sich befleißigen werden, und wiederholt die Anweisung, die beim königlichen Ministerium der auswärtigen Angelegenheiten zu haltenden Anfragen ihm einzusenden.

Berlin, den 22. November 1826. Der Justiz-Minister
Circulare an ꝛc. ꝛc. Graf v. Danckelmann.
und den General-Procurator
zu Cöln.

779.

Bekleidung der in die Straffectionen abzuliefernden Landwehrmänner und Kriegs-Reservisten.

Durch die Circular-Verfügung vom 2. August 1824 ist bestimmt worden, mit welchen Kleidungsstücken die in die Straffectionen bei den Garnison-Compagnien abzuliefernden Individuen der Landwehr und Kriegsreserve versehen sein müssen, und es hat bei den dort ertheilten Vorschriften, in Hinsicht aller derjenigen Individuen, welche diese Kleidungsstücke entweder schon besitzen, oder sich solche aus eigenen Mitteln zu beschaffen vermögen, ingleichen derjenigen zur Anschaffung der erforderlichen Kleidungsstücke unvermögender Sträflinge, die zu einer mehr als neunmonatlichen Einstellung in eine Straffection verurtheilt worden, auch ferner sein Bewenden. Dagegen ist es zur Sprache gekommen, daß es die Kosten der Criminal-Rechtspflege unnöthig vermehrt, wenn unvermögende Individuen, die nur auf einige Monate bei einer Straffection eingestellt werden, zu dem Ende vorschriftsmäßig bekleidet, und mit diesen Kleidungsstücken hiernächst entlassen werden. Um diesem Uebelstande abzuhelfen, wird von dem Herrn Kriegsminister die Einrichtung getroffen werden, daß dergleichen nur zu neunmonatlicher oder kürzerer Strafe verurtheilte Individuen für die Dauer der Strafe diejenigen Kleidungsstücke, welche ihnen zur vorschriftsmäßigen Bekleidung fehlen, aus den Sträflingsbekleidungs-Depots der Festungen verabreicht, und dafür von den zur Tragung der Kosten verpflichteten Gerichts-Obrigkeiten den Bekleidungs-Depots derjenige Geldbetrag baar vergütet wird, welche für diese Bekleidungsgegenstände nach Verhältniß der

Dauer der Strafe und der bestehenden jährlichen Etatssätze zu berechnen ist. Diese Sätze sind folgende:

a) kleine Montirungsstücke:

2 Paar Schuhe à 1 Thlr. 7½ Sgr.	2 Thlr.	15 Sgr.
2 „ Sohlen à 15 Sgr.	1 „	
2 Hemden à 20 Sgr.	1 „	10 Sgr.

b) große Montirungsstücke:

1 tuchene Jacke	3 Thlr.	5 Sgr.	8⅙ Pf.
1 Paar tuchene Hosen . . .	1 „	21 „	10½ „
1 Mütze		10 „	11¼ „
1 Paar grauleinene Arbeitshosen		15 „	3¾ „

Es sind daher künftig die zu neun Monat und weniger verurtheilten unvermögenden Sträflinge, an die Strafsectionen mit den Kleidungsstücken, welche sie bereits besitzen, und welche jedenfalls so beschaffen sein müssen, daß sie für den Transport zur Festung hinreichen, abzuliefern, und dagegen der in oben erwähnter Art zu berechnende Geldbetrag für die an der vorgeschriebenen Bekleidung fehlenden Gegenstände, der königlichen Festungs-Commandantur mitzusenden, oder auf desfalls später ergehende Requisition derselben, an sie zu berichtigen.

Hiernach sind die Gerichtsbehörden mit Anweisung zu versehen.

Berlin, den 24. November 1826. Der Justiz-Minister
Graf v. Danckelmann.

An
sämmtliche Obergerichtsbehörden und den königlichen Herrn General-Procurator zu Cöln.

780.

Aufhebung der bergischen Decrete vom 17. December 1811 und 21. Februar 1813, über die Ermächtigung der Gemeinden zur Auflage directer oder indirecter Communal-Steuern.

Da die Bestimmungen der französischen und bergischen Gesetzgebung über die Anlegung und Bewilligung von Communal-Abgaben, weder mit den Ressort-Verhältnissen der preußischen Verwaltungs-Behörden, und deren allgemeinen Instructionen, noch mit den gesetzlichen Ansprüchen der Communal-Gläubiger vereinbar sind; so habe Ich bereits im Gesetze vom 7. März 1822, die Regulirung des Schuldenwesens in den Rheinprovinzen betreffend, §§. 19. und 30. Bestimmungen getroffen, durch welche jene Verordnungen für das linke Rheinufer ihre Kraft verloren haben. Indessen sind neuerlich über die Competenz der Behörden in dem ehemaligen Großherzogthum Berg, in Beziehung auf obigen Gegenstand Zweifel erregt worden, zu deren Beseitigung Ich hiermit, unter Aufhebung der Decrete vom 17. December 1811 und vom 21. Februar 1813, verordne, daß, so wie überhaupt in Beziehung auf die Ressort-Verhältnisse der Verwaltungs-Behörden in allen neuen und wieder eroberten Provinzen, in welchen die fremdherrliche Gesetzgebung gegolten hat und noch gilt, sich nur nach den allgemeinen Instructionen der gedachten Behörden gerichtet werden, und jede mit solcher nicht zu vereinbarende Bestimmung der fremden Gesetzgebung, hiermit außer Kraft gesetzt sein soll, also auch insbesondere Sie, die Minister des Innern und der Finanzen, autorisirt sein sollen, die Communen, auf den Antrag ihrer Vorstände, oder nach Maaßgabe der ihnen gesetzlich obliegenden Verpflichtungen, und nach dem vom Ministerio des Innern genau zu prüfenden nothwendigen Bedarf, auch außer den durch das allgemeine Abgabengesetz vom 30. Mai 1820 §. 13. bereits nachgelassenen Zuschlägen zu der Klassen- und Mahl- und Schlachtsteuer, und anderen bereits bestehenden Communal-Abgaben und Zuschlägen, zur Auflage anderweiter directer oder indirecter Communal-Steuern zu ermächtigen.

Berlin, den 4. December 1826.

An das Staats-Ministerium. Friedrich Wilhelm.

781.

Bestrafung der Verfälschung von Geldbeuteln u. s. w. in den Rheinprovinzen.

Wir Friedrich Wilhelm, von Gottes Gnaden, König von Preußen rc. rc.

Da Wir vernommen haben, daß in denjenigen Unserer Provinzen, in welchen das französische Strafgesetzbuch noch in Anwendung ist, Bedenken über die Bestrafung derjenigen Art von Verfälschung der Geldbeutel, Geldpakete und Geldrollen entstanden sind, welche blos an deren Inhalte und nicht zugleich an dem Siegel oder an der Aufschrift oder Etiquette derselben verübt wird, unter welchen letzteren Umständen das Vergehen unter unzweifelhafte Bestimmungen des erwähnten Strafgesetzbuches fällt; so verordnen Wir hierdurch, auf den Antrag Unseres Staats-Ministeriums und nach Anhörung Unseres Staatsraths:

> daß jene Art der Verfälschung versiegelter, mit Angabe des Inhalts nach Zahl und Gewicht von dem Ausgeber auf der Etiquette unter seiner Unterschrift bezeichneter Geldbeutel, Geldpakete und Geldrollen, mit derselben Strafe belegt werden soll, welche in dem Artikel 401. des französischen Strafgesetzbuches für die darin genannten Vergehen vorgeschrieben ist.

Urkundlich unter Unserer Allerhöchsteigenhändigen Unterschrift und beigedrucktem Königlichen Insiegel.

Gegeben Berlin, den 9. December 1826.

Friedrich Wilhelm.

782.

Bestrafung der Cassenverbrechen. — Oeffentliche Arbeit bis zum Ersatz des Defects.

Von dem königlichen Ministerium der Finanzen ist es gerügt worden, daß ein rheinisches Landgericht in einem Strafurtheile gegen einen Cassenbeamten es unterlassen hat, neben der Amtsentsetzung nach §. 424. Tit. 20. Thl. 2. des Allgemeinen Landrechts auf öffentliche Arbeit bis zum erfolgten Ersatze der Cassendefecte zu erkennen, indem dasselbe angenommen hat, daß es nach der Allerhöchsten Kabinets-Ordre vom 15. October 1803 und dem Rescripte vom 8. Februar 1804, in Verbindung mit dem Allerhöchsten Kabinetsbefehle vom 6. September 1815 dem richterlichen Ermessen überlassen sei, ob jene Detention nach ausgestandener Strafe für zweckmäßig zu achten, und darauf zu erkennen sei.

Diese Ansicht ist den Bestimmungen der erstgedachten Allerhöchsten Kabinets-Ordre vom 15. October 1803 und dem Erläuterungs-Rescript vom 8. Februar 1804 gänzlich entgegen, indem darin ausdrücklich der §. 424. Tit. 20. Thl. 2. des Allgemeinen Landrechts, welcher diese Detention nach der Strafe vorschreibt, für nicht aufgehoben erklärt, und die Gerichte angewiesen worden, ferner darauf zu erkennen, und nur wegen der Vollstreckung in den geeigneten Fällen anzufragen.

Diese Bestimmungen haben durch die Allerhöchste Kabinets-Ordre vom 6. September 1815, welche die Selbstständigkeit der Gerichte in judicando sanctionirt, nicht die geringste Abänderung erlitten, und Sie haben daher sämmtliche rheinische Gerichte hierauf aufmerksam zu machen, zugleich aber die Ober-Procuratoren, denen der Betrieb der Vollstreckung der Straferkenntnisse obliegt, anzuweisen, daß sie in den einzelnen, in obigen Vorschriften bezeichneten Fällen die nöthige Anzeige an Sie machen, damit demnächst auf Ihre Anfrage und gutachtlichen Bericht von hier aus darüber, ob die erkannte Detention in Ausübung zu bringen statuirt werden kann.

Berlin, den 15. December 1826. Der Justiz-Minister
An Graf v. Danckelmann.
den königlichen General-Procurator Herrn Ruppenthal
zu Cöln.

a.

Mein lieber Staats-Minister von Voß und Groß-Kanzler von Goldbeck. Ich stimme Euch nach Euerm Berichte vom 5. u. 10. d. Mts. dahin bei, daß die lebenslängliche Einsperrung der Inculpaten, da wo sie das Gesetz nicht als Strafe verordnet, in Absicht des zu ersetzenden Defects, Meinen Cassen nachtheiliger ist, als wenn den Inculpaten durch ihre Befreiung nach erlittener Strafe Gelegenheit gelassen würde, etwas zur Befriedigung der Casse zu erwerben, und daß es darnach rathsam ist, diejenigen Subjecte in den Zucht- und Arbeitshäusern, bei welchen der Zweck der Aufbewahrung nicht erreicht wird, nach ausgestandener Strafe loszulassen. Zu dem Ende will Ich daher auch nicht allein genehmigen, daß die angezeigtermaßen im südpreußischen Departement auf diese Art verurtheilten Subjecte, und zwar der ehemalige Polizei-Burgemeister N. zu N., daselbst nach ausgestandener Strafe entlassen werden können, sondern billige auch diese Maaßregel in Rücksicht aller der mit diesen im gleichen Falle sich befindenden vormaligen Officianten, und authorisire Euch darnach zur Verfügung des Weitern, als Euer wohlaffectionirter König.

Potsdam, den 15. October 1803.
An Friedrich Wilhelm.
den Staats-Minister von Voß und
den Groß-Kanzler von Goldbeck.

b.

Friedrich Wilhelm ꝛc.

Unsern ꝛc. Ihr seid nach Eurem Berichte vom 17. v. Mts. darüber zweifelhaft:

> ob die Kabinets-Ordre vom 15. October v. J. die Absicht habe, daß gegen Beamte künftig gar nicht weiter auf Detention Behufs des Ersatzes defectirter Gelder erkannt werden soll?

Allein die Kabinets-Ordre befiehlt nur, daß diejenigen Cassen-Beamten, bei welchen der Zweck der Aufbewahrung nicht erreicht wird, nach überstandener bestimmter Strafzeit aus den Strafanstalten entlassen werden sollen, und nimmt es als Regel an, daß die Detention den landesherrlichen Cassen nachtheiliger sei, als wenn den besagten Officianten, durch ihre Freilassung nach erlittener Strafe, Gelegenheit gelassen würde, etwas zur Befriedigung der Casse zu verdienen. Es ist also hierdurch keinesweges bestimmt worden, daß alle Cassen-Officianten ohne Unterschied nach überstandener Strafe, ohne weitere Detention entlassen werden sollen, und noch weniger, daß künftig gar nicht mehr auf diese Detention erkannt werden soll; sondern der Groß-Kanzler hat aus der Aeußerung des allgemeinen principii in der Kabinets-Ordre nur Veranlassung hergenommen, der Gesetz-Commission aufzugeben, daß sie bei der Umarbeitung des 20. Titels 2. Theils des Allgemeinen Landrechts darauf Rücksicht nehme. Bis zur Publication des neuen Criminalrechtes müsset Ihr also fernerhin auf die Detention erkennen, und nur in den einzelnen Fällen, worin sie offenbar zweckwidrig sein würden, solches anhero anzeigen und um Verhaltungsmaaße bitten, ob sie stattfinden soll oder nicht.

Wir können hierbei nicht unbemerkt lassen, daß außer unsern Cassen-Officianten nach §. 424. Tit. 20. Thl. 2. des Allgemeinen Landrechts auch noch nach §. 341. andere Beamten, welche durch vorsätzliche Pflichtwidrigkeiten dem Staate oder einem Dritten Schaden verursacht haben, nach ausgestandener Strafe detinirt werden sollen, und daß auf diese, wenn einem Privato der Schade zugefügt worden, die oben allegirte Kabinets-Ordre gar keinen Bezug leidet, es vielmehr sodann auf die Erklärung der beschädigten Privatperson ankommt, ob sie die Abarbeitung des Schadens in einer öffentlichen Anstalt verlange oder nicht.

Berlin, den 8. Februar 1804.

An die südpreußische Regierung zu Warschau.

Ad mandatum
v. Goldbeck.

783.

Die Genehmigung zu Reparaturen und Beschaffung von Utensilien bei den Friedensgerichten bis zum Betrage von 50 Thalern geht von der General-Procuratur aus.

Um bei den an den Localien der Friedensgerichte vorkommenden Reparaturen und der Anschaffung von Utensilien für die gedachten Gerichte ein überall gleichmäßiges Verfahren herzustellen, habe ich dato die königlichen Regierungen zu Cöln, Düsseldorf, Aachen, Trier und Coblenz veranlaßt, künftig vor der Ausführung und Anschaffung sich mit Ihnen über die Nothwendigkeit und Zweckmäßigkeit zu vereinigen, und Ihre Zustimmung einzufordern. Wenn diese erfolgt, habe ich die königlichen Regierungen authorisirt, die Anweisung der Kosten, in sofern die Summe für jeden einzelnen Fall 50 Thaler nicht übersteigt, auf den Fonds des Justiz-Verwaltungsetats für kleine Ausgaben der Gerichte zu ertheilen, und mir nur bei höheren Summen, so wie bei den Reparaturen an den Gebäuden, welche den Justiz-Aemtern auf der rechten Rheinseite des Regierungs-Bezirks Coblenz eingeräumt sind, wegen welcher letzteren es vor der Hand bei dem bisherigen Verfahren bleibt, meine Genehmigung vorbehalten.

Bei dieser Ihnen, Herr General-Procurator, übertragenen Befugniß setze ich in Ihre Umsicht das Vertrauen, daß Sie überall mit der größten Sparsamkeit zu Werke gehen, und Ihre Zustimmung nur dann ertheilen werden, wenn durch die Anträge oder das Gutachten der Local-Justizbehörde, allenfalls mit Zustimmung des betreffenden Landgerichts-Präsidii und der Ober-Procuratur, die Nothwendigkeit und Zweckmäßigkeit der Anstalt gehörig geprüft, und Sie darüber und daß der Aufwand mit geringeren Mitteln nicht zu bestreiten ist, sich vollkommene Ueberzeugung verschafft haben. In gleicher Art sind die Anträge, welche Sie bei einer höheren Summe der Kosten bei mir zu machen haben, zu motiviren. Auch darf der vorgenannte Fonds des Justiz-Verwaltungsetats niemals überschritten werden, weshalb ich die königlichen Regierungen ersucht habe, Sie bei jedem vorkommenden Fall davon in Kenntniß zu setzen, welche Summe nach Abzug der auf dem Fonds haftenden bestimmten oder wahrscheinlichen Ausgaben, noch disponibel ist.

Bei entstehenden Bedenken erwarte ich Ihre Anfrage, veranlasse Sie auch, am Schluß des Jahres ein Verzeichniß aller von Ihnen bewilligten Ausgaben, und zwar für jeden Regierungsbezirk besonders, einzureichen.

Berlin, den 18. December 1826. Der Justiz-Minister
An Graf v. Danckelmann.
den General-Procurator Herrn Ruppenthal
zu Cöln.

XII.

1827.

Gesetze, Verordnungen, Rescripte.

784.

Gerichtliche Vorladungen an die Militair-Intendanturen erfolgen durch die Ober-Procuraturen.

Beigehend erhalten Sie Abschrift des Schreibens des königlichen Kriegs-Ministerii vom 24. v. M. mit dem Eröffnen, daß, da die durch Allerhöchste Kabinets-Ordre vom 1. November 1820 kreirten Militair-Intendanturen durch anderweitige Kabinets-Ordre vom 3. Juli 1822 ausdrücklich für Provinzial-Behörden des königlichen Kriegs-Ministerii für die Militair-Oeconomie erklärt worden sind, es keinem Bedenken unterliegt, daß die Vorladungen gegen sie als fiscalische Stationen in eben den Formen vorzunehmen sind, welche im §. 23. des Ressort-Reglements vom 20. Juli 1818 rücksichtlich der Regierung und des Ober-Bergamtes vorgeschrieben worden sind, daß mithin die Insinuation dem betreffenden Ober-Procurator geschehen, welcher Weg ohnehin nach No. 5. Art. 69. der rheinischen Civil-Proceßordnung in jedem einzelnen Fall eingeschlagen werden muß, wenn der unmittelbar geladene Vorstand der Behörde das Visa verweigert.

Sie haben daher durch Bekanntmachung an die Ober-Procuratoren, die rheinischen Gerichte, Anwälde und Gerichtsvollzieher dafür zu sorgen, daß künftig bei Vorladungen der königlichen Militair-Intendanturen nach §. 23 u. 24. des gedachten Ressort-Reglements verfahren werde.

Berlin, den 12. Januar 1827. Der Justiz-Minister
Graf v. Danckelmann.

An
den königl. General-Procurator Herrn Ruppenthal
zu Cöln.

785.

Die bei Geldbuße in subsidium erkannte Gefängnißstrafe cessirt bei nachträglicher Zahlung der Geldbuße.

Wenngleich die bei Geldbußen in subsidium erkannte Gefängnißstrafe, wie Sie in Ihrem Berichte vom 10. December v. J. richtig bemerken, kein Executions-Mittel ist, so ist doch ihre Anwendung immer durch das Unvermögen, die Geldstrafe zu erlegen, bedingt, und es unterliegt daher auch keinem Bedenken, daß wenn sich das Gegentheil auch erst nach dem Anfange der Vollstreckung durch Berichtigung derselben ergiebt, der Grund jener wegfalle, und dieselbe daher cessiren müsse. Nach diesen Grundsätzen wird auch in den älteren Provinzen verfahren, und Sie haben hiernach das Weitere zu veranlassen.

Berlin, den 12. Januar 1827. Der Justiz-Minister
An Graf v. Danckelmann.
den königlichen General-Procurator Herrn Ruppenthal zu Cöln.

786.

Wählbarkeit der Menoniten bei Erneuerung der Handelsgerichte.

Des Königs Majestät haben in einer an das Staats-Ministerium erlassenen Allerhöchsten Kabinets-Ordre vom 21. November pr., die Menoniten in den westlichen Provinzen betreffend, das bei der Erneuerung des Handels-Gerichts zu Crefeld statt gefundene Verfahren, nach welchem die Mitglieder der dortigen Menoniten-Gemeine von der Wählbarkeit ausgeschlossen, zu mißbilligen und zu befehlen geruhet, daß eine solche Ausschließung nicht mehr eintreten solle. Dem Herrn General-Procurator wird dies zur Nachricht und Achtung hierdurch bekannt gemacht.

Berlin, den 26. Januar 1827. Der Justiz-Minister
An Graf v. Danckelmann.
den königlichen General-Procurator Herrn Ruppenthal zu Cöln.

787.

Competenz der standesherrlichen Untergerichte in Strafsachen.

Nach nochmaliger Erwägung der bei den fürstlich Wiedschen Gerichten früherhin bestandenen Verfassung, so wie der darauf Bezug habenden Bestimmungen der Allerhöchsten Instruction vom 30. Mai 1820 §. 43. halte ich es nicht mehr für zweifelhaft, daß den standesherrlichen Untergerichten in allen Fällen, wo nicht auf eine höhere Strafe als 4 wöchentliches Gefängniß, 50 Thaler Geldbuße oder eine leichte Züchtigung erkannt wird, die Befugniß, das Erkenntniß abzufassen, zugestanden werden muß, wohingegen in allen übrigen Strafsachen die Competenz des standesherrlichen Ober-Gerichts zu Neuwied ausschließlich eintritt.

Hiernach wird also die in der Ministerial-Instruction vom 29. Mai v. J. §. 5. enthaltene Bestimmung modificirt, und der ostrheinische Senat des königlichen Appellationsgerichtshofes auf den Bericht vom 19. December v. J. angewiesen, sowohl den Herrn Fürsten zu Wied als dessen standesherrliche Gerichtsbehörden davon in Kenntniß zu setzen.

Berlin, den 29. Januar 1827. Der Justiz-Minister

An Graf v. Danckelmann.

den ostrheinischen Senat des königl. Appellationsgerichtshofes zu Cöln.

788.

Verfahren bei Verwandlung der Geldbuße in Gefängnißstrafe in Defraudationssachen.

Nachdem Seine Majestät der König durch die den Behörden längst zur Nachachtung zugefertigte Allerhöchste Kabinets-Ordre vom 18. September 1824 die Zwangshaft als Executions-Mittel von Geldbußen, wie sie früher nach den Art. 52 u. 53. des rheinischen Strafgesetzbuches bestanden, aufgehoben und im Unvermögensfalle die Substitution einer Gefängnißstrafe nach den Bestimmungen des Allgemeinen Landrechts anzuordnen geruhet haben, so unterliegt es keinem Bedenken, daß in den Fällen des §. 3. der Declaration vom 20. Januar 1820 (Gesetz-Sammlung pag. 34.) die dort für die rheinischen Gerichte gemachte Ausnahme wegfällt und auch diese nach den, für die übrigen Provinzen gegebenen Vorschriften zu verfahren haben.

Hiernach haben die betreffenden Verwaltungs-Behörden im Falle des §. 3. l. c. die Acten an den betreffenden Ober-Procurator, unter Bescheinigung der Insolvenz der Verurtheilten, zur Bewirkung der gerichtlichen Verwandlung der Geldbuße in Gefängnißstrafe einzureichen; der Ober-Procurator bringt die Sache dann mit seinem Antrage zur Straf-

Rathskammer des Landgerichts, welches, ohne weitere Instruction und ohne in die Beurtheilung der Sache einzugehen, diese Verwandlung nach den Grundsätzen des Allgemeinen Landrechts durch einen, keinem Rechtsmittel unterworfenen Beschluß ausspricht, für dessen Signification und Vollstreckung sodann der Ober-Procurator zu sorgen hat.

Hiervon haben Sie die betreffenden Behörden zur Nachachtung in Kenntniß zu setzen.

Berlin, den 2. Februar 1827.

Minister des Innern. v. Schuckmann. Justiz-Minister. Graf v. Danckelmann. Finanz-Minister. v. Motz.

Circulare an die rheinischen Regierungen und an den königl. General-Procurator am rheinischen Appellationsgerichtshofe Herrn Ruppenthal zu Cöln.

789.

Mitwirkung des Inquirenten bei Abfassung der Criminal-Erkenntnisse im Bereiche des Justiz-Senats zu Coblenz.

Der Justiz-Minister findet in dem von dem ostrheinischen Senate des königlichen Appellationsgerichtshofes mittelst Berichts vom 15. v. M. mitgetheilten Auszuge aus der herzoglich und fürstlich nassauischen Verordnung vom 27. u. resp. 30. September 1809, so weit er ohne das Vorhergehende verständlich ist, keine Aufhebung der gemeinrechtlichen Criminal-Verfassung, nach welcher der Inquirent rechtsgültig bei der Abfassung des Erkenntnisses mitwirken kann. Der königliche ostrheinische Senat hat daher die Gerichte im ostrheinischen Theil des Regierungsbezirks Coblenz anzuweisen, daß sich künftig die Inquirenten aus diesem Grunde der Concurrenz bei Strafurtheilen nicht zu entziehen haben.

Berlin, den 4. Februar 1827. Der Justiz-Minister Graf v. Danckelmann.

An den ostrheinischen Senat des königl. Appellationsgerichtshofes zu Cöln.

790.

Abforderung der noch nicht verjährten Zinscoupons von den in den Depositorien vorhandenen Staatsschuldscheinen und Erhebung der Capitalien von den verlosten Staatsschuldscheinen.

Sie erhalten hierbei eine auf Befehl Seiner Majestät

des Königs an sämmtliche königliche Gerichts- und Vormundschafts-Behörden erlassene Verfügung wegen Abforderung der noch nicht verjährten Zinscoupons von den in den Depositorien vorhandenen Staats-Schuldscheinen aus der III. und IV. Serie und wegen Erhebung der Capitalien von den in der Verlosung gezogenen Staats-Schuldscheinen zur Kenntnißnahme und ungesäumten Einrückung in die Amtsblätter.

Berlin, den 12. Februar 1827. Der Justiz-Minister
An Graf v. Danckelmann.
den königlichen Herrn General-Procurator
zu Cöln.

a.

Es hat sich ergeben, daß bei der Controlle der Staats-Papiere noch eine beträchtliche Zahl unabgeforderter Zins-Coupons von Staats-Schuldscheinen aus den Serien III. und IV., also für die Jahre 1819 bis 1826 sich befindet. Da zu besorgen ist, daß ein großer Theil der Staats-Schuldscheine, zu denen diese Coupons gehören, in den gerichtlichen und vormundschaftlichen Depositen-Cassen vorhanden ist, so werden sämmtliche königliche Gerichts- und Vormundschafts-Behörden hiermit angewiesen, die Abforderung der noch nicht verjährten Zinscoupons, die zu den in ihren Depositorien niedergelegten Staats-Schuldscheinen gehören, unverzüglich und spätestens in denjenigen Terminen zu bewirken, welche die Hauptverwaltung der Staatsschulden zur Empfangnahme der Zinscoupons der V. Serie öffentlich bekannt gemacht hat, auch die Vormünder oder diejenigen Personen, denen sonst Behufs der Erhebung der Zinscoupons die Staats-Schuldscheine anvertraut sind, zur Empfangnahme der Coupons anzuweisen.

Die sofortige Ausführung dieser Maaßregel ist um so nothwendiger, als des Königs Majestät ausdrücklich zu bestimmen geruhet haben, daß Allerhöchstdieselben keine Gesuche um Aufhebung der Verjährung wegen der nicht zeitig erhobenen Zinsen, statt finden lassen werden.

Zugleich werden, mit Bezug auf die öffentliche Bekanntmachung der Hauptverwaltung der Staatsschulden, nach welcher noch 325,900 Thaler in deren Gewahrsam zurückgeblieben sind, die auf verlosete Staatsschuldscheine hätten baar in Empfang genommen werden sollen, sämmtliche königliche Gerichts- und Vormundschafts-Behörden angewiesen, von den in ihren Depositen-Cassen etwa vorhandenen, in der Verlosung gezogenen Staats-Schuldscheinen die Capitalien von der Staats-Schulden-Tilgungscasse zu erheben, indem dieselben sonst den Interessenten für den Verlust der Zinsen verantwortlich bleiben.

Berlin, den 12. Februar 1827. Der Justiz-Minister
An Graf v. Danckelmann.
sämmtliche königliche Gerichts- und Vormundschafts-Behörden.

791.

Bei Untersuchungen wegen Verfälschung öffentlicher Papiere soll die mit Verwaltung dieser Papiere beschäftigte Behörde zugezogen werden.

Des Königs Majestät haben durch die Allerhöchste Kabinets-Ordre vom 8. Februar c. zu bestimmen geruhet, daß bei Untersuchungen, welche die Verfälschung öffentlicher Papiere betreffen, die mit der Verwaltung dieser Papiere beschäftigte Behörde, in irgend einer Art, zugezogen werden soll, weil dieselbe durch eine vollständigere Kenntniß des Geschäftsverkehrs, den Inquirenten und den Richter, Behufs der Ermittelung der That oder des Thäters, auf Gesichtspunkte zu leiten im Stande ist, die ihm aus Unkunde des formellen Verkehrs leicht entgehen können.

Das königliche 2c. wird von dieser Allerhöchsten Bestimmung mit dem Bemerken in Kenntniß gesetzt, daß es in jedem vorkommenden Fall von Erwägung der einzelnen Umstände abhängen wird, ob die Zuziehung der betreffenden Verwaltungsbehörde, im Wege einer Theilnahme an der Untersuchung, oder mittelst Vorlegung der geschlossenen Untersuchungsacten an dieselbe, Behufs ihrer gutachtlichen Aeußerung zu bewirken ist.

Berlin, den 12. Februar 1827. Der Justiz-Minister
Circulare Graf v. Danckelmann.
an sämmtliche königliche Gerichte und an die königliche General-Procuratur des rheinischen Appellationsgerichtshofes zu Cöln.

792.

Die Niederschlagung der inexigibeln polizeilichen und correctionellen Strafen und Gerichtskosten erfolgt von den königlichen Regierungen.

Zur Vereinfachung des Geschäftsganges habe ich in Gemeinschaft mit den königlichen Ministerien des Innern und der Finanzen beschlossen, den rheinischen Regierungen die selbstständige Niederschlagung der Kosten und Geldbußen in Strafsachen zu überlassen, und es ist deshalb die abschriftlich beigehende Verfügung vom 19. v. M. an dieselben erlassen worden.

Hiernach cessirt die vorläufige, mittelst Verfügung vom 19. Mai pr. getroffene Einrichtung, nach welcher das Niederschlagungsgeschäft in Betreff der Kosten Ihnen auf den Grund der von den Regierungen Ihnen einzureichenden Liquidationen übertragen worden war.

Sie haben daher die Ober-Procuratoren von obiger Verfügung in Kenntniß zu setzen und sie anzuweisen, auf die Anzeige der Regierungen, daß die durch polizeiliche und zuchtpolizeiliche Erkenntnisse festgesetzten Geldbußen wegen Insolvenz der Schuldner haben niedergeschlagen werden müssen, für die Vollstreckung der in Gemäßheit der Allerhöchsten Kabinets-Ordre vom 18. September 1824 subsidiarisch erkannten Gefängnißstrafen zu sorgen.

Berlin, den 16. Februar 1827. Der Justiz-Minister
Graf v. Danckelmann.

An
den königlichen General-Procurator
Herrn Ruppenthal zu Cöln.

a.

Es ist beschlossen worden, den rheinischen Regierungen die selbstständige Niederschlagung der inexigibeln polizeilichen und correctionellen Strafen und Gerichtskosten in der Voraussetzung zu überlassen, daß sie sich von der Insolvenz der Debenten auf dem bisherigen gesetzlichen Wege befriedigende Ueberzeugung verschaffen werden. Dabei wird denselben zugleich die Allerhöchste Kabinets-Ordre vom 20. October 1825 in Erinnerung gebracht, nach welcher die Anwendung der Zwangshaft, der Kosten wegen, abgeschafft, und ein dem in den ältern Provinzen analoges Verfahren angeordnet ist. Auch wird die königliche Regierung angewiesen, in vorkommenden Fällen von der erfolgten Niederschlagung der gerichtlichen Geldstrafen die Ober-Procuratoren zu benachrichtigen, damit diese hierauf das Nöthige wegen Vollstreckung der Gefängnißstrafe veranlassen können.

Berlin, den 19. Januar 1827.

Minister des Innern	Justiz-Minister	Finanz-Minister
v. Schuckmann.	v. Danckelmann.	v. Motz.

An
sämmtliche Regierungen der Rheinprovinz.

793.

Ermittelung und Angabe des Werths der gestohlenen Gegenstände bei Untersuchungen wegen Diebstahls.

Sie werden hiermit beauftragt, die Instructions-Richter in den Rheinprovinzen anzuweisen, bei den wegen Diebstahls einzuleitenden Untersuchungen, wenn es darauf nach den Vorschriften des Allgemeinen Landrechts ankommen würde, den Werth der gestohlenen Sachen auszumitteln, insbesondere ob derselbe über fünf Thaler, oder nur fünf Thaler oder weniger beträgt. Es dürfen aber dadurch keine Kosten veranlaßt werden und es ist vielmehr genügend, wenn der Damnificat befragt und der Inculpat darüber gehört wird. Sollte es bei der Verschiedenheit der Angabe zweifelhaft bleiben, ob der Werth über oder nur 5 Thaler oder weniger ist, so kann der Zweifel durch das Gutachten des Inquirenten selbst, oder wenn dieser sich dessen enthalten will, durch die Befragung der Zeugen, welche ohnedies abgehört werden, oder andere zweckmäßige Erörterungen gelegentlich beseitiget werden, ohne daß es deshalb besonderer, bloß zu diesem Behuf gemachten Einschreitungen bedarf. Wenn Inculpaten schon früher wegen Diebstahls bestraft worden sind, so haben die Instructionsrichter aus den Voracten zu den Untersuchungs-Acten zu registriren, worin das Object des Diebstahls bestanden und ob der ungefähre Werth fünf Thaler übersteige, auch zu welcher Cathegorie von Diebstählen nach den Vorschriften des Allgemeinen Landrechts die früheren Verbrechen gehört haben würden.

Berlin, den 16. Februar 1827. Der Justiz-Minister
Graf v. Danckelmann.

An
den königl. ersten Herrn Appellationsgerichts-Präsidenten
und den königl. Herrn General-Procurator
zu Cöln.

794.

Feststellung der bei Subhastationen dem Käufer zur Last fallenden Kosten.

Wenn der §. 21. der Subhastations-Ordnung vom 1. August 1822 bestimmt, daß bei dem Ablesen der Bedingungen und der Eröffnung der Licitation der dem Käufer zur Last fallende Kostenbetrag, nach Wahrscheinlichkeit, angegeben werden soll, so geschieht dies, wie die Natur des ganzen Geschäfts es mit sich bringt, nur deswegen, um den Käuser in den Stand zu setzen, den ganzen Betrag der von ihm zu zahlenden Summe, sei es als Kaufpreis, sei es für Kosten, zu übersehen und danach zu berechnen, wie hoch er in seinem Gebote gehen kann.

Ich bin nun unterrichtet worden, daß dieser Kostenbetrag so, wie ihn der Extrahent oder sein Bevollmächtigter bei der Licitation angiebt, als feststehend und unveränderlich betrachtet, und an den Extrahenten bezahlt wird, und die Folge dieses Verfahrens ist, daß die Kosten von dem Extrahenten ungebührlich hoch angesetzt werden, wodurch dann, wie natürlich, der Kaufpreis zum Nachtheile des Schuldners vermindert wird.

Um diesem ungesetzlichen Verfahren Grenzen zu setzen, bemerke ich, daß die Angabe des muthmaßlichen Kostenbetrages nur in der oben angegebenen Absicht vorgeschrieben ist, damit der Käufer die zu zahlende Summe ganz übersehen und sein Gebot danach ermäßigen könne.

Der Extrahent oder sein Bevollmächtigter ist aber keinesweges befugt, die Zahlung dieser Summe, weil er sie so angegeben hat, zu fordern, sondern er ist verpflichtet, nach Beendigung des Verfahrens, die von ihm bestrittenen und von dem Käufer zu ersetzenden Kosten speciell und genau zu berechnen, und seine Liquidation gehörig zu belegen, und nur der Betrag, den der Friedensrichter alsdann festsetzen wird, ist von dem Ankäufer zu entrichten.

Obgleich, nach §. 21. des angeführten Gesetzes, nur der wahrscheinliche Betrag der Kosten angegeben werden soll, und auch nur so angegeben werden kann, so hängt doch die Bestimmung desselben keinesweges von der bloßen Willkühr des Extrahenten oder seines Bevollmächtigten ab, vielmehr ist es die Pflicht des Friedensrichters, diese Angabe zu prüfen und eintretenden Falles zu berichtigen, wozu er in den ihm vorliegenden Verhandlungen die nöthigen Materialien finden wird, damit weder der Schuldner durch zu hohen, noch der Käufer durch zu geringen Ansatz beeinträchtiget werde.

Die von dem Friedensrichter festgesetzte Taxe der dem Extrahenten von dem Käufer zu ersetzenden Kosten muß dem Licitations-Protocolle beigeheftet bleiben.

Sämmtlichen Herren Friedensrichtern mache ich es zur Pflicht, diese Bestimmungen pünktlich zu befolgen, und ich ersuche die Herren Ober-Procuratoren, bei den von ihnen vorzunehmenden Revisionen, diesen Gegenstand genau ins Auge zu fassen.

Cöln, den 18. Februar 1827. Der General-Procurator
Publicandum. Ruppenthal.

795.

Vollständige Aeußerung der Geschworenen in ihren Antworten über die erschwerenden Umstände des Verbrechens. (Art. 345. No. 3. der Criminal-Ordnung.)

Die Einsicht der mittelst Verfügung vom heutigen dato an die königliche General-Procuratur übersendeten Acten in der Untersuchungssache gegen N. hat mir zu der schon öfter mißfällig gemachten Bemerkung Veranlassung gegeben, daß die Geschwornen, wenn sie sich in ihren Antworten über die erschwerenden Umstände des Verbrechens auszusprechen haben, statt diese nach Art. 345. No. 3. der rheinischen Criminal-Ordnung namentlich und wörtlich zu bezeichnen, sich begnügen, nur im Allgemeinen von dem Vorhandensein oder Nichtdasein „der erschwerenden Umstände" zu sprechen; woraus oft Ungewißheit über den Sinn ihrer Antworten, und Weiterungen in der Cassations-Instanz entstehen.

Dieser Mißbrauch kann nur durch die Conivenz entstehen, welche solche Antworten als genügend annimmt, und muß gehoben werden, wenn der Assisen-Präsident in dieser Beziehung seinen Pflichten nach §. 267 und 336. ibid. durch gehörige Belehrung der Geschwornen nachkommt, und, Falls dennoch solche unvollständige Antworten erfolgen, sie auf der Stelle verbessern läßt, und wenn der Beamte des öffentlichen Ministeriums, Falls der Präsident dies letztere nicht von selbst thut, es in Antrag bringt.

Sie haben deshalb das Nöthige zu veranlassen, damit künftig ähnliche Rügen nicht vorkommen.

Berlin, den 19. Februar 1827. Der Justiz-Minister
An Graf v. Danckelmann.
den königlichen ersten Herrn Appellationsgerichts-Präsidenten und den königlichen Herrn General-Procurator
zu Cöln.

796.

Vorladung eines Ausländers vor die rheinischen Gerichte, insbesondere der Waldeckschen Unterthanen.

Ihre Anfrage vom 11. d. M. beschränkt sich dem Vortrage gemäß nur auf die Insinuationen gerichtlicher Vorladungen an Waldecksche Unterthanen, indem in Ansehung der übrigen Ausländer, sofern deren Vorladung vor rheinische Gerichte gesetzlich noch statt finden kann, es bei dem verfassungsmäßigen Wege, entweder durch das königliche Ministerium der auswärtigen Angelegenheiten, oder nach Maaßgabe der besondern Conventionen mit einzelnen Staaten durch die auswärtigen königl. preußischen Gesandtschaften, wie in den Niederlanden, oder, durch unmittelbare Requisition der auswärtigen Gerichtsbehörden, wie in Baden, Großherzogthum Hessen, Nassau und Rheinbaiern sein Verbleiben behält.

Was die Insinuationen an Waldecksche Unterthanen anlangt, so ist bei Lage der Sachen von den von Ihnen bezeichneten Auswegen allerdings nur jener der unmittelbaren Zusendung der Ladung an den zu Ladenden durch die Post als der geeignete anzusehen.

Eine Portofreiheit dieser Correspondenz ist jedoch schwerlich zu bewirken, und es bleibt daher nur übrig, daß die Ladungen unfrankirt abgesendet werden und daß die Staatsbehörde wegen der möglichen Post-Auslagen, die aus der Nicht-Annahme des Schreibens und dessen Rücksendung entstehen können, sich dadurch deckt, daß sie von den Extrahenten sich den diesfälligen Betrag vorschußweise hinterlegen läßt, und nur unter dieser Bedingung die, Art. 69. No. 9. vorgeschriebene Signification annimmt und ihr Visa ertheilt. Hiervon haben Sie die Gerichte, Ober-Procuratoren, Anwälde und Gerichtsvollzieher in Kenntniß zu setzen.

Wenn Sie übrigens am Schlusse Ihres Berichts im Allgemeinen bemerken, daß solche Fälle seltener sein würden, wenn die rheinischen Gerichte die auf die Verordnung vom 2. Mai 1823 (No. 550.) gegründete Incompetenz von Amtswegen aussprechen dürften, so bin ich der Meinung, daß sie hierzu nicht allein die Befugniß, sondern auch die Pflicht haben. Wenn gleich bei dem contradictorischen Verfahren die diesfällige Pflicht der Gerichte im Art. 170. der rheinischen Civil-Proceß-Ordnung nur für den Fall beschränkt ist, wo eine Incompetenz ratione materiae da ist, und der Beklagte ohne den Einwand selbst vorzubringen sich eingelassen habe, so folgt daraus keineswegs, daß bei Contumacialfällen der fraglichen Art die Gerichte von den Vorschriften des Gesetzes vom 2. Mai 1823 abstrahiren und einen Contumacial-Antrag des Klägers, wenn er offenbar gegen denselben läuft, als gerechtfertigt nach Art. 150. l. c. annehmen und zusprechen dürfen, da das Gesetz alle Unterthanen und vorzüglich die Gerichte zu dessen Beachtung verbindet. Sie haben hiervon die Gerichte in Kenntniß zu setzen und die Procuratoren anzuweisen, in allen Contumacial-Fällen der fraglichen Art, wo sich die Incompetenz nach den Vorschriften der allegirten Verordnung ergiebt, auf die Incompetenz-Erklärung anzutragen und wenn dieser Antrag wider Verhoffen bloß auf den Grund des mangelnden Antrages des Geladenen selbst zurückgewiesen werden sollte, davon Anzeige zu machen.

Berlin, den 25. Februar 1827. Der Justiz-Minister
An Graf v. Danckelmann.
den königl. Herrn General-Procurator Ruppenthal
zu Cöln.

797.

Dem Waldeigenthümer kommen die von sämmtlichen Theilnehmern an einem Holzdiebstahl verwirkten Geldstrafen und Forstarbeiten zu gut.

Wir Friedrich Wilhelm, von Gottes Gnaden, König von Preußen 2c. 2c.

Da nach dem Berichte Unsers Staats-Ministeriums Zweifel entstanden sind, ob die in dem Gesetz vom 7. Juni 1821, wegen Untersuchung und Bestrafung des Holzdiebstahls, dem Waldeigenthümer überwiesenen Strafen ihm auch in dem Falle zustehen, wenn der Holzdiebstahl von Mehreren verübt worden; so erklären Wir, nach erfordertem Gutachten Unsers Staatsraths, den Sinn des gedachten Gesetzes dahin:

daß dem Waldeigenthümer auch die, von sämmtlichen Theilnehmern an einem von Mehreren gemeinschaftlich verübten Holzdiebstahle, verwirkten Geldstrafen und Forstarbeiten zu gut kommen.

Urkundlich unter Unserer Allerhöchsteigenhändigen Unterschrift und beigedrucktem Königlichen Insiegel.

Gegeben Berlin, den 6. März 1827.

Friedrich Wilhelm.

798.

Wegen der von den Menoniten statt des Eides abzugebenden Versicherungen.

Wir Friedrich Wilhelm, von Gottes Gnaden, König von Preußen 2c.

Um sämmtliche, in Unsern Staaten wohnende Menoniten von der ihren Religionsgrundsätzen zuwiderlaufenden förmlichen Eidesleistung zu entbinden, und in dieser Beziehung überall dasjenige Verfahren stattfinden zu lassen, welches in einem Theile Unserer Monarchie gesetzlich beobachtet wird; verordnen Wir auf den Antrag Unsers Staats-Ministeriums hierdurch Folgendes:

§. 1. Wenn ein Menonit als Parthei einen Eid schwören, oder als Zeuge abgehört werden soll, oder zu einem Amte berufen wird, zu dessen Uebernahme die Eidesleistung erforderlich ist; so muß er durch ein Zeugniß der Aeltesten, Lehrer oder Vorsteher seiner Gemeine nachweisen, daß er in der menonitischen Sekte geboren worden, oder sich doch schon wenigstens seit einem Jahre vor dem Anfange des Processes oder vor der Berufung zum Amte zu dieser Religionsgesellschaft bekannt und bisher einen untadelhaften Wandel geführt habe.

§. 2. In diesem Atteste muß zugleich die bei den Menoniten übliche Bekräftigungsformel bemerkt sein.

§. 3. Die nach dieser Bekräftigungsformel, mittelst Handschlages, abzugebende Versicherung hat mit der wirklichen Eidesleistung gleiche Kraft.

§. 4. Wer solche zur Bestätigung einer Unwahrheit mißbraucht, den trifft die Strafe des falschen Eides.

Urkundlich unter Unserer Allerhöchsteigenhändigen Unterschrift und beigedrucktem Königlichen Insiegel.

Gegeben Berlin, den 11. März 1827.

Friedrich Wilhelm.

799.

Anwendung des §. 54. des Anhanges zur Preuß. Allgemeinen Gerichts-Ordnung in der Rheinprovinz.

Da die Vorschrift des §. 54. des Anhanges zur Allgemeinen Gerichts-Ordnung, welche bestimmt:

„die von den Civilgerichten erlassenen Vorladungen der Unterofficiere und gemeinen Soldaten werden nicht dem Vorzuladenden selbst, sondern dem Chef der Compagnie oder Escadron, und wenn solcher abwesend ist, dem Commandeur derselben zur weiteren Bestellung an den Vorzuladenden eingehändigt. Von dem vorgesetzten Officier wird auf der bei der Vorladung jedesmal befindlichen Abschrift der richtige Empfang mit dem Versprechen bemerkt, daß die Vorladung dem Vorgeladenen zur gehörigen Zeit bekannt gemacht werden soll,"

sich auf das militairische Subordinations-Verhältniß gründet, und mithin in allen Landestheilen, wo Militair stationirt ist, zur Anwendung kommen muß; so verordne Ich hierdurch, daß darnach bei Vorladung der gedachten Militair-Personen auch in denjenigen Landestheilen, worin zur Zeit die Allgemeine Gerichts-Ordnung noch nicht Gesetzes Kraft erhalten hat, überall verfahren werde, und beauftrage Sie, diese Bestimmung durch die Gesetzsammlung zur allgemeinen Kenntniß und Nachachtung zu bringen.

Berlin, den 22. März 1827.

An Friedrich Wilhelm.

den Kriegsminister, General der Infanterie v. Hake und den Staats- und Justizminister Grafen von Danckelmann.

800.

Gerichtliche Einwirkung bei Aufnahme gemüthskranker Personen in Irren-Anstalten.

Es ist im Verfolg der Allerhöchsten Kabinets-Ordre vom 5. April 1804

wegen der gerichtlichen Einwirkung bei Aufnahme gemüthskranker Personen in Irren-Anstalten

und des darauf unter dem 25. November 1825 an sämmtliche Gerichte erlassenen Circulares, von Seiten des königlichen Ministerii der geistlichen, Unterrichts- und Medicinal-Angelegenheiten an sämmtliche rheinische Regierungen verfügt worden, daß vor Aufnahme gemüthskranker Personen in Irren-Anstalten, das Interdictions-Verfahren eingeleitet werden soll. Nach einer mir vom oberwähnten Ministerium mitgetheilten Anzeige des Herrn Staats-Ministers und Ober-Präsidenten von Ingersleben Excellenz vom 29. Januar c. hat der Ober-Procurator zu Düsseldorf auf einen Antrag dieser Art in Beziehung auf die Irren-Heilanstalt zu Siegburg erwiedert, daß es nach der Bestimmung im Artikel 491. des Civil-Gesetzbuchs der Interdiction vorläufig nicht bedürfe. Indeß beziehen sich die Kabinets-Ordre vom 5. April 1804 und das Circulare vom 25. November 1825 nicht bloß auf Anstalten, welche zur Aufbewahrung von Irren, sondern auch auf solche, welche zur Heilung von Irren bestimmt sind, namentlich auf die hiesige Charité. Sie finden daher auch auf die Irren-Heilanstalt zu Siegburg Anwendung, und haben Sie hiernach sowohl den Ober-Procurator zu Düsseldorf für den vorliegenden Fall, als überhaupt sämmtliche Ober-Procuratoren anzuweisen.

Berlin, den 26. März 1827. Der Justiz-Minister

An Graf v. Danckelmann.

den königlichen General-Procurator Herrn Ruppenthal zu Cöln.

a.

Meine lieben Staats-Minister Graf von der Schulenburg und von Massow. Aus der jetzt im Druck erschienenen Nachricht von dem Zustande des Krankenhauses der Charité im Jahre 1803 habe Ich ersehen, daß die Zahl der in diesem Institute aufgenommenen Gemüthskranken, welche bereits im verflossenen Jahre sehr zugenommen hatte, wieder ansehnlich gestiegen ist. Wiewohl nun der Verfasser dieser Nachricht, Geh. Rath Hufeland sich vorbehalten hat, über die Ursachen der Zunahme dieser Krankheitsklasse, die er in einigen herrschenden Fehlern der jetzigen physischen und geistigen Lebensart der Menschen setzt, sich noch besonders auszulassen; so kann Ich doch schon jetzt die Besorgniß nicht unterdrücken, ob auch wohl in jedem Falle der Aufnahme eines Gemüthskranken der Zustand desselben nach Vorschrift der Gesetze gerichtlich untersucht und bestimmt werde. Die provisorische Aufnahme eines noch nicht gerichtlich dafür erklärten Gemüthskranken darf zwar nicht um dieser Form willen ausgesetzt werden, aber die gesetzliche Sicherheit und Freiheit der Person erfordert, daß gleich nach der Aufnahme dem competenten Gerichte davon Anzeige geschehe, damit dasselbe nach Vorschrift der Gesetze die sorgfältige Untersuchung verfügen und darüber erkennen könne, weil unter keinem Vorwande irgend ein Gemüthskranker, der nicht durch gerichtliches Erkenntniß dafür erklärt ist, in den zu deren Aufnahme bestimmten Anstalten behalten werden muß. Ich trage Euch demnach auf, bei dem Krankenhause der Charité, in Gemäßheit dessen die erforderliche Verfügung zu treffen, und verbleibe Euer wohlaffectionirter König.

Potsdam, den 5. April 1804.

An Friedrich Wilhelm.

die Staats-Minister Graf von der Schulenburg und von Massow.

b.

Der Justiz-Minister findet sich in Verfolg einer mit dem königlichen Ministerio der geistlichen, Unterrichts- und Medicinal-Angelegenheiten anderweit gehaltenen Communication und im völligen Einverständniß mit den von demselben gemachten Anträgen bewogen, sämmtliche königliche Gerichtsbehörden zur genauen Befolgung der Vorschriften zu verpflichten, welche

wegen der gerichtlichen Einwirkung bei Aufnahme gemüthskranker Personen in die öffentlichen oder Privat-Heilanstalten,

in der in Abschrift beigefügten Allerhöchsten Kabinets-Ordre vom 5. April 1804 enthalten sind. Es darf dabei keinen Unterschied machen: ob der aufzunehmende Kranke unter ehelicher oder väterlicher Gewalt steht oder nicht.

Denn die Bevormundung eines Wahn- und Blödsinnigen, wovon das Allgemeine Landrecht Thl. 2. Tit. 18. §. 12. spricht, ist ein von der Blödsinnigkeits-Erklärung ganz verschiedener und mit derselben in keiner absoluten Verbindung stehender Act. Die erstere gehört dem Vormundschaftsgerichte an (Allg. Landrecht Thl. 2. Tit. 18. §. 63.), die letztere geht von dem Richter aus (Allg. Ger. Ordn. Thl. 1. Tit. 38. §. 2. seq.). Jene wird zwar nur dann erforderlich, wenn die für wahn- oder blödsinnig erklärten Personen nicht schon unter ehelicher oder väterlicher Curatel stehen; diese hingegen kann und muß — sobald es die Umstände erheischen, und die Gerichtsbehörden sich dafür aussprechen — ohne Unterschied der Person eintreten.

Die königlichen Ober-Präsidien und Regierungen sind von dem königlichen Ministerium der Medicinal-Angelegenheiten gleichmäßig darnach instruirt worden.

Berlin, den 25. November 1825. Der Justiz-Minister
An Graf v. Danckemann.
sämmtliche königliche Gerichts-Behörden.

801.

Beitreibung der Forststrafgefälle. Verjährung der Forststrafsachen.

Beigehend erhalten Sie auf den Bericht vom 8. December v. J.

die zwischen Ihnen und der dortigen Regierung entstandenen Differenzen wegen Beitreibung der Forststrafgefälle betreffend,

Abschrift des diesfalsigen Schreibens an das königliche Finanz-Ministerium vom heutigen Dato nebst einer mit demselben über die Verjährung der Forststrafen stattgefundenen

Correspondenz vom 4. und 24. Februar d. J. zur Nachricht und Achtung.

Berlin, den 28. März 1827. Der Justiz-Minister
An Graf v. Danckelmann.
den königlichen General-Procurator Herrn Ruppenthal zu Cöln.

a.

Auf das hochgeehrte Schreiben Ew. Excellenz vom 16. v. Mts., betreffend die zwischen der Regierung zu Cöln und dem General-Procurator Ruppenthal entstandenen Differenzen wegen Beitreibung der Forststrafgefälle verfehle ich nicht Folgendes ganz ergebenst zu erwiedern:

Daß die Regierung im Allgemeinen die Befugniß habe, die ihren Cassen zugewiesenen Forststrafen beizutreiben, ist von mir und dem General-Procurator Ruppenthal so wenig bestritten worden, als es andererseits von Ew. Excellenz anerkannt worden, daß wenn der Einwand der Verjährung derselben begründet ist, diese Beitreibung cessiren müsse.

Der Streitgegenstand war daher nur die Frage,

> ob der Regierung bei Beitreibung der Forststrafen die Vorrechte des §. 16 und 17. des Ressort-Reglements vom 20. Juli 1818 in der Art zu statten kommen, daß sie der von dem Exequendus gemachten Einrede der Verjährung und seiner durch Opposition erfolgten Provocation auf richterliche Entscheidung ungeachtet, mit der Execution fortfahren und der damit beauftragte Gerichts-Vollzieher zu deren Fortsetzung durch die Staatsbehörde genöthigt werden könne?

Die Gründe für die Verneinung dieser Frage sind in meinem früheren ergebensten Schreiben vom 22. Januar 1827 und dem Bericht des General-Procurators Ruppenthal vom 8. December pr. entwickelt, und es wird gegenwärtig um so weniger einer weiteren Entwickelung derselben bedürfen, als Ew. Excellenz inzwischen durch das geehrte Schreiben vom 24. v. Mts. — die Anfrage der Regierung von Trier wegen Verjährung der Forststrafen betreffend — meinen, in dem Anschreiben vom 4. Februar gemachten Antrag

> die Regierung anzuweisen, die bei Beitreibung der Forststrafen erfolgenden Oppositionen der Verjährung zur gerichtlichen Entscheidung zu bringen,

genehmigt, und jene Regierung hiernach einstweilen zu verfahren angewiesen haben.

Da dieses in Folge eines allgemeinen Princips geschehen

ist, so darf ich auch die gegenwärtige Differenz als erledigt ansehen, und zweifle nicht an der gefälligen Willfahrung meines Gesuchs

auch die Regierung von Cöln und die übrigen rheinischen Regierungen hiernach anzuweisen,

und habe dem General-Procurator Ruppenthal zu seiner Nachachtung eine Abschrift sowohl des gegenwärtigen Schreibens als unserer obenerwähnten Correspondenz vom 4. und 24. Februar mitgetheilt.

Berlin, den 28. März 1827.

An Graf v. Danckelmann.
des königlichen wirkl. Geheimen Staats- und Finanz-Ministers Herrn v. Motz Excellenz.

b.

Ew. Excellenz geehrtes Schreiben vom 26. August v. J. wegen Verjährung der Forststrafen und die hierneben zurückerfolgenden Anlagen desselben haben mich veranlaßt, von dem General-Procurator am rheinischen Appellations-Gerichtshofe zu Cöln Bericht einzufordern, und beehre ich mich denselben, so wie das darin bezogene Urtheil des rheinischen Revisions- und Cassationshofes unter Bitte der Rücksendung in Urschrift ganz ergebenst beizufügen, wiewohl letzteres über die vorliegende Streitfrage nichts bestimmt.

Ew. Excellenz werden aus ersterem zu entnehmen belieben, welchen Zweifeln die Frage über die Verjährungsfrist der Forstfrevelstrafen unterliegt.

Die Gründe, welche die Regierung zu Trier aufstellt, um darauf die längere für Zuchtpolizeistrafen im Art. 636. der rheinischen Criminal-Proceßordnung bestimmte fünfjährige Verjährungsfrist anzuwenden, erscheinen mir unzureichend, denn da sich der Charakter der Forstfrevel als correctionelle Vergehen allein auf die im Art. 179. ibid. bestimmte diesfällige Competenz der Zuchtpolizeigerichte gegründet hat, so scheint er auch in Ansehung der mit Geldstrafen zu ahndenden wegfallen zu müssen, seitdem diese nach §. 4. der Verordnung vom 7. Juni 1821 den Friedensgerichten zugewiesen sind, und auch der §. 8. ibid. dürfte die Ansicht der Regierung noch nicht hinlänglich unterstützen, indem die Grundsätze über die Verjährung sich schwerlich unter das bloß formelle subsummiren lassen. Der Zweifelhaftigkeit der Frage ungeachtet muß ich Bedenken tragen, eine besondere gesetzliche Bestimmung darüber in Anregung zu bringen, da dieselbe nach der eigenen Bemerkung der Regierung auf die Vergangenheit doch nicht von Einfluß sein könnte, für künftige Fälle aber auch wenigstens als nicht dringend nothwendig erscheint, indem die Regierung auch eine zweijährige Frist durch Executions-Schritte zu salviren im Stande zu sein erklärt, und da überdies der Gegenstand bei dem jetzt der Bearbeitung vorliegenden Gesetzentwurfe einer allgemeinen Forstordnung aufgenommen werden kann.

Dies vorausgesetzt, stelle ich Ew. Excellenz ganz ergebenst anheim, die Regierung zu Trier, welche selbst noch nicht behauptet, daß ihr von irgend einem der Debenten der Einwand der zweijährigen Präscription der Strafe gemacht worden sei, gefälligst anzuweisen, die Beitreibung der fraglichen Reste zu verfolgen, und die dabei etwa erfolgenden Oppositionen aus jenem Grunde zur gerichtlichen Entscheidung, event. des hiesigen rheinischen Revisions- und Cassationshofes zu bringen, welchem dieser Fall bisher noch nicht vorgelegen zu haben scheint, um hierdurch, dem Vorschlage des Herrn General-Procurators Ruppenthal gemäß, alle Zweifel zu beseitigen, oder doch für die Abänderung im Wege der Gesetzgebung eine festere Grundlage zu erhalten.

Berlin, den 4. Februar 1827.

An Graf v. Danckelmann.

des königlichen wirkl. Geheimen Staats- und Finanz-Ministers Herrn v. Motz Excellenz.

c.

Euer Excellenz benachrichtige ich auf das sehr geehrte Schreiben v. 4. d. Mts. ganz ergebenst, daß die Regierung in Trier auf ihre Berichte wegen Verjährung der Forststrafen angewiesen worden ist, in dieser Angelegenheit nach der von Euer Excellenz in dem gedachten sehr geehrten Schreiben geäußerten Ansicht einstweilen zu verfahren.

Ich sende zugleich den mir gefälligst mitgetheilten Bericht des General-Procurators, so wie das darin bezogene Urtheil des rheinischen Revisions- und Cassationshofes beigefügt ganz ergebenst zurück.

Berlin, den 24. Februar 1827.

An v. Motz.

des königl. wirklichen Geheimen Staats-Ministers Herrn Grafen von Danckelmann Excellenz.

802.

Die Concurrenz des Inquirenten bei Abfassung der Criminalurtheile fällt bei dem fürstlich Wiedschen Obergerichte fort.

Dem ostrheinischen Senate des königlichen Appellations-Gerichtshofes wird auf den Bericht vom 15. d. Mts.

die Concurrenz des Inquirenten bei Abfassung der Criminalurtheile betreffend,

eröffnet, wie es sich von selbst versteht, daß die in dem Rescripte vom 9. Februar 1827 enthaltene Anweisung wegen der Stimmfähigkeit der Inquirenten bei Strafurtheilen der Gerichte des ostrheinischen Theils des Regierungsbezirks Coblenz durch die wegen des für ichen Wiedschen Obergerichts im §. 22. des dem Collegio inzwischen zugefertigten Recesses enthaltene entgegengesetzte Bestimmung, in Bezug auf jenes Gericht, als aufgehoben anzusehen ist.

Wenn übrigens bei jenem Collegio durch gesetzliche Hindernisse in dem Richterpersonal der Fall vorkommt, daß die Zahl der Votanten bis auf zwei reducirt ist, und mithin kein collegialischer Beschluß, da wo er gesetzlich erforderlich ist, gefaßt werden kann, so muß Kraft des Devolutions-Rechts die Wirksamkeit der königlichen Jurisdiction eintreten; die Sache muß alsdann dem königlichen rheinischen Appellations-Gerichtshofe angezeigt, und von diesem entweder durch jedesmaligen Auftrag oder zufolge einer allgemeinen Anweisung dem Justiz-Senat zu Coblenz unter Zusendung der Acten zur Entscheidung überwiesen werden. Hiernach hat der königliche ostrheinische Senat das fürstliche Obergericht zu Neuwied, so wie den Justiz-Senat zu Coblenz mit Anweisung zu versehen.

Hiernach modificirt sich auch die, wegen Ergänzung des Obergerichts in dem speciell zur Sprache gebrachten Falle in Untersuchungssachen wider N. durch einen Justiz-Amtmann in der Verfügung vom 24. November pr. enthaltene Bestimmung, und das Collegium hat, sofern dieserwegen nicht etwa schon demgemäß an das Obergericht zu Neuwied verfügt sein sollte, auch in dieser Sache nach obiger allgemeinen Anweisung zu verfahren.

Berlin, den 30. März 1827. Der Justiz-Minister
Graf v. Danckelmann.

An
den ostrheinischen Senat des königlichen
Appellations-Gerichtshofes
zu Cöln.

803.

Wegen Cumulation der Strafen.

Durch den von Ihnen am 14. Januar c. erstatteten Bericht hat das in der Verfügung vom 22. December pr. geäußerte Bedenken über die Gesetzlichkeit des in der Untersuchungssache wider den N. von N. beobachteten Verfahrens keineesweges für beseitigend angenommen werden können, namentlich muß es sich auf den ersten Blick ergeben, daß die in jenem Berichte aus den Untersuchungen wider den N. und N. in Bezug genommenen Straffälle auf den vorliegenden Fall um deswillen gar nicht passen, weil der N. nicht wie jene successive, sondern in einer und derselben Assisen-Sitzung zwiefach zur vollen gesetzlichen Strafe verurtheilt worden ist. Wiewohl nun, unter diesen Umständen, auch alles dasjenige, was Sie über die, Ihrer früheren Ansicht vermeintlich entgegenstehende Praxis des Revisions- und Cassationshofes angeführt, und aus den vorgedachten Beispielen gefolgert haben, nicht geeignet sein konnte, das in der Untersuchungssache wider den N. gerügte Verfahren zu rechtfertigen, so habe ich doch aus Ihrem Berichte Veranlassung genommen, zur Lösung der darin aufgestellten Zweifel die gutachtliche Aeußerung des hiesigen General-Procurators zu erfordern. In diesem hier abschriftlich beigefügten Gutachten ist genügend auseinandergesetzt, daß solche Cumulationen der Anklagen und Verurtheilungen, wie dieselben in der N.schen Untersuchungssache statt gehabt, keinesweges im Gesetze vorgeschrieben, noch bei deren richtigen Anwendung unvermeidlich sind, denselben vielmehr durch das öffentliche Ministerium sehr wohl vorgebeugt werden kann, indem der Art. 308. der Criminal-Proceßordnung, welcher die Trennung nicht connexer Anklagen verstattet, unbedenklich auch die Befugniß ertheilt, die gegen denselben Angeschuldigten vorkommenden connexen Verbrechen in eine Anklage zusammen zu fassen, oder wenigstens zugleich zur Aburtelung zu befördern. Bei gehöriger Beachtung dieser Vorschrift hätte also die zweifache Verurtheilung des N. weder nothwendig noch angemessen scheinen können. Aus dem Gutachten werden Sie aber ferner entnehmen, daß auch Ihre, aus der Praxis des Revisions- und Cassationshofes gemachten Folgerungen über die Cumulationen der Strafen nicht begründet erscheinen, daß es namentlich bei dem successive zur Cognition gelangenden Verbrechen zwar sehr wohl zu rechtfertigen sei, wenn jedesmal die volle Strafe erkannt werde, hieraus aber noch nicht folge, daß auch jedesmal alle diese Strafen eine nach der andern vollstreckt werden müßten; daß vielmehr in solchen Fällen der successiven Aburtelung, die geringere Strafe immer von der härteren absorbirt werde, mithin niemals mehr als das Maximum einer Strafgattung vollstreckt werden dürfe; daß also insbesondere im vorliegenden Falle gegen den N. gesetzlich nur eine 6jährige, nicht aber eine 11jährige, wie Sie angenommen haben, hätte zur Vollstreckung gebracht werden können. Da die hierin entwickelten Ansichten den gesetzlichen Vorschriften so wie den allgemeinen Strafprincipien überall angemessen erscheinen, so will ich Sie hiermit anweisen, dieselben auch Ihrerseits zur Richtschnur zu nehmen, und darauf zu achten, daß in Zukunft diesen Grundsätzen gemäß überall, sowohl bei Untersuchung und Aburtelung der Straffälle, als insbesondere auch bei der Vollstreckung der erkannten Strafen verfahren werde.

Berlin, den 9. April 1827. Der Justiz-Minister

Graf v. Danckelmann.

An
den königlichen Herrn General-Procurator
zu Cöln.

a.

Zur Befolgung des Hohen Rescripts Eurer Excellenz vom 6. dieses beehre ich mich Folgendes ganz gehorsamst zu bemerken:

Als Euer Excellenz den General-Procurator bei dem rheinischen Appellations-Gerichtshofe aufforderten, darüber zu berichten, warum die dem N. angeschuldigten Verbrechen in der nämlichen Sitzung getrennt, und zugleich wegen jedes derselben die volle gesetzliche Strafe erkannt worden; schien es die Aufgabe gewesen zu sein, sowohl erstens die Ursachen anzugeben, welche die Trennung der verschiedenen Verbrechen veranlaßt haben, als auch zweitens die neben einander stehenden Verurtheilungen zu rechtfertigen.

Wegen des zweiten Punktes bezieht sich nun der Bericht des gesagten General-Procurators auf die Jurisprudenz des hiesigen Revisionshofes; wie wenig aber dessen Grundsätze in dieser Hinsicht einer Censur empfänglich seien, werde ich weiter unten zeigen.

Zuvörderst bemerke ich aber wegen des ersten Punktes, daß ich in dem angeführten Bericht den Aufschluß über den Grund des getheilten Verfahrens, welches doch eigentlich die erste Ursache der auffallenden Erscheinung ist, daß gegen den nämlichen Deliquenten wegen verschiedener, vor der ersten Condemnation bekannt gewordener Verbrechen, verschiedene

Urtheile erlassen worden, vermisse; daß aber ein solches Verfahren hauptsächlich verdiente, gerügt zu werden.

Wird nur dafür gesorgt, daß alle vor Erlassung des Verweisungsurtheils ausgemittelten Verbrechen in Eine Anklage, oder doch die verschiedenen Anklagen in Ein Verfahren gebracht werden; so wird sich der Fall nicht ereignen, daß besondere Erkenntnisse für die besonderen Beschuldigun: statt finden; es sei denn, daß nach Art. 308. der Criminal-Proceß-Ordnung eine Trennung für nothwendig erachtet werde.

Dem öffentlichen Ministerium bei dem Appellations-Gerichtshofe stehen die Mittel zu Gebot, eine solche Trennung zu behindern, und eben so scheint es auch, daß dem Präsidenten der Assisen die Befugniß zustehen müsse, dergleichen Unregelmäßigkeiten unwirksam zu machen; denn so wie die Anklage wegen nicht connexer Verbrechen durch den Präsidenten getheilt werden kann, so kann es auch nicht unerlaubt sein, mehrere gegen dasselbe Individuum wegen verschiedener, nicht connexer Verbrechen gefertigten Anklagen zu verbinden, und sie demselben Assisenhofe zur Aburtheilung vorzulegen, um auf diese Weise die Moralität des Angeklagten einer genauern und vollständigern Würdigung zu unterwerfen. Die Verbindung ist auch dem Geiste des Gesetzes angemessen, denn da solches nicht will, daß körperliche Strafen cumulirt werden, sondern verordnet, daß wenn ein Angeklagter mehrerer Verbrechen überführt wird, die härteste Strafe allein gegen ihn erkannt werden solle (Art. 365. der Criminal-Proceßordnung), so würde es ganz unnütz sein, die Proceduren zu vervielfältigen, wo der Zweck des Gesetzes am leichtesten durch ein einziges Verfahren erfüllt werden kann.

Ist aber demohnerachtet die Verfolgung mehrerer Verbrechen gegen das nämliche Individuum durch abgesondertes Verfahren geschehen; so läßt es sich nicht behaupten, daß ein bestimmtes Gesetz verletzt, daß einem ausdrücklichen Verbote sei zuwider gehandelt worden.

Nur muß alsdann bei der Anwendung und der Execution der Strafe auf das Gesetz die gehörige Rücksicht genommen werden.

So muß z. B. die durch ein zweites Urtheil erkannte Strafe zeitlicher Zwangsarbeiten die zuerst erkannte Zuchthausstrafe absorbiren; so wird das nämliche Maaß der nämlichen Strafart, obwohl mehrmal ausgesprochen, nur einmal vollzogen werden dürfen; so kann, wenn ein Individuum wegen zehn Diebstählen, die eine zeitliche Zwangsarbeitsstrafe nach sich ziehen, angeklagt ist, und verurtheilt werden soll, dasselbe nie mehr als das Maximum dieser Strafgattung (20 Jahre, nach Art. 19. des Strafcodex) treffen; und ist dieses Maximum auch nur wegen eines einzigen jener Diebstähle bereits erkannt, so kann wegen der übrigen neun Diebstähle keine weitere Verfolgung statt finden.

So lange aber dieses Strafmaaß noch nicht erschöpft ist, kann gegen den bereits Verurtheilten noch immer ein ferneres Verfahren wegen eines zweiten, dritten ꝛc. dieselbe Strafart nach sich ziehenden Verbrechens eingeleitet werden.

So unregelmäßig nun auch ein solches Verfahren erscheinen mag, so widerstreitet es doch, wie ich schon zu bemerken mir erlaubte, keiner ausdrücklichen gesetzlichen Vorschrift; — im Gegentheil sagt Legraverend in dem **Traité de la Legislation criminelle, Tom. 2. pag. 230.** — kann es oft dem Interesse der Gesellschaft und der Strafgerechtigkeit angemessen sein, indem es möglich und sogar wahrscheinlich ist, daß die Richter auf die erste Verurtheilung Rücksicht nehmen, und das Maximum der Strafe, oder wenigstens eine schärfere als die erste war, aussprechen werden, und diese Möglichkeit allein ist es, die das Gesetz erfordert, um gegen einen Verurtheilten zu verfahren, gegen welchen neue Anschuldigungen eingegangen sind.

Hiernach steht der Cassationshof als völlig gerechtfertigt da, wenn er weder in der Untersuchungssache gegen N., noch in jener gegen N. auf den Antrag des General-Advocaten, weder in jener gegen N. ex officio die Cassation auszusprechen für angemessen fand; — denn wo es an einem bestimmten Grund mangelt, kann die Cassation nicht erkannt werden.

In keiner dieser Sachen war aber ein solcher Grund vorhanden; — nicht in der ersten, denn obgleich N. schon zu fünfjähriger Zuchthausstrafe verurtheilt war, als er später noch zu sechsjähriger Zuchthausstrafe verurtheilt wurde, so war doch (da Strafen dieser Art nicht cumulirt werden), eigentlich nur Ein Jahr zu der früheren Verurtheilung hinzugefügt worden; — nicht in der zweiten, da nur mittelst der zweiten Verurtheilung eine zwölfjährige Zwangsarbeitsstrafe an die Stelle der zuerst erkannten fünfjährigen trat, der Verurtheilte mithin sich gewiß nicht zu beschweren hatte, weil ihm wohl das Maximum hätte applicirt werden können und müssen; — und was drittens den N. betrifft, so war zwar dieser schon in dem ersten Urtheil wegen Fälschung zu sechsjähriger Zuchthausstrafe condemnirt, aber das zweite verurtheilt ihn wegen Hausdiebstahls nur zu fünfjähriger Zuchthausstrafe.

Obgleich nun die letztere Condemnation durch die größere frühere absorbirt wird, so bot sie doch keinen Cassationsgrund dar; denn die Trennung der Untersuchungen wegen nicht connexer Verbrechen war durch das Gesetz erlaubt, und obwohl die letztere den Zweck nicht erfüllte, so war die Condemnation zu einer geringern Strafe als die erste war, zwar unnütz, aber nicht gesetzwidrig.

Ueberhaupt konnte über die rechtliche Wirkung dieser Verurtheilungen dann erst eigentlich Frage entstehen, wenn das öffentliche Ministerium, welches allein mit der Vollstrekkung der Criminalurtheile beauftragt ist, nach Ablauf der längsten Strafzeit, die in einem der Urtheile ausgesprochen ist, die Verurtheilten noch länger hätte büßen lassen wollen.

Daß dieses die Ansicht des Revisions- und Cassationshofes gewesen sei, kann ich zwar nicht mit Gewißheit behaupten, da die Ursache der Weigerung, der bloß mündlichen Requisition des die Verrichtungen des öffentlichen Ministerii wahrnehmenden Beamten zu deferiren, in die Erkenntnisse nicht aufgenommen worden (wie denn überhaupt Gründe der Verwerfung nie angegeben werden, wenn die Cassationsmittel nicht schriftlich deponirt worden), und ich auch den desfalsigen Berathungen nicht beiwohnte; allein ich muß vermuthen, daß jene Betrachtungen den Gerichtshof hauptsächlich bestimmt haben, über den bloß mündlich formirten Antrag hinaus zu gehen.

Nie hat übrigens der Revisionshof die Meinung zu erkennen gegeben, daß gegen ein und dasselbe Individuum, wider welches wegen mehrerer Verbrechen verschiedene, zu denselben Assisen verwiesene Anklagen gefertigt worden, wegen jedes dieser Verbrechen abgesondert verfahren werden müsse, oder daß, wenn eine Trennung geschehen, jedes der Urtheile seinem ganzen Inhalte nach besonders zu vollstrekken sei.

Den gegenwärtigen ganz gehorsamsten Bemerkungen lege ich die mir hochgeneigtest mitgetheilten Piecen wieder bei, unter dem fernern ehrerbietigen Bemerken, daß da — gemäß dem oben Angeführten — der Cassationshof keine Motive der Verwerfung in den Untersuchungssachen gegen N. und N. angegeben hat, ich außer Stand bin, dem Befehl Euer Excellenz wegen Einreichung der Entscheidungsgründe Folge zu leisten.

Berlin, den 28. Februar 1827. Der General-Procurator
An Eichhorn.
des königl. wirklichen Geheimen Staats- und Justiz-Ministers Herrn Grafen von Danckelmann Excellenz.

804.

Receß über die Organisation der Behörden des Gebietes des Herrn Fürsten zu Solms-Braunfels.

Mittelst Allerhöchster Ordre vom 31. Mai 1825 haben des Königs Majestät zu genehmigen geruhet, daß der Herr Fürst zu Solms-Braunfels für die Verwaltungs-Behörden des fürstlichen Gebiets eine der receßmäßigen Verwaltung der Grafschaft Wernigerode ähnliche Einrichtung in Vorschlag bringen könne.

Der Herr Fürst hat sich in Folge dieser Allerhöchsten Genehmigung gegen das königliche Staats-Ministerium erklärt, welches dem königlichen Ober-Präsidenten, Herrn Staats-Minister von Ingersleben den Auftrag ertheilt hat, hierüber mit dem Herrn Fürsten in weitere Verhandlung zu treten.

Diesem Auftrage gemäß ist die nachstehende Urkunde abgefaßt, in welche diejenigen Abänderungen aufgenommen worden sind, welche das königliche Staats-Ministerium bei der in Befolgung des Allerhöchsten Befehls vorgenommenen Prüfung erforderlich gefunden und der Herr Fürst anerkannt hat.

§. 1. In den Rechtsverhältnissen des Herrn Fürsten, wie solche durch das Gesetz vom 21. Juni 1815 und durch die Instruction vom 30. Mai 1820 bestimmt worden, wird nichts geändert, vielmehr beziehen sich die in der gegenwärtigen Urkunde anfgenommenen Modificationen nur auf die Organisation und die Verwaltungsformen der Behörden, durch welche der Herr Fürst die verliehenen Regierungsrechte gemäß §. 38 u. f. der Instruction vom 30. Mai 1820 ausüben läßt.

§. 2. Innerhalb des Umfangs der dem Herrn Fürsten verliehenen Rechte ist demselben und seinen Behörden die Ausführung aller auf die gesetzliche Art bekannt gemachten oder ihnen von den betreffenden Behörden mitgetheilten Gesetze und Verordnungen übertragen.

§. 3. Die Wahrnehmung der königlichen Gerechtsame

der Landeshoheit, der allgemeinen Landespolizei, der Militairgewalt, der directen und indirecten Steuern und aller übrigen Regalien, so wie der Monopole rc., die Untersuchung und Bestrafung von Uebertretungen der in dieser Hinsicht bestehenden Gesetze und Verordnungen, ingleichen die Einziehung aller fiscalischen Strafen, verbleibt den landesherrlichen Behörden, von denen es abhängt, ob sie sich dazu der königlichen oder der standesherrlichen Unterbehörden bedienen wollen.

§. 4. Die Aufsicht darüber, daß die Gesetze und Verordnungen, deren Ausführung dem Herrn Fürsten und seiner Regierung zusteht, nicht nur überhaupt, sondern auch ihrem speciellen Inhalte gemäß, angewandt, und daß sowohl von dem Herrn Fürsten selbst, als von der fürstlichen Regierung in Ausübung der bewilligten Rechte die gesetzlichen Schranken beobachtet werden, führen die königlichen Ministerien durch den Ober-Präsidenten der Provinz, dem hiezu entweder allgemeine oder besondere Aufträge und Instructionen, nach Maaßgabe der Umstände und des Bedürfnisses der Verwaltung ertheilt werden.

§. 5. Die Ausübung der, nach §. 2. dem Herrn Fürsten zustehenden Polizeiverwaltung und der Consistorialgerechtsame geschieht im Umfange der Standesherrschaft fortan durch eine collegialisch eingerichtete Behörde unter dem Namen

„Fürstlich Solms-Braunfelsische Regierung".

Sämmtliche Ausfertigungen geschehen mit dieser Unterschrift und unter gleichlautendem Siegel.

Das Personal dieser Regierung besteht aus einem Direktor, welcher seine Qualification zur Justiz-Verwaltung nachgewiesen hat, zwei Regierungsräthen, dem Superintendenten und einem zweiten Geistlichen als Kirchen und Schulräthen, einem Forstrath, dem fürstlichen Physicus als Medicinalrath, einem Secretair, einem Registrator, einem Kanzlisten, einem Boten.

Für den Fall, daß der Herr Fürst späterhin wünschen sollte, die Regierung als standesherrliches Obergericht einzurichten, wird bestimmt,

daß, außer dem Direktor, auch die beiden Regierungsräthe ihre Qualification zur Justizverwaltung nachweisen müssen, und noch ein, gleichfalls gehörig qualificirter Justiz-Assessor anzustellen ist.

§. 6. Unter Voraussetzung der gesetzlichen Qualification, worüber ein Zeugniß derselben königlichen Behörden, von denen die königlichen Beamten gleicher Cathegorie geprüft werden, dem Ober-Präsidenten der Provinz vorzulegen ist, hängt die Anstellung des vorbemerkten Personals von dem

Herrn Fürsten ab, ohne daß es einer weitern Bestätigung derselben bedarf.

§. 7. Die Rentkammer und Domainen-Verwaltung des Herrn Fürsten bleiben von der Regierung getrennt; die fürstlichen Rent- und Domainen-Beamten können folglich, auch unter anderm Titel, nicht Mitglieder der Regierung sein.

§. 8. Die fürstlichen Regierungsbeamten bleiben Staatsdiener und werden überall als solche behandelt.

Was deren Pensionirung betrifft, so wird darüber eine besondere Festsetzung erfolgen.

§. 9. Die Mitglieder der fürstlichen Regierung werden, als Staatsdiener, in ihrem Amts- oder Diensteide Seiner Majestät und dem Standesherrn dahin verpflichtet,

> daß sie Seiner Majestät und Allerhöchstdero Nachfolgern in der Regierung treu, gehorsam und unterthänig sein, nach ihren Kräften Allerhöchstdero Schaden abwenden und Nutzen befördern, das ihnen anvertraute Amt nach den Landesgesetzen treu, fleißig und gewissenhaft verwalten, die von den, ihnen vorgesetzten Behörden ihnen zukommenden Aufträge, Befehle und Weisungen gehörig vollziehen, und die durch das Edict vom 21. Juni 1815, die Allerhöchste Instruction wegen Ausführung dieses Edicts vom 30. Mai 1820 und die Bewilligungs-Urkunde vom 9. August 1827 festgestellten Rechtsverhältnisse überall gebührend beachten wollen, auch daß sie dem Herrn Fürsten, als ihrer Standes- und Dienstherrschaft, so wie dessen Nachfolgern, alle schuldige Treue und gebührenden Gehorsam jederzeit erweisen, desselben Bestes möglichst befördern, seinen Schaden aber abwenden wollen.

Wird die Regierung künftig auch als Obergericht eingerichtet; so haben der Direktor und die Mitglieder desselben folgende Eide zu leisten:

der Direktor,

> daß er Sr. Majestät und Allerhöchstdero Nachfolgern in der Regierung treu, gehorsam und unterthänig sein, nach seinen Kräften Allerhöchstdero Schaden abwenden und Nutzen befördern, das ihm anvertraute Amt nach den Landesgesetzen treu, fleißig und gewissenhaft verwalten, die von den, ihm vorgesetzten Behörden ergehenden Aufträge, Befehle und Weisungen gehörig vollziehen, und die, durch das Edict vom 21. Juni 1815, die Allerhöchste Instruction wegen Ausführung dieses Edicts vom 30. Mai 1820 und die Bewilligungs-Urkunde vom 9. August 1827 festgestellten Rechtsverhältnisse

überall gebührend beachten, insbesondere auch jedermänniglich prompte und rechtschaffene Justiz administriren, und darauf, daß solches gleichfalls von andern geschehe, unablässig Acht haben; sich besonders der Armen und Unterdrückten gegen übermächtige und ungerechte Widersacher treulich und standhaft annehmen, und sich von Beobachtung aller dieser Pflichten durch kein Ansehn der Person, durch kein Interesse, durch keine Leidenschaften oder andere Nebenabsichten hindern und ablassen wolle.

Endlich gelobe und schwöre er, daß er dem Herrn Fürsten als seiner Standes- und Dienstherrschaft, so wie dessen Nachfolgern alle schuldige Treue und den gebührenden Gehorsam jederzeit erweisen, desselben Bestes möglichst befördern, seinen Schaden aber abwenden wolle.

Die Räthe und der Assessor:

daß sie Sr. Majestät und Allerhöchstdero Nachfolgern in der Regierung treu, gehorsam und unterthänig sein, nach ihren Kräften Allerhöchstdero Schaden abwenden, und Nutzen befördern, das ihnen anvertraute Amt nach den Landesgesetzen treu, fleißig und gewissenhaft verwalten, die von den, ihnen vorgesetzten Behörden ergehenden Aufträge, Befehle und Weisungen gehörig vollziehen, und die, durch das Edict vom 21. Juni 1815, die Allerhöchste Instruction wegen Ausführung dieses Edicts vom 30. Mai 1820 und die Bewilligungs-Urkunde vom 9. August 1827 festgestellten Rechtsverhältnisse überall gebührend beachten, insbesondere die Gerechtigkeit nach Vorschrift der Gesetze und ihrer besten Kenntniß und Ueberzeugung zu befördern und zu handhaben; jedermann ohne Ansehen der Person und Unterschied des Standes, unparteiische Justiz, so viel an ihnen sei, administriren, und sich davon weder durch Geschenke, Gunst und Gaben, noch durch Freundschaft, Feindschaft, Menschenfurcht oder andere unlautere Bewegungsgründe und überhaupt durch keine Nebenrücksichten abwenden lassen, bei der Instruction der Processe allen ihren Fleiß, Mühe und Bestreben auf die vollständige und gründliche Entdeckung der Wahrheit, und zugleich auf die möglichste Beschleunigung der Sachen verwenden, und es ihres Orts an nichts fehlen lassen wollen, wodurch die Königliche landesväterliche Intention zur Verschaffung einer soliden, prompten und unparteiischen Rechtspflege befördert und erreicht werden könne, überhaupt aber sich in allen Stücken so zu verhalten, wie es getreuen und rechtschaffenen Regierungsräthen (Assessor), pflichterfüllten Justizbedienten wohl ansteht und gebührt.

Endlich geloben und schwören sie, daß sie dem Herrn Fürsten, als ihrer Standes- und Dienstherrschaft, so wie dessen Nachfolgern, alle schuldige Treue und den gebührenden Gehorsam jederzeit erweisen, desselben Bestes möglichst befördern, seinen Schaden aber abwenden wollen.

Die Vereidung des Direktors erfolgt vor dem Oberpräsidenten der Provinz, der Mitglieder und Subalternen vor dem Direktor im versammelten Collegio. — Nach der Vereidung der letzteren wird das darüber aufzunehmende Protocoll dem Oberpräsidenten eingereicht, und durch diesen dann die Ernennung im Amtsblatte der Regierung zu Coblenz bekannt gemacht.

§. 10. Die Mitglieder der fürstlichen Regierung sind für die gesetz- und pflichtmäßige Verwaltung des ihnen anvertrauten Amtes verantwortlich. Sie haben jedoch den Verfügungen und Anordnungen des Standesherrn, welche nach ihrer gewissenhaften Ueberzeugung den Gesetzen nicht entgegen sind, bei allen Gegenständen ihrer Verwaltung Folge zu leisten.

In Justizsachen, sofern die Regierung künftig als Obergericht eingerichtet wird, beschränkt sich die Autorität des Herrn Fürsten auf eine Einwirkung bei Beschwerden über verzögerte Justiz- und Amtsversäumnisse, worin die Regierung seinen Verfügungen, denen er durch Ordnungsstrafen Nachdruck zu geben berechtigt ist, nachleben muß.

§. 11. In Justizangelegenheiten haben künftig nur der Direktor, die beiden Regierungs- nnd Justizräthe und der Regierungs- und Justiz-Assessor eine Stimme.

§. 12. Der fürstlichen Regierung, sofern sie als Justizbehörde eingerichtet wird, sind alle Justizangelegenheiten im ganzen Standesgebiet, soweit solche nicht, in causis mere spiritualibus, zur katholisch-geistlichen Gerichtsbarkeit gehören, in respective zweiter und erster Instanz überwiesen.

§. 13. Der Ober-Appellationszug von der Regierung als zweiter Instanz in Justizsachen, geht alsdann an den königlichen Revisionshof zn Berlin.

§. 14. Wenn künftig die fürstliche Regierung als Obergericht in erster Instanz erkennt, so geht der Appellationszug an den Appellationshof in Cöln als zweite Instanz, und von letzterem die Ober-Appellation in dritter Instanz an den königlichen Revisionshof in Berlin. Das standesherrliche Obergericht steht unter der Aufsicht des Appellationsgerichtshofes zu Cöln, und ferner, wie dieser, unter der Aufsicht des Revisions- und Cassationshofes zu Berlin.

§. 15. Die königlichen Beamten und die Eximirten, die in dem fürstlichen Gebiete wohnen, bleiben nach §. 39. der Instruction vom 30. Mai 1820 von der fürstlichen Gerichtsbarkeit ausgenommen.

§. 16. Wenn die Regierung künftig als Obergericht eingerichtet werden sollte, und Processe des Standesherrn, der Mitglieder seiner Familie und seiner Rentkammer mit den Einsassen des Standesgebietes anhängig werden, welche in erster Instanz durch eine Localgerichtsbehörde entschieden worden sind, der Gegenstand des Streits aber nicht revisibel ist; so hängt es von den Einsassen ab, die Transmission der Acten an den Justizsenat zu Coblenz Behufs der Abfassung des Erkenntnisses zu fordern.

Das abgefaßte Urtel wird hiernächst von dem Justizsenat an die fürstliche Gerichtsbehörde zur Publication gesandt.

§. 17. In allen fiscalischen Processen, mit Ausnahme der Domainenangelegenheiten, wenn die königlichen Behörden es nicht vorziehen, die Sache im Disciplinar- oder im Resolutionswege zu erledigen, hängt es von der Wahl des königlichen Fiscus ab, ausgetretene Unterthanen und Militairpflichtige, so wie Contravenienten gegen Steuer- und andere, die königlichen Regalien und Monopole betreffenden Gesetze und Verordnungen entweder beim königlichen Justizsenat, oder bei den standesherrlichen Justizbehörden zu verfolgen.

Ist eine Sache von den königlichen Behörden im Resolutionswege entschieden worden, und dem Contravenienten der Recurs an die Gerichte vorbehalten: so geht derselbe an den königlichen Justizsenat.

§. 18. Tritt der Domainenfiscus als Kläger auf: so hat er vor dem betreffenden standesherrlichen Richter sein Recht zu suchen.

§. 19. Bei Execution aller fiscalischen Gefälle, einschließlich der Domainen-Pächte und Abgaben, bleibt dem königlichen Fiscus das Recht, durch seine Verwaltungsbeamten die Pfändung und Versteigerung von Mobilien zu verfügen; die Execution von Immobilien wird von den fürstlichen Gerichten besorgt.

§. 20. In allen Civilprocessen, in welchen der königliche Justizsenat zu erkennen hat, ist die Insinuation der Vorladungen und die Execution durch die fürstlichen Gerichte zu bewirken.

In allen Untersuchungssachen hängt es von dem Ermessen des königlichen Justizsenats ab, ob er die Insinuation der Vorladungen und die Execution selbst verfügen, oder dieserhalb die fürstliche Regierung requiriren will, sofern letztere künftig als Obergericht eingerichtet wird.

§. 21. In allen peinlichen Fällen ist die Instruction, falls die Regierung als Obergericht eingerichtet wird, von einem der zur Justiz verpflichteten Mitglieder derselben, welches der Direktor zu bestimmen hat, zu führen, alle peinliche Erkenntnisse müssen von sämmtlichen zur Justiz verpflichteten Mitgliedern, mit Ausnahme desjenigen, welches die Instruction geführt hat, berathen, abgefaßt, und demnächst vor ihrer Publication dem königlichen Appellationshofe in Cöln zur Bestätigung oder weiteren verfassungsmäßigen Veranlassung eingesandt werden.

§. 22. Die Befugniß der fürstlichen Regierung hinsichtlich der Polizeiverwaltung umfaßt die Beaufsichtigung der Local-Polizeibehörden und die Ausübung derjenigen polizeilichen Gewalt, welche den königlichen Landräthen in den unmittelbaren Landestheilen beigelegt ist.

§. 23. Dieser Polizeiaufsicht sind auch die, in dem Standesgebiet sich aufhaltenden königlichen Beamten untergeordnet.

§. 24. Die allgemeine Landespolizei wird fernerhin, wie bisher, von den königlichen Behörden ausgeübt, und sofern dabei eine Mitwirkung der Localbehörden erforderlich ist, haben diese von dem Kreislandrathe Befehle anzunehmen, zu deren Annahme und Befolgung die Localbehörden von der fürstlichen Regierung sogleich nach deren Einführung ein für allemal anzuweisen sind.

§. 25. Alle Polizeiangelegenheiten, soweit solche nicht (§. 24.) den königlichen Behörden vorbehalten bleiben, werden in der fürstlichen Regierung von einem der beiden Regierungsräthe bearbeitet. In dringenden Fällen, wenn Gefahr im Verzug ist, kann der Decernent für sich allein Verfügungen treffen; er ist aber gehalten, diese in der nächsten Sitzung zur Kenntniß des Collegii zu bringen. Polizeiverordnungen bedürfen ohne Ausnahme des collegialischen Beschlusses.

§. 26. Auch die Ausübung der Gewerbepolizei gehört zu den Befugnissen der fürstlichen Regierung. Soweit dabei ein Steuer-Interesse obwaltet, bedarf es der Zustimmung der betreffenden königlichen Steuerbehörden.

§. 27. Bei denjenigen Gewerben, zu deren Betriebe

der Nachweis der gesetzlichen Qualification erforderlich ist, muß dieser der fürstlichen Regierung vorgelegt werden.

§. 28. Insbesondere Bauhandwerker müssen sich über die, vor einer königlichen oder fürstlichen Commission bestandene Prüfung ausweisen, ehe ihnen die Ausübung ihres Gewerbes gestattet werden darf. Sollte der Herr Fürst in der Folge eine Prüfungs-Commission ernennen; so ist die Qualification der Mitglieder, ehe dieselben in Function treten, dem Ober-Präsidenten nachzuweisen.

§. 29. Wer vor einer königlichen Commission die gesetzlich vorgeschriebene Qualification zur Ausübung eines Gewerbes nachgewiesen hat, kann solches in dem Standesgebiet ausüben, ohne daß es einer besondern Zustimmung bedarf; so wie derjenige, welcher vor einer fürstlichen Commission den gleichen Nachweis geführt hat, in den unmittelbaren Landestheilen sein Gewerbe auszuüben berechtigt ist.

§. 30. Ob die Fortsetzung eines Gewerbes wegen Verletzung der Polizeivorschriften oder wegen verlorner Qualification nicht weiter gestattet werden darf, darüber gebührt die Entscheidung der fürstlichen Regierung.

§. 31. Die Medicinal- und Gesundheitspolizei wird von dem Regierungs- und Medicinalrath, welcher in allen, die Polizei- und Communalverwaltung betreffenden Angelegenheiten ein Stimmrecht hat, in der Regierung bearbeitet.

§. 32. Die Beurtheilung der Qualification zur innern und äußern Heilkunde, so wie die Ertheilung der Approbation zur Ausübung derselben, gehört vor die betreffenden königlichen Behörden. Der Hebammen-Unterricht kann im Standesgebiet selbst erfolgen, soweit die dazu vorgeschriebenen Einrichtungen vorhanden sind; die Prüfung der Hebammen findet alsdann durch den fürstlichen Medicinalbeamten statt. So lange die erforderlichen Unterrichtsanstalten fehlen, müssen die Hebammen in dem Hebammen-Institut zu Cöln unterrichtet und geprüft werden; es steht jedoch der fürstlichen Regierung frei, ihren Medicinalrath zur Theilnahme an der Prüfung abzusenden.

§. 33. In gerichtlich medicinischen Fällen ist die Aufnahme der Obductionsverhandlungen, so wie die Abfassung von Zeugnissen und Gutachten, das Geschäft des fürstlichen Medicinalbeamten.

Von dieser ersten Instanz, wenn nach allgemeiner Vorschrift oder aus besondern Gründen eine weitere technische Beurtheilung der Obductionsberichte oder Gutachten erforderlich ist, gelangen solche durch den Oberpräsidenten an das königliche Medicinal-Collegium als zweite, und von da an die wissenschaftliche Deputation für das Medicinalwesen als letzte Instanz.

§. 34. Bei Epidemieen und Epizootieen, die das Wohl der benachbarten Kreise durch Verbreitung gefährden können, hat die fürstliche Regierung an das königliche Ober-Präsidium zu berichten.

§. 35. Die Forst- und Jagdpolizei wird in der fürstlichen Regierung durch den Regierungs- und Forstrath bearbeitet. Derselbe hat in allen Fällen, wo das Interesse des Herrn Fürsten in Bezug auf dessen eigene Waldungen und Forsten eintritt, nur ein votum consultativum, in Angelegenheiten der Communalwaldungen und der Jagdpolizei aber ein votum decisivum.

§. 36. Die Angelegenheiten der Communen und der Institute werden wie die Polizeiangelegenheiten in der Regierung von einem der beiden Regierungsräthe bearbeitet, und zwar — soweit dabei die Kirchen und Schulen besonders interessirt sind, unter Mitwirkung des Kirchen- und Schulraths.

§. 37. Unter der Leitung der königlichen Regierung zu Coblenz verwaltet der königliche Landrath in dem standesherrlichen Gebiete alle der fürstlichen Regierung nicht überwiesenen wesentlichen und zufälligen Hoheitsrechte ganz in der nämlichen Weise und in dem nämlichen Umfange, wie solches in den übrigen Kreisen des Regierungsbezirks von den königlichen Landräthen geschieht.

In allen diesen Angelegenheiten requirirt der königliche Landrath die fürstliche Regierung, und verfügt unmittelbar an die übrigen standesherrlichen Behörden; diese und insbesondere die Polizeibeamten, haben die Befehle des königlichen Landraths eben so, wie die Befehle der fürstlichen Vorgesetzten ohne Aufschub zu vollziehen, weshalb die Localbehörden von der fürstlichen Regierung, sogleich nach deren Einführung, ein für allemal anzuweisen sind.

Sollte ein standesherrliches Intelligenzblatt eingeführt werden; so ist die Redaction desselben verpflichtet, alle ihr von dem königlichen Landrath zukommenden Publicanda in das nächsterscheinende Blatt aufzunehmen.

§. 38. Die Angelegenheiten der Kirchen, Schulen, Erziehungsanstalten und milden Stiftungen werden, unter Vorsitz des Direktors, von dem Kirchen- und Schulrath und den beiden Regierungsräthen bearbeitet.

§. 39. Der Wirkungskreis der fürstlichen Regierung bleibt in dieser Hinsicht auf die Gegenstände beschränkt, welche der §. 18. der Regierungs-Instruction vom 23. October

1817 den Kirchen- und Schulcommissionen der königlichen Regierungen zuweiset, mit Beachtung der, in der Kabinets-Ordre vom 31. December 1825, Gesetzsammlung 1826. No. 982., betreffend eine Abänderung in der bisherigen Organisation der Provinzial-Verwaltungsbehörden enthaltenen Modificationen.

Soweit die königlichen Regierungen in Kirchen- und Schulangelegenheiten dem königlichen Consistorium und Provinzial-Schulcollegium untergeordnet sind, ist es die fürstlich-Solms-Braunfelsische Regierung gleichfalls.

§. 40. In Bezug auf Kirchen und milde Stiftungen gehört demnach zum Wirkungskreise der fürstlichen Regierung:

a) die Einführung der von einem königlichen Consistorio geprüften und ordinirten und von dem Herrn Fürsten ernannten Pfarrer und Geistlichen; desgleichen die Bestätigung aller von Privatpatronen und Gemeinden zu geistlichen Stellen erwählten Subjecte, unter Genehmigung des Standesherrn.

Sofern Geistliche aus dem Auslande vocirt werden, hat die fürstliche Regierung die Genehmigung des Ministerii nachzusuchen. Wenn Privatpatrone von außerhalb Landes her Geistliche vociren, so müssen dieselben, ehe deren Bestätigung erfolgt, vom Consistorio zur Verwaltung einer geistlichen Stelle im Staate für geeignet erachtet worden sein.

Das königliche Patronatrecht wird in den standesherrlichen Gebieten, wie in den unmittelbaren Landestheilen, durch die königliche Regierung ausgeübt.

b) Die Aufsicht über die Amts- und moralische Führung der Geistlichen; die Urlaubs-Ertheilung für selbige, die Untersuchung gegen Geistliche; die Suspension vom Dienst und der Antrag auf deren Remotion, sofern solches nicht wegen eines gemeinen, nicht in der Eigenschaft als Geistlicher verübten Vergehens nothwendig wird, und die Amtsentsetzung nicht in Folge der gerichtlichen Untersuchung statt hat, — nach den Vorschriften in der Allerhöchsten Kabinets-Ordre vom 12. April 1822, betreffend das Verfahren bei Amtsentsetzung der Geistlichen ꝛc.

c) Die Aufrechthaltung der äußeren Kirchenzucht und Ordnung.

d) Die Direktion und Aufsicht über Kirchen, milde und fromme Stiftungen und Institute, insonderheit über gewissenhafte Verwaltung der diesen Gegenständen gewidmeten Fonds; folglich auch die Prüfung und Bestätigung der betreffenden Etats, ingleichen die Abnahme und Decharge der Rechnungen.

e) Die Aufsicht und Verwaltung sämmtlicher äußeren Kirchenangelegenheiten, mithin auch die Regulirung des Stolwesens.

f) Die Ertheilung von Concessionen und Dispensationen zu Haustrauungen, vom dritten Aufgebot und den verfassungsmaßigen Erfordernissen der Confirmation.

g) Die polizeiliche Aufsicht über alle litterarische Institute, Gesellschaften und Unternehmungen.

h) Die Zusammenziehung und Vertheilung der Parochieen, desgleichen die Umpfarrung einzelner Ortschaften, unter Zustimmung der Gemeinden und Patrone.

§. 41. Den kirchlich-polizeilichen Einrichtungen im Standesgebiete ist Jedermann unterworfen, von dem Pfarrzwange aber sind die königlichen Beamten und die Eximirten befreiet.

§. 42. In Bezug auf die Schulen und sonstigen Erziehungsanstalten gehört zum Ressort der fürstlichen Regierung:

a) Die Aufsicht und Verwaltung des gesammten Elementar-Schulwesens, der Privatschulen und Erziehungsanstalten.

b) Die Besetzung der Schullehrerstellen standesherrlichen Patronats, die Bestätigung aller von Privatpatronen und Gemeinen erwählten Schullehrer, unter Genehmigung des Herrn Fürsten, ingleichen die Ernennung der Schul-Inspectoren. Es dürfen nur solche Subjecte als Schullehrer angestellt werden, welche die für Schullehrer gleicher Art im Immediatgebiet angeordneten Prüfungen bestanden haben. Bei der Prüfung der Elementarschullehrer gebührt der standesherrlichen Regierung dasselbe Recht der Mitwirkung, welches der königlichen Regierung zusteht.

Sofern Schullehrer aus dem Auslande berufen werden, bedarf es der Bestätigung des königlichen Provinzial-Schulcollegii.

c) Die Aufrechthaltung einer guten Disciplin unter den Lehrern, deren Suspension und Entsetzung in dazu geeigneten Fällen, gemäß den Verfügungen des königl. Ministerii der geistlichen, Unterrichts- und Medicinalangelegenheiten vom 27. August, 24. October, 19. December 1824 und 4. Juli 1825, und unter den darin angegebenen Modificationen.

d) Die Regulirung des Schulgeldes.

e) Die Einrichtung und Vertheilung von Schulsocietäten nach dem Wunsche der Gemeinden oder nach Erforderniß der Localumstände.

§. 43. Dem Ober-Präsidenten stehen in Bezug auf die Verwaltung der innern Angelegenheiten der römisch-katholische Kirche, so wie des römisch-katholischen Erziehungs- und Unterrichtswesens, hinsichtlich des Religionsunterrichts und der Anstellung der Religionslehrer innerhalb des Standesgebietes dieselben Befugnisse zu, welche er in den übrigen Theilen der Rheinprovinzen verfassungsmäßig ausübt.

§. 44. Haus- und Kirchen-Collecten, welche für den ganzen preußischen Staat, die Rheinprovinzen, oder den Coblenzer Regierungsbezirk bewilligt werden, sind auch in dem Standesgebiet zu halten.

Für die Bedürfnisse der, in dem Standesgebiet liegenden Kirchen, Schulen und milden Anstalten, oder für sonstige wohlthätige Zwecke ist der Herr Fürst befugt, freiwillige Collecten im Standesgebiet selbstständig anzuordnen.

§. 45. Mit Beachtung der Gesetze und mit Ausnahme der Gegenstände und Grundsätze, die nach der Verfassung und allgemeinen Einrichtung des Staats einer landesherrlichen Autorisation bedürfen, ist der Herr Fürst berechtigt, im ganzen Umfange seiner Rechte, und innerhalb deren Grenzen selbstständig und in eigenem Namen Verordnungen und Verfügungen zu erlassen, welche jedoch, wenn sie nicht etwa nur die örtliche Polizei und die Verwaltung der fürstlichen Besitzungen betreffen, dem Oberpräsidenten sogleich bei dem Erlaß mitzutheilen sind.

In Verordnungen des Herrn Fürsten, welche Polizei-Vergehen betreffen, kann jedoch die Strafe nicht über 1 bis incl. 5 Rthlr. festgesetzt werden.

§. 46. Der Recurs über Verfügungen der fürstlichen Regierung geht künftig in Justizsachen an das Appellationsgericht zu Cöln, oder in den dazu geeigneten Fällen an den Revisions- und Cassationshof zu Berlin, und in den übrigen Angelegenheiten, wenn der Beschwerdeführer nicht vorzieht, zunächst Remedur bei dem Herrn Fürsten selbst zu suchen, an den Oberpräsidenten der Provinz.

Ist bei dem Herrn Fürsten selbst Remedur nachgesucht, und geht der weitere Recurs an den Oberpräsidenten; so ist in jedem solchen Falle der Eingabe des Beschwerdeführers die Entscheidung des Herrn Fürsten beizufügen. Bedarf es, zur nähern Ermittelung des Sachverhältnisses, oder zur Kenntniß der Entscheidungsgründe, einer Rücksprache mit dem Herrn Fürsten, so ist diese vorzunehmen, die Verfügung des Oberpräsidenten aber an die fürstliche Regierung zu richten.

§. 47. Der §. 56. der Instruction vom 30. Mai 1820, betreffend die Publication der Gesetze und Verordnungen, kommt hinfort unter nachstehenden Modificationen zur Anwendung.

Im Standesgebiet sind ohne Weiteres gültig:

1) alle Gesetze und landesherrliche Verordnungen, welche in der Gesetzsammlung und dem Amtsblatte stehen;
2) die durch das Amtsblatt publicirten Verfügungen der königlichen Ministerien, der königlichen Provinzialbehörden und der königlichen Regierung zu Coblenz, letztere nämlich, so weit sie die Angelegenheiten der Königlichen Gerechtsame der Landeshoheit, der allgemeinen Landespolizei, des Militairwesens, der directen und indirecten Steuern, so wie aller übrigen Regalien und der Monopole betreffen.

Alle übrigen, auf das Standesgebiet anwendbaren Verordnungen königlicher Behörden werden der fürstlichen Regierung durch den Oberpräsidenten zur Bekanntmachung zugesendet, in dringenden Fällen auch durch die königliche Regierung zu Coblenz an sie befördert.

§. 48. In Justizsachen müssen auch diejenigen Verfügungen befolgt werden, welche in die, unter öffentlicher Autorität erscheinenden Sammlungen aufgenommen sind.

§. 49. Zur Haltung der Gesetzsammlung und des Amtsblattes der königlichen Regierung zu Coblenz sind in dem Standesgebiet alle diejenigen Personen verpflichtet, welche dazu in den unmittelbaren Landestheilen nach der bestehenden Verfassung angewiesen sind.

§. 50. Wenn in der Folge außer der Gesetzsammlung und dem Amtsblatte der königlichen Regierung zu Coblenz noch ein besonderes amtliches Blatt im Standesgebiet eingeführt werden sollte, so erhalten die darin aufgenommenen Verordnungen und Verfügungen ebenfalls mit dem Anfange des achten Tages, nachdem sie zum ersten Mal darin abgedruckt worden, Gültigkeit.

§. 51. Zur Bestreitung des Kostenaufwandes für die hiernach neu zu organisirende Regierung wird dem Herrn Fürsten, außer den, auf den Grund der Instruction vom 30. Mai 1820 bereits bewilligten, oder noch zu bewilligenden Zuschüssen aus dem directen Steuerfond ein größerer Bedarf nicht überwiesen, sondern die Mehrkosten werden, so weit sie nicht durch die aufkommenden Sporteln gedeckt sind, aus dem Privatvermögen des Herrn Fürsten bestritten.

§. 52. Sporteln werden in Justizsachen nach der Taxe des königlichen ostrheinischen Justizsenats, und in Verwaltungsangelegenheiten nach den Vorschriften der Königlichen Sporteltaxordnung vom 25. April 1825 erhoben.

In Ansehung der Gerichtsnutzungen bleibt es bei der bisherigen Verfassung, bis dieserhalb eine allgemeine abändernde Bestimmung im gesetzlichen Wege von Sr. Majestät getroffen wird.

§. 53. In Ansehung der Geldstrafen hat es bei den bestehenden Gesetzen sein Bewenden.

§. 54. Sämmtlichen Beamten sind etatsmäßige fixirte Gehälter, mit Ausschluß alles Antheils an den Sporteln, auszusetzen. Der Normal-Besoldungsetat wird dem Ober-Präsidenten eingesandt, um die Ueberzeugung zu gewähren, daß die Beamten auskömmlich salarirt werden.

§. 55. Se. Majestät der König behalten sich diejenigen näheren Bestimmungen dieser Bewilligung vor, welche in der Folge der Zeit das Staatswohl erfordern sollte.

Die vorstehende, in Auftrag des königlichen Hohen Staats-Ministerii nach den beschlossenen und übereingekommenen Bestimmungen abgefaßte Urkunde ist in zweien gleichlautenden Exemplaren ausgefertigt, auch in Auftrag des königlichen hohen Staats-Ministerii durch den Staats-Minister und Ober-Präsidenten der königlichen preußischen Rheinprovinzen und von dem Herrn Fürsten zu Solms-Braunfels Höchsteigenhändig unterschrieben worden.

Coblenz, den 26. April, Braunfels, den 3. Mai 1827.
von Ingersleben. Wilhelm, Fürst zu Solms-Braunfels.

Die vorstehende, von dem Staats-Minister und Ober-Präsidenten von Ingersleben mit dem Herrn Fürsten zu

Solms-Braunfels d. d. Coblenz den 26. April und Braunfels den 3. Mai 1827 über die Einrichtung der Verwaltungsbehörden im fürstlich Solms-Braunfelsschen Gebiete aufgenommene Urkunde wird mit der Maaßgabe zum §. 32. daß die Prüfung der

Hebammen im fürstlichen Gebiet der in Gemäßheit Meiner Ordre vom 28. Juni 1825, durch das Reglement vom 1. December 1825 angeordneten Prüfungs-Commission auch dann noch vorbehalten bleibt, wenn der Hebammen-Unterricht im fürstlichen Gebiet selbst ertheilt wird,

hierdurch von Mir bestätigt.

Gegeben Teplitz, den 9. August 1827.

Bestätigungs-Urkunde. Friedrich Wilhelm.

805.

Die inexigibeln Kosten der Vollstreckung der Erkenntnisse in Zoll- und Steuersachen werden aus dem Criminalfonds bestritten.

Auf Ihren Bericht vom 29. v. Mts. wird Ihnen eröffnet, daß Ihre Ansicht, daß die Kosten der Vollstreckung der Erkenntnisse in Zoll- und Steuersachen aus dem Criminalfonds getragen werden müssen, in soweit sie von dem Verurtheilten nicht zu erlangen sind, die richtige ist, und Sie hiernach zu verfahren haben.

Berlin, den 14. Mai 1827. Der Justiz-Minister
Graf v. Danckelmann.

An
den königl. General-Procurator Herrn Ruppenthal
zu Cöln.

806.

Verfahren bei Gehaltsabzügen der Beamten in der Rheinprovinz.

Beigehend erhalten Sie Abschrift meines Schreibens an die königlichen Ministerien der geistlichen, Unterrichts- und Medicinalangelegenheiten, des Innern und der Finanzen vom 30. März d. J. und der darauf an sämmtliche Obergerichte erlassenen Verfügung vom heutigen Dato über das zu beobachtende Verfahren bei Gehaltsabzügen der Beamten in den Rheinprovinzen mit der Anweisung, den Inhalt der getroffenen Verfügungen zur Kenntniß der rheinischen Gerichte und Procuratoren zu bringen, um sich auch ihrerseits darnach zu achten.

Berlin, den 20. Mai 1827. Der Justiz-Minister
An Graf v. Danckelmann.
den königlichen General-Procurator Herrn Ruppenthal
zu Cöln.

a.

Das etc. erhält hierneben Abschrift des Schreibens des Justiz-Ministers an die königlichen Ministerien der geistlichen, Unterrichts- und Medicinalangelegenheiten, der Finanzen, des Innern und des Krieges vom 30. März c. wegen Beschlaglegung auf die Gehälter der in die Rheinprovinzen versetzten Beamten, mit dem Bemerken, daß in Entsprechung dieser Requisition bereits die sämmtlichen rheinischen Militair- und Civil-Verwaltungsbehörden hiernach von den gedachten königlichen Ministerien mit der nöthigen Anweisung versehen worden sind.

Nach diesen Grundsätzen hat das königl. etc. in vorkommenden Fällen zu verfahren, und wenn dabei Gläubiger, welche von den rheinischen Gerichten Arrestschläge auf die von dortigen Cassen einzuziehenden Gehaltsantheile des Schuldners ausgebracht haben, auf den Grund ihrer Judicate ihre Befriedigung bei dem königl. etc. begehren, den Prioritäts-Streit zwischen ihren und den schon in die Gehaltsabzüge diesseits immittirten Creditoren in den gewöhnlichen Formen zu instruiren und zu entscheiden, übrigens aber zur Vermeidung der in dem Schreiben vom 30. März c. erwähnten Nachtheile sofort, als die Versetzung eines Beamten über dessen Gehalt bereits ein Abzugsverfahren eingeleitet worden, in die Rheinprovinzen durch Anzeige der Creditoren oder sonst zur Kenntniß des Collegii gelangt, die betreffende rheinische Casse um Einsendung der Abzüge zu requiriren, auch hiernach seine Untergerichte mit Instruction zu versehen.

Berlin, den 20. Mai 1827. Der Justiz-Minister
Circulare Graf v. Danckelmann.
an die sämmtlichen Oberlandesgerichte etc.

b.

Schon öfters sind Fälle vorgekommen, wo gegen Militair- und Civilbeamte, deren abzugsfähige Gehaltstheile im

Wege der Execution, auf den Grund von Judicaten ihres altländischen fori, mit Beschlag belegt worden, nach ihrer Versetzung in die Rheinprovinzen, der dort bestehenden französischen Gesetzgebung gemäß, Arrestschläge auf eben diese Gehaltstheile ausgebracht, von den dortigen Gerichten für gerechtfertigt erklärt, und sonach die betreffende Casse zu deren Zahlung an die Arrestkläger verurtheilt worden, wodurch ein Widerspruch zwischen der Befolgung solcher Urtheile und der auf die altländischen Judicate gegründeten, Requisition zur Einsendung des Gehaltsantheiles an das altländische Gericht entsteht.

Ich bin nicht gemeint, der materiellen Entscheidnng der Frage: welche Wirkung ein solcher, nach den rheinischen Gesetzen erfolgter, Arrest in Beziehung auf die Rechte habe, welche frühere Creditoren im Wege der Execution aus den Judicaten der altländischen Gerichte erlangt haben? vorzugreifen; vielmehr muß dieser Prioritätsstreit durch den Richter entschieden werden.

Da jedoch durch den §. 106. Tit. 24. Thl. I. der Allgemeinen Gerichtsordnung und den sich hierauf beziehenden, auch in den Rheinprovinzen publicirten, §. 164. des Anhangs dazu (No. 756.) feststeht, daß eine einmal im Wege der Execution zu Gunsten eines Creditors erfolgte Gehalts-Beschlagnahme bis zur vollständigen Befriedigung desselben ihre Wirksamkeit behält, so kann eine spätere Veränderung des Gerichtsstandes des Schuldners dem frühern foro seine Eigenschaft als des die Execution dirigirenden Gerichts nicht entziehen; seinen Requisitionen muß deshalb auch nach dem allegirten §. 164. des Anhangs überall von der betreffenden Casse Folge geleistet, und daher müssen auch alle weitern Ansprüche auf diese Abzüge zur Entscheidung über die Priorität an dasselbe forum gewiesen werden.

Hiermit steht es nun in offenbarem Widerspruche, wenn die rheinischen Behörden, den dortigen Gesetzen gemäß, bei Rechtfertigung der dort auf Gehalte solcher Beamten angelegten Arreste die Casse zur Zahlung an die Arrestkläger verweisen, und dadurch die, mit Judicaten altländischer Gerichte versehenen, Creditoren nöthigen, vor ihrem foro über die Priorität mit jenen zu certiren.

In Ermangelung einer andern Behörde zur Beseitigung des sich hieraus ergebenden Competenz-Conflictes zwischen den altländischen und den rheinischen Gerichten habe ich mich schon in einzelnen Fällen dieser Art für verpflichtet geachtet, denselben durch eingreifende Verfügungen dahin zu beheben, daß ich das betreffende altländische Gericht angewiesen habe, bei der betreffenden rheinischen Casse auf Einsendung der einmal angeordneten Gehaltsabzüge ohne Rücksicht auf entgegenstehende Arrestschläge und Zahlungsanweisungen der rheinischen Gericht behörden zu dringen, wobei die Casse die Interessenten mit ihren Ansprüchen an das requirirende Gericht verweisen möge.

Es ist jedoch nöthig, solche Conflicte für die Zukunft so viel als möglich zu vermeiden, und den Creditoren, welche aus Unbekanntschaft mit dieser Wirkung altländischer Judicate, in Hoffnung auf eine nahe Befriedigung, gegen in die Rheinprovinzen versetzte Officianten, den dasigen Gesetzen gemäß, dergleichen Arrestschläge ausbringen, die oft vergeblich darauf verwendeten Proceßkosten zu ersparen.

Das Mittel hierzu bieten die am Rhein bestehenden Gesetze selbst an die Hand. Diesen zufolge wird der Arrest durch einen Gerichtsvollzieher bei dem betreffenden Kassenbeamten angelegt; dieser ist nun, nach §. 569. der Rhein-Proceßordnung und Art. 6. des Decrets vom 18. August 1807 gehalten, eine schriftliche Erklärung darüber abzugeben, ob und was die Casse dem Beamten an Gehalt verschulde. Wenn nun die Cassenbeamten bei den hier in Rede stehenden Fällen, obigen Grundsätzen gemäß, erklären, daß der beschlagsfähige Theil des Gehalts des Beamten bereits im Wege der Execution von dem zu bezeichnenden Gerichte in Beschlag genommen sei, und dorthin eingesendet werden müsse, daß der Beamte daher nicht hiervon aus der Casse zu beziehen habe; wenn dieser Erklärung noch die Bemerkung beigefügt wird, daß es dem Arrestleger überlassen bleiben müsse, seine etwanigen Ansprüche bei jenem Gerichte geltend zu machen, und eine Zahlungsanweisung auf ihn zu erwirken; so werden die meisten Arrestleger dieser Art von der Verfolgung eines solchen Arrestes abstehen, oder doch im entgegengesetzten Falle sich die damit verknüpften unvermeidlichen Weiterungen selbst beizumessen haben.

Ew. Excellenz ersuche ich demnach ganz ergebenst, die königlichen Cassen Ihres Ressorts in den Rheinprovinzen gefälligst anzuweisen, in Fällen, wo bereits auf Requisition eines altländischen Gerichts Gehaltsabzüge gegen einen dorthin versetzten Beamten angeordnet sind, bei späteren dortigen Arrestschlägen nach diesen Grundsätzen zu verfahren, und ohne Rücksicht auf solche Arreste und darauf Bezug habende Zahlungsanweisungen der rheinischen Gerichte, mit Einsendung der Gehaltsabzüge so lange fortzufahren, bis sie von Seiten der requirirenden Behörde mit einer entgegengesetzten Anweisung versehen sind, und mich von der Verfügung geneigtest in Kenntniß zu setzen, indem ich mir vorbehalte, nach Eingang der diesfälligen gefälligen Antwort auch die nöthigen Anweisungen an die rheinischen und altländischen Justiz-Behörden zu erlassen.

Berlin, den 30. März 1827.

An Graf v. Danckelmann.

des königl. Generals der Infanterie, wirklichen Geheimen Staats- und Kriegs-Ministers Herrn v. Hake,

des königl. wirklichen Geheimen Staats- und Finanz-Ministers Herrn v. Motz,

des königl. wirklichen Geheimen Staats- und Ministers des Innern Herrn v. Schuckmann

des königl. wirklichen Geheimen Staats- und Ministers der geistlichen, Unterrichts- und Medicinal-Angelegenheiten, Herrn Freiherrn v. Altenstein

Excellenzien.

807.

Entschädigung der Gerichtsschreiber bei den Landgerichten und Untersuchungsämtern für die zu liefernden Schreibmaterialien.

Bei der Schwierigkeit einer Trennung des Bedarfs der Landgerichte an Schreibmaterialien von dem der Gerichtsschreibereien und einer darüber zu führenden genügenden Controlle wird auf Ihren Bericht vom 30. März d. J. hierdurch bestimmt, daß von dem 1. Januar d. J. ab die Lieferung der Schreibmaterialien und deren Bezahlung aus dem Bureaukostenfonds aufhören soll, und den Gerichtsschreibereien die Verpflichtung auferlegt, die zum Dienst der Landgerichte und Untersuchungs-Aemter erforderlichen Schreibmaterialien gegen die unten näher bestimmten Aversionalsummen zu liefern.

Dagegen soll die Heizung der zum Dienst der Gerichtsschreibereien erforderlichen Zimmer wie bisher auf Kosten der Kanzleifonds besorgt werden, und die Gerichtsschreibereien die nach einem billigen Anschlag ermittelten Beiträge zu zahlen verpflichtet sein.

Hiernach wird der Gerichtsschreiberei bei dem Landgerichte

	für Schreib-Materialien zugebilligt	Dieselbe hat zu den Heizungs-Kosten beizutragen	Erhält daher noch
I. zu Trier			
a) zum Dienst bei dem Landgerichte und bei dem Untersuchungsamte zu Trier .	110 thlr.	35 thlr.	75 thlr.
b) zum Dienst bei dem Untersuchungsamte zu Prüm .	20 =	— =	20 =
c) zum Dienst bei dem Untersuchungsamte zu Saarbrücken	25 =	— =	25 =
II. zu Aachen			
a) zum Dienst bei dem Landgerichte und dem Untersuchungsamte zu Aachen .	145 =	30 =	115 =
b) zum Dienst bei dem Untersuchungsamte zu Malmedy	25 =	— =	25 =
III. zu Cleve			
a) zum Dienst bei dem Landgerichte und dem Untersuchungsamte	80 =	20 =	60 =
IV. zu Coblenz			
a) zum Dienst bei dem Landgerichte und dem Untersuchungsamte zu Coblenz .	110 =	35 =	75 =
b) zum Dienst bei dem Untersuchungsamte zu Simmern	25 =	— =	25 =
V. zu Düsseldorf			
a) zum Dienste bei dem Landgerichte und dem Untersuchungsamte	220 =	30 =	190 =
VI. zu Cöln			
a) zum Dienst bei dem Landgerichte und dem Untersuchungsamte zu Cöln	200 =	30 =	170 =
b) zum Dienst bei dem Untersuchungsamte zu Bonn	60 =	— =	60 =

Sie haben wegen Ausführung dieser Verfügung das Erforderliche zu veranlassen, insbesondere wegen der bis dahin verausgabten Schreibmaterialien dergestalt Berechnung zu halten, daß die nach den Naturalberechnungen am Schluß des Jahres 1826 vorhanden gewesenen Bestände zu Gelde berechnet und die in diesem Jahre zu Schreibmaterialien verwendeten Summen zur Anrechnung gebracht, die Naturalbestände an Schreibmaterialien dagegen den Gerichtsschreibereien überwiesen werden.

Von Seiten der Präsidien der Landgerichte ist dahin zu sehen, daß die zum Dienst erforderlichen Schreibmaterialien in der bisherigen Qualität geliefert werden.

Von der Fixirung des Lichtbedarfs wird bei den von Ihnen dargestellten Verhältnissen abstrahirt; es sind aber bei den Landgerichten Einrichtungen zu treffen, daß die Gerichtsschreibereien zu ihrem eigenen Bedarf kein Lichtmaterial entnehmen können, und zu dem Ende eine zweckmäßige Controlle anzuordnen.

Berlin, den 21. Mai 1827. Der Justiz-Minister Graf v. Danckelmann.

An den königlichen General-Procurator Herrn Ruppenthal zu Cöln.

808.

Insinuationen auf Requisition französischer Justiz-Behörden sind kostenfrei.

Da von den Gerichtsbehörden in Frankreich für die auf diesseitige Requisition bewirkten gerichtlichen Insinuationen niemals eine Kostenzahlung gefordert wird, so werden sämmtliche königliche Justizbehörden zur Beobachtung eines gleichen Verfahrens bei den von den französischen Gerichten eingehenden Requisitionen um Insinuationen, hierdurch angewiesen.

Berlin, den 23. Mai 1827. Der Justiz-Minister Graf v. Danckelmann.

Circulare an sämmtliche Gerichte.

809.

Auslieferung fremder Verbrecher.

Indem die unterzeichneten Ministerien Euer Hochwohlgeboren in Erwiederung auf den Bericht vom 24. v. M. hierdurch ermächtigen, die von der herzoglich nassauischen Regierung in Antrag gebrachte Auslieferung der Dienstmagd

N. bewirken zu lassen, theilen dieselben Ihnen zugleich für ähnliche Fälle Abschrift einer, wegen Auslieferung fremder Verbrecher unterm 10. März v. J. an sämmtliche königliche Regierungen und Ober-Landesgerichte erlassenen Circular-Verfügung mit dem Bemerken mit, daß Sie die danach den Regierungen und Ober-Landesgerichten ertheilten Befugnisse, als auch Ihnen eingeräumt, betrachten können.

Berlin, den 24. Juli 1827.

Die Ministerien

der auswärtigen Angelegenheiten. v. Schönberg.

der Justiz. Graf v. Danckelmann.

An
den königlichen General-Procurator
Herrn Ruppenthal zu Cöln.

a.

In der unterm 31. December v. J. von des Königs Majestät vollzogenen Geschäfts-Anweisung für die königlichen Regierungen, ist unter andern zum Abschnitt II. der dadurch ergänzt und berichtigt werdenden Instruction vom 25. October 1817 für die Abtheilung des Innern zu 6. bestimmt worden:

> daß die Regierungen in vorschriftsmäßiger Verbindung mit den betreffenden Ober-Landesgerichten fremde Verbrecher, sobald nur das Verbrechen und der Verbrecher hinlänglich constatirt sind, in der Regel ohne Anfrage ausliefern dürfen, und nur in den Fällen, welche von dem mitunterzeichneten Ministerio der auswärtigen Angelegenheiten bestimmt werden möchten, vorher anfragen müssen.

Die unterzeichneten Ministerien sind im Verfolg dieses Vorbehalts über die demgemäß den königlichen Regierungen zu ertheilende Anweisung zwar in nähere Berathung getreten; es haben sich jedoch in Absicht der Aufzählung derjenigen Verbrechen, wo eine Anfrage würde statt finden müssen, wegen der großen Verschiedenheit der Behandlung der Motive über die Auslieferung von Verbrechern Seitens der einzelnen fremdherrlichen Regierungen, sehr erhebliche Schwierigkeiten und Hindernisse gezeigt.

Unter diesen Umständen und da der fraglichen Bestimmung der Geschäfts-Anweisung hauptsächlich nur die Absicht zum Grunde liegt, die Schreibereien und Anfragen der Provinzial-Behörden in allen ganz unbedenklichen Auslieferungsfällen nach Möglichkeit vermieden zu sehen, haben die unterzeichneten Ministerien es angemessen erachtet, die vorbehaltene diesfällige Anweisung der königlichen Regierungen nur auf eine Namhaftmachung derjenigen Gattung von Verbrechern zu beschränken, in Ansehung deren dieselben vereint mit den betreffenden Justiz-Behörden, den Auslieferungs-Anträgen fremder Behörden ohne weitere Anfrage bei den unterzeichneten Ministerien eine Genüge leisten können.

Die königlichen Regierungen werden demzufolge ermächtigt, die Auslieferung ohne weitere Anfrage in denjenigen Fällen zu bewirken, wo sich das Verbrechen auf a) Todtschlag, b) Mord, c) Raub und d) Entwendung beziehet, zu a) jedoch mit der Modification, insofern der Mord nicht bei Gelegenheit einer Zoll- und sonstigen Defraudation verübt ist, so wie auch in den Fällen, wo fremde Duellanten sich auf das preußische Gebiet flüchten, die Auslieferung nur erst nach vorheriger höherer Ermächtigung erfolgen kann.

Rücksichtlich der Auslieferung nach Frankreich haben die königlichen Oberlandesgerichte und Regierungen insbesondere noch darauf zu sehen, daß den Anträgen der französischen Behörden nur dann genügt wird, wenn das Verbrechen von der Art ist, daß es, nicht blos nach französischen, sondern auch nach preußischen Gesetzen eine peine infamante oder afflictive zur Folge hat.

Den sämmtlichen königlichen Oberlandesgerichten und Regierungen wird dieser Beschluß durch gegenwärtige Verfügung zur genauen Befolgung bekannt gemacht.

Berlin, den 10. März 1826.

Ministerium der auswärtigen Angelegenheiten.	Ministerium der Justiz.
v. Schönberg.	Graf v. Danckelmann.

810.

Unter dem Ausdruck „achttägiger Arrest" wird der Arrest „während einer Woche" verstanden.

Der ostrheinische Senat des königlichen Appellationsgerichtshofes erhält hierneben Abschrift des Schreibens des königlichen Finanz-Ministerii vom 9. v. M., in dessen Veranlassung dem Collegio Folgendes zu erkennen gegeben wird.

Der Justiz-Senat zu Coblenz hat einer Geldbuße von 48 Thalern eine 77tägige Gefängnißstrafe substituirt, weil derselbe bei Anwendung der Bestimmung im §. 31. des Regulativs vom 28. April 1824 gemäß bei den Geldbußen für Hausir-Contraventionen jeden fünf Thalern genau acht volle

Tage substituirt. Dieser Auslegung liegt eine irrthümliche Ansicht zum Grunde. Nach dem gemeinen Sprachgebrauch wird der Ausdruck von acht Tagen als gleichbedeutend mit einer Woche geachtet, und dieser Sprachgebrauch ist auch in die preußischen Strafgesetze übergegangen, wie auch schon daraus ersichtlich ist, daß, wie z. B. im §. 608. Tit. 20. Th. 2. des Allgemeinen Landrechts die Verdoppelung des achttägigen Arrestes nicht in 16, sondern nur in 14 Tagen bestehet. Der königliche ostrheinische Senat hat hiernach die weitere Mittheilung an den Justiz-Senat zu machen.

Berlin, den 20. August 1827. Der Justiz-Minister
An Graf v. Danckelmann.
den ostrheinischen Senat des königl. Appellationsgerichtshofes zu Cöln.

a.

Die Bestimmung im §. 31. des Regulativs vom 28. April 1824, daß bei Verwandlung der Geldbuße für Hausir-Contraventionen in Gefängnißstrafe 5 Thaler einem achttägigen Gefängniß gleich geachtet werden sollen, wird von mehreren Gerichts-Behörden dergestalt wirklich angewendet, daß sie genau jeden fünf Thalern acht volle Tage substituiren.

So ist jetzt eine Entscheidung des Justiz-Senats zu Coblenz zu meiner Kenntniß gekommen, wo einer Geldbuße von 48 Thalern eine 77tägige Gefängnißstrafe substituirt worden ist.

Nach meiner Meinung ist die Absicht des Gesetzes, so wie der §§. 88 und 89. Tit. 20. Th. 2. des Allgemeinen Landrechts, daß unter acht Tagen eine Woche verstanden werden solle, und es wird, so viel mir bekannt ist, in dieser Art auch von den Gerichten in den ältern Provinzen das Gesetz angewendet. Die dadurch in der Ausführung des Gesetzes entstehende Verschiedenheit beträgt auf die bei Hausircontraventionen in der Regel eintretende Strafe von 48 Thalern fast 14 Tage, da, während, wie bemerkt, von einigen Gerichten 77 Tage, also 11 Wochen, substituirt werden, andere nur eine 9wöchentliche, allenfalls zur Ausgleichung der 3 Thaler auch noch einige Tage darüber substituiren.

Euer Excellenz will ich lediglich ganz ergebenst überlassen, welche Berechnungsweise die der Absicht des Gesetzes entsprechende sei, halte aber eine überall gleichförmige für nothwendig, und stelle daher anheim, ob Euer Excellenz nicht deshalb eine allgemeine Anweisung an die Ge-

richte zu erlassen belieben wollen, wovon ich mir demnächst eine geneigte Nachricht erbitte. Berlin, den 9. Juli 1827.
An v. Motz.
den königl. wirklichen Geheimen Staats- und Justiz-Minister, Herrn Grafen v. Danckelmann Excellenz.

811.

Verlust der National-Kokarde und des Militair-Abzeichens.

Die von dem königlichen Kriegsministerium in dem abschriftlich anliegenden Schreiben vom 14. v. M. gemachten Ausstellungen gegen das von dem Justiz-Senat zu Coblenz in der Untersuchungssache wider den Kriegsreservisten N. abgefaßte Erkenntniß sind gegründet. Denn

1. Auf den Verlust der National-Kokarde hätte nicht erkannt werden sollen, da dieser Verlust nach der Verordnung vom 22. Februar 1813 und den Allerhöchsten Kabinets-Ordres vom 30. September 1813 und 28. März 1816 nur bei Verbrechen eintritt, welche einen Mangel patriotischer oder ehrliebender Gesinnungen verrathen, was aber bei dem, dem rc. N. zur Last fallenden Verbrechen der Körperverletzung nicht der Fall ist.
2. Der Verlust des National-Militair-Abzeichens tritt aber nur entweder nach dem Allerhöchsten Kabinetsbefehl vom 26. August 1825 als Folge des Verlusts der National-Kokarde, oder nach der Kabinetsordre vom 13. October 1824 als Folge der in den Kriegs-Artikeln bestimmten Versetzung in die 2te Klasse des Soldatenstandes oder endlich da ein, wo er in den Kriegs-Artikeln speciell vorgeschrieben ist. Das Verbrechen der Körperverletzung, ist in dem 34. Kriegs-Artikel aber weder mit der Versetzung in in die 2te Klasse, noch auch mit dem Verlust des National-Militair-Abzeichens bedroht.

Hiernach hat der osthreinische Senat des königlichen Appellations-Gerichtshofes den Justiz-Senat zu Coblenz für künftige Fälle zu rectificiren und in der Folge dergleichen Verstöße selbst zu berichtigen.

Berlin, den 23. August 1827. Der Justiz-Minister
An Graf v. Danckelmann.
den ostrheinischen Senat des königl. Appellationsgerichtshofes zu Cöln.

812.

Diäten und Reisekosten der Medicinalbeamten in Untersuchungssachen.

Sie werden hiermit benachrichtigt, daß des Königs Majestät mittelst Allerhöchster Kabinets-Ordre vom 20. d. M. festgesetzt hat, daß das Decret vom 18. Juni 1811, welches mit Einführung der Medicinal-Taxe vom 21. Juni 1815 für sämmtliche Staaten in den Rheinprovinzen außer Kraft gesetzt worden, in Rücksicht der Diäten und Fuhrkostenvergütigung der gerichtlichen Medicinal-Beamten nicht wieder in Anwendung könne gebracht werden, und daß die Unbestimmtheit der Medicinal-Taxe bei dem Ansatz der Fuhrkosten durch den Tarif in der Verordnung vom 28. Juni 1825 sich erledige. Zugleich haben Se. Majestät der König zu bestimmen geruhet, daß die Verschiedenheit der Behandlung der Justiz- und Medicinalbeamten, abgesehen davon, daß das Decret vom 18. Juni 1811 in Beziehung auf die letzteren, nicht aber auf die ersteren aufgehoben worden, ihren hinreichenden Grund in der Verschiedenheit der Besoldungen finde.

Sie haben die Gerichte von dieser Allerhöchsten Entscheidung in Kenntniß zu setzen. Die seit der Verfügung vom 20. März 1826 festgesetzten Diäten und Reisekosten-Liquidationen der gerichtlichen Aerzte und Wundärzte sind, falls sie dagegen innerhalb der gesetzlichen Frist reclamiren, nachträglich festzusetzen, und es ist der Mehrbetrag anzuweisen; einer besondern Revision der Rechnungen ex officio bedarf es dagegen nicht.

In Hinsicht der Reisekosten ist nach der abschriftlich anliegenden, von dem königl. Ministerium der geistlichen, Unterrichts- und Medicinal-Angelegenheiten, und mir am 2. Januar pr. gemeinschaftlich erlassenen Verfügung (No. 731) an die Regierung zu Aachen nunmehr wieder zu verfahren.

Berlin, den 27. August 1827. Der Justiz-Minister
An Graf v. Danckelmann.
den königl. General-Procurator Herrn Ruppenthal
zu Cöln.

a.

Die Festsetzung, welche Sie nach Ihrem Berichte vom 4. d. M. wegen der Diäten- und Fuhrkosten-Vergütigung der Kreis-Physiker und Kreis-Chirurgen in den Rheinprovinzen mit Wiederherstellung des französischen Decrets vom 18. Juni

1811 getroffen haben, beruhet auf einem Mißverständnisse des §. 1. der Verordnung vom 28. Juni 1825. Der Zweck dieser Verordnung ist ein Kosten-Ersparniß für die Staatskasse, und in dieser Hinsicht enthält §. 1. wegen der Diäten die Ausnahme, daß sie in solchen Fällen, wo Privatpersonen zur Reisekosten-Entschädigung verpflichtet sind, nach den vorhandenen Gebühren-Taxen oder sonstigen Verordnungen liquidirt werden können. Diese Ausnahme beabsichtigt daher nur, den Beamten gegen Privatpersonen nichts zu entziehen, weshalb kein Anlaß vorhanden war, das Decret vom 18. Juni 1811, welches mit Einführung der Medicinal-Taxe vom 21. Juni 1815 für sämmtliche Staaten in den Rheinprovinzen außer Kraft gesetzt worden, in Rücksicht auf die Diäten- und Fuhrkosten-Vergütigung der gerichtlichen Medicinal-Beamten wieder in Anwendung zu bringen, so wie Ihr Bedenken rücksichtlich der Unbestimmtheit der Medicinal-Taxe bei dem Ansatz der Fuhrkosten durch den Tarif vom 28. Juni 1825 sich erledigt.

Die Verschiedenheit in der Behandlung der Justiz- und Medicinalbeamten findet, abgesehen davon, daß das Decret vom 18. Juni 1811 in Beziehung auf die letztern, nicht aber auf die erstern aufgehoben worden, ihren hinreichenden Grund in der Verschiedenheit der Besoldungen. So sehr Ich daher Ihre Bemühungen, den Kostenaufwand der gerichtlichen Verhandlungen in den Rheinprovinzen so viel als möglich zu vermindern, anerkenne und gut heiße, so kann Ich doch zu der Wiederherstellung des Decrets vom 18. Juni 1811 gegen die gerichtlichen Medicinalbeamten um so weniger Meine Zustimmung geben, als die Vollendung der Revision des dortigen Gerichtsverfahrens nahe, und bis dahin es auch in dieser Angelegenheit bei der gesetzlich bestehenden Einrichtung zu lassen, am angemessensten ist. ꝛc. ꝛc.

Teplitz, den 20. August 1827.

An den Staats- und Justiz-Minister Grafen v. Danckelmann.

Friedrich Wilhelm.

813.

Competenz der rheinischen Gerichte in Processen gegen Bewohner der älteren Provinzen, und die Insinuationen und Vorladungen an dieselben.

Auf den in Urschriften anliegenden Bericht des Hofgerichts zu Arnsberg vom 29. September 1826, über die Beschwerde der Handelsleute Gebrüder N. zu Siegen in Sachen des Kaufmanns N. zu Mühlheim am Rhein,

nebst den ebenfalls beigefügten Acten habe ich unter dem heutigen dato die in Abschrift angebogene Verfügung an das Hofgericht erlassen.

Zu einer gleichen allgemeinen Verfügung an das Oberlandesgericht zu Hamm bin ich dato auf dessen Bericht vom 11. Juli c. in der bei dem Handelsgerichte zu Crefeld in Sachen der Gebrüder N. zu Neuß gegen N. zu Duisburg schwebenden Proceßsache veranlaßt worden.

Nach Ihrer eigenen Bemerkung in Ihrem diesfälligen Schreiben vom 16. Juli d. J. an das Oberlandesgericht zu Hamm in letzterer Sache, werden zwar Fälle dieser Art immer seltener werden, und es ist auch gegenwärtig nicht mehr der Zeitpunkt, solche Jurisdictions-Conflicte durch ein zu extrahirendes besonderes Gesetz zu heben, dagegen finde ich folgende Maaßregeln zu diesem Zwecke angemessen.

1) Haben Sie die sämmtlichen Ober-Procuratoren anzuweisen, durchaus die Beförderung von Insinuationen von Vorladungen an preußische Unterthanen als Beklagte, die außerhalb des Bereichs der französischen Gesetzgebung leben, abzulehnen, und ebenso das Visa einer an sie selbst zu richtenden Insinuation zu verweigern, da der Begriff von Ausländern, dessen Unterstellung hierbei allein nach dem Artikel 69, No. 9. der rheinischen Civil-Proceßordnung eine solche Form der Vorladung rechtfertigen könnte, auf jene nicht anwendbar ist.

2) Ist dem Handelsgerichte zu Cöln in Bezug auf das in den Acten des Hofgerichts zu Arensberg in Sachen N. N. befindliche Schreiben des Präsidii vom 14. September pr. zu eröffnen, daß ich die dort ausgesprochene Ansicht nicht billigen kann, daß das Hofgericht bei Contumacial-Urtheilen die Competenz hinsichtlich der Person des Beklagten nicht zu würdigen habe.

Es liegt schon in der allgemeinen Pflicht jeder Behörde, sich innerhalb ihrer Amtsgrenzen zu halten, namentlich bei Exceptional-Gerichten, wie Handelsgerichte sind, und es ist vorzüglich Sache des Präsidii, diesen Gesichtspunkt nie aus den Augen zu verlieren. Wenn gleich der Artikel 424. der rheinischen Civil-Proceßordnung, namentlich die Incompetenz-Erklärung von Amtswegen nur dann fordert, wenn sie in

Ansehung der Materie erhellt, so hat diese Vorschrift, wie aus ihrer Verbindung mit dem zweiten Absatze desselben Artikels, und aus der Stellung der ganz ähnlichen Vorschrift des Art. 170. l. c. unter dem Titel von Einwendungen zu ersehen ist, zunächst das contradictorische Verfahren im Auge, und findet auch ihren Grund in der durch Einlassung in die Hauptsache zu unterstellenden freiwilligen Prorogation des Gerichtsstandes von Seiten des Beklagten; ein Grund, welcher bei dessen Nichterscheinen wegfällt. Das Gericht kann sich also in diesem Falle der Prüfung seiner Competenz, auch aus andern, als materiellen Gründen, um so weniger entziehen, als der Art. 434. ibid. ihm die Würdigung der Rechtmäßigkeit der Contumacial-Anträge des Klägers zur Pflicht macht, zu welcher unbedenklich auch die Competenz des Gerichts gehört. Wenn ich gleich die Unabhängigkeit der Gerichte in ihren Urtheilen respectire, so erwarte ich doch um so mehr, daß das Handelsgericht bei der Frage über seine Competenz mit Rücksicht auf einländische Gerichts-Eingesessene außer dem Bereiche des französischen Rechts die Grundsätze des Rescripts vom 28. September 1819 beachten werde, als eine Abweichung von denselben den Klägern nur einen vergeblichen Zeit- und Kostenaufwand veranlassen kann, da solche Urtheile in den Provinzen des ältern Rechts ohne Wirkung sein würden.

3) Nach dem Berichte des Ober-Landesgerichts zu Hamm in Sachen N. N. hat das Handelsgericht zu N. sein Contumacial-Urtheil bloß auf den Grund der an den Herrn Staats-Procurator erfolgten Ladung der Beklagten gesprochen. Sollte dies gegründet sein, und daher das Handelsgericht die im Art. 69. No. 9. bei Vorladungen von Ausländern enthaltenen Vorschriften auf die letzteren angewendet haben, welches Sie durch Einsicht des Urtheils ermitteln werden, so haben Sie dem Gerichte meine schon oben gedachte Mißbilligung dieses Grundsatzes zu erkennen zu geben, und übrigens sämmtliche Handelsgerichte und den rheinischen Appellationsgerichtshof mit Bezug auf die Verfügung vom 9. Mai 1823 von den im vorstehenden ausgesprochenen Grundsätzen in Kenntniß zu setzen, wie dieses geschehen, Anzeige zu machen, den Bericht des Hofgerichts zu Arnsberg vom 29. September 1826 zugleich wieder einzusenden, und die Acten N. nach

genommener Einsicht derselben baldigst dem Hofgerichte zukommen zu lassen.

Berlin, den 30. August 1827. Der Justiz-Minister
An Graf v. Danckelmann.
den königlichen General-Procurator
Herrn Ruppenthal zu Cöln.

a.

Extract.

Aus dem in Abschrift beigefügten Erkenntnisse des ersten Civil-Senats des königl. Appellations-Gerichtshofes in Sachen N. wider N. habe ich ersehen, daß der gedachte Senat die Verfügung des königlichen Ministeriums zur Revision der Gesetzgebung und Justiz-Organisation in den neuen Provinzen vom 28. September 1819, welche dasselbe nach erfolgter Vereinigung mit dem Justiz-Ministerium erlassen hat, deshalb nicht befolgt und zur Anwendung gebracht hat, weil solche über Rechte der Partheien verfüge und nicht als eine gehörig verkündete gesetzliche Bestimmung zu erachten sei. Beide Ministerien haben durchaus nicht die Absicht gehabt, die bestehenden Gesetze über Rechte der Partheien durch Ministerial-Verfügungen abzuändern. Sie sind aber von dem Gesichtspunkte ausgegangen, daß sich das ausgesprochene Princip von selbst ergebe, wenn man erwägt, daß die Rheinprovinzen, wo das französische Handelsgesetzbuch gelte, nunmehr einen Theil der preußischen Monarchie ausmache, in deren größten Theil die Allgemeine Gerichts-Ordnung gesetzliche Kraft habe, und wenn man von diesem Gesichtspunkte aus die verschiedenen betreffenden Gesetze der Allgemeinen Gerichts-Ordnung und des Handelsgesetzbuchs über den fraglichen Gegenstand vergleicht. Wenn es sich nun auch von selbst versteht, daß, so befremdend wie auch die gedachte Entscheidung des Appellationsgerichtshofes ist, demselben die Entscheidung der bei ihm verhandelten Rechtsfälle unabhängig von meiner verschiedenen Ansicht verbleiben muß, so kann ich doch vom öffentlichen Ministerium bei dem rheinischen Appellationsgerichtshofe erwarten, daß es in dergleichen Fällen entweder im Interesse des Gesetzes Cassation nachsuche, oder wenn es Bedenken trägt, dies zu thun, weil es ebenfalls die Meinung des Collegii theilt, dergleichen Fälle zur Kenntniß des Chefs der Justiz bringe, damit eventualiter die Allerhöchste gesetzliche Bestimmung extrahirt werden könne. Berlin, den 9. Mai 1823.

Der Justiz-Minister.

814.

Wegen Beobachtung der Nothfristen in den ostrheinischen Rechtssachen aus dem Bezirke der Regierung zu Coblenz.

Die Nachlässigkeit der Sachführer in den ostrheinischen Rechtssachen des Regierungs-Bezirks Coblenz ist seit einiger Zeit sehr bemerkbar, da jetzt nur wenig Processe vorkommen, in welchen nicht irgend eine Nothfrist versäumt ist. Es scheint, daß diejenigen, welchen diese Versäumnisse zur Last kommen, mit Gewißheit auf Restitution zählen, wenn auch gar keine haltbare Gründe dazu vorhanden sind; aber die Verzögerung der Rechtspflege, die Ungewißheit des Rechts und die Vermehrung der Kosten, welche daraus entstehen, sind zu große Nachtheile, um nicht der ernsthaftesten Aufmerksamkeit würdig zu sein. Die hiesige Stelle, um der Unordnung entgegen zu wirken, sieht sich also aufgefordert, mit Strenge auf die Beobachtung der gesetzlichen und der durch besondere Decrete bestimmten Fristen zu halten und nur dann eine Restitution zu bewilligen, wenn mit dem Gesuche um dieselbe solche Verhältnisse angegeben und bescheinigt werden, welche die Beobachtung der Fristen unmöglich gemacht haben. Da es nachgelassen ist, bei Einführung der Ober-Appellation um Frist zur Rechtfertigung derselben zu begehren, so erfordert die Einführungsschrift nur wenige Zeilen, wozu fast ein stehendes Formular gebraucht werden kann; die Sachführer sind also im Geringsten nicht zu entschuldigen, wenn sie die Einführungsfrist versäumen. Die hiesige Stelle wird darum auch gegen solche Versäumniß keine Restitution bewilligen und der Säumige mag den daraus für ihn entstehenden Nachtheil sich selbst zuschreiben.

Der königliche Justiz-Senat wird beauftragt, dieses allen Advocaten und Anwälden seines Gerichtssprengels bekannt zu machen. Berlin, den 5. September 1827.

Königlicher Revisions- und Cassationshof.

An | Sethe.

den königlichen Justiz-Senat
zu Coblenz.

a.

Von der Verfügung, welche von hier aus unterm Heutigen an den königlichen Justiz-Senat zu Coblenz wegen der Beobachtung der Nothfristen erlassen worden ist, empfängt der königliche Appellationsgerichtshof zu Cöln eine Abschrift hierbei mit dem Auftrage, den Inhalt derselben den bei seinem Collegio fungirenden Anwälden bekannt zu machen.

Berlin, den 5. September 1827.

Königlicher Revisions- und Cassationshof.

An Sethe.

den königlichen Appellations-Gerichtshof, Abtheilung für ostrheinische Sachen, zu Cöln.

815.

Fortbezug der Meilengelder in einfachen Holzdiebstahlssachen Seitens der Unter-Schulzen im ostrheinischen Theile der Regierung zu Coblenz.

Der königliche Appellationsgerichtshof erhält hierneben Abschrift der Vorstellung der Unterschulzen des Amts Freusburg vom 29. Juli c. mit dem Eröffnen, daß die Bittsteller nach dem Rescripte vom 17. Febr. 1823 zum Fortbezug der Meilengelder in einfachen Holzdiebstahlssachen, wenn die Denunciaten vermögend sind, für befugt zu achten. Im Fall daher die Sporteltaxen, nach welcher sie ihre Gebühren beziehen, keine abgesonderte Sätze für Meilengebühren enthalten; so können ihnen diese Gebühren jedoch nur bis zum Betrage der Meilengelder, also 3 sgr. 9 pf. für die Meile bei Insinuationen, wobei Reisen erforderlich sind, verstattet werden.

Der königliche ostrheinische Senat hat hiernach Verfügung zu treffen und die Supplicanten zu bescheiden, sie jedoch mit ihrer Reclamation für die Vergangenheit zurückzuweisen. Im Fall entgegenstehender Bedenken wird anhero Bericht erwartet.

Berlin, den 2. October 1827. Der Justiz-Minister

An Graf v. Danckelmann.

den königlichen Appellations-Gerichtshof, Abtheilung für ostrheinische Sachen, zu Cöln.

a.

Dem Criminal-Senat des königlichen Ober-Landesgerichts zu Frankfurt wird auf die Anfrage vom 27. v. M. zum Bescheid ertheilt, daß Copialien und Meilen-Gelder nicht zu den Sporteln gerechnet werden können, welche durch die Verordnung vom 7. Juni 1821 §. 34. bei der Untersuchung und Aburtheilung einfacher Holzdiebstähle für wegfallend erklärt worden sind, und mithin da genommen werden

10 *

können, wo die Denunciaten sie zu bezahlen im Stande sind, jedoch im Unvermögensfalle der letzteren fortfallen müssen, und nicht als baare Auslagen dem Criminalfonds auferlegt werden können.

Berlin, den 17. Februar 1823. Der Justiz-Minister
An v. Kircheisen.
den Criminal-Senat des königlichen Oberlandesgerichts zu Frankfurt.

816.

Verwaltungs-Verhältnisse des Dorfs Irlich und des Condominats Mayscheid.

Auf die Anfrage Ew. Excellenz vom 4. Juni d. J., die Verwaltungs-Verhältnisse wegen des Dorfs Irlich und des Condominats Mayscheid betreffend, erwiedern wir: daß diese Verhältnisse bereits durch die mit den Herren Fürsten zu Wied abgeschlossenen Recesse vom 19. August 1820 und die Allerhöchsten Bestimmungen in der Kabinets-Ordre vom 29. November 1821 festgestellt worden sind. Hiernach ist mit Höchstunmittelbarer Genehmigung bestimmt:

> daß die Verwaltung der Justiz und Polizei, imgleichen die Erhebung der directen Steuern in derselben Art, wie solche durch die Instruction vom 30. Mai 1820 für das standesherrliche Gebiet angeordnet ist, auch für das Dorf Irlich und für das Condominat Mayscheid den standesherrlichen Beamten, jedoch nur Kraft eines beständigen unmittelbaren Auftrages, und mit der Maaßgabe, daß bei jedem Wechsel der standesherrlichen Beamten die Erneuerung des Auftrags bei der competenten Staatsbehörde nachgesucht werden müsse, überwiesen werden solle, wie es auch geschehen ist.

Durch die regreßmäßige Organisation der fürstlichen Verwaltungsbehörde ist hierin nichts geändert, als daß rücksichtlich der collegialen Einrichtung derselben eine Erneuerung des Auftrages nicht bei dem Wechsel des Justiz-Beamten für die Justiz, und des Regierungs-Beamten für die Polizei-Verwaltung abgesondert nachgesucht werden darf, sondern daß die Erneuerung des Auftrages nur bei dem Wechsel des Direktors der fürstlichen Regierung erforderlich bleibt.

In Rücksicht auf die Justiz-Verwaltung bemerken wir noch besonders, daß die Uebertragung derselben auch für die zweite Instanz bei dem Dorfe Irlich auf dem Inhalt des mit dem Herrn Fürsten zu Neuwied geschlossenen Recesses vom 19. August 1820 beruhet, da derselbe die ausdrückliche Zusicherung enthält, daß die Verwaltung der Justiz auch in zweiter Instanz den standesherrlichen Beamten aufgetragen werden solle, wenn ein Gericht zweiter Instanz zu Stande käme. Der Receß vom 29. Mai v. J. enthält daher im §. 21. keine Ausdehnung der früheren Verhältnisse. Was dagegen das Condominat Mayscheid betrifft, so haben Seine Majestät mittelst Allerhöchster Ordre vom 29. November 1821 dem fürstlichen Gericht die Justiz-Verwaltung nur in der ersten Instanz übertragen, wobei es auch verbleiben muß, da der Receß hierin nichts abgeändert hat.

Unter diesen Maaßgaben kann es kein Bedenken finden, der fürstlichen Regierung zu Neuwied die Verwaltung der Justiz-, Polizei-, Communal-, geistlichen und Schul-Angelegenheiten nach den Bestimmungen der Instruction vom 30. Mai 1820 auch über Irlich und Mayscheid zu überlassen.

Berlin, den 10. October 1827.

An den königlichen Ober-Präsidenten Herrn v. Ingersleben zu Coblenz.

Das Staats-Ministerium.
Friedrich Wilhelm
Kronprinz.

a.

Zur endlichen Regulirung der Verhältnisse bei dem Condominat Mayscheid bestimme Ich auf den Grund der deshalb aufgenommenen Verhandlungen, und mit Rücksicht auf die von dem Staats-Ministerium gemachten Vorschläge, Folgendes:

1) Da der Graf von Walderndorff dem seit 1668 geführten und unentschieden gebliebenen Proceß über die von Kurtrier behauptete Allodialität des Kirchspiels Mayscheid, imgleichen dem Anspruch auf Einlösung der Trierschen Pfandschaft seinerseits mittelst Urkunde vom 6. April 1818 entsagt und nur einige Bedingungen hinzugefügt hat; so will Ich für den Fall, daß die Verzichtleistung unbedingt von ihm wiederholt wird, nicht nur Sie zu einer gegenseitigen Entsagung, Namens des Fiscus, hierdurch autorisiren, sondern auch dem Grafen, außer nachstehenden Gerechtsamen, als:

a) privilegirten Gerichtsstand vor dem competenten Obergerichte,

b) Freiheit, in jedem zum Deutschen Bunde gehörenden, oder mit demselben im Frieden lebenden Staate seinen Aufenthalt zu wählen,

c) dem Rechte, Familienverträge unter landesherrlicher Genehmigung zu errichten,
d) Jagdgerechtigkeit und
e) Patronatrecht, beide (d und e) in dem bisherigen Umfange, auch noch die volle Grundsteuerfreiheit in der Art bewilligen, daß ihm nicht sowohl die Grundsteuer selbst in natura erlassen, sondern der Betrag derselben, durch eine gleichkommende jährliche Rente vergütet werde. Dies geschieht zugleich in der Voraussetzung, daß er auf eine Erhöhung der ihm von Nassau, für aufgehobene gutsherrliche Abgaben ausgesetzten Rente keinen Anspruch macht.

In Beziehung

2) auf das Verhältniß des Fürsten von Wied-Runkel bei Mayscheid, ist die demselben davon zukommende Rente bereits in der Gesammtentschädigung aufgenommen, welche die von Mir über seine standeslichen Besitzungen erlassene Bestimmung enthält.

Im Uebrigen genehmige Ich, daß die Erhebung der directen Steuern, die landesherrliche Verwaltung der niederen Polizei und der Justiz, jedoch nur in der ersten Instanz, den Beamten des Fürsten von Wied-Runkel im Condominat auf eben die Weise aufgetragen werde, als dies bei dem Dorfe Irlich in Beziehung auf den Fürsten von Neuwied festgesetzt worden ist. Ich überlasse Ihnen die weitere Ausführung dieser Meiner Bestimmung.

Berlin, den 29. November 1821.

An Friedrich Wilhelm.
den Staatskanzler Herrn Fürsten von Hardenberg.

817.

Verfahren gegen solche Beamten, welche wegen mangelhafter Dienstführung und moralischer Gebrechen pensionirt werden sollen ꝛc.

In der abschriftlichen Anlage erhalten Sie, Herr General-Procurator, zur Nachricht die an das königliche Staats-Ministerium ergangenen beiden Allerhöchsten Kabinets-Ordres vom 16. August v. J. und 4. September d. J., betreffend

1) das Verfahren mit solchen Staatsbeamten, welche wegen mangelhafter Dienstführnng und moralischer Gebrechen zur Pensionirung in Vorschlag gebracht werden sollen,

und 2) die Zulässigkeit einer im administrativen Wege zu eröffnenden Untersuchung wider einen zur gerichtlichen Untersuchung gezogenen, aber nicht zur Dienstentsetzung verurtheilten Staatsbeamten.

Berlin, den 15. October 1827. Der Justiz-Minister
An Graf v. Danckelmann.
den königlichen General-Procurator Herrn Ruppenthal
zu Cöln.

a.

Ich finde Mich veranlaßt, dem Staats-Ministerium Meine Bestimmungen über das Verfahren zu eröffnen, welches in solchen Fällen zu beobachten ist, wenn ein Staatsbeamter nicht wegen physischer oder geistiger Untüchtigkeit zur Verwaltung seines Dienstes, sondern wegen mangelhafter Dienstführung und moralischer Gebrechen, die jedoch den Antrag auf seine Dienstentsetzung oder Entlassung nach den Gesetzen nicht begründen, zur Pensionirung in Vorschlag gebracht werden soll. In einem solchen Falle soll dasselbe Verfahren, welches bei Dienstentlassungen im administrativen Wege durch Meine Ordre vom 21. Februar 1823 vorgeschrieben worden ist, doch mit der Maaßgabe eintreten, daß es einer protocollarischen Instruction der Thatsachen nicht bedarf, vielmehr hinreicht, daß von Seiten der antragenden Behörde dem zu pensionirenden Beamten der Antrag selbst und die ihn veranlassenden Gründe bestimmt und unumwunden bekannt gemacht werden. Er wird darüber mit seiner Rechtfertigung ausführlich gehört, und die Verhandlung hiernächst dem Staats-Ministerium eingereicht, welches, gemäß Meiner Ordre vom 21. Februar 1823, schriftlich von zweien Räthen referiren läßt, und den Beschluß nach der Mehrheit der Stimmen abfaßt. Wird der Beschluß auf Pensionirung gerichtet, so muß er zugleich über den Betrag derselben erfolgen. Gehört der zu pensionirende Beamte zur Classe derjenigen, deren Patente von Mir vollzogen worden, so wird der Beschluß des Staats-Ministeriums Mir unmittelbar zur Bestätigung eingereicht, indem es der bei unfreiwilligen Dienstentlassungen vorgeschriebenen Einsendung der Verhandlungen an den Staatsrath Behufs eines Mir zu erstattenden Gutachtens in solchen Fällen nicht bedürfen soll. Gehört er nicht zur Classe der Beamten, deren Patente Ich selbst vollziehe, so wird der Beschluß dem betreffenden Ministerio zugestellt, welches die weiteren Verfügungen darauf erläßt. Wenn ein solcher Beamte nach dem Beschlusse der Mehrheit zur Pensionirung nicht qualificirt gefunden wird, so hat es dabei sein Bewenden, und etwanige Disciplinar-Maaßregeln werden dem vorgesetzten Ministerium überlassen. Hält dagegen die Mehrheit dafür, daß er nach den ermittelten Thatsachen ohne Pension zu entlassen sei, so ist die Sache, gemäß Meiner Ordre vom 21. Februar 1823, weiter einzuleiten. Das Staats-Ministerium hat in vorkommenden Fällen hiernach zu verfahren. Es ist jedoch nicht erforderlich, daß diese Bestimmungen durch die Gesetzsammlung oder die Amtsblätter bekannt gemacht werden, vielmehr genügt es, daß Meine Ordre jeder Provinzial-Regierung zugefertigt, und in jedem einzelnen Falle dem Beamten, wider den ein solches Verfahren eröffnet wird, die Ursache desselben auf den Grund Meiner allgemeinen Bestimmung bekannt werde.

Berlin, den 16. August 1826.

An das Staats-Ministerium. — Friedrich Wilhelm.

b.

Auf den Bericht des Staats-Ministeriums setze ich zur Beseitigung der Zweifel, die wegen der Zulässigkeit einer im administrativen Wege zu eröffnenden Untersuchung wider einen zur gerichtlichen Untersuchung gezogenen, aber nicht zur Dienstentsetzung verurtheilten Staatsbeamten entstanden sind, Folgendes fest:

1) Wenn der Beamte in der gerichtlichen Untersuchung auf den geführten vollen Beweis der Unschuld, oder wegen Mangels an Beweisen völlig freigesprochen worden (§§. 413. 414. der Criminal-Ordnung), so ist es nicht zulässig, daß wegen desselben Gegenstandes im Verwaltungswege eine neue Untersuchung wider ihn eröffnet werde, vielmehr muß das richterliche Erkenntniß aufrecht erhalten bleiben.

2) Ist der Beamte durch richterliches Urtheil entweder mit einer Strafe belegt, oder nur vorläufig freigesprochen worden (§§. 400—412. der Criminal-Ordnung), so kann wegen desselben Gegenstandes im Verwaltungswege eine neue Untersuchung statt finden, sobald nach den Gesetzen die Wiedereröffnung der Untersuchung im Rechtswege zulässig sein würde und der Gegenstand in einer zum administrativen Verfahren vorschriftsmäßig gewiesenen Dienstvergehung besteht.

3) Wenn bei der gerichtlichen Untersuchung Umstände zur Sprache gekommen sind, welche, wenn sie gleich

die Amtsentsetzung des Beamten nicht zur Folge gehabt haben, dennoch seine Amtswirksamkeit gefährden können, so kann nach dem Ermessen der vorgesetzten Behörde sowohl bei völliger Freisprechung (im Falle zu 1) als auch, wenn bei vorläufiger Freisprechung, oder erfolgter Bestrafung keine, die Erneuerung der Untersuchung begründenden Umstände vorhanden sind (im Falle zu 2) auf die Pensionirung des Beamten angetragen werden, wobei das durch Meine Ordre vom 16. August 1826 vorgeschriebene Verfahren zu beobachten ist.

4) Diesen Vorschriften gemäß werden die Bestimmungen modificirt, die in Meiner Ordre vom 15. Juli 1809 wegen der Dienstentlassungen enthalten sind.

5) Wegen der Untersuchungen wider Geistliche und Schullehrer, so wie wider richterliche Beamte hat es bei den besonders ergangenen Vorschriften sein Bewenden.

Das Staats-Ministerium hat diese der öffentlichen Bekanntmachung nicht bedürfenden Festsetzungen als Disciplinarvorschriften zur Kenntniß der Behörden zu bringen, und in vorkommenden Fällen demgemäß zu verfahren.

Berlin, den 4. September 1827.

An — Friedrich Wilhelm.

das Staats-Ministerium.

818.

Zulässigkeit der Beschlagnahme des Vermögens im Laufe der Untersuchung.

Beigehend erhalten Sie eine beglaubte Abschrift der Allerhöchsten Kabinets-Ordre vom 13. d. Mts., die Zulässigkeit der Beschlagnahme des Vermögens eines Angeschuldigten im Laufe der Untersuchung betreffend, zur Achtung und mit der Anweisung, dieselbe durch die betreffenden Amtsblätter bekannt machen zu lassen, und die Ober-Procuratoren anzuweisen, sich in Betreff des Verfahrens nach der in der Angelegenheit wegen Beschlagnahme des Vermögens der Deserteurs unter dem 15. September v. J. ergangenen Verfügung zu achten.

Berlin, den 16. October 1827. — Der Justiz-Minister

An — Graf v. Danckelmann.

den königl. General-Procurator Herrn Ruppenthal zu Cöln.

a.

Ich genehmige die in Ihrem Bericht vom 2. d. Mts. aufgestellte Ansicht, daß, wenn eine Untersuchung nach den Vorschriften der preußischen Criminal-Ordnung geführt wird, auch in denjenigen Landestheilen, in welchen die fremdherrliche Gesetzgebung zur Zeit noch gilt, die Bestimmung des §. 68. der gedachten Criminal-Ordnung zur Anwendung kommen muß, nach welcher das Vermögen eines Angeschuldigten zur Sicherstellung des Beschädigten schon im Laufe der Untersuchung nach dem Ermessen des dieselbe leitenden Gerichts in Beschlag genommen werden kann. Das Gericht hat eine solche Beschlagnahme entweder selbst oder im Wege der Requisition nach den bestehenden Formen zur Ausführung zu bringen. Ich trage Ihnen auf, diese Meine Bestimmung in den betreffenden Landestheilen bekannt zu machen.

Berlin, den 13. October 1827.

An den Staats- und Justiz-Minister Grafen v. Danckelmann.

Friedrich Wilhelm.

819.

Verfahren bei Insinuationen und Vorladungen an die außerhalb der Rheinprovinz wohnenden altpreußischen Unterthanen.

Die von Ihnen, Herr General-Procurator, in dem Berichte vom 30. September c. vorgetragenen Bedenken gegen die in der Verfügung vom 30. August c. enthaltene Bestimmung, daß die Ober-Procuratoren jede Beförderung von Insinuation von Vorladungen an preußische Unterthanen, die außerhalb des Bereichs der französischen Gesetzgebung leben, als Beklagte, ablehnen sollen, veranlassen mich, von derselben zu abstrahiren.

Dagegen bleibt es dabei, daß sich in keinem Fall das öffentliche Ministerium dazu hergeben darf, einen ihm, in Vertretung eines altpreußischen Beklagten zuzustellenden Ladungsact zu unterschreiben, und so dem Gegner ein nur bei Ausländern nach Art. 69. No. 9. der rheinischen Civil-Proceßordnung gültiges Insinuationsdocument zu verschaffen.

Die von Ihnen zur Rechtfertigung dieses Verfahrens angeführte Verordnung der vormaligen Immediat-Justiz-Commission vom 15. Februar 1817 ist so weit entfernt gewesen, dasselbe einzuführen, daß sie vielmehr den Grundsatz an die Spitze stellt, daß die Ladung eines altländischen Unterthanen nur in den Formen der Gesetze seines Wohnorts und von dessen Richter gültig erfolgen kann, eben deshalb ist dem öffentlichen Ministerium zur Pflicht gemacht, als requirirende Behörde die Beschaffung des Insinuationsdocuments für die Parthei zu bewirken, wenn sie darum von dieser oder deren Anwalt angegangen wird; ganz abgewichen wird aber von diesen Vorschriften, wenn nach der Analogie der Vorladung von Ausländern ein Gerichts-Vollzieher-Act gegen den Staats-Procurator vorgenommen, und dessen Visirung, wie es in der Sache N. geschehen ist, schon selbst als gültig vollzogene Ladung der Parthei angenommen wird. Sie haben daher die königlichen Ober-Procuratoren, unter unbedingter Untersagung der Visirung und Annahme an sie gerichteter Ladungs-Acte preußischer Unterthanen wegen ihres Verhaltens hierbei auf die Beachtung der Verordnung vom 15. Februar 1817 zu verweisen, und auch dem übrigen Inhalte der Verfügung vom 30. August c. zu genügen.

Berlin, den 19. October 1827. Der Justiz-Minister
An Graf v. Danckelmann.
den königlichen General-Procurator Herrn Ruppenthal
zu Cöln.

820.

Die Wittwen derjenigen Justizbeamten, welche der Wittwen-Verpflegungsanstalt nicht beigetreten, haben durch den ausgestellten Revers der Ansprüche auf Pension und der Unterstützung der Kinder sich begeben.

Die Anträge um Bewilligung von Pensionen für Wittwen und Unterstützung für Kinder verstorbener Justizbeamten haben sich so vermehrt, daß die Fonds zur Bestreitung der Ausgaben keine Mittel mehr darbieten. Des Königs Majestät haben daher mittelst Allerhöchster Kabinets-Ordre vom 8. d. Mts. zu bestimmen geruhet,

daß die Vorschläge zu Pensionen für Wittwen und daneben noch zu Unterstützungen für die Kinder in allen Fällen zu vermeiden sein werden, wo nicht ganz besondere Rücksichten eine Ausnahme rechtfertigen.

Indem dies dem Präsidium des königlichen Appellationsgerichtshofes und Ihnen, Herr General-Procurator, zur Nachachtung bekannt gemacht wird, sieht sich der Justiz-Minister zugleich veranlaßt zu erinnern, daß die Wittwen oder Justizbeamten, welche sich in denjenigen Landestheilen verheirathet haben, in welchen die Allerhöchste Kabinets-Ordre vom 18. October 1800 zur Anwendung gekommen, wenn sie der allgemeinen Wittwen-Verpflegungsanstalt nicht beigetreten, durch den ausgestellten Revers sich der Ansprüche auf Pension begeben haben. Die Ehefrauen aller Beamten, welche sich nach dem 17. Juli 1816 verheirathet haben, haben in die Wittwencasse eingekauft werden müssen, und es können daher Pensionsanträge für die Wittwen gedachter Beamten in der Regel nicht vorkommen, da bei denjenigen Beamten, welche von dem Beitritt zur Wittwencasse nach der Allerhöchsten Kabinets-Ordre vom 3. September 1817 befreit geblieben, theils der Revers wegen Entsagung der Ansprüche ausgestellt ist, theils den Justizbeamten-Wittwen, deren Ehemänner eine 250 Rthl. nicht übersteigende Diensteinnahme gehabt haben, nach der Allerhöchsten Kabinets-Ordre vom 30. Juni 1823 keine Pensionen bewilligt werden.

Das Präsidium des königlichen Appellationsgerichtshofes und Sie, Herr General-Procurator, haben daher bei allen künftigen Anträgen auf Pensionsbewilligungen und Unterstützungen genaue Nachforschungen anzustellen, ob nach den gesetzlichen Vorschriften nicht die Zurückweisung des Gesuchs erfolgen muß, und wenn Sie sich veranlaßt finden, dasselbe zu unterstützen, die vorgedachten Verhältnisse im Berichte ausdrücklich zu erörtern.

Damit aber vermieden werde, daß künftig die Hinterbliebenen von Justizbeamten in den Rheinprovinzen, durch den unterlassenen Beitritt ihrer Ehemänner zur Wittwencasse, in Noth gerathen, haben Sie, Herr General-Procurator,

1) zu ermitteln, welche Beamten ihre Ehefrauen in der Wittwencasse nicht eingekauft haben. Auf die Boten, Kanzleidiener und Executoren ist dabei nicht Rücksicht zu nehmen.
2) Diejenigen, welche nach der Allerhöchsten Kabinets-Ordre vom 17. Juli 1816 und 3. September 1817 hätten beitreten müssen, und dieser Verpflichtung aus irgend einer Veranlassung nicht nachgekommen sind, dazu anzuhalten.
3) Diejenigen, welche sich früher verheirathet haben, oder sonst befreit geblieben, wenn der Beitritt nach ihrem Alter oder Gesundheitszustand möglich ist, dazu aufzufordern, unter der Bekanntmachung, daß sie es sich sonst selbst beizumessen haben, wenn ihren

Wittwen keine Pension werde zu Theil werden, und ihre Erklärung zu vernehmen.

Ueber das Resultat der Ermittelung ist sodann Bericht zu erstatten, und demselben ein Verzeichniß derjenigen Beamten, deren Ehefrauen nicht eingekauft sind, unter folgenden Rubriken: „Name und Dienststellung des Beamten, Lebensalter, Gehalt, Tag der Verheirathung, Name der Frau, Lebensalter, Gründe warum der Beitritt zur Wittwencasse verweigert wird, oder nicht möglich ist" beizufügen.

Berlin, den 26. October 1827. Der Justiz-Minister
An Graf v. Danckelmann.
das Präsidium des königl. Appellationsgerichtshofes
und den königl. Herrn General-Procurator
zu Cöln.

821.

Competenz der rheinischen Gerichte in Processen gegen Bewohner der älteren Provinzen, und die Insinuationen und Vorladungen derselben.

Die Civil-Proceßordnung enthält bekanntlich, da sie in dem ganzen Reiche, für welches sie gegeben war, auch gleich verbindlich war, hinsichtlich der Form der Ladungen und der übrigen gerichtlichen Zustellungen nur zweierlei Bestimmnngen, nämlich über die Form der Ladungen und anderer Insinuationen an Einländer, und der an Fremde, zu welchen man aus natürlichen Gründen auch die in den Colonien wohnenden Einländer rechnen mußte.

Nachdem aber die Rheinprovinzen von Frankreich getrennt, und mit Preußen vereinigt worden waren, und da in Preußen eine andere Gesetzgebung besteht, als hier, so war eine Bestimmung über die Frage nöthig:

in welchen Formen eine Ladung an einen, außerhalb der Rheinprovinzen, in welchen die französische Gesetzgebung besteht, in einer andern Provinz wohnenden preußischen Unterthanen diesem zugestellt werden sollte?

Die Vorschrift der hiesigen Gerichtsordnung, welche die Ladung an einen Einländer betrifft, konnte hier nicht zur Anwendung kommen, weil diese Gerichtsordnung in der alten Provinz, wo die Ladung insinuirt werden sollte, nicht Gesetz war. Die Vorschriften der hiesigen Gerichtsordnung, welche die Ladungen an Ausländer betrifft, konnte hier eben so wenig zur Anordnung kommen, weil der in einer alten Provinz wohnende preußische Unterthan hinsichtlich des Rheinpreußen als Ausländer nicht betrachtet werden konnte.

Diese durch die eingetretenen Veränderungen verursachte Lücke in unserer Gesetzgebung hat die vormals bestandene Immediat-Justiz-Commission durch eine Verordnung vom 15. Febr. 1817 ausgefüllt, welche dem öffentlichen Ministerium bei den damals bestandenen Gerichten mitgetheilt wurde.

In dieser Verordnung ist als Grundsatz aufgenommen, daß Insinuationen an einen in einer alten Provinz wohnenden preußischen Unterthan nur in den Formen geschehen können, welche in dieser alten Provinz gesetzlich vorgeschrieben sind, daß also solche Insinuationen von dem betreffenden altländischen Gerichte verfügt und bewerkstelligt werden müssen. Und nun dieses möglich zu machen, oder doch zu erleichtern, ist ferner in der angeführten Verordnung bestimmt, daß die Partheien oder ihre Anwälde sich an das öffentliche Ministerium wenden sollen, damit dieses das altländische Gericht um Bewirkung der Insinuationen im gesetzlichen Wege requirire, und zugleich um die Bescheinigung über diese gesetzlich geschehene Insinuation ersuche, so daß die, an einen in einer alten Provinz wohnenden preußischen Unterthanen gerichtete Insinuation bei den hiesigen Gerichten keine Wirkung haben kann, so lange nicht die von den altländischen Gerichten ausgegangene Bescheinigung über die geschehene Insinuation, dem hiesigen Gerichte vorgelegt worden.

Dieses durch die vormalige Immediat-Justizcommission deutlich vorgeschriebene Verfahren ist jedoch in der Ausführung sehr entstellt worden, indem man die Ladungen und andere Insinuationen für preußische Unterthanen in einer altländischen Provinz den für Ausländer bestimmten Insinuationen ganz gleichstellte, und sie auf gleiche Art behandelte, indem die Beamten des öffentlichen Ministerii solche, für preußische Unterthanen bestimmte Acte, wie die für Ausländer bestimmten visirten, was doch die Immediat-Justizcommission nirgend vorgeschrieben oder erlaubt hat, indem die Gerichte dieses Visa bei einem preußischen Unterthanen ebenso wie bei einem Ausländer für hinreichend hielten, um die Ladung als gesetzlich geschehen zu betrachten, ohne auf der Beibringung der von dem altländischen Gerichte auszustellenden Bescheinigung über die wirklich geschehene Insinuation weiter zu bestehen. Durch dieses Verfahren sind mancherlei Verwirrungen entstanden, und es sind darüber sehr gegründete Klagen geführt worden, und ich muß deswegen Ew. Wohlgeboren unbedingt untersagen, Insinuationen dieser Art das Visa zu ertheilen, und Ihnen zugleich aufgeben, darauf zu halten, daß die Bescheinigung der altländischen Gerichte über die geschehene Insinuation immer beigebracht werde, bevor von den hiesigen Gerichten gegen den in den alten Provinzen Wohnenden etwas unternommen, und daß ganz genau nach der angeführten Verordnung vom 15. Februar 1817 verfahren werde.

Es ist dies um so mehr nöthig, als dadurch Conflicte vermieden werden, welche den Partheien nutzlose Kosten verursachen.

Die hiesigen Gesetze und namentlich der Art. 420 der Proceß-Ordn. enthalten über die Competenz der hiesigen Gerichte Bestimmungen, welche mit den Grundsätzen der Allgemeinen preußischen Gerichtsordnung nicht übereinstimmen, und nach einer höheren Verfügung werden die altländischen Gerichte die Vollstreckung hiesiger Urtheile verweigern, sobald sie sich überzeugen, daß die hiesigen Gerichte nach den Vorschriften der preußischen Allgemeinen Gerichtsordnung zur Entscheidung nicht competent waren. Es ist daher ganz nutzlos, hier ein Urtheil zu erwirken, was da, wo es nur Wirkung haben soll, nicht anerkannt wird. Ich beziehe mich in dieser Rücksicht auf das von meinem Amtsvorgänger unterm 21. October 1819 mitgetheilte Ministerial-Rescript vom 28. September ejus. Wird nun einem altländischen Gerichte auf dem Wege der Requisition eine Ladung zur Insinuation zugesandt, und es überzeugt sich aus deren Inhalt, daß die hiesigen Gerichte auch nach den Vorschriften der Allgemeinen Gerichtsordnung competent sind, so wird die Insinuation statt finden, und das fernere Verfahren kann mit Sicherheit fortgesetzt werden.

Wird aber die Insinuation wegen Incompetenz der hiesigen Gerichte verweigert, so weiß der ladende Rheinländer, daß ihm ein Urtheil hiesiger Gerichte nichts nutzen kann, und er wird sich überzeugen, daß es vergeblich sein würde, dasselbe mit Kostenaufwand dennoch zu erwirken.

Die an die altländischen Gerichte auf dem Wege der Requisition und zum Zwecke der Insinuation abzusendenden Urkunden müssen dem öffentlichen Ministerium mit einer Vorstellung des requirirenden Theils oder seines Anwaldes übergeben werden; das Requisitionsschreiben an das altländische Gericht mit den erwähnten Urkunden wird dem requirirenden Theile versiegelt zugestellt, um es auf seine Kosten an den Ort seiner Bestimmung zu befördern.

Aus dem Gesagten ergiebt sich nun die Nothwendigkeit, daß in den Urkunden, und in der dem öffentlichen Ministerium einzureichenden Vorstellung die Verhältnisse, welche auf die Beurtheilung der Competenz-Frage Bezug haben, genau angegeben werden, und ich zweifle nicht, daß die Anwälde, im Interesse ihrer Partheien, diese Nothwendigkeit anerkennen, und dem Obigem gern nachkommen werden.

Indem ich Ew. Wohlgeboren zur Pflicht machen muß, von Ihrer Seite nach dem Obigen zu verfahren, veranlasse ich Sie zugleich, dem königl. Landgerichte davon Kenntniß zu geben. Cöln, den 3. November 1827.

Circulare an sämmtliche königl. Oberprocuratoren.

Der General-Procurator Ruppenthal.

822.

Wegen der Legitimationen in der Rheinprovinz.

Auf den Bericht des Staats-Ministerii vom 26. October d. J. will Ich hierdurch den Justiz-Minister autorisiren, in den Provinzen, in welchen noch das französische Recht Anwendung findet, nach Befinden der Umstände, den außer der Ehe erzeugten Kindern die Legitimation — insofern damit nicht Standeserhöhung verknüpft ist — mit voller rechtlicher Wirkung der in dem Patente jedesmal auszudrückenden Befugnisse, zu ertheilen.

Berlin, den 6. November 1827. Friedrich Wilhelm.

An das Staats-Ministerium.

823.

Ablehnung der Vollstreckung auswärtiger Urtheile in Untersuchungen gegen diesseitige Unterthanen.

Auf Ihren Bericht vom 7. v. M.,

die Beitreibung einer von dem fürstlich Solms-Lichschen Landgerichte zu Lich gegen einen diesseitigen Unterthanen erkannten Geldbuße betreffend,

wird Ihnen in Einverständniß mit dem königlichen Ministerium der auswärtigen Angelegenheiten eröffnet, daß mit dem Großherzogthum Hessen keine Verträge bestehen, welche eine Abweichung des allgemein angenommenen Grundsatzes enthalten,

daß auswärige Urtheile in Untersuchungssachen gegen diesseitige Unterthanen gefällt, diesseits nicht vollstreckt werden;

es ist daher der obgedachte Antrag des fürstlich Solms-Lich-schen Landgerichts zu Lich abzulehnen.

Berlin, den 12. November 1827. Der Justiz-Minister
An Graf v. Danckelmann.
den königl. General-Procurator Herrn Ruppenthal
zu Cöln.

824.

Expropriations-Verfahren zur Anlage der Häuser in der neuen Straße zu Aachen.

Herr General-Procurator Ruppenthal erhält brevi manu Abschrift:

1. des Schreibens vom 12. v. M., ohne Anlagen;
2. dieser Antwort nebst der Anlage;
3. der gegenwärtigen Verfügung,

um das Landgericht in Aachen von der Entscheidung, über welche beide Ministerien sich vereinigt haben, in Kenntniß zu setzen.

Berlin, den 13. November 1827. Der Justiz-Minister
Graf v. Danckelmann.

a.

Ew. Excellenz beehre ich mich, den mir unter dem 9. v. M. gefälligst mitgetheilten Bericht der Regierung zu Aachen vom 28. August d. J.,

wegen des Expropriations-Verfahrens zur Anlage der Häuser in der neuen Straße daselbst,

nebst den beigefügt gewesenen Acten zurückzusenden, und den erforderten Bericht des General-Procurators am rheinischen Appellations-Gerichtshofe vom 30. September c. in Urschrift unter der Bitte der Rücksendung ganz ergebenst beizufügen. Es ist in diesem letzteren Berichte der ganz richtige Grundsatz aufgestellt,

daß nicht jeder Einzelne, welcher in der neu angelegten Straße zu Aachen ein Haus bauen will, befugt ist in eigenem Namen zu begehren, daß ihn das Gericht in den Besitz der von ihm gewählten Baustelle einsetze, sondern daß diese Einweisung in den Besitz resp. Besitzentsetzung des bisherigen Eigenthümers von der Verwaltungsbehörde gefordert werden müsse.

Dieser Ansicht trete ich um so mehr bei, weil

1) die Allerhöchste Kabinets-Ordre vom 11. Juli 1825 ausdrücklich festgesetzt hat,

daß in den bestimmten Fällen nöthigenfalls in Gemäßheit des französischen Gesetzes vom 8. März 1810 die Expropriation einzuleiten ist;

auch 2) denjenigen, die ihr Eigenthum hingeben, sehr daran gelegen sein muß, daß sie ihre Entschädigung vom Staate und nicht von Privaten erhalten, daß auch die Verwaltung ihnen dafür hafte, wenn bei dem Bau des Hauses irgend ein Versehen zum Nachtheil desjenigen vorfällt, der sein Eigenthum zum gemeinen Besten hergeben muß.

Ew. Excellenz ersuche ich daher ergebenst, die Regierung hiernach zu bescheiden, mir aber Abschrift der derselben ertheilten Bescheidung gefälligst zukommen lassen zu wollen.

Berlin, den 12 October 1827.

An Graf v. Danckelmann.

den königlichen wirklichen Geheimen Staats-Minister und Minister des Innern, Herrn v. Schuckmann Excellenz.

b.

Auf Ew. Excellenz gefälliges Schreiben vom 12. v. M., das Verfahren bei Expropriationen Behufs der Anlage einer neuen Straße in der Stadt Aachen betreffend, habe ich, vollkommen einverstanden mit der von Denenselben und dem General-Procurator Ruppenthal in dem hierbei zurückfolgenden Berichte geäußerten Ansicht, die Regierung mit der abschriftlich anliegenden Verfügung versehen, und stelle Denenselben die Bescheidung des General-Procurators anheim.

Berlin, den 3. November 1827.

An v. Schuckmann.

den königl. Staats- und Justiz-Minister Herrn Grafen v. Danckelmann Excellenz.

c.

Ueber den Antrag der ꝛc. Regierung im Berichte vom 28. August d. J. um Bestimmung, daß bei Expropriationen Behufs der neuen Straßen-Anlage in Aachen der Baulustige unmittelbar statt der Verwaltungsbehörde eintreten möge, habe ich mich mit des Herrn Justiz-Ministers Excellenz vernommen, und von demselben mittelst des in Abschrift beigehenden Schreibens, das ebenfalls abschriftlich beiliegende Gutachten des General-Procurators Ruppenthal erhalten.

Mit den in beiden ausgesprochenen Ansichten muß ich mich vollständig einverstanden erklären. Denn ganz abgesehen von der Hauptsache, daß das Gesetz selbst eine andere Ansicht nicht zuläßt, und daß es, um dem Verlangen der königl. Regierung zu entsprechen, erforderlich sein würde, für einen einzelnen Fall bei Sr. Majestät dem Könige eine, die Grundidee des Gesetzes sehr wesentlich ändernde Modification des letztern in Antrag zu bringen, zu deren Erlassung Allerhöchstdieselben schwerlich geneigt sein dürften, liegt es auch in der Natur der Sache, daß eine Expropriation, welche um des öffentlichen Nutzens wegen gefordert wird, nur von der öffentlichen Behörde, nicht von einem Privat-Interessenten gefordert, und nur der öffentlichen Behörde das Object übergeben werden kann. Die Billigkeit erfordert ferner, daß derjenige, welcher sich der Unannehmlichkeit einer Expropriation unterwerfen muß, wegen dessen, was er dafür zu fordern hat, nicht an einen, vielleicht in Hinsicht seines Kredits nicht ganz sichern Privatmann, sondern an die öffentliche Behörde sich halten könne.

Behufs der Anlegung der Straße wird daher die Regierung die Abtretung des Privateigenthums zu verlangen, und solches zu übernehmen, demnächst aber demjenigen, der ein Haus bauen will, das Grundstück wieder abzutreten, und polizeilich darauf zu sehen haben, daß der Bau ordnungsmäßig und nicht zum Nachtheile des Expropriirten ausgeführt werde. Da derjenige, welcher bauen will, jedenfalls mit den erforderlichen Mitteln versehen sein muß, so wird es ihm auch nicht schwer fallen, wegen dessen, was er dem expropriirten Grundbesitzer und sonst zu leisten hat, der Regierung Caution zu bestellen.

Die Geschäfte, welche dies bei der königl. Regierung etwa veranlassen möchte, können nicht von beachtungswerther Bedeutung sein, da sie einerseits einfach, und die Formen derselben bestimmt vorgeschrieben sind, andererseits aber zu erwarten ist, daß wenn erst über eine oder einige Expropriationen entschieden worden, beide, der Baulustige sowohl, als der Grundeigenthümer, sich lieber in Güte vereinigen, als sich der Weitläuftigkeiten des Expropriationsverfahrens aussetzen werden. Die königl. Regierung möge daher in der gesetzlichen Art das Weitere einleiten. Das eingereichte Actenstück folgt zurück.

Berlin, den 3. November 1827. Der Minister des Innern
v. Schuckmann.

An
die königliche Regierung
zu Aachen.

825.

Diäten- und Reisekosten der Medicinalbeamten in Untersuchungssachen im Bereiche des Justizsenats zu Coblenz.

Dem ostrheinischen Senat des königlichen Ober-Appellationsgerichtshofes wird in Verfolg einer Anfrage der Regierung zu Coblenz bekannt gemacht, daß die in Folge der Allerhöchsten Kabinets-Ordre vom 20. August d. J. festgesetzten, dem Herrn General-Procurator mittelst Verfügung vom 27. August c. bekannt gemachten Bestimmungen, wonach die Medicinalbeamten in gerichtlichen Untersuchungssachen künftig ihre Gebühren und Fuhrkosten zu liquidiren haben, auch für die rechte Rheinseite des Verwaltungsbezirks der Regierung zu Coblenz im Ressort des Justizsenats zur Anwendung zu bringen sind, und ist die Regierung hiervon unter dem heutigen Dato in Kenntniß gesetzt worden.

Berlin, den 26. November 1827. Der Justiz-Minister
An Graf v. Danckelmann
den ostrheinischen Senat des königl.
Appellationsgerichtshofes.

826.

Vorlegung der Acten in Steuerprocessen an die Steuerbehörde.

Die unter dem 12. Juni v. J. in Verfolg Ihres Berichts vom 18. Mai desselben Jahres erlassene Verfügung wegen Versendung der Untersuchungsacten in Steuer-Contraventionssachen an den königlichen Provinzial-Steuerdirektor wird auf Antrag des königlichen Finanz-Ministerii dahin modificirt, daß das Verbot der Mittheilung der gedachten Acten nur auf den Fall zu beschränken, wenn der Angeschuldigte sich in Verhaft befindet, in den übrigen Fällen aber, wo die Versendung der Acten an den königlichen Provinzial-Steuerdirektor stattfinden kann, die Ober-Procuratoren von diesem Geschäft zu entbinden, und nur dem Gerichtsschreiber jeden Landgerichts deshalb eine allgemeine Weisung zu geben ist. Hiernach haben Sie das weiter Erforderliche zu veranlassen.

Berlin, den 27. November 1827. Der Justiz-Minister
An Graf v. Danckelmann.
den königlichen General-Procurator Herrn Ruppenthal
zu Cöln.

827.

Erkenntnisse in einfachen Holzdiebstahlssachen sind stempelfrei.

Auf die Anfrage in Ihrem Berichte vom 22. d. Mts. die Stempel in Holzdiebstahlssachen betreffend, wird Ihnen eröffnet, wie das Justiz-Ministerium gegen das Finanz-Ministerium stets den Grundsatz ausgesprochen hat, daß es in einfachen Holzdiebstahlssachen, im Sinne der Verordnung vom 7. Juni 1821 und mit Rücksicht auf den §. 34 l. c. keines Stempels zum Erkenntnisse bedürfe.

Berlin, den 30. November 1827. Der Justiz-Minister
An Graf v. Danckelmann.
den königl. General-Procurator Herrn Ruppenthal
zu Cöln.

828.

Gerichtliche Einwirkung bei Aufnahme gemüthskranker Personen in Irrenanstalten.

Auf Ihren Bericht vom 26. September in Betreff des Verfahrens gegen wahn- oder blödsinnige minderjährige Personen wird Ihnen eröffnet, daß wenn Sie in der Verfügung vom 26. März d. J. benachrichtiget worden sind, daß die rheinischen Regierungen von dem königlichen Ministerio der geistlichen, Unterrichts- und Medicinalangelegenheiten angewiesen worden seien, daß vor Aufnahme gemüthskranker Personen in Irrenanstalten das Interdictionsverfahren eintreten solle, dieses auf einer irrigen Anzeige beruhet hat. Laut der jetzt erhaltenen Abschrift der Verfügung des königlichen Ministerii der geistlichen, Unterrichts- und Medicinalangelegenheiten vom 5. Januar 1826, welche hier ebenfalls abschriftlich beigefügt wird, ist diese nur dahin gegangen, daß von der Aufnahme dem betreffenden Gericht zur Veranlassung des gesetzlichen Verfahrens Anzeige gemacht werden soll.

Da nun nach Ihrer Ausführung ein Interdictionsverfahren nach der noch geltenden rheinischen Gesetzgebung weder bei minderjährigen, noch der väterlichen Gewalt unterworfenen Personen zulässig ist, so kann auch die Einleitung desselben bei Unterbringung solcher Personen in einer Irrenanstalt dort nicht begehrt werden.

Da übrigens in der Allerhöchsten Kabinets-Ordre vom 5. April 1804 bestimmt ausgesprochen ist, daß ein gerichtliches Verfahren die nothwendige Bedingung jeder definitiven Aufbewahrung in einer solchen Anstalt sei, so muß zur Erfüllung des Allerhöchsten Willens auch in jenen Fällen die Mitwirkung der Gerichtsbehörden eintreten, wozu die Art. 376 u. 377. des bürgerlichen Gesetzbuchs eine analoge Form darbieten, indem es zu der definitiven Aufbewahrung des Kindes und der Pflegbefohlenen einer Ordonnanz des betreffenden Landgerichts-Präsidenten bedarf, welche dieser nach Rücksprache mit dem Ober-Procurator und auf den Grund eines, die Aufnahme motivirenden Zeugnisses eines von letzterem zu bestimmenden Arztes zu erheilen hat.

Sie haben gemeinschaftlich mit dem die Stelle des ersten Präsidenten vertretenden Senatspräsidenten, Herrn Geheimen Justizrath Schwarz die Landgerichtspräsidenten und Ober-Procuratoren von dieser Bestimmung zur Nachricht und Befolgung in Kenntniß zu setzen, und ist des Herrn Staats-Ministers von Altenstein Excellenz um eine gleiche Mittheilung an die rheinischen Regierungen heute ersucht worden.

Berlin, den 13. December 1827. Der Justiz-Minister
An Graf v. Danckelmann.
den königlichen General-Procurator Herrn Ruppenthal
zu Cöln.

a.

In Folge einer mit dem königlichen Justiz-Ministerium gehaltenen Communication und im Einverständniß mit demselben ist beschlossen worden, daß von nun an nach dem Sinne der abschriftlich anliegenden Allerhöchsten Kabinets-Ordre vom 5. April 1804 von der Aufnahme aller und jeder gemüthskranker Personen in eine öffentliche oder Privat-Irrenanstalt, gleichviel ob solche Kranke unter ehelicher oder väterlicher Gewalt stehen oder nicht, dem betreffenden Gericht sofort Anzeige gemacht werden soll, um das erforderliche gesetzliche Verfahren veranlassen zu können.

Das königliche Justiz-Ministerium hat hiernach unterm 25. November v. J. sämmtliche königliche Gerichtsbehörden instruirt. Die königliche Regierung wird hiervon mit dem Auftrage in Kenntniß gesetzt, die nöthigen Anordnungen zu treffen, daß in allen vorkommenden Fällen demgemäß verfahren wird.

Berlin, den 5. Januar 1826.

Ministerium der geistlichen, Unterrichts- und Medicinalangelegenheiten.
An
sämmtliche königl. Regierungen v. Altenstein.
und Oberpräsidien.

829.

Behandlung der bei den rheinischen Gerichten vorkommenden Asservate.

Beigehend erhalten Sie die mit Ihrem Berichte vom 18. October c. eingereichte Instruction über die Behandlung der bei den rheinischen Landgerichten vorkommenden Asservate nebst Anlagen, so wie solche hier abgeändert worden, zurück, um zur Befolgung dieser Instruction die weitere Verfügung zu erlassen.

Es wird ferner genehmiget, daß bei dem Untersuchungsamte zu Bonn eine eiserne, in den Boden zu befestigende Kiste angeschafft werde, und ist der Betrag aus dem Fonds zu kleinen Ausgaben der Gerichte zu entnehmen, und die königliche Regierung deshalb zur Berichtigung der nothwendigen Kosten zu requiriren. Ebenso sind die nöthigen Einleitungen zu treffen, um das Deposital-Behältniß bei dem Landgerichte zu Cleve in brauchbaren Stand zu setzen. Ueberhaupt ist dahin zu sehen, daß wenngleich kostbare Einrichtungen zur Sicherung der Asservate zur Zeit noch zu vermeiden sind, doch zur Befestigung der Schränke und Kasten die nothwendigen Maaßregeln getroffen werden.

Berlin, den 24. December 1827. Der Justiz-Minister
Graf v. Danckelmann.

An
das königliche Appellationsgerichts-Präsidium
und die königliche General-Procuratur
zu Cöln.

a.

Instruction
über die Behandlung der bei den rheinischen Landgerichten vorkommenden Asservate.

§. 1. Das öffentliche Ministerium bei den Landgerichten und den nicht am Sitze der Landgerichte befindlichen Untersuchungsämtern führt über alle Sachen, welche auf Requisitionen auswärtiger Gerichtsbehörden oder als Ueberführungsstücke in Untersuchungssachen, oder auf jede andere Veranlassung zur gerichtlichen Verwahrung kommen, nach dem anliegenden Schema sub A. ein Controllbuch, und verordnet, sobald dergleichen Gegenstände eingehen, die Ablieferung derselben zur Gerichtsschreiberei. Die Schreiben und Anzeigen rc. über Asservate, welche nicht direct an das öffentliche Ministerium eingesandt werden, müssen daher jedesmal zunächst an letzteres abgegeben werden. Die Nummer, welche das Asservat in dem Controllbuch erhält, muß neben der Original-Anlage-Verfügung auf das Schreiben, Protocoll rc. notirt werden, mit welchem das Asservat eingeht, und erst, wenn dies geschehen, darf das Asservat von der Gerichtsschreiberei in Empfang genommen werden.

§. 2. Bei den Landgerichten hat in der Regel der Obergerichtsschreiber, bei den nicht am Sitze der Landgerichte befindlichen Untersuchungsämtern aber der dabei angestellte Gerichtsschreiber die Asservate zu verwalten, und darüber nach dem anliegenden Schema sub B. Buch zu führen. Dem Präsidenten des Landgerichts bleibt jedoch überlassen, statt des Obergerichtsschreibers nach Umständen auch einen der übrigen Gerichtsschreiber mit diesem Geschäfte zu beauftragen, oder auch die Einrichtung zu treffen, daß die Asservatenbehältnisse mit mehreren Schlössern versehen, und die Schlüssel außer dem Rechnungsführer noch einem zweiten Beamten anvertraut werden, ohne dessen Beisein der Erstere zu den Asservaten, insbesondere dem baaren Gelde und den geldgleichen Papieren nicht gelangen kann.

§. 3. Der Gerichtsschreiber trägt die ihm nach §. 1. zur Verwahrung übergebenen Gegenstände in das Asservatenbuch unter derselben Nummer, die sie im Controllbuche erhalten haben, ein, und bescheinigt gleichzeitig in der Controlle des öffentlichen Ministeriums und auf dem Exhibito unter der Original-Annahme-Verfügung den Empfang derselben. Jedem Asservate ist in dem Buche soviel Raum zu widmen, daß die in den sämmtlichen Colonnen erforderlichen Vermerke neben einander Platz haben; auch ist derselbe von dem der folgenden Nummer durch einen Strich in die Augen fallend abzusondern.

Bei Aufbewahrung der Deposita hat der Gerichtsschreiber alle Sorgfalt anzuwenden, daß solche nicht Schaden leiden, und versieht dieselben mit Zetteln, worauf die Rubrik der Sache, zu welcher das Depositum gehört, und die Nummer des Asservatenbuchs zu verzeichnen ist.

§. 4. Wenn die in Untersuchungssachen zur Asservation gekommenen Ueberführungsstücke bei der Verhandlung der Sache von dem Instructionsrichter oder in öffentlicher Sizzung gebraucht werden, so ertheilt der Inquirent respective der Vorsitzende auf einem besondern Blatte eine kurze Anweisung, die deponirten Gegenstände zu diesem Zwecke zu verabfolgen; derjenige Beamte, welcher solche in Empfang nimmt, bescheiniget die Extradition, ist jedoch verbunden, nach gemachtem Gebrauche für die sofortige Zurückgabe der Sachen an den Depositarius zu sorgen, und letzterer hat, wenn dies nicht geschieht, dem Präsidenten des Landgerichts zur geeigneten Remedur sofort davon Anzeige zu machen. In dem Asservatenbuche wird wegen solcher interimistischen Extradition nichts vermerkt, und dient bloß die quittirte Original-Verfügung zum einstweiligen Belag. Es darf daher der Depositarius dieselbe nie herausgeben, bevor er nicht das Asservat zurückerhalten hat, so wie der das letztere zurückbringende Beamte die Rücklieferung nur gegen Zurücknahme der quittirten Verfügung bewirken darf, und gehalten ist, selbige dem Inquirenten respective Präsidenten zur Vernichtung sofort zu überbringen.

§. 5. Die Verfügung zur definitiven Ausgabe eines Asservats gehet von dem öffentlichen Ministerium aus und muß schriftlich zu den Acten und die Nachtragung im Controllbuch daneben verzeichnet werden. Nur wenn letzteres geschehen, darf der Depositarius die Ausgabe bewirken. Er muß sich dabei nach dem Inhalt der Verfügung genau richten, und wenn sich ein anderer als der genannte Empfänger meldet, selbst wenn er Vollmacht vorzeigt, denselben an das öffentliche Ministerium verweisen, damit er dort bewirke, daß das Ausgabe-Mandat auf ihn gerichtet werde. Der Depositarius muß ferner für eine mit allen gesetzlichen Erfordernissen versehene vollständige Quittung sorgen, welche entweder in Original in die betreffende Colonne des Asservatenbuches verzeichnet, oder besonders ertheilt und als Belag aufbewahrt wird. Zugleich fertigt der Depositarius eine Registratur, aus welcher die Befolgung des Ausgabe-Mandats ganz vollständig zu entnehmen ist, zu den Acten an, welche dem öffentlichen Ministerio vorgelegt, und von diesem im Controllbuch nachgetragen, der Vermerk deshalb darauf gesetzt und wenn sich daraus ergiebt, daß dem Ausgabe-Mandat vollständig genügt ist, zu den Acten geschrieben wird.

§. 6. Damit eines Theils die Verwaltung der Asservate unter Aufsicht gehalten, anderntheils aber die Anhäufung derselben so viel als möglich vermieden wird, nimmt das öffentliche Ministerium, so oft es die Umstände erfordern, regelmäßig aber vierteljährig eine Revision des Asservatenbuchs vor, indem es dasselbe mit der Controlle sorgfältig vergleicht, die Ausgabebeläge untersucht, den Bestand gehörig feststellt und sich vorzeigen läßt und über das Resultat der Visitation ein vollständiges Protocoll aufnimmt. Ergiebt sich bei dieser Revision, daß Asservate vorhanden sind, deren längere Zurückhaltung unnöthig ist, so muß zur Wegschaffung derselben in den betreffenden Acten sofort Verfügung getroffen und in Fällen, wo der Eigenthümer nicht zu ermitteln oder die Aufforderung an denselben zur Rücknahme fruchtlos gewesen ist, nach Vorschrift des Gesetzes vom 11. Germinal Jahres IV. und den in dem Ministerial-Rescript vom 23. Juni 1823 enthaltenen Bestimmungen verfahren werden.

§. 7. Am Schlusse des Jahrs schließt der Depositarius das Asservatenbuch ab, heftet und numerirt die besonders vorhandenen Beläge nach der Reihefolge der Nummern des Buchs, zieht die Bestände heraus, und überträgt sie unter den alten Nummern in die Rechnung des folgenden Jahres. Sodann überreicht er das Asservatenbuch nebst dem Fascikel Beläge dem Landgerichts-Präsidenten, bei den Untersuchungs-Aemtern außerhalb des Landgerichtssitzes dem Instructionsrichter. Der Präsident respective Instructionsrichter revidirt sodann gemeinschaftlich mit dem Beamten des öffentlichen Ministerii die ganze Buchführung in einem anzuberaumenden Termine, in welchem insbesondere:

1) die Uebereinstimmung des Controllbuches mit dem Asservatenbuch und die vollständige Eintragung der Einnahmen und Ausgaben,
2) die Rechtsbeständigkeit der Quittungen,
3) die Richtigkeit des sich hiernach ergebenden Bestandes und die vollständige Uebertragung in das laufende Asservatenbuch

geprüft und festgestellt, und

4) jedes Asservat Stück für Stück vorgewiesen werden muß.

Ueber den ganzen Hergang wird ein vollständiges Protocoll aufgenommen, und zur Erledigung etwaniger Erinnerungen oder vorgefundener Unordnungen das Erforderliche verfügt. Auf den Grund dieses — Seitens der auswärtigen Untersuchungs-Aemter einzureichenden — Protocolls ertheilt der Landgerichts-Präsident gemeinschaftlich mit dem Ober-Procurator die Decharge.

Berlin, den 24. December 1827. Der Justiz-Minister
Graf v. Danckelmann.

A.
Controlle
der eingegangenen Asservate.

<table>
<tr><th rowspan="4">Fortlaufende Nummer.</th><th rowspan="4">Tag der Präsentation des Asservats</th><th rowspan="4">Namen des Einsenders oder Deponenten.</th><th rowspan="4">Rubrik der Sache, zu welcher das Depositum gehört.</th><th rowspan="4">Bezeichnung der deponirten Gegenstände.</th><th colspan="10">Betrag des Depositums, wenn solches</th><th rowspan="4">Empfangsbescheinigung des mit der Annahme zur gerichtlichen Asservation beauftragten Beamten.</th><th rowspan="4">Datum der Ausgabe-Verfügung.</th><th rowspan="4">Name des Empfängers.</th><th rowspan="4">Bezeichnung der zu verausgabenden Gegenstände.</th><th colspan="10">Betrag der Ausgabe, wenn solche</th><th rowspan="4">Datum der erfolgten Extradition.</th><th rowspan="4">Bemerkungen.</th></tr>
<tr><th colspan="5">in au porteur lautenden Papieren</th><th colspan="5">in baarem Gelde</th><th colspan="5">in au porteur lautenden Papieren</th><th colspan="5">in baarem Gelde</th></tr>
<tr><th colspan="2">Gold</th><th colspan="3">Courant</th><th colspan="2">Gold</th><th colspan="3">Courant</th><th colspan="2">Gold</th><th colspan="3">Courant</th><th colspan="2">Gold</th><th colspan="3">Courant</th></tr>
<tr><th>Rthl.</th><th>Sgr.</th><th>Rthl.</th><th>Sgr.</th><th>Pf.</th><th>Rthl.</th><th>Sgr.</th><th>Rthl.</th><th>Sgr.</th><th>Pf.</th><th>Rthl.</th><th>Sgr.</th><th>Rthl.</th><th>Sgr.</th><th>Pf.</th><th>Rthl.</th><th>Sgr.</th><th>Rthl.</th><th>Sgr.</th><th>Pf.</th></tr>
<tr><td></td><td></td><td></td><td></td><td></td><td></td><td></td><td></td><td></td><td></td><td></td><td></td><td></td><td></td><td></td><td></td><td></td><td></td><td></td><td></td><td></td><td></td><td></td><td></td><td></td><td></td><td></td><td></td><td></td><td></td><td>(hierher gehört besonders, wenn eine Ausgabe-Verfügung aufgehoben, oder in Hinsicht der Person des Empfängers eine Abänderung der Verfügung getroffen wird.)</td></tr>
</table>

B.

Asservaten-Buch
des
königlichen Landgerichts zu . . . . .

Fortlaufende Nummer.	Datum der Annahme-Verfügung.	Datum der erfolgten Deposition.	Namen des Einsenders oder Deponenten.	Rubrik der Sache, zu welcher das Depositum gehört.	Bezeichnung der deponirten Gegenstände.	Betrag des Depositums, wenn solches besteht.										Ort der Aufbewahrung.	Datum der Ausgabe-Verfügung.	Namen des Empfängers.	Bezeichnung der verausgabten Gegenstände.	Betrag der Ausgabe, wenn solche besteht.										Datum der erfolgten Extradition.	Quittung des Empfängers, oder Hinweisung auf die besondern Ausgabe-Beläge.
						in au porteur lautenden Papieren					in baarem Gelde									in au porteur lautenden Papieren					in baarem Gelde						
						Gold		Courant			Gold		Courant							Gold		Courant			Gold		Courant				
						Rthlr.	Sgr.	Rthlr.	Sgr.	Pf.	Rthlr.	Sgr.	Rthlr.	Sgr.	Pf.					Rthlr.	Sgr.	Rthlr.	Sgr.	Pf.	Rthlr.	Sgr.	Rthlr.	Sgr.	Pf.		

830.

Deposital-Verwaltung im ostrheinischen Theile des Regierungs-Bezirks Coblenz.

Bei der im ostrheinischen Theile des Regierungsbezirks Coblenz stattgefundenen Justiz-Visitation haben in Absicht auf die Deposital-Verwaltung die Gebrechen sich ergeben, daß mehrere Justizstellen, welchen diese Verwaltung obliegt,

1) mit keiner sichern Depositenkiste versehen sind,
2) keine ordentlichen Depositen-Manuale führen, und
3) in die hier und da angetroffenen Manuale bloß die hinterlegten baaren Gelder, nicht aber auch andere bei Gerichte einkommenden Gegenstände von Werthe eintragen und depositalmäßig behandeln, sondern die letztern ohne alle Nachweisung darüber in einzelnen Actenfascikeln zerstreut und meistentheils in offenen, leicht zugänglichen Fächern liegen lassen.

Vermöge des von des Herrn Justiz-Ministers Excellenz uns ertheilten Auftrages geben wir daher dem rc. (der rc.) hiermit auf:

1) für eine jede Justizstelle, welche mit der Depositen-Verwaltung befaßt ist, eine eiserne Kiste mit verschiedenen Schlössern anschaffen und die Schlüssel dazu von verschiedenen Beamten dergestalt aufbewahren zu lassen, daß keinem derselben allein der Zugang dazu offen steht.

Sollte es ohne besondere Schwierigkeit erreichbar sein, so muß die Depositenkiste an einem feuerfesten Ort gestellt werden.

2) Den Depositen-Verwaltern ist es zur unerläßlichen Pflicht zu machen, gehörig eingerichtete Depositen-Manuale nach einem von dem rc. (der rc.) vorzuschreibenden einförmigen Muster sofort anzulegen, und in dieselben nicht allein die neu einkommenden, sondern auch nach vorgängiger genauen Durchgehung der Registratur alle bereits eingekommenen ältern Depositen einzutragen, hiernächst diese einmal eingerichteten Manualien in Zukunft pünktlich fortzusetzen und sie mit dem Ende eines jeden Jahres abzuschließen.

Sodann sind

3) nicht bloß Baarschaften, sondern auch alle andern

bei Gerichte eingehende Documente und Sachen von höherem Werthe als: Testamente, Schuld- und Cautions-Documente, kostbare corpora delicti und dergl. depositalmäßig zu behandeln

Alle diese Stücke müssen mit besondern Umschlägen und Aufschriften versehen und in den betreffenden Acten davon Vermerk gemacht werden.

Endlich sind die sämmtlichen Deposital-Behörden an die Beobachtung der in Einverständniß mit des Herrn Justiz-Ministers Excellenz durch das Amtsblatt der königlichen Regierung zu Coblenz vom Jahre 1816 No. 91. bekannt gemachten hohen Ministerial-Verfügung wegen des Deposital-Verkehrs mit der Staatsbank, so wie auch an die Allerhöchste Kabinets-Ordre vom 3. Mai 1821, betreffend die Annahme von Staats-Schuldscheinen als depositalmäßige Sicherheit zu erinnern.

Dem ꝛc. (der ꝛc.) machen wir die durchgängige angemessene Ausführung der vorstehenden Verfügung, so wie auch die Instanderhaltung des Angeordneten zur besondern Pflicht.

Cöln, den 29. December 1827.

Königl. Appellationsgerichtshof, Abtheilung für ostrheinische Sachen.

Ruppenthal.

An
den königl. Justiz-Senat zu Coblenz und
die fürstlich Wiedsche Regierung zu Neuwied, Justizabtheilung.

831.

Vormundschaftswesen im ostrheinischen Theile des Regierungs-Bezirks Coblenz.

Bei der stattgehabten Justiz-Visitation ist das Vormundschafts- und Curatel-Wesen der meisten Behörden in einem sehr vernachlässigten, von den oberen Stellen beinahe gar nicht beaufsichteten Zustande angetroffen worden. Um daher diesen höchst wichtigen Zweig der richterlichen Thätigkeit neu zu beleben, besser zu ordnen und in Ordnung zu erhalten, wird aus höherem Befehle dem ꝛc. (der ꝛc.) aufgegeben:

1) Ungesäumt von den mit der besagten Justiz-Verwaltungs-Sache beschäftigten Gerichten ein genaues Verzeichniß aller zur Bevormundung oder Curatel aus irgend einem rechtlichen Grunde geeigneten Individuen unter Anführung ihres Alters und des Grundes der eintretenden Curatel einzuziehen und

dessen Richtigkeit von den betreffenden nächsten Behörden, welchen die Controlle der Voluntair-Jurisdictions-Sachen zukommt, mit unterschreiben zu lassen.

2) Dafür zu sorgen, daß überall, wo die Errichtung gesetzlicher Inventarien bisher unterlassen worden, dieselbe von den dazu bestellten Beamten innerhalb sechs Monate nachgeholet, künftig aber zur gesetzlichen Zeit bei jedem neu eintretenden Falle unaufschieblich bei Vermeidung der gesetzlich angedroheten oder willkührlich zu bestimmenden Strafe dazu geschritten werde.

3) Darauf zu sehen, daß zur Uebernahme der Vormundschaft oder Curatel unter den dazu Berufenen immer nur die Tauglichsten auserkohren, nie aber, wie hier und da mißbräuchlich geschehen ist, die Bestimmung derselben dem Loose überlassen werde.

4) Vormünder und Curatoren müssen bei ihrer Anstellung eidlich verpflichtet, darüber, daß dies geschehen, ein Protocoll geführt und mit einer Legitimations-Urkunde versehen werden.

5) Da, wo einzelne Statuten oder Verordnungen keinen gedruckten Unterricht ihrer Pflichten darbieten, liegt es dem zur Beeidigung verpflichteten Richter ob, selbige darüber nach den allgemeinen Gesetzen und dieser Anordnung zu verständigen und sie anzuweisen, die erste Rechnung längstens vier Wochen nach Ablaufe des ersten Jahres ihrer Verwaltung abzulegen. In der Folge können, je nachdem sich dabei der Vermögensstand herausstellt, bei geringen Vermögensbeträgen und hinreichend ansäßigen Rechnern zwei bis drei Jahre in Eine Rechnung zusammengezogen werden. In keinem Falle darf jedoch die Rechnungslage länger als drei Jahre von dem Gerichte ausgesetzt werden.

6) Wenn nicht etwa hier und da ein besseres Rechnungs-Formular eingeführt sein sollte, so ist dazu das ohnehin schon in mehreren Ortsbezirken übliche herzogl. nassauische Formular (Edicten-Sammlung Bd. I. S. 79.) mit dem Zusatze vorzuschreiben und mitzutheilen, daß bei der 9ten Ausgabenrubrik zugleich nachgewiesen werden müsse, daß auch für die Erziehung und Verpflegung der Mündel und Curanden gehörigen Fürsorge getroffen sei.

7) Bei Abhör der ersten Rechnung muß der nach §. 6. zu ermessende Termin der ferneren Rechnungslagen am Schlusse der Justification und des dabei abzuhaltenden Protocolles ausdrücklich eingeschaltet werden. Sollte derselbe nicht eingehalten worden sein, so tritt die vormundschaftsrichterliche Pflicht ein, den säumigen Rechner mit Nachdruck zur Stellung der Rechnung anzuhalten.

8) Jedem Rechner ist zu empfehlen, Einnahme und Ausgabe in ein dazu eigens bestimmtes Handbuch baldigst einzutragen und die Beläge sorgfältig zu bewahren. Der einzureichenden Reinschrift der Rechnung müssen die das Dasein der Activ-Capitalien beweisenden Urkunden, welche sich im Besitze der Rechner befinden, wenn es begehrt wird, gegen Bescheinigung der Uebergabe, urschriftlich jedesmal beigefügt werden.

9) Der nächsten vormundschaftlichen Behörde liegt sodann ob, die Rechnungen längstens in den erstfolgenden sechs Monaten nach dem Präsentatum ihrer Einreichung sowohl in Materie als im Calcul genau zu prüfen, sie zu notaminiren, in Gegenwart der Rechner abzuhören, nach dem gezogenen Resultate abzuschließen und die Befolgung der Bemerkungen, insoweit dies nicht schon bei der gelegten Rechnung geschehen konnte, bei der nächstfolgenden Rechnungsstellung vollständig nachweisen zu lassen.

10) Der Vormundschaftsrichter ist gehalten, für jede Rechnung und die darüber erwachsenden Verhandlungen einen eignen, besondern Actenband anzulegen und die dazu gehörigen Stücke einheften zu lassen. Etwaige bloße Erläuterungsacten dürfen nicht davon getrennt gehalten, sondern müssen beigebunden werden.

11) Nach geendeter Tutel oder Curatel muß die vormundschaftliche Stelle, so bald als die letzte Rechnung abgehört und dem der desfallsigen Aufsicht Befreieten das Vermögen sofort vollständig überliefert worden ist, den Rechner seines Amtes förmlich entbinden.

12) Schließlich versteht es sich von selbst, daß die obigen Vorschriften ebenfalls für die dem rc. (der rc.) unmittelbar unterworfenen Exemten, Mündel und Curanden ihre volle Anwendung finden müssen.

Ueber den allenthalbigen Vollzug dieser Verfügung erwarten wir Ende Jenners 1829 Bericht, welchem zugleich die Tabelle über die Bevormundung und Curatel der Exemten mit den nöthigen Erläuterungen beizufügen ist.

Cöln, den 29. December 1827.

Königl. Appellations-Gerichtshof für ostrheinische Sachen.

An Ruppenthal.

den königlichen Justiz-Senat zu Coblenz,
und
die fürstlich Wiedsche Regierung zu Neuwied,
Justiz-Abtheilung.

XIII.

1828.

Gesetze, Verordnungen, Rescripte.

832.

Qualification der Notarien.

Beigehend erhalten Sie Abschrift der Allerhöchsten Kabinets-Ordre vom 7. d. M., die Qualification der Notarien in den Rheinprovinzen betreffend, zur Nachricht.

Berlin, den 12. Januar 1828. Der Justiz-Minister

An Graf v. Danckelmann.

den königl. General-Procurator Herrn Ruppenthal
zu Cöln.

a.

Ihrem Antrage vom 4. d. M. gemäß authorisire Ich Sie hierdurch, diejenigen Referendarien, welche durch Ihre frühere Beschäftigung bei den rheinischen Justiz-Behörden die nöthige Kenntniß des dort noch geltenden Rechts erlangt, und demnächst die in der Allgemeinen Gerichts-Ordnung Th. III. Tit. 7. §. 12. und folgende, vorgeschriebene Prüfung bestanden haben, mit Dispensation von den Vorschriften der Notariats-Ordnung vom 25. April 1822 als Notarien in den Rheinprovinzen anzustellen.

Berlin, den 7. Januar 1828.

An Friedrich Wilhelm.

den Staats- und Justiz-Minister
Grafen v. Danckelmann.

833.

Hypothekenwesen im ostrheinischen Theile des Regierungs-Bezirks Coblenz.

Bei der jüngsten Justiz-Visitation hat die von dem königlichen Justiz-Senate früherhin einberichtete Nothwendigkeit, durch bessere Einrichtung der Hypothekenbücher für die Erhaltung des öffentlichen Credits zu sorgen, sich bestätigt, zugleich hat sich aber auch gefunden, daß seit Erlassung unseres desfallsigen Rescripts vom 28. Juni 1825 bei den einzelnen Voluntargerichtsstellen wenig oder nichts dafür geschehen ist.

Wenn nun gleich eine gründliche Heilung jenes so äußerst wichtigen, durch sein Alter und Nichtbeachtung der nothdürftig dafür vorhandenen Vorschriften äußerst gesunkenen Instituts nur durch eine neue, materielle Gesetzgebung erreicht werden kann, so muß doch davon in dem gegenwärtigen Zeitpunkte, wo man mit der Revision der Gesetze und der Einführung einer neuen allgemeinen Gesetzgebung beschäftigt ist, der erklärten hohen Absicht Seiner Excellenz des Herrn Justiz-Ministers gemäß, abstrahirt werden, dagegen aber mit neuem Eifer alles geschehen und in Ausübung gebracht werden, was sich deshalb in den einzelnen Statuten und darauf bezüglichen, später ergangenen und ergänzenden Verordnungen und Rescripten vorgeschrieben findet und sich mit dem Geiste der einzelnen Statutar-Gesetzgebungen verträgt.

Am vollständigsten zeiget sich in der Hinsicht die für das Amt Azbach bestehende Gesetzgebung, und dort wird dieser Geschäftszweig sich in Ordnung erhalten, wenn dem dortigen Amtsverwalter von neuem zur Pflicht gemacht wird, die allenthalbige Beobachtung der einschlagenden Gesetze genau zu controlliren, keine Confirmation zu ertheilen, wenn nicht, der Vorschrift vom 9. Februar 1774 gemäß, von dem Ortsvorstande oder Feldgeschwornen und der Landschreiberei die Hypothekenfreiheit des zu verpfändenden Stückes vorher bezeugt worden ist, von Zeit zu Zeit sich selbst in das Arbeitszimmer des Landschreibers zu begeben, um sich von der ordnungsmäßigen Geschäftsführung zu überzeugen oder einschleichende Mängel gehörig zu rügen und zur Remedur höheren Ortes anzuzeigen. Sollten dem königlichen Justiz-Senate nicht alle auf die dortige Voluntargerichts-Verwaltung zielenden Gesetze und Rescripte zur Hand stehen, so ist derselbe hierdurch angewiesen, sich dieselben zu verschaffen und auf deren Befolgung zu achten.

In den übrigen Aemtern muß die nöthige Nachhülfe einzeln nach Maaßgabe der Gesetzgebung geschehen, welche mehreren Amtsbezirken gemeinschaftlich ist, und wir beauftragen andurch den königlichen Justiz-Senat insbesondere, weil eine neue einförmige, nur auf dem Wege der Gesetzgebung zu bewirkende Einrichtung des Hypothekenwesens für den ganzen Bezirk des königlichen Justiz-Senats in dem dermaligen provisorischen Zustande nicht erreichbar ist, jene Nachhülfe dann doch hinsichtlich derjenigen Voluntargerichtssprengel eintreten zu lassen, welche eine gemeinschaftliche Gesetzgebung haben, und so wenigstens die ehehin Kurtrierschen, die Solmschen, Sayn-Altenkirchschen und die vorhin Cölnischen Aemter in Absicht auf die Hypothekenverfassung zu einer möglichst uniformen, der Statutargesetzgebung eines jeden Landestheiles angemessenen Einrichtung zurückzuführen.

Wir bemerken zu dem Zwecke:

1) daß da, wo nicht die dringendste Nothwendigkeit vorhanden ist, für einen vielleicht nur noch wenige Jahre dauernden provisorischen Zustand der dermaligen Gesetzgebung, von einer allgemeinen Hypothekenerneuerung gänzlich abgesehen, und statt derselben die vorhandenen und nach örtlicher Beschaffenheit vielleicht ferner ersinnlichen Mittel einstweiliger Nachhülfe angewendet werden müssen. Vor allen Dingen

2) muß an den Voluntargerichtsstellen, an welchen die Führung der Hypothekenbücher diesem Geschäfte nicht gewachsenen Individuen bisher anvertrauet war, sofern gegründete Klagen darüber vorgekommen sind oder der königliche Justiz-Senat von deren Unfähigkeit von Amtswegen sich überzeugt halten kann, für Substituirung fähigerer Beamten Sorge getragen werden.

3) Statt, daß hin und wieder die Hypotheken-Atteste von den mit Führung der zum Behufe der Steuer-Erhebung beauftragten Ortsschultheißen oder Bürgermeistern und bloß auf den Grund der dazu hinreichenden Eigenschaften ausgestellt werden, ist die ältere Einrichtung eigner Feldgeschwornen, Feldämter oder Taxatoren da, wo dieselbe gesetzlich vorhanden sein soll, und in Abgang gekommen ist, wieder einzuführen.

4) Da, wo neben den Amts-Hypothekenbüchern, Orts-Lager oder Hypothekenbücher amtsverfassungsmäßig bestehen sollten und derselben Fortführung außer Uebung gekommen ist, muß die Wiedereinführung derselben wenigstens von jetzt an mit möglichster Zurückführung auf die Zwischenzeit ihrer Unterlassung wieder hergestellt werden.

5) Diejenigen Angestellten, welchen amtsmäßig obliegt, die erforderlichen Zeugnisse über Hypothekenfreiheit auszustellen, dürfen sich dieser Obliegenheit auch

künftig nicht weiter entziehen. Es kann ihnen gleichwohl nicht verwehrt werden, den Verpfändungsnachsuchenden jedesmal aufzufordern, seine Eigenthums-Titel, sofern dieselben nicht aus andern Quellen amtlich bekannt sind, vorher vorzulegen.

6) In den meisten Statuten ist auf Unterlassung des Löschens getilgter Hypotheken-Schulden eine Strafe gesetzt. Die Anwendung dieser Strafe ist allen denjenigen, von welchen die geschehene Abtragung der durch Hypothek gesicherten Capitalien vermuthet werden kann, zuvörderst anzudrohen, nöthigenfalls anzuwenden, und in künftigeu Fällen von Amtswegen davon der verordnete Gebrauch zu machen; hauptsächlich

7) ist durchgängig anzuordnen, daß zur Eintragung der Hypotheken von dem dazu bestellten Beamten ordentlich eingebundene und paginirte Bücher in Folio gehalten, denselben der ganze Hypothekenvertrag von Worte zu Worte so, wie er dem Gläubiger behändiget worden, unter specieller Anführung aller einzelnen Pfandstücke, nach Ordnung der Zeitfolge, ohne Ueberschlagen einzelner weißen Blätter, eingetragen und dieselben mit ordentlichen Namensregistern versehen werden. Die dazu gehörigen Belege müssen in zusammengehefteten Separatacten unter Bezug auf die dem Hypothekenvertrage zu gebende Nummer in der Registratur aufbehalten und sorgfältig bewahrt werden.

Diese Bücher sammt ihren Belägen dürfen nicht in der Privatwohnung des Verfassers, sondern sie müssen im Amts-Local, sofern beide getrennt sind, niedergelegt sein.

8) In denjenigen Justizamtsberingen, in welchen der Beamte für die streitige Justiz die von den Beamten der nicht streitigen Justiz abzufassenden Hypotheken-Verträge amtlich zu confirmiren hat, ist jener schon von Amtswegen aufgefordert und verpflichtet, auf die etwa untergelaufenen thatsächlichen Mängel und die genaue Einhaltung der einschlägigen gesetzlichen Bestimmungen mit zu wachen.

Es wird jedoch auch für diejenigen Bezirke, in welchen die Voluntargerichts-Verwaltung bisher von der contentiösen Justizverwaltung ganz getrennt und unabhängig stand, hiermit verordnet, daß auch in diesen Bezirken die Beamten der letzteren die

Verwaltung der ersteren künftig ebenfalls controlliren, sich von Zeit zu Zeit in den Schreibstuben derselben von der einschlagenden Geschäftsführung persönlich überzeugen, alle da sowohl, als auch bei andern Vorkommenheiten wahrgenommenen Mängel und Unregelmäßigkeiten bemerken, auf deren Abstellung achten oder dieselben sofort der höheren Behörde zur Remedur anzeigen sollen. Die betreffenden Voluntargerichtsstellen sind von dieser den Beamten der streitigen Justiz beigelegten Beaufsichtigung eigens in Kenntniß zu setzen.

9) Die amtlichen Confirmationen dürfen ohne besondern rechtfertigenden Grund nicht verschoben werden.

10) Die amtlichen Behörden haben sowohl die Taxe der Vertragsausfertigung als auch der Confirmation, letztere an denjenigen Aemtern, wo sie besonders ertheilt zu werden pflegt, jedesmal am Rande beizusetzen.

Wir hegen zu sämmtlichen Beamten das Vertrauen, daß sie diesen Anordnungen und Allem, was zur Aufrechthaltung der einstweilen noch beibehaltenen Hypotheken-Gesetzgebung und überhaupt zur Wiederbelebung der gesunkenen Hypotheken-Verfassung gehört, von neuem den erforderlichen Fleiß und Achtsamkeit widmen, nicht blos auf die Bekanntmachung dieses sich beschränken, sondern auch sich selbst werkthätig finden lassen werden, damit nicht eine neue dem fehlbefundenen Beamten zur Last fallende Visitation nöthig und außerdem einer nach der jeweiligen besondern Gesetzgebung eintretenden Responsabilität statt gegeben werde.

Cöln, den 15. Januar 1828.

Königl. Appellations-Gerichtshof für ostrheinische Sachen.

An Ruppenthal.

den königl. Justiz-Senat
zu Coblenz.

Angenehm war es, durch die vorgenommene Justiz-Visitation die erste Kunde zu erhalten, daß die fürstlich Wiedsche Regierung sich angelegen sein lasse, den gesunkenen Zustand des Hypothekenwesens von dem gänzlichen Verfalle zu retten und dasselbe auf die einstweilen noch bestehende Gesetzgebung und die ursprünglich dabei zu Grunde liegende Absicht der Gesetzgeber zurückzuführen und darnach fester zu begründen. Wir dürfen daher auch erwarten, daß die fürstliche Regierung mit allem Eifer auf dem betretenen Wege vorangehen werde, und veranlassen dieselbe mit Ablauf des Jahres uns von dem Resultate ihrer Operation in Kenntniß zu setzen. Was wir diesfalls an den königlichen Justiz-Senat erlassen haben, davon schließen wir die Abschrift zum etwanigen Gebrauch anbei.

Cöln, den 15. Januar 1828.

An die fürstlich Wiedsche Regierung, Justiz-Abtheilung.

Königl. Appellations-Gerichtshof für ostrheinische Sachen.
Ruppenthal.

834.

Führung der Contractenbücher im ostrheinischen Theil des Regierungsbezirks Coblenz.

Der Zustand der Contractenbücher, durch welche die Ueberträge liegender Güter nach Vorschrift der bestehenden Landesordnungen verlautbart und unter gerichtlicher Leitung bethätigt werden sollen, ist bei der vorgewesenen Justiz-Visitation an den meisten Voluntar-Gerichtsstellen in einem nicht befriedigenden Zustande angetroffen worden.

Da nun auf die Vernachlässigung der hierunter bestehenden gesetzlichen Vorschriften fast überall bedeutende Strafen gesetzt worden sind, so wird vermöge der von Seiner Excellenz dem Herrn Justiz-Minister ergangenen Verfügung andurch bestimmt:

1) daß alle Verträge der erwähnten Art da, wo solches bisher etwa außer Acht gelassen worden, wenigstens wieder vom Anfange des nächstkünftigen Monats an, nach vorhergegangener, den Voluntar-Gerichtsstellen obliegenden Prüfung über das Dasein der wesentlichen Contractserfordernisse und der darnach einzurichtenden sachgemäßen Zurechtweisung der Vertrags-Schließenden, ihrem ganzen Inhalte nach, so wie die Ausfertigung geschiehet, von Worte zu Worte nach Ordnung der Zeitfolge in ein zu paginirendes gebundenes, mit einem Register zu versehendes Buch ohne Belassung unnöthiger unbeschriebenen Zwischenräume, innerhalb der erforderlichen Zeit, ordentlich aufgetragen, von dem bestellten Protocollführer und den Paciscenten oder deren Gewalthabern unterschrieben, dazu auch am Rande die Gebührentaxen jedesmal bemerkt werden sollen.

Die dazu gehörenden Beläge müssen unter Bezüge auf die Seite des Haupt-Contractenbuchs, worauf der Vertrag beschrieben worden, nach den einzelnen Jahrgängen ebenfalls sorgfältig aufbewahrt werden.

2) Da, wo die befragten Verträge einer anderweiten Confirmation unterliegen, muß darauf gesehen werden, daß diese sowohl zur Erhaltung der Verträge, als auch den davon erfallenden Gebühren nicht umgangen werde. Und damit

3) man sich von der allenthalbigen Befolgung der für diesen Geschäftszweig vorliegenden Vorschriften überzeugt halten kann, so wird andurch verordnet, daß von Zeit zu Zeit und wenigstens einmal in jedem Jahre da, wo contentiöse und freiwillige Justizverwaltung von eigenen Beamten separat verwaltet werden, durch den Beamten der ersteren, sonst aber von einem durch die nächste Oberbehörde zu bestellenden Beamten der Nachbarschaft eine nähere Einsicht und Prüfung angestellt, die etwa entdeckten Mängel bemerkt, und der vorgesetzten Stelle zur angemessenen Remedur angezeigt werden.

Die Kosten dieser Revision fallen jedesmal den fehlbefundenen Beamten zur Last.

Cöln, den 15. Januar 1828.

An den königl. Justizsenat zu Coblenz, und die fürstl. Wiedsche Regierung, Justiz-Abtheilung.

Königl. Appellations-Gerichtshof für ostrheinische Sachen.
Ruppenthal.

835.

Deputirung eines Mitgliedes des öffentlichen Ministerii bei Revision der Festungsbaugefangen-Anstalten.

Durch eine von dem Herrn Kriegsminister unterm 24. Mai 1826 erlassene Instruction über die Behandlung und Verpflegung der Festungs-Baugefangenen ist im Einverständniß mit dem Justizminister festgesetzt worden:

daß mindestens alle zwei Jahre eine Revision der Festungsbaugefangen-Anstalten durch eine Commission, bestehend aus einem höhern Stabsoffizier, einem Divisionsauditeur und einem Oberlandesgerichtsrath vorgenommen werden soll, um sich von der Befolgung der Instruction Ueberzeugung zu verschaffen.

Sie, Herr General-Procurator, erhalten hierbei ein

Exemplar der gedachten Instruction, um im vorkommenden Fall ein Mitglied des öffentlichen Ministerii zu der erwähnten Commission zu deputiren.

Berlin, den 18. Januar 1828. Der Justiz-Minister
An Graf v. Danckelmann.
den königl. General-Procurator Herrn Ruppenthal
zu Cöln.

836.

Bestimmung der Gerichtsbarkeit der Regierung zu Neuwied als standesherrliches Obergericht über Eximirte.

Dem königlichen rheinischen Appellations-Gerichtshofe wird in der Anlage eine Abschrift der Allerhöchsten Kabinets-Ordre vom 7. d. Mts.,

betreffend die der fürstlichen Regierung zu Wied in der Eigenschaft eines standesherrlichen Obergerichts zugestandene Gerichtsbarkeit über sämmtliche in der Standesherrschaft wohnende Eximirte, mit Ausnahme der standesherrlichen Beamten und der besonders privilegirten Personen,

zur Nachricht und Achtung zugefertigt.

Berlin, den 21. Januar 1828. Der Justiz-Minister
An Graf v. Danckelmann.
den königl. rheinischen Appellations-Gerichtshof
zu Cöln.

a.

Auf den Bericht des Staatsministeriums vom 30. November v. J. setze Ich hierdurch fest, daß der Regierung des Fürsten zu Wied, in der Eigenschaft eines standesherrlichen Obergerichts, die Gerichtsbarkeit über sämmtliche in der Standesherrschaft wohnende Eximirte, mit Ausnahme der landesherrlichen Beamten und der besonders privilegirten Personen, zustehen soll. Das Staatsministerium hat sowohl dem Fürsten zu Wied, als dem Oberpräsidenten der Provinz diese Modification der Instruction vom 30. Mai 1820 und des Recesses vom 29. Mai 1826 bekannt zu machen, auch Letztern anzuweisen, daß er die Aufnahme Meiner Ordre in das Amtsblatt veranlasse.

Berlin, den 7. Januar 1828.
An Friedrich Wilhelm.
das Staatsministerium.

837.

Verfahren bei Legitimationen.

In Bezug auf die Allerhöchste Kabinets-Ordre vom 6. November v. J. wegen der Legitimation in den Rheinprovinzen werden Ihnen beiliegend die von des Königs Majestät genehmigten Grundsätze, nach welchen bei Ertheilung der Legitimationen zu verfahren ist, zur Nachricht mitgetheilt.

Berlin, den 1. Februar 1828. Der Justiz-Minister Graf v. Danckelmann.

An den königlichen General-Procurator Herrn Ruppenthal zu Cöln.

a.

Was die materiellen Bedingungen betrifft, so ist der Standpunkt zur Beurtheilung des Umfanges der den zu Legitimirenden zu ertheilenden Rechte dahin gegeben;

1) daß sich dieselben mit der rheinischen Gesetzgebung vereinigen lassen,
2) daß den zu Legitimirenden innerhalb dieser Grenze doch nicht nothwendig alle Rechte, welche in gleichem Falle das Allgemeine Landrecht gewährt, zu ertheilen, sondern diese mit Rücksicht auf die Heiligkeit und den sittlichen Charakter der Ehe und der Familienverhältnisse auf das Bedürfniß und bei dem Mangel einer Ehe unter den Eltern auf deren Befugniß zu beschränken sein, den zu legitimirenden Kindern größere Vortheile mit Beziehung auf die Succession zuzuwenden, als das französische Recht es gestattet.

Von dem ersten Standpunkte aus, wird dabei die Grenze nur in bereits erworbenen Rechten dritter Personen zu finden sein; bloß im Gesetz denselben zugesicherte Successionsrechte auf eine noch nicht angefallene Erbschaft können aber dahin nicht gezählt werden, und daher auch einer durch einzelne Patente zu erweiternden Erb- und Erwerbsfähigkeit der unehelichen Kinder nicht im Wege stehen.

Den zweiten beschränkenden Gesichtspunkt hat man bereits bei dem Sr. Majestät am 31. Mai 1826 devotest überreichten Gesetzesentwurfe im Auge gehabt, und da nicht die leitenden Grundsätze, sondern nur das Aussprechen derselben in einem Gesetze reprobirt worden sind, so findet man keinen Anstand, auf dieselben im Allgemeinen zurück zu kommen.

Das Rechtsverhältniß der unehelichen Kinder nach beiden Legislationen ist bereits in dem Gutachten der Justizabtheilung des Staatsraths vom 19. October 1826 entwickelt. Mit Bezugnahme auf dasselbe ist nur noch des dort nicht berührten Rechtsverhältnisses der aus einem Ehebruche erzeugten Kinder zu erwähnen, da auch in Ansehung solcher ein Legitimationsgesuch dem Justizminister zur Verfügung vorliegt, und gleiche Fälle noch öfter vorkommen können.

Nach französischem Rechte dürfen dieselben von den Eltern gar nicht anerkannt werden (art. 335. Cod. civ.), sie haben gar keine Successionsrechte (art. 762. ibid.) und nur Alimente zu fordern (ibid.).

Das Verbot des Art. 908., den unehelichen Kindern mehr, als das Gesetz gestattet, zuzuwenden, steht auch ihnen entgegen, obgleich die Anwendung dieses Verbotes eben dadurch, daß ihre Anerkennung ungültig ist, und auf andere Weise der Beweis der Vaterschaft nicht geführt werden darf (Art. 340 a. a. O.), in Bezug auf Zuwendungen von Seiten des Vaters vereitelt wird. Nach dem Allgemeinen Landrecht stehen sie den übrigen unehelichen Kindern ganz gleich, können deshalb auch sogar durch nachfolgende Ehe, soweit diese überhaupt zugelassen wird, nach §. 596. Tit. 2. Thl. II. legitimirt werden, und selbst der aus §. 653 l. c. gegen sie herzuleitende Ausschluß des gesetzlichen Erbrechts auf den Nachlaß des Vaters ist nicht als eine besondere Beschränkung für die Adulterinen anzusehen, da sie unter den im folgenden §. 654. enthaltenen, allen unehelichen Kindern gemeinsamen Bedingungen dennoch zur Erbfolge gelangen.

Dies vorausgesetzt, wird es auf die Erörterung der einzelnen Fälle ankommen, in welchen die Legitimationen zu ertheilen sind.

Die in den bisherigen Verhandlungen zur Sprache gekommenen sind:

1) Legitimation von unehelichen Kindern, deren Eltern sich später geheirathet haben, ohne den Erfordernissen des Art. 331. des Cod. civ. durch deren Anerkennung vor oder bei Schließung der Ehe genügt zu haben.

Daß diese versäumte Förmlichkeit durch das Legitimationspatent ersetzt werden, und daß in diesem Falle den legitimirten in vollem Umfange die Rechte der ehelichen Kinder nach Art. 333. des bürgerlichen Gesetzbuchs ertheilt werden können, unterliegt nach den in den bisherigen Verhandlungen schon aufgestellten Grundsätzen keinem Bedenken, ohne daß eine Rechtsverletzung der etwa schon zur Zeit der Legitimation vorhandenen ehelichen Kinder deshalb angenommen werden könnte.

Nur die rückwirkende Kraft einer diesfälligen Legitimation auf den Zeitpunkt der Geburt der Legitimirten könnte als eine solche Rechtverletzung erscheinen, in so fern durch das Alter der ehelichen Kinder gewisse Rechte derselben bedingt würden; und da auch das Allgemeine Landrecht l. c. §. 598. bestimmt, daß die unehelichen Kinder erst von dem Tage der Trauung der Eltern ab die Rechte eines ehelichen erhalten sollen, hier aber das Legitimationspatent die Förmlichkeiten der Trauung ersetzt; so würden dem zu Legitimirenden die diesfälligen Rechte ausdrücklich erst vom Datum des Patents an zu ertheilen sein.

Was hierbei die Legitimation der aus einem früheren Ehebruche erzeugten Kinder anlangt, so würde von dem ersten Standpunkte aus die Sache angesehen, die Existenz ehelicher Kinder nach den oben ausgesprochenen Grundsätzen kein Hinderniß sein.

Auch das eigne Interesse des zu legitimirenden Kindes würde, wenn nur der Vater es während einer früheren Ehe erzeugte, kein Hinderniß sein; wohl aber, wenn dieses bei der Mutter der Fall ist, indem dem von einer Ehefrau während der Ehe gebornen Kinde schon gesetzlich (Cod. civ. art. 312.) (Allg. Landrecht l. c. §. 1.) deren Ehegatte als Vater zugewiesen, und dessen Civilstand deshalb bereits auf andere Weise festgestellt ist.

Es würden sich zwar Bedingungen auffinden lassen, um die Erhaltung der Rechte eines solchen Kindes mit der Erfüllung der Wünsche der wahren Eltern zu vereinigen; der zweite oben erwähnte Standpunkt, die Rücksicht auf die Heiligkeit der Ehe, scheint aber der Zulassung solcher Legitimationen überhaupt entgegen zu stehen; man ist daher der Meinung, daß den im Ehebruche erzeugten Kindern, deren Eltern sich nachher geheirathet haben, nie die Rechte, welche die eheliche Geburt giebt, zu ertheilen, und nur in, besondere Rücksicht verdienenden Fällen dabei die beschränktere Legitimation der nachfolgenden zweiten Gattung nachgelassen werden könne, wohin man besonders den Fall zählen würde, wenn die frühere Ehe des Ehebrechers nicht durch Scheidung, sondern durch den Tod aufgelöset worden wäre.

2) Legitimation unehelicher Kinder, deren Eltern sich nicht geheirathet haben, durch den Vater.

Daß der zu Legitimirende von dem Verbot der Zuwendungen durch Willensverordnungen (Art. 908. des Cod. civ.) dispensirt, daß ihm sogar die günstigeren Successions-Rechte in dem väterlichen Nachlaß gleich einem ehelichen, nach Maaßgabe des §. 603. 607. Th. II. Tit. 2. des Allg. Landrechts zugetheilt werden könnten, unterliegt, von dem ersten Standpunkte aus, keinem Bedenken. Es wird hierdurch zwar die künftige Intestat-Succession der übrigen Familienglieder des Legitimirenden verändert, allein kein wohlerworbenes Recht gekränkt.

Nur die Zutheilung der, §. 606. l. c. erwähnten Rechte der Halbgeschwister, in Bezug auf die ehelichen Kinder des legitimirenden Vaters würde sich nicht durchführen lassen, da die Halbgeschwister nach französischem Rechte mehr als nach preußischem in der Intestat-Succession begünstigt sind, indem sie dort mit Eltern und vollbürtigen Geschwistern theilen (Code civ. art. 733. 748. 749. 751.) und weitere Ascendenten ausschließen (ibid. art. 750. 752.), hier aber von jenen ausgeschlossen werden (Allg. Landrecht Th. II. Tit. 2. §. 490. 491. Tit. 3. §. 4.), und mit diesen theilen (ibid. Tit. 2. §. 493. 494.), und es so wenig die Absicht sein kann, ihnen bessere Successionsrechte zu gewähren, wie sie in den alten Provinzen erhalten, als durch Ertheilung der preußischen Erbfolgerechte die am Rhein bestehende Successionsordnung gänzlich zu alteriren.

Aus dem zweiten beschränkenderen Standpunkte aber scheint es überhaupt nicht angemessen, ihnen weitere gesetzliche Successionsrechte zuzutheilen, als die rheinische Gesetzgebung den anerkannten unehelichen Kindern ohnehin schon gewährt, und der Zweck des legitimirenden Vaters wird vollständig erreicht, wenn ihm nur gestattet wird, ohne Rücksicht auf das Verbot des Art. 908. des bürgerlichen Gesetzbuchs demselben Zuwendungen durch Willenserklärungen zu machen.

In dem Sr. Majestät überreichten Gesetzes-Entwurfe §. 2. war zwar die Höhe dieser Zuwendungen bei Concurrenz von ehelichen Descendenten auf den Betrag der Intestat-Portion eines ehelichen Kindes beschränkt worden; es scheint jedoch nach näherer Erwägung kein Grund vorhanden zu sein, die Dispositions-Befugniß des legitimirenden Vaters in den einzelnen Patenten zu Gunsten des zu legitimirenden Kindes weiter zu beschränken, als dieses zum Vortheil jenes Dritten bei der Erziehung ehelicher Kinder im Allgemeinen schon durch den Art. 913. des rheinischen Civilgesetzbuches geschehen ist, und wonach das Dispositions-Quantum bei dem Vorhandensein eines ehelichen Kindes die Hälfte, bei zweien ⅓ und bei mehr Kindern ¼ des ganzen Vermögens beträgt.

Zu den hier in Rede stehenden Fällen der Legitimation

per rescriptum principis würde auch der der Brautkinder zu rechnen sein, welchen das Allgemeine Landrecht um deshalb nicht kennt, weil nach §. 597. Tit. Th. II. schon deren gerichtliche Anerkennung von Seiten des Vaters die Legitimation bewirkt.

3) Legitimation unehelicher Kinder, deren Eltern sich nicht geheirathet haben, durch die Mutter.

Die Rechtsverhältnisse eines unehelichen Kindes zu dem Vater und zur Mutter sind nach dem rheinischen Recht (Cod. civ. art. 756. 757.), mit Ausnahme des gegen die letztern erleichterten Beweises der Kindschaft art. 341 ganz gleich, es findet sich deshalb in jener Gesetzgebung kein Anstand, auch hier die Legitimationen unehelicher Kinder mit den, bei dem vorigen Fall ausgesprochenen Wirkungen zu ertheilen; und da das Landrecht solche Legitimationen nur deshalb nicht kennt, weil das Gesetz selbst (§. 656. Tit. 2. Thl. II. Allg. Landrecht) schon ihnen die Rechte ehelicher Kinder auf den mütterlichen Nachlaß gewährt hat, es aber auch nicht die Absicht sein kann, diese Legitimationen vor denen der Väter zu begünstigen, so wird dieser Fall mit dem vorigen ganz gleich zu behandeln sein.

Durch die, nach vorstehenden, in dem zweiten und dritten Falle zu ertheilende Legitimation würden hiernach den Legitimirenden keinesweges die Rechte ehelicher Kinder, wie dies in den alten Provinzen geschieht, ertheilt werden, sondern die Wirkung derselben dürfte nur dahin auszudrücken sein, daß sie (was ihnen ohnehin schon nach dem rheinischen Rechte die Anerkennung gewährt) den Namen des Legitimirenden (ohne Standeserhöhung) zu führen berechtigt sein, und ihnen das Verbot des Art. 908. des bürgerlichen Gesetzbuches von Zuwendungen über den Betrag ihrer gesetzlichen Erb-Portion nicht entgegenstehe.

Durch die Ertheilung der im Vorstehenden entwickelten Begünstigungen an die Legitimirten, werden noch mehrere Vorschriften des bürgerlichen Gesetzbuches entkräftet.

Außer dem eben gedachten Art. 908. und den oben gedachten Art. 335. und 762. sind es namentlich

der Art. 337., wonach die während der Ehe erfolgte Anerkennung eines von einem der Ehegatten vor der Ehe mit einem andern erzeugten Kindes den Kindern aus der Ehe nicht nachtheilig sein kann; und

Art. 338., wonach ein anerkanntes Kind die Rechte eines legitimen nicht ansprechen darf.

Man findet es jedoch nicht geeignet, daß dieser und ähnlicher Gesetzesstellen in den Patenten namentlich erwähnt werde, indem hierdurch nur Zweifel über fortdauernde Gültigkeit andrer, damit in Zusammenhang stehender allgemeiner Befugnisse dritter Personen, z. B. der verschiedenen, durch die rheinischen Gesetze geregelten Intestat-Portionen aufgeregt werden könnten, die sich durch die bloße, bestimmte Aufstellung des Principes von selbst erledigen, und es auch anderer Seits bedenklich erscheint, manche dahin einschlagende Gesetze aufzuheben, z. B. den Art. 339.:

> „Jede Anerkennung von Seiten des Vaters oder der Mutter, desgleichen jeder Anspruch von Seiten des Kindes kann von allen denjenigen, welche dabei ein Interesse haben, angefochten werden;"

denn auch jetzt kann der Fall einer Erschleichung einer Legitimation im ersten hier in Rede stehenden Falle, nämlich für Personen, welche in der That nicht voreheliche Kinder der legitimirenden Eheleute sind, statt finden, deren Intestat-Erbrechte dereinst auf den Grund jenes Gesetzes von den Interessenten mit Recht angefochten werden dürften.

Noch erwähnt das Landrecht eine im französischen Rechte unbekannte Legitimation zum bessern Fortkommen (ad delendam maculam §. 663 bis 665. Tit. 2. Th. II., welche aber hier kein Gegenstand näherer Erörterung ist, da sie an sich in den Rheinprovinzen kein Bedürfniß, und wo sie vorkommt, bereits durch §. 3. No. 2. a. der Geschäfts-Instruction für die Regierungen, vom 23. October 1817 den letztern zugewiesen ist.

Zu den formell zu berücksichtigenden Erfordernissen der Legitimation würden nun noch die Prüfung der Gewißheit des Willens des Legitimirenden, und seiner Elternschaft gehören; eben so wird in materieller Beziehung nicht gerade jedes Legitimationsgesuch in den oben entwickelten Fällen zu bewilligen, sondern neben dem eigenen Interesse des zu Legitimirenden auch die Zulässigkeit des Gesuchs als einer Gnadensache mit Rücksicht auf die den Familienverhältnissen und der öffentlichen Meinung gebührende Achtung zu prüfen sein.

Man hat jedoch geglaubt, daß es einer näheren Entwickelung der leitenden Grundsätze hierbei gegenwärtig nicht bedürfe, und daß dem Justiz-Minister deren Aufstellung und Anwendung in jedem einzelnen Falle überlassen bleiben müsse.

Sofern das Legitimations-Gesuch von einem Adlichen ausgeht, und zugleich auf Verleihung der Rechte adlicher Geburt gerichtet ist, so wird es bei der bisherigen Verfassung bleiben, wonach dergleichen Gesuche durch das Haus-Ministerium unmittelbar an Se. Königl. Majestät zur Allerhöchsten Verfügung gelangen.

838.

Der Mandatsproceß im ostrheinischen Theile des Regierungs-Bezirks Coblenz.

Die durch die vorgenommene Justiz-Visitation zur höheren Kenntniß des Herrn Justiz-Ministers Excellenz gekommene, beinahe bei einer jeden der ostrheinischen Justizstellen verschiedene Behandlung des Mandats-Processes hat zur Erreichung einer dem deutschen Processe angemessenen Uebereinstimmung und größeren Zweckmäßigkeit die nachstehenden Bestimmungen zur Folge gehabt, welche dem königlichen Justiz-Senate (der fürstlich Wiedschen Regierung, als standesherrlichem Obergerichte) theils zur eigenen Nachachtung, theils zur Bekanntmachung an die ihm (ihr) untergebenen Justiz-Aemter und das Stadtgericht zu Wetzlar andurch zugehen.

Was

I. den unbedingten Mandats-Proceß, oder den Befehl ohne Klausel betrifft, so darf, weil kein rechtliches Verhör des Impetraten vorher geht, und dessen Anwendbarkeit voraussetzt 1) daß der Richter sicher sei, durch unwahre oder verdrehete Vorstellungen nicht hintergangen worden zu sein, und 2) der Forderung keine denkbaren rechtlichen Einreden entgegen stehen möchten, davon nur selten, und, bei vorliegender Bescheinigung beider Erfordernisse, nie dann Gebrauch gemacht werden, wenn eine streitige Rechtsfrage sich zur Entscheidung darbietet. Eben so wird füglicher ganz davon abstrahirt, wenn durch ein Provisorium der Zweck gleich gut erreichbar ist.

In jedem unbedingten Befehle muß künftig dem Impetraten ein bestimmter peremtorischer Termin zur Erscheinung vor Gerichte mit der Auflage anberaumt werden, in demselben entweder die geschehene Befolgung des Befehles zu bescheinigen oder rechtliche Gründe, aus welchen derselbe nicht zu vollstrecken sei, vorzubringen und dieselben gleichzeitig zu bescheinigen.

§. 2. Bleibt der Impetrat in dem vorbezielten Termine aus, so wird derselbe in der Regel ohne Fristgestattung auf Anrufen des Impetranten seiner möglichen Einreden für verlustig erklärt und die Befolgung des Befehls bei Vermeidung der Hülfe auferlegt, sodann aber zur wirklichen Vollstreckung geschritten.

§. 3. Erscheint der Impetrat in dem vorbezielten Termin und bescheinigt, dem Befehle durchaus Folge geleistet zu haben, so hat es dabei sein Bewenden. Behauptet Impetrant, die Befolgung sei unvollständig, so muß nach wechselseitig in eben diesem Termine vorzunehmenden kurzem Verhöre der Richter sofort entscheiden: ob die Befolgung hinreichend, oder daß und in wiefern eine bessere aufzulegen sei und diese Auflage sogleich ergehen lassen.

§. 4. Gedenkt dagegen Impetrat im Erscheinungstermine sich durch Einreden zu schützen, so muß er dieselben alle auf einmal vorbringen und dieselben in einemhin bescheinigen.

Entkräften diese Einreden den Befehl oder der Richter sieht, daß er nicht competent sei, so erfolgt Aufhebung.

Sind die vorgebrachten Einreden offenbar ungegründet, so ergeht mit Verwerfung derselben ein geschärfter Befehl.

Sollte indeß in Erlassung des Befehls der Richter sich geirrt oder übereilt haben, oder ihm sonst die Rechtlichkeit der erlassenen unbedingten Verfügung zweifelhaft erscheinen, so muß nun die Sache in den ihrer Natur angemessenen Proceßgang übergeleitet und nach gepflogenem Wechsel verfahren, wo möglich sogleich, jedenfalls aber in abgekürzter Frist ein den Befehl bestätigender oder denselben ganz oder theilweise abändernder Endbescheid ertheilt werden.

Sollte der Endbescheid von einer streitigen, durch das richterliche Frage- und Aufklärungsrecht nicht zu constatirenden Thatsache abhängen, so erfolgt ein Interlocut und weiteres nach den bekannten Proceßregeln eingerichtetes Verfahren.

§. 5. Die Widerklage hat nur dann statt, wenn dieselbe zu eben dieser Proceßart geeignet ist.

Werden mehrere Posten verschiedener Natur eingeklagt, so kann nach Umständen ein gemischter Mandatsproceß eintreten.

Diejenigen ältern unbedingten Befehle, welche etwa ertheilt worden sind, ohne daß der Impetrat zu einem bestimmten Termin peremtorisch vorgeladen und darauf wie Einganges dieses vorgeschrieben, weiter vorangegangen worden ist, können als rechtskräftige Erkenntnisse nicht betrachtet werden; sie unterliegen vielmehr, wenn sie von Wirkung sein sollen, überall der nach der gegenwärtigen Vorschrift einzurichtenden Erneuerung.

II. Den bedingten Mandats-Proceß betreffend.

§. 6. Die Erkennung bedingter Mandate, entweder zu folgen oder Verweigerungsgründe vorzubringen, unterliegt zwar weniger Bedenklichkeit und hängt beinahe ganz von dem richterlichen Ermessen ab.

Damit indessen kein Mißbrauch davon gemacht werde, so ist die Anwendung derselben künftig nur auf persönliche, zu dem unbestimmt summarischen Processe gehörige Forderungen einer geringeren Summe (von etwa funfzig Thaler), welche unter Angabe des Klagegrundes genau specificirt sein müssen und zufolge des eigenen Vortrages des Impetranten keine Bedenklichkeit erregen, zu beschränken, bei dinglichen Klagen aber nicht leicht Gebrauch davon zu machen.

Auch hier muß eben so wie bei den unbedingten Mandaten immer ein bestimmter peremtorischer Termin zur Vorbringung und sofortigen Bescheinigung der etwaigen Einreden angesetzt werden.

§. 7. Mit der Befolgung des Mandats ist die Sache abgethan.

Ist dagegen der Impetrat in beider Rücksicht ungehorsam, oder der Richter findet die vorgebrachten Einreden ungegründet, so erfolgt auf des Impetranten weitern Antrag, zu welchem derselbe in der Regel sofort zu veranlassen ist, im nämlichen Termine ein unbedingtes Mandat, sodann die Androhung, endlich aber die Vollstreckung der Hülfe.

§. 8. Sollte hingegen Impetrat nicht ganz unerhebliche, obwohl zur Zeit noch illiquide Einreden vorbringen, oder den Grund der Klage ganz ableugnen, so geht der Mandats-Proceß unter Anberaumung abgekürzter Fristen in diejenige Verfahrungsart über, welche der Natur der Sache nach als die regelmäßige betrachtet werden muß.

§. 9. Bis zur Erledigung der Sache müssen, sowohl im unbedingten als auch im bedingten Mandats-Processe, zu jedem Termine die beiden Partheien vorgeladen werden. Dies darf inzwischen nicht durch eine, besonders ausgefertigte schriftliche Ladung geschehen, sondern diese ist dem ergehenden Befehl in einemhin einzuverleiben.

Cöln, den 19. Februar 1828.

Königl. Appellations-Gerichtshof für ostrheinische Sachen.

An Ruppenthal.

den königlichen Justiz-Senat zu Coblenz und
die fürstliche Regierung zu Neuwied, Justiz-Abtheilung.

839.

Behandlung der summarischen Processe im ostrheinischen Theile des Regierungsbezirks Coblenz.

Des Herrn Justiz-Ministers Excellenz hatten zwar schon

durch die Verfügung vom 4. Nov. 1825 in den im ostrheinischen Theile des Regierungs-Bezirkes Coblenz geltenden Rechtsgang mehr Einfachheit, Leben und Festigkeit zu bringen gesucht: das Ergebniß der jüngsten Justiz-Visitation hat jedoch der hohen Absicht nicht genüget, vielmehr sind dabei mehrere Einzelheiten aufgefaßt und zur Sprache gebracht worden, welche, da sie weder in Gesetzen, noch in der dermaligen Ausbildung des gemeinen Deutschen Prozesses eine zureichende Rechtfertigung finden, sondern nur auf einer individuellen, willkührlichen mannigfaltigen Praktik beruhen und den richtigern Grundsätzen einer schleunigen und guten Justizpflege widersprechen, ohne noch zur Zeit mit neuen Gesetzen einzuschreiten, zu anerkannt bessern, einförmigern, dem dermaligen höhern Standpunkte einer reinen Prozeß-Theorie angemessenern Normen zurückgeführt werden können und sollen.

Das gegenwärtige unter höherer Genehmigung ergehende Regulativ beschränkt sich jedoch bloß auf einige der auffallendsten bei der Justiz-Visitation sich ergebenen, hier mehr, dort weniger wahrgenommenen, von der Justiz-Visitations-Commission hier und da auch schon örtlich gerügten Mängel, und darf daher nur aus diesem Gesichtspunkte als eine Ergänzung der vorerwähnten hohen Ministerial-Verfügung betrachtet werden.

§. 1. Bei den obern Collegial-Gerichten, welche Appellations-Instanzen bilden, und die obere Aufsicht über Untergerichte führen, bleibt der ordentliche reinschriftliche Prozeß — für die Stadtgerichte und Justiz-Aemter hingegen der unbestimmt allgemein summarische, mündlich-protokollarische Prozoß einstweilen die Regel.

Eine Ausnahme für **jene** bilden die summarisch besonders ausgezeichneten Prozeßarten oder der bestimmt summarische Prozeß, nämlich der Executiv-, Mandats-, Arrest-, Interdikten-, Provokations-, Besitz- und Concurs-Prozeß rc., und die nach Einsicht der Klage ganz einfach erscheinenden Sachen, wie auch das Verfahren über bloße Incidentpunkte, wenn sie außer Verbindung mit einer noch anhängigen Sache als selbstständige Streitigkeiten vorkommen, welche Sachen sämmtlich vor einem auszusetzenden Richter-Commissar unter Zuziehung des Gerichtsschreibers, nie aber vor dem Letzten allein, in dem mündlich protokollarischen Verfahren und in kurzen Terminen zu verhandeln sind. Für **diese** hingegen sind diejenigen Sachen ausgenommen, welche entweder wegen besonderer Dunkelheit faktischer Verhältnisse, wegen verwickelter Berechnungen, wegen zu großer Entfernung der Prozessirenden von dem Gerichtssitze, oder wegen hohen Standes einer Partei zur Verhandlung durch Schriften nach reiflichem richterlichem Ermessen sich vorzüglich eignen.

Durch diese Verallgemeinerung des summarischen Verfahrens, dessen Nichtbeachtung schon früher in mehreren Landestheilen durch namentliche hiermit wiederholte Strafen verpönt worden ist, m. s. Kurfürstl. Trier. Verordnung d. d. Ehrenbreitstein vom 4. Dezember 1749, Kurkölnische Verordnung d. d. Bonn den 27. April 1781, sollen und können gleichwohl diejenigen besondern Regeln, welche für die als summarisch besonders ausgezeichneten Prozeßarten bestehen, weder aufgehoben, noch geändert werden.

§. 2. Bei einer jeden Prozeßart liegt dem Richter die Pflicht ob, das vortragende Subjekt auf die Dunkelheit, Verworrenheit und Lücken seines Vortrages aufmerksam zu machen und durch sachgemäße Fragen die Klarheit zu Tage zu fördern; bei dem mündlichen Protokollar-Prozesse insbesondere auch noch die, den weitschweifigen Vortrag der Parteien in die Kürze zu ziehen und nur dessen wesentliche und erhebliche Bestandtheile in logischer, chronologischer Ordnung zusammen zu stellen.

Dies kann aber nicht geschehen, wenn, wie hiermit ausdrücklich untersagt wird, der Protokollant sich von der Partei oder deren Sachwalter den Vortrag in die Feder diktiren läßt.

Ueberhaupt würde ein Richter seinen Standpunkt verkennen, wenn er durch eine mißverstandene Idee der Verhandlungsmaxime Nichts zum Fortgange des Prozesses thun zu dürfen meinen sollte, als wozu die Partei durch bestimmte schulrechte Anträge ihn vorher aufgefordert hat.

Ein mit der bürgerlichen Freiheit engverschlungenes Hauptprinzip des Deutschen Civilprozesses besteht zwar darin, daß „das Unternehmen und die Entwickelung eines bürgerlichen Rechtsstreites aus dem Gebiete der Privatthätigkeit „des Staatsbürgers nicht heraustritt, sondern ein Theil seines Dispositionsrechtes in jenem Kreise bleibt."

Dieses Prinzip und der Geist des Deutschen Civilprozesses schließen jedoch des Richters Leitungsrecht, Frage- und andere Aufklärungs-Befugniß in Hinsicht auf die von den Parteien vorgebrachten Thatsachen keineswegs aus, und in so fern ist auch in dem Deutschen bürgerlichen Prozesse ein richteramtliches Untersuchungsrecht gegeben und lebendig.

Dieses äußert sich zwar nur in der reinen Reflexion des Richters über das ihm Gegebene; allein jene Reflexion soll und muß sich doch nicht bloß damit beschäftigen, „was zu entscheiden sey?“ sondern auch damit: „ob das Gegebene als Grundlage der künftigen Entscheidung tauglich seyn werde?“ Diese vernünftige Thätigkeit darf nie ruhen, sie muß sobald thätig werden, als ihm irgend ein Theil der Verhandlungen von der einen oder der andern Partei gegeben ist. Solches erfordert die Direktionspflicht des Richters und in so fern muß er immer ex officio handeln.

§. 3. Von jenem Fragerechte kann nur bei dem persönlichen Erscheinen der Parteien der volle angemessene Gebrauch gemacht werden. Daraus ergiebt sich die fernere Obliegenheit des Richters, gleich im Anbeginne der Rechtsstreite soviel als thunlich, jedoch ohne positiven Zwang, dahin zu wirken, damit die Parteien zur Betreibung ihrer Prozesse in Person vor Gericht erscheinen; obgleich das Erscheinen durch gehörig bevollmächtigte Sachwalter in der Regel unverboten ist.

Nie aber darf einer Partei, wenn es sich nicht etwa von Erwirkung einer Ladung, eines Mandats oder von einer Contumazialanklage handelt, zugelassen werden, ihren prozessualischen Satz einzeln, ohne gleichzeitige Gegenwart der anderen Partei zu Protokoll zu geben, indem eine solche durchaus prozeßwidrige Verfahrungsart in jeder Hinsicht nichtig und eine der Hauptabsichten des summarischen Verfahrens vereiteln würde.

Sollte jedoch eine der Parteien zur gehörigen Zeit sich vor Gericht einfinden, in der erklärten Absicht, ihren anhängigen Prozeß zu betreiben, und die andere Partei, obgleich gehörig berufen, ausbleiben, so darf der Richter die erste nie unverrichteter Sache fortschicken, sondern er muß über ihr Erscheinen jedes Mal ein Protokoll mit der dem Voranschreiten des Prozesses entsprechenden Erklärung und dem dazu gehörigen Antrage aufnehmen und darauf angemessenen Bescheid sofort ertheilen.

§. 4. Bei summarischer Behandlung der Sachen muß die Einrichtung getroffen werden, daß, ohne der Rechtsvertheidigung der Parteien Abbruch zu thun, oder einem tumultuarischen Verfahren Statt zu geben, so viel als es der Zeitablauf gestattet, jede Sache an dem nämlichen Tage, an welchem die Klage zu Protokoll genommen worden ist, auch zu einem definitiven Ende gebracht werde.

In dieser Hinsicht ist es durchaus tadelnswürdig, wenn der Richter, falls der Verklagte geläugnet hat, alsbald das Beweiserkenntniß erläßt und die Parteien fortschickt, um an einem zweiten Termin den Beweis anzutreten, in diesem

Termine in der Sache wieder nichts thut, als das Beweisantreten zu Protokoll zu nehmen, in einem dritten den Beweisführer etwa auf eignes Anrufen die Behufs des Beweises nöthigen Vorladungen ertheilt, in einem vierten zur Verhandlung über die Zulässigkeit der Beweismittel schreitet, in einem fünften die Zeugen abhört, in einem sechsten die Zeugenaussagen verkündet, in einem siebenten darüber handeln läßt, und dann endlich vielleicht erst nach manchen Terminsverlegungen, Contumazial-Anklagen, eben so mühsam erwirkten Entscheidungen über Zwischenpunkte, sich zur Abfassung des Endbescheides entschließt, ohne auch hier noch den Tag dessen Verkündung vorher zu bestimmen oder einzuhalten. Vielmehr muß überall da, wo die Parteien für weiteres Verfahren instruirt und bereit sind, damit, auch so weit als es geschehen kann, vorgefahren werden.

Richter und Actuar müssen selbstthätig und für die Sache lebendig seyn, und beide müssen es verstehen, die Parteien mit einem lebendigen Blicke so zu leiten, daß, ohne faktische Angriffs- und Vertheidigungspunkte zu suggeriren, der volle Sinn der streitenden Theile erforscht wird.

Das Prozeßverfahren, sey es vor, während oder nach dem Beweise, in mehrere Termine ohne Noth zu zersplittern, widerstrebt dem summarischen Verfahren durchaus.

Es muß Grundsatz werden, daß es Beruf des Richters, zur Ehre der Justiz gereichend, und den streitenden Parteien nützlicher ist, an einem Tage nur wenige Sachen hinter einander ohne Unterbrechen durch mehrere Termine zu Ende zu bringen, als viele anzufangen und die Parteien zu ihrem und des Staates Unheil oft unzählige, bei gehöriger Thätigkeit des Richters, ganz überflüssige Gänge nach den Amtssitzen thun, Geld vergeuden und auf die Entscheidung warten zu lassen.

Um zu ersterm Endzwecke förderlich zn seyn und mehr Zeit zu gewinnen, müssen künftig an allen Amtssitzen, an welchen bisher eine andere Anordnung bestanden haben sollte, die Ferienzeit abgerechnet, wöchentlich wenigstens drei ganze Tage, und selbst auch während der Ferien für eilende Sachen bestimmte einzelne Tage, der Protokollar-Verhandlung der Parteien offen stehen.

An einigen kleinen Aemtern, wo mittelst ausdrücklicher Genehmigung bisher weniger Amtstage bestimmt waren, behält es dabei auch einstweilen sein ferneres Bewenden.

Damit nicht mehrere Parteien, als gehörig abgefertiget werden können, vorgeladen werden, darf ein Termin-Kalender, in welchem der Richter die Parteien verzeichnen muß, zur Erlangung der Uebersicht in keiner Gerichtsstube fehlen.

§. 5. Das Zulassen der Advokaten bei den Untergerichten muß vorsichtig beschränkt, und ihnen, wo sie zugelassen werden, eine gedrängte Kürze zur Pflicht gemacht werden.

Diejenigen Advokaten, welche sich, ohne der Sache etwas zu vergeben, darin auszeichnen, die Mittel zur Verkürzung befördern, und den Aufwand zu Rechtsverfolgung nach Möglichkeit mindern, sind bei Bestellung für einträgliche Prozesse von Amtswegen vorzüglich zu berücksichtigen; diejenigen aber, welche unbezweifelt auf Verschleppung und Weitschweifigkeit hinarbeiten, da, wo es die Spezial-Gesetze zulassen, durch Minderung des Deservits abzuschrecken.

Künftig hat in den vom Munde in die Feder zu verhandelnden Sachen bei den Justizämtern jede Partei, so fern nicht Partikulargesetze eine ausdrückliche entgegengesetzte Bestimmung enthalten, ihren Anwalt aus eignen Mitteln zu bezahlen, ohne dem Gegner deshalb Aufrechnung machen zu dürfen. Winkel-Advokaten dürfen gar Nichts liquidiren.

§. 6. Zur Verhandlung einer jeden zum summarischen Prozesse geeigneten Sache soll künftig ein bestimmter Gerichtstag angesetzt werden.

Damit alsdann der Verklagte gehörig vorbereitet erscheinen kann, so müssen die Vorladungen außer der genauen Bezeichnung des Vorzuladenden, des Klage-Gegenstandes und des Klagegrundes so speziel bestimmend gefaßt werden, daß besonders auch für den Ausbleibungsfall des Verklagten, seine Kenntniß der gemachten Forderung nach ihrem ganzen Umfange unterstellt, die Verurtheilung als eine rechtliche und znsammenhängende Folge aus der vorliegenden Unterlassung abgeleitet werden kann.

Sollte die Forderung aus mehreren Posten und mehreren besondern Klaggründen bestehen, so muß sie spezifizirt und jedem Posten der besondere Klaggrund beigefügt werden.

In Folge einer Ladung kann nie etwas Nachtheiliges wider den Geladenen erkannt werden, wenn die dem Geladenen geschehene Insinuation nicht dem Richter vorliegt.

Der Gerichtsschreiber muß die Insinuationsnoten sorgfältig zu den Acten legen und die Voracten bei jeder Verhandlung einer Sache schon in Bereitschaft haben.

§. 7. An denjenigen Justizämtern, an welchen bisher kein Präjudiz ausgesprochen worden ist, ohne daß vorher zwei oder drei Termine präfigirt und fruchtlos verlaufen waren, sollen diese mehrere Termine, wie der allgemeine Deutsche Prozeß dies zuläßt, künftig in Einen Termin zusammengezogen und dieser Eine nach Wichtigkeit der Sache oder der etwaigen Entfernung der Parteien, etwas weiter als sonst geschehen, hinausgesetzt werden.

Hieraus folgt, daß dieser Eine Termin präjudiz el seyn muß.

Das Präjudiz ist nach Lage der Sache, den Gesetzen gemäß so zu greifen, wie es dem Nachtheile des Ungehorsamen entspricht, und jedes Mal vorher speziel anzudrohen.

Gegen säumige Vertreter fremder Rechte können auch die in andern Ungehorsamsfällen sonst unzulässigen Geldstrafen eintreten.

§. 8. Bei Anbringung der Klage kann der Kläger sich im Wesentlichen auf den Inhalt der Ladung beziehen; dies dispensirt jedoch den Richter nicht, die Klage mit allen erläuternden nähern Umständen in dem zur Verhandlung angesetzten Termin von neuem zu Protokoll zu nehmen.

Die Einlassung auf die Klage muß eine specielle Erklärung auf alle Punkte enthalten, und immer so eingerichtet seyn, daß kein Zweifel übrig bleibt, was der Verklagte gestanden oder geläugnet hat.

Bei den Einreden muß der Grundsatz der Eventualmaxime, wornach alle Einreden auf einmal vorgebracht werden sollen, eben so im summarischen Prozesse befolgt werden, wie dies für den ordentlichen Prozeß Vorschrift ist.

Replik und Duplik sind, wenn die Sache dem Richter hinlänglich aufgeklärt vorliegt, nicht unbedingt nothwendig. Ohne besondere Ursachen darf dazu kein besonderer Termin gestattet werden.

§. 9. Ein neues System des Contumazial-Verfahrens aufzustellen, liegt außer dem Kreise dieses Regulativs.

In denjenigen Landestheilen, worin bestimmte Gesetze sich über die Contumazial-Folgen wegen Unterlassung der Klage-Beantwortung unzweideutig aussprechen: Ob alsdann der Streit für verneint oder bejahet angenommen, oder aber theilweise der ungehorsame Verklagte zwar der Klage geständig erklärt, und mit allen Einreden ausgeschlossen, oder erst noch zur Vorbringung der Einreden ein anderer Termin unter Strafe des gänzlichen Ausschlusses nachgelassen werden solle? mag dem richterlichen Spielraume ferner überlassen bleiben, die angemessene Contumazialstrafe zu wählen.

Dagegen verdient hinsichtlich derjenigen Landestheile, worin eine desfallsige unzweideutige gesetzliche Vorschrift nicht vorhanden ist, der Grundsatz, welcher sowohl mit der Eventualmaxime, als auch mit dem Prinzip des Verzichtes auf Privatrechte und vor allem mit dem Geiste und Zwecke des summarischen Verfahrens übereinkommt, den Vorzug, wornach bei dem bescheinigt vorliegenden Ungehorsame des Verklagten mit der ersten Antwort nicht allein das thatsächliche Vorbringen der Klage als eingestanden angenommen, sondern er auch mit den Einreden auf die Klage ausgeschlossen wird. Denn die wesentlichen Bestandtheile der Klage-Beantwortung sind Einlassung auf die Klage und Einreden.

Der nicht antwortende Verklagte ist auf beide Auflagen ungehorsam: sein Ungehorsam ist daher auch in beiderlei Beziehung straffällig, und kein rechtfertigender Grund scheint vorhanden zu seyn, den im vollen Umfange Platz greifenden Rechtsnachtheil nicht zu erkennen, dessen nicht einmal zu gedenken, daß die Einreden von dem Zugeständnisse des faktischen Theiles der Klage häufig nicht einmal trennbar sind.

Zieht man dabei ferner in Erwägung, daß schon nach ältern und neuern Reichsgesetzen ebendieselbe Theorie galt, daß schon die ältere Praxis vieler Deutschen Gerichte, namentlich auch der ehehin Kurkölnischen, den nämlichen richtigern Grundsätzen huldigte, und daß außerdem nicht allein die Praxis aller übrigen vaterländischen Gerichte, sondern auch die der meisten Nachbarstaaten damit ebenfalls übereinstimmt: so wird darin der Auftrag an die sämmtlichen Justiz-Behörden seine Begründung finden, dieselben anzuweisen, diesen in die Prozeßleitnng tief eingreifenden Punkt einer näheren Prüfung zu unterziehen, von welcher dann das Ergebniß zn erwarten seyn dürfte, im Ungehorsamsfalle des Verklagten bei der Klage-Beantwortung den Rechtsstreit für bejahet befestigt anzunehmen.

Dem wirklich Ungehorsamen fallen die durch seinen Ungehorsam verursachten Prozeßkosten zur Last.

Es bedarf dabei kaum der Erinnerung, daß vor Ausspruch des Rechtsnachtheiles der Ungehorsamskläger die ihm geschehene Auflage von seiner Seite erschöpft haben muß, wie auch, daß diejenigen kein Nachtheil in Ansehung der Verhandlung treffen kann, welche nicht verzichten durften, oder von dem Handeln durch Nothwendigkeit abgehalten waren.

Sollte unter solchen Umständen ein Rechtsnachtheil erkannt worden seyn, so unterliegt das Gesuch um Wiedereinsetzung in den vorigen Stand den bekannten streng anzuwendenden Rechtsgrundsätzen.

§. 10. Was den Beweis betrifft, so dürfen desfallsige Vorbescheide nie zu schnell und nicht eher erlassen werden, als bis keine Aussicht mehr vorhanden ist, die Sache durch das dem Richter und der Partei zukommende Frage- und

Aufklärungsrecht aufzuhellen und den Streitpunkt in's Licht zu stellen. Wendeten Richter pflichtgemäß die erforderliche Mühe zu dem gesagten Behufe an, so würden viele der bisher erlassenen Vorbescheide überflüssig gewesen seyn.

Ein besonderes Beschleunigungsmittel ist im summarischen Prozesse der vorläufige Beweis, und, wiewohl kein besonderes Gebot nach dem gemeinen Prozesse dafür angeführt werden kann, so ist er gleichwohl in Fällen, wo die Parteien briefliche Urkunden in Händen haben, schon bei der ersten Einleitung zu empfehlen; jeden Falles liegt es dem Richter, welcher dem Geiste des abgekürzten Verfahrens gemäß handeln soll, ob, die Parteien bei der Replik und Duplik dazu aufzufordern.

Kommen hiernach Urkunden zum Vorscheine, welche zum vorläufigen Beweise dienen, so handelt derjenige Richter zweckwidrig, welcher dieselben, besonders in einfachen Sachen, ohne allen Gebrauch bis zum Beweis-Interlokut bei Seite liegen läßt. Er ist vielmehr gehalten, die Wechselverhandlungen auch über den vorläufigen Beweis auszudehnen, und im erstfolgenden Bescheide zugleich die Frage: ob und was bewiesen oder in wie fern besserer Beweis vorzubehalten sey? zu erledigen.

§. 11. Sollte inzwischen die Rechtssache verwickelt und es nöthig seyn, derselben durch einen Vorbescheid eine feste Grundlage für die künftige Verhandlung zu geben, so muß dies wo möglich schon im ersten Termine geschehen.

Meistentheils sind die Beweisführer in der Lage, den Beweis sogleich nach Eröffnung des Beweis-Interlokuts sofort anzutreten, und eben so auch die Gegenseite, sich darüber zu erklären. Unzweckmäßig und verzögerlich ist es alsdann, wie nochmals gesagt wird, wenn der Richter, anstatt von dieser Bereitwilligkeit der Parteien Gebrauch zu machen, das Beweisverfahren ohne Noth in mehrere Abschnitte theilt, und dazu besondere Tagfahrten ansetzt. Ebendies gilt von der Fortsetzung des Beweisverfahrens.

§. 12. Dem summarischen Prozesse ist es durchaus entsprechend, den Beweistermin so kurz als thunlich und zwar immer bei Vermeidung des Ausschlusses mit dem Beweise anzusetzen, und dessen Anfang jedes Mal ausdrücklich zu bestimmen, auch die Gesuche um Fristerstreckung einer strengen Prüfung zu unterwerfen.

§. 13. Zur Beschleunigung des Beweisverfahrens dient vorzüglich die Methode, bei dem Beweise, so fern er nicht einen ganz einfachen Satz ausmacht, sowohl in Bezug auf Klage und Gegenklage, als auch auf die nicht sofort für verwerflich zu erklärenden Einreden, die des Beweises bedürfen, den relevanten Thatsachen bestimmt auszudrücken, den Beweis der Einrede mit dem Hauptbeweise der Klage zu verbinden, und den Gegenbeweisführer (außer dem Zeugenbeweise) zu veranlassen, den Gegenbeweis mit der Erklärung auf den Beweis anzutreten.

§. 14. Im summarischen Prozesse sind Beweisartikel, Fragestücke und Zeugenrotel als unwesentlich in der Regel künftig nicht zuzulassen, wohl aber zu gestatten, daß die Punkte und Fragen, worüber die Zeugen vernommen werden sollen, mündlich zum Protocoll gegeben werden. Dabei muß sodann aber auch der Richter, es seyen dahin zielende Bemerkungen zu Protokoll gegeben oder nicht, sich desto größere Mühe geben, die sachgemäßen Fragen von Amtswegen zu stellen.

Den Parteien muß jedoch frei bleiben, sich über die vorgebrachten Beweis-Urkunden und die verkündeten Zeugen-Aussagen zu erklären, ob und in wie weit der Beweis hergestellt sey?

Nach Beschaffenheit der Sache ausnahmsweise schriftliche Eingaben zu gestatten, bleibt dem richterlichen Ermessen überlassen.

§. 15. Die Inrotulations-Termine werden für den summarischen Prozeß, sofern nicht etwa viele wichtige Urkunden produzirt worden sind, gänzlich untersagt; anstatt derselben aber angeordnet, daß alle zu einem Rechtsstreite gehörige Papiere (die etwa bloß beiregistrirten Acten ausgenommen) bandweise zusammen geheftet und paginirt werden. — Sporteln und Gebühren für den Inrotulations-Termin dürfen daher künftig nicht mehr gerechnet werden.

§. 16. Vorbescheide und Endurtheile müssen mit möglichster Deutlichkeit und Hinweglassung aller undeutschen Ausdrücke, alles, sey es auf eine bestimmte oder alternative Weise, entscheiden, was nach Lage der Sache dazu gereifet erscheint. Besonders müssen jedes Mal die Summen oder sonstigen Gegenstände, worüber sie sich erstrecken, darin bestimmt und deutlich ausgedrückt seyn.

Wenn den Parteien Ausfertigungen der Erkenntnisse ausgefolgt werden, die bloße Auszüge der damit zusammenhängenden Protokolle bilden, so darf das vollständige Rubrum zum Ersehen, unter welchen Parteien dieselben ergangen sind, nicht weggelassen werden.

Sollte es ausnahmsweise nicht thunlich seyn, daß die Erkenntnisse in dem zur Verhandlung vorbezielten Termine sofort verkündet werden, so muß gleichwohl am Schlusse der

Verhandlung der Tag, an welchem die Verkündung geschehen soll, dem Schlußresolut ausdrücklich eingeschaltet, und den Parteien ohne besondere Ladung sofort bekannt gemacht werden, an welchem fernern Termine sie zur Bescheid-Anhörung erscheinen sollen.

Daß alsdann aber auch der Bescheid bereit liegen muß, bedarf keiner Erwähnung.

Wenn eine oder die andere Partei im Publikations-Termine ausbleiben sollte, so ist die Publikation durch Zustellung einer beglaubigten Abschrift zu bewirken.

Da inzwischen wegen Berechnung der Nothfristen bei Rechtsmitteln durch die letztbesagte Verkündigungsart leicht Verwirrung einschleichen kann, so ist dieselbe in appellabeln Sachen doch nicht zur Regel werden zu lassen.

§. 17. Den Richtern steht es zwar nicht zu, den Parteien die Fortsetzung ihrer anhängigen Rechtsstreite zu befehlen.

Wenn indeß künftig besser als bisher darauf gehalten werden wird, daß die Parteien persönlich, und zu allen kontradiktorischen Verhandlungen beiderseits zugleich anwesend sind, so werden die Sachen auch rascher endigen; jedenfalls wird dabei sich die von dem Richter zu benutzende Gelegenheit ergeben, den Parteien begreiflich zu machen, daß es ihr eigener Vortheil erheische, die Termine genau einzuhalten, und ihrem Hader ein baldiges Ende zu machen.

Sollte jedoch der Prozeß länger als Ein Jahr still liegen, so soll zwar der vorbezogenen Ministerial-Verfügung zufolge mit der Acten-Reposition vorangegangen und der Vergleichsstempel angesetzt werden.

Man versieht sich jedoch zu den sämmtlichen Justizstellen, daß sie in Fällen, worin sich mit einiger Wahrscheinlichkeit unterstellen läßt, daß die Parteien dem Rechtsstreite definitiv nicht entsagt haben, damit nicht voreilig verfahren, sondern die Parteien ungefähr vierzehn Tage vor Ablauf des Jahres an den ihnen bevorstehenden Nachtheil erinnern.

§. 18. Abgesehen von Schlichtung der Prozesse durch Schiedsrichter, ist von dem andern, vorzüglich den Richtern erster Instanz durch die Gesetze nachdrücklich empfohlenen, Prozeß-Abkürzungsmittel des Vergleiches in dem ostrheinischen Theile des Regierungs-Bezirkes Coblenz bisher überall nur ein gar geringer Gebrauch gemacht worden, ohne daß man sieht, ob die Schuld an den Richtern oder an den Parteien gelegen hat.

Unter Bezugnahme auf die desfalls vorhandenen Reichs- und Special-Landes-Gesetze wird daher verordnet, daß, sobald es sich nicht ganz von klaren Ansprüchen handelt, vorab an den Justizämtern, und falls von einer Partei unter Ueberreichung nicht sofort verwerflicher oder verzögerlicher Vorschläge an den Obern-Gerichten darum besonders angestanden werden sollte, auch an diesen ein oder auch mehrmals zu jeder vor Eröffnung des Erkenntnisses schicklichen Zeit, unter bedächtlicher Vermeidung jeden Anscheines vorgefaßter Meinung, durch Vorstellung sowohl allgemeiner, als besonderer aus der Natur eines jeden einzelnen Rechtshandels zu entnehmenden Gründe ein Vergleich versucht, und von diesem Versuche, wenn er auch vergeblich seyn sollte, jedoch ohne Anführung der Gründe, in dem Protokolle Vermerk gemacht werde.

Ohne besonders trifftige Ursachen darf jedoch der Lauf der Instruction unter dem Vorwande von Vergleichs-Traktaten nicht unterbrochen werden.

§. 19. Sämmtliche Gerichte werden angewiesen, auf richtige Ansetzung der Gebühren-, Tax- und Stempel-Gelder zu achten, zugleich aber auch jede unnütze, durch Vervielfältigung prozessualischer Verhandlungen herbeigeführte Vermehrung der Gebühren zu vermeiden.

Damit die vorgesetzten Behörden bei vorkommenden Gelegenheiten einige Aufsicht darauf halten und etwaige Ueberschreitungen rügen können, muß der Betrag der Taxen-, Gebühren- und Stempel-Gelder auf der jedesmaligen Verhandlung oder Ausfertigung notirt werden.

§. 20. Bei der Justiz-Visitation haben sich große Reste älterer Prozesse vorgefunden. Sollten dieselben bis jetzt noch nicht zur Zufriedenheit gemindert seyn, so hat der königliche Justiz-Senat (fürstlich Wiedische Regierung) denjenigen nachgesetzten Behörden, welche sich noch im Rückstande befinden, vor allem zur Aburtheilung aller der zum Spruche liegenden Sachen eine Frist von zwei Monaten mit dem Anhange zu setzen, daß, wofern sich eine spätere Abmachung hervorthun sollte, die Anzeige davon sofort zur hiesigen Stelle gemacht werden würde, und daß bei neu entstehenden Klagen säumiger Prozeß-Entscheidung gegen den säumigen Beamten eine nach Befinden ihm allein zur Last fallende Spezial-Justiz-Visitation verordnet werden würde.

Cöln, den 29. Februar 1828.

Königl. Appellationsgerichtshof, Abtheilung für
An ostrheinische Sachen.
den königl. Justiz-Senat zu Coblenz und Ruppenthal.
die fürstlich Wiedsche Regierung,
Justizabtheilung.

840

Controlle über den Vollzug rechtskräftiger Urtheile im ostrheinischen Theile des Regierungs-Bezirks Coblenz.

Bei der von dem Justizvisitations-Commissarius genommenen Einsicht der ostrheinischen Proceßacten hat sich nur selten die Nachweisung vorgefunden, ob und wie die rechtskräftigen Urtheile vollzogen worden seien, öfter dagegen, daß der behörige, um den Vollzug gebetene Richter andere Stellen entweder zur Rechtshülfe ersucht oder beauftragt hatte, ohne daß in den betreffenden Acten von dem weitern Erfolge das Mindeste vorgekommen wäre. Wenn nun gleich der Richter, welcher das Urtheil gesprochen hat, zu dessen Vollziehung eher nicht schreiten darf, bis er von dem obsiegenden Theile gewöhnlich unter Anzeige der von ihm erwünschten Art der Hülfe darum gebeten worden und die Androhung derselben vorhergegangen ist, so muß derselbe jedoch dabei auch, so weit es seine allgemeine Verbindlichkeit mit sich bringt, von Amtswegen handeln, und in Beziehung darauf wird auf den Grund der uns von des Herrn Justiz-Ministers Excellenz ertheilten Ermächtigung hiermit verordnet:

Daß nicht allein jedes Obergericht, sondern auch die denselben untergebenen Justiz-Aemter über die von ihnen an andern Stellen ausgegangenen Ersuchungen und Aufträge ein Verzeichniß unter Bemerkung des Tages des Abganges und der zur Erledigung vorgesteckten Zeitfrist anlegen und dasselbe von Zeit zu Zeit nachsehen sollen, weil sie, wenn auch andere in ihrem Auftrage handeln, im Allgemeinen immer verantwortlich bleiben. Dies gilt besonders, wenn es sich bei Zwangsveräußerungen von öffentlichen Verkäufen oder Verpachtungen der dem Verurtheilten zugehörigen Sachen handelt.

Die Richter, welche die Urtheile fällen, müssen sich, sofern nichts von einem Ausstande des Siegers actenmäßig vorliegt, nach dem Vorangehen ihres Auftrages hiernächst erkundigen, bei eintretender Säumniß des Beauftragten ex officio mit angemessenen Monitorien einschreiten und nach vorgenommener Versteigerung sich das darüber abgehaltene Protocoll sofort einschicken lassen.

Die Steigerungs-Protocolle müssen immer einförmig nach dem Eingange und nach geschehener Anführung der Versteigerungsbedingnisse, in Columnen 1) das Stück, 2) den geschätzten Werth, 3) das höchste Gebot, 4) den Käufer enthalten. Die etwaigen, bei der Versteigerung unterlaufenen wesentlichen Mängel, hat der beauftragende Richter sofort ergänzen zu lassen.

Sollte derjenige, auf dessen Betreiben die Versteigerung geschehen ist, sich mit Erhebung des Steigerschillinges selbst befassen wollen, so bedarf es dabei keiner gerichtlichen Einmischung. Ist das aber nicht, und besteht etwa hier und da die Einrichtung, daß Voluntarjurisdictions-Gerichte die Steigergelder einkassiren und den Gläubiger befriedigen, so sind dieselben verbunden, die eingegangenen Gelder den Gläubigern entweder sofort zuzustellen, oder, wenn gegründete Hindernisse, welche dem beauftragenden Richter jedesmal schriftlich vorzutragen und von demselben zu vorbescheiden sind, diese Auszahlung verschieben, mit den Geldern nach Vorschrift der unter der nassauischen Regierung wegen Einlieferung gerichtlicher Depositalgelder zur Staatskasse (jetzt zur königlichen Bank) am $\frac{4}{8}$ Jenner 1807 erlassenen Verordnung genau zu verfahren. Ueberhaupt kann kein Richter, wenn der Kläger aus dem Erlöse gezwungener Veräußerungen befriedigt werden soll, von der ihm nothwendigen Kenntniß der Verwirklichung des Rechtes eher die erforderliche Ueberzeugung haben, bis ihm die Quittung über die eingeklagte Schuldforderung vorliegt.

Schließlich wird erinnert, daß wenn in Urtheilen (was jedoch bei einer gehörigen Instruction der Sachen nicht oft vorkommen darf) die Verbindlichkeit einer Partei vor der Hand nur ohne genaue Bestimmung ihrer Quantität ausgesprochen worden ist und deshalb der Vollstreckung ein Liquidationsverfahren vorhergeht, sowohl das diesfällige Verfahren, als auch alle übrigen in der Executions-Instanz vorkommenden Einwände, wie Incidentpunkte, summarisch erörtert und entschieden werden müssen.

Der königliche Justiz-Senat (die fürstliche Regierung) hat sich hiernach zu bemessen, die betreffenden unteren Behörden anzuweisen und die allenthalbige Befolgung nicht außer Augen zu lassen. Cöln, den 1. März 1828.

Königl. Appellations-Gerichtshof für ostrheinische Sachen.

An Ruppenthal.

den königlichen Justiz-Senat zu Coblenz,
und
fürstlich Wiedsche Regierung zu Neuwied,
Justiz-Abtheilung.

841.

Behandlung des Concurs-Prozesses im ostrheinischen Theile des Regierungsbezirks Coblenz.

Bei der allgemeinen Justiz-Visitation sind in Behandlung der Concurs-Prozesse überhaupt, vorzüglich aber hinsichtlich der dabei vorkommenden, in die nicht streitige Gerechtigkeitspflege einschlagenden richterlichen Handlungen mehrere Unregelmäßigkeiten und wesentliche Mängel wahrgenommen worden, zu deren Abstellung, in so weit dieselben nicht schon durch die örtlich erlassenen Revisions-Bemerkungen angeordnet worden, nach vorheriger Genehmigung des hohen Justiz-Ministeriums, sowohl an die Obergerichte zur eigenen Maßnahme, als auch zur Anweisung der ihnen untergebenen betreffenden Gerichte, nachstehende Verfügung ergeht:

§. 1. Dem Deutschen, durch die Praxis ausgebildeten, von dem Römischen verschiedenen, Gantprozesse muß, weil wegen bloßer Ueberschuldung Niemanden das Dispositions-Recht über sein Vermögen entzogen werden darf, ein Verfahren vorhergehen, worin der, entweder von einem Gläubiger oder dem Schuldner ausgehende rechtliche Veranlassungsgrund niedergelegt und überzeugend zu ersehen ist. Der Gegenstand desselben ist die Untersuchung des Vermögensstandes des Schuldners (noch nicht Gemeinschuldners) auf bekannten rechtlichen Wegen, welche für diesen Zweck immer schonend geleitet werden muß, um dem Credit und guten Namen des Schuldners keinen unwiederbringlichen Nachtheil zuzufügen, weshalb denn auch, sofern es angemessen erscheint, die Gläubiger zu diesem Vorverfahren zu berufen, die Vorsicht gebietet, die Absicht der Aufforderung bestimmt auszudrücken.

Ein Contradictor darf dabei eben so wenig, wie bei einer Liquidation, die ein Schuldner vornehmen läßt, um seine Vermögenskräfte sicherer berechnen zu können, zugezogen werden, und während desselben bleibt dem Schuldner die Verwaltung und der Genuß seines Vermögens, und ihm in der Hinsicht Alles zu thun erlaubt, was ohne Gefährde geschieht. Sollten die Verhältnisse des speziellen Falles, deren Abwägung einen Akt richterlicher Reflexion ausmacht, dem Richter hinreichend seyn, schon im Laufe dieses Verfahrens zur Erhaltung des Vermögens, von Gerichtswegen, den Umständen angemessene provisorische Sicherheitsmaßregeln zu treffen, und bis zu beendigter Untersuchung allenfalls Veräußerungen zu verbieten, so mag es geschehen.

Hier sowohl, als auch, wenn ein Concurs ausbrechen sollte, fernerhin bei dem Professions- und Liquidations-Termin muß der Richter die Güte versuchen, und den Schuldner, wo möglich durch Nachlaß-Verträge und Zahlungsstundungen, aufrecht zu erhalten suchen, alsdann aber auch von Amtswegen streng für deren genaues Einhalten thätig seyn; jedoch ist auch dem Antrage des Schuldners auf ein gütliches Regulativ, weil dasselbe gewöhnlich zur Benachtheiligung der Gläubiger gereicht, nicht zu leicht Gehör zu geben. Wo möglich muß der Schuldner vor Eröffnung eines Concurses vernommen werden. In den meisten Fällen wird aus jenem Verfahren ein Gläubiger Stoff zu weiteren Anträgen hernehmen.

Sollte dabei sich nicht einmal eine Ueberschuldung herausgestellt haben, so müssen die von dem Richter zur allgemeinen Sicherung des Vermögens allenfalls angelegten provisorischen Maßregeln sofort aufgehoben und jedem Gläubiger überlassen werden, für Wahrung seiner Ansprüche selbst zu wachen.

§. 2. Würde hingegen das Ergebniß der Vor-Untersuchung den Richter zur Concurs-Erklärung bestimmen, so muß derselbe, besonders wenn der Concurs nicht auf des Schuldners eigenes Anstehen eröffnet werden soll, sehr vorsichtig dabei zu Werke gehen.

Bei Leitung des ganzen Concurs-Prozesses muß der Richter des feststehenden Grundsatzes eingedenk bleiben, daß darin Alles auf eine schnelle Entwickelung berechnet, und seine Thätigkeit und Direktion hierin umfassender und eingreifender sey, als in andern bürgerlichen Rechtsstreiten, ohne daß er eben den Stellvertreter oder Agenten der einzelnen Gläubiger abgebe. Mehrere seiner Handlungen sind in der Hinsicht wesentlich, einige derselben, je nach Verhältniß des speziellen Falles, zuweilen ganz überflüssig, andere gleichzeitig, andere nacheinander folgend, oft ineinander eingreifend, immer aber muß das Nothwendigste zuerst vorgenommen werden. Jede einzelne und alle zusammen genommen haben nur Ein Ziel: die Activ- und Passiv-Masse zu konstatiren, erstere gehörig zu verwalten, und demnächst unter die aufgetretenen Gläubiger, nach Verhältniß ihrer anerkannten Ansprüche, zu vertheilen.

§. 3. Nothwendige Grundlage eines jeden Concurses ist der richterliche Beschluß zur Concurs-Eröffnung (decretum de aperiundo concursu) und die gleichzeitige, vor der Hand provisorische Anordnung der nun auf die Gesammtheit der Gläubiger übergegangenen Verwaltung des gemeinschaftlichen Vermögens. Zu dieser provisorischen Curatel bedarf es keiner förmlichen Bestellung des Güterpflegers.

Was jenen Beschluß betrifft, wodurch dem Gläubiger alle Disposition über sein gegenwärtiges übertragbares Vermögen bei Strafe der Nichtigkeit untersagt, Zahlungen anzunehmen verboten, und zugleich ein Termin zur Profession oder Liquidation, oder zu beiden zugleich angesetzt werden muß: so muß derselbe, wenn er anders durch die Prälimiar-Untersuchung gerechtfertiget ist, ohne weitere Nachforschung, und zwar unaufschieblich förmlich ausgefertiget werden. Er bildet den Uebergang zu dem Hauptverfahren. Ohne ihn ist kein eigentlicher Concurs denkbar. Des Concurses Daseyn beginnt jedoch außer dem Falle der Güter-Abtretung (wo er, bei übrigens unterstellter Insolvenz, mit dem Augenblicke der darüber abgegebenen Erklärung des Schuldners seinen Anfang nimmt) nicht schon mit jenem Beschlusse, sondern erst von dem Tage seiner Bekanntmachung, welche dem Schuldner auf dem gewöhnlichen Wege, den Gläubigern hingegen durch öffentlichen Anschlag und Einrückung in die öffentlichen Blätter, je nachdem der Verkehr des Erstern ausgebreitet war, ohne allen Rückhalt geschehen muß.

Durch die mit dem erwähnten Beschlusse zu verbindende Ediktal-Ladung werden die Gläubiger aufgefordert, an einem bestimmt festzusetzenden Tage vor dem Concurs-Gerichte oder dem zu benennenden Kommissair ihre Forderungen anzugeben, zu bescheinigen und den etwaigen Vorzug derselben zu begründen. Diese Ladung muß jedesmal unter dem ausdrücklichen Nachtheile des Ausschlusses von der gegenwärtigen Concurs-Masse ergehen, so fern nicht etwa ein besonderes Landesgesetz die Strafe ewigen Stillschweigens oder des Verlustes der Forderung selbst vorgeschrieben hat. Allen den Gläubigern, welche aus den vorliegenden Akten und den von dem Voluntargerichte einzuziehenden Notizen bekannt sind, geschieht dieselbe besonders und zwar, wenn mehrere derselben an Einem Orte wohnen, nur durch eine Ladungs-Ausfertigung. Eine dreimalige Ladung ist nicht nothwendig, wenn in der ersten ausgedrückt worden ist, daß die Einmalige den ersten, zweiten und dritten Termin umfasse.

§. 4. Da mit dem Beschlusse der Concurs-Eröffnung dem Schuldner die Dispositions-Befugniß über sein jetziges gesammtes übertragbares Vermögen definitiv entzogen wird, so müssen gleichzeitig, neben dem Beschlusse der Concurs-Eröffnung, zur Sicherstellung, Erhaltung und Verwaltung jenes Vermögens, alsbald von Richteramtswegen die nöthigen

Maßregeln ergriffen, und wo nöthig muß schon jetzt ein Curator angeordnet werden, welcher das befragte nun an das Corps der in den Concurs sich einlassenden Gläubiger als Verwalter fremden Gutes zu eignem Nutzen übergangene Vermögen unter Leitung des Concurs-Gerichtes administrirt und dieses Corps rücksichtlich der Vermögensmasse und der dinglichen, bis dahin erwachsenen Lasten, die Person des Schuldners activ und passiv repräsentirt.

Der erste Verwaltungsschritt muß der seyn, daß unter obrigkeitlicher Autorität mit Zuziehung und Beiwirkung des Curators ein vollständiges Verzeichniß des Vermögens des nunmehrigen Gemeinschuldners aufgenommen wird.

Dies Vermögensverzeichniß muß unfehlbar längstens bis zum ersten gerichtlichen Erscheinungstermine der Gläubiger vollendet und an den Concursrichter eingesandt seyn, und Sache des Letztern ist's, auf die Einhaltung dieses Punktes von Amtswegen zu sehen.

§. 5. Der durch die Ediktal-Ladung zu präfigirende nächste Termin hat den Hauptzweck, daß die Gläubiger ihre Forderungen wenigstens unter allgemeiner Bemerkung des Rechtsgrundes angeben, meistentheils aber auch dann schon vorläufig wenigstens mit Zurücklassung der einschlägigen Belegsabschriften bescheinigen und den etwaigen Vorzug der Forderung anführen.

Ist der Massebestand nicht beträchtlich, die Anzahl der Gläubiger nicht groß, und vorzusehen, daß keine besonders schwierige Rechtsausführungen vorkommen, so kann und soll mit dem Professions- oder Connotationstermine der eigentliche Liquidationstermin verbunden werden, und der den Cridar bei der Liquidation vertretende Contradictor schon in diesem ersten Termin zur Einlassung fertig und bereit seyn. Von dem Ermessen des Concursrichters hängt die Bestimmung ab, ob beide Termine vereinigt werden sollen oder nicht. Im Zweifelsfalle sind die beiden Termine zu verbinden. Sollte jedoch zur näheren Liquidation der einzelnen Forderungen und Angaben des etwaigen Vorzuges ein besonderer Termin angesetzt werden müssen, so ist es sachgemäß, alsdann, in so fern mehrere Tage zur Vornahme der sämmtlichen Gläubiger erforderlich sind, nicht mehrere derselben auf einen bestimmt zu fixirenden Tag vorzuladen, als an demselben mit dem Schlusse der Verhandlung ihrer Forderung abgefertigt werden können. Diese mehrere Tage müssen jedoch so nahe, wie möglich, hinter einander gesetzt werden.

Nöthig ist es, daß der Contradictor so zeitig vor dem ersten Liquidationstermine ernannt und den erscheinenden

Gläubigern mündlich bezeichnet werde, daß derselbe genau und vollständig instruirt erscheinen kann; und sehr geschäftsförderlich ist es, wenn Er mit dem Richter vor dem Beginne der Liquidation die sämmtlichen über den Concurs erwachsenen Verhandlungen und Papiere bedächtlich durchgeht, und sie einigermaßen plan- und regelmäßig ordnet.

§. 6. Schon vor dem Eintritte des ersten Termins muß der Concursrichter einen möglichst zuverlässigen Activ- und Passiv-Status des schuldnerischen Vermögens aufgestellt haben, wozu der Inhalt des Präliminar-Verfahrens, das Inventar und die von dem Voluntargerichte und Hypothekenbeamten herzunehmenden Notizen genugsamen Stoff zur Hand geben, und den Gläubigern diese Uebersicht mit den nöthigen Bemerkungen in dem Termin vorlegen, damit dieselben zu ermessen im Stande sind, ob und was sie aus dieser Masse zu erlangen gegründete Aussicht haben. Der große Gewinn dieser Vorarbeit ist der, daß diejenigen Gläubiger, welche sich überzeugen, daß ihnen wegen des Vorganges anderer Bevorzugten Wenig oder Nichts übrig bleiben werde, sich nicht in diesen Prozeß einlassen und ihre Ansprüche bis zu gebesserten Vermögensumständen des Schuldners vorzubehalten pflegen. Das scheinbar größte Anhäufen der Gläubiger kann auf die gesagte Art sehr oft äußerst klein und einfach, und manche der, ohne dies Verfahren, gewöhnlichen Einschreitungen und kostspieligen Maßnahmen ganz überflüssig werden. Gleichwohl darf auch bei vorliegender größter Wahrscheinlichkeit des Leerausgehens eines Gläubigers keiner derselben zwangsweise von der Liquidation seiner Forderung zum vorliegenden Concurse abgehalten werden, weil es möglich ist, daß bevorzugte Gläubiger ihre Ansprüche nicht verfolgen oder damit abgewiesen werden.

§. 7. Fernere in diesem ersten Termine des Zusammentreffens der Gläubiger vorzunehmende Geschäfte sind die Competenz-Regulirung des Schuldners, wenn er von der Wohlthat der Güter-Abtretung Gebrauch gemacht haben sollte, wie auch die feste Regulirung der abgetretenen oder entzogenen Güter-Verwaltung.

Am Schlusse des ersten Termins ist es unerläßliche Pflicht des Contradictors, auf die Ausschließung der nicht erschienenen Gläubiger anzutragen, und gleiche Pflicht des Concurs-Richters, den Präclusiv-Bescheid sofort zu erlassen und gehörig zu publiziren *). Sollten Gesuche um Herstel-

*) Vergleiche Verordnung vom 16. Mai 1825. Gesetz-Sammlung de 1825. fol. 150.

lung in den vorigen Stand einkommen, so muß darauf nach den Umständen das Rechtliche verfügt werden.

§. 8. Die ganze Liquidations-Verhandlung muß nach dem über den summarischen Prozeß ergangenen Regulativ vom 29. Hornung abhin geführt, und alle die Concurs-Masse angehende Prozesse, welche vor dem Ausbruche des Concurses nach einem andern Verfahren instruirt worden seyn sollten, müssen nun in den summarischen Prozeßgang übergeleitet und dänach beendigt werden. Auch die Obergerichte haben die Obliegenheit, die in Concurs-Sachen bei ihnen vorkommenden Streitigkeiten vor andern abzufertigen, und auf deren raschen Betrieb von Amtswegen zu achten.

Die Entfernung des Contradictors von dem Sitze des Concurs-Richters kann die Zulassung der schriftlichen Verhandlung nicht rechtfertigen; und wenn ein achtsamer Richter die Einrichtung zu treffen weiß, daß in zwei bis drei Terminen die Liquidation beendigt ist, so wird der Aufwand an Reisekosten eines auswärtigen Contradictors durch den aus der kürzeren und schnelleren Beendigung des Prozesses entspringenden Gewinn leicht aufgewogen. Der Richter darf nur veranstalten, daß die Liquidations-Verhandlung für so viele Gläubiger auf Einen Tag gesetzt werde, als deren an demselben abgefertigt werden können.

Der Contradictor muß sich durchaus angelegen seyn lassen, bei jeder Termins-Versäumung eines Liquidanten zu jeder einzelnen Sache alsbald zu contumaziren, und, im Falle dieß von demselben unterlassen werden sollte, so muß der Richter ihn zur fleißigern Pflege seines Amtes mit Strenge anhalten, demselben z. B. das Präjudiz der Ansetzung eines neuen Termins auf dessen Kosten stellen, und nicht säumen, diese Drohung eintretenden Falles sofort zu verwirklichen.

§. 9. Jeder Liquidant darf ohne alle Ausführung die Beurtheilung des für seine Forderung behaupteten Vorzuges der Weisheit des Concurs-Richters anheimstellen. Sollte deshalb eine fernere Verhandlung eintreten, so muß dazu allen Gläubigern ein Präjudizial-Termin angesetzt werden. So fern der dirigirende Richter von der ihm zustehenden Frage- und Aufhellungs-Befugniß gehörigen Gebrauch macht, so dürfen dazu höchst selten mehr als zwei Sätze erforderlich seyn. Bei unbedeutenden Massen oder auch bei vorliegender Evidenz, daß die ganze Masse von einem oder dem andern bevorzugten Gläubiger ganz verschlungen und den Nachstehenden nur das leere Nachsehen übrig bleiben werde, kann ein abgesondertes Präferenz-Verfahren meistentheils ganz umgangen werden.

Der Vorzugsstreit wird bloß unter den Gläubigern geführt. Es entstehen dabei unter ihnen so viel streitende Theile, als mit einander kollidirende Ansprüche von ihnen verfolgt werden. Den Contradictor, als solchen, geht dieser Streit nichts an. Sollte er sich aber vermöge besondern Auftrages damit befassen, so dürfen dennoch die dadurch erwachsenden Kosten der Concurs-Masse nicht zur Last gesetzt werden. Anders verhält sich die Sache mit dem Kostenpunkte alsdann, wenn die von Vindicanten erhobenen Ansprüche von Seiten der Massegläubiger durch den Güterpfleger oder dessen Rechtsbeistand bekämpft werden, indem alsdann, falls Letzterer unterliegt, die Kosten auf die Masse fallen.

Nur durch eine von der Willkühr der Liquidanten abhängende gemeinsame Uebereinkunft kann der Contradictor mit dem Bestreiten des Präferenz-Punktes ermächtigt werden. Bei den mindesten Anstande scheint es rathsam zu seyn, denselben bloß zu ermächtigen, sich nur negativ zu äußern, daß einem Gläubiger der angesprochene vorzügliche Rang nicht zukomme, ohne sich positiv zu erklären, welchen Rang er einräume. Jeden Falles muß es Gläubigern, welche behaupten, daß der Contradictor ihnen in dem befragten Punkte durch zuviel Einräumen etwas vergeben habe, frei bleiben, durch nachträgliche Gegen-Bemerkungen ihr Recht besser zu wahren.

§. 10. Ist hiernächst durch die Verhandlung über Liquidation und Präferenz eine jede einzelne Forderungssache so weit vorgerückt, daß der Streitpunkt hinlänglich aufgeklärt und die Sache spruchreif erscheint, so dürfen in den einzelnen Sachen nicht einzelne Vorbescheide oder Endbescheide erlassen, und noch weniger über Liquidität und Präferenz separat erkannt, sondern über alle und jede einzelne Forderung muß, wo nicht definitiv, doch vorbescheidlich, allenfalls auch nur bedingungsweise und mit dem Anhange, daß dieß oder jenes annoch nachzuholen sey, sowohl wegen Liquidität, als auch wegen des Ranges in Einem, dem s. g. Prioritäts-, Collocations-Urtheil abgesprochen werden.

Appellationen über Präferenz dürfen den Stillstand des ganzen Concurs-Prozesses nie herbeiführen, und die Thätigkeit des Concurs-Richters für andere Punkte, welche abgesehen davon betrieben werden können, niemals hemmen. Dergleichen Appellationen äußern ihre Wirkung nur auf diejenigen, in Ansehung welcher sie eingelegt worden sind, hinsichtlich aller Andern, welche in diesem Streite nicht befangen oder unzertrennbar damit verbunden sind, steht der Vollstreckung des Prioritäts-Urtheiles in seinen nicht angegriffenen Punkten nichts entgegen.

§. 11. Sobald alles, was zur Ergänzung der Liquidation nach Vorschrift des Locations-Bescheides geschehen sollte, in jedem, den einzelnen Forderungen gewidmeten besondern Aktenbande fortgesetzt, und nach darüber geschlossener Verhandlung durch besondere Erkenntnisse zu jeder Sache über Liquidität und Erstigkeit das Angemessene bestimmt worden ist, so muß der Distributionsbescheid ohne Verschub erlassen und für Herbeischaffung der Massegelder gesorgt werden.

Bei einfachen Concurs-Prozessen kann der Distributions-Bescheid oft schon mit dem Locations- oder Prioritäts-Bescheide verbunden werden.

Der Contradictor, als solcher, ist nun zu entlassen.

Nach erfolgter Rechtskraft des Distributions-Bescheides muß die Auszahlung der Masse, in so weit es nicht schon vorher geschehen, unaufschieblich vollzogen, und jeder nicht leer ausgehende Gläubiger geladen werden, seinen Antheil in Person oder durch einen gehörig Bevollmächtigten in Empfang zn nehmen, und auf den Schuldschein oder zum Protokolle zu quittiren.

In diesem Zahlungstermine muß den Gläubigern zugleich die Schlußrechnung über die geführte Curatel zur Einsicht und allenfallsigen Maßnahme gegen den Curator vorgelegt, und daß dieß geschehen sei, und was von Seiten der Gläubiger darauf bemerkt worden, jedesmal zu Protokoll gesetzt werden. Mit der Vorladung zum Empfange des Geldes, in Folge des Distributions-Bescheides, ist zu dem Zwecke immer die peremtorische Aufforderung an die Gläubiger zu verbinden, ihre etwaige Einwendungen gegen die Curatel-Rechnung und wegen Entlassung des Güterpflegers in eben diesem Termin vorzubringen, und dann derselbe, wenn nichts im Wege steht, seines Amtes ebenfalls zu entlasten.

Ehe und bevor der Concursrichter pflichtmäßig bezeugt, daß alle Quittungen über die völlig ausgekehrte Masse zu den Acten gekommen seien, darf kein Concursprozeß als erledigt in der Tabelle aufgeführt werden.

Von dem Contradictor (Concurs-Vertreter) und dem Masse-Curator (Güterpfleger).

§. 12. Der Contradictor muß ein rechtskundiger unpartelischer Mann sein, der nicht selbst als Gläubiger auftritt. Er muß im Liquidationstermine mittelst Handschlages an Eidesstatt verpflichtet werden, den Grund und die Wahrheit einer jeden Forderung gewissenhaft zu erforschen und nach Befinden zu bestreiten, und sohin indirekt durch Abhaltung rechtswidriger Ansprüche für das Beste der Masse zu sorgen. Eines besondern Anstellungs-Decrets bedarf es nur, wenn er anderswo, als vor dem dirigirenden Concursrichter auftreten muß.

Bei wichtigen Concursen kann die Anstellung eines besondern Contradictors nicht umgangen werden; da indeß in einzelnen Landesgesetzen die Praxis gegründet ist, daß bei unbedeutenden Massen der Richter zur Ersparung der Kosten die Stelle des Contradictors versehen, und in Betreff der den eingeklagten Forderungen entgegenstehenden Einreden von Amtswegen thätig sein soll: so behält es deshalb da, wo eine dießfällige gesetzliche Disposition besteht, auch ferner einstweilen sein Bewenden.

Daß bloß nach des Gemeinschuldners Widersprüchen und Einräumen mit den Masse-Gläubigern liquidirt werde, darf als seltene Ausnahme höchstens nur in ganz unbedeutenden Concursen und nur dann gestattet werden, wenn alle Gläubiger einmüthig ihre Zustimmung dazu gegeben haben, und der Cridar als ein redlicher, schuldlos in Concurs gerathener Mann actenmäßig bekannt ist. Außerdem ist auf seine, bei keiner Liquidation ganz außer Acht zu lassenden Erklärungen nur dann einiges Gewicht zu legen, wenn er die Forderungen verneint, oder Einreden an die Hand giebt, nie aber dann, wenn aus dem zwischen ihm und dem Liquidanten bestehenden Verhältnisse ein Argwohn der Begünstigung hervorgeht, wie dieß z. B. bei der Illatenforderung der Ehefrau immer der Fall ist. Ist letzteres, so muß wenigstens für diesen Fall ein Concursvertreter bestellt werden.

§. 13. Ein Curator kann zuweilen schon vor dem Ausbruche eines Concurses durch den Richter von Amtswegen angeordnet worden sein. Den Gläubigern muß, wenn dieß der Fall gewesen sein sollte, bei der ersten Zusammenkunft vor dem Richter vorgetragen werden: ob sie den provisorisch bestellten Curator genehmigen, oder einen neuen wählen wollen, und letzteres alsdann realisirt werden. Zugleich ist diesem dann auch die Remuneration für seine Mühewaltung mit Zuziehung der Gläubiger auszuwerfen. Die Curatel kann einem oder mehreren Gläubigern, auch dem Contradictor übertragen werden; der Concursrichter selbst, welcher bestimmt ist, den Curator zu beaufsichtigen und zurechtzuweisen, muß jedoch davon ausgeschlossen bleiben.

Es ist dabei vorzüglich auf ein Subject Bedacht zu nehmen, welches durch Pfand oder Bürge Sicherheit zu leisten im Stande ist, weil der Masse auf sein Vermögen keine stillschweigende Hypothek verliehen ist. Der Curator muß mit einem förmlichen Anstellungsdecret versehen werden, welches die den Umständen anzumessende Art seiner Verwaltung näher vorschreibt, seine Belohnung bestimmt, und die Zeit der Rechnungslagen vorschreibt, und darauf ist er zu verpflichten, sowohl das Beste der Masse zu besorgen, als auch den Schaden des Cridars abzuwenden. Der Curator handelt überall unter der Leitung und steten Controle des Concursrichters. In unstreitigen Fällen, wo Ordnung und Gesetze ihm deutliche Anweisung geben, darf er ohne Rückfrage handeln; bei allen großen, mit Verwaltuug ganzer Güter verbundenen Curatelen ist es jedoch rathsam, ihm durch die Gläubiger einen eigenen Ausschuß beigeben und vertragsmäßig festsetzen zu lassen, daß dieser nach Stimmenmehrheit zu beschließen, und in wichtigen Rückfragsfällen jenem nähere Instruction zu geben ermächtigt sei.

Den Curator, als solchen, geht die Liquidation der Forderungen nichts an. Ob derselbe aber die Activen der Masse durch besondere Klagen, oder im Wege der Widerklage verfolgen, und zur Erhebung der letztern sich des Contradictors oder eines andern Rechtsverständigen bedienen will, wird die Curatel nach den Umständen am besten ermessen. Das Locationsurtheil braucht daher, sofern nicht über dergleichen Widerklagen darin abgesprochen worden ist, dem Curator nie insinuirt zu werden, so wie dieser dann auch in Prioritätsstreitigkeiten überhaupt nicht Partei sein kann.

Ebenso hat Curator sich auch auf die Befriedigung der Gläubiger nicht einzulassen.

§. 14. Seine Rechte und Pflichten sind im Allgemeinen die eines Curators für Minderjährige. Insbesondere betreibt er

1) die unter richterlicher Autorität vorzunehmende Errichtung eines möglichst vollständigen Güter-Verzeichnisses. In dasselbe ist alles jetzige Vermögen des Gemeinschuldners mit Taxe einzutragen, und nicht etwa bloß Liegenschaften, sondern auch ausstehende Activen, Baarschaft, Credit-Papiere, Faustpfänder und Gerechtsame. Wofern die Gläubiger nicht ein Mehreres einmüthig bewilligen, darf dem Cridar außer den täglichen Kleidern und Lebensmitteln für einige Tage nichts belassen werden. Sachen, welche noch unter einstweiliger Obhut des Cridars bleiben, müssen ebenfalls im Inventar aufgezeichnet, und für deren Erhaltung zum Vortheile der Masse Sorge getragen werden.

Ist fremdes Eigenthum unter dem Vermögen

des Cridars noch vorfindlich, so muß dieses Behufes der Separation mit den zweckdienlichen Aufklärungen vor der Linie und ohne Taxe im Inventar bemerkt, und versucht werden, ob streitige Ansprüche der Vindicanten etwa durch Vergleiche unter richterlicher Autorität beseitiget werden können. Dem Curator liegt

2) die Verwaltung des Vermögens nach den Pflichten eines guten Hausvaters ob. Insbesondere muß er die Güterstücke, wenn sie nicht alsbald veräußert werden können, durch Verpachtung, Vermiethung oder eigene Benutzung administriren, und die ausstehenden Activen sammt den Zinsen fleißig und pünktlich beitreiben. Sodann hat derselbe

3) für Berichtigung der Masse zu sorgen, den Cridar und alle diejenigen, welche ein Verdacht der Entfremdung treffen könnte, den Offenbarungseid ablegen zu lassen, von dem Cridar nach dem Concursausbruche vorgenommene Veräußerungen mittelst der Nichtigkeitsklage, die früheren, so fern solche betrügerisch gewesen seyn sollten, mittelst der Paulianischen Klage anzufechten. Das, was auf den gesagten Wegen für die Masse noch herauskommt, muß in dem Inventar nachgetragen werden. Er sorgt

4) nach vorheriger Taxation für baldthunliche öffentliche Versteigeruug des Vermögens und Beitreibung der Steigschillinge;

5) Ist, was der Richter zu bestimmen hat, vorzusehen, daß der Concursprozeß eine unbestimmte Zeit oder länger als ein Jahr dauern werde: so müssen alle Schuldner, welche 50 Thaler Cour. oder drüber abzutragen haben, angewiesen werden unmittelbar zum gerichtlichen Depositum zu zahlen, so fern dieses Geld, wie gewöhnlich der Fall seyn wird, nicht sofort denjenigen privilegirten Gläubigern, hinsichtlich welcher wenigstens ein provisorisches Liquidum festgestellt ist, gegen Caution verabfolgt werden kann; dagegen haben die Concurs-Curatoren kleinere Summen selbst beizutreiben, und sobald sie 50 Thaler zusammengebracht haben, diese ebenfalls ins gerichtliche Depositum abzuliefern, oder damit nach der ihnen zu ertheilenden besonderen richterlichen Anweisung zu verfahren. Ohne richterliche Autorisa-

tion darf der Curator, die ganz feststehenden oder unentbehrlichen Ausgaben abgerechnet, keine Zahlung leisten.

6) Alle Jahre hat der Curator eine belegte Rechnung dem Concurs-Richter zu überreichen, und zwar die letzte vor Vertheilung der Masse so zeitig, daß sie in dem Zahlungstermine notaminirt, rezessirt und abgeschlossen von den Gläubigern eingesehen werden kann. Auf pünktliche Stellung und jedesmalige Monirung dieser Rechnung hat der Concursrichter allenfalls mit Zuziehung der Hauptinteressenten ex officio zu achten. Besonders ist darauf zu sehen, daß aus dieser Curatel nicht neue Prozesse entstehen und die Auszahlung der zeitig beizuschaffenden Massegelder verzögert werde.

§. 15. Schließlich wird noch bemerkt, daß, bevor das Prioritätserkenntniß rechtskräftig gewordrn ist, kein, auch noch so privilegirter Gläubiger, anders als gegen Sicherheit wegen der Rückzahlung, nie aber, so lange ein bevorzugter Gläubiger vorhanden ist, irgend ein Chirographar-Gläubiger eine Bezahlung erhalten darf. Die eingehenden Massegelder dürfen nicht müßig weder bei dem Curator noch im gerichtlichen Depositum liegen bleiben, sondern müssen sofort, sey es auch nur abschläglich auf den Grund eines bei den Akten bleibenden Resoluts zur Befriedigung der privilegirten Gläubiger und zwar, wenn mehrere gleichprivilegirte vorhanden sind, nach Verhältniß ausgetheilt, oder, wenn diese die erforderliche Sicherheit dafür nicht leisten können oder wollen, bei dem Banko-Comptoir verzinslich hinterlegt werden.

Wir verweisen für letztern Fall auf Beobachtung der von dem königlich preußischen Banko-Comptoir zu Cöln unterm 10. August 1823 ergangenen, durch die Amtsblätter bekannt gemachten Bestimmungen über das Verfahren bei dem Verkehr mit der Bank.

Cöln, den 17. März 1828.

Königlicher Rheinischer Appellations-Gerichtshof,
Abtheilung für ostrheinische Sachen u. s. w.
An Ruppenthal.

den königlichen Justiz-Senat zu Coblenz
und
an die fürstlich Wiedische Regierung,
Abtheilung für Justiz-Sachen,
zu Neuwied.

842.

Wegen der in den zum vormaligen Großherzogthum Berg gehörig gewesenen Landestheilen, vor Einführung der französischen Gesetze, bestandenen Fidei-Commisse.

Wir Friedrich Wilhelm, von Gottes Gnaden, König von Preußen ꝛc.

Da noch fortwährend Zweifel darüber bestehen, ob die zur Zeit der Einführung des französischen Civilgesetzbuches in denjenigen Landestheilen, welche bei Auflösung der fremden Herrschaft zum Großherzogthum Berg gehört haben, vorhanden gewesenen Fideicommisse durch dieses Gesetzbuch ihre Gültigkeit verloren haben, und besonders daraus Irrungen und Verlegenheiten bei der Einrichtung des Hypothekenwesens entstanden sind; so haben Wir, um diese Ungewißheit des Rechts und des Besitzstandes zu heben, Uns veranlaßt gesehen, nach erfordertem Gutachten Unseres Staatsraths für die vorgedachten Landestheile Folgendes zu verordnen:

§. 1. Das in dem französischen Civilgesetzbuch enthaltene Verbot der Substitutionen soll als eine Aufhebung der in den obgedachten Landestheilen früher bestandenen Fideicommisse nicht betrachtet werden. Es sollen vielmehr diese Fideicommisse fernerhin fortbestehen, und die Erbfolge darin so statt finden, wie sie vor Einführung der fremden Gesetze bestand.

§. 2. Es sollen jedoch alle Veräußerungen und andere Dispositionen, welche seit Einführung des französischen Civilgesetzbuchs bis zur Verkündung des gegenwärtigen Gesetzes über die Fideicommisse von den Besitzern derselben getroffen sein möchten, auf den Grund der Fideicommiß-Eigenschaft weder angefochten werden, noch zu Entschädigungs-Ansprüchen gegen die Urheber solcher Dispositionen berechtigen.

§. 3. In so weit diese Fideicommisse aber aus Grundstücken bestehen, sind die Anwarter verpflichtet, ihre Ansprüche daran binnen Jahresfrist, vom Tage der Verkündung gegenwärtigen Gesetzes an gerechnet, bei der Hypotheken-Behörde anzumelden. Erfolgt bis zu Ablauf dieser präclusivischen Frist keine Anmeldung dieser Art, so geht das Fideicommiß in das freie Eigenthum des Besitzers über, und die Hypotheken-Behörden sind gehalten, die über den Fideicommißverband etwa von Amtswegen gemachten Eintragungen von Amtswegen und kostenfrei zu löschen.

Urkundlich unter Unserer Allerhöchsteigenhändigen Unterschrift und beigedrucktem Königlichen Insiegel.

Gegeben Berlin, den 23. März 1828.

Friedrich Wilhelm.

843.

Gerichtliche Einwirkung bei Aufnahme gemüthskranker Personen in Irrenanstalten.

Auf Veranlassung des Schreibens des königlichen Ministerii der geistlichen, Unterrichts- und Medicinal-Angelegenheiten vom 5. dieses Monats,

in Betreff des Verfahrens gegen wahn- oder blödsinnige minderjährige Personen in den Rheinprovinzen,

habe ich mich abschriftlich anliegendermaaßen geäußert, welches ich Ihnen mit Bezug auf die Verfügung vom 13. December v. J. zur Nachricht und Achtung bekannt mache.

Berlin, den 25. März 1828. Der Justiz-Minister Graf v. Danckelmann.

An den königlichen General-Procurator Herrn Ruppenthal zu Cöln.

a.

Extract.

In der Sache selbst steht nach den bisherigen Bestimmungen allgemein fest:

1) daß es zur Aufnahme eines Gemüthskranken in eine Irren-Anstalt selbst keiner vorgängigen gerichtlichen Mitwirkung bedürfe;
2) daß aber die betreffende Anstalt sogleich nach erfolgter Aufnahme die Gerichtsbehörde, nämlich den betreffenden Ober-Procurator, davon in Kenntniß zu setzen habe;
3) daß es zu einer definitiven Aufbewahrung eines Gemüthskranken nothwendig eines gerichtlichen Verfahrens und zwar
   a) bei großjährigen und selbstständigen Personen des in den rheinischen Gesetzen bezeichneten Interdictions-Verfahrens
   b) bei minderjährigen oder unter väterlicher Gewalt befindlichen Personen des in der Verfügung vom 13. December 1827 angeordneten Verfahrens bedürfe.

Ew. Excellenz sind zwar der Meinung, daß die letztgedachten Vorschriften bei der Anstalt von Siegburg als bloßer Heil-Anstalt, worin die Kranken nie zur definitiven Aufbewahrung kommen, nicht zu berücksichtigen seien; indeß ist das Maximum der Dauer einer provisorischen Aufbewahrung (zum Zweck der Kur) so wenig bestimmt, vielleicht selbst bestimmbar, daß ich es, mit Bezug auf den Inhalt meines ganz ergebensten Schreibens vom 26. März 1827 für bedenklich finden muß, alles gerichtliche Einschreiten grundsätzlich bei den in Siegburg aufzubewahrenden Gemüthskranken auszuschließen. Es scheint aber auch einer solchen Bestimmung gar nicht zu bedürfen, wenn nur die Verwaltungs-Behörde der Anstalt von Siegburg in Befolgung des allgemeinen Erlasses Ew. Excellenz vom 5. Januar 1826 von jeder erfolgten Aufnahme eines Kranken den betreffenden Ober-Procurator benachrichtigt, indem hierdurch die Wirksamkeit der Anstalt nicht gehemmt, zugleich aber der Allerhöchsten Kabinets-Ordre vom 5. April 1804 dadurch genügt, und die gerichtliche Behörde in den Stand gesetzt wird, die Frage über die Nothwendigkeit ihres Einschreitens für einzelne Fälle nach den bestehenden Vorschriften zu beurtheilen.

Ew. Excellenz ersuche ich hiernach ganz ergebenst, des Herrn rc. v. Ingersleben Excellenz gefälligst zu bescheiden, und habe ich unter heutigem Dato dem Herrn General-Procurator Ruppenthal Abschrift dieses Schreibens zur Nachricht und Achtung mitgetheilt.

Berlin, den 25. März 1828.

An — Graf v. Danckelmann.

des königl. wirklichen Geheimen Staats-Ministers und Ministers der geistlichen, Unterrichts- und Medicinalangelegenheiten,
Herrn Freiherrn v. Altenstein
Excellenz.

844.

Vereinbarkeit des Notariats mit dem Bürgermeisteramte.

Indem Sie hierneben Abschrift des Schreibens des königlichen Ministerii des Innern vom 15. d. Mts. erhalten, werden Sie, unter den obwaltenden Umständen, auf den Bericht vom 16. d. Mts. angewiesen, gegen diejenigen Notarien, welche gleichzeitig Bürgermeister sind, mit allen weiteren Maaßregeln, um sie zur Niederlegung der einen oder andern Stelle anzuhalten, bis auf weitere Verordnung Anstand zu nehmen, und die königlichen Ober-Procuratoren danach zu instruiren.

Dies gilt auch namentlich von den Notarien N. N. Sollte übrigens bis dahin bei einem oder dem andern Notar der in der Verfügung vom 26. August 1822 vorgesehene Fall von Beschwerden über den Mißbrauch der Verbindung beider Aemter eintreten, so wird Ihr Bericht darüber erwartet.

Berlin, den 27. März 1828. Der Justiz-Minister

An Graf v. Danckelmann.

den königl. General-Procurator Herrn Ruppenthal zu Cöln.

a.

Mittelst Schreibens vom 26. August 1822 hat der verstorbene Herr Justiz-Minister v. Kircheisen eingewilligt, daß die Notarien, welche Bürgermeisterstellen in den Rheinprovinzen verwaltet haben, solche bis zur Emanation der Communal-Ordnung fortverwalten dürfen.

Gegen obige Bestimmung verlangt aber eben jetzt, da die Erlassung der Communal-Ordnung auf das ernstlichste betrieben wird, und man daher doppelte Ursache hat, allen Verordnungen Anstand zu geben, der General-Procurator, nach dem anliegenden Berichte der Regierung, die Trennung der beiden Aemter in allen Fällen, wo sie zeither vereinigt gewesen sind. Dies würde zur Folge haben, daß man die Bürgermeisterstellen in mehreren Communen entweder unbesetzt lassen, oder sie nur auf sehr kurze Zeit besetzen müßte, da nach der ergangenen Allerhöchsten Bestimmung die Entwürfe der Gesetze Seiner Majestät dem Könige am Ende des laufenden Monats bereits vorgelegt werden sollen.

Da nun die Fortdauer des jetzigen Zustandes auf kurze Zeit für die Justiz durchaus nicht von nachtheiligen Folgen sein kann, die Störung desselben aber für die Administration höchst nachtheilig sein würde, so ersuche ich Euer Excellenz, den General-Procurator anzuweisen, daß er von seinem Verlangen abstehe.

Berlin, den 15. März 1828.

An v. Schuckmann.

des königl. wirklichen Geheimen Staats- und Justiz-Ministers, Herrn Grafen v. Danckelmann Excellenz.

845.

Die Gesuche um Legitimationen müssen der General-procuratur des Appellations-Gerichtshofes eingereicht werden.

Seit dem Erscheinen der Allerhöchsten Kabinets-Ordre vom 6. November v. J. gehen mehrere Legitimationsgesuche aus den Rheinprovinzen unmittelbar bei dem Justiz-Minister ein, wodurch der Geschäftsgang wegen des Zusendens derselben an Sie zur näheren Vorbereitung und Berichtserstattung erschwert und verlängert wird.

Diesem Uebelstande wird abgeholfen, wenn die Gesuche durch Sie, und mit Ihrem Gutachten begleitet, hierher gelangen, und Sie werden daher veranlaßt, durch eine in die Amtsblätter einzurückende Bekanntmachung die Interessenten auf diesen Weg zu verweisen.

Berlin, den 24. April 1828. Der Justiz-Minister
An Graf v. Danckelmann.
den General-Procurator am rheinischen Appellations-Gerichtshofe Herrn Ruppenthal
zu Cöln.

846.

Amortisation verlorener oder vernichteter Staatspapiere.

Wir Friedrich Wilhelm, von Gottes Gnaden, König von Preußen 2c.

Zur Erläuterung, Ergänzung und anderweiten Bestimmung der in den §§. 18 bis 21. der Verordnung vom 16. Juni 1819 enthaltenen Vorschriften über das Aufgebot und die Amortisation verlorner oder vernichteter Staats-Papiere, und des Verfahrens über die Ausfertigung neuer Staats-Schulden-Papiere an die Stelle der amortisirten, verordnen Wir, auf den Antrag Unseres Staats-Ministeriums, und nach erfordertem Gutachten Unseres Staatsraths, wie folgt:

§. 1. Beim Aufgebot der im §. 18. der Verordnung vom 16. Juni 1819 erwähnten Staats-Schulden-Papiere, wohin auch die Papiere über Provinzial-Staatsschulden gehören, in sofern ihrer Natur und Beschaffenheit nach bisher überhaupt ein Aufgebots- und Amortisationsverfahren ihretwegen zulässig gewesen ist, bedarf es der im §. 6. dieser Verordnung vorgeschriebenen vorläufigen Bekanntmachung in dem Falle nicht, wenn zu dem aufzubietenden Papier entweder niemals Zins-Coupons ausgegeben waren, oder dasselbe zu einem Theile der Staatsschuld gehört, welcher bereits abgelegt, oder bei welchem die Ausfertigung neuer Coupons eingestellt ist.

Ein solches Papier kann vielmehr ohne Abwartung eines Zeitraumes gerichtlich aufgeboten werden, sobald die betreffende Schulden-Verwaltungs-Behörde ein Zeugniß dahin ausstellt:

daß die mit dem verloren gegangenen Papiere verbriefte Schuld in den Büchern oder Etats noch offen stehe.

Ein gleiches Zeugniß und

daß auch das aufgebotene Papier bis dahin nicht zum Vorschein gekommen,

muß, nachdem der in Gemäßheit des §. 20. der gedachten Verordnung mit zwölfmonatlicher Frist anzuberaumende Edictaltermin eingetreten ist, vor Abfassung des Amortisations-Erkenntnisses beigebracht werden.

§. 2. Das gerichtliche Aufgebot eines Staats-Papieres erfolgt bei demjenigen Obergericht (im Großherzogthum Posen und in den Rheinprovinzen bei demjenigen Landgericht), in dessen Gerichtsbezirk die Schulden-Verwaltungs-Behörde ihren Sitz hat, auf deren Etat die mit dem aufzubietenden Papiere verbriefte Schuld sich befindet. Nur Domainen-Pfandbriefe und andere in Hypothekenbüchern eingetragene Staats-Schulden-Papiere werden bei demjenigen Gericht aufgeboten, unter dessen Gerichtsbarkeit das verpfändete Grundstück belegen ist.

§. 3. Die Edictalladung, und in den dazu geeigneten Fällen die vorläufige Bekanntmachung, muß sowohl auf die in der Allgemeinen Gerichtsordnung und deren Anhang vorgeschriebene Weise, als auch durch die in der Kabinets-Ordre vom 22. October 1825 bezeichneten Blätter des Inlandes und des Auslandes, wo der Verlust sich ereignet hat, zur öffentlichen Kenntniß gebracht werden. Beim Aufgebot verloren gegangener Verbriefungen über Provinzial-Staats-Schulden treten jedoch die Amtsblätter des Regierungsbezirkes, in welchem die betreffende Schuldenverwaltung ihren Sitz hat, an die Stelle der in der gedachten Kabinets-Ordre genannten Berliner Intelligenzblätter.

§. 4. Die Ausfertigung eines neuen Staats-Schulden-Papieres, an die Stelle des gerichtlich amortisirten, findet nicht mehr statt, wenn die Verbriefung desjenigen Theils der Staatsschuld, zu welchem es gehört, bereits geschlossen ist.

In diesem Falle hat die Schulden-Verwaltungs-Behörde, auf deren Etat die Schuld steht, einer von ihr zu beglaubigenden Abschrift der mit dem Atteste der Rechtskraft versehenen Ausfertigung des Amortisations-Erkenntnisses, wovon die Urschrift bei ihren Acten zu verwahren ist, ein Anerkenntniß beizufügen, durch welches sie ebenso, wie durch das amortisirte Papier verpflichtet wird. In dieses Anerkenntniß ist so viel als möglich der vollständige Inhalt des amortisirten Papieres, und in den Fällen, wo das letztere auf jeden Inhaber gelautet hat, auch noch die Erklärung aufzunehmen, daß die Zahlung des Capitals und der Zinsen von Seiten der Schulden-Verwaltungs-Behörde an jeden Inhaber des Anerkenntnisses, ohne weitere Legitimation desselben, mit voller Wirkung geschehe.

Urkundlich unter Unserer Allerhöchsteigenhändigen Unterschrift und beigedrucktem Königlichen Insiegel.

Gegeben Berlin, den 3. Mai 1828. Friedrich Wilhelm.

847.

Bei Einklagen von Forderungen gegen Magazin- und Cassenbeamte der Militairverwaltung müssen die Gerichte den Militair-Intendanturen Nachricht geben.

Im §. 49. des Anhangs zur Allgemeinen Gerichtsordnung ist festgesetzt worden:

daß wenn gegen Cassenbediente des Regierungs-Ressorts Geldforderungen eingeklagt werden, das Gericht davon der betreffenden Regierung sogleich Nachricht geben soll.

Zur Sicherstellung des königlichen Cassen-Interesses soll nach dem Verlangen des Herrn Kriegsministers ein Gleiches in Absicht auf die Beamten dieser Cathegorie aus dem Ressort der königlichen Militair-Oeconomie-Administration geschehen.

Jedes Gericht, bei welchem dergleichen Klagen gegen Magazin- und Cassenbeamte der Militairverwaltung angestellt werden, hat sofort die nöthige Nachricht an die königlichen Militair-Intendanturen gelangen zu lassen. In den Rheinprovinzen soll in Gemäßheit des §. 38. des rheinischen Ressort-Regulativs vom 20. Juli 1818 die Benachrichtigung durch das öffentliche Ministerium geschehen, sobald die Sache auf die Rolle kommt.

Berlin, den 5. Mai 1828. Der Justiz-Minister
An Graf v. Danckelmann.
den königl. General-Procurator Herrn Ruppenthal zu Cöln.

848.

Bezeichnung der Grundstücke bei Veräußerung und Theilung derselben nach Maaßgabe der Grundsteuer-Mutterrollen.

Schon im October 1820 (No. 368.) wurde den Notarien, Gerichtsschreibern und Gerichtsvollziehern anempfohlen, in den Verträgen über Grundstücke, in den Inventarien, oder bei den Beschlagnahmen die Grundstücke nach den von den Bürgermeistern zu ertheilenden Auszügen aus den Mutterrollen zu bezeichnen, und das Zweckmäßige dieser Maaßregel hat sich bisher allenthalben so bewährt, daß es im Interesse des Publikums nothwendig ist, derselben die möglichst große Vollständigkeit zu geben.

Diese wird dadurch erreicht, daß in den Verträgen, Inventarien, Beschlagnahmen u. s. w. auch die Nummer des zu bezeichnenden Grundstückes in der Charte gleichzeitig angegeben wird, welche sich in dem Auszuge aus der Mutterrolle angeführt findet, in so fern die Charte vollendet ist.

Ich muß deswegen allen Notarien, Gerichtsschreibern und Gerichtsvollziehern ganz besonders zur Pflicht machen, in allen Verhandlungen, bei welchen es auf die genaue Bezeichnung eines Grundstücks ankommt, außer den anderen, aus dem Auszuge der Mutterrolle zu entnehmenden Angaben auch die Nummer, welche das Grundstück in der Charte hat, anzugeben, wenn sich diese Nummer auf dem besagten Auszuge bemerkt findet.

Cöln, den 21. Mai 1828. Der General-Procurator
Ruppenthal.

Publicandum.

849.

Wegen des den Fideicommiß-Anwärtern in den zum Großherzogthume Berg gehörig gewesenen Landestheilen gestellten Präclusivtermins zur Anmeldung ihrer Ansprüche bei den Hypothekenbehörden.

Mit der von Ihnen in dem Berichte vom 31. v. M.

betreffend die in dem vormaligen Großherzogthume Berg vor Einführung der französischen Gesetze bestandenen Fideicommisse

geäußerten Ansicht kann ich mich darin nicht einverstanden erklären,

daß auf die durch das Gesetz vom 23. März d. J. §. 3. den Fideicommiß-Anwärtern bestimmte präclusivische Frist zur Anmeldung ihrer Ansprüche bei der Hypothekenbehörde die Grundsätze der Verjährung und namentlich die Vorschriften des Artikels 2252. des in den Rheinprovinzen geltenden Civilgesetzbuchs und resp. des §. 525. Tit. 9. Thl. 1. des A. L. R. anzuwenden seien.

Hier ist nicht von dem Verlust eines Rechts durch den bloßen Zeitablauf die Rede, sondern es kommt auf die Erhaltung eines Rechts durch das Mittel der Eintragung in die Hypothekenbücher an. Die Befugniß zur Anmeldung des Rechts Behufs dieser Eintragung ist an die Dauer eines Jahrs geknüpft, und wenn der dieser Bestimmung und ähnlichen Vorschriften bei der Einrichtung von Hypothekenbüchern zum Grunde liegende Zweck, die Sicherstellung des Eigenthumes, erreicht werden soll; so kann von dieser Anmeldungs-Verbindlichkeit Niemand ausgeschlossen bleiben. Die angedrohte Präclusion muß hiernach nicht bloß volljährige, sondern auch minderjährige und unter väterlicher Gewalt stehende Personen treffen, und es werden daher die Väter und Vormünder von Fideicommiß-Anwärtern auch in demjenigen Theile des vormaligen Großherzogthums Berg, in welchem noch das französische Gesetzbuch gilt, allerdings aufzufordern sein, die Rechte ihrer Kinder und Pflegebefohlnen durch Anmeldung derselben bei der Hypothekenbehörde gehörig wahrzunehmen.

Berlin, den 16. Juni 1828. Der Justiz-Minister
Graf v. Danckelmann.

An
den königlichen General-Procurator Herrn Ruppenthal
zu Cöln.

850.

Zurückweisung der von den niederländischen Gerichten ausgehenden Requisitionen wegen Vollstreckung rechtskräftiger Erkenntnisse.

Da von Seiten der königlichen niederländischen Regierung die Vollstreckung diesseitiger rechtskräftiger Erkenntnisse unbedingt verweigert wird; so soll diesseits in umgekehrten Fällen ein gleiches Verfahren beobachtet, und ähnliche von den niederländischen Gerichten ausgegangene Requisitionen zurückgewiesen werden. Im Einverständniß mit dem königlichen Ministerium der auswärtigen Angelegenheiten erhalten Sie daher den Auftrag, die bei Ihnen oder den königlichen Gerichtsbehörden in den Rheinprovinzen eingehenden Requisitionen der königlichen niederländischen Behörden urschriftlich zum Justiz-Ministerium, Behufs weiterer Entscheidung, einzureichen, hiernach auch die rheinischen Gerichtshöfe anzuweisen.

Berlin, den 19. Juni 1828. Der Justiz-Minister
An Graf v. Danckelmann.
den königl. General-Procurator Herrn Ruppenthal
zu Cöln.

851.

Instruction über die Anwendung des §. 30. des Stempelgesetzes vom 7. März 1822.

Nachdem der von Ihnen mittelst Berichts vom 29. März v. J. eingereichte Entwurf der Instruction für die rheinischen Gerichte wegen Anwendung des §. 30. des Stempelgesetzes vom 7. März 1822, nach Maaßgabe Ihrer von dem königlichen Finanz-Ministerio am 17. December pr. genehmigten Vorschläge abgeändert worden, wird Ihnen in der Anlage die diesfällige Instruction zugefertigt, um solche zur Kenntniß der Justizbehörden in den Rheinprovinzen zu bringen, und für deren Vollziehung zu sorgen.

Berlin, den 23. Juni 1828. Der Justiz-Minister
An Graf v. Danckelmann.
den königl. General-Procurator Herrn Ruppenthal
zu Cöln.

a.

Nach dem §. 30. des Gesetzes vom 7. März 1822 über

die Stempelsteuer haben alle richterliche Behörden die Verpflichtung, auf Befolgung der Stempelgesetze zu wachen, und alle bei ihrer Amtsverwaltung zu ihrer Kenntniß kommende Contraventionen von Amtswegen zu rügen, auch, soweit sie überhaupt befugt sind, Strafen zu erkennen, in den erwähnten Fällen die Stempelstrafen zur Anwendung zu bringen.

Diese Vorschrift scheint jedoch bei den rheinischen Gerichten bisher nicht in der Art, wie es hätte geschehen sollen, befolgt worden zu sein, weshalb sämmtliche Gerichtsbehörden hierdurch auf die strengste Beobachtung der gesetzlichen Bestimmungen aufmerksam gemacht werden.

Die in dem angeführten §. 30. des Gesetzes vom 7. März 1822 gemachte Bedingung, daß, um die Stempelstrafen zur Anwendung zu bringen, die gerichtlichen Behörden überhaupt befugt sein müssen, Strafen zu erkennen, tritt bei allen rheinischen Gerichten mit Inbegriff der Handelsgerichte unbedenklich ein, für alle ist daher auch die Vorschrift jener Gesetzstelle unbedingt verbindlich.

Um nun ein durchaus einförmiges Verfahren zu begründen, wird hierdurch im Einverständniß mit des Herrn Finanz-Ministers Excellenz Folgendes bestimmt.

§. 1. Sobald eine richterliche Behörde in einer anhängigen Rechtssache bemerkt, daß die ihr vorgelegten Urkunden nicht gehörig gestempelt sind, ist durch ein besonderes Resolut der Betrag des nachzubringenden Stempels und der verwirkten Stempelstrafe festzusetzen. Dieses Resolut wird, nach dem zur allgemeinen Achtung hier beigefügten Formulare abgefaßt, die Verurtheilung wird, nach §. 22. des Gesetzes vom 7. März 1822 gegen den Producenten ausgesprochen, welchem es überlassen bleibt, seinen Rückgriff gegen den eigentlichen Contravenienten zu nehmen. Die Urkunde selbst, welche zu dem Strafresolute die Veranlassung gegeben hat, wird zurückbehalten.

§. 2. Die Ausfertigung des Strafresoluts geschieht ohne executorische Klausel, sie wird jedoch von dem Friedensrichter, oder bei den Collegien von dem Präsidenten unterzeichnet, und findet, wenn mehrere Contravenienten durch dasselbe betroffen worden, in so vielen Exemplaren statt, daß für jeden der im Resolut benannten Contravenienten ein Exemplar und außerdem ein Actenexemplar, in welchem die Namen aller Contravenienten zusammen getragen werden, abgegeben werden kann.

Die Belehrung wegen des dagegen zuständigen Rechtsmittels ist auf der Rückseite anzugeben, wie dies auf dem beigefügten Formulare geschehen ist.

§. 3. Diese Ausfertigungen werden demjenigen Haupt-Zoll- und Steueramte in den Rheinprovinzen zugesandt, in dessen Bezirke der Contravenient, oder wenn deren mehrere sind, der zuerst aufgeführte Contravenient wohnhaft ist.

Wenn von mehreren Contravenienten einige oder Einer in den Rheinprovinzen, die andern aber in einer andern Provinz der Monarchie oder im Auslande wohnen, so geschieht die Mittheilung an das rheinische Hauptzoll- und Steueramt, in dessen Bezirke Einer der Contravenienten wohnt. Ist aber der Wohnort keines der Contravenienten in den Rheinprovinzen, so geschieht die Zusendung an dasjenige Haupt-Zoll- oder Steueramt, in dessen Bezirk das Gericht, welches das Resolut erlassen, seinen Sitz hat.

§. 4. Die Haupt-Zoll- oder Steuerämter werden die ihnen auf besagte Art zukommenden Strafresolute den Betheiligten bekannt machen, und für die Vollstreckung, oder die Einleitung des weitern Verfahrens Sorge tragen. In dieser Beziehung ist Folgendes zu bemerken:

§. 5. Beruhigt sich der Contravenient bei dem Strafresolute, bezahlt er daher den defectirten Stempel und die Strafe, so wird ihm von dem Steueramte der Stempelbogen cassirt ausgehändigt. Diesen übergiebt er der gerichtlichen Behörde, welche das Strafresolut erlassen hat, der kassirte Stempelbogen wird von derselben der zurückbehaltenen Urkunde beigeheftet, und diese alsdann dem Contravenienten zurückgegeben, womit die Sache abgemacht ist.

§. 6. Erklärt der Contravenient, daß er gegen das Strafresolut bei der höhern Verwaltungsbehörde reclamiren wolle, so wird ihm auf sein Begehren, und gegen Zahlung der gewöhnlichen Gebühren, eine beglaubigte Abschrift der stempelpflichtigen zurückbehaltenen Urkunde zum Zweck seiner Reclamation gegeben. Um später die Rückgabe des Originals der Urkunde zu erhalten, muß er dem Gerichte nachweisen, daß ihm die Beibringung des Stempels und der Strafe erlassen worden sei, oder er muß im entgegengesetzten Falle den cassirten Stempelbogen beibringen.

§. 7. Im ersten Falle, d. h. wenn Stempel und Strafe erlassen worden, wird die Entscheidung der obern Verwaltungsbehörde dem Gerichte übergeben, und es wird auf der alsdann zurückzugebenden Urkunde bemerkt, daß in Gefolge dieser Entscheidung die Urkunde an den Produzenten verabfolgt worden, welcher den Empfang zu bescheinigen hat. Im zweiten Falle wird der cassirte Stempelbogen den Urkunden beigeheftet, und diese alsdann dem Produzenten gegen Empfangsbescheinigung eingehändigt. Die Beibringung des cassirten Stempels wird für die Gerichte auch als Beweis der bezahlten Strafe genügen.

§. 8. Erklärt aber endlich der Contravenient, daß er gegen das Strafresolut auf gerichtliche Entscheidung provocire, so wird auf die desfallsige Anzeige des Haupt-Zoll- und Steueramtes, die bei dem Gerichte zurückbehaltene Urkunde an den Ober-Procurator bei dem betreffenden Landgerichte gesandt, welcher sodann, nach den bestehenden Vorschriften, das gewöhnliche Verfahren einleitet.

Gehört der Contravenient zu den Beamten, welche in den Art. 479. und 483. der Criminal-Proceß-Ordnung genannt sind, so wird anstatt des Ober-Procurators an den General-Procurator bei dem Appellationsgerichtshofe die Urkunde zur weiteren Veranlassung eingesandt.

Das alsdann ergehende Urtheil, welches der Steuerbehörde, wie in andern Steuerdefraudationssachen, nach Inhalt der Verfügung der General-Procuratur vom 18. Mai 1826, wenn es der Steuerverwaltung ungünstig ist, oder im entgegengesetzten Falle zum Zwecke der Vollstreckung zu communiciren ist, wird bestimmen, ob die Strafe bezahlt werden müsse, oder ob das Strafresolut aufzuheben sei, und nach Maaßgabe dieser Entscheidung muß, wenn sie rechtskräftig geworden, der Stempel beigebracht, oder die Urkunde, unter Beziehung auf das ergangene rechtskräftige Urtheil zurückgegeben werden.

§. 9. Wenn mehrere Contravenienten aus der nämlichen Urkunde in Anspruch genommen werden, von welchen der Eine sich bei dem ergangenen Strafurtheil beruhigt, der andere aber dagegen reclamirt, so kann die zurückbehaltene Urkunde nur dann an die Interessenten ausgehändigt werden, wenn sie die Bescheinigung des Haupt-Zoll- oder Steueramtes beibringen, daß entweder sämmtliche Contravenienten die Gebühren und Strafen bezahlt haben, oder daß für den Fall der künftigen Entscheidung zum Nachtheil der reclamirenden Contravenienten der Steuerbehörde Sicherheit gestellt sei.

§. 10. Die Niederschlagung der Stempelstrafen, welche von gerichtlichen Beamten, mit Einschluß der Notarien in Ausübung ihrer Amtsverrichtungen verwirkt worden sind, gehört jederzeit ausschließlich zum Ressort des Chefs der Justiz, an welchen daher auch Gesuche um Niederschlagung dieser Strafen gerichtet werden müssen.

§. 11. Ueber alle Strafresolute des Gerichts wird eine Stempelstrafliste geführt, und zwar nach dem hier beigebogenen Formular, welches, der nöthigen Gleichförmigkeit wegen, genau zu befolgen ist.

Hiervon wird vierteljährig dem Herrn Provinzial-Steuer-Direktor ein Auszug mitgetheilt.

§. 12. In den Fällen, in welchen nach den bestehenden Grundsätzen den Secretariaten der Denuncianten-Antheil zusteht, wird derselbe von den Hauptämtern an die betreffende Person oder Stelle gezahlt werden.

§. 13. Wenn die Stempelfiscale, nach §. 34. des Gesetzes vom 7. März 1822 in die Lage kommen, daß sie den Beistand der Gerichte nachsuchen müssen, so werden sich dieselben an die betreffenden Friedensrichter wenden, welche nach Anleitung im §. 34. verfahren werden.

Nach diesen Bestimmungen haben sämmtliche Gerichtsbehörden sich zu achten.

Berlin, den 23. Juni 1828. Der Justiz-Minister
Graf v. Danckelmann.

Strafresolut

gegen 1.
— 2.
— 3.

Zur nachbezeichneten, auf dem Secretariate des hiesigen Gerichts niedergelegten Urkunde

ist das nach dem Tarifsatze
des Gesetzes vom 7. März 1822 erforderliche Stempelpapier
von nicht verwendet, und
diese Contravention durch
gerügt worden. Gemäß §. 21. und 22. des erwähnten Gesetzes wird demnach gegen Eingangs benannte Contravenienten die sofortige Nachbringung des fehlenden Stempels von
zum hiesigen Secretariat und die Entrichtung der gesetzmäßigen Strafe von
und Kosten an das königliche Haupt Amt zu
hierdurch verordnet.

den ten 18

(L. S.)

Königl. Preuß.

Ausfertigung zu
für

NB. Der Stempel zur niedergelegten Urkunde wird nur einmal nachgeliefert, wofür jedoch jeder Contravenient solidarisch verhaftet ist.

Binnen zehn Tagen nach Bekanntmachung dieses Resoluts steht dem Verurtheilten, der sich beschwert glaubt, frei, bei dem benannten Hauptamte auf weitere Entscheidung der königlichen Provinzial-Steuerdirektion anzutragen, und in einer einzureichenden Recursschrift, welcher eine bei dem Gerichte einzulösende Abschrift der Urkunde beizufügen ist, die Gründe dieses Antrages auszuführen. Beträgt die Strafe eines Verurtheilten 10 Rthl. oder mehr, so steht demselben die Wahl zwischen vorstehendem Rechtsmittel oder die Berufung auf richterliches Gehör offen.

Sobald die Frist von zehn Tagen, ohne dem Urtheile zu genügen, oder ohne Anmeldung eines Rechtsmittels verflossen, ist das Strafresolut rechtskräftig, und es wird die Execution verfügt werden.

	Sgr.	Pf.
Stempel des Resoluts		
Stempel zur Ausfertigung	15 —	—
Portoauslagen		
Summe		

Stempel-Straf-Liste geführt bei dem Königlichen

№	Namen der Contravenienten.	Worin die Contravention besteht.	Datum des die Geldbuße oder Strafe festsetzenden Decrets.	Summarischer Betrag der Geldbuße oder Strafe.			Werth des nachzubringenden Stempels.			Benennung des Hauptzoll- oder Steueramtes, wohin das Decret abgesendet worden, nebst Datum.	Benennung des Ober-Procurators, an welchen die der Contravention bezüchtigte Urkunde im Falle der Provocation auf gerichtliche Entscheidung abgesandt worden und Datum.	Tag der Beibringung des Stempels, oder Angabe der Entscheidung der höheren Verwaltungs-Behörde oder des Gerichts, wodurch Stempel und Strafe erlassen worden.	Tag der Rückgabe der Urkunde, und Unterschrift des Producenten statt Quittung über den Empfang.	Sonstige Bemerkungen.
				Rthlr.	Sgr.	Pf.	Rthlr.	Sgr.	Pf.					

852.

Ueber die Auslegung der Allerhöchsten Kabinets-Ordre vom 1. August 1817, wegen Entschädigung vormals fremdherrlicher Beamten findet kein Rechtsverfahren statt.

Sie erhalten hierbei eine Abschrift des von der Regierung zu Düsseldorf unter dem 1. d. M. erstatteten Berichts,

den wegen Gehaltsentschädigung von dem dasigen Landgerichtsschreiber N. wider den Fiscus angestellten Proceß betreffend,

nebst einer Abschrift der hierauf an die gedachte Behörde ergangenen Verfügung mit der Anweisung, es zu veranlassen, daß die abschriftlich beifolgende Verfügung an die Ober-Justizbehörden vom 4. Februar c. in den rheinischen Amtsblättern abgedruckt werde.

Berlin, den 23. Juni 1828. Der Justiz-Minister
Graf v. Danckelmann.

An
den königl. General-Procurator Herrn Ruppenthal
zu Cöln.

a.

Seine Majestät der König haben mittelst Allerhöchster Kabinets-Ordre vom 10. November 1827 zu bestimmen geruhet:

daß über die Auslegung der im Wege der Gnade erlassenen Allerhöchsten Ordre vom 1. August 1817 — die Feststellung der Entschädigungen vormals fremdherrlicher Beamten betreffend — ein Rechtsverfahren nicht zulässig sei, und etwanige Zweifel über einzelne Bestimmungen jener Ordre lediglich Seiner Majestät Allerhöchsten Entscheidung unterworfen werden sollen.

Sämmtliche königliche Ober-Justizbehörden werden daher hierdurch angewiesen, dergleichen etwa von Beamten gegen den Fiscus zu erhebende Klagen, auch wenn diesen Ansprüchen nicht schon die Präclusion aus der Allerhöchsten Kabinets-Ordre vom 30. Juli 1822 entgegenstehen sollte, als zur richterlichen Entscheidung nicht geeignet, zurückzuweisen.

Berlin, den 4. Februar 1828. Der Justiz-Minister
Graf v. Danckelmann.

An
sämmtliche königliche Ober-Justizbehörden.

853.

Verfahren bei Competenz-Conflicten zwischen den Gerichten und den Verwaltungsbehörden.

Um die Competenz-Conflicte zwischen den Gerichten und den Verwaltungs-Behörden durch ein gesetzlich bestimmtes Verfahren gleichförmig zu beseitigen, setze Ich, auf den Bericht des Staatsministeriums vom 12. d. Mts., hierdurch fest: daß jeder einzelne Fall eines Conflicts, der nicht durch eine Vereinigung zwischen dem Minister der Justiz und dem Minister der betreffenden Verwaltung zu erledigen ist, im gesammten Staatsministerium nach seinen factischen und rechtlichen Verhältnissen vollständig erörtert und gründlich geprüft werde. Wenn hierdurch die Gewißheit erlangt ist, daß keine Momente übergangen sind, die ein richtiges Urtheil über die streitige Anwendung des Gesetzes auf den vorliegenden Fall begründen, hat das Staatsministerium in einem motivirten gutachtlichen Berichte auf Meine unmittelbare Bestimmung anzutragen, auch, wenn nach der Ansicht desselben der Competenzstreit aus einer zweifelhaften Fassung des Gesetzes entsprungen und durch eine declaratorische Entscheidung, mithin im Wege der Gesetzgebung, zu berichtigen ist, den Entwurf der Declaration zu Meiner weitern Verfügung Mir einzureichen. In sofern nur über die Anwendbarkeit eines für unzweifelhaft zu achtenden Gesetzes auf den einzelnen Fall zu urtheilen ist, mithin keine gesetzgebende, sondern eine richterliche Function eintritt, behalte Ich Mir nach Verschiedenheit der Fälle und mit Rücksicht auf die größere oder mindere Erheblichkeit des Gegenstandes vor, entweder unmittelbar, erforderlichen Falls nach zuvörderst erstattetem Gutachten des Staatsraths, zu entscheiden, oder die Entscheidung dem höchsten Gerichtshofe, mithin, nach Bewandniß des Ressorts, entweder dem Geheimen Ober-Tribunal, oder dem rheinischen Revisionshofe aufzutragen. Uebrigens muß, sobald der Fall eines Conflicts eintritt, das Rechtsverfahren in der Sache selbst von Seiten der gerichtlichen Behörde suspendirt, und die Entscheidung des Competenz-Conflicts erwartet werden.

Das Staatsministerium hat diese Bestimmungen zur öffentlichen Kenntniß zu bringen und in Gemäßheit derselben sowohl in den bereits vorliegenden, als in den sich künftig ereignenden Conflictfällen zn verfahren.

Potsdam, den 30. Juni 1828.

An das Staatsministerium.

Friedrich Wilhelm.

854.

Competenz der Militair-Intendanturen zum Betrieb aller Processe ihres Ressorts.

In der abschriftlichen Anlage erhalten Sie die wegen der Competenz der Militair-Intendanturen zum Betrieb aller in Angelegenheiten ihres Ressorts entstehenden Processe,

unter dem heutigen Dato an sämmtliche Landes-Justizcollegien erlassene Circular-Verfügung zur Kenntnißnahme und um ferner den Inhalt zur Kenntniß des königlichen Appellationsgerichtshofes zu bringen, und durch den Ober-Procurator zur Kenntniß der Landgerichte bringen zu lassen, damit auch die Gerichte sich hiernach achten. Auch ist der Justiz-Senat hiernach anzuweisen.

Berlin, den 4. Juli 1828. Der Justiz-Minister
An Graf v. Danckelmann.
den königlichen General-Procurator Herrn Ruppenthal zu Cöln.

a.

Auf den Antrag Sr. Excellenz des Herrn Kriegs-Ministers, und mit Beziehung auf das Publicandum desselben, über den Wirkungskreis und die amtliche Stellung der Militair-Intendanturen, vom 10. Februar 1828, wird das königliche rc. darauf aufmerksam gemacht, wie es keinem Zweifel unterliegt, daß die Militair-Intendanturen alle, in Angelegenheiten ihres Ressorts entstehenden Processe ohne Anfrage nach ihrer pflichtmäßigen Ueberzeugung anhängig machen oder sich darauf einlassen, und durch die gesetzlichen Instanzen fortführen können, daß ferner die von den Militair-Intendanturen den fiscalischen Anwälden ertheilten Aufträge und Vollmachten hinreichend sind, um diese bei den Gerichten zu dem Proceß zu legitimiren, in gleicher Art, wie diese Bestimmungen nach dem §. 14. der Instruction vom 23. October 1817 in Beziehung auf die Regierungen getroffen sind.

Hiernach hat sich das königliche rc. selbst zu achten und die Untergerichte seines Bezirks anzuweisen.

Berlin, den 4. Juli 1828. Der Justiz-Minister
An Graf v. Danckelmann.
sämmtliche Landes-Justizcollegien.

855.

Definition des im Stempelgesetz vom 7. März 1822 enthaltenen Ausdrucks „Legalisation".

Da bei mehreren Behörden Zweifel darüber entstanden sind, welche Art Verhandlung der Tarif zu dem Stempelgesetz vom 7. März 1822 unter Legalisationen verstanden habe, und dadurch ein ungleichförmiges Verfahren bei Anwendung des Stempelgesetzes veranlaßt ist; so wird mit Beseitigung der hierüber bisher etwa auf specielle Anfragen ergangenen Bescheidungen zur Nachachtung allgemein vorgeschrieben, daß unter Legalisationen nur Atteste verstanden werden können, welche darüber, daß eine amtliche Unterschrift richtig und mit amtlicher Befugniß ausgestellt sei, von derjenigen Behörde ertheilt worden sind, der die Beurtheilung der amtlichen Qualität des Ausstellers gesetzlich beigelegt ist.

Berlin, den 16. Juli 1828.

Der Justiz-Minister Graf v. Danckelmann. Der Finanz-Minister von Motz.

Circulare
an den königlichen General-Procurator am Appellations-Gerichtshofe Herrn Ruppenthal zu Cöln und an sämmtliche königliche rheinische Regierungen.

856.

Dem Gebiete des Herrn Fürsten zu Wied wird in der Geschäftscorrespondenz die Benennung „Grafschaft" beigelegt.

In Gemäßheit des von dem königlichen Staatsministerium,
wegen der in der Geschäftscorrespondenz dem Gebiete des Herrn Fürsten zu Wied beizulegenden Benennung,
gefaßten Beschlusses sind sämmtliche Gerichtsbehörden angewiesen worden, sich in den vorkommenden Fällen der Benennung „Grafschaft" zu bedienen.

Sie haben sich hiernach ebenfalls zu achten, auch solches zur Kenntniß der rheinischen Gerichtsbehörden zu bringen.

Berlin, den 21. Juli 1828. Der Justiz-Minister Graf v. Danckelmann.

An
den königl. General-Procurator Herrn Ruppenthal zu Cöln.

857.

Erleichterung der Todeserklärungen der aus den Kriegen von 1806 bis 1815 nicht zurückgekehrten Personen.

Wir Friedrich Wilhelm, von Gottes Gnaden, König von Preußen ꝛc. Da seit der Beendigung der in den Jahren 1806 bis 1815 geführten Kriege eine Reihe von Jahren verflossen ist, und sowohl dadurch, als durch die besonderen ungewöhnlichen Ereignisse und Umstände, von denen diese Kriege begleitet gewesen sind, die Vermuthung begründet wird, daß die darin vermißten Personen nicht mehr am Leben sind, und daher das für gewöhnliche Todes- und Abwesenheits-Erklärungen vorgeschriebene Verfahren nicht mehr erforderlich ist, so verordnen Wir für sämmtliche Provinzen unserer Monarchie, auf den Antrag Unseres Staatsministeriums, nach erfordertem Gutachten Unseres Staatsraths, hierdurch Folgendes:

§. 1. Alle diejenigen, welche an einem der in den Jahren 1806 bis 1815 geführten Kriege Theil genommen haben, und darin vermißt worden sind, sollen von dem Gericht ihres letzten Wohnorts oder ihrer Herkunft für todt erklärt werden, wenn nachgewiesen wird, daß sie an einem jener Kriege Theil genommen haben, und seit der Beendigung desselben von ihrem Leben keine Nachricht vorhanden sei.

§. 2. Es erstreckt sich dies nicht blos auf die eigentlichen Militairpersonen (Combattanten), sondern auch auf Kriegsbeamte, Knechte, Schanz- und andere Arbeiter, desgleichen Ehefrauen, Kinder und Gesinde des Militairs, und überhaupt alle und jede, welche in irgend einem Verhältnisse der Armee gefolgt sind.

§. 3. Zum Behuf jener Nachweisung muß der die Todeserklärung extrahirende Interessent zuvörderst ein Attest der Ortsobrigkeit beibringen, daß der Verschollene in irgend einem Verhältnisse an dem Kriege Theil genommen habe. Es kann jedoch dieser Nachweis auch durch jede andere Beweisführung geliefert werden, wenn das Attest der Ortsobrigkeit nicht zu erlangen sein möchte.

§. 4. Sodann muß der Extrahent eidlich bekräftigen, daß er von dem Leben und Aufenthalt des Abwesenden seit dessen Gefangennehmung oder Verschwinden im Kriege keine Nachrichten erhalten habe.

§. 5. Auf den Grund dieses gelieferten Beweises spricht das Gericht die Todeserklärung des Verschollenen durch ein kostenfreies Erkenntniß aus, ohne daß es einer öffentlichen

Vorladung desselben, und sonstiger Förmlichkeit des Verfahrens gegen Verschollene bedarf.

§. 6. Der Tag der Rechtskraft des genannten Erkenntnisses wird als der Todestag des Verschollenen, und in denjenigen Rheinprovinzen, worin das französische Recht noch gilt, als Tag der definitiven Einweisung der Erben in den Besitz angesehen. Die Ehefrauen der Verschollenen in den letztgedachten Provinzen erhalten durch die Todeserklärung zugleich das Recht, die Trennung der Ehe durch den Beamten des Civilstandes aussprechen zu lassen.

Urkundlich unter Unserer Allerhöchsteigenhändigen Unterschrift und beigedrucktem Königlichen Insiegel.

Gegeben Berlin, den 2. August 1828.

Friedrich Wilhelm.

858.

Verfahren bei Competenz-Conflicten zwischen den Gerichten und Verwaltungsbehörden.

Indem ich Ihnen den Schluß des Schreibens des königlichen Ministerii der geistlichen, Unterrichts- und Medicinal-Angelegenheiten vom 16. v. M.,

in Sachen der Gemeinde zu N. wider einige dortige Einwohner, wegen ihres Beitrages zum Bau der Pfarrkirche zu N. wegen des dabei erhobenen Competenz-Conflicts,

nebst dem diesfallsigen Erlasse des gedachten Ministerii an die rheinischen Regierungen beide abschriftlich mittheile, bemerke ich, daß obgleich keine besondern Fälle bis jetzt zur Sprache gekommen sind, wobei von einem der Procuratoren der rheinischen Landgerichte die Befolgung der Vorschriften des auch im §. 40. des Ressort-Reglements aufrecht erhaltenen Art. 1. und 2. des Arrêté vom 4. November 1801 (13. Brumaire an 10.) versäumt worden sei, ich jedoch hieraus Veranlassung nehmen will, deren Befolgung, und namentlich die im Art. 2. verordnete Benachrichtigung der Regierungen von den bei den Gerichten nicht beachteten Anträgen auf Incompetenz-Erklärung in Erinnerung zu bringen, weshalb Sie das Nöthige zu veranlassen haben.

Berlin, den 4. August 1828.

Der Justiz-Minister
Graf v. Danckelmann.

An
den königl. General-Procurator Herrn Ruppenthal
zu Cöln.

a.

Ew. Excellenz sehr geehrtes Schreiben vom 28. März c., den, in Sachen der Gemeinde zu N. wider einige dortige Einwohner, wegen Ihres Beitrages zum Bau der Pfarrkirche zu N., erhobenen Conflict betreffend, hat mich veranlaßt, der Regierung zu N. aufzugeben, den Competenz-Conflict sofort, in der darin angezeigten Art einzuleiten, auch darüber zu berichten, ob das Contumacial-Urtel die Rechtskraft beschritten habe. Letzteres ist nach der Anzeige der gedachten Regierung nicht der Fall, und es wird deshalb die Entscheidung dieser Sache auf gewöhnliche Weise erfolgen können. Ich erlaube mir indeß die Bemerkung, daß meiner Ansicht nach, die Rechtskraft des Urtheils keinen Einfluß auf die Zulässigkeit des Competenz-Conflictes haben kann. Die Rechtskraft des Urtheils geht nur die Partheien an, über deren Rechte durch dasselbe entschieden worden ist; der Competenz-Conflict dagegen hat zum Zweck, die Befugniß zur Abfassung des Urtheils festzustellen, ohne welche das Urtheil selbst, da den Personen, die es gesprochen haben, die amtliche Ermächtigung dazu gefehlt hat, wirkungslos sein muß. Man würde, wollte man dieses nicht annehmen, den Gerichten und den Partheien das Recht zugestehen, im Wege des Processes alle Gegenstände der Administration vor die Gerichte zu ziehen, und statt der Gesetze deren Willkühr hierüber entscheiden. Die Administrations-Behörden, welche von den Processen der Art nicht nothwendig unterrichtet werden, haben kein Mittel, dies zu hindern, und selbst in den Fällen, wo sie ihre Pflicht, den Conflict zu erheben, verabsäumt haben, kann eine, von ihrem Willen überall nicht abhängende Ressort-Veränderung daraus nicht hergeleitet werden, sondern höchstens eine Verpflichtung zum Schadenersatz, wenn diese übrigens begründet sein sollte. In dem **Arrêté** vom **13. Brumaire X.** ist keine, dem entgegenstehende Beschränkung enthalten, die Prorogation der Competenz könnte aber, wie ich glaube, nur durch ausdrücklich gesetzliche Bestimmung zulässig werden. Aus diesen Gründen halte ich die Erhebung des Competenz-Conflicts auch dann noch für statthaft, wenn bereits rechtskräftig erkannt ist; seine Wirkung bis zur Entscheidung, würde die Suspension der Execution sein, und wenn diese gegen die Competenz des Gerichtshofes ausfiele, die Parthei es sich selbst beizumessen haben, welche sich, gegen gesetzliche Vorschrift an den Richter gewendet, oder vor ihm sich eingelassen hat, ohne die Hülfe der competenten Behörde anzusprechen.

Um den Differenzen über das, bei Competenz-Conflicten einzuschlagende Verfahren, zu begegnen, habe ich in Gemäßheit Ew. Excellenz sehr geehrten Schreibens vom 28. März c. anliegende Verfügung an die rheinischen Regierungen erlassen, und stelle Dero erleuchtetem Ermessen ganz ergebenst anheim, ob eine gleiche Anweisung an die Gerichte und Staats-Procuratoren nothwendig sein dürfte, zumal den Letztern nach dem Art. 1. des Arrêté vom 13. Brumaire X. die Pflicht obliegt, darüber zu wachen, daß die Gerichte keine, der Verwaltung zugewiesene Sache an sich ziehen, Fälle, wo sie die hier vorgeschriebene Anzeige gemacht hätten, mir aber bis jetzt nicht vorgekommen sind.

Berlin, den 16. Juli 1828.

Ministerium der geistlichen, Unterrichts- und Medicinal-Angelegenheiten. v. Altenstein.

An
den königl. Wirklichen Geheimen Staats- und Justiz-Minister, Herrn Grafen v. Danckelmann Excellenz.

b.

Es ist zur Kenntniß des Ministerii gekommen, daß von den königlichen Regierungen bei den Competenz-Conflicten mit den Justizbehörden, in den Provinzen, wo das französische Recht gilt, nicht überall gleichmäßig verfahren wird. Um den, sich hieraus leicht ergebenden Schwierigkeiten zu begegnen, wird hierdurch, nach genommener Rücksprache mit dem königlichen Justiz-Ministerio festgesetzt, daß die königl. Regierung in jedem Falle, wo Sie Ihre Competenz zu reclamiren sich verpflichtet hält, Ihren Beschluß, welcher die Absicht, den Conflict zu erheben, aussprechen, und die Gründe, weshalb es geschieht, kurz angeben muß, dem betreffenden Staats-Procurator mittheilen soll. Das Gericht wird sodann auf den Antrag des Staats-Procurators das weitere Verfahren, bis zur Entscheidung über den Conflict aussetzen. Sobald dies verfügt worden, berichtet sowohl die königliche Regierung, als der Staats-Procurator an die, beiden Theilen vorgesetzten Ministerien, von denen hienächst die Entscheidung auch dann erfolgen wird, wenn, wegen Differenz der Ansichten der Ministerien es nöthig wird, die Allerhöchste Bestimmung Sr. Majestät des Königs einzuholen. Hiernach hat die königliche Regierung in allen künftigen Fällen zu verfahren, und durch Verabredung mit dem Staats-Procurator dafür zu sorgen, daß gleichzeitig die Berichte an die vorgesetzten Ministerien abgehen.

Berlin, den 16. Juli 1828.

Ministerium der geistlichen, Unterrichts- und Medicinal-Angelegenheiten.

Circulare v. Altenstein.

an die königl. rheinischen Regierungen.

859.

Ermittelung und Angabe des Werths der gestohlenen Gegenstände bei Untersuchungen wegen Diebstahls.

Die Einsicht der vom Cassationshofe und mit Ihren Berichten, Herr General-Procurator, an mich eingehenden Untersuchungsacten ergeben, daß der am 16. Februar 1827 (No. 793.) erlassenen Vorschrift wegen Ermittelung des Werths bei Verbrechen und Vergehen gegen das Eigenthum nicht überall genügt wird.

Sie werden daher hierdurch veranlaßt, jene Bestimmungen den Instructionsrichtern und Hülfsbeamten der gerichtlichen Polizei in Erinnerung zu bringen, und zugleich die Einrichtung zu treffen, daß auf dem Titelblatte jeden solchen Actenstücks die Folia, wo die Werthsnachweisung enthalten ist, vermerkt werden, damit die Staatsbehörde vor der Einsendung der Acten sich von der Befolgung der Vorschrift überzeuge.

Berlin, den 5. August 1828. Der Justiz-Minister

An Graf v. Danckelmann.

das königl. Appellations-Gerichtspräsidium und an die königl. General-Procuratur zu Cöln.

860.

Translocation der correctionnell Verurtheilten bei Ueberfüllung der Gefängnisse.

Des Königs Majestät haben mittelst Allerhöchster Kabinets-Ordre vom 26. Juni c. zu genehmigen geruhet,

daß die Translocation der correctionell verurtheilten Sträflinge in andere Anstalten, bei vorkommender Ueberfüllung derjenigen, wohin sie nach erfolgter Verurtheilung zur Abbüßung ihrer Strafe zuerst eingeliefert worden sind, imgleichen alsdann statthaft sei, wenn aus gleichem Grunde die Unterbringung in das nächste

Straf-Institut nicht sofort thunlich ist, beides jedoch nur hinsichtlich solcher Individuen, deren Strafzeit mindestens 1 Jahr dauert.

Hierdurch wird künftig die Ueberfüllung einzelner Gefangenanstalten in den Rheinprovinzen, insbesondere der zu Aachen, vermieden werden. In sofern bei einer eintretenden Translocation mit denselben schonenden Rücksichten verfahren werden kann, welche bei der ersten Arretirung und Ablieferung an den Strafort zur Anwendung zu kommen pflegen, wird auch künftig den translocirten Sträflingen kein gegründeter Anlaß zur Beschwerde gegeben werden.

Nach der ergangenen Bestimmung haben Sie sich bei vorkommenden Fällen zu achten und die rheinischen Gerichtsbehörden und Instructionsrichter anzuweisen.

Berlin, den 18. August 1828. Der Justiz-Minister
An Graf v. Danckelmann.
den königlichen General-Procurator Herrn Ruppenthal
zu Cöln.

a.

Den in Ihrem Bericht vom 16. d. Mts. enthaltenen, die Transportirung correctionnell verurtheilter Sträflinge aus dem Gefängniß in Aachen nach andern Straf-Anstalten betreffenden Antrag will Ich hierdurch genehmigen und Ihnen die weitere Verfügung überlassen.

Berlin, den 26. Juni 1828.
An Friedrich Wilhelm.
die Staats-Minister v. Schuckmann
und Graf v. Danckelmann.

861.

Anwendbarkeit der fürstlich Wiedschen Verordnung vom 26. März 1805 über die Zulässigkeit und religiöse Form der Eide.

Die königliche Regierung zu Wied hat mit Bezug auf die Verfügung des ostrheinischen Senats des königlichen Appellationsgerichtshofes vom 20. Juli 1827 und 26. Febr. d. J. am 5. Mai d. J. über die fortdauernde Anwendbarkeit der Wiedschen Verordnung vom 26. März 1805, wegen der Eidesleistungen und namentlich wegen der darin vorgeschriebenen Mitwirkung der Geistlichkeit hierher berichtet, und es hat deshalb eine Communication mit dem königlichen

Ministerio der geistlichen, Unterrichts- und Medicinalangelegenheiten stattgefunden, über deren Resultat der königliche ostrheinische Senat zu seiner Zeit wird in Kenntniß gesetzt werden.

Aus den zugleich eingegangenen und hier beifolgenden Acten des Justizamts zu Wied in Sachen N. und dem Berichte desselben vom 3. Februar d. J. ergiebt sich aber auch, daß dieses Gericht, in dem Zweifel, ob jene Verordnung auch auf die Seelsorger der Partheien anwendbar sei, welche außer dem Bereich derselben wohnen, sich veranlaßt gesehen hat, die Sache N., wo es auf Abnahme eines von dem auswärtigen Kläger zu leistenden Eides ankam, durch Verfügung vom 4. Februar d. J. von Amtswegen bis dahin zu sistiren, wo entweder alle Geistlichen des Landes zur Befolgung der in Rede stehenden Verordnung angewiesen, oder diese selbst gesetzlich aufgehoben worden. Das Gesetzwidrige eines solchen Verfahrens ist einleuchtend, und die vom Gerichte aufgestellte erste Alternative hätte dasselbe schon überzeugen müssen, daß jetzt eine solche Pflicht der auswärtigen Geistlichen nicht existirt, und es ihm daher nicht gestattet sein könne, wegen künftiger, nach seiner Ansicht nöthiger gesetzlicher Bestimmungen den Lauf eines schwebenden Processes zu hemmen.

Der ostrheinische Senat des königlichen Appellations-Gerichtshofes hat deshalb das Justizamt Wied unter angemessener Belehrung zur ungesäumten Fortsetzung des sistirten Rechtsstreites anzuweisen.

Berlin, den 7. September 1828. Der Justiz-Minister
Graf v. Danckelmann.

An
den ostrheinischen Senat des königlichen
Appellationsgerichtshofes zu Cöln.

862.

Zurückweisung der von den niederländischen Gerichten ausgehenden Requisitionen wegen Vollstreckung rechtskräftiger Erkenntnisse.

Die Circular-Verfügung vom 19. Juni d. J.,
wegen der von der niederländischen Regierung verweigerten Vollstreckung diesseitiger rechtskräftiger Erkenntnisse,

erläutert der Justiz-Minister nach genommener Rücksprache mit dem königlichen Ministerium der auswärtigen Angelegenheiten, und mit Uebereinstimmung desselben, aus Veranlassung deshalb eingegangener Anfrage hierdurch dahin:

1) daß die gedachte Verordnung zwar auch auf Criminal-Erkenntnisse der königlichen niederländischen Gerichtshöfe anwendbar, und daher die durch dieselben erkannten Strafen diesseits nicht zu vollstrecken; allein dennoch die in die königlichen Staaten geflüchteten verurtheilten königlich niederländischen Unterthanen, insofern von einer Handlung, welche auch bei uns Gegenstand gerichtlicher Untersuchung und Bestrafung ist, die Rede, vorläufig zu verhaften, und über deren Auslieferung oder Wegschaffung aus den königlichen Landen, oder über andere, in Ansehung ihrer, zu nehmende Maaßregel, an die betreffende Behörde Bericht zu erstatten;

2) daß ein königl. niederländisches Urtheil, auch wenn es von einer Parthei, einem diesseitigen Gerichte vorgelegt werden sollte, um entweder hier für executorisch erklärt, oder um als res judicata einer anzustellenden Klage zum Grunde gelegt zu werden, von den diesseitigen Gerichten nicht zu beachten, sobald dieses Urtheil über die Rechtsverhältnisse eines preußischen Unterthanen, oder überhaupt anderer, als blos niederländischer Unterthanen entscheidet;

3) daß ein niederländisches Urtheil in die, unter diesseitiger Hoheit belegenen Grundstücke eines niederländischen Unterthanen, weder durch Subhastation, noch sonst auf irgend eine Art vollstreckt werden darf, wogegen es zulässig ist, daß ein niederländischer Unterthan wider einen seiner Mitunterthanen, auf dessen unter diesseitiger Hoheit belegenen Grundstücke Arrest ausbringe, und endlich

4) daß auch die, von niederländischen Gerichten zwischen zwei diesseitigen Unterthanen gesprochenen Erkenntnisse, von den diesseitigen Gerichtshöfen als nicht vorhanden anzusehen, und unvollstreckbar sind.

Hiernach haben Sie sich zu achten, auch die königlichen Gerichtsbehörden in den Rheinprovinzen anzuweisen.

Berlin, den 6. October 1828.

Der Justiz-Minister
Graf v. Danckelmann.

An
den königlichen General-Procurator
Herrn Ruppenthal
zu Cöln.

863.

Wiederverleihung der Nationalkokarde.

Auf Ihren, der Minister des Innern und der Justiz an Mich erstatteten Bericht vom 7. d. M., bestimme ich hierdurch, daß es wegen Wiederverleihung der durch ein Straf-Erkenntniß verwirkten Nationalkokarde bei der bisherigen Vorschrift, gemäß welcher der Antrag auf Wiederverleihung bei Militairpersonen ein Jahr, und bei Civilpersonen sechs Monat nach erlittener Strafe auf den Grund des Besserungszeugnisses stattfindet, mit der Maaßgabe verbleiben soll, daß die erstere Frist auf wirklich dienstthuendes Militair zu beschränken, nicht aber auf Individuen anzuwenden ist, welche zur Kriegsreserve entlassen, oder, zur Landwehr übergegangen sind, weshalb auch demjenigen, der nach überstandener Strafe aus dem Militairdienst entlassen wird, der Antrag auf Wiederverleihung der Nationalkokarde gestattet sein soll, sobald sechs Monat nach erlittener Strafe verflossen sind. Ich überlasse Ihnen hiernach das Erforderliche in Ihren Ressorts zu verfügen.

Berlin, den 22. October 1828.

An — Friedrich Wilhelm.

die Staats-Minister v. Schuckmann, General der Infanterie v. Hake, Graf v. Danckelmann.

864.

Anwendbarkeit der fürstlich Wiedschen Verordnung vom 26. März 1805 über die Zulässigkeit und religiöse Form der Eide.

Dem königlichen Appellations-Gerichtshofe, Abtheilung für die ostrheinischen Sachen, werden mit Bezug auf die Verfügung vom 7. September c.

über die fortdauernde Anwendbarkeit der Wiedschen Verordnung vom 26. März 1805 wegen der Eidesleistungen, und namentlich wegen der darin vorgeschriebenen Mitwirkung der Geistlichkeit,

der die Acten des Justizamts zu Neuwied in Sachen N. N. beigefügt waren, die mit dem Berichte der fürstlich Wiedschen Regierung vom 5. Mai c. eingegangenen sonstigen Acten, nämlich rc. hierneben remittirt, und zugleich Abschrift der von dem königlichen Ministerium der geistlichen, Unterrichts- und Medicinal-Angelegenheiten an das Consistorium zu Coblenz erlassenen Verfügung vom 6. d. M. zugefertigt, um hiernach das Weitere an die fürstlich Wiedsche Regierung zu veranlassen.

Berlin, den 22. October 1828. Der Justiz-Minister
An Graf v. Danckelmann.
den königlichen Appellations-Gerichtshof,
Abtheilung für die ostrheinischen Sachen,
zu Cöln.

a.

Das Ministerium fordert das königliche Consistorium hierdurch auf, die Pfarrer im Fürstenthum Wied gemessenst anzuweisen, den Requisitionen der Gerichtsbehörden, in Beziehung der Eidesleistungen, stricte nach der Wiedschen Verordnung vom 26. März 1805 nachzukommen, und bei den jetzt zunächst vorkommenden Fällen bei der Bekanntmachung von der Kanzel, welche der Art. VI. sub C. jenes Gesetzes verordnet, allezeit die Bestimmung des Gesetzes selbst zu verlesen, damit kein Zweifel darüber obwalte, daß diese Bekanntmachung in Folge des Gesetzes, ohne Rücksicht auf die Persönlichkeit dessen, welcher einen Eid leisten soll, erfolge. Insbesondere ist dies dem Kirchenrath und Pfarrer N. zu N., in Beziehung auf dessen Gegenvorstellung in der Proceßsache N. und dem Inspector und Pfarrer N., wegen der Proceßsache N. N. schleunigst zu eröffnen.

Berlin, den 6. October 1828.

Ministerium der geistlichen, Unterrichts- und Medicinal-Angelegenheiten.
An v. Altenstein.
das königliche Consistorium
zu Coblenz.

865.

Anstellung der nach neunjähriger Dienstzeit entlassenen Unteroffiziere.

Sie erhalten hierbei von den

wegen Anstellung der nach neunjähriger Dienstzeit entlassenen Unteroffiziere,

unter dem 31. October 1827 und 19. October d. J. ergangenen Allerhöchsten Kabinets-Ordres acht lithographirte Exemplare zur Nachricht und Berücksichtigung so weit es mit der Verfassung der rheinischen Gerichte vereinbar ist.

Berlin, den 23. Oktober 1828. Der Justiz-Minister
An Graf v. Danckelmann.
den königl. General-Procurator Herrn Ruppenthal
zu Cöln.

a.

Auf den Antrag des Staats-Ministerii vom heutigen Tage, will Ich in Verfolg Meiner Ordre vom 7. August 1820 die Anstellung der nach neunjähriger Dienstzeit entlassenen Unteroffiziere in den Bureaus der Regierungen und Provinzial-Behörden betreffend, folgendes zu bestimmen:

1) Es bleibt dabei, daß die etatsmäßigen Kanzlisten-Stellen bei den Regierungen und andern Provinzialbehörden ausschließlich mit ausgedienten Unteroffizieren besetzt werden müssen. Auch bei der Annahme der Lohnschreiber, zu deren Remuneration den Regierungen nach der dermaligen Etats-Einrichtung besondere Fonds ausgesetzt sind, ist die Beschäftigung jener Versorgungsberechtigten möglichst und vorzugsweise zu berücksichtigen, es sei, daß dieselben gegen fixirte Tagegelder oder gegen Schreibgebüren beschäftigt werden.

2) Bei den andern Subaltern-Stellen der Regierungen und Provinzialbehörden ist der eigentliche Versorgungs-Anspruch der nach neunjähriger Dienstzeit entlassenen Unteroffiziere nur auf die etatsmäßigen Stellen zweiter Klasse beschränkt und das weitere Vorrücken dieser Versorgungsberechtigten zu den Stellen erster Klasse lediglich von deren sich weiter ergebenden Qualification abhängig, in welchem letztern Falle sie bei gleicher Befähigung den Bewerbern, welchen keine Ansprüche aus geleistetem Militairdienst zur Seite stehen, vorzuziehen sind.

3) Damit aber einerseits den Provinzial-Behörden die nöthige Auswahl zu den höhern Subaltern-Stellen verbleiben, andererseits aber hierdurch die Unterbringung gut gedienter Militairpersonen in den geringern Stellen, denen sie wohl vorstehen können, nicht zur Ungebühr beschränkt werde, so setze Ich als Regel fest, daß bei einer jeden Provinzialbehörde wenigstens die Hälfte der etatsmäßigen Subaltern-Stellen zweiter Klasse mit ausgedienten Unteroffizieren und sonstigen Militair-Versorgungsberechtigten besetzt werden soll. Ein gleiches Verhältniß ist auch bei der Annahme der auf Kündigung arbeitenden Diätarien, zu deren Remuneration den Provinzialbehörden bestimmte etatsmäßige Fonds zur Disposition stehen, zu beobachten.

4) Es versteht sich von selbst, daß auch die Militair-

Versorgungsberechtigten ihren Civil-Dienst in der Regel in den obengedachten Diätarienstellen antreten müssen, und erst nach erwiesener Qualification ihr Vorrücken in wirklich etasmäßige Stellen zu erwarten haben, bei ermangelnder Fähigkeit und Thätigkeit oder sonstiger Verschuldung aber gleich allen andern Angestellten dieser Klasse wiederum entlassen werden können.

5) Die zur Erledigung kommenden Stellen vorerwähnter Art sollen bei einer jeden Provinzialbehörde alternirend in der Art besetzt werden, daß von zweien erledigten Stellen wenigstens eine und zwar die erste, einem Militair-Anwarter zu Theil wird. Jedoch wird hierdurch

6) den Bestimmungen nicht derogirt, welche wegen vorzugsweiser Anstellung der Wartegeld-Empfänger und überzähligen Beamten ergangen sind, welche letztern daher auch den Militair-Versorgungsberechtigten vorgehen müssen, und sollen die auf diese Weise besetzten Stellen bei dem vorgedachten Wechsel weder dem einen noch dem andern Theile angerechnet werden.

7) Der Kriegs-Minister wird den sämmtlichen Truppentheilen die erforderliche Anweisung darüber zugehen lassen, daß zu den zur Anstellung bei den Regierungen und Provinzialbehörden notirten Subjekten nur solche Leute ausgewählt werden, welche sich durch gute Führung im Dienste, und durch fleißige erfolgreiche Benutzung des Unterrichts in den Militairschulen ausgezeichnet haben. Die Auszüge aus den diesfallsigen Listen werden dann von Seiten des Kriegsministers den Provinzialbehörden des Bezirks, in welchem der Entlassene angestellt zu werden wünscht, zugefertigt; und andere, als die ihnen auf diese Art zugewiesenen Personen haben die Behörden als Versorgungsberechtigte nicht zu berücksichtigen.

8) Zur Bildung einer Pflanzschule für die höheren und für die den Militair-Versorgungsberechtigten nicht reservirten Subalternstellen zweiter Klasse sind die Regierungen und Provinzialbehörden ermächtigt, unter jedesmaliger Theilnahme ihres Präsidenten oder Direktors und unter Genehmigung des competenten Verwaltungs-Chefs eine mäßige Anzahl von Civil-Supernumerarien in ihren Büreaus zuzulassen und unter Beobachtung des oben zu 3) festgesetzten Ver-

hältnisses in diätarische Entgeltungen und etatsmäßige Stellen vorrücken zu lassen.

9) Wer als Civil-Supernumerar zugelassen werden will, muß
   a) sich über die Erfüllung der allgemeinen Militairverbindlichkeiten ausweisen,
   b) ein hinlängliches Vermögen nachweisen, um sich mindestens 3 Jahre lang aus eigenen Mitteln, oder durch Unterstützung seiner Angehörigen ernähren zu können;
   c) ein Gymnasium oder eine höhere Bürgerschule frequentirt, und aus der ersten Klasse einer solchen Anstalt mit dem Zeugniß der Reife und guten sittlichen Aufführung entlassen sein. Ausnahmen von der Bestimmung zu c) können nur in solchen Fällen von den Ministerien nachgelassen werden, wo der Anzustellende seine practische Brauchbarkeit und genügende Ausbildung bereits durch mehrjährige Beschäftigung bei andern Behörden nachgewiesen hat.

Es erlangt jedoch ein auf diese Zeugnisse zugelassener Supernumerar hierdurch noch keinesweges einen wirklichen Anspruch auf hiernächstige Anstellung, vielmehr kann derselbe bei sich erweisendem Mangel an practischer Brauchbarkeit, so wie wegen Unfleiß und ordnungswidriger Führung jederzeit ohne Weiteres entlassen werden, und haben die Vorsteher der Collegien und Behörden ganz besonders darauf zu achten, daß solche Supernumerarien, durch deren Anstellung ein Vortheil für den öffentlichen Dienst nicht zu erwarten ist, aus den Bureaus entfernt werden.

Das Staats-Ministerium hat hiernach, und den Ressortverhältnissen gemäß die Behörden mit der erforderlichen Instruction zu versehen, und wird es Mir zum Wohlgefallen gereichen, aus den bereits früher angeordneten jährlichen Verzeichnissen der im Civildienst angestellten Militairpersonen zu entnehmen, wie nicht nur in der Beschränkung auf das festgesetzte Minimum, sondern auch über letzteres hinaus, auf die vorzugsweise Anstellung solcher Personen Bedacht genommen wird, welche neben genügender Brauchbarkeit sich zugleich durch mehrjährig geleistete Militairdienste Anspruch auf besondere Anerkennung erworben haben.

Berlin, den 31. October 1827.

An das Staats-Ministerium.

Friedrich Wilhelm.

b.

Wiewohl Ich die nach Ihrem Berichte vom 26. August c. der Versorgung der Militairs gewidmete Fürsorge im Allgemeinen nicht verkennen will, so kann Ich doch die von Ihnen gehegte Voraussetzung, als ob Meine in Betreff der Anstellung der nach 9jähriger Dienstzeit entlassenen Unteroffiziere unterm 31. October v. J. erlassene Ordre auf die Justizbehörden nicht zu beziehen gewesen sei, nicht für hinreichend begründet annehmen, indem dieselbe nur in Folge Meiner Ordre vom 7. August 1820 die nähern Bestimmungen enthält, also die Anwendung aus der letzteren von selbst gefolgert werden mußte, jedenfalls aber Sie sich durch die Erinnerungen der Ober-Rechnungskammer zur Anfrage hätten vera laßt finden sollen. Indessen will Ich für die Vergangenheit darüber hinweggehen, und bestimme auf Ihre Vorschläge:

1) daß auch bei den Justizbehörden die Kanzlistenstellen ausschließlich mit solchen Personen besetzt werden sollen, welche als Unteroffiziere durch neunjährige Militairdienste sich Ansprüche auf Versorgung erworben haben;

2) daß auch bei Annahme von Lohnschreibern, zu deren Remuneration die Gerichte einen etatsmäßigen Fonds haben, besonders auf neun Jahre gediente Unteroffiziere gesehen werden soll, wogegen aber den Beamten, welche für die Beschaffung der Schreibarbeit bei einem Gerichte gegen den Selbstgenuß der Copialien zu sorgen haben, die Wahl der Hülfsschreiber lediglich überlassen bleibt, und

3) daß ferner bei den Justizbehörden auch Kassen-Assistenten, welche nur mit dem Ausschreiben der Rechnungen, Anfertigung von Restenlisten, Zählen, Pakken und Etikettiren der Gelder beschäftigt werden, und Registratur-Assistenten, welchen nur das Rubriciren, Foliiren und Heften der Acten obliegt, ebenfalls nur aus den neun Jahre dienenden Unteroffizieren gewählt werden sollen; außerdem aber auch

4) bei Besetzung der unter vorstehenden Bestimmungen nicht begriffenen geeigneten Stellen der Gerichte abwechselnd ein zum Subalterndienst ausgebildeter Supernumerarius ohne Versorgungs-Ansprüche aus dem Militairstande, angestellt werden darf, und deshalb die Vorschriften Meiner Ordre vom 31. Oc-

tober v. J. zu 3), 4), 5), 6), 8) und 9) in Anwendung zu bringen sein. Es sollen jedoch diese näheren Bestimmungen bei den Justizbehörden erst von jetzt an zur Richtschnur dienen, und die inzwischen stattgefundenen Anstellungen dadurch nicht zurück genommen werden.

Ich überlasse Ihnen, hiernach nunmehr das Weitere zu verfügen. Berlin, den 19. October 1828.

An Friedrich Wilhelm.

den Staats- und Justiz-Minister
Grafen v. Danckelmann.

866.

Hausordnung für die rheinischen Arrest- und Correctionshäuser.

Nach dem Schreiben des königlichen Ministerii des Innern vom 21. v. M., hat das königliche Ober-Präsidium am Rhein Ihnen, Herr General-Procurator, die verlangten 140 Exemplare der Hausordnung für die rheinischen Arrest- und Correctionshäuser zur weiteren Vertheilung an die rheinischen Gerichtsbehörden übersandt.

Demzufolge werden Sie beiderseits veranlaßt, die gedachte Hausordnung zur Kenntniß und Nachachtung der Gerichtsbehörden zu bringen, auch besonders die Friedensrichter an den Sitzen der Strafanstalten zu der im §. 58. der Hausordnung bezeichneten Mitwirkung bei dem Disciplinarstrafverfahren anzuweisen.

Berlin, den 31. October 1828. Der Justiz-Minister

An Graf v. Danckelmann.

das königl. Appellations-Gerichts-Präsidium
und an die königl. General-Procuratur
zu Cöln.

867.

Die documenta insinuationis in Appellationssachen aus dem ostrheinischen Theile des Regierungsbezirks Coblenz werden ohne Begleitungsbericht an den Revisionshof gesandt.

Den Gerichtseingesessenen des dortigen Regierungsbezirks ostseit Rheins ist die Rechtspflege in den höhern Instanzen durch die weitere Entfernung der obern Justizbehörden, und und das dadurch entstehende höhere Porto ungleich kostbarer als vorhin geworden, wo sie diese Behörde in der Nähe hatten, was besonders die, der geringen Ober-Appellations-summe von 300 Florin sich nähernden Streitgegenstände sehr drückt. Unter andern ist bemerkt worden, daß jedes hierhin gelangende documentum insinuationis 27 Groschen Porto kostet, was besonders, da alle Briefe nach dem Gewicht taxirt werden, durch den Einsendungsbericht und das Couvert entsteht, indem zu dem letzteren so viel Papier genommen wird, daß solches allein das einfache Briefporto an Gewicht übersteigt.

Um den Partheien wenigstens hierunter einige Erleichterung zu verschaffen, so sollen die, wie bisher auf einen halben oder Quartbogen zu stellenden documenta insinuationis künftig, ohne Begleitungsbericht blos unter einem, mit einer Oblate zu versiegelnden Couvert hierhin eingesandt werden, zu welchem weder zu starkes, noch mehr Papier, als zu einem gewöhnlichen Briefcouvert erforderlich ist, zu verwenden ist. Es ist aber bei dieser Einrichtung um so nothwendiger, daß die Legalisation der Unterschrift des insinuirenden Gerichtsdieners niemals unterbleibe.

Der königliche Justizsenat hat sich nicht allein selbst hiernach zu achten, sondern auch die demselben untergeordneten Gerichte demgemäß zu instruiren. Sofern indessen mit dem documento insinuationis zugleich Acten eingesandt werden, versteht es sich von selbst, daß es eines Begleitungsberichtes, wie bisher bedürfe.

Berlin, den 5. November 1828.

Königlicher Revisions- und Cassationshof.
Sethe.

An
den königlichen Justiz-Senat
zu Coblenz.

868.

Ehedispensationen evangelischer Glaubensgenossen im ostrheinischen Theile des Regierungsbezirks Coblenz gehen vom rheinischen Consistorio aus.

Die königlichen Hohen Ministerien der geistlichen, Unterrichts- und Medicinalangelegenheiten und der Justiz haben in Bezug auf die bei Heirathen evangelischer Glaubensgenossen öfters erforderlichen Ehedispensationen gemeinschaftlich bestimmt:

daß in denjenigen zu unserm Collegial-Bereiche gehörigen ostrheinischen Landestheilen, in welchen das französische Recht nicht gilt, dergleichen Dispensationen bei dem unterzeichneten königlichen Consistorio nachgesucht werden sollen. Die in diesen Landestheilen vorhandenen evangelischen Einwohner werden daher hiermit aufgefordert, sich in vorkommenden Fällen darnach zu richten.

Coblenz, den 6. November 1828.

Königl. rheinisches Consistorium.

869.

Gesuche um Wiedereinsetzung in den vorigen Stand gegen versäumte Appellationsfrist in Sachen aus dem ostrheinischen Theile des Regierungsbezirks Coblenz.

Da es sich seit einiger Zeit häufig zugetragen hat, daß Gesuche um Wiedereinsetzung in den vorigen Stand gegen die durch Versehen oder Schuld der constituirten Anwalte versäumten Appellationsfristen bei uns eingereicht worden sind; so sehen wir uns dadurch veranlaßt, zur Wahrnehmung sowohl der Proceß führenden Parteien selbst, als auch ihrer resp. Anwälte, hiermit bekannt zu machen: daß wir nach dem, dieserwegen auch bei dem königlichen Revisionshofe zu Berlin angenommenen, und von demselben mehrfach ausgesprochenen Grundsatze die verletzte Partei gegen den, durch die Versäumnisse ihres Anwalts erlittenen, und damit ipso jure eingetretenen Rechtsnachtheil der Desertion des Rechtsmittels in der Regel niemals, und ausnahmsweise nur dann restituiren werden, wenn dieselbe vollständig und glaubhaft nachzuweisen vermag, daß sie ihrer Seits nicht nur gleich Anfangs, sondern auch fortwährend innerhalb des Laufes der verschiedenen gesetzlichen Appellationsfristen, es an dem ihr obliegenden fleißigen Betriebe der Sache, bei etwaigen Abwesenheits- oder sonstigen Behinderungsfällen ihres erwählten Anwaltes aber an der zeitigen Substituirung eines andern Advocat-Anwaltes nicht haben ermangeln lassen.

Wir erwarten dagegen von sämmtlichen bei uns immatriculirten Herren Advocat-Anwälten, daß sie es forthin möglichst zu vermeiden suchen werden, ihre Parteien in diese ungünstige Lage zu versetzen.

Coblenz, den 7. November 1828.

Königlicher Justiz-Senat
Wurzer.

870.

Gebührenfreiheit für Eintragung der Contracte in das Contractenbuch, in dem ostrheinischen Theile des Regierungsbezirks Coblenz.

Da die Obliegenheit des Gerichtsschreibers, die Contracte in das Contractenbuch einzutragen, Kraft §. 4. Tit. XI. Thl. 2. und des 4. und 5. Titels Thl. 1. der Grafschaft Solms Gerichts- und Landordnung schon Jahrhunderte besteht, so darf, wenn berichtetermaßen am Amte Hohensolms dafür bisher von den Interessenten nichts bezahlt worden ist, bei der ergangenen erneuerten Hinweisung auf die Befolgung jenes Gesetzes, auch künftig nichts, sei es unter dem Titel einer Belohnung der Mühe für die Eintragung, oder unter dem Namen einer Abschrift erhoben, sondern es muß angenommen werden, daß die Bezahlung dafür durch die übrigen gebilligten Gebührensätze geleistet werde.

Hiernach ist besagtes Amt auf den Bericht vom 7. l. M. zu bescheiden.

Cöln, den 18. November 1828.

Königl. Appellations-Gerichtshof für ostrheinische Sachen.
An Rüppenthal.
den königl. Justiz-Senat zu Coblenz.

871.

Die zu den Heirathsacten beizubringenden Notorietätsurkunden.

Auf den Bericht des Staatsministeriums vom 17. d. M. setze Ich hierdurch zur Vereinfachung und Gleichstellung des Verfahrens bei den zu den Heirathsacten beizubringenden Notorietätsacten in den Provinzen, worin zur Zeit noch die französische Gesetzgebung Anwendung findet, Folgendes fest:

1) die nach Artikel 71. des Civilgesetzbuchs erforderliche Zahl von sieben Zeugen wird auf vier herabgesetzt;
2) der von dem Friedensrichter aufgenommene Notorietätsact wird von diesem Beamten in Urschrift dem Ober-Procurator bei dem betreffenden Landgerichte zugeschickt, von diesem mit seinem Gutachten

dem Landgerichte vorgelegt, das Bestätigungsurtel auf die nämliche Urkunde geschrieben, und diese dem Ober-Procurator wieder eingehändigt, um sie an den Interessenten gelangen zu lassen;

3) außer dem zu der Urkunde zu nehmenden Stempel von 15 Sgr. und den Gebühren der friedensgerichtlichen Beamten werden keine weitere Kosten bezahlt.

Uebrigens behält es in Ansehung der aus andern Provinzen gebürtigen Militairpersonen bei Meiner Bestimmung vom 13. April 1824 (No. 625.) sein Bewenden.

Berlin, den 22. November 1828.

An Friedrich Wilhelm.

das Staatsministerium.

XIV.

1829.

Gesetze, Verordnungen, Rescripte.

872.

Stempelpflichtigkeit der für die Proceßvollmachten der Advocaten beim Revisionshofe in Rechtssachen aus dem ostrheinischen Theile der Regierung zu Coblenz erforderlichen Legalisationen.

Auf den Grund des Berichts des königl. rheinischen Revisions- und Cassationshofes vom 10. December v. J. wird bei Zurücksendung der Anlagen genehmiget:

1) daß für die Zukunft von der Bestimmung des §. 92. der nassauischen Ober-Appellationsordnung, wonach die Anwälte in Proceßsachen aus dem ostrheinischen Theile des Coblenzer Regierungsbezirks einer gerichtlich ausgestellten oder sonst „legalisirten" Vollmacht bedürfen, abstrahirt werde, und daß (unter den in der preußischen Allgemeinen Gerichts-Ordnung Thl. I. Tit. 3. §§. 36. und 70. bezeichneten Ausnahmen) eine Vollmacht unter Privat-Unterschrift als genügende Legitimation derselben zum Processe geachtet werde.
2) Aus den vom Collegio angeführten Gründen wird dasselbe ermächtiget, von der Verhängung der Stempelstrafen gegen diejenigen gerichtlichen Beamten zu abstrahiren, welche bisher die sogenannten Legalisationen der Vollmachten ohne Adhibirung des Stempels ausgestellt haben.
3) Für die Zukunft muß es jedoch bei der Verfügung der königlichen Ministerien der Justiz und der Finanzen vom 16. Juli v. J. verbleiben, und daher bei Beglaubigung der Vollmachten, da wo sie noch

erforderlich ist, der tarifmäßige Stempel sub voce Vollmachten, bei Vermeidung der gesetzlichen Strafe angewendet werden.

Der königliche rheinische Revisions- und Cassationshof wird daher veranlaßt, nach vorstehenden Bestimmungen für die Zukunft zu verfahren, und auch ad 1) und 3) die demselben untergeordneten Gerichtsbehörden mit Anweisung zu versehen.

Dem Appellationsgerichtshof, Abtheilung für ostrheinische Sachen, ist übrigens unter abschriftlicher Mittheilung des Berichts vom 10. December pr. und der gegenwärtigen Verfügung eröffnet, daß der am Schlusse des Berichts geschilderte Zustand des Sportel-Taxwesens bei den ostrheinischen Justizbehörden eine nähere Erörterung desselben nothwendig mache, und derselbe daher beauftragt worden, die verschiedenen Sporteltaxen mit Angabe der ihnen zu Grunde liegenden Autorität zusammenstellen und revidiren zu lassen, und über das Resultat unter Einreichung eines Entwurfs zu einer provisorischen Taxordnung für die dasigen Justizämter bis zur definitiven Organisation zu berichten.

Berlin, den 10. Januar 1829. Der Justiz-Minister
An Graf v. Danckelmann.
den königl. rheinischen Revisions- und Cassationshof.

Der königliche Appellationsgerichtshof, Abtheilung für die ostrheinischen Sachen, erhält hierneben Abschrift des Berichts des hiesigen rheinischen Revisionshofes vom 10. December v. J.,

betreffend die Stempelpflichtigkeit der für die Proceß-Vollmachten der Advocaten bei dem Revisions- und Cassationshofe in Rechtssachen aus dem ostrheinischen Theile des Coblenzer Regierungsbezirks erforderlichen Legalisationen,

und der darauf unter dem heutigen Dato erlassenen Verfügung zur Nachricht rc. rc.

Berlin, den 10. Januar 1829. Der Justiz-Minister
An Graf v. Danckelmann.
den königl. Appellations-Gerichtshof, Abtheilung für die ostrheinischen Sachen, zu Cöln.

a.

Nach dem §. 92. der, bei dem Revisions- und Cassationshofe für die Rechtssachen aus dem ostseitrheinischen Theile des Coblenzer Regierungsbezirks zur Anwendung kommenden, herzoglich nassauischen Ober-Appellations-Gerichts-Ordnung müssen die in diesen Rechtssachen auftretenden Anwälte eine Vollmacht beibringen, „welche entweder bei einem Gerichte ausgestellt, oder auf andere Art legalisirt sein muß" wie die Worte der gedachten Ordnung lauten.

Bisher, sowohl vor der Einführung des Stempelgesetzes vom 7. März 1822, als nachher, sind zwar diese Vollmachten mit dem vorgeschriebenen Stempel, nämlich in jener Periode nach der nassauischen Stempelordnung, und in letzterer nach dem diesseitigen Stempelgesetz, versehen gewesen; allein zu den Legalisationen oder Recognitionen derselben ist kein besonderer Stempel verbraucht worden.

Zunächst veranlaßt durch Ew. Excellenz unterm 23. Juni d. J. für die rheinischen Gerichte, wegen Anwendung des §. 30. des Stempelgesetzes, erlassene Instruction, hat das Secretariat unseres Collegiums nunmehr dies als eine Contravention gegen das Stempelgesetz gerügt, weil nach dem, demselben beigegebenen Tarif voce „Vollmachten", zu den notariellen oder gerichtlichen Beglaubigungen bei Vollmachten ein besonderer Stempel von 15 Sgr. genommen werden soll.

Wenn es auch nach dem Stempelgesetz zweifelhaft sein könnte, ob die in der nassauischen Ober-Appellationsgerichts-Ordnung vorgeschriebenen Legalisationen der Proceß-Vollmachten unter jene Rubrik des Stempeltarifs zu subsummiren, oder nicht vielmehr die, unter der Rubrik „Legalisation" vorkommende Bestimmung anzuwenden sei: so würde der Zweifel durch die von Ew. Excellenz, in Vereinigung mit dem königl. Finanzministerium, unterm 16. Juli d. J. erlassene Verfügung, welche die rheinische Provinzial-Steuer-Direktion durch die rheinischen Amtsblätter bekannt gemacht hat, als gehoben zu betrachten sein; mithin würde hier, wo es sich um keine Legalisation einer amtlichen Unterschrift und amtlichen Befugniß zur Ausstellung einer Urkunde handelt, die Vorschrift des Stempeltarifs unter der Rubrik „Vollmachten" Anwendung finden, und also die Nicht-Adhibirung eines besondern Stempels zu den Legalisationen als eine Stempelcontravention zu ahnden sein.

Bevor wir jedoch die in der Hohen Instruction vorgeschriebenen Strafresolute, welche die legalisirt habenden Ortsgerichte treffen würden, erlassen, finden wir uns, wegen der besonderen eintretenden Umstände veranlaßt, Euer Excellenz ganz gehorsamst anheimzustellen:

1) Ob Hochdieselben Sich nicht geneigt finden dürften,

jene, den Parteien nicht allein lästige, sondern auch nunmehr höchst kostspielig werdende Bestimmung des §. 92. der Nassauer Ober-Appellationsgerichts-Ordnung aufzuheben, und dagegen, ebenso wie bei allen preußischen Gerichten, die Zulässigkeit von Proceß-Vollmachten unter Privatunterschrift Hochgeneigtest um so mehr verordnen zu wollen, als immer am Schluß der Sache ein besonderer Termin zur Inrotulation der Acten angesetzt werden muß, und darin die beigebrachten Vollmachten wechselseitig anerkannt werden; oder

2) ob Ew. Excellenz, wenn es bei der Bestimmung des gedachten §. 92. bleiben soll, gemeinschaftlich mit des Herrn Finanzministers Excellenz, es bei der bisherigen Stempelfreiheit dieser besondern Art von Legalisationen belassen wollen.

Die Rücksichten, welche uns zu diesen alternativen Anträgen bestimmen, sind folgende:

1) Bereits in der nassauischen Stempel-Ordnung de dato Biberich, den 6. und Weilburg, den 8. April 1808, welche, auch nach der Vereinigung der nassauischen Landestheile mit dem preußischen Staate, bis zur Erscheinung des Stempelgesetzes von 1822 angewendet worden, findet sich neben dem Vollmachtsstempel ein Stempelsatz für gerichtliche Atteste, gerade so wie in unserm Stempeltarif für amtliche Atteste, worunter die Beglaubigung der Vollmachten begriffen wird. Nichts desto weniger ist jene Position der nassauischen Stempelordnung nicht auf die Legalisationen der Proceß-Vollmachten angewendet worden, sondern es sind dieselben beständig stempelfrei gewesen. Da dies unter der nassauischen Regierung, welche sowohl die Stempel-Ordnung von 1808, als die Ober-Appellationsgerichts-Ordnung gegeben hat, statt fand, so darf man wohl annehmen, daß man die Legalisation der Vollmachten nicht als gerichtliche Atteste, sondern als eine besondere eigenthümliche kostenfreie Formalität angesehen habe; und man ist auch ferner anzunehmen berechtigt, daß unter der Voraussetzung dieser Kostenfreiheit jene Formalität den Vollmachten in der Ober-Appellationsgerichts-Ordnung hinzugefügt worden, und dies nicht geschehen sein würde, wenn die Legalisationen noch eines besondern Stempels bedurft hätten.

2) Den Eingesessenen des ostrheinischen Theiles des Coblenzer Regierungsbezirks ist die Rechtspflege ungleich kostbarer geworden, als sie ihnen vorhin war. Denn

a) war der Stempel nach der vorerwähnten nassauischen Stempelordnung vom 8. April 1808 sehr gering. So betrug der Vollmachtsstempel nur zehn Kreuzer, gegenwärtig aber 15 Sgr., und wenn zu den Legalisationen der Vollmachten ebenfalls ein solcher Stempel verbraucht werden müßte, so würde derselbe auf einen Thaler zu stehen kommen.

b) hatten die Eingesessenen sonst ihr Ober-Appellationsgericht in der Nähe, jetzt aber sehr entfernt. Es haben dadurch die Proceßkosten einen bedeutenden Zuwachs erhalten, und man kann wohl sagen, daß das hohe Porto eine Hauptstelle unter den, die Rechtspflege drückenden Lasten einnehme. Wenn ein einfacher, aus anderthalb Bogen bestehender, Bericht, womit ein documentum insinuationis eingesandt wird, 27 Groschen Porto kostet, so ist daraus leicht abzunehmen, wie hoch das Porto von den Proceßschriften, Vorstellungen und Acten sich erstrecken werde. Es kommt hierbei

c) noch in Betrachtung, daß die Ober-Appellationssumme, oder summa revisibilis nur 300 Gulden im 24 fl. Fuß (175 Rthlr. preuß. Courant) beträgt, und Nullitäts-Querelen an keinen Werth des Gegenstandes des Processes gebunden sind; daß also dadurch die Kosten um so drückender werden, und im Mißverhältniß gegen das objectum litis kommen.

Falls es jedoch dessen ungeachtet bei den Legalisationen der Vollmachten für die Zukunft belassen werden möchte, und dieselben der Stempelpflichtigkeit unterworfen bleiben sollten, so dürften die vergangenen Contraventionsfälle, welche sämmtlich seit der, von Ew. Excellenz und dem königlichen Hohen Finanz-Ministerium erlassenen Verfügung vom 16. Juli a. c. der Stempelstrafe unterworfen sein würden, doch aus folgenden Gründen eine Nachsicht verdienen.

Nach den anliegenden Berichten des Landgerichts-Präsidenten Wurzer, herrscht nämlich bei den Gerichten der Glaube, daß die Legalisationen der Vollmachten noch fortwährend stempelfrei wären, indem der Justizsenat in dem Wahne befangen ist, daß die gedachte Verfügung vom 16. Juli mit dem, von Ew. Excellenz unterm 5. Juni 1826 an den ostrheinischen Senat des Appellations-Gerichtshofes erlassenen Rescript im Einklange sei; da sie doch vielmehr offenbar das nämliche feststellt, was der Provinzial-Steuer-Direktor in seiner Bekanntmachung vom 7. October 1827 ausgesprochen hatte, von welcher der Justizsenat selbst anerkennt, daß sie, jenem Rescript ganz entgegenstehende Grundsätze enthalte.

Wenn aber das Obergericht (der Justizsenat) obgleich irrthümlich, die Stempelfreiheit der Vollmachts-Legalisationen annimmt, so ist es den Untergerichten wohl zu verzeihen, wenn sie der Ansicht der ihnen vorgesetzten Behörde vertrauend gefolgt sind, und die Partheien mit dem Stempel dieser Legalisationen verschont haben, und sie dürften daher pro praeterito auf eine Erlassung der Stempelstrafe einen gerechten Anspruch haben.

Berlin, den 10. December 1828.

An Der Revisions- und Cassationshof.
des königl. wirklichen Geheimen Staats- und Justiz-Ministers, Herrn Grafen v. Danckelmann Excellenz.

873.

Aufhebung der Verordnung der österreichisch-baierschen Administrations-Commission vom 4. August 1814 und der Bergischen Gouvernements-Verordnung vom 15. April 1815, Notorietätsacten bei Heirathen betreffend.

In dem ersten Stück der Gesetzsammlung des laufenden Jahres, befindet sich eine Allerhöchste Kabinets-Ordre vom 22. November vorigen Jahres, wodurch über die Form der bei Heirathen beizubringenden Notorietätsacte neue Bestimmungen gegeben worden sind. Wie es ausdrücklich gesagt ist, war es Vereinfachung und Gleichstellung des Verfahrens, welche durch diese Allerhöchste Bestimmung beabsichtiget wurden, und es folgt daher hieraus von selbst, daß, wenn in einem oder dem andern Theile der Rheinprovinzen Verordnungen abweichenden Inhalts bestehen sollten, diese für die Zukunft nicht weiter in Betracht kommen dürfen. Dies ist der Fall mit der von der österreichisch-baierschen Administrations-Commission erlassenen Verordnung vom 4. August 1814, weit mehr aber noch mit einer Verfügung des ehemaligen Bergischen General-Gouvernements vom

15. April 1815, welche, obgleich nie vorschriftsmäßig verkündigt, von den Civilstandsbeamten bisher beobachtet worden.

Diese Beamten werden daher darauf aufmerksam gemacht, daß künftig auf die erwähnten Verordnungen keine Rücksicht mehr zu nehmen ist, daß einzig nach der Allerhöchsten Kabinets-Ordre vom 22. November 1828 verfahren werden muß, und die Herren Oberprocuratoren werden bei den vorzunehmenden Revisionen auch diesen Gegenstand im Auge zu behalten haben.

Cöln, den 19. Januar 1829. Der General-Procurator
Ruppenthal.

874.

Disciplinarstrafrecht des General-Postamts.

Auf Ihren Bericht vom 10. December 1826,
das Disciplinar-Strafrecht des General-Postamts betreffend,

erhalten Sie Abschrift der Allerhöchsten Kabinets-Ordre vom 5. Juli v. J. mit dem Eröffnen, daß in Folge der mit dem königlichen General-Postamte stattgehabten Correspondenz, dessen eigene Befugniß zur Verhängung von Gefängnißstrafen gegen Beamte im Disciplinarwege nach Anleitung der Regierungs-Instruction vom 23. October 1817, §. 39 und 42, und in der Geschäftsanweisung vom 31. December 1825, des Zusatzes zu dem §. 39. der obigen Regierungs-Instruction, und der Allerhöchsten Kabinets-Ordre vom 31. December 1825, bis zur Dauer von acht Tagen, als der auch allen obersten Verwaltungs-Behörden gesetzten Grenze, feststeht. Hierdurch ist der materielle Theil Ihrer Anfrage im obgedachten Berichte erledigt.

Berlin, den 19. Januar 1829. Der Justiz-Minister
An Graf v. Danckelmann.
den königl. General-Procurator Herrn Ruppenthal
zu Cöln.

a.

Auf Ihren gemeinschaftlichen Antrag vom 17. Mai und 26. Juni d. J. genehmige Ich, daß den Post-Inspectoren und Postamts-Vorstehern in der ganzen Monarchie, die Disciplinar-Befugnisse des Post-Departements über die Postillions, welche sich straffällig machen, zu Geldbußen bis Einem Thaler und Arreststrafen, zu deren Vollstreckung die Behörden zu requiriren sind, bis vier und zwanzig Stunden übertragen werden. Teplitz, den 5. Juli 1828.

An Friedrich Wilhelm.
den Staats- und Justiz-Minister Grafen v. Danckelmann,
und an den General-Postmeister v. Nagler.

875.

Gerichtsstand der vormals reichsständigen Familien im Neuwiedschen Gebiete.

Ew. Durchlaucht ermangele ich nicht, auf das sehr verehrte Schreiben vom 9. December v. J., nach vorgängiger Communication, und in Uebereinstimmung mit dem königlichen Ministerium der auswärtigen Angelegenheiten, in ganz ergebenster Antwort zu erwiedern, daß ich die, von Hochdenenselben geführte Beschwerde über die Verfügung des Appellations-Gerichtshofes zu Cöln, wodurch Mitglieder anderer, vormals reichsständiger Familien, welche ihren Wohnsitz in dem Neuwiedschen Gebiete nehmen, von der Gerichtsbarkeit des dortigen Obergerichts ausgeschlossen, und an den Justizsenat zu Coblenz verwiesen worden sind, nicht für begründet erachten kann, indem jene Verfügung dem Sinne des §. 14. der Instruction vom 30. Mai 1820,

welche als specielles Gesetz den privilegirten Gerichtsstand der standesherrlichen Familienglieder feststellt, und solchen dem Obergericht der Provinz überweiset,

vollkommen angemessen ist.

Berlin, den 21. Januar 1829.

An Graf v. Danckelmann.
des Herrn Fürsten August zu Wied Durchlaucht
zu Neuwied.

876.

Das Bettlerwesen.

Beigehend wird Ihnen eine vidimirte Abschrift der,

wegen des Verfahrens bei Aufnahme der Bettler in das Landarbeitshaus zu Brauweiler,

unter dem 31. December pr. an die Minister des Innern und der Justiz erlassenen Allerhöchsten Kabinets-Ordre zugefertigt, um sich danach zu achten, und

1) den königlichen Appellations-Gerichtshof davon in Kenntniß zu setzen;
2) dieselbe durch die Ober-Procuratoren den Landge-

richten bekannt zu machen, und durch die Amtsblätter zur Kenntniß des Publikums zu bringen.

Berlin, den 22. Januar 1829. Der Justiz-Minister
An Graf v. Danckelmann.
den königl. General-Procurator Herrn Ruppenthal
zu Cöln.

a.

Auf Ihren in Gemäßheit der von Mir in dem Landtagsabschiede für die Rheinprovinzen vom 13. Juli v. J. getroffenen Bestimmung erstatteten Bericht vom 13. December d. J. über das Verfahren bei Aufnahme der Bettler in das Landarbeitshaus zu Brauweiler, genehmige ich vorläufig, und mit Vorbehalt dessen, was bei Einführung der preußischen Gesetzgebung in die rheinischen Provinzen, im Allgemeinen bestimmt werden wird:

1) daß den Landräthen (in den großen Städten, in welchen die Regierung die Polizeibehörde dazu geeignet findet, dieser) die Befugniß ertheilt werde, jeden Bettler acht Tage im Ortsgefängniß aufzubewahren, und wenn er von seiner Familie oder der Commune, unter dem Versprechen, ihn vom Betteln abzuhalten, reclamirt wird, ihn verabfolgen zu lassen;
2) daß nicht reclamirte Weiber, Mädchen, Kinder unter sechzehn Jahren, Sechzigjährige, Kranke und Gebrechliche, wenn ihnen zuvor zu Protocoll bekannt gemacht, daß sie die Befugniß haben, auf gerichtliche Untersuchung anzutragen, und sie davon keinen Gebrauch machen, in das Bettlerhaus abzuliefern, und daselbst auf den Grund des Protocolls, welches bekundet, daß das Individuum wirklich gebettelt hat, aufzunehmen;
3) daß dagegen diejenigen, welche auf Untersuchung antragen, so wie alle nicht 60, und nicht unter 16 Jahr alte, gesunde, nicht reclamirte männliche Bettler ohne Unterschied den Gerichten zu überliefern;
4) daß die zu 1) und 2) gedachten Bestimmungen auf vagabondirende und solche Bettler, gegen welche nach den Strafbestimmungen der Art. 276 — 280. des peinlichen Gesetzbuchs zu verfahren, nicht Anwendung finden, diese Individuen vielmehr sofort zur Einleitung der Untersuchungen den Gerichten zu überweisen sind.

Sie haben hiernach die erforderlichen Verfügungen zu treffen. Berlin, den 31. December 1828.

An die Staats-Minister v. Schuckmann und Grafen v. Danckelmann.

Friedrich Wilhelm.

877.

Executions-Vollstreckung gegen Militairpersonen auf Gehalts- und Pensionsabzüge.

Des Königs Majestät haben mittelst Allerhöchster, an die Minister des Krieges und der Justiz erlassenen Kabinets-Ordre vom 29. Januar c. zu bestimmen geruhet:

daß es bei der Executions-Vollstreckung gegen Militair-Personen auf Gehalts- und Pensionsabzüge, der Mittel-Instanz der Militairgerichte nicht ferner bedürfe, vielmehr die Civil-Gerichte von nun an unmittelbar die betreffende Verwaltungsbehörde requiriren sollen, um den Militair-Personen die Gehalts- und Pensions-Abzüge zu machen.

Diese Requisitionen gelangen daher künftig

1) in so weit sie bisher an das königliche General-Auditoriat gingen, imgleichen in Hinsicht aller pensionirten oder auf Wartegeld stehenden Offiziere, unmittelbar an das königliche Militair-Oeconomie-Departement des Kriegs-Ministerii;

2) für alle andere Offiziere und Militairbeamten,
   a) in sofern sie einem Regiment oder sonstigen Truppentheile angehören, an den Commandeur desselben;
   b) in sofern sie nicht regimentirt sind, an das königliche General-Commando der Provinz,

und sind nach Maaßgabe der Verfügung vom 25. Januar 1822 nach wie vor von den königlichen Ober-Procuratoren zu erlassen.

Sie haben diese Bestimmungen zur Kenntniß des königlichen Appellations-Gerichtshofes zu Cöln, und durch die Ober-Procuratoren zur Kenntniß der königlichen Landgerichte in den Rheinprovinzen zu bringen.

Berlin, den 24. Februar 1829. Der Justiz-Minister Graf v. Danckelmann.

An den königl. General-Procurator Herrn Ruppenthal zu Cöln.

a.

Auf Ihren Bericht vom 8. dieses Monats, will Ich im Verfolg Meiner Ordres vom 4. Juni und 8. September 1822 hierdurch bestimmen, daß es bei der Executions-Vollstreckung gegen Militairpersonen auf Gehalts- und Pensions-Abzüge, der Mittel-Instanz der Militair-Gerichte nicht ferner bedarf, vielmehr sollen die Civilgerichte von nun an unmittelbar die betreffende Verwaltungsbehörde requiriren, um den Militairpersonen die Gehalts- und Pensions-Abzüge zu machen. Ich überlasse Ihnen, hiernach die Civil- und Militair-Behörden mit der erforderlichen Anweisung zu versehen.

Berlin, den 29. Januar 1829.

An Friedrich Wilhelm.
die Staats-Minister, General der Infanterie
v. Hake, und Grafen v. Danckelmann.

878.

Verfahren beim Bauen längs den Staats- und Bezirksstraßen.

Auf Ihren Vorschlag im Berichte vom 11. Januar d. J. ist in Gemeinschaft mit dem königlichen Ministerio des Innern das im Art. 18. Tit. 1. des Gesetzes vom $\frac{12}{22}$ Juli 1791 bestimmte Maximum der auf Contravention gegen die Landstraßen betreffenden Regierungs-Verfügungen gesetzte Geldbuße in Ermangelung der als Maaßstab bezeichneten Mobilien-Steuer auf die Summe von funfzig Thalern vorläufig festgesetzt worden. Hiervon haben Sie die betreffenden Justizbehörden in Kenntniß zu setzen und zugleich die nöthigen Anweisungen zu erlassen, daß die in Ihrem Berichte vom 11. Januar d. J. allegirten, in Beziehung auf das Bauen längs den Staats- und Bezirks-Straßen überhaupt bestehenden Strafgesetze in den vorkommenden Fällen bei den Straf-Anträgen des öffentlichen Ministerii gehörig berücksichtiget werden.

Berlin, den 4. März 1829. Der Justiz-Minister
An Graf v. Danckelmann.
den königlichen General-Procurator Herrn Ruppenthal
zu Cöln.

879.

Gegen Bombardiere und Vice-Bombardiere kann auf Einstellung in eine Strafsection nicht erkannt werden, ohne zugleich die Degradation auszusprechen.

Da die Bombardiere bei der Artillerie zu den wirklichen

Unteroffizieren gehören, den Vice-Bombardieren aber durch Allerhöchste Bestimmungen die Prärogativen der wirklichen Bombardiere beigelegt worden sind: so kann gegen Individuen der Landwehr, welche während ihres Dienstes in der Artillerie des stehenden Heeres zu Bombardieren und Vice-Bombardieren avancirt worden, auf Einstellung in eine Strafsection nicht erkannt werden, ohne zugleich nach der Verordnung vom 22. Februar 1823. §. 4. die Degradation auszusprechen.

Sämmtliche königliche Gerichte haben diese Verhältnisse in vorkommenden Fällen zu beachten.

Berlin, den 5. März 1829. Der Justiz-Minister
An Graf v. Danckelmann.
sämmtliche königliche Ober- und Untergerichte.

Abschrift vorstehender Verfügung erhält der königliche Herr General-Procurator in Cöln, um die Gerichte in den Rheinprovinzen davon gleichfalls in Kenntniß zu setzen.

Berlin, den 5. März 1829. Der Justiz-Minister
An Graf v. Danckelmann.
den königlichen General-Procurator Herrn Ruppenthal
zu Cöln.

880.

Die Begleitung des Missethäters zum Richtplatze durch einen Geistlichen fällt weg.

Nach einer an den Justiz-Minister ergangenen Allerhöchsten Kabinetsordre vom 27. v. Mts. haben des Königs Majestät bei Zufertigung des Confirmations-Rescripts eines zum Tode verurtheilten Verbrechers in Bezug auf die Vorschrift des §. 545. der Criminal-Ordnung bestimmt: daß künftig die Begleitung des Missethäters zum Richtplatze durch einen Geistlichen wegfallen, jedoch der Zutritt des Letzteren zum Delinquenten bis zu dem Augenblicke seiner Abführung zum Richtplatze in allen Fällen gestattet werden soll.

In Gemäßheit dieser Allerhöchsten Bestimmung werden Sie, Herr General-Procurator, angewiesen, in künftigen Fällen sich hiernach zu achten.

Berlin, den 9. März 1829. Der Justiz-Minister
An Graf v. Danckelmann.
den königlichen General-Procurator Herrn Ruppenthal
zu Cöln.

881.

Instanzenzug in den Rechtssachen aus dem königlichen Antheile an dem Condominat Maischeid.

Auf ihren Bericht von 23. Februar d. J.
in der zur Ober-Appellation bei dem königlichen rheinischen Revisionshofe eingeführten Rechtssache, bei welcher das fürstlich Wiedsche Justiz-Amt Dierdorf und der Justiz-Senat zu Coblenz in erster und zweiter Instanz erkannt haben,
wird Ihnen eröffnet, wie die Bemerkung des rheinischen Appellationsgerichtshofes,
daß das fürstlich Wiedsche Amt Dierdorf die Justiz erster Instanz für den königlichen Antheil an dem Condominat Maischeid nur vermöge besonderen Auftrages verwaltet und durch die ausdrückliche Verfügung der Allerhöchsten Kabinets-Ordre vom 29. November 1821 und dem Beschluß des königlichen Staats-Ministeriums vom 10. October 1827 die höheren Instanzen der königlichen Oberbehörden ausschließlich zugewiesen worden sind,
ihre Richtigkeit hat und daher danach von dem königlichen rheinischen Revisionshofe zu verfahren ist. Einer speciellen Mittheilung der Allerhöchsten Kabinets-Ordre und des Beschlusses des königlichen Staatsministeriums bedarf es nicht und kann solche um so weniger erfolgen, als mehrere Gegenstände darin aufgenommen sind, welche auf die gegenwärtige Anfrage keine Beziehung haben.

Berlin, den 6. April 1829. Der Justiz-Minister
An Graf v. Danckelmann.
den königlichen Chef-Präsidenten des rheinischen Revisions- und Cassationshofes Herrn Sethe.

882.

Verlängerung der Anmeldungs-Frist für die Fideicommiß-Anwarter in den Landestheilen des vormaligen Großherzogthums Berg.

Auf den Bericht des Staatsministeriums vom 11. d. M. will Ich, nach dem Antrage der westphälischen Provinzialstände, die in dem Gesetz wegen der in den zum vormaligen Großherzogthum Berg gehörig gewesenen Landestheilen vor Einführung der französischen Gesetze bestandenen Fideicommisse vom 23. März v. J. §. 3. bestimmte einjährige Frist zur Anmeldung der Rechte der Fideicommißanwarter auf zwei Jahre, und zwar bis zum 30. April 1831, hierdurch verlängern.

Berlin, den 28. April 1829.

Friedrich Wilhelm.

An das Staats-Ministerium.

883.

Die von dem Herrn Fürsten zu Wied ernannten standesherrlichen Unterjustizbeamten bedürfen der Bestätigung der oberen Staatsbehörden nicht.

Der Justiz-Minister kann der von dem königlichen Appellations-Gerichtshofe, Abtheilung für ostrheinische Sachen, in dem Berichte vom 10. Februar d. J. entwickelten Ansicht,

daß die von dem Herrn Fürsten zu Wied ernannten standesherrlichen Unterjustizbeamten neben dem Besitze der gesetzlichen Qualification der Bestätigung der oberen Staatsbehörde noch bedürfen,

nicht beipflichten, findet es vielmehr unbedenklich, daß diejenigen Modalitäten, welche durch den Receß vom 29. Mai 1826 hinsichtlich der höheren Beamten §. 6. festgestellt sind, auf die niederen Beamten in gleichem Maaße Anwendung finden müssen.

Hiernach hat das Collegium sich zu achten, und ist der Herr Fürst zu Wied von diesem Beschlusse in Kenntniß gesetzt worden.

Berlin, den 30. April 1829.

Der Justiz-Minister
Graf v. Danckelmann.

An
den königlichen Appellationsgerichtshof,
Abtheilung für ostrheinische Sachen,
zu Cöln.

884.

Beicassirung des zu den Notariatsurkunden zu adhibirenden Stempels.

Mehrere Fälle, welche in der neueren Zeit sich ereignet haben, liefern den Beweis, daß nicht alle Notarien, wie es vorgeschrieben ist, den zu den Urkunden erforderlichen Stempel beicassiren, und es ist dadurch für den Staat ein Schaden entstanden, welchen die Urheber desselben zu decken nicht im Stande sind. Desto fühlbarer wird aber die Nothwendigkeit, Maaßregeln zu ergreifen, welche, in Einklang mit den bestehenden Gesetzen und Verordnungen, ähnliche Verluste für die Zukunft verhindern oder doch möglichst erschweren.

Man hat vorgeschlagen, die Notarien anzuhalten, ihre Urkunden immer auf den tarifmäßigen Stempel zu schreiben, und die Nichtbefolgung mit einer Geldbuße zu belegen. Aber von diesem Vorschlage mußte abgesehen werden, weil einestheils in derselben die Abänderung des Gesetzes liegt, folglich die Mitwirkung der gesetzgebenden Gewalt nöthig sein würde, anderntheils die Ausführung in vielen Fällen selbst nicht einmal möglich ist.

Man hat auch vorgeschlagen, den Notarien das Recht zu entziehen, den Tag der Cassation des Stempels selbst zu constatiren, und sie zu verpflichten, diesen Tag durch den Stempelvertheiler constatiren zu lassen.

Aber abgesehen davon, daß auch dieser Vorschlag eine auf dem Wege der Legislation nur mögliche Abänderung des §. 12. des Gesetzes vom 7. März 1822 nöthig machen würde, abgesehen auch von den von dem Vorschlage unzertrennlichen Schwierigkeiten, ist es auch klar, daß er selbst nicht einmal zum Ziele führt, indem der weniger gewissenhafte Beamte die Beschaffung des Stempels ganz unterlassen und die Verurtheilung zu einer seine Kräfte übersteigenden Geldbuße abwarten wird. Das zweckmäßigste und einfachste Mittel, wenn es gleich nicht ganz durchgreifend ist, scheint darin zu liegen, daß die Friedensrichter bei der von ihnen vorzunehmenden Revision sich von der stattgehabten Beischaffung des Stempels überzeugen.

Schon in dem durch die Amtsblätter bekannt gemachten Ministerial-Rescripte vom 1. August 1825 ist bestimmt, daß in dem Repertorium der zu der Urkunde verwandte Stempel bemerkt werden muß, und es liegt in der Natur der Sache, daß der revidirende Richter das Recht und die Pflicht haben muß, sich von der Richtigkeit der Angabe zu überzeugen.

Findet er nun, daß der Stempel wirklich, wie angegeben, beicassirt worden, so wird dies bei dem Abschlusse des Repertoriums von dem Friedensrichter bemerkt, entdeckt er aber, daß, der im Repertorium angezeigten Verwendung ungeachtet, der Stempel nicht beigebracht worden, so liegt hierin eine Stempelcontravention, welche der Richter sofort zu constatiren ohnehin schon verbunden ist.

Daß hierbei die den Notarien wie allen anderen Behörden zum Beicassiren belassene Frist des §. 19. des angeführten Gesetzes beachtet werden müsse, versteht sich von selbst, woraus sich ergiebt, daß bei der Revision, welche z. B. in den ersten Tagen des Jänners stattfinden muß, die Prüfung wegen des beigebrachten Stempels sich auf die Periode vom 15. September bis zum 15. December erstreckt, und in dieser Art bei jeder Revision fortgefahren wird.

Da die Notarien ohnehin verpflichtet sind, ihr Repertorium dem Friedensrichter vorzulegen, so ist es für sie nicht im geringsten beschwerend, wenn sie auch gleichzeitig die Vorlage des verwandten Stempels bewirken. Die Geheimhaltung des Inhalts der Urkunden wird hierdurch nicht gefährdet, denn da ohnehin die Urkunden fortlaufend numerirt werden müssen, und der Stempelbetrag am Ende der Urkunde angegeben werden muß, so kann der Friedensrichter, ohne von dem Inhalte der Urkunden Notiz zu nehmen, die Nummer der Urkunde mit der Nummer des cassirten Bogens und dessen Werth mit dem am Ende der Urkunde bemerkten vergleichen, und sich von der stattgehabten Cassation des Stempels überzeugen.

Euer rc. ersuche ich demnach, die Friedensrichter Ihres Bezirks so wie die Notarien hiernach mit der erforderlichen Weisung zu versehen, und bei Ihrer periodischen Anzeige über die stattgehabten Revisionen mir das Resultat zu bemerken.

Sollten sich gegen Erwarten bei der Ausführung Schwierigkeiten ergeben, so erwarte ich seiner Zeit Ihre Anzeige, um eventualiter dieselben durch eine zu extrahirende höhere Verordnung zu beseitigen.

Cöln, den 1. Mai 1829. Der General-Procurator
Circulare Ruppenthal.
an sämmtliche Herren Ober-Procuratoren.

885.

Die für den Verlust von Orden und Ehrenzeichen gegebenen Vorschriften gelten auch für das Dienstauszeichnungskreuz.

Durch die in den Jahrbüchern Band 26. S. 189. abgedruckte Allerhöchste Bestimmung über die Stiftung der militairischen Dienstauszeichnung ist unter No. 5. festgesetzt, daß die für den Verlust von Orden und Ehrenzeichen gegebenen Vorschriften, auch für das Dienstauszeichnungskreuz gelten sollen, wonach also der Verlust desselben bei entehrenden Verbrechen und in allen Fällen auszusprechen ist, wo auf Versetzung in die zweite Classe des Soldatenstandes und im Civilstande auf Verlust der National-Kokarde erkannt wird.

Dem mir gegebenen Befehle gemäß mache ich diese Allerhöchste Bestimmung noch besonders hierdurch bekannt, damit dieselbe von den rheinischen Gerichten in allen vorkommenden Fällen gehörig zur Anwendung gebracht werde.

Cöln, den 16. Mai 1829. Der General-Procurator
Publicandum. Ruppenthal.

886.

Entschädigung für Chaussee-, Brücken- und Fährgeld bei Reisen der Justizbeamten.

Auf Ihren Bericht vom 30. v. Mts. wird Ihnen unter Zurücksendung der Inlagen eröffnet, wie ich den Anspruch der rheinischen Justizbeamten auf Wiedererstattung der nach §. 11. litt. C. der Verordnung vom 28. Juni 1825 zu liquidirenden Auslagen neben der nach Maaßgabe des Decrets vom 18. Juni 1811 zu liquidirenden Reise-Entschädigung aus dem Criminalfonds für wohl begründet finde, und haben Sie deshalb sowohl für den speciellen Fall, welcher die Anfrage in dem Berichte vom 30. März d. J. veranlaßt hat, als für die Zukunft überhaupt das Weitere zu veranlassen.

Berlin, den 24. Mai 1829. Der Justiz-Minister
An Graf v. Danckelmann.
den königlichen General-Procurator Herrn Ruppenthal
zu Cöln.

887.

Prüfung der Cautionen der Hypothekenbewahrer.

Beigehend erhalten Sie **sub lege remissionis** in Urschrift das Schreiben des königlichen Finanz-Ministerii vom 27. April d. J. wegen der bei Gelegenheit der von dem Hypothekenbewahrer N. bestellten Caution zur Sprache gekommenen Frage,

wer die Cautionen der Hypothekenbewahrer zu prüfen habe, ob das betreffende Landgericht, oder die Verwaltungsbehörde?

Es ist allerdings bei Erlassung des Ressort-Reglements vom 20. Juli 1818 keinesweges die Absicht gewesen, Sachen, die früher zur ausschließlichen Competenz der Gerichte gehört haben, diesen zu entziehen, und den Regierungen zu überweisen, und es sind namentlich die im Art. 8. des Gesetzes vom 21. Ventose des Jahres VII. bezeichneten Attributionen der Gerichte bei den Cautionsleistungen der Hypothekenbewahrer durch die Bestimmungen des §. 14. des Ressort-Reglements nicht geändert worden.

Jener §. 14. ist, wie die Bureau-Acten des Justiz-Ministerii über die Confection dieses Reglements ergeben, aus dem, von dem Herrn Fürsten Staats-Kanzler den Commissarien zur Benutzung mitgetheilten Notizen über die Fälle, worin früher der Präfecturrath entschied, entnommen, welche der Geheime Kriegs-Rath Simon und der General-Procurator Eichhorn mitgetheilt hatten.

Ersterer hatte den Fall so bezeichnet:

„In Hinsicht der Sicherheitsleistungen, zu welchen die Unternehmer, und Rechnungspflichtigen des öffentlichen Dienstes der Krieges-Verwaltung gehalten sind, untersucht der Präfecturrath die ausgestellten Urkunden, welche diese Sicherheit geben sollen, und erklärt sie entweder hinlänglich oder verwirft sie."

Mit Bezug hierauf hat der Verfertiger des Entwurfs, der Geheime Staats-Rath Daniels, den §. 14., ohne daß die Motive erhellen, so wie er jetzt steht, gefaßt, und bei der Berathung darüber im königlichen Staatsministerium wurden die Bedenken, als ob sie hierbei und im §. 13. den Befugnissen der Militair-Behörden nicht hinlänglich prospicirt sei, durch den, statt Regierungen absichtlich gewählten, allgemeinen Ausdruck: Verwaltungsbehörde — innerhalb der ihnen bezeichneten Grenzen erledigt.

Hierbei war also an eine Aufhebung des Gesetzes vom 21. Ventose VII. um so weniger zu denken, als es sich, wie das königliche Finanz-Ministerium schon bemerkt hat, lediglich um Vertheilung der Geschäfte des Präfecturraths handelte.

In Ansehung des Hypothekenwesens hatte der General-Procurator Eichhorn gegen einen früheren, späterhin ganz reprobirten Entwurf der Immediat-Justiz-Commission zu Cöln, welcher im Abschnitt I. §. 2. den Regierungen ihre bisherigen Befugnisse in dieser Beziehung ausdrücklich reserviren wollte, bemerkt, daß dieser §. ganz mit Stillschweigen übergangen werden könne, weil das Gesetz vom 21. Ventose VII. nicht aufgehoben sei, und das Schweigen des Ressort-Reglements über diesen Punkt, so wie seine ganze im Einsendungsberichte an den Herrn Fürsten Staats-Kanzler ausgesprochene Tendenz, die rheinische Justiz-Verwaltung aufrecht zu erhalten und das Ressort des Präfecturraths nach den in den alten Provinzen geltenden Grundsätzen zwischen die Gerichte und Verwaltungsbehörden zu vertheilen, beweiset es sonach, daß jenes Gesetz nach wie vor in Kraft bleiben sollte.

Ehe ich hiernach das Schreiben des königlichen Finanz-Ministerii beantworte, sehe ich jedoch einer Anzeige der Gründe entgegen, welche zur Rechtfertigung Ihrer entgegengesetzten Ansicht dienen können, und haben Sie sich dabei auch gutachtlich über die Zulässigkeit der Anfechtung des fraglichen Urtheils des Landgerichts zu Trier im Cassations-Wege zu äußern.

Berlin, den 11. Juni 1829. Der Justiz-Minister
An Graf v. Danckelmann.
den königlichen General-Procurator Herrn Ruppenthal
zu Cöln.

888.

Erneuerung der Hypotheken-Inscriptionen nach Ablauf des zehnjährigen Zeitraums.

Die Stände des zweiten rheinischen Provinzial-Landtages haben dahin angetragen,

> die Einrichtung wieder herzustellen, wonach die Hypothekenbewahrer gegen den Ablauf des zehnjährigen Zeitraums, mit welchem nach der dortigen Hypothekenverfassung die Hypothekenrechte erlöschen, die Interessenten an die Erneuerung ihrer Inscriptionen erinnerten.

Diese Einrichtung hat nicht überall stattgefunden, sondern ist nur von einigen Domainen und Enregistrements-Direktoren früher angeordnet worden, um bei der Neuheit der Bestimmung des französischen Rechts über das Erlöschen der Hypothekenrechte von den Interessenten Nachtheile abzuwenden, welche ihnen aus der unterlassenen Erneuerung ihrer Inscriptionen erwachsen konnten. Späterhin hat es sich gezeigt, daß diese Einrichtung manche Uebelstände herbeigeführt hat, ohne die Erreichung des beabsichtigten Zwecks vollständig zu sichern. Die Erinnerungsschreiben an die Interessenten waren oft nicht zu bestellen, oder letztere verweigerten die Annahme, weil die Erneuerung der Hypothek absichtlich wegen bereits erfolgter Zahlung oder aus andern Gründen unterlassen worden, und da die Verpflichtung der Hypothekenbewahrer solche Erinnerungsschreiben zu erlassen auf keinem Gesetz beruhte, die Einrichtung vielmehr mit dem Geist des Gesetzes in so fern in Widerspruch stand, als dieses aus andern Gründen die Wahrnehmung der Rechte der Interessenten hauptsächlich ihnen selbst überlassen hatte, so ließ sich für den Fall, daß einmal ein Hypothekenbewahrer die Erinnerung eines Interessenten unterlassen haben und diesem hieraus ein Nachtheil entstanden sein sollte, ein Regreßanspruch an den Beamten um so schwieriger begründen, als bei der bloßen schriftlichen Erinnerung ohne beglaubigte Behändigung derselben der Beweis, daß erstere erfolgt oder nicht erfolgt sei, schwer zu führen war. Es bedürfte daher nicht blos eines Gesetzes für diese Einrichtung, sondern es würde dabei auch die Insinuation solcher Erinnerungsschreiben durch einen Huissier angeordnet werden müssen und so würde auf Kosten aller derjenigen Interessenten, welche von selbst ihre Rechte bei Erneuerung der Hypotheken wahrnehmen, oder absichtlich diese Erneuerung unterlassen, den wenigen Interessenten geholfen, welche fremder Erinnerungen bedürfen, um die Verwaltung ihres Vermögens nicht zu vernachlässigen. Diese gegen den Antrag der Stände sprechenden Gründe und der Umstand, daß die bevorstehende Einführung der Preußischen Gesetze auch in diesem Punkte etwa jetzt entstehenden Nachtheilen abhelfen wird, haben Seine Majestät bewogen, dem Antrage nicht Statt zu geben; dagegen haben Allerhöchstdieselben auf den Antrag des Staats-Ministerii befohlen, durch eine Bekanntmachung in den Amtsblättern die Bewohner der Rheinprovinzen darauf aufmerksam zu machen, daß die gesetzliche Bestimmung, wonach Hypothekenrechte mit dem Ablaufe von zehn Jahren erlöschen, noch fortwährend in Kraft sei und daher Jeder, welcher die aus dem Ablauf der Frist entstehenden Nachtheile zu vermeiden wünsche, in Zeiten für die Erneuerung der Inscriptionen zu sorgen habe.

Sie werden angewiesen, eine solche Bekanntmachung durch die Amtsblätter zu erlassen *).

Berlin, den 1. Juli 1829. Der Justiz-Minister
An Graf v. Danckelmann.
den königlichen General-Procurator Herrn Ruppenthal
zu Cöln.

889.

Ordnung der katholischen Festtage.

Beigehend erhalten Sie Abschrift der Allerhöchsten Kabinets-Ordre vom 24. März d. J. wegen Genehmigung der

*) Diese ist unterm 23. Sept. 1829 von dem General-Procurator erlassen worden.

für die katholischen Bewohner der westlichen Provinzen der Monarchie einzuführenden neuen Fest-Ordnung, nebst einem Auszuge des in dieser Beziehung von dem Herrn Erzbischofe von Cöln unter dem 7. Mai c. erlassenen Hirtenbriefes, zur weiteren vorschriftsmäßigen Bekanntmachung und Nachachtung.

Berlin, den 2. Juli 1829. Der Justiz-Minister
An Graf v. Danckelmann.
den königlichen General-Procurator Herrn Ruppenthal
zu Cöln.

a.

Auf Ihren gemeinschaftlichen Bericht vom 14. d. M. genehmige Ich, daß der päbstliche Beschluß, wodurch dem Antrage Meiner Gesandtschaft gemäß, die in den östlichen Provinzen der Monarchie bestehende Ordnung der katholischen Feiertage auf die westlichen Provinzen, in denen sie noch nicht galt, canonisch übertragen wird, mittelst Bekanntmachung des an den Erzbischof von Cöln erlassenen Breve vom 11. December v. J. verkündigt, und zur Ausführung gebracht werde. Ich ertheile diese Genehmigung kraft Meiner ausschließlichen, landesherrlichen Befugniß, die Feier christlicher Feste in Beziehung auf den Staat zu ordnen, und unter ausdrücklicher Verwahrung gegen alle, in den erwähnten römischen Ausfertigungen etwa vorkommenden Ausdrücke, die mit diesem Meinem Königlichen Vorrechte nicht zu vereinigen sein möchten. Hiernach überlasse Ich Ihnen, dem Minister der geistlichen Angelegenheiten, die zur Ausführung Meines Beschlusses erforderlichen Verfügungen zu treffen.

Berlin, den 24. März 1829.
An Friedrich Wilhelm.
die Staats-Minister Freiherrn v. Altenstein
und Graf v. Bernstorff.

b.

Im Einverständnisse mit Sr. Königl. Majestät, unserm Könige, haben Se. Päbstliche Heiligkeit, Leo XII., dessen zu frühes Hinscheiden wir erst jüngsthin mit Schmerzen betrauerten, als ein neues und bleibendes Denkmal der väterlichen Liebe und Sorgfalt für die Kirchen in Deutschland, auf Unsern Antrag vom 26. Januar 1827, durch ein an Uns erlassenes Apostolisches Schreiben vom 2. December v. J. für die katholischen Unterthanen in den westlichen Provinzen der preußischen Monarchie aus Apostolischer Machtvollkommenheit die nämliche Festordnung mildest angeordnet, welche in den östlichen Provinzen von dem heil. Apostolischen Stuhle unter den Päbsten Clemens XIV. und Pius VI., höchstseligen Andenkens, am 24. Juni 1772 und am 19. April 1788 eingeführt worden ist, und Uns mit der Bekanntmachung und kirchlichen Einführung dieser Festtage beauftragt. Unsers Königs Majestät haben durch die Allerhöchste Kabinets-Ordre vom 24. März d. J. die Verkündigung und Ausführung dieser Festordnung Allergnädigst genehmigt, und dieselbe in Allerhöchstihren landesherrlichen Schutz genommen.

Diesemnach verkündigen Wir hiermit und setzen fest im Namen und im Auftrage des heil. Apostolischen Stuhles, daß außer den Sonntagen des Jahres in Unserer Erzdiöcese Cöln folgende Feste gefeiert werden:

1) der Montag nach dem Feste der Auferstehung des Herrn;
2) der Montag nach dem Pfingstfeste;
3) das Fest der Geburt unsers Herrn Jesus Christus;
4) das Fest der Beschneidung des Herrn;
5) das Fest der heil. drei Könige;
6) das Fest der Himmelfahrt Christi;
7) das Frohnleichnamsfest;
8) das Fest der Reinigung Mariä;
9) Mariä Verkündigung;
10) Mariä Himmelfahrt;
11) Mariä Geburt;
12) Mariä Empfängniß;
13) das Fest der hh. Apostel Petrus und Paulus, sammt der Gedächtnißfeier aller hh. Apostel;
14) das Fest Allerheiligen;
15) das Fest des h. Erzmärtyrers Stephanus sammt der Gedächtnißfeier aller hh. Märtyrer.
16) das Fest des vornehmsten h. Kirchen-Patrons. Dieses Fest jedoch wird nicht an dem eigentlichen Tage, an welchem es einfällt, sondern an dem zunächst darauf folgenden Sonntage so gehalten, als fiele es an diesem Sonntage ein, und daß derselbe hinfort das eigentliche Patronsfest ist.
17) Die Mittwoche nach dem dritten Sonntage nach Ostern, Jubilate genannt, als Bitt-Tag, um vom Himmel den Segen für die Feldfrüchte zu erflehen. Für diesen Festtag ordnen wir ein dreizehnstündiges Gebet an, und soll diese Feier an die Stelle der bisher in Unserer Erzdiöcese an verschiedenen Tagen

üblichen Hagelfeier treten. Nach Maßgabe des §. 7. und 8. de precibus quadraginta horarum in der Agenda Coloniensis vom Jahre 1720 (S. 417.) soll vor dem Hochamte die Litanei von allen Heiligen nebst den beigesetzten Versikeln und Responsorien gebetet oder gesungen, und mit den Gebeten: »Deus qui nobis sub sacramento« und »Clementiam Tuam« (S. 357.) geschlossen werden.

Wegen der Feldarbeiten zur Zeit der Ernte in den Moten August und September haben Se. Päbstliche Heiligkeit aus väterlicher Milde die beiden Feste Mariä Himmelfahrt und Mariä Geburt auf den Sonntag in der Oktav verlegt, und werden dieselben mit einer Erinnerung an den Sonntag im Officium und in der Messe so begangen, als wären sie nicht verlegt worden.

Damit das Fest des h. Laurentius, wo dieser Kirchenpatron ist, nicht auf den Sonntag einfalle, an welchem Mariä Himmelfahrt gefeiert werden soll, so wird dasselbe, wo es Patronsfest ist, immer am vorhergehenden Sonntage, nämlich am Sonntage vor dem zehnten August gefeiert.

Um das Andenken an die hh. Apostel und Märtyrer, deren Feste nicht öffentlich, sondern nur in den Kirchen gefeiert werden, bei den Gläubigen zu erhalten, wird am 29. Juni, als am Feste der hh. Apostel Petrus und Paulus, auch der Gedächtnißtag aller hh. Apostel mit der Commemoratio de communi Apostolorum, und am 26. December, als am Feste des h. Märtyrers Stephanus der Gedächtnißtag aller hh. Märtyrer mit der Commemoratio de communi plurimorum Martyrum begangen. In schonender Berücksichtigung der bedrängten Umstände, in welchen sich viele katholische Fabriksarbeiter unserer Erzdiöcese befinden, haben Se. Päbstliche Heiligkeit nachgegeben, daß diejenigen katholischen Fabriks-Arbeiter, welche in den Gemeinden auf dem linken Rheinufer mit andern Glaubensgenossen vermischt, und von Dienstlohn durch ihrer Hände Arbeit leben, an den oben genannten Festtagen, mit Ausnahme 1) der Sonntage, 2) des Christfestes, 3) des Festes der Himmelfahrt Christi und 4) Allerheiligen, ihrer gewöhnlichen Arbeit obliegen dürfen, dem h. Meßopfer aber beizuwohnen gehalten sind.

Die Herren Pfarrer und Seelsorger erinnern Wir ernstlich, und machen es ihnen zur besondern Pflicht, durch gründlichen Unterricht und erbaulichen Gottesdienst aus allen Kräften dahin zu wirken, daß diese Wohlthat der gleichförmigen Festordnung zum Seelenheile der ihnen anvertrauten Gläubigen fruchtbringend werde.

Unsere gegenwärtige Verordnung soll am ersten Sonntage nach deren Empfang in allen Pfarr- und Annex-Kirchen öffentlich verkündigt, und sollen die darin enthaltenen Vorschriften sofort genau in Vollzug gesetzt und gewissenhaft beachtet werden.

Zu Ihnen, vielgeliebte Gläubige, haben Wir das Vertrauen, daß Sie als getreue Kinder im Geiste Unserer h. katholischen Kirche, und nach dem Wunsche Sr. Päbstlichen Heiligkeit diese heiligen Tage anwenden werden zur Verherrlichung Gottes des Vaters und Seines Sohnes, unsers Herrn Jesus Christus, Dem sammt dem h. Geiste Ehre sei von Ewigkeit zu Ewigkeit! Amen.

Cöln, den 7. Mai 1829. Ferdinand August, Erzbischof von Cöln.

890.

Verweigerung des Armenrechts an Kirchen bei Processen.

Ew. Excellenz beehre ich mich, auf den mir unter dem 11. Mai mitgetheilten, hierneben zurückgehenden Bericht der Regierung zu Cöln vom 30. December v. J.,

die Zulassung der unbemittelten Kirchen und namentlich der katholischen Kirche zu N., zum Armenrechte bei gerichtlichen Proceduren betreffend,

Abschrift des diesfallsigen Berichts des General-Procurators Ruppenthal vom 5. v. M. ganz ergebenst mitzutheilen. Ich kann nicht umhin, der darin aufgestellten Ansicht über die Unzulässigkeit der Bewilligung des Armenrechts für die obgedachte Kirche zu N. beizutreten. Da wo, wie in den Rheinprovinzen, der, meiner Ansicht nach so richtige Grundsatz herrscht, daß die Gemeinde für die Kosten ihrer kirchlichen Einrichtungen zu sorgen hat, kann von einem der Kirche zu bewilligenden Armenrechte nicht die Rede sein, da die Gemeinde ein solches Recht nicht genießt, und auch keine genügende Veranlassung vorhanden ist, ihr ein solches beizulegen, und so die von den einzelnen Gemeinden zu tragenden Lasten auf den Staat zu übertragen, die Last des Einzelnen also zur allgemeinen zu machen. Wie der rc. Ruppenthal richtig bemerkt, bedarf die Kirche für ihre mit gutem Rechte geführten Processe des Armenrechts nicht, da bei diesen die Kostenlast dem unterliegenden Gegner auferlegt wird, für alle übrigen Processe aber ist die Tragung der Kosten nur die wohlverdiente Folge der Anstellung des Processes, welche abzuwenden die Gemeinden durch sorgfältige Ueberlegung vor Beschreitung des Rechtsweges im Stande sind. Ew. Excellenz ersuche ich daher ganz ergebenst, das Verlangen der Regierung mit Beziehung auf die in den Rheinprovinzen bestehende kirchliche Verfassung gefälligst ablehnen zu wollen.

Berlin, den 13. Juli 1829.

An Graf v. Danckelmann.

des königl. wirklichen Geheimen Staats-Ministers und Minsters der geistlichen, Unterrichts- und Medicinal-Angelegenheiten, Herrn Freiherrn v. Altenstein Excellenz.

891.

Präjudiz der Versäumung der verlängerten Frist zur Rechtfertigung der Ober-Appellation in den Rechtssachen aus dem ostrheinischen Theile der Regierung zu Coblenz.

Dem königlichen Appellations-Gerichtshofe zu Cöln wird eine Ausfertigung des unterm Heutigen hier erlassenen gemeinen Bescheides,

über das Präjudiz der Versäumung der verlängerten Frist zur Rechtfertigung der Ober-Appellation,

anliegend zugefertigt, um die dortigen Anwälte mit dem Inhalte desselben bekannt zu machen.

Berlin, den 13. Juli 1829.

Königlicher Revisions- uud Cassationshof.

An Sethe.

den königlichen Appellations-Gerichtshof, Abtheilung für ostrheinische Sachen, zu Cöln.

a.

Es hat bisher in Ansehung der Processe aus dem ostrheinischen Theile des Coblenzer Regierungsbezirks für den Fall, wenn, in Gemäßheit des §. 131. der Ober-Appellations-Gerichtsordnung, die Ober-Appellation zwar binnen der gesetzlichen Frist eingeführt, aber nicht zugleich gerechtfertiget, sondern auf den Antrag des Ober-Appellaten eine erweiterte Frist dazu bewilligt wird, an einer festen Norm darüber gefehlt:

welches Präjudiz die Versäumung dieser verlängerten

Rechtfertigungsfrist zur Folge habe, und ob dasselbe ex officio zu realisiren, oder ob eine accusatio contumaciae abzuwarten sei.

Und es ist daraus die Folge entstanden, daß verschiedene Ober=Appellationen, deren Rechtfertigungen binnen der verlängerten Frist nicht eingegangen, unerledigt geblieben sind, und der Proceß zum Nachtheil des Ober=Appellaten, welcher noch mit keinem Anwalte, dessen Bestellung erst nach Mittheilung der Justifications=Schrift erfolgt, versehen ist, und daher auch die contumaciam nicht anzeigen kann, in Stillstand gerathen ist.

Zur Abhelfung dieses Uebelstandes hat daher der Revisions= und Cassationshof,

in Erwägung, daß die zur Introduction und Justification der Appellation im §. 130. der Ober=Appellations=Gerichtsordnung bestimmte legale Frist von einem Monat ipso jure präclusiv ist, und die nach §. 131. verlängerte Frist die nämliche Natur hat, wie die legale Frist, welche nur weiter erstreckt wird;

Daß daher, ebenso wie bei dieser, auch bei jener das nämliche Präjudiz eintreten, und ebenso amtlich ausgesprochen werden muß, eine accusatio contumaciae auch schon deshalb nicht geschehen kann, weil der Ober=Appellat noch mit keinem Anwalte versehen ist, welchen er erst, nach der ihm geschehenen Mittheilung der Justificationsschrift bestellet;

Daß indessen das Präjudiz nicht weiter gehn darf, als es die Natur der Sache erfordert, mithin die Desertions=Erklärung nur dann eintreten kann, wenn bei der Introduction keine gravamina specificirt sind, dagegen aber, wenn dieses geschehen, eine submissio ad acta priora angenommen werden muß, weil die Frist in diesem Falle nur zur weitern rechtlichen Ausführung gegeben ist, und also das zu realisirende Präjudiz sich bloß auf den Verlust dieses beneficii ulterioris deductionis erstrecken darf;

Folgendes beschlossen:

1) Auch die, in Gemäßheit der Ober=Appellations=Gerichtsordnung §. 131. erweiterte Frist zur Rechtfertigung der Ober=Appellation ist ein fatale, was ipso jure praeclusio ist.

2) Sind in der Introductionsschrift keine gravamina specificirt, so wird das remedium für desert erklärt.

3) Sind aber die gravamina bei der Introduction bestimmt und deutlich angegeben, so wird der Ober=Appellant mit der Rechtfertigung oder der weitern

Ausführung der Beschwerden präcludirt, und eine submissio ad acta priora angenommen.

4) Die Realisirung des Präjudizes der abgelaufenen erweiterten Justificationsfrist geschieht von Amtswegen auf die von dem Secretariate zu verfügende Vorlegung der Acten.

Gegenwärtiger gemeiner Bescheid soll den Anwalten der hiesigen Stelle bekannt gemacht, und dem königlichen Appellations-Gerichtshofe zu Cöln, Abtheilung für ostrheinische Sachen, so wie dem königlichen Justizsenat zu Coblenz zur Bekanntmachung an die dortigen Anwalte mitgetheilt werden.

Berlin, den 13. Juli 1829.

Königlicher Revisions- und Cassationshof.
Sethe.

(Hierzu gehört noch der gemeine Bescheid des Justizsenats vom 19. October 1819, in Betreff der Wirkung einer eingeführten, jedoch zu rechtfertigen versäumten Appellation.)

Da bei uns schon öfters die Frage: welche Wirkung einer bei uns zwar eingeführten, jedoch zu rechtfertigen versäumten Appellation beizulegen sei? vorgekommen ist, so finden wir, zur Beseitigung alles ferneren Zweifels, so wie des öfters dadurch entstandenen Mißbrauches für nöthig, in Gemäßheit der bestehenden Gesetze Folgendes zu erklären:

1) wenn bei Einführung der Appellation zugleich der Gegenstand der Beschwerde bestimmt, obgleich nur summarisch angegeben wird, so soll, wenn auch die Rechtfertigung dieser Berufung in der Folge versäumt werden sollte, die Appellation dennoch als an uns erwachsen angesehen, und die Sache auf die Acten, wie sie vorliegen, zum Erkenntnisse ausgestellt werden;

2) wenn dagegen mit der Appellations-Einführung eine solche vorläufige Angabe der Beschwerde nicht verbunden, und demnächst auch die Rechtfertigung der Appellation zur gehörigen Zeit nicht eingeliefert wird, so soll, weil über eine unbekannte Beschwerde unmöglich ein Urtheil gefällt werden kann, die ganze Berufung ohne Weiteres für versäumt erklärt, und die Rücksendung der Acten an den Richter voriger Instanz sofort verordnet werden.

Indem wir diese Erklärung durch das öffentliche Amtsblatt hiermit zu Jedermanns Wissenschaft gelangen lassen, fügen wir zugleich weiter hinzu: daß wir dagegen forthin auf die genaue und pünktliche Beobachtung aller in der Verordnung vom 23. Mai 1803 bestimmten Appellationsfristen strenge halten, auch weder weitere Fristen, noch Restitution ohne völlig hinreichende, und zugleich gehörig bescheinigte Gründe ertheilen werden.

Ehrenbreitstein, den 19. October 1819.

Königlich preußischer Justiz-Senat.
Hertel.

892.

Gebühren der Anwälde in fiscalischen Processen.

Durch das königliche Finanz-Ministerium sind dem Justiz-Minister die, über den Kostenpunkt in der Sache der königlichen Regierung zu Trier gegen die Beneficial-Erben des Pastors N. stattgefundenen Verhandlungen, und darunter auch Ihr gemeinsames Schreiben an erstere vom 26. September 1828 eingereicht worden, worin Sie die Frage:

> ob in fiscalischen Civil-Processen, worin sich die fiscalische Station ebenso wie die ihr gegenüberstehende Privat-Parthei der Anwälte bedient hat, und letztere in die Kosten verurtheilt ist, auch die Gebühren der Regierungs-Anwälte in die executorisch zu erklärende Kostenrechnung aufzunehmen sei,

aus den früheren Procedur-Gesetzen verneinend beantworten, diesen Zustand der Gesetzgebung aber selbst nicht für angemessen halten.

Der Justiz-Minister hat hierüber den Bericht des General-Procurators am königlichen Cassationshofe erfordert, welcher in Abschrift beifolgt. Der Justiz-Minister erklärt sich mit dessen Inhalt einverstanden, und hält eine Abänderung der Gesetzgebung, wie sie von Ihnen in Anregung gebracht worden, und mit ihr die Substituirung des kostspieligen ordentlichen Processes durch Anwälte auch in den bisher einfachen und wohlfeilen auf Denkschriften verhandelten Sachen, welche rückständige Domainengefälle betreffen, bedenklich, und bei der nur noch kurzen Dauer der rheinischen Gesetzgebung nicht angemessen.

Auf den von Ihnen herausgehobenen Umstand, daß die Anwälte, deren sich die Regierungen in den fraglichen Fällen bedienen, nicht als Anwälte, sondern als Mandatarien erscheinen, kann der Justiz-Minister kein Gewicht legen, und findet hiernach schon nach dem jetzigen Stande der Gesetzgebung bei dem unbestrittenen Recht der fiscalischen Station, sich der Anwälte zu bedienen, auch die correspondirende Verbindlichkeit des kostenpflichtigen Gegners, die hierdurch erwachsenen Kosten, wie in Processen unter Private, zu erstatten für wohl begründet, weshalb dieselben denn auch, wie es bisher schon größtentheils geschehen ist, in das vom Fiscus zu extrahirende Executorium durch den betreffenden richterlichen Beamten aufgenommen werden müssen. Hievon haben Sie sowohl die Gerichte, als die Beamten des öffentlichen Ministerii in Kenntniß zu setzen.

Berlin, den 15. Juli 1829. Der Justiz-Minister
Graf v. Danckelmann.

An
den königlichen ersten Präsidenten des Appellationsgerichtshofes Herrn Schwarz und den königl. General-Procurator Herrn Ruppenthal zu Cöln.

a.

Die Frage, welche in Gemäßheit des verehrtesten Befehls Ew. Excellenz vom 10. v. M. mir zu erörtern aufliegt, besteht darin, ob die Taxe der Gebühren der Anwälte, welche in fiscalischen Processen auftreten, ebenso in diesen stattfinde, wie solches in Processen zwischen Privatpersonen der Fall ist.

Hierbei ist es nothwendig zu unterscheiden zwischen Streitsachen, welche die Erhebung und Beitreibung der den Verwaltungen anvertrauten Einkünfte des Staates, und jenen, welche Eigenthumsrechte zum Gegenstande haben.

Die ersten werden auf gegenseitig zugestellte Denkschriften, ohne mündliche Auseinandersetzung, und ohne Dazwischenkunft von Anwälten verhandelt, und es kann somit deshalb keine Rede von Anwaltsgebühren sein.

Was aber die letztern betrifft, so handelt es sich entweder von den Gebühren des Anwalts, welcher den Privaten gegen den Staat vertheidigt, oder jenes, welchen der Staat mit der Vertheidigung gegen eine Privatperson zu beauftragen für angemessen hält.

Daß nun jeder Private dem Staate gegenüber in Processen, welche eine Eigenthumsfrage zum Gegenstande haben, nicht allein das Recht habe, einen Anwalt zu bestellen, sondern daß das allgemeine, nirgend modificirte Gesetz ihm hierzu die Verbindlichkeit auflege, habe ich schon in meiner gutachtlichen Aeußerung vom 5. Januar 1825 auszuführen die Ehre gehabt, und da ich in dem Schreiben des Präsidenten und General-Procurators des rheinischen Appellationshofes an die königliche Regierung zu Trier keinen Grund gefunden habe, welcher mich hätte veranlassen können, von meiner damaligen Ansicht abzuweichen; so nehme ich mir die Erlaubniß, mich in dieser Hinsicht auf das gesagte Gutachten ganz gehorsamst zu beziehen.

Was zweitens die Adhibirung eines Anwalts von Seiten des Staats in den eben erwähnten Sachen betrifft, so ist es zwar eine ausgemachte Sache, daß diese nicht erforderlich, und daß der Staat dem allgemeinen Gesetz in diesem Betracht nicht unterworfen sei, weil er in der Person seines als Staatsanwalt bei den Gerichten angestellten Beamten seinen natürlichen Vertheidiger hat, der so gut wie jeder andere Anwalt die erforderlichen Conclusionen abgeben kann, obgleich er als gleichzeitiges Organ des Gesetzes zu dessen Anwendung das Geeignete zu requiriren befugt ist.

Es kann daher auch um so weniger einem Zweifel unterliegen, daß an dieser Art des Verfahrens durch das Gesetz vom 27. Ventôse 8. J. nichts abgeändert sei, als auch schon unter der Herrschaft der Ordonnanz von 1667 (und hierin bin ich gezwungen, von der Meinung der Verfasser des Schreibens an die königliche Regierung zu Trier vom 26. Sept. v. J. abzuweichen) Processe, die den Staat betrafen, nicht durch die damals angestellten Procureurs, deren sich jeder andere bedienen mußte, sondern durch die General-Procuratoren bei den höheren Gerichten und durch ihre Substituten bei den subalternen Jurisdictionen betrieben wurden, wie Herr Merlin in seinem dem Cassations-Urtheil vom 16. Messidor 1810 vorhergegangenen requisitoire bezeuget hat.

Aber weder hieraus, noch aus dem Gutachten des französischen Staatsraths vom 1. Junius 1807 geht es hervor, daß der Staat sich des Ministerii eines Anwalts nicht bedienen dürfe.

Der eigentliche Grund, warum der Beschluß vom 10. Thermidor 4. J. die Vertheidigung durch die Beamten des öffentlichen Ministerii verordnete, bestand darin, daß es der Würde des Staats in den Sachen, worin er selbst Parthei war, unangemessen sei, sich von andern, als seinen eigenen Angestellten vertreten zu lassen. Dieser Grund fiel aber hinweg, als das Gesetz vom 27. Ventôse 8. J. die öffentlichen Anwälte wieder einführte; und von nun an war der Staat eben so befugt, als die Privatpersonen verpflichtet, sich durch einen Anwalt vertreten zu lassen; und hiergegen ließe sich um so weniger etwas einwenden, als dadurch vielmehr eine Gleichheit des Verfahrens zwischen dem Fiscus und den mit ihm streitenden Partheien herbeigeführt, und das öffentliche Ministerium aus der oft fühlbaren Verlegenheit gerissen wurde, wenn seine Ansichten mit jenen, die in der ihm zugeschickten Denkschrift enthalten sind, nicht übereinstimmten, zweifache, sich widersprechende Anträge zu machen.

Wenn sich daher der Staat durch einen Anwalt in Prozessen, die das Staats-Eigenthum betreffen, repräsentiren läßt, so bedient er sich einer Befugniß, die ihm kein Gesetz ausdrücklich entzogen hat.

Die Befreiung von der Verbindlichkeit, einen Anwalt zu bestellen, enthält noch kein Verbot, dieses zu thun, und in diesem Sinne erklärt sich auch Herr Merlin in dem **Répertoire de Jurisprudence v. Domaine public. §. 5. No. 5.**, wo er sagt: **Le prefêt peut figurer dans les instances domaniales sans le ministère d'avoués, et le ministère public doit agir ou défendre pour lui**, was deutlich anzeigt, daß er es blos als facultativ, nicht aber als imperativ angesehen habe, daß die Verwaltung in den erwähnten Processen ohne Anwalt verhandle. In diesem nämlichen Sinne hat sich der königliche Revisions- und Cassationshof in dem Erkenntniß vom 18. Mai 1825 ausgesprochen.

Ist dieses aber der Fall, daß die Regierung einen Anwalt bestellen kann, so ist es eine natürliche Folge, daß die auf solche Bestellung der Regierung aufgetretenen Anwälte die Taxe der Kosten verlangen können, und daß nach allgemeinen Grundsätzen diese Gebühren dem unterliegenden Theil zur Last zu legen sind.

Und hiernach wäre ich des unmaßgeblichen Dafürhaltens, daß es unnöthig sei, diesen Gegenstand Allerhöchsten Ortes in Anregung zu bringen, da es mir offenbar scheint, daß die Meinung des rheinischen Appellhofes nur auf einer unrichtigen Auslegung des Gesetzes beruhe, und daß es nur dann einer Allerhöchsten Bestimmung bedürfe, wann die Anwendung der bürgerlichen Proceß-Ordnung auf dergleichen fiscalische Processe überhaupt auch in allen übrigen Theilen, der Einförmigkeit des Verfahrens wegen, für zweckmäßig erachtet werden sollte.

Diese meine Ansicht stelle ich dem tieferen Ermessen Euer Excellenz ehrerbietig anheim, und remittire zugleich ganz gehorsamst die mir hochgeneigtest mitgetheilten Acten.

Berlin, den 10. April 1829. Der General-Procurator
An Eichhorn.
des königl. Geheimen Staats- und Justiz-Ministers,
Herrn Grafen v. Danckelmann Excellenz.

893

Prüfung der Cautionen der Hypothekenbewahrer.

Die von Ihnen im Berichte vom 25. v. M., die Prüfung der Cautionen der Hypothekenbewahrer betreffend, aufgestellten

Bedenken haben mich nicht bestimmen können, von der in der Verfügung vom 11. pr. m. ausgesprochenen Ansicht abzugehen. Es wird daher zur Erledigung des erhobenen Zweifels, ob durch den §. 14. des Ressort-Reglements vom 20. Juli 1818 die Bestimmungen des Gesetzes vom 21. Ventôse VII., und namentlich die im Art. 8. desselben den Gerichten ausschließlich zugewiesene Prüfung der von den Hypothekenbewahrern zu leistenden Cautionen abgeändert worden, in Uebereinstimmung mit des Herrn Finanz-Ministers Excellenz, in Gemäßheit des §. 40. des Ressort-Reglements und der Allerhöchsten Kabinets-Ordre vom 30. Juni 1828 festgesetzt,

daß eine solche Abänderung in den bisherigen Attributionen der Gerichte keinesweges in der Absicht des Ressort-Reglements gelegen hat, und der erwähnte §. 14. desselben auf jene Prüfung der Sicherheit der Cautionen der Hypothekenbewahrer keine Anwendung findet, welche nach wie vor den Justizbehörden nach Vorschrift des Gesetzes vom 21. Ventôse, VII. verbleibt.

Diese Bestimmung haben Sie zur Kenntniß sämmtlicher rheinischen Gerichte zu bringen.

Berlin, den 27. Juli 1829. Der Justiz-Minister
Graf v. Danckelmann.

An
den königlichen General-Procurator Herrn Ruppenthal
zu Cöln.

894.

Verfahren bei streitigen Provinzial- und Communal-Kriegesschulden aus den Jahren 1806—1807 und 1812—1815.

Die Herren General-Procuratoren Eichhorn und Ruppenthal erhalten brevi manu Abschriften der Schreiben vom 31. Mai d. J., vom 30. Juli und 15. August cj. zur Kenntnißnahme.

Berlin, den 27. August 1829. Der Justiz-Minister
Graf v. Danckelmann.

a.

Durch die Gesetze vom 3. Januar 1816 und 27. October 1820 ist rücksichtlich aller streitigen Provinzial- und Communal-Kriegesschulden, die sich aus den Jahren 1806—1807 und 1812—1815 originiren, die Instruction und Entscheidung in erster Instanz den königlichen Regierungen, und in letzter Instanz einer Immediat-Commission zugewiesen worden.

In dem spätern Gesetze vom 7. März 1822, betreffend das Schuldenwesen der Gemeinden in den Landestheilen des linken Rheinufers und der Stadt Wesel ist §. 11. angeordnet, daß der Streit über eine Forderung an eine Gemeinde zum ordentlichen Rechtswege verwiesen werden soll.

Nach meinem Dafürhalten ist nun rücksichtlich der Provinzial- und Communal-Kriegsschulden aus den gedachten Jahren der durch die Allerhöchste Kabinets-Ordre vom 27. October 1820 vorgeschriebene Rechtsweg der ordentliche, weil die in dieser Kabinets-Ordre in Bezug genommene Königliche Kabinets-Ordre vom 3. Januar 1816 sich ausdrücklich auf alle Ländertheile der Monarchie bezieht. Hätte das Gesetz hierbei eine Ausnahme machen wollen: so würde es sich des Ausdrucks „ordentliche Gerichte" bedient, und überhaupt seine Anordnung ausdrücklich als eine Ausnahme der durch die Kabinets-Ordre vom 27. October 1820 festgesetzten Regeln bezeichnet haben.

Durch einen von der königlichen Regierung zu Aachen erstatteten Bericht bin ich jedoch in Kenntniß gesetzt worden, daß die rheinischen Gerichte sich dessen ungeachtet bis jetzt in Sachen dieser Art annoch für competent gehalten haben. Euer Excellenz ersuche ich daher ganz ergebenst, dieselben auf die Allerhöchste Kabinets-Ordre vom 27. October 1820 zurückweisen, und mich von dem Verfügten geneigtest benachrichtigen zu wollen.

Berlin, den 31. Mai 1829.

An v. Schuckmann.

des königlichen Geheimen Staats- und Justiz-Ministers Herrn Grafen von Danckelmann Excellenz.

b.

Ew. Excellenz ermangele ich nicht, auf das geehrte Schreiben vom 31. Mai c. in ganz ergebenster Antwort zu erwiedern, daß wenn der §. 11. des Gesetzes vom 7. März 1822, betreffend das Schuldenwesen der Gemeinden in den Landestheilen des linken Rheinufers und der Stadt Wesel, in Beziehung auf Streitigkeiten über die Richtigkeit und den Betrag der Forderungen zwischen den Gemeinden und deren Gläubigern, beiden gestattet, die Entscheidung auf dem ordentlichen Rechtswege nachzusuchen, kein Zweifel darüber obwalten kann, daß hiemit das Verfahren vor dem ordentlichen Gerichte gemeint ist; nur dieses wird nach dem gemeinen und gesetzlichen Sprachgebrauch unter dem Ausdruck: ordentlicher Rechtsweg, verstanden. Ew. Excellenz gefälligen Ansicht:

> daß in Beziehung auf die Communal- und Kriegesschulden der Gemeinden unter dem ordentlichen Rechtswege hier das angeordnete Verfahren von den Verwaltungsbehörden — den Regierungen und der Immediat-Commission, wovon in den Gesetzen vom 3. Januar 1816 und 27. October 1820 die Rede ist, zu verstehen sei,

steht der Inhalt der Allerhöchsten Kabinets-Ordre vom 3. Januar 1816 entgegen, welche im Eingange festsetzt, daß wegen der Provinzial- und Communal-Kriegsschulden aus den Kriegsjahren 1806—7 und 1812—15 kein förmlicher Rechtsgang zulässig, sondern das angeordnete Verfahren vermittelst der Regierungen und der Immediat-Commission statt finden soll, woraus ersichtlich ist, daß dieses letzte Verfahren nicht für den förmlichen Rechtsweg, also nicht für den ordentlichen Rechtsweg zu erachten ist.

Berlin, den 30. Juli 1829.

An Graf v. Danckelmann.

des königlichen wirklichen Geheimen Staats-Ministers und Ministers des Innern und der Polizei, Herrn v. Schuckmann Excellenz.

c.

Ew. Excellenz habe ich die Ehre auf das gefällige Schreiben vom 30. v. Mts. ganz ergebenst zu benachrichtigen, daß den rheinischen Regierungen in Gemäßheit Ew. Excellenz geneigten Aeußerung dato nachrichtlich bekannt gemacht worden ist, daß bei den nach §. 11. des Gesetzes vom 7. März 1822 zum Rechtswege zu verweisenden Streitsachen lediglich das Ressort der ordentlichen Gerichte eintreten müsse.

Berlin, den 15. August 1829.

In Abwesenheit und im Auftrage des Herrn Ministers von Schuckmann Excellenz.

An Koehler.

des königlichen Geheimen Staats- und Justiz-Ministers Herrn Grafen v. Danckelmann Excellenz.

895.

Fixation der Transscriptionsgebühren für das linke Rheinufer bei Veränderungen des Grundeigenthums.

Beigehend wird Ihnen der Auszug aus dem Landtagsabschiede für die zum zweiten Landtage versammelt gewesenen rheinischen Provinzial-Stände vom 15. Juli d. J. wegen Fixation der Transscriptions-Gebühren für das linke Rheinufer bei Veränderungen des Grundeigenthums zur Nachricht und weiteren Veranlassung zugefertiget.

Berlin, den 10. Septbr. 1829. Der Justiz-Minister
An Graf v. Danckelmann.
den königl. General-Procurator Herrn Ruppenthal
zu Cöln.

a.

Extract
aus dem Landtags-Abschiede für die zum zweiten Landtage versammelt gewesenen rheinischen Provinzial-Stände de dato Berlin, den 15. Juli 1829.

Die von Unsern getreuen Ständen erbetene Herabsezzung der Transscriptions-Gebühren-Sätze, welche bisher in den Landestheilen auf dem linken Rheinufer erhoben worden sind, auf die Sätze, welche in denjenigen Landestheilen auf dem rechten Rheinufer erhoben werden, wo die französische Hypothekenordnung noch gilt, haben Wir, unter Vorbehalt der künftig, bei Organisation der Gerichts- und Hypotheken-Verfassung definitiv festzustellenden Sportelsätze, ebenfalls bewilligt, und werden hiernach die betreffenden Behörden mit der nöthigen Anweisung versehen lassen.

b.

Dem auf dem zweiten rheinischen Provinzial-Landtage von den Ständen gebildeten Antrage gemäß, habe Ich die Transscriptionsgebühren, welche bei Eintragung der Veränderungen des Grund-Eigenthums in die Hypothekenbücher zu entrichten sind, für die Landestheile auf dem linken Rheinufer auf denselben Gebührensatz von zwei pro mille ermäßigt, welcher bisher schon in denjenigen Landestheilen auf dem rechten Rheinufer erhoben worden ist, wo die französische Hypotheken-Ordnung noch gilt, und Ich trage Ihnen auf, hiernach die betreffenden Behörden mit weiterer Anweisung zu versehen.

Berlin, den 15. Juli 1829.

An den Staats- und Finanz-Minister v. Motz.

Friedrich Wilhelm.

896.

Strafcompetenz der standesherrlichen Justizämter.

Dem königlichen Appellationsgerichtshofe wird auf den Bericht vom 18. v. Mts., die Strafcompetenz der standesherrlichen Justizämter betreffend, eröffnet, daß die Instruction vom 30. Mai 1820. §. 43., so wie das darauf Bezug nehmende Rescript vom 29. Januar 1827 bloß über die Competenz entscheidet, und keinesweges die Absicht gehabt hat, in der zur Zeit noch bestehenden materiellen Gesetzgebung etwas zu ändern.

Hieraus folgt, daß die Verordnung vom 26. December 1809, welche einberichtetermaßen bis dahin Gültigkeit gehabt hat, nicht als aufgehoben zu betrachten ist.

Mit dieser Folgerung fällt der Zweifel hinweg, der zu der jetzigen Anfrage die Veranlassung gegeben hat, und es muß daher die Gewalts-Ueberschreitung, deren sich der fürstlich Wiedsche Amtmann N., als Marktrichter von N. schuldig gemacht hat, lediglich danach beurtheilt werden.

Berlin, den 11. Septbr. 1829.

Der Justiz-Minister Graf v. Danckelmann.

An den königlichen Appellationsgerichtshof, Abtheilung für ostrheinische Sachen, zu Cöln.

897.

Verfahren bei dem gegen ein Strafresolut in Stempelcontraventionen ergriffenen Recurse (§. 6. der Instruction vom 23. Juni 1828.)

Die Weigerung des durch Strafresolut des Gerichts zu Schönstein vom 2. August v. J. in eine Stempelstrafe genommenen N. in der gegen jenes Resolut ergriffenen Recursinstanz, die beglaubte Abschrift der stempelpflichtigen zurückbehaltenen Urkunde beizubringen, hat zu der Erörterung der Fragen Anlaß gegeben:

ob die Contravenienten, welche gegen ein von den Gerichten erlassenes Stempel-Strafresolut bei der höheren Verwaltungsbehörde reclamiren, in allen Fällen nach dem §. 6. der Instruction vom 23. Juni 1828 eine beglaubte Abschrift der stempelpflichtigen zurückbehaltenen Urkunde von den Gerichten sich ertheilen lassen und bei der Verwaltungsbehörde zum Zwecke der Reclamation produciren müssen, und ob zu den gedachten beglaubten Abschriften ein Stempel zu adhibiren sei.

Nach der mit dem königlichen Finanz-Ministerium gepflogenen Communication, wird Ihnen nunmehr mit Bezug auf die Berichte von resp. dem 22. Januar und 19. Februar d. J. zur eigenen Nachachtung, so wie zur Benachrichtigung des Gerichts zu Schönstein und aller übrigen betreffenden richterlichen Behörden bekannt gemacht:

daß von der in dem §. 6. der Instruction vom 23. Juni 1828 enthaltenen Regel, alsdann nur eine Ausnahme zu machen, wenn die Contravention nicht durch beglaubte Abschrift des Documents, sondern durch Thatsachen, welche nicht durch Abschrift der Urkunde dargestellt werden können (z. B. wenn nicht die richtige Stempelsorte verwandt worden), begangen worden, und in einem solchen Ausnahmefalle die Original-Urkunde auf Verlangen der Steuerbehörde von den Gerichten derselben unter Bestimmung einer Frist zur Rücksendung mitzutheilen, so wie

daß zu den in Gemäßheit des §. 6. der erwähnten Instruction zu ertheilenden beglaubten Abschriften kein Stempel zu adhibiren ist.

Berlin, den 1. October 1829. Der Justiz-Minister
Graf v. Danckelmann.

An
den königlichen General-Procurator Herrn Ruppenthal
zu Cöln.

898.

Modification der in den fürstlich Wiedschen Aemtern Neuwied und Heddesdorf geltenden Verordnung wegen der Eidesleistungen vom 26. März 1805.

Wir Friedrich Wilhelm, von Gottes Gnaden, König von Preußen 2c. 2c.

Thun kund und fügen hiermit zu wissen, daß Wir auf den Antrag der betreffenden Behörden es für nöthig erachtet haben, die in den ursprünglich Wied-Neuwiedschen Aemtern

Neuwied und Heddesdorf, wegen der Eidesleistungen noch bestehende fürstlich Wiedsche Verordnung vom 26. März 1805 in einigen einer Abänderung vorzüglich bedürfenden Punkten zu modificiren.

Wir verordnen daher wie folgt:

§. 1. Die darin No. VI. Litt. C. wegen vorgängiger kirchlicher Bekanntmachung des zu leistenden Eides enthaltene Vorschrift soll gänzlich wegfallen.

§. 2. Auch die unbedingt vorgeschriebene Vorbereitung des Schwörenden durch den Seelsorger No. VI. A. — die Mittheilung eines Acten-Auszugs an denselben Litt. B. ibid. — und dessen Gegenwart bei der Eidesleistung ibid. Litt. D. soll in der Regel ebenfalls unterbleiben; die Anwendung dieser Förmlichkeiten jedoch in einzelnen Fällen von dem Ermessen der Gerichte abhängen.

Urkundlich unter Unserer Höchsteigenhändigen Unterschrift und Beidrückung Unsers Königlichen Insiegels.

Berlin, den 8. October 1829. Friedrich Wilhelm.

899.

Ausländer können nur mit Allerhöchster Immediat-Genehmigung zur Auscultatur zugelassen werden.

Sie erhalten anliegend eine Abschrift der heut an sämmtliche Obergerichte erlassenen Verfügung und deren Beilage zur Nachricht.

Berlin, den 26. October 1829. Der Justiz-Minister
An Graf v. Danckelmann.
den königlichen General-Procurator Herrn Ruppenthal
zu Cöln.

Das königliche ꝛc. erhält hierbei einen Extract der unter dem 1. d. Mts. an den Justiz-Minister ergangenen Allerhöchsten Kabinets-Ordre, um in Gemäßheit derselben die Annahme der Ausländer zur Auscultatur nicht ferner zu veranlassen, sondern den sich meldenden ausländischen Rechts-Candidaten zu eröffnen: daß ihre Anstellung als Auscultatoren ohne Immediat-Genehmigung, die aber nicht vom Collegio in Antrag zu bringen, nicht zulässig sei.

Zugleich wird das königliche ꝛc. aufgefordert:

1) über die von des Königs Majestät erforderten Vorschläge wegen der fest zu bestimmenden Zahl der Auscultatoren und Referendarien für jeden Gerichtshof gutachtlich zu berichten,

2) anzuzeigen, bei welchen Untergerichten des Departements Auscultatoren mit Nutzen für ihre Ausbildung angestellt werden, und wie viel bei jedem zweckmäßig Beschäftigung finden können.

Berlin, den 26. October 1829. Der Justiz-Minister
An Graf v. Danckelmann.
sämmtliche königliche Ober-Justizbehörden.

a.

Extract.

Ihren Antrag zur Beschränkung des Andranges der Auscultatoren und Referendarien will Ich dahin genehmigen, daß fortan nur Landeseingeborne, Behufs einer künftigen Anstellung im Staatsdienste, zur Auscultatur zugelassen und Ausnahmen hiervon, zu Gunsten eines Ausländers, nur mit Meiner unmittelbaren Genehmigung gestattet werden sollen. Ich überlasse Ihnen, die Obergerichte hiernach mit der erforderlichen Anweisung zu versehen. Da jedoch diese Maaßregel dem Bedürfnisse der Beschränkung nur sehr unvollkommen abhilft, so will Ich Ihrer näheren Erwägung anheim geben, ob nicht die Zahl der Auscultatoren und Referendarien für jeden Gerichtshof, nach dem Erforderniß der Aushülfe, der Gelegenheit zur practischen Ausbildung und der Aussicht zum Einrücken in geeignete Stellen fest zu bestimmen sein werde, welches besonders für das Kammergericht und Stadtgericht zu Berlin im Interesse der jungen Leute selbst unerläßlich zu sein scheint, da unter einer so großen Anzahl verhältnißmäßig nur ein geringer Theil für die practische Ausbildung hinreichend beschäftigt werden kann. Ich will hierüber Ihren motivirten Bericht so wie Ihre Vorschläge erwarten, welche Modificationen mit dieser Bestimmung zu verbinden sein würden, um diejenigen jungen Leute zu berücksichtigen, welche bereits ihre juristischen Studien auf den Universitäten begonnen haben rc.

Berlin, den 1. October 1829.
An Friedrich Wilhelm.
den Staats- und Justiz-Minister
Grafen v. Danckelmann.

900.

Bei Todeserklärungen ist der Tag des publicirten Erkenntnisses als der Todestag des Verschollenen anzusehen.

Auf Ihre Berichte von resp. dem 20. September und

11. October d. J. wird Ihnen nunmehr in Betreff der in Gemäßheit des Gesetzes vom 2. August v. J. zu erkennenden Todeserklärungen Folgendes eröffnet:

Der Tag, an welchem das die Todeserklärung des Abwesenden aussprechende Erkenntniß publicirt worden, ist unstreitig für denjenigen Tag zu erachten, von welchem an dem zurückgebliebenen Ehegatten die Eingehung einer anderweitigen Ehe freisteht.

Aber auch in Bezug auf die zur Erbfolge berufenen Personen muß der Tag des publicirten Erkenntnisses zugleich als der Tag der Rechtskraft dieses Erkenntnisses und somit als der Todestag des Verschollenen angesehen werden. Ein Erkenntniß, durch welches ohne vorausgegangene Edictal-Vorladung und ohne contradictorisches Verfahren auf den Grund beigebrachter Beweise der Tod des Verschollenen erklärt wird, ist der Form nach zwar für ein Urtheil, dem Wesen nach aber für ein bloßes Decret oder eine Recognition zu halten, wogegen ein Rechtsmittel sich nicht gedenken läßt. Der Tag der Publication fällt daher mit dem Tage der Rechtskraft des Erkenntnisses zusammen, wohingegen bei demjenigen Verfahren, welches die Allgemeine Gerichts-Ordnung in dem 37. Titel des I. Theils vorschreibt, beide Tage allerdings von einander verschieden sind.

Dagegen tritt der Justiz-Minister Ihrer Ansicht dahin bei, daß in den Landestheilen, in welchen noch die französische Proceßordnung gilt, das auf den Grund des Gesetzes vom 2. August v. J. ergangene Erkenntniß in öffentlicher Sitzung verkündet werden muß. Dieses ist deshalb nöthig, weil nicht eine bloße Verfügung, sondern jederzeit ein Erkenntniß abgefaßt werden soll, von dessen Rechtskraft das Recht des hinterbliebenen Ehegatten und der Erben abhängig gemacht werden. Die entgegengesetzte Meinung, welche das Landgericht zu N. zufolge des mittelst Berichts vom 11. d. M. eingereichten, hierbei zurückerfolgenden Erkenntnisses angenommen hat, ist nicht gehörig begründet und der Justiz-Minister hofft, daß das gedachte Landgericht sich bei nochmaliger Erwägung der Sache davon überzeugen wird, so daß es der von Ihnen in Antrag gebrachten Verweisung dieser Frage an den rheinischen Revisions- und Cassationshof nicht bedürfen wird.

Berlin, den 31. October 1829. Der Justiz-Minister
An Graf v. Danckelmann.
den königlichen General-Procurator Herrn Ruppenthal
zu Cöln.

901.

Unentgeltliche Ausfertigung der Erkenntnisse über Todeserklärungen von Militairpersonen.

Die Kostenfreiheit des Erkenntnisses, wodurch eine aus den Kriegen von 1806 bis 1815 nicht zurückgekehrte Militairperson nach dem Gesetz vom 2. August v. J. für todt erklärt worden, hat ihren Grund in der beabsichtigten Erleichterung der Extrahenten, die ohne ihre Schuld einen Todtenschein nicht beibringen können. Zu den Kosten des Erkenntnisses gehören aber ohne Zweifel die Kosten der Ausfertigung desselben, deren die hinterbliebene Ehegattin oder die Erben bedürfen, um der Wirkung des Gesetzes theilhaftig zu werden. Es hat hiernach, wie Ihnen auf Ihren, dieses Gegenstandes wegen erstatten Bericht vom 18. v. Mts. eröffnet wird, kein Bedenken, daß auch diese Ausfertigungen unentgeltlich erfolgen müssen.

Berlin, den 5. November 1829. Der Justiz-Minister
An Graf v. Danckelmann.
den königlichen General-Procurator Herrn Ruppenthal
zu Cöln.

902.

Gerichtsstand der fürstlich Wiedschen Räthe.

Dem königlichen Appellations-Gerichtshofe, Abtheilung für ostrheinische Sachen, wird auf den Bericht vom 3. September c.,

in Betreff des Gerichtsstandes der fürstlich Wiedschen Räthe,

eröffnet, daß der Chef der Justiz sich nur mit der Ansicht der fürstlich Wiedschen Regierung einverstanden erklären kann, da solcher die Allerhöchste Kabinetsordre vom 7. Januar v. J. zur Seite steht, und hiernach das Privilegium der Exemtion keiner weitern Ausdehnung unterworfen ist, als die Instruction vom 30. Mai 1820, §. 42. solches nachläßt.

Berlin, den 5. November 1829. Der Justiz-Minister
An Graf v. Danckelmann.
den königlichen Appellations-Gerichtshof,
Abtheilung für ostrheinische Sachen,
zu Cöln.

903.

Löschung der für Kirchen, Seminarien und andere Anstalten eingetragenen Hypotheken.

Es haben sich kürzlich Zweifel darüber geäußert, ob die Verwaltungen der Kirchen, der Seminarien und anderer öffentlicher Anstalten, befugt seien, in die Löschung einer zu ihrem Vortheile genommenen Hypotheken-Einschreibung zu willigen, ohne hierzu durch die betreffende höhere Behörde speciell ermächtigt zu sein, man hat indessen die Nothwendigkeit einer solchen Ermächtigung anerkannt. Weil aber durch das Nachsuchen und Ertheilen solcher Autorisationen in jedem einzelnen Falle für die obere Verwaltungs-Behörde eine bedeutende Arbeit veranlaßt werden würde, so hat das königliche Ministerium der geistlichen, Unterrichts ꝛc. Angelegenheiten, die königlichen Regierungen der Rheinprovinzen veranlaßt, die Vorstände der genannten Kirchen-Verwaltungen, Seminarien u. s. w. mit einer für alle Fälle der erwähnten Art gültigen allgemeinen Autorisation zur Einwilligung in die Radiation der Hypotheken zu versehen, und ich bin angewiesen, den Hypotheken-Verwahrern hierbei das Nöthige zu eröffnen. Nach dem Gesagten wird es nun keinen weitern Anstand haben, eine Hypothek auf den Antrag einer der genannten Verwaltungen zu löschen, sobald es nachgewiesen sein wird, daß derselben zur Formirung eines solchen Antrags die allgemeine Autorisation von Seiten der königl. Regierung ertheilt worden ist.

Aus dieser Autorisation der königlichen Regierung wird sich auch ergeben, ob sie alle Verwaltungen betrifft, welche unter der Oberaufsicht der königlichen Regierung stehen, oder nur solche, welche von dem königl. Ministerium der geistlichen ꝛc. Angelegenheiten ressortiren, und wenn das Letztere der Fall sein sollte, so würde für die übrigen, zu dem genannten Ministerium nicht ressortirenden Verwaltungen und öffentliche Anstalten, die bisher gesetzlich bestehende Regel auch ferner noch festzuhalten sein.

Cöln, den 11. November 1829. Der General-Procurator
An Ruppenthal.
sämmtliche Hypothekenverwahrer.

904.

Feststellung der Remuneration in Forstdefraudations-Processen.

Des Königs Majestät haben mittelst Allerhöchster Kabinets-Ordre vom 15. August d. J. zu genehmigen geruhet, daß in Forst-Defraudations-Processen für jede abgemachte Sache, es möge auf Strafe erkannt sein oder nicht, dem Richter zwei und ein halber Silbergroschen als Renumeration bewilligt werden, wogegen die Tantieme aus den Forststrafgeldern in denjenigen Provinzen, in welchen sie bisher auf den Grund der Allerhöchsten Kabinets-Ordre vom 6. Juni 1801 stattgefunden hat, wegfällt. — Diese Bestimmung tritt von 1830 ab in Kraft.

In Ansehung der Liquidirung und Verrechnung dieser Remuneration findet alsdann folgendes Verfahren statt:

1) Die Forstrichter übergeben zugleich mit der abgeurtelten Frevelliste ihre Liquidationen, worin:
   a) die Anzahl der abgemachten Sachen mit Hinweisung auf die Liste angegeben, und
   b) der Betrag der ihnen dafür zukommenden Remuneration berechnet sein muß.
2) Auf den Grund dieser, durch die Oberförster mit der Forststrafliste zugleich an den Rendanten gelangenden Liquidationen, zahlt letzterer, sobald er sich von der Richtigkeit derselben überzeugt hat, den liquidirten Betrag aus den currenten Gefällen der Forstcasse.
3) Der Betrag der Remuneration für diejenigen Fälle, deren Abmachung aus den Frevellisten nicht hervorgeht, welche vielmehr zur besondern Untersuchung verwiesen werden, ist auf den Grund der desfallsigen, von den Oberförstern nach erhaltener Ueberzeugung von der erfolgten Abmachung der Sache, attestirten Liquidation, aus der Forstcasse zu zahlen.

Die Regierungen sind von dieser Einrichtung durch den Herrn Finanz-Minister in Kenntniß gesetzt worden, um das Weitere zu veranlassen.

Für die rheinischen Gerichte erhalten Sie hierbei die gehörige Anzahl von Exemplaren dieser Verfügung, und bedarf es mithin keiner weitern öffentlichen Bekanntmachung.

Berlin, den 12. November 1829. Der Justiz-Minister
Graf v. Danckelmann.

An
den königl. General-Procurator Herrn Ruppenthal
zu Cöln.

a.

Nach Ihrem gemeinschaftlichen Antrage vom 21. v. M. genehmige Ich, daß in Forstdefraudations-Processen für jede abgemachte Sache, es möge auf Strafe erkannt sein oder nicht, dem Richter 2½ Silbergroschen als Remuneration bewilligt werde. Hierdurch beseitiget sich zugleich die Tantieme aus den Forststrafgeldern in denjenigen Provinzen, in welchen sie bisher auf den Grund Meiner Ordre vom 6. Juni 1801 stattgefunden hat.

Berlin, den 15. August 1829.

An Friedrich Wilhelm.
die Staats-Minister Graf v. Danckelmann und v. Motz.

905.

Bestreitung der Kosten der wider Beamten verfügten Untersuchung aus dem Gehalte desselben.

Sie erhalten in der abschriftlichen Anlage die, wegen Verkümmerung des Beamtengehalts zur Tilgung von Untersuchungskosten, an das königliche Staats-Ministerium ergangene Allerhöchste Kabinets-Ordre vom 11. Juni d. J., um dieselbe den betreffenden Gerichtsbehörden in den Rheinprovinzen zur Beachtung mitzutheilen.

Berlin, den 12. November 1829. Der Justiz-Minister

An Graf v. Danckelmann.
den königl. General-Procurator Herrn Ruppenthal
zu Cöln.

a.

Auf den Bericht des Staats-Ministeriums vom 19. v. M. und nach dem Antrage desselben bestimme Ich hierdurch, daß die Vorschrift im §. 169. des Anhangs zur Gerichtsordnung, nach welcher die Schulden eines Staatsbeamten, die aus unerlaubten Handlungen entstanden sind, ohne Rücksicht auf eine Competenz aus seinen Diensteinkünften von ihm beizutreiben sind, auch auf die Kosten einer wider den Beamten verfügten Untersuchung, worin derselbe schuldig befunden ist, angewendet, jedoch folgende Maaßgaben dabei beobachtet werden sollen:

1) Einem Beamten, dessen Diensteinkünfte an Besoldung und Emolumenten nur bis zur Summe von 300 Rthlr. betragen, darf an denselben zur Tilgung von Untersuchungskosten kein Abzug gemacht werden.

2) Demjenigen Beamten, der bis zu 400 Rthlr. an Diensteinkünften bezieht, müssen 300 Rthlr. frei bleiben, wogegen die Untersuchungskosten bis zu 100 Rthlr in mäßigen, zwischen dem Gericht und der Dienstbehörde zu verabredenden Abzügen aus dem Diensteinkommen von ihm eingezogen werden dürfen.

Ich überlasse dem Staats-Ministerium, diese Bestimmungen bekannt zu machen, und Sorge zu tragen, daß hiernach von den Behörden verfahren werde.

Berlin, den 11. Juni 1829.

An das Staats-Ministerium. Friedrich Wilhelm.

906.

Bei Cessionen ist die in der Cessionsurkunde enthaltene Quittung über bezahlte Valuta stempelfrei.

Es ist bei dem Justiz-Minister darüber angefragt worden, ob bei Cessionen außer dem im Stempeltarif vorgeschriebenen Stempel von 15 Sgr. noch wegen der in der Cessionsurkunde enthaltene Quittung über die bezahlte Valuta der Quittungsstempel adhibirt werden müsse. Der Justiz-Minister kann sich, da diese Quittung einen wesentlichen Theil des Cessionsgeschäfts ausmacht, und daher hier die Bestimmung sub 1. des Tarifs, welche ausdrücklich verschiedene stempelpflichtige Gegenstände in einer und derselben Verhandlung voraussetzt, nicht zur Anwendung kommt, nur für die verneinende Beantwortung dieser Frage entscheiden, und Sie haben daher die königlichen Gerichtsbehörden in den Rheinprovinzen anzuweisen, hiernach bei Bestimmung des Stempels, bis auf ergehende Declaration des Stempeltarifs über diesen Gegenstand, zu verfahren.

Berlin, den 19. November 1829. Der Justiz-Minister Graf v. Danckelmann.

An den königl. General-Procurator Herrn Ruppenthal zu Cöln.

907.

Die Friedensgerichte sind verpflichtet, die Beitreibung des unbezahlt gebliebenen Porto auf Requisition der Postbehörden zu verordnen.

Sie werden unter abschriftlicher Mittheilung des Schreibens des Herrn General-Postmeisters vom 16. v. M. angewiesen, in Gemäßheit Ihres desfallsigen Berichts vom 21. d. M. den Friedensrichtern aufzugeben, auf die an sie ergehenden Requisitionen der Postanstalten, die Beitreibung des unbezahlt gebliebenen Porto zu verordnen.

Berlin, den 30. November 1829. Der Justiz-Minister
An Graf v. Danckelmann.
den königl. General-Procurator Herrn Ruppenthal
zu Cöln.

a.

Der §. 97. des Porto-Regulativs vom 18. December 1824 (Gesetzsammlung Seite 225.) enthält die Bestimmung, daß die Gerichte verpflichtet seien, auf Requisition der Post-Anstalten das unbezahlt gebliebene Porto, ohne weiteres Verfahren, executivisch beizutreiben.

Unter Bezugnahme auf diese Verordnung übergab das Postamt in N. dem dortigen Friedensrichter einen als unbestellbar zurückgekommenen Brief mit dem Ersuchen, das Porto, dessen Berichtigung durch die verweigerte Zurücknahme des Schreibens von Seiten des zur Bezahlung verpflichteten Absenders unterblieb, in der vorgeschriebenen Art einziehen zu lassen. Der Friedensrichter, der in diesem Falle den Debenten, und zwar auf gütliche Weise zur Bezahlung des schuldigen Porto vermochte, ist nach der Anzeige des gedachten Postamts jedoch der Meinung, daß nach der vorallegirten Gesetzesstelle nur die ordentlichen Gerichte, nicht aber die sogenannten Exceptionsgerichte, wie z. B. die Handels- und Friedensgerichte befugt seien, das unbezahlt gebliebene Porto auf die angeordnete Weise beizutreiben.

Die Friedensrichter könnten vielmehr nur dann erst die executivische Einziehung von Porto bewirken, wenn Seitens der Postanstalten bei dem betreffenden Land- rc. Gerichte die Execution gegen den Schuldner erwirkt sei.

Zu der Competenz der Friedensgerichte gehören nach näherer Bestimmung der Verordnung vom 7. Juni 1821 unter andern namentlich alle Civil-Sachen bis auf 20 Rthlr. (ohne Appellation), und solche, welche von der Untersuchung blos factischer Verhältnisse abhängig, einer schleunigen Erledigung bedürfen.

Nach diesen Befugnissen dürften auch die Friedensrichter, zur alleinigen Ausführung des, im Eingange vorgeschriebenen Verfahrens, berechtigt sein.

Ew. Excellenz ersuche ich ganz ergebenst, zur Verhütung ähnlicher Competenz-Streite, und zur Vorbeugung der hierdurch möglicherweise entstehenden Weiterungen und Nachtheile für die Postcasse im Allgemeinen dieserhalb das Weitere geneigt veranlassen, und mir von dem Verfügten Nachricht geben zu wollen.

Berlin, den 16. October 1829.

An v. Nagler.

des königl. wirklichen Geheimen Staats- und Justiz-Ministers, Herrn Grafen v. Danckelmann Excellenz.

908.

Die den Gerichten von den Regierungen aufgetragenen Untersuchungen und eidliche Vernehmung der Zeugen.

Durch die königlichen Ministerien der geistlichen, Unterrichts- und Medicinal-Angelegenheiten und des Innern habe ich von der Differenz Kenntniß erhalten, welche zwischen Ihnen und der Regierung zu Düsseldorf über die Befugniß der letzteren, den Friedensgerichten Disciplinar-Untersuchungen gegen Beamte aufzutragen, und dabei Zeugen eidlich vernehmen zu lassen, entstanden ist.

Was den ersten Gegenstand betrifft, so folgt diese Befugniß aus der Allerhöchsten Kabinets-Ordre vom 31. December 1825, da die allgemeine Befugniß, Aufträge zu ertheilen, auch diejenige zur Führung der Untersuchung in sich schließt, wenn es sich gleich von selbst versteht, daß sich die Regierungen nur dann der Justizbeamten zu solchen Geschäften bedienen können, wenn es ihnen in ihrem Ressort an geeigneten Organen zur Bearbeitung derselben mangelt, und dabei jederzeit auf die eigenen Amtsgeschäfte des Richters Rücksicht genommen und dahin gesehen werden muß, daß diese unter der Ausführung solcher Aufträge nicht leiden. Deshalb ist auch bei dieser Gelegenheit Veranlassung genommen worden, die königlichen Ministerien zu ersuchen, die Regierungen nicht bloß auf diese Rücksicht aufmerksam zu machen, um nicht eine ungemessene Belastung der Justizbeamten herbeizuführen, sondern auch dieselben anzuweisen, sich an die Präsidenten der Landgerichte um Ernennung der richterlichen Beamten zur Führung solcher Untersuchungen zu wenden.

Was aber die eidliche Vernehmung der Zeugen anlangt, so verkenne ich das Gewicht der Gründe nicht, welche von Ihnen in dem Schreiben an die Regierung vom 18. Juni d. J. gegen die Zulässigkeit derselben aufgestellt worden sind, wie denn eben dieser Gegenstand auch bereits auf Veranlassung Ihres Berichts vom 2. December 1826 erwogen worden ist. Wenn aber einmal nach den jetzt bestehenden Gesetzen Untersuchungen gegen Beamte im administrativen Wege mit der Wirkung, daß auf den Grund derselben die Amtsentlassung ausgesprochen werden kann, zu führen zulässig ist, so muß es auch für zulässig gehalten werden, in solchen Fällen von denselben Untersuchungsmitteln Gebrauch zu machen, welche in gerichtlichen Untersuchungen zur Erforschung der Wahrheit dienen, und es ist dann jedenfalls am zweckmäßigsten, wenn eidliche Zeugenvernehmungen von richterlichen Beamten vorgenommen werden. Ich habe daher bei der in Folge Ihres Berichts vom 2. December 1826 mit dem königlichen Finanz-Ministerium geführten Correspondenz nur verlangt, daß in Fällen, wo die administrative Untersuchung nur der gerichtlichen vorangeht, die eidliche Zeugenvernehmung der letzteren vorbehalten bleibe, dagegen es in allen den Fällen, wo die erstere die alleinige und definitive Untersuchung ist, auf deren Grund die Entscheidung ohne Provocation auf gerichtliche Untersuchung erfolgt, für zulässig gehalten, daß auch administrative Beamten die Zeugen eidlich vernehmen können. Um so mehr ist es daher nachzugeben, daß diese Vereidung durch richterliche Beamte erfolge, zumal dies auch der Allerhöchsten Kabinets-Ordre vom 2. November 1822 gemäß ist, welche in den dort bezeichneten Fällen der Untersuchung gegen zu degradirende Steuerbeamte ausdrücklich die Zuziehung einer Gerichtsperson verordnet. Hiernach haben Sie daher von dem gegen die Regierung zu Düsseldorf erhobenen Widerspruche abzustehen, und werden Sie von dem Erfolge des in Betreff der Art der Beauftragung der Richter von Seiten der Regierungen gegen die königlichen Ministerien geäußerten Verlangens zu seiner Zeit in Kenntniß gesetzt werden.

Berlin, den 28. Decbr. 1829. Der Justiz-Minister
An Graf v. Danckelmann.
den königl. General-Procurator Herrn Ruppenthal
zu Cöln.

909.

Die Qualification zum Gerichtsschreiber schließt auch die zum Gerichtsvollzieher in sich.

Beigehend erhalten Sie das Anstellungsgesuch des bisherigen Gerichtschreiber-Candidaten N. vom 17. d. Mts.

mit dem Eröffnen, daß, da die Qualification zum Gerichtsschreiber auch die zum Gerichtsvollzieher, als die niedere, in sich schließt, dem Gesuche des N.

daß er nach dem Datum seiner Aufnahme als Gerichtsschreiber-Candidat, in das Verzeichniß der Gerichtsvollzieher-Aspiranten eingetragen werde, unter Vorbehalt, sich späterhin zur Stelle eines Gerichtsschreibers melden zu dürfen,

nichts entgegensteht.

Hiernach haben Sie den Supplicanten zu bescheiden, und das Weitere zu veranlassen.

Berlin, den 31. December 1829. Der Justiz-Minister
Graf v. Danckelmann.

An
den königlichen General-Procurator Herrn Ruppenthal
zu Cöln.

XV.

1830.

Gesetze, Verordnungen, Rescripte.

910.

Die Standesherren haben keine Verpflichtung, die Subaltern- und Unterbeamtenstellen bei ihren Gerichten mit Militair-Invaliden zu besetzen.

Dem königlichen Appellationsgerichtshofe, Abtheilung für ostrheinische Sachen, wird auf die Berichte von resp. dem 28. März 1829, 4. August und 5. September desselben Jahres,

die erfolgte Besetzung der Gerichtsdienerstelle bei der fürstlichen Regierung zu Neuwied und der Gefangenwärterstelle bei dem Wiedschen Amte Diersdorf durch den Fürsten von Wied mit andern, als versorgungsberechtigten Militair-Invaliden betreffend,

in Uebereinstimmung mit den königlichen Ministerien des Innern, der Finanzen und des Krieges eröffnet,

daß bei den Standesherren keine Verpflichtung, die Subalternen- und Unterbeamtenstellen bei ihren Gerichten mit Militair-Invaliden, welche mit Versorgungs-Ansprüchen versehen sind, zu besetzen, angenommen werden kann, und überhaupt die Mitwirkung der Aufsichtsbehörde bei Besetzung dieser Subalternenstellen der standesherrlichen Gerichte ganz cessirt.

Berlin, den 14. Januar 1830.

Der Justiz-Minister
Graf v. Danckelmann.

An
den königl. Appellations-Gerichtshof,
Abtheilung für die ostrheinischen Sachen,
zu Cöln.

911.

Revision der Notariatsstuben.

Auf Ihren Bericht vom 21. December v. J., die Revision der Notariatsstuben betreffend, wird Ihnen unter Zurücksendung der Original-Anlage eröffnet, daß Ihre Verfügung vom 1. Mai pr., in welcher Sie die Ober-Procuratoren aufgefordert haben,

> den Friedensrichtern aufzutragen, bei den periodischen Revisionen der Repertorien der Notarien sich von der wirklich stattgehabten Beschaffung des Stempels zu überzeugen, und wenn der im Repertorium angegebene Stempel nicht vorhanden sein sollte, dieses durch ein Protocoll zu constatiren,

eine höchst zweckmäßige Ausführung des Rescripts vom 1. August 1825 (No. 706.) ist, und ich dieselbe durchgängig genehmige, indem sich die von den Notarien in Trier dagegen in der Vorstellung vom 28. Juni v. J. erhobenen Bedenken durch die von Ihnen hierüber gemachten Gegenbemerkungen erledigen.

Ich überlasse Ihnen hiernach die weitere Ausführung, und hoffe, daß die Notarien sich selbst überzeugen werden, daß dieses den Friedenrichtern übertragene Geschäft in ihren Rangverhältnissen weder etwas ändern, noch letzteren den Charakter einer Aufsichtsbehörde beilegen kann.

Dagegen finde ich Bedenken, die Notarien wider ihren Willen zur Translocation ihrer Acten, und deren Vorlegung in der Wohnung des Friedensrichters zu verpflichten. Sie selbst haben sich in dem Bericht vom 28. Juli 1825 bei einer andern Gelegenheit dagegen erklärt, und es muß daher der revidirende Friedensrichter, wenn nicht durch freie Einigung das Gegentheil stattfindet, die Revision, wie dies bei allen andern Geschäften der Art geschieht, auf der Schreibstube des Notars vorgenommen werden.

Was die Fälle anlangt, wo der Wohnort des Friedensrichters von dem des Notars verschieden ist, so wird, wie Sie es selbst bemerken, die Translocation der Acten noch weniger erfolgen können. Indessen muß ich, ehe ich hierüber etwas beschließe, Ihren näheren Vorschlägen entgegensehen, wobei ich Ihnen zur Erwägung gebe, daß zur Remuneration der Friedensrichter für ihre diesfälligen Reisen schwerlich ein Fonds bewilligt werden dürfte, und daß es in dieser Beziehung zweckmäßiger scheinen dürfte, bei den wenigen Notarien dieser Art von der Verification der verbrauchten Stempel durch die Friedensrichter ganz zu abstrahiren, und letztere den Rundreisen der Ober-Procuratoren zu überlassen.

Berlin, den 15. Januar 1830. Der Justiz-Minister
An Graf v. Danckelmann.
den königlichen General-Procurator Herrn Ruppenthal
zu Cöln.

912.

Authorisation zur gerichtlichen Eintreibung laufender Gefälle und Zinsen der Gemeinden, Kirchenfabriken und Armenanstalten.

Auf Veranlassung eines Berichts der königlichen Regierung zu Aachen vom 23. Juli v. J. haben die unterzeichneten Ministerien bei des Königs Majestät dahin angetragen, zu bestimmen, daß — um die Bedenken zu beseitigen, welche sich in den Rheinprovinzen bei gerichtlicher Eintreibung laufender Gefälle und Zinsen der Gemeinden, der Kirchen-Fabriken und der Armenanstalten rücksichtlich der Authorisation der Vorstände und Rendanten erhoben haben — es einer besonderen Ermächtigung Seitens der Regierungen in allen den Fällen, wo Gemeinde-Kassen, Kirchen-Fabriken und Wohlthätigkeits-Anstalten ihre Schuldner wegen rückständiger Gefälle, Zinsen und dergleichen in Anspruch nehmen, so lange nicht bedürfen solle, als der Ursprung der Schuld nicht bestritten wird. Des Königs Majestät haben mittelst der abschriftlich anliegenden Allerhöchsten Kabinets-Ordre vom 10. d. Mts. diesen Antrag zu genehmigen geruhet, und ersuchen die unterzeichneten Ministerien Ew. Excellenz ergebenst, die Publication dieser Allerhöchsten Kabinets-Ordre durch die Amtsblätter der fünf rheinischen Regierungen gefälligst veranlassen zu wollen.

Berlin, den 25. Januar 1830.

Ministerium
der geistl. Angelegenh. des Innern. der Justiz.
v. Altenstein. v. Schuckmann. Gr. v. Danckelmann.

An
des königlichen Staats-Ministers
Herrn von Ingersleben Excellenz
zu Coblenz.

a.

Um die Bedenken zu beseitigen, welche sich in der Rheinprovinz bei gerichtlicher Eintreibung laufender Gefälle und Zinsen der Gemeinden, der Kirchen-Fabriken und der Armen-Anstalten rücksichtlich der Authorisation der Vorstände und Rendanten erhoben haben, will Ich auf Ihren gemeinschaftlichen Bericht vom 16. v. M. angetragenermaßen hierdurch bestimmen: daß es einer besondern Ermächtigung der Regierungen in allen den Fällen, wo Gemeinde-Kassen, Kirchen-Fabriken- und Wohlthätigkeits-Anstalten ihre Schuldner wegen rückständiger Gefälle, Zinsen und dergleichen in Anspruch nehmen, so lange nicht bedürfen soll, als der Ursprung der Schuld nicht bestritten wird. Ich überlasse Ihnen, wegen Bekanntmachung dieser Bestimmung das Erforderliche zu verfügen.

Berlin, den 10. Januar 1830.

An Friedrich Wilhelm.

die Staats-Minister Freiherrn v. Altenstein, v. Schuckmann und Graf v. Danckelmann.

913.

Die Justizbeamten können durch Beschlagnahme des Gehalts zum Einkauf ihrer Ehefrauen in die allgemeine Wittwenkasse angehalten werden.

Auf Ihren Bericht vom 17. d. Mts. wird Ihnen eröffnet, daß Sie die Justizbeamten, die gesetzlich verpflichtet sind, ihre Ehefrauen in die allgemeine Wittwen-Kasse einzukaufen, und dieses nicht thun, durch Beschlagnahme ihres Gehalts zur Erfüllung ihrer Verpflichtung anzuhalten haben.

Die von Zeit zu Zeit über die Verpflichtung der Beamten, ihre Ehefrauen in die Wittwen-Kasse einzukaufen, ergangenen gesetzlichen Bestimmungen sind in der Gesetzsammlung aufgenommen.

Berlin, den 30. Januar 1830. Der Justiz-Minister

An Graf v. Danckelmann.

den königlichen General-Procurator
Herrn Ruppenthal
zu Cöln.

914.

Einreichung von Uebersichten der jährlich eingeleiteten Untersuchungen über einige Arten von Verbrechen.

Sie erhalten hierbei eine Abschrift des dato an die Provinzial-Justiz-Behörden der Monarchie erlassenen Rundschreibens, wegen künftiger Einrichtung der jährlich einzusendenden Uebersicht der jährlich eingeleiteten Untersuchungen über einige Arten von Verbrechen, mit der Anweisung, eine gleiche Uebersicht für den Jurisdictionsbezirk des königlichen rheinischen Appellations-Gerichtshofes, und zwar in zwei Tabellen, in dem für die übrigen Tabellen feststehenden Termine jährlich einzureichen, wovon die eine den ostrheinischen Theil des Regierungsbezirks Coblenz, und die andere den übrigen Theil des ersteren betrifft.

In der Uebersicht für den ostrheinischen Theil des Regierungsbezirks Coblenz ist die Zahl

a) der bei den königlichen Gerichten mit Einschluß von Wetzlar, und

b) der bei den standesherrlichen Gerichten eingeleiteten Untersuchungen besonders auszuwerfen;

in der zweiten Uebersicht sind diese Zahlen nach den Landgerichtsbezirken anzugeben.

Die in dem Schema aufgeführten Rubriken der Verbrechen und Vergehen sind im Sinne der altpreußischen Strafgesetzgebung genommen, und müssen zur Erreichung des Zweckes einer Haupt-Uebersicht für die ganze Monarchie, auch von den rheinischen Justizbehörden in diesem Sinne ausgefüllt werden. Für die ostrheinischen Justizbehörden wird es hierzu kaum einer näheren Anleitung bedürfen, und auch für die Behörden des übrigen Theils der Rheinprovinzen wird dies bei den meisten Rubriken unnöthig sein.

Nur in Ansehung einiger derselben ist zur Bewirkung eines gleichmäßigen Verfahrens Folgendes zu bemerken:

ad 3) Widersetzlichkeit.

Dahin werden die Art. 212., 222. seq. 438. des französischen Strafgesetzbuchs bezeichneten Vergehen zu rechnen sein. (Der Aufruhr (§§. 167. sq. Tit. 20. Thl. 2. des A. L. R.) und die damit correspondirenden schwereren Vergehen des Code pénal gehören nicht in die Uebersicht.)

ad 5) Amtsvergehen.

Hierher gehören nicht allein die nach altpreußischer Form und Materie zu behandelnden Amtsvergehen, sondern auch jene der richterlichen und übrigen Justizbeamten. Die von ihnen einzureichende besondere Tabelle über die Vergehen der rheinischen Justizbeamten, die, wie ich hierdurch bestimme, für die Zukunft sich auch über den ostrheinischen Theil des Regierungsbezirks Coblenz erstrecken muß, steht hiermit in keiner Verbindung, weil sie sich nicht allein auf die Amts-Vergehen, sondern auch auf die übrigen Delicte dieser Beamten bezieht.

ad 12) Fleischliche Verbrechen betreffen die Art. 330. bis 340. des Code pénal.

ad 15) Raub, und

ad 16) Straßenraub ist im Sinne des Art. 381. Nr. 5. zu nehmen, und hiernach die Fälle dieses Art., so wie des Art. 381., 382., 385. und 383. zu subsummiren.

ad 17) Betrug und Verfälschung (A. L. R. Thl. 2. Tit. 20. §. 1325. sq. und 1377. bis 1451.).

Hierher werden zu zählen sein die Fälle des Art. 139., in sofern sich hier nicht ein Münzverbrechen im Sinne des Gesetzes vom 8. April 1823 (Ges. S. p. 43.) dargestellt; ferner Art. 140. bis 144., 147. bis 154, 156. bis 161., 345., 372., 371., 402. bis 405., 407. bis 409., 423., 456., 457.

Wenn die Friedensgerichte hiernach den Ober-Procuratoren die Zahl der bei ihnen im Laufe des Jahres anhängig gemachten Holzdiebstahlssachen angeben, so werden letztere, da alle übrigen, in dem Schema gedachten Untersuchungen durch ihre Hände gehen, zur Aufstellung der Uebersicht im Stande sein, wobei es das Geschäft wesentlich erleichtern dürfte, wenn die Nummer der Rubrik sogleich, als die Staatsbehörde die Sache mit ihrem Antrage an die Rathskammer, oder eine andere Abtheilung des Gerichts bringt, auf den Actendeckel vermerkt wird.

Mit der Einreichung dieser Tabellen cessirt zugleich für die Zukunft der in den bisherigen Tabellen enthaltene Nachweis der einzelnen Gattungen der bestraften Verbrechen, Vergehen und Contraventionen; ebenso bedarf es ferner mit Ausnahme der Tabelle für die Assisensachen und die Vergehen der Justizbeamten, nicht mehr des Nachweises der verschiedenen Gattungen der ausgesprochenen Strafen.

Im Uebrigen bleibt es bei der bisherigen Einrichtung.

Ich überlasse Ihnen hiernach, theils durch den ostrheinischen Senat des Appellationshofes, theils in Ihrer Eigenschaft als General-Procurator, die nöthigen Anweisungen an die betreffenden Behörden zu erlassen.

Berlin, den 10. Februar 1830. Der Justiz-Minister
Graf v. Danckelmann.

An
den königlichen General-Procurator Herrn Ruppenthal
zu Cöln.

a.

In den Rubriken der nach der Circular-Verfügung vom 25. Mai 1821 einzureichenden jährlichen Uebersichten der anhängig gewesenen Untersuchungen nach den Gattungen der Verbrechen, sind einige Veränderungen nöthig befunden worden. Das königl. rc. erhält in der Anlage das neu angefertigte Schema, um die künftig einzusendenden Tabellen danach einzurichten. Hierbei wird bemerkt, daß es weder jetzt noch früher die Absicht gewesen ist, durch diese Tabellen die Zahl sämmtlicher, im Laufe des Jahrs anhängig gewesener Untersuchungen nach den Gattungen der Verbrechen angeben zu lassen. Nur in Absicht einiger Arten von Verbrechen, und insbesondere solcher, die durch ihre Größe, oder auch dadurch, daß sie häufig begangen werden, die Gesetzgebung und Administration vorzüglich interessiren, kömmt es dem Chef der Justiz darauf an, von der Zahl der deshalb eingeleitet gewesenen Untersuchungen unterrichtet zu werden. Es werden deshalb unter den anhängig gewesenen Untersuchungen nur diejenigen verstanden, welche im Laufe des Jahres wider ein bestimmtes Individuum eröffnet, sie mögen in demselben Jahre beendigt worden sein oder nicht.

Berlin, den 24. Mai 1829. Der Justiz-Minister
An Graf v. Danckelmann.
sämmtliche königliche Oberlandesgerichte.

Uebersicht

Uebersicht

der über einige Arten von Verbrechen in dem Jurisdictionsbezirk des Königl. ꝛc. in dem Zeitraum vom bis eingeleiteten Untersuchungen.

1.	2.	3.	4.	5.	6.	7.	8.	9.	10.	11.	12.	13.	14.	15.	16.	17.	18.	19.	20.
Hochverrath.	Landes-Verrätherei.	Widersetzlichkeit gegen obrigkeitliche Befehle, und Beleidigungen, die Beamten in ihrem Amte zugefügt werden.	Münz-Verbrechen.	Amts-Vergehen.	Desertions-Beförderung.	Duell.	Todtschlag.	Mord.	Kindermord.	Abtreibung der Leibesfrucht.	Fleischliche Verbrechen.	Diebstahl außer dem Holzdiebstahl.	Holzdiebstahl.	Raub.	Straßenraub.	Betrug und Verfälschung.	Bankerutt.	Meineid.	Vorsätzliche Brandstiftung.

915.

Gleichzeitige Untersuchung und Bestrafung der Verbrechen, welche in der Rheinprovinz und in einer alten Provinz von dem nämlichen Individuum begangen sind.

Der Justiz-Minister findet es bei den in Ihrem Berichte vom 21. v. Mts.

betreffend die gleichzeitige Untersuchung und Bestrafung der Verbrechen, welche in den Rheinprovinzen und in einer alten Provinz von dem nämlichen Individuum begangen sind,

entwickelten Verhältnissen nicht angemessen, eine generelle Bestimmung über den Gegenstand zu ertheilen, will vielmehr die zu veranlassende gleichzeitige Untersuchung nach Verschiedenheit der Umstände von der Beschaffenheit des speciellen Falles abhängig machen, und sodann Ihren jedesmaligen Bericht darüber erwarten. Dies ist dem Oberlandesgerichte zu N. auf den Bericht vom 1. December v. J. zu erkennen gegeben worden.

Berlin, den 11. Februar 1830. Der Justiz-Minister
An Graf v. Danckelmann.
den königlichen General-Procurator Herrn Ruppenthal
zu Cöln.

916.

Abschaffung der Confirmations-, Manutenenz- und Währschaftsgelder im ostrheinischen Theile des Regierungsbezirks Coblenz.

Auf Ihren, des Finanz-Ministers, Bericht vom 10. v. M. bestimme Ich, daß die Abgabe, welche zufolge älterer Landesverordnungen und Observanzen in mehreren Aemtern des ostrheinischen Theils des Regierungsbezirks Coblenz für die gerichtliche Bestätigung der Kauf- und Tauschverträge, so wie der Schuld- und Unterpfands-Verschreibungen unter dem Namen von Confirmations-, Manutenenz- oder Währschaftsgeld zu erlegen gewesen ist, unter Niederschlagung der ausstehenden Reste, künftig nicht weiter erhoben werde.

Berlin, den 13. Februar 1830.
An Friedrich Wilhelm.
die Staats-Minister Graf v. Danckelmann
und v. Motz.

917.

Die Qualification der Gerichtsschreiber-Candidaten zur Anstellung als Gerichtsvollzieher.

Auf Ihren Bericht vom 21. v. Mts., in Betreff der Qualification zur Anstellung als Gerichtsvollzieher wird Ihnen eröffnet, daß der in der Verfügung vom 31. December v. J. ausgesprochene Grundsatz, daß die Qualification zum Gerichtsschreiber auch jene zum Gerichtsvollzieher in sich schließe, durch die Bemerkung nicht wiederlegt werden kann, daß letzterer Fähigkeiten besitzen müsse, die nicht jeder Gerichtsschreiber-Aspirant hat, indem sich dieses fast bei allen Subalternen-Posten im Gegensatz zu höheren sagen läßt, und dennoch angenommen wird, daß die zu letzteren qualificirten Subjecte wegen der bei ihnen vorausgesetzten allgemeinen höheren Ausbildung im Stande sind, die fehlende Fertigkeit zu einem Posten ersterer Art im Dienste selbst bald zu erwerben.

Es scheint auch nach dem Eingange des Berichts nicht sowohl dieser Grundsatz es zu sein, dessen Modification Sie wünschen, als vielmehr die Generalisirung der dem Gerichtsschreiber-Aspirant N. zu ertheilenden Vergünstigung, in die Liste der Gerichtsvollzieher-Candidaten mit dem Vorbehalte auf Gerichtsschreiber-Stellen eingetragen zu werden.

Da die Führung dieser Liste eine Ihnen allein überlassene Einrichtung für den inneren Dienst Ihres Parkets ist, so nehme ich bei den von Ihnen angeführten Gründen um so weniger Anstand, von der in der Verfügung vom 31. December v. J. angeordneten Eintragung des N. in die Liste zu abstrahiren, als selbst die Folgeordnung derselben den darin eingetragenen qualificirten Gerichtsvollzieher-Candidaten noch kein jus quaesitum auf die Ertheilung vacanter Stellen giebt, und es also um so mehr von der Würdigung der Verhältnisse in jedem einzelnen Falle abhängt, ob einem mitconcurrirenden Gerichtsschreiber Candidaten eine solche Stelle übertragen werden kann.

Hiernach überlasse ich es Ihnen, in welcher Art Sie den Supplicanten, ohne ihm den Mangel an Qualification zu Gerichtsvollzieher-Stellen überhaupt entgegen zu stellen, bescheiden wollen.

Berlin, den 19. Februar 1830. Der Justiz-Minister
Graf v. Danckelmann.

An
den königl. General-Procurator
Herrn Ruppenthal zu Cöln.

918.

Feststellung und Einziehung des Werthstempels in Fallitsachen.

Die von Ihnen in dem Berichte vom 19. November v. J. näher entwickelte Praxis der rheinischen Gerichte über die Feststellung und Einziehung des Werthstempels in Fallitsachen, wonach derselbe durchgängig nach dem Stempeltarif voce „Proceß zweiter Absatz" berechnet; wenn ein Concordat zu Stande kommt, nach Höhe der den Gläubigern bewilligten und zugesagten Summe angesetzt; wenn aber wegen Mangels eines Concordats ein Unions-Vertrag stattfindet, der Stempel bei jeder Vertheilung (in Ansehung der Immobilien bei dem Collocationsverfahren von den Landgerichten) von der zu vertheilenden Summe besonders berechnet und sogleich erhoben, bei der letzten Vertheilung aber vollständig berechnet und bezahlt wird, ist, als den Vorschriften des Stempelgesetzes entsprechend sowohl von des Herrn Finanzministers Excellenz als von mir anerkannt worden. Sie haben daher die betreffenden rheinischen Gerichtsbehörden hiervon in Kenntniß zu setzen, und darauf zu halten, daß überall ferner nach diesen Grundsätzen verfahren werde.

Berlin, den 6. März 1830. Der Justiz-Minister
Graf v. Danckelmann.

An
den königl. General-Procurator Herrn Ruppenthal
zu Cöln.

919.

In den Uebersichten über die Verhandlungen der Assisen fällt die namentliche Angabe der Urtheilsgeschwornen, der Dispensirten- und der Supplementargeschwornen fort.

Es wird Ihnen zur weitern Veranlassung bekannt gemacht: daß es in Bezug auf die, von der ehemaligen Immediat-Justizcommission am 13. December 1816 angeordneten Berichte der Assisen-Präsidenten künftig der in der Tabelle enthaltenen Colonne, welche die Namen der Urtheilsgeschwornen enthält, nicht bedarf; daß ebenso die beiden gleichzeitig bisher eingereichten Verzeichnisse der Dispensirten, so wie der aus der Supplementenliste gezogenen Geschwornen wegfallen können, und statt derselben im Einsendungsberichte nur die Zahl der von Geschwornen eingegangenen Dispensations-Gesuche, so wie die Zahl der aus gedachter Liste gezogenen Geschwornen anzugeben ist.

Berlin, den 13. März 1830. Der Justiz-Minister
An Graf v. Danckelmann.
das königl. Appellations-Gerichts-Präsidium
und die königliche General-Procuratur
zu Cöln.

920.

Den standesherrlichen Gerichten steht der Titel eines königlichen Gerichts nicht zu.

Auf Ihren Bericht vom 24. v. Mts. wird Ihnen eröffnet, daß dem standesherrlichen Gerichte von Wildenburg-Schönstein der Titel eines königlichen Gerichts nicht zugestanden werden kann, und es sich desselben eben so wenig, als ein anderes standesherrliches Gericht bedienen darf. In gleicher Art sind auch das Oberlandesgericht zu Hamm und das Hofgericht zu Arnsberg auf frühere ähnliche Anfragen beschieden worden.

Berlin, den 15. März 1830. Der Justiz-Minister
An Graf v. Danckelmann.
den königlichen General-Procurator Herrn Ruppenthal
zu Cöln.

921.

Das Gerichtsamt Maischeid führt den Namen: königliches und fürstliches Condominatsgericht.

Dem königlichen Appellationsgerichtshofe, Abtheilung für ostrheinische Sachen, wird auf den Bericht vom 28. Januar d. J.,

die Jurisdiction in dem königlich preußischen und fürstlich Wiedschen Condominat Maischeid betreffend,

in Einverständniß mit dem königlichen Ministerium der auswärtigen Angelegenheiten eröffnet, daß das Gerichts-Amt Maischeid allerdings den Namen „königliches und fürstliches Condominatsgericht" führen muß, indem diese Benennung die natürliche Folge der gemeinsamen Verpflichtung ist, welche der Condominats-Beamte gegen den Landesherrn und gegen den Standesherrn als getheilte Inhaber der Jurisdiction hat.

Berlin, den 21. März 1830. Der Justiz-Minister
An Graf v. Danckelmann.
den königlichen Appellationsgerichtshof,
Abtheilung für ostrheinische Sachen,
zu Cöln.

922.

Vollstreckbarkeit der wider militairpflichtige Individuen bei den Civil-Gerichten ergangenen Erkenntnisse.

Die von dem Festungs-Commandanten zu Jülich, Obersten von Boyen, zufolge Ihres Berichts vom 4. v. Mts. in Betreff der Vollstreckbarkeit der wider militairpflichtige Individuen bei den Civilgerichten ergangenen Erkenntnisse geäußerte Ansicht wird durch die Eigenthümlichkeit des preußischen Militairdienstes gerechtfertigt, nach welcher die noch nicht beendigte Untersuchung nach dem Eintritt des Angeschuldigten in den Militairdienst nicht vor einem Civilgericht fortgesetzt werden kann. Hat dagegen die Untersuchung vor dem Eintritt des Angeschuldigten in den Militairdienst bereits ihr Ende erreicht, und ist ein rechtskräftiges Erkenntniß vorhanden, so bleibt die Befugniß des Militairgerichts auf die Verwandlung der erkannten Strafe in eine Militairstrafe beschränkt. Uebrigens ist durch die Vorschrift, daß kein militairdienstpflichtiges Individuum, welches sich in Untersuchung befindet, eher eingestellt werden soll, als bis über dasselbe von Seiten der Civilgerichte erkannt, und die Strafe in den bürgerlichen Verhältnissen an demselben vollzogen worden, so wie durch die, dem Civilgerichte ertheilte Anweisung, von jeder wider einen zum Kriegsdienste im stehenden Heere Verpflichteten eingeleiteten Untersuchung dem Landrathe des Kreises Nachricht zu geben, hinlänglich dafür gesorgt, daß der Fall, in welchem ein Civil-Straferkenntniß unberücksichtigt bleibt, nicht leicht eintreten kann.

Die von Ihnen eingereichten Acten in der Untersuchungssache wider den N., imgleichen die beiden Schreiben des Obersten von Boyen erfolgen hierbei zurück.

Berlin, den 27. März 1830. Der Justiz-Minister
An Graf v. Danckelmann.
den königlichen General-Procurator Herrn Ruppenthal
zu Cöln.

923.

Ausschließung der Oeffentlichkeit der Verhandlungen über Münzverbrechen.

Da das öffentliche Verfahren der Gerichte in den Rheinprovinzen in den Untersuchungen über Anfertigung, Verfälschung, Einführung und Verbreitung von Münzen, Papiergeld und sonstigen zum öffentlichen Umlauf vom Staate bestimmten Papieren das Wohl des letzteren gefährden kann, so bestimme Ich hierdurch auf Ihren gemeinschaftlichen Bericht vom 31. März c., daß in Fällen dieser Art die Oeffentlichkeit ausgeschlossen und dabei ebenso verfahren werden soll, wie dieses in Meiner Verordnung vom 31. Januar 1822 bereits in Ansehung der Vergehen gegen die Sitten vorgeschrieben ist. Sie haben diese Bestimmung durch die Gesetzsammlung bekannt zu machen.

Potsdam, den 14. April 1830.

An — Friedrich Wilhelm.

die Staatsminister General der Infanterie Gr. v. Lottum und Graf von Danckelmann.

924.

Ausübung der Jagd auf dem linken Rheinufer.

Wir Friedrich Wilhelm, von Gottes Gnaden, König von Preußen rc.

Da in den am linken Rheinufer belegenen Theilen Unserer westlichen Provinzen, hinsichtlich der Ausübung des Jagdrechts, mehrere von einander abweichende Bestimmungen befolgt werden, und es nothwendig ist, diese Ungleichheit abzustellen; so verordnen Wir unter Aufhebung der Verfügungen des nieder- und mittelrheinischen Gouvernements vom 18. August und 22. September 1814, der österreichschen und baierschen gemeinschaftlichen Landes-Administrations-Commission vom 23. Juli 1814 und 21. September 1815, der französischen Gesetze vom 11. August 1789 und 30. April 1790, so weit diese Verfügungen und Gesetze die Ausübung des Jagdrechts und die Ertheilung der Waffenscheine betreffen, ferner unter Aufhebung der Decrete über die Waffenscheine vom 11. Juli 1810 und 4. Mai 1812 so wie aller übrigen, wegen Ausübung des Jagdrechts und wegen der Waffenscheine noch bestehenden allgemeinen und besonderen Vorschriften, auf den Antrag Unseres Staatsministerii, nach Anhörung Unserer rheinischen Provinzialstände, und nach erfordertem Gutachten Unseres Staatsraths, für die erwähnten Landestheile Folgendes:

§. 1. Jeder Grundeigenthümer hat das ausschließende Recht der Jagd auf eigenem Grund und Boden; nur die Ausübung dieses Rechts wird aus Rücksicht auf die öffentliche Sicherheit Beschränkungen unterworfen, die jedoch den Berechtigten die Nutzung nicht entziehen.

§. 2. Die Jagd auf allen durch die nachfolgenden Bestimmungen nicht besonders ausgenommenen Grundstücken jeder Gattung, einschließlich der Domainen-, Feld- und Forst-Grundstücke unter dreihundert Morgen im Zusammenhange, soll in gemeinschaftlichen Jagdbezirken zum Vortheile der Grundbesitzer verpachtet werden. Die Verpachtung erfolgt in der Regel öffentlich an den Meistbietenden. Doch soll den Jagdvorständen gestattet sein, die Verpachtung auch aus freier Hand an diejenigen Grundeigenthümer eintreten zu lassen, welche nach dem §. 8. zur Ausübung der Jagd auf ihren eigenen Grundstücken befugt sind.

§. 3. Die gemeinschaftlichen Jagdbezirke sollen zwar in der Regel dieselben Grenzen haben, wie die Gemeindebezirke. Es soll aber den Communalbehörden überlassen bleiben, nach freier Uebeinkunft mehrere Gemeindebezirke zu einem Jagdbezirke zu vereinigen, oder einzelne Theile eines Gemeindebezirks anderen Gemeindebezirken zuzulegen, in welchen Fällen der zur Vertheilung des Pachtzinses unter die verschiedenen Gemeinden anzuwendende Maaßstab nach den Umständen festzusetzen ist. Auch sollen die Communalbehörden, jedoch nur unter Genehmigung des Landraths, aus dem Banne einer Gemeinde mehrere für sich bestehende Jagdbezirke bilden können. Endlich soll es zulässig sein, die Jagd auf Domainen-, Feld- und Forstgrundstücken von dreihundert oder mehreren Morgen zusammenhängenden Flächeninhalts zu den Gemeinde-Jagdpachtbezirken abzugeben und dagegen Grundstücke, welche zu diesen Bezirken gehören, auf die Dauer der Pachtzeit, hinsichtlich der Jagd, zu Unseren Königlichen Jagdrevieren zu ziehen, wenn daraus ein gegenseitiger Vortheil zu hoffen ist, und darüber eine Vereinigung der Regierungen mit den Communal-Behörden zu Stande kommt. Die Beschlüsse über die nach den vorstehenden Bestimmungen nachgelassenen Abänderungen der gewöhnlichen Jagdbezirke sollen jedoch jedesmal höchstens für einen Zeitraum von zwölf Jahren gültig sein.

§. 4. Das Pachtgeld für die verpachteten Jagden wird in die Gemeinde-Casse gezahlt, demnächst aber den betheiligten Grund-Eigenthümern unverkürzt in der Art gewährt, daß der Betrag desselben, nach Befriedigung der Forst-Casse für deren Antheil wegen mitverpachteter Forstgrundstücke, zum Vortheil derjenigen Grundeigenthümer, deren Grundstücke in der Verpachtung begriffen sind, nach dem Verhältnisse des Flächen-Inhalts dieser Grundstücke, von den nach dem Grundsteuerfuße aufzubringenden Abgaben abgesetzt wird.

§. 5. Die Regierungen haben allgemeine, nur die nothwendigen polizeilichen Rücksichten wahrnehmende Pachtbedingungen zu entwerfen und dem Ministerium des Innern zur Genehmigung vorzulegen. Diesen allgemeinen Bedingungen werden von den Jagd-Vorständen besondere, nach den Ortsverhältnissen zu bestimmende Bedingungen hinzugefügt. Ausländer, Personen, die wegen eines Jagdfrevels oder wegen Mißbrauchs des Feuergewehrs bestraft oder deshalb in Untersuchung befangen sind, nicht minder alle diejenigen, welche durch ein Urtheil des Rechts, Waffen zu führen, verlustig erklärt, oder unter Aufsicht der Polizei gestellt worden, sind als Jagdpächter nicht zuzulassen. Personen, welche hiernach zwar von der Pacht nicht ausgeschlossen sind, aber durch ihre persönlichen Verhältnisse nicht hinreichende Sicherheit geben, müssen genügende Bürgschaft gewähren.

§. 6. Den Jagdvorständen soll auch nachgelassen sein:

a) die Jagd in dem gemeinschaftlichen Jagdbezirke ohne Verpachtung für Rechnung der betheiligten Grundeigenthümer durch einen verpflichteten Jäger beschießen zu lassen, in welchem Falle der Jagdertrag den Grundeigenthümern in gleicher Art, wie im vorhergehenden §. 4. verordnet worden, zu Theil wird;

b) die Ausübung der Jagd in dem gemeinschaftlichen Jagdbezirke gänzlich ruhen zu lassen;

c) einzelnen betheiligten Grundeigenthümern auf ihren Antrag zu gestatten, ihre Grundstücke von der gemeinschaftlichen Jagdbenutzung auszuschließen, und die Ausübung ihres Jagdrechts in diesem Falle, mit Entsagung ihrer Theilnahme an dem Jagdertrage, ruhen zu lassen; wobei jedoch (mit Ausnahme des in §. 9. enthaltenen Falles) den Jagd-Vorständen die Entscheidung, ob einem solchen Antrage einzelner Grundbesitzer nachzugeben ist, lediglich überlassen bleiben soll.

§. 7. Auf allen mit Mauern, Staketen, Hecken, Zäunen u. s. w. oder durch mit Wasser gefüllte Gräben gehörig umschlossenen Grundstücken, imgleichen auf den Seen, Teichen und Inseln, verbleibt die Ausübung des Jagdrechts den Eigenthümern, ohne daß sie der in §. 2. enthaltenen Beschränkung unterworfen sind.

§. 8. Auf gleiche Weise soll die Ausübung des Jagdrechts den Grundeigenthümern zustehn:

a) auf solchen Besitzungen, welche einen Flächenraum von dreihundert Morgen und darüber in ungetrenntem, durch kein fremdes Grundstück unterbrochenen Zusammenhange einnehmen;

b) ohne Rücksicht auf die Größe des zusammenhängenden Flächenraumes, auf solchen eigenthümlichen Besitzungen, auf welchen sie selbst oder ihre Vorfahren aus derselben Familie vor dem Jahre 1798 die Jagdgerechtigkeit gehabt haben, welches so lange fortdauert, als dasselbe Grundstück im Besitz dieser Familie bleibt.

Den zu a) und b) gedachten Grundeigenthümern ist jedoch unbenommen, sich mit ihren vorstehend bezeichneten Grundstücken dem gemeinschaftlichen Jagdbezirke anzuschließen, wenn sie dies der eigenen Ausübung der Jagd vorziehen.

§. 9. Die Eigenthümer solcher isolirt belegenen Höfe, bei denen die Bedingungen des §. 8. nicht eintreten, sollen dennoch die Wahl haben, ob sie sich mit denjenigen Grundstücken, welche zusammenhängend einen solchen Hof ganz oder theilweise umschließen, mithin nicht im Gemenge mit andern Grundstücken liegen, den gemeinschaftlichen Jagdbezirken anschließen, oder mit Entsagung ihrer Theilnahme an dem Jagdertrage, die Ausübung ihres Jagdrechts auf jenen Grundstücken auf gewisse Zeit ruhen lassen wollen.

§. 10. Den Eigenthümern solcher Grundstücke, welche von größeren Waldungen ganz oder größtentheils eingeschlossen sind, soll, in so fern die einschließenden Waldungen eines Eigenthümers im Zusammenhange über dreitausend Morgen und die eingeschlossenen Grundstücke nicht dreihundert Morgen zusammenhängenden Flächenraum haben, freigestellt sein, ihre dergestalt ganz oder größtentheils eingeschlossenen Grundstücke von dem gemeinschaftlichen Jagdbezirke auszunehmen, wenn sie:

a) entweder die Ausübung der Jagd auf jenen Grundstücken vertragsweise dem Eigenthümer der größeren Waldung überlassen, in welchem Falle ihnen das Pachtgeld ausschließlich verbleibt;

b) oder erklären, das Jagdrecht auf gewisse Zeit ruhen lassen zu wollen.

c) In sofern dieselben von der einen oder der andern Befugniß nicht Gebrauch machen, gehören jene Grundstücke zu den gemeinschaftlichen Jagdbezirken

Der Beschluß darüber, welcher der drei bezeichneten Fälle eintreten soll, steht jedem einzelnen Eigenthümer wegen seines ganz oder größtentheils eingeschlossenen Grundstücks zu, wenn dasselbe mit anderen zu gleicher Befugniß geeigneten Grundstücken nicht im Zusammenhange liegt. Findet aber ein solcher Zusammenhang statt, so sollen die sämmtlichen Eigenthümer der eingeschlossenen unter sich zusammenhängenden Grundstücke eine Corporation bilden, die nach Stimmenmehrheit der Mitglieder darüber beschließt, welcher der erwähnten drei Fälle Anwendung finden soll. Die Stimmen werden hierbei nach dem Flächeninhalt der betheiligten Grundstücke gezählt.

§. 11. In Gemäßheit Unserer Orders vom 21. Januar 1812 und 9. Juni 1821, welche, soweit sie hierher gehören, der gegenwärtigen Verordnung beigefügt sind, dürfen die Grundeigenthümer innerhalb der Festungswerke und in einem Umkreise von achthundert Schritten oder einhundert und sechszig preußischen Ruthen vom Fuße des Glacis jeder Festung und ihrer sämmtlichen Außenwerke, wie auch in gleichen Umkreisen um die Luft-Pulver-Magazine, die Jagd nicht ausüben. Allgemeine Rücksichten gebieten es, die Ausübung der Jagd in den bezeichneten Grenzen nur dem Festungs-Commandanten zu gestatten. So wie bisher schon den jagdberechtigten Grundeigenthümern vollständige Entschädigung für diesen Verlust ihres Jagdrechts zu Theil geworden ist, so soll es auch ferner in vorkommenden Fällen gehalten werden.

§. 12. Statt der bisher erforderlichen, mit einer Abgabe belasteten, hierdurch abgeschafften Waffen- und Jagd-Scheine wird Jedem, welcher sich als zur Ausübung der Jagd befugt gehörig ausweiset, ein für allemal, oder auf die Dauer der Pachtzeit, von dem Landrath des Kreises ein Legitimations-Schein ertheilt, welcher bei Ausübung der Jagd mitgeführt werden muß. Ein Formular soll dafür vorgeschrieben und darin die Zeit und der Umfang des Jagd-Bezirks, für welchen der Jagdschein gültig ist, angegeben werden. Auch die Jäger, insofern deren Annahme nachgegeben ist, erhalten dergleichen Legitimations-Scheine. Unsere Forstbedienten, Personen, die nach §§. 7. und 8. auf ihren Grundstücken jagen, und diejenigen Schützen, welche von den zur Ausübung der Jagd befugten Personen mitgenommen werden, bedürfen derselben nicht.

§. 13. In allen Jagd-Angelegenheiten werden die Grundbesitzer des nach dem §. 3. gebildeten gemeinschaftlichen Jagd-Bezirks durch einen Jagd-Vorstand vertreten, dem in Beziehung auf diese Angelegenheiten diejenigen Rechte zustehen, welche den Vertretern der Gemeinde beigelegt sind, oder künftig werden beigelegt werden. Dafern sich unter den Gemeinde-Vertretern wenigstens sechs Besitzer solcher Grundstücke befinden, auf welchen die Jagd durch gemeinschaftliche Benutzung auszuüben ist, so sollen diese sämmtlichen Besitzer den Jagd-Vorstand bilden. Wenn aber die gedachte Zahl nicht unter den Gemeinde-Vertretern vorhanden ist, so sollen die Grundbesitzer, auf deren Grundstücken die Jagd gemeinschaftlich auszuüben ist, berechtigt sein, einen besonderen Jagd-Vorstand von sechs Personen aus ihrer Mitte zu wählen. Diese Wahl erfolgt auf drei Jahre.

Die Ausführung der Beschlüsse des Jagd-Vorstandes und die hierbei vorkommenden Geschäfte hat die gewöhnliche Verwaltungs-Behörde zu besorgen.

§. 14. Wenn die jetzt bestehenden Jagd-Pacht-Contracte mit den Bestimmungen der gegenwärtigen Verordnung im Widerspruch stehen, so sind solche, insofern nach dem Inhalt derselben eine Kündigung zulässig ist, sofort aufzukündigen.

Ist aber eine Kündigung nicht vorbehalten, so kann die Ausführung der Vorschriften der gegenwärtigen Verordnung erst nach Ablauf solcher Contracte eintreten.

§. 15. Bis dahin, daß die jetzt bestehenden jagdpolizeilichen Vorschriften durch eine von Uns beabsichtigte Jagdordnung anderweit bestimmt sein werden, bleiben jene Vorschriften in Gültigkeit.

Urkundlich haben Wir hierüber gegenwärtige Verordnung ausfertigen lassen, und solche Höchsteigenhändig vollzogen.

Berlin, den 17. April 1830.

Friedrich Wilhelm.

a.

Um alle ferneren Differenzen über die Jagdbenutzung bei den Festungen zu begegnen, will Ich auf Ihren gemeinschaftlichen Bericht vom 30. November v. J., mit Rücksicht auf die zwischen dem Ministerio des Innern, dem Generalmajor von Scharnhorst, und der Section im Finanz-Ministerium für Domainen und Forsten schon früher über diesen Gegenstand stattgehabten Verhandlungen zur allgemeinen Nachachtung hierdurch Folgendes bestimmen:

Innerhalb den Festungswerken und in einem Umkreise

von 800 Schritt vom Fuße des Glacis jeder Festung und ihren sämmtlichen Außenwerken, wie auch in gleichen Umkreisen um die Luft-Pulvermagazine, l nur allein der Kommandant derselben die Jagd auszuüben berechtigt sein, und zwar dergestalt, daß derselbe die Ausübung der Jagd ohne sein Beisein nur dem zweiten Kommandanten, dem Ingenieur- und Artillerie-Offizier des Platzes, welche mit ihm ein gleiches Interesse an der Festung nehmen, soll gestatten können, und nur in deren oder seiner Gegenwart die Theilnahme an der Jagd anderen Militairpersonen, oder einem Jäger erlauben darf. Für jeden Nachtheil, der aus der Uebertretung dieser Vorschrift der Festung oder einem Theile derselben erwächst, ist Mir der Kommandant derselben persönlich responsable.

Denjenigen Grundeigenthümern, welche innerhalb dieses Bezirks Grundstücke besitzen, kann die Ausübung der Jagd auf selbigen nicht gestattet, sondern es muß wegen Abtretung dieser Gerechtigkeit an die Kommandantur der Festung auf immerwährende Zeit ein billiges Uebereinkommen mit jener getroffen werden, welches, da sie ein Regale zur freien Bejagung des jedesmaligen ersten Kommandanten sein wird, die Departements der allgemeinen Polizei und der Finanzen zu übernehmen haben. Bei denjenigen Festungen, wo bisher der Kommandant über einen Umkreis von 800 Schritt hinaus die Jagd benutzt hat, wird diese Befugniß bis auf die eben erwähnte Ausdehnung mit Einschluß sämmtlicher Außenwerke und Luft-Pulvermagazine eingeschränkt, und fällt die Jagdgerechtigkeit auf dem weiter entfernten Terrain an die Grundeigenthümer zurück, in sofern sich nicht der Kommandant durch Pachtung für eigene Rechnung in Besitz derselben setzt.

Die Grenzen, innerhalb welcher nach den vorstehenden Bestimmungen der Kommandant einer Festung nur allein die Jagd zu exerciren berechtigt ist, müssen genau abgesteckt, und durch Jedermann sichtbare, und der Vernichtung so leicht nicht unterworfene Merkmale bezeichnet, auch mit Zuziehung sämmtlicher Interessenten die nöthigen protocollarischen Verhandlungen darüber aufgenommen, und in der Registratur der Kommandantur niedergelegt werden.

Uebrigens versteht es sich von selbst, daß die obigen Bestimmungen wegen Ausübung der Jagdgerechtigkeit sich nur auf die Zeit des Friedens beziehen, da es zur Zeit des Krieges und einer eintretenden Belagerung der Festung dem Kommandanten überlassen bleiben muß, welche anderweite

Bestimmungen er hierunter den Umständen angemessen findet. Berlin, den 21. Januar 1812.

An Friedrich Wilhelm.

die Geheimen Staatsräthe Sack
und Oberst v. Hake.

b.

Auf Ihren gemeinschaftlichen Bericht setze Ich hierdurch fest, daß alle Bestimmungen, die Ich durch Meine Ordre vom 21. Januar 1812 über die Jagdbenutzung bei den Festungswerken angeordnet habe, auf alle Festungen im ganzen Umfange der Monarchie, also auf die in den wiedererworbenen und neuen Provinzen belegenen Festungen in Anwendung kommen sollen.

Sie haben die erforderliche Bekanntmachung dieser Anordnung zu veranlassen, und wegen der Uebereinkunft mit den Privat-Jagdberechtigten das Weitere vorzukehren.

Berlin, den 9. Juni 1821.

An Friedrich Wilhelm.

das Ministerium des Innern,
der Finanzen und des Kriegs.

925.

Feststellung der Remuneration in Forstdefraudations-Processen.

Mit Bezugnahme auf die, wegen Remuneration der Richter in Forstdefraudations-Processen, unter dem 12. November v. J. ergangene Circular-Verfügung wird Ihnen nachträglich eröffnet, daß, da nach der Allerhöchsten Kabinets-Ordre vom 15. August v. J., diese Remuneration ganz allgemein in den Forstdefraudations-Processen bezahlt werden soll, sie nicht blos in Holzdiebstahlssachen, sondern auch für alle Untersuchungen wegen Vergehen gegen Forstpolizeigesetze zu zahlen ist.

Die königlichen Gerichtsbehörden in den Rheinprovinzen sind hiervon nachrichtlich in Kenntniß zu setzen.

Berlin, den 19. April 1830. Der Justiz-Minister

An Graf v. Danckelmann.

den königl. General-Procurator Herrn Ruppenthal
zu Cöln.

926.

Aufhebung der in einem Theile des standesherrlichen Gebiets Solms-Braunfels bestandenen Vorschrift wegen Errichtung gerichtlicher Eheverträge.

Der königliche Appellations-Gerichtshof, Abtheilung für ostrheinische Sachen, erhält hierneben beglaubte Abschrift der Allerhöchsten Kabinets-Ordre vom 28. März d. J.,

betreffend die Aufhebung der in einem Theile des standesherrlichen Gebiets Solms-Braunfels noch bestehenden Vorschrift wegen Errichtung gerichtlicher Eheverträge,

um solche in die Amtsblätter des Regierungsbezirks Coblenz einrücken zu lassen.

Berlin, den 21. April 1830. Das Staats-Ministerium.
Friedrich Wilhelm, Kronprinz.
Freiherr v. Altenstein, v. Schuckmann, Graf v. Lottum, Graf v. Bernstorff, v. Hake, Graf v. Danckelmann, v. Motz.

An
den königl. Appellations-Gerichtshof, Abtheilung für ostrheinische Sachen, zu Cöln.

a.

Da von den Eingesessenen der Bürgermeisterei Braunfels-Schöffengrund die Aufhebung der in einem Theile des standesherrlichen Gebiets Solms-Braunfels auf den Grund der Verordnung vom 29. August 1786 noch bestehenden Vorschrift, nach welcher bei jeder Verehelichung ein Ehevertrag errichtet werden muß, nachgesucht ist, und der Fürst zu Solms-Braunfels diesem Gesuche sich angeschlossen hat, so setze Ich, nach dem Antrage des Staatsministeriums, auf dessen Bericht vom 12. d. M. die gedachte Vorschrift hierdurch außer Kraft, und bestimme, daß es, bis zur definitiven Anordnung über die dortige Gesetzgebung, hinsichtlich der Ehepacten bei den allgemeinen Vorschriften des Solmschen Landrechts sein Bewenden behalten soll. Ich überlasse dem Staatsministerium, diese Bestimmung bekannt zu machen.

Berlin, den 28. März 1830.

Friedrich Wilhelm.

An
das Staats-Ministerium.

927.

Das Bettlerwesen.

Beigehend erhalten Sie Abschrift des Schreibens des königlichen Ministerii des Innern vom 12. v. M., das Bettlerwesen in den Rheinprovinzen betreffend, der an des Herrn Staats-Ministers v. Schuckmann Excell. erlassenen Allerhöchsten Kabinets-Ordre vom 6. März c. und meines Antwortsschreibens vom heutigen dato zur Nachricht.

Berlin, den 23. April 1830. Der Justiz-Minister
An Graf v. Danckelmann.
den königl. General-Procurator Herrn Ruppenthal
zu Cöln.

a.

Wie Ew. Excellenz aus dem urschriftlich mit seinen fünf Beilagen unter Zurückerbittung angebogenen Berichte vom 21. December v. J. geneigtest entnehmen wollen, ist von der Regierung zu Aachen aus Veranlassnng eines neuerlich vorgekommenen Falles, (wobei ihr die Entlassung eines zwölfjährigen Kindes, Namens Elisabeth Metz, welches nach dem unter den Beilagen befindlichen Erkenntnisse des dortinen Landgerichts wegen Bettelei bis zum zurückgelegten zwanzigsten Jahre in der Anstalt zu Brauweiler erzogen werden soll, und daselbst bereits seit 2 Jahren aufbewahrt wird, nachgesucht, solche aber sowol von dem Ober-Procurator zu Aachen, als von dem General-Procurator zu Cöln für unzulässig erklärt wurde), der Antrag gemacht worden, der Verwaltungsbehörde die Befugniß Allerhöchsten Orts auszuwirken, ein auf den Grund eines richterlichen Erkenntnisses, einem Arbeits- rc. Hause übergebenes Kind der fraglichen Art aus solcher Anstalt entlassen, und seinen Eltern oder Angehörigen zurückgeben zu dürfen, sobald die gehörige Sicherheit gewährt werden könne, daß der Zweck der urtelsmäßigen Bestimmung auch im Zustande der Freiheit werde erreicht werden.

Den dieserhalb von mir unterm 10. v. M. erstatteten Immediat-Bericht, und die darauf an mich ergangene Allerhöchste Kabinets-Ordre vom 6. d. M., lege ich zu Ew. Excellenz gefälligen Kenntnißnahme abschriftlich ganz ergebenst bei.

Dem Inhalte der letztern zufolge kommt es nun auf eine weitere Erörterung darüber an, ob und in wiefern die Vorschriften des angezogenen Allerhöchsten Landtags-Abschiedes für die rheinischen Provinzal-Stände vom 15. Juli v. J. in der hier zur Frage gebrachten Beziehung für unzureichend zu erachten seien? und es deshalb einer weiteren Bestimmung bedürfen werde. In dem erwähnten Landtagsabschiede ist zwar ad II. No. 3. litt. a. a. allerdings die Bestimmung enthalten, daß künftig bettelnde Kinder nicht mehr den Gerichten sofort zu überweisen, sondern daß gegen dieselben in der daselbst näher festgesetzten Art, zuvörderst polizeimäßig verfahren werden solle. Wenn jedoch die darauf folgenden Abschnitte sub bb. und cc. ausdrücklich festsetzen, daß auch den Kindern unter 16 Jahren die Befugniß, auf gerichtliche Untersuchung anzutragen, zustehen solle, und dieselben, wenn sie davon Gebrauch gemacht, den Gerichten überwiesen werden sollen; so ist wohl vorauszusetzen, daß in einem solchen Falle die Gerichte ebenso nach den gesetzlichen Vorschriften verfahren werden, wie solches in der vorliegenden Angelegenheit geschehen ist.

Da indessen ein solches Verfahren gegenwärtig ganz unpassend sein, und mit den allgemein befolgten Grundsätzen in Widerspruch stehen würde, des Königs Majestät auch in der jetzt ergangenen Allerhöchsten Kabinets-Ordre Sich bereits im Einverständnisse mit der in meinem beiliegenden Immediatberichte entwickelten Ansicht auszusprechen geruhet haben; so halte ich eine ergänzende Festsetzung entweder in der im Berichte angetragenen Art, oder, was im Erfolge dasselbe ist, dahin für nöthig:

> daß den Kindern unter 16 Jahren die Befugniß, auf gerichtliche Untersuchung wegen des Bettelns anzutragen, nicht zustehen, vielmehr gegen dieselben nur von Polizeiwegen verfahren werden solle.

Ew. Excellenz ersuche ich ganz ergebenst, sich hierüber geneigtest äußern zu wollen.

Uebrigens habe ich wegen des Kindes (der Elisabeth Metz), welches zu dieser Erörterung Veranlassung gegeben, die Regierung zu Aachen in Gemäßheit Seiner Königlichen Majestät Allerhöchsten Bestimmung heute beschieden, und stelle ganz ergebenst anheim, dem königlichen General-Procurator zu Cöln hiemit in Uebereinstimmung Instruction gefälligst zugehen zu lassen.

Berlin, den 12. März 1830.

An — v. Schuckmann.

des königl. Geheimen Staats- und Justiz-Minister,
Herrn Grafen v. Danckelmann Excellenz.

b.

Ihr Antrag vom 10. v. M., das Bettlerwesen in den Rheinprovinzen betreffend, scheint in der Hauptsache durch Meine Bestimmungen im rheinischen Landtagsabschiede vom 15. Juli v. J. zu II. No. 3. bereits seine Erledigung erhalten zu haben. Denn hiernach sind dergleichen bettelnde Kinder künftig nicht mehr den Gerichten zu überweisen, von welchen vielmehr gemäß litt. cc. und dd. nur gegen solche Bettler, die wider polizeilich angedrohete Ablieferung in das Arbeitshaus auf gerichtliche Untersuchung antragen, so wie gegen nicht reclamirte, nicht 60 und nicht unter 16 Jahre alte männliche Bettler, und endlich gegen vagabondirende und solche Bettler, die nach den Vorschriften der Art. 276 — 280. des peinlichen Gesetzbuches, der gerichtlichen Verfolgung unterliegen, zu verfahren ist. Was vergangene Fälle betrifft, so kann es kein Bedenken finden, daß diejenigen, nach Meinen Bestimmungen im Landtagsabschiede vorbemerktermaaßen der gerichtlichen Verfolgung nicht weiter unterliegenden Bettler, die durch ein gerichtliches Erkenntniß zur Detention im Correctionshause verurtheilt worden sind, auch vor Ablauf der festgesetzten Detentionszeit reclamirt werden können, und die Weigerung des General-Procurators, das reclamirte Kind aus der Anstalt zu Brauweiler zu entlassen, erscheint um so unbegründeter, als die Detention eines solchen Kindes von dem Richter nur deshalb erkannt ist, weil er zu der Alternative, der Zurückgabe an die Familie, keine Veranlassung hatte, die ihm jetzt durch die Regierung verschafft wird. Ich überlasse Ihnen, über die Sache mit dem Justiz-Minister zu communiciren, und in sofern die Vorschriften vom 15. Juli v. J. für unzureichend geachtet werden sollten, gemeinschaftlich mit demselben auf Meine nähere Bestimmung anzutragen. Das Kind im Correctionshause zu Brauweiler muß, wenn es sich noch daselbst befindet, den Eltern sofort zurückgegeben werden, falls nach dem Urtheil der Regierung inzwischen nicht veränderte Umstände eingetreten sind.

Berlin, den 6. März 1830.

An Friedrich Wilhelm.

den Staats-Minister v. Schuckmann.

c.

Der von Ew. Excellenz in dem geehrten Schreiben vom 12. v. M. geäußerten erleuchteten Meinung,

daß es einer ergänzenden Bestimmung der in dem Landtagsabschiede für die rheinischen Provinzial-Stände vom 15. Julius v. J. wegen bettelnder Kinder enthaltenen Allerhöchsten Festsetzungen bedarf,

kann ich mich nicht anschließen. Zuvörderst beehre ich mich ganz ergebenst zu bemerken, daß der Vorschlag,

daß den Kindern unter 16 Jahren die Befugniß, auf

gerichtliche Untersuchung wegen des Bettelns anzutragen, nicht zustehen, vielmehr gegen dieselben nur von Polizeiwegen verfahren werden solle,

schon um deshalb nicht angemessen erscheinen möchte, weil dadurch eine erst vor kurzem erlassene gesetzliche Bestimmung wieder würde aufgehoben werden. Es läßt sich aber auch überhaupt kein Grund vorfinden, warum den Personen unter 16 Jahren nicht dieselben gesetzlichen Beneficien als erwachsenen Personen zugestanden werden sollten, da die Provocation auf richterliches Gehör hinführo doch fast lediglich in dem Fall eintreten wird, wenn das Factum, daß das Individuum gebettelt, von demselben in Abrede gestellt wird. Es wird daher an und für sich selten vorkommen, daß Personen unter 16 Jahren auf richterliches Gehör antragen, und daher eine neue gesetzliche Bestimmung schon deshalb unnöthig, wenigstens durch den jetzt bei der Regierung zu Aachen in Absicht der zwölfjährigen Elisabeth Metz zur Sprache gebrachten Fall nicht motivirt sein. Die in Vorschlag gebrachte Bestimmung würde aber auch nicht zureichen und nicht dahin führen, daß Kinder unter 16 Jahren nicht mehr zur Erziehung in einem Besserungshause verurtheilt werden. Der Art. 66. des peinlichen Gesetzbuchs, auf Grund dessen die Elisabeth Metz vom Landgerichte zu Aachen zur Erziehung in der Anstalt zu Brauweiler bis zum zurückgelegten zwanzigsten Jahre verurtheilt worden ist, handelt nämlich nicht von der Bettelei, sondern erstreckt sich auf alle junge Verbrecher unter 16 Jahren. Eine Aufhebung dieser Vorschrift kann aber gegenwärtig nicht erfolgen, da sie mit der zur Zeit noch bestehenden Gesetzgebung in Einklang ist, und das Befinden der Umstände,

ob es zulässig, einen solchen Verbrecher der Familie zurückzugeben, oder ihn in ein Besserungshaus zu bringen,

nur dem Richter, dem dieselben durch die Untersuchung vor Augen gelegt worden, zustehen kann.

Sollte sich späterhin finden, daß die Umstände sich verändert, und daß ein solcher junger Verbrecher ohne Nachtheil für die Gesellschaft und seine Besserung, einem Familiengliede zurückgegeben werden kann, so ist dies eine Art der Begnadigung gegen ein ergangenes Urtheil, und es wird dieselbe um so weniger mit Schwierigkeiten verknüpft sein, als des Königs Majestät mich im Allgemeinen mittelst Allerhöchster Kabinets-Ordre vom 17. November 1825 zu ermächtigen geruhet haben,

in allen Fällen, wo wegen geringer Verschuldungen, in-

sonderheit wegen unbedeutender Entwendungen oder Betrügereien, auf unverhältnißmäßige Strafen, nach den in den Rheinprovinzen noch geltenden Criminalgesetzen erkannt wird, diese Strafen, sofern sie durch Begnadigungsgesuche oder sonst zu meiner Kenntniß kommen, nach meinem Ermessen, ohne Anfrage zu mildern.

Es wird daher nur einer Anzeige der königlichen rheinischen Regierungen bei mir bedürfen.

Daß ein Gericht ein Kind des bloßen Bettelns wegen aber zur Erziehung in einem Besserungshause bis nach zurückgelegtem zwanzigsten Jahre verurtheilen wird, ist ein Fall, der überhaupt und insbesondere, nachdem die im Landtagsabschiede vom 15. Juli v. J. enthaltenen Allerhöchsten Bestimmungen ergangen sind, schwerlich je wieder vorkommen wird; sollte er aber eintreten, so wird er in der von mir vorgeschlagenen Art ohne Schwierigkeit Erledigung finden.

Ich stelle daher unter Zurücksendung der Original-Anlagen des geehrten Schreibens vom 12. März c. ganz ergebenst anheim:

die von Ew. Excellenz angeregte Angelegenheit gefälligst auf sich beruhen lassen zu wollen,

um so mehr, da der zur Sprache gebrachte Fall durch Allerhöchste Entscheidung erledigt worden ist, wovon ich dem General-Procurator Ruppenthal unter dem heutigen dato Nachricht gegeben habe, und keine Erfahrung vorliegt, daß in der Zeit nach Publication der in dem Landtagsabschiede enthaltenen Vorschriften eine Verurtheilung erfolgt ist, welche zu gesetzlichen Aenderungen Veranlassung geben könnte.

Berlin, den 23. April 1830.

An Graf v. Danckelmann.

des königlichen wirklichen Geheimen Staats-Ministers und Minister des Innern, Herrn v. Schuckmann Excellenz.

928.

Delegation der Gerichtsverwaltung zweiter Instanz im Condominat Maischeid an die fürstlich Wiedsche Regierung.

Dem königlichen Appellations-Gerichtshofe, Abtheilung für ostrheinische Sachen, wird hierneben Abschrift der an das königliche Staats-Ministerium erlassenen Allerhöchsten Kabinets-Ordre vom 29. v. M., betreffend die Delegation der Gerichts-Verwaltung zweiter Instanz im Condominat Maischeid an die fürstlich Wiedsche Regierung,

zur Nachricht, Achtung und weitern Verfügung zugefertigt.

Berlin, den 7. Mai 1830. Der Justiz-Minister

An Graf v. Danckelmann.

den königl. Appellations-Gerichtshof,
Abtheilung für ostrheinische Sachen,
zu Cöln.

a.

Auf den Bericht des Staats-Ministeriums vom 19. d. M., und nach dem Antrage der Majorität desselben genehmige Ich, daß der Regierung des Fürsten zu Wied in Neuwied die Gerichtsverwaltung im Condominat Maischeid auch für die zweite Instanz ebenso aufgetragen werde, wie es durch Meine Ordre vom 29. November 1821 für die erste Instanz verfügt worden ist. Ich überlasse Ihnen, dem Justiz-Minister, das Erforderliche dieserhalb anzuordnen. Den Fürsten zu Wied habe Ich unmittelbar benachrichtigt.

Berlin, den 29. April 1830.

An Friedrich Wilhelm.

das Staats-Ministerium.

929.

Die Rechtsverhältnisse der Mennoniten in den westlichen Provinzen hinsichtlich ihrer Militairpflicht.

Aus dem Berichte des Staatsministeriums vom 30. v. M. habe Ich ersehen, daß die mennonitischen Familienhäupter in den Rheinprovinzen, zufolge der auf Meinen Befehl mit ihnen aufgenommenen Verhandlungen, in der bei weitem größern Mehrheit die Leistung der gesetzlichen Militairpflicht für sich und ihre Nachkommen übernommen haben, und daß nur der kleinere Theil, nebst der geringen Zahl der mennonitischen Familien in den Provinzen Brandenburg und Westphalen, die Uebernahme dieser Verpflichtung entweder verweigert, oder sich darüber zu erklären unterlassen hat. Wiewohl den letztern gestattet ist, nur ihrem Gewissen hierin zu folgen, so darf doch bei Feststellung ihrer bürgerlichen Verhältnisse die Begünstigung nicht unberücksichtiget bleiben, die sie durch die Versagung einer allgemeinen Landespflicht vor ihren Mitbürgern erlangen. Ich will daher, nach den Anträgen des

Staatsministeriums, für die Mennoniten in den Rheinprovinzen, so wie in den Provinzen Brandenburg und Westphalen, nachstehende Bestimmungen erlassen:

1) Die Mitglieder derjenigen mennonitischen Familien, deren Häupter für sich und ihre Nachkommen die Militairpflicht übernommen haben, oder zu übernehmen noch erklären, sollen in allen bürgerlichen Verhältnissen den übrigen christlichen Unterthanen ohne Ausnahme völlig gleich behandelt werden.

2) Die Mitglieder derjenigen Familien, deren Häupter die Militairpflicht zu erfüllen für sich und ihre Nachkommen verweigert haben, bleiben fernerhin von derselben zwar entbunden, es soll aber

a) jeder Familienvater und fernerhin jeder von der Militairpflicht freie Mennonit, der einen eigenen Hausstand führt, oder eigenes Vermögen besitzt, für diese Befreiung eine jährliche Geldabgabe, die unabänderlich auf eine besonders zu ermittelnde Einkommensteuer von drei Prozent festgesetzt wird, an die Staatskasse entrichten.

b) Jedes Mitglied einer von der Militairpflicht freien mennonitischen Familie wird, wie die in Preußen wohnhaften, vom Militairdienst befreiten Mennoniten, von der Befugniß, Grundstücke zu erwerben, ausgeschlossen. Hiervon sind nur solche Grundstücke ausgenommen, die sich schon gegenwärtig im Besitz einer mennonitischen Familie befinden, welche sich der Militairpflicht nicht unterworfen hat, und auch künftig nicht unterwirft.

c) Jedes Mitglied einer solchen Familie ist zur Anstellung im Staatsdienste unfähig, soll jedoch zur Verwaltung eines Communalamts zugelassen werden.

3) Diejenigen mennonitischen Familien, deren Häupter sich über die Leistung der Militairpflicht nicht erklärt haben, und nicht noch sich bereit erklären, werden denen gleich behandelt, welche sie verweigern.

4) Den einzelnen Mitgliedern solcher Familien, deren Häupter die Militairpflicht übernommen haben, bleibt jetzt und künftig vorbehalten, bei Erreichung des militairpflichtigen Alters die Befreiung vom Militairdienste nachzusuchen, und sie soll ihnen zur Schonung der Glaubensmeinungen und des Gewissens nicht verweigert werden. Dagegen ist ein solcher Mennonit nicht allein für sich und seine Nachkommen den Beschränkungen seiner

bürgerlichen Verhältnisse, wie zu 2., unterworfen, sondern auch verpflichtet:

a) die Einkommensteuer der drei Prozent von denjenigen Einkünften, die er aus einem eigenen Vermögen bezogen hat, seit der Zeit des Anfalls dieses Vermögens nachträglich zu entrichten;

b) sich desjenigen Grundbesitzes wieder zu entäußern, welchen er oder seine Vorfahren nur in Folge der Militairpflichtigkeit zu erwerben befugt gewesen sind. Zu dieser Verbindlichkeit hat die Verwaltungsbehörde ihn erforderlichenfalls gerichtlich anzuhalten.

5) Den einzelnen Mitgliedern solcher Familien, deren Häupter die Militairpflicht nicht übernommen haben, ist es gestattet, durch Ableistung der gesetzlichen Militairdienste sich und ihre Nachkommen von der Beschränkung in ihren bürgerlichen Verhältnissen zu befreien und die Rechte ihrer übrigen christlichen Mitbürger nach der Bestimmung unter 1) zu erwerben.

6) Die Quäker oder sogenannten Separatisten werden, wie die Mennoniten, behandelt.

7) Die Ansiedelung oder Aufnahme neuer Mitglieder beider Secten ist nicht erlaubt.

Sollte die Verwaltungsbehörde in besondern Fällen eine Ausnahme von dieser Bestimmung bevorworten zu dürfen vermeinen, so ist auf den Grund einer genauen Untersuchung oder obwaltenden persönlichen Verhältnisse Meine unmittelbare Entscheidung auszuwirken. Das Staatsministerium hat diese Bestimmungen durch die Gesetzsammlung zur öffentlichen Kenntniß zu bringen, und die einzelnen Behörden haben in ihren Ressorts auf die Ausführung derselben zu halten.

Berlin, den 16. Mai 1830.

An das Staatsministerium.

Friedrich Wilhelm.

930.

Zusammensetzung des Raths der Gewerbeverständigen zu Cöln.

Sie erhalten hierneben beglaubte Abschrift der Allerhöchsten Kabinets-Ordre vom 27. v. Mts.

wegen der künftigen Zusammensetzung des Raths der Gewerbeverständigen zu Cöln

zur weiteren Veranlassung, mit dem Bemerken, daß deren Publication durch die Amtsblätter von der Regierung zu

Cöln auf Anweisung des königlichen Ministerii des Innern erfolgen wird.

Berlin, den 27. Mai 1830. Der Justiz-Minister
An Graf v. Danckelmann.
den königlichen General-Procurator Herrn Ruppenthal
zu Cöln.

a.

Da die Zusammensetzung des Raths der Gewerbeverständigen zu Cöln am Rhein, wie solche durch das Decret der französischen Regierung vom 26. April 1811 vorgeschrieben worden, für den heutigen Zustand nicht mehr paßt, indem mehrere Fabrikations-Zweige und Handwerke nicht mehr in dem Umfange betrieben werden, daß die bestimmte Zahl der Rathsmitglieder aus ihnen erwählt werden könnte; eine große Zahl anderer aber gar nicht vertreten ist, über welche sich gleichwohl die Wirksamkeit des Instituts seiner allgemeinen Bestimmung gemäß erstreckt, auch die Bevölkerung der Stadt bedeutend zugenommen hat, so genehmige Ich, auf Ihren gemeinschaftlichen Antrag vom 31. März c., daß der Rath der Gewerbeverständigen künftig, statt aus 13, aus 15 Gliedern bestehe, die aus folgenden Gewerbsklassen zu wählen sind, nämlich:

Ein Mitglied unter den Fabrikherren und
Eins dergleichen unter den Werkmeistern oder Färbern der Wollen-Manufacturen.
Ein Mitglied unter den Fabrikherren und
Eins dergleichen unter den Werkmeistern, Webern, Färbern oder Druckern der Baumwollen- und Leinen-Manufacturen.
Ein Mitglied unter den Fabrikherren und
Eins dergleichen unter den Werkmeistern der Seiden-Manufacturen.
Ein Mitglied unter den Fabrikherren oder Meistern der Gerber, Weißgerber, Saffian-Bereiter, Leimsieder, Tabacks-Fabrikanten, Cöllnisch-Wasser-Destillateurs, Seiler, Hutmacher, Kappenmacher, Nadler, Zuckersieder, Seifensieder, Stärkemacher, Mahlmüller, Oelmüller, Lichtzieher, Porcelan-, Tapeten-, Schreibfeder- und Siegellack-Fabrikanten, Haarstoffweber, Kummetmacher, Kürschner, Beutler oder Sattler.
Ein Mitglied unter den Bierbrauern, Brandtweinbrennern, Faßbindern, Fleischern, Bäckern und Conditoren.

Ein Mitglied unter den Gold- und Silberschmieden, Juvelieren, Vergoldern, Uhrmachern, Gürtlern und Glasern.

Ein Mitglied unter den Maurermeistern, Zimmermeistern, Steinmetzen, Schiffbauern, Brunnenmachern, Mühlenbauern, Pumpen- und Röhrenmachern, Dachdeckern, Stuckatur-Arbeitern, Anstreichern und Zimmermalern, Bildhauern und Pflasterern.

Ein Mitglied unter den Tischlern, Instrumentenmachern, Mechanikern, Schlossern, Hufschmieden, Waffenschmieden, Pfannenschmieden, Stellmachern, Kupferschmieden, Gelbgießern, Zinngießern, Buchdruckern, Buchbindern, Kupferdruckern und Steindruckern.

Ein Mitglied unter den Schneidern und Mode-Arbeitern.

Ein Mitglied unter den Schustern.

Zwei Mitglieder, wovon das eine Fabrikant, das andere Handwerker sein muß, können ohne Rücksicht auf ihre Gewerbe gewählt werden.

Sollten Fabrications-Zweige und Handwerke hier nicht erwähnt sein, deren Vertretung gleichwohl für nöthig erachtet wird, so ermächtige Ich Sie, den Minister des Innern, dieselben denjenigen unter den vorstehenden Klassen zuzuordnen, mit denen sie durch ihre Beschäftigung am nächsten verwandt sind.

In Ansehung der Wahlform und des periodischen Austritts der Mitglieder verbleibt es bei den bestehenden Gesetzen.

Diese Ordre ist durch das Amtsblatt der Regierung zu Cöln bekannt zu machen.

Berlin, den 27. April 1830.

An Friedrich Wilhelm.
die Staats-Minister v. Schuckmann und
Graf v. Danckelmann.

931.

Wegen Verlustes der Nationalkokarde.

Es ist von dem königl. Kriegs-Ministerium zur Sprache gebracht worden, daß die rheinischen Gerichte, wenn sie gegen die ihrer Gerichtsbarkeit unterworfenen Militair-Personen auf Einstellung in die Straffection einer Garnison-Compagnie erkannt haben, die zusätzlich ausgesprochene Versetzung des Verurtheilten in die 2. Klasse des Soldatenstandes, Verlust der National-Kokarde, des National-Militair-Abzeichens und des Landwehrkreuzes als eine nothwendige Folge jener Hauptstrafe motivirt haben, welches eine Abweichung von dem Verfahren in den alten Provinzen ist, wonach jene Ehrenstrafen nicht mit jeder Einstellung in die Strafabtheilungen der Garnison-Compagnien, sondern nur bei Verbrechen eintreten, welche einen Mangel ehrliebender Gesinnungen verrathen.

Die rheinischen Gerichte gehen dabei ganz richtig von dem durch die Allerhöchsten Verordnungen vom 13. October 1824 und 26. August 1825 ausgesprochenen Grundsatze aus, daß mit dem Verluste der National-Kokarde auch alle übrigen militairischen Ehrenstrafen verbunden werden müssen, und die Abweichung in ihren Entscheidungen von jenen der alten Provinzen entspringt nur daher, daß in beiden Landestheilen die Präjudicial-Frage, in welchen Fällen auf Verlust der National-Kokarde zu erkennen sei, bierbei verschieden beantwortet wird, in den Rheinprovinzen lediglich nach der in der Gesetzsammlung abgedruckten Allerhöchsten Kabinets-Ordre vom 13. Februar 1813, welche ohne Rücksicht auf die Gattung des Verbrechens diesen Verlust an jeden mit Straf-Arbeit verbundenen Festungs- und Zuchthausarrest, wofür nach dem 53. Kriegsartikel eine solche Einstellung allerdings zu achten ist, knüpft; in den älteren Provinzen dagegen nach der erklärenden Allerhöchsten Kabinets-Ordre vom 30. September desselben Jahres, wodurch jene vom 13. Februar dahin modificirt wird,

> daß ausschließlich bei Verbrechen, die einen Mangel ehrliebender Gesinnungen verrathen, obschon das Erkenntniß auf Zuchthaus- oder Festungsstrafe lautet, auf Verlust der National-Kokarde erkannt werden soll.

Die Publication dieser Declaration durch die Gesetzsammlung und die öffentlichen Blätter wurde ausdrücklich von des Königs Majestät für nicht erforderlich erklärt, und sie wurde daher nur den Gerichten der Monarchie, wozu damals die Rheinlande noch nicht gehörten, zur Beachtung mitgetheilt.

Hierdurch erklärt es sich wahrscheinlich, weshalb die rheinischen Gerichte, welche zuerst durch die Allerhöchste Kabinets-Ordre vom 13. October 1824 eine Anweisung, auf den Verlust der National-Kokarde gegen die, ihrem Gerichtsstande unterworfenen Landwehrmänner und anderen Militairpersonen zu erkennen, erhalten haben, von den dort im Allgemeinen in Bezug genommenen Verordnungen keine andere als diejenige, welche sie in der Gesetzsammlung aufgefunden, nämlich die vom 22. Februar 1813 bisher in den fraglichen Fällen zur Anwendung gebracht haben.

Um für die Zukunft die Entscheidungen der rheinischen Gerichte in dieser Beziehung mit der bestehenden mildern Gesetzgebung in Einklang zu bringen, erhalten Sie hierbei Abschrift der mehrerwähnten Kabinets-Ordre vom 30. September 1813 (No. 829.), um dieselbe zur Kenntniß der rheinischen Gerichte zu bringen, und die Beamten des öffentlichen Ministerii zu deren Beachtung in ihren Strafanträgen anzuweisen.

Für die Gerichte des ostrheinischen Theils des Regierungsbezirks Coblenz ist bereits am 23. August 1827 in Sachen wider N. an den, Ihrem Präsidio untergebenen ostrheinischen Senat des königlichen Appellations-Gerichtshofes eine ähnliche Anweisung ergangen, auf welche hiermit zugleich Bezug genommen wird.

Berlin, den 11. Juni 1830. Der Justiz-Minister
An Graf v. Danckelmann.
den königlichen General-Procurator Herrn Ruppenthal
zu Cöln.

Beigehend erhalten Sie Abschrift der an den königlichen General-Procurator am rheinischen Appellationsgerichshofe zu Cöln unter dem heutigen dato erlassenen Verfügung

wegen Anwendung der Allerhöchsten Kabinets-Ordre vom 30. September 1813, wodurch die Allerhöchste Verordnung vom 13. Februar desselben Jahres wegen Verlustes der National-Kokarde modificirt worden ist,

nebst Anlage ebenfalls abschriftlich zur Nachricht und gleichmäßigen Beachtung in den bei dem königlichen rheinischen Revisions- und Cassations-Hofe vorkommenden Fällen.

Berlin, den 11. Juni 1830. Der Justiz-Minister
An Graf v. Danckelmann.
den königlichen General-Procurator am hiesigen
rheinischen Revisions- und Cassationshofe
Herrn Eichhorn.

932.

Aufhebung der Verpflichtung der Mandatarien, für die Stempelstrafen ihrer Mandanten zu haften.

Beigehend erhalten Sie Abschrift der unter dem 30.

April d. J. an sämmtliche Obergerichtsbehörden erlassenen Verfügung,

die Aufhebung der Verpflichtung der Mandatarien, für die Stempelstrafen ihrer Mandanten zu haften, betreffend,

um das Erforderliche an die rheinischen Justizbehörden wegen gleichmäßiger Beachtung der darin enthaltenen Vorschriften zu veranlassen.

Berlin, den 11. Juni 1830. Der Justiz-Minister Graf v. Danckelmann.

An den königlichen General-Procurator Herrn Ruppenthal zu Cöln.

a.

Des Königs Majestät haben durch die unterm 24. Februar c. an die Minister der Justiz und der Finanzen erlassene Allerhöchste Kabinets-Ordre zu erklären geruhet:

daß Mandatarien, welche von ungestempelten oder nicht mit dem vorgeschriebenen Stempel versehenen Schriften im Interesse ihrer Mandanten Gebrauch machten, in sofern sie nicht durch eigene Uebertretung der Stempelvorschriften eine Stempelstrafe verwirkt hätten, in ihrer Eigenschaft als Mandatarien in Stempelstrafe nicht genommen werden könnten, indem das Stempelgesetz unter dem Vorzeiger eines Documents nichts anders verstehe, als was die Proceßordnung den Producenten einer Urkunde nenne, unter welcher Bezeichnung sie jederzeit die Parthei begreife, deren Interesse der Gegenstand der betreffenden Verhandlung sei.

Hiernach ist die Verfügung des königlichen Finanz-Ministerii vom 16. October 1824 (Jahrbücher, Bd. 24. S. 328.), welche durch die Verfügung vom 5. November ej. a. den Gerichten zur Nachachtung mitgetheilt worden, aufgehoben, und es ist demgemäß, namentlich gegen Justizcommissarien, welche als Mandatarien auftreten, eine Stempelstrafe in den in jener Verfügung bezeichneten Fällen nicht festzusetzen, vielmehr sofort gegen die Partheien selbst die gesetzliche Strafe zu verfügen.

Berlin, den 30. April 1830. Der Justiz-Minister Graf v. Danckelmann.

Circulare an sämmtliche königliche Obergerichtsbehörden.

933.

Jede gegen einen beurlaubten Landwehr-Offizier eröffnete Untersuchung muß der vorgesetzten Militairbehörde angezeigt werden.

Beigehend erhalten Sie Abschrift der in Beziehung auf Untersuchung wider beurlaubte Landwehr-Offiziere heute erlassenen Circular-Verfügung, um derselben gemäß sowohl für denjenigen Theil der Rheinprovinzen, in welchen noch das französische Recht gilt, als auch für den ostrheinischen Theil des Coblenzer-Regierungs-Departements das Nöthige zu veranlassen.

Berlin, den 24. Juni 1830.

An
den königlichen General-Procurator
Herrn Ruppenthal
zu Cöln.

Der Justiz-Minister.
Für denselben
v. Kamptz.

a.

Auf den Antrag des königlichen Kriegsministeriums wird das königliche ꝛc. angewiesen, von einer jeden wider einen beurlaubten Landwehr-Offizier eröffneten Untersuchung, unter Angabe der Verdachtsgründe, der vorgesetzten königlichen Militairbehörde Behufs der von dieser Behörde wider den Angeschuldigten etwa zu treffenden Disciplinar-Verfügung Nachricht zu geben.

Berlin, den 24. Juni 1830.

Circulare
an sämmtliche königliche Obergerichte.

Der Justiz-Minister.
Für denselben
v. Kamptz.

934.

Unmittelbare Zahlung von Gehaltsabzügen aus königlichen Cassen an einen einzelnen Gläubiger.

Die königlichen Ministerien der geistlichen Angelegenheiten, des Innern, des Krieges und der Finanzen haben sich mit dem Justizministerium dahin einverstanden erklärt, daß Gehaltsabzüge künftig aus den königlichen Cassen an einen einzelnen Gläubiger unmittelbar geleistet werden können, und es sind deshalb die in dem abschriftlich anliegenden Circular vom 11. Mai d. J. an die königlichen Regierungen enthaltenen Anweisungen erfolgt.

Sie haben daher bei künftigen Requisitionen, wenn ein einzelner Gläubiger die Gehaltsabzüge empfängt; sei es, daß er der alleinige ist, oder daß ihm die Priorität zuerkannt worden, wegen unmittelbarer Zahlung an denselben das Erforderliche zu veranlassen, und den königlichen Appellationsgerichtshof daselbst und die königlichen Landgerichte durch die Ober-Procuratoren hiervon in Kenntniß zu setzen.

Berlin, den 28. Juni 1830. Der Justiz-Minister.
Für denselben
v. Kamptz.

An
den königlichen General-Procurator
Herrn Ruppenthal
zu Cöln.

a.

In dem Betracht, daß die Bestimmung im §. 164. der Allgemeinen Gerichtsordnung, wegen Zahlung der Gehaltsabzüge für Gläubiger an die gerichtlichen Depositorien nur die Absicht hat, die Belästigung der Cassen, welche mit der directen Zahlung an die Gläubiger in dem Fall verbunden ist, wenn mehrere Theilnehmer an den Abzügen vorhanden sind, und eine Distribution derselben erforderlich wird, zu vermeiden, eine solche Belästigung aber nicht stattfindet, wenn die Zahlung nur an einen einzelnen Gläubiger zu leisten ist, in diesem Fall vielmehr durch die Zahlung an die Gerichte nur Zeitverlust und unnöthige Kosten für Gläubiger und Schuldner veranlaßt werden, ist es für unbedenklich befunden worden, daß in einem solchen Falle die Cassen, auf Requisition der Gerichte, die Zahlung aus den Gehaltsabzügen mit einer von den Gerichten bestimmt anzugebenden Summe an einen von denselben zu bezeichnenden einzelnen und sich zur Empfangnahme zu legitimirenden Gläubiger direct gegen dessen Quittung leisten.

Die königliche Regierung hat hienach die ihr untergebenen Cassen anzuweisen, so wie auch Seitens des Herrn Justizministers die Gerichtsbehörden danach werden instruirt werden.

Berlin, den 11. Mai 1830.

Der Minister
der geistlichen ꝛc. Angelegenheiten. des Innern. der Finanzen.

An
sämmtliche königliche Regierungen.

935.

Die Ernennung und Entlassung der Schöffen im Condominat Maischeid erfolgt von der fürstlich Wiedschen Regierung.

Dem königlichen Appellations-Gerichtshofe, Abtheilung für ostrheinische Sachen, wird auf den Bericht vom 1. April d. J., die Justizpflege im Condominat Maischeid betreffend, eröffnet:

daß durch die geschehene Ueberweisung der Rechtspflege zweiter Instanz in dem gedachten Condominat an den Herrn Fürsten zu Neuwied der erste Gegenstand des Berichts erledigt ist.

Hierdurch hat aber auch der zweite Gegenstand in Betreff der Oberaufsicht über die Schöffen- oder Voluntairgerichte seine Erledigung erhalten, indem es nunmehr keinem Zweifel unterliegt, daß die Ernennung und Entlassung der Schöffen in dem Condominat Maischeid als ein Ausfluß des Aufsichts-Rechts, der standesherrlichen Wiedschen Regierung zustehe.

Berlin, den 2. Juli 1830.

Der Justiz-Minister.
Für denselben
v. Kamptz.

An
den königl. Appellations-Gerichtshof,
Abtheilung für ostrheinische Sachen,
zu Cöln.

936

Innehaltung der Fristen zur Einreichung der Exceptional-Verhandlungen in den Rechtssachen aus dem ostrheinischen Theile der Regierung zu Coblenz.

Es ist bemerkt worden, daß die Rechtssachen aus dem Regierungsbezirk Coblenz ostseitrheins dadurch sehr in die Länge gezogen werden, daß die Fristen zur Einreichung der Exceptional- und weitern Verhandlungen, wenn solche verordnet worden, nicht innegehalten werden, und daß von der Gegenseite verabsäumt wird, zur gehörigen Zeit contumaciam zu accusiren, woher es denn gekommen ist, daß die Parteien selbst, in der Voraussetzung, daß die Sache bereits unterm Spruch liege, bei dem Präsidium unmittelbar die Beschleunigung des Urtheils nachsuchen und sich über den Verzug beklagen.

Damit diesem Uebelstande abgeholfen und dem Verfahren in den Eingangs gedachten Rechtssachen ein ununterbrochener und schnellerer Fortgang gegeben werde, so werden die Herren Advocaten erinnert, hierauf mehrere Aufmerksamkeit zu verwenden, sich die Fristen gehörig zu notiren, und, wenn solche von der Gegenseite nicht innegehalten werden, die Contumacial-Anzeigen nicht zu versäumen.

Berlin, den 7. Juli 1830.

Königlicher Revisions- und Cassationshof.

Gemeiner Bescheid. Sethe.

937.

Anwendung der in den Jahrbüchern der Gesetzgebung enthaltenen allgemeinen administrativen Anordnungen in der Rheinprovinz.

Die auf Anordnung des Justizministers hier erscheinenden Jahrbücher der Gesetzgebung enthalten öfters allgemeine Anordnungen, welche bei allen gerichtlichen Administrationsgeschäften ohne Unterschied der Gerichtsverfassung in allen preußischen Gerichtshöfen zur Anwendung gebracht werden müssen, und die der Justizminister durch die Jahrbücher zur Kenntniß der Gerichte bringen läßt. Es ist in dieser Hinsicht bereits den Gerichten, die nach preußischem Rechte verwalten, durch das Rescript vom 12. Januar 1821 aufgegeben, die Jahrbücher zu halten, und gleich nach dem Erscheinen eines Hefts bei sich zum Vortrag zu geben, damit die solchergestalt erlassenen Anordnungen zur Kenntniß auch der dortigen Gerichte gelangen und zur Anwendung gebracht werden.

Damit ein gleiches Verfahren bei den rheinischen Gerichten eintrete, haben Sie sowohl bei dem königlichen rheinischen Appellationsgerichtshofe, als bei sämmtlichen rheinischen Landgerichten zu veranlassen, daß die Jahrbücher gehalten werden, und daß von Seiten des öffentlichen Ministerii bei den verschiedenen Behörden den Gerichten die in den Jahrbüchern enthaltenen administrativen Anordnungen, welche nach ihrer Verfassung sogleich zur Anwendung gebracht werden können, bekannt gemacht werden.

Berlin, den 13. Juli 1830. Der Justiz-Minister.
Für denselben
v. Kamptz.

An
den königlichen General-Procurator
Herrn Ruppenthal
zu Cöln.

a.

Sie erhalten hierneben Abschrift einer an den General-Procurator bei dem rheinischen Appellationsgerichtshofe zu Cöln unter dem heutigen Dato erlassenen Verfügung

wegen Anwendung der in den Jahrbüchern der Gesetzgebung enthaltenen allgemeinen administrativen Anordnungen in den Rheinprovinzen,

um auch bei dem königlichen rheinischen Revisions- und Cassationshofe sich nach derselben zu achten.

Berlin, den 13. Juli 1830.

Der Justiz-Minister.
Für denselben
v. Kamptz.

An
den königlichen Chef-Präsidenten des rheinischen Revisions- und Cassationshofes Herrn Sethe und den königl. General-Procurator bei dem rheinischen Revisions- und Cassationshofe Herrn Eichhorn.

938.

Die den Gerichten von den Regierungen aufgetragenen Untersuchungen und eidliche Vernehmung der Zeugen.

Auf Ihren Bericht vom 9. Januar d. J., die den Gerichten von den Regierungen aufgetragenen Untersuchungen betreffend, wird Ihnen eröffnet, daß, da bis jetzt Reclamationen der betreffenden Behörden gegen die Ablehnung der von dem dortigen General-Vicariat verlangten Procedur gegen einen Geistlichen und den von der Regierung zu Cleve dem Procurator Bessel gemachten Auftrag nicht eingekommen sind, es abgewartet werden kann, ob ähnliche Fälle wieder vorkommen werden, bis dahin bleibt es Ihnen überlassen, nach den bisher von Ihnen beobachteten Grundsätzen auch ferner zu verfahren. Was die eidliche Vernehmung von Zeugen in solchen administrativen Untersuchungssachen, denen eine gerichtliche Untersuchung nach den darüber bestehenden Vorschriften noch folgen kann, betrifft, so ist es an sich nicht wahrscheinlich, daß Fälle eintreten sollten, wo eine von der Regierung eingeleitete administrative Untersuchung ihrem Gegenstande nach sich theils zur künftigen gerichtlichen Untersuchung, theils zur definitiven Erledigung im Verwaltungswege eignen sollte; wenn dieser Fall aber wirklich eintreten sollte, so wird allerdings das Verfahren bei der Zeugenvernehmung und Vereidung nach dem in der Verfügung vom 28. December v. J. ausgesprochenen Grundsatze eingerichtet, und hiernach die Vereidung der Zeugen in Betreff der Punkte, wegen welcher noch auf gerichtliche Untersuchung provocirt werden kann, dieser Untersuchung vorbehalten werden müssen.

Endlich die durch die Vorladungen in administrativen Untersuchungen entstehenden Gebühren der Gerichtsvollzieher und die Entschädigung der Zeugen betreffend, so sind diese gegen die Regierung zu liquidiren und ihr deren Wiedereinziehung von dem Schuldigen zu überlassen.

Berlin, den 23. Juli 1830. Der Justiz-Minister.
Für denselben
v. Kamptz.

An
den königl. General-Procurator
Herrn Ruppenthal
zu Cöln.

939.

Vollstreckung der im Wege der Disciplin von Verwaltungsbehörden gegen Beamte festgesetzten Gefängnißstrafen.

Beigehend erhalten Sie, Herr General-Procurator, sowohl in letzterer Eigenschaft, wie auch als Präsident des ostrheinischen Senats des königlichen Appellationsgerichtshofes, die von den Ministerien des Innern, der Justiz und der Finanzen vollzogene Instruction vom 25. Juli c.

wegen Vollstreckung der im Wege der Disciplin von Verwaltungsbehörden gegen Beamte in den Rheinprovinzen festgesetzten Gefängnißstrafen,

um die dortigen Gerichtsbehörden zu deren Nachachtung und Befolgung anzuweisen.

Eine gleiche Bekanntmachung ist von hier aus an die rheinischen Verwaltungsbehörden erfolgt.

Berlin, den 21. August 1830. Der Justiz-Minister.
Für denselben
v. Kamptz.

An
den königlichen General-Procurator
Herrn Ruppenthal
zu Cöln.

a.

Nach den bestehenden Allerhöchsten Bestimmungen haben das königliche hochlöbliche General-Postamt, die Regierungs-

Präsidenten und die Provinzialsteuer-Directoren das Recht, gegen die Unterbeamten ihres Ressorts, wegen Dienstvergehen disciplinarisch eine Gefängnißstrafe bis zur Dauer von acht Tagen festzusetzen und vollstrecken zu lassen. Außer diesen Behörden ist auch den königlichen Post-Inspectoren und Postamtsvorstehern die Befugniß beigelegt, gegen Postillons, welche sich im Dienste straffällig machen, eine Gefängnißstrafe von 24 Stunden auszusprechen und sogleich zu vollstrecken.

Um die Ausführung dieser Bestimmungen innerhalb des Gerichtsbezirks des königlichen rheinischen Appellationsgerichtshofes zu sichern und jeden Zweifel über die Art derselben zu beseitigen, wird Folgendes verordnet:

Jede in den oberwähnten Fällen verhängte Gefängnißstrafe darf nur in den gewöhnlichen Gefängnissen vollstreckt werden, also an den Orten, wo ein Arresthaus ist, in diesem, an andern Orten in dem Polizeigefängnisse. In jedem andern Locale ist sie unbedingt untersagt.

Die gerichtlichen Behörden haben bei dieser Vollstreckung in keiner Hinsicht mitzuwirken; vielmehr geschieht dieselbe durch die Landräthe oder durch die Bürgermeister.

An diese Beamten ist daher auch der zum Zwecke der gefänglichen Einziehung nöthige Befehl zur Vollstreckung abzugeben.

Dieser Befehl muß von der Behörde, welche die Gefängnißstrafe festgesetzt hat, unterschrieben sein, muß außerdem noch enthalten:

a) die Namen und den Wohnort des zur Gefängnißstrafe Verurtheilten, und die Angabe seiner amtlichen Qualität und seines Dienstverhältnisses gegen die strafende Behörde;
b) die Ursache der Bestrafung und die Dauer der festgesetzten Gefängnißstrafe;
c) in dem Falle, wo die Strafe in einem Polizei-Gefängnisse abgebüßt werden soll, die Bestimmung über die Art der Verpflegung des Gefangenen und Deckung der diesfälligen Kosten.

In den größeren Arresthäusern wird der Gefangene gleich den übrigen verpflegt.

Jeder Gefangenwärter ist bei Vorzeigung dieses Befehls gehalten, den ihm vorgeführten Verurtheilten in das Gefängniß aufzunehmen.

Er muß dagegen die Aufnahme desselben verweigern, wenn der Befehl von einer andern, als einer der oben genannten Behörden ausgegangen ist.

Bei der Aufnahme muß übrigens nach den bestehenden Vorschriften verfahren werden.

So wie die gerichtlichen Behörden zu der Vollstreckung der Strafe nicht mitwirken, so haben Sie sich zwar auch aller Prüfung des materiellen Inhalts der Verfügung, welche die Strafe ausspricht, in soweit zu enthalten, als von deren Abänderung, oder von der Suspension der Vollstreckung die Rede sein könnte; dennoch sind die gerichtlichen Polizeibeamten, die Oberprocuratoren, Instructionsrichter und Friedensrichter und sonstige Local-Justizbeamte verpflichtet, über die zu ihrer Kenntniß gelangenden Fälle von Verhaftungen, mit Abweichung von obigen Vorschriften, ihren vorgesetzten Behörden sofort zur weitern Veranlassung Anzeige zu machen. Berlin, den 25. Juli 1830.

Die Ministerien

des Innern.	der Justiz.	der Finanzen.
v. Schuckmann.	Für denselben	Maassen.
	v. Kamptz.	

Instruction.

940.

Verpflichtung, einem Erhängten augenblicklich Hülfe zu leisten.

Es scheint, nach einzelnen vorgekommenen Fällen zu schließen, in den Rheinprovinzen die Meinung stattzufinden, daß ein Erhängter nicht angerührt werden dürfe, bevor nicht der Gerichts- oder Polizeibehörde Anzeige geschehen ist.

Um den nachtheiligen Folgen dieses Irrthums zu begegnen, wird in Folge Allerhöchster Bestimmung das Publikum hierdurch darauf aufmerksam gemacht, daß die nächste Pflicht desjenigen, der einen Erhängten findet, darin besteht, ihm Hülfe zu leisten, und das seinige zur Anwendung der angeordneten Lebensrettungsversuche beizutragen, und daß erst dann, wenn den Bedürfnissen augenblicklicher Hülfe genügt worden ist, die Anzeige an die Behörden ungesäumt hinzutreten muß.

Berlin, den 24. August 1830.

Der Minister des Innern.	Der Minister der Justiz.
v. Schuckmann.	Für denselben
	v. Kamptz.

Publicandum.

941.

Einsendung der Signaturen der Gerichtspräsidenten, Behufs der Legalisirung von Urkunden.

Sie werden mit Bezug auf die in Abschrift beigefügte an den verstorbenen ersten Präsidenten des Appellations-Gerichtshofs, Geheimen Staatsrath Daniels unter dem 24. October 1821 erlassene Verfügung hiermit aufgefordert, die Signaturen der jetzigen Landgerichtspräsidenten und ihrer Stellvertreter und zwar in duplo einzureichen, auch bei jeder in deren Personen künftig eintretenden Veränderung die neuen Signaturen ebenfalls in duplo einzusenden.

Berlin, den 26. October 1830. Der Justiz-Minister.
Für denselben
v. Kamptz.

An
das königliche Appellationsgerichts-Präsidium zu Cöln.

942.

Verfahren in Ansehung der bei einigen Verbrechen aufgehobenen Oeffentlichkeit der Verhandlung.

Aus den vorhandenen Assisenberichten ist die Verschiedenheit des Verfahrens der einzelnen Assisenhöfe bei Anwendung der Allerhöchsten Kabinets-Ordre vom 31. Januar 1822 in Ansehung der bei einigen Verbrechen aufgehobenen Oeffentlichkeit bemerkt, und zugleich wahrgenommen, daß einige Assisenhöfe jene Allerhöchste Bestimmung auf eine, ihrem Sinne durchaus zuwiderlaufende Art befolgen.

Diese Verschiedenheit äußert sich, nachdem der Zweifel, ob dem Assisen-Präsidenten auch der Vorsitz in der Berathung über jene Vorfrage gebühre, durch das Urtheil des königlichen rheinischen Revisions- und Cassationshofes vom 20. August 1823 beseitigt worden, hauptsächlich bei folgenden Fragen:

1) Ob dabei der Beschuldigte und dessen Vertheidiger gehört werden müsse?
2) Ob die Mitglieder des Landgerichts, welche dem Strafgerichte bei jener Berathung und bei der Abfassung des Urtheils darüber nach Art. 2. jener Verordnung hinzutreten, auch bei dessen öffentlicher Verkündigung zugezogen werden müssen?
3) Ob der Ausschluß der Oeffentlichkeit des Verfahrens nur bis zur Verkündigung des Haupturtheils

stattfinden, und letztere wieder öffentlich erfolgen müsse?

Der Justiz-Minister kann nur die Ansicht, nach welcher alle drei Fragen zu verneinen sind, der Absicht Seiner Majestät des Königs entsprechend halten und daher auch nur genehmigen. Denn

ad 1) ist im Art. 1. der Verordnung, welcher das Verfahren genau bestimmt, eine Zuziehung des Beschuldigten nicht vorgeschrieben, vielmehr soll diesem gemäß der Antrag der Staatsbehörde unmittelbar Gegenstand der Berathschlagung des Gerichts werden. Die Oeffentlichkeit des Verfahrens ist lediglich im Interesse des Staats untersagt und ausgeschlossen, und gehört dieselbe daher in den dazu geeigneten Fällen überall nicht mehr zum gerichtlichen Verfahren; die Prüfung und Berathung, ob der vorliegende Fall in die, der Oeffentlichkeit entzogene Kathegorie gehört, erfolgt eben so lediglich im Interesse des Staats, und kann mithin dem Angeschuldigten dabei auch überall keine Stimme eingeräumt werden, vielmehr ist dies allein eine zur Beschließung des Gerichts stehende Frage. Es liegt auch von selbst vor, daß jede darüber in öffentlicher Sitzung eintretende Ausführung mit dem wohlthätigen Zweck des Gesetzes ganz unvereinbarlich, und daher demselben geradezu entgegen sein würde, da eine solche Entwickelung füglich nicht ohne Anführung, und selbst einige Entwickelung des Factischen geschehen kann, es aber Sr. Majestät Allerhöchster Wille ist, daß Gegenstände dieser Art nicht zur öffentlichen Erörterung gebracht werden sollen.

ad 2) verordnet der Art. 2., nachdem vorher sowohl von der Abfassung, als von der Verkündigung des Urtheils die Rede ist, die Concurrenz der übrigen Mitglieder des Landgerichts nur bei der Abfassung des Urtheils. Mit der weitern Rücksicht auf die Störung und Unbequemlichkeit, ja selbst auf den Mangel an Würde, den das momentane Erscheinen und Wiederabtreten jener Mitglieder in der öffentlichen Sitzung mit sich führt, erscheint demnach das Verfahren derjenigen Gerichte als das angemessenste, bei welchen das nach Art. 2. der Verordnung in der Rathskammer abgefaßte und niedergeschriebene Urtheil, aus dem zugleich die Beobachtung der Art. 1. und 2. vorgeschriebenen Formen hervorgeht, von dem betreffenden Strafgericht allein mittelst Vorlesung verkündigt wird. Da

ad 3) die Verkündigung des Urtheils einer der wesentlichsten Proceß-Acte ist, und daher ganz unzweifelhaft zum Verfahren gehört, so ist die öffentliche Publication des, in einer, dem öffentlichen Verfahren entzogenen Sache abgefaßten Urtheils, dem Gesetz geradezu entgegen, und darf daher um so weniger gestattet werden, als dadurch der ad 1) gedachte Zweck des Gesetzes durchaus verfehlt werden würde. Es darf daher in allen denjenigen Sachen, in welchen das öffentliche Verfahren ausgeschlossen war, auch das Urtheil nicht öffentlich publicirt oder sonst bekannt gemacht, und eben so wenig wie die ganze Sache selbst auf die Rolle oder zum öffentlichen Anschlag gebracht werden. Es ist daher auch ganz zweckwidrig und unstatthaft, wenn von solchen Sachen in den öffentlichen Gerichtssitzungen irgend die Rede, oder diese gar ihretwegen unterbrochen und aufgeschoben, und solche Sachen dadurch zur öffentlichen Kenntniß gebracht werden. Sachen dieser Art müssen vielmehr von der öffentlichen Sitzung gänzlich ausgeschlossen, und entweder außer den zu dieser letztern bestimmten Stunden, oder am Schluß der ganzen öffentlichen Sitzung verhandelt und abgeurtheilt werden, ohne daß ihrer in der letztern auf irgend eine Art Erwähnung geschieht.

Sie haben das Vorstehende zur Kenntniß und Nachachtung der Gerichte zu bringen, und die Ober-Procuratoren hiernach mit Anweisung zu versehen.

Berlin, den 5. November 1830. Der Justiz-Minister.
Für denselben
v. Kamptz.

An
den königl. General-Procurator Herrn Ruppenthal
zu Cöln.

943.

Verfahren bei Ansprüchen der Staatsbeamten wegen entzogener Diensteinkünfte.

Beigehend erhalten Sie 30 Exemplare der an sämmtliche Gerichtsbehörden,

in Betreff des Verfahrens bei Ansprüchen der Staatsbeamten wegen vermeintlich ihnen entzogener Diensteinkünfte,

heute erlassenen Circular-Verfügung zur Vertheilung an den königlichen Appellations-Gerichtshof daselbst, die königlichen Landgerichte und die Procuraturen in der Rheinprovinz.

Berlin, den 12. November 1830. Der Justiz-Minister.
Für denselben
v. Kamptz.

An
den königl. General-Procurator Herrn Ruppenthal
zu Cöln.

a.

Seine Majestät der König haben durch die an das Staats-Ministerium gerichtete Allerhöchste Kabinets-Ordre vom 7. Juli c., zur Erledigung der über die Frage:

ob und in welchem Falle ein Staatsbeamter wegen ihm vermeintlich entzogener Diensteinkünfte, seinen Anspruch im gerichtlichen Wege verfolgen könne?

entstandenen Bedenken, nachstehende Vorschriften zu ertheilen geruhet.

Wenn ein Civilbeamter meint, daß ihm an seinen Diensteinkünften, es sei am etatsmäßigen Gehalte, oder an zugesicherten Emolumenten und Gebühren unrechtmäßig etwas entzogen, oder daß ihm an Diäten und Auslagen, die er in einer Amtsverrichtung liquidirt hat, ein unbegründeter Abzug gemacht werde, so hat er im ressortmäßigen Wege der Beschwerde zuvörderst die Remedur des vorgesetzten Ministeriums nachzusuchen. Bestätigt dasselbe die Festsetzung der untern Behörde, oder ist die Verfügung von dem Ministerium, oder einer andern höhern Verwaltung selbst ausgegangen; so bleibt dem Beamten überlassen, seinen Anspruch der unmittelbaren Allerhöchsten Bestimmung Sr. Königlichen Majestät zu unterwerfen, oder bei der betreffenden höhern Behörde anzutragen, daß seine Beschwerde durch das Staats-Ministerium untersucht und entschieden werde. In diesem Falle, so wie, wenn Se. Majestät Selbst die an Allerhöchstdieselben gerichtete Beschwerde dem Staats-Ministerium zuzufertigen Sich veranlaßt sehen, soll dasselbe sich von den, der Reclamation zum Grunde liegenden, factischen und rechtlichen Verhältnissen vergewissern, demnächst aber das Verfahren nach der Analogie desjenigen, welches für die unfreiwilligen Dienstentlassungen in der Allerhöchsten Kabinets-Ordre vom 21. Februar 1823 Nr. 5. vorgeschrieben ist, stattfinden, und der Anspruch des Beamten durch den abzufassenden, nebst den Entscheidungsgründen ihm mitzutheilenden Beschluß in jedem Falle definitiv erledigt werden.

Dieser Allerhöchsten Bestimmung gemäß, wird das königl. rc. angewiesen, die Klagen, welche wegen Verkürzung von Diensteinkünften, oder ermäßigter Diäten- und Auslage-Liquidationen angestellt worden oder angebracht werden, sofort zurück-, und den klagenden Beamten in den oben vorgezeichneten Weg zu verweisen.

Zum Gebrauch im Collegio erfolgen noch drei Exemplare dieser Verfügung. Berlin, den 12. November 1830.

An sämmtl. königl. Oberlandesgerichte.

Der Justiz-Minister. Für denselben, v. Kamptz.

b.

Damit die Bedenken erledigt werden, welche seit einiger Zeit über die Frage: ob und in welchen Fällen ein Staatsbeamter wegen ihm vermeintlich entzogener Diensteinkünfte seinen Anspruch im gerichtlichen Wege verfolgen könne? bei den Behörden entstanden sind, ertheile Ich zur Kenntnißnahme der Beamten und zur Befolgung der gerichtlichen und verwaltenden Behörden nachstehende Vorschriften:

Wenn ein Civilbeamter vermeint, daß ihm an seinen Diensteinkünften, es sei am etatsmäßigen Gehalt oder an zugesicherten Emolumenten und Gebühren unrechtmäßig etwas entzogen, oder daß ihm an Diäten und Auslagen, die er in einer Amtsverrichtung liquidirt hat, ein unbegründeter Abzug gemacht werde, so hat er im ressortmäßigen Wege der Beschwerde zuvörderst die Remedur des vorgesetzten Ministeriums nachzusuchen. Bestätigt dasselbe die Festsetzung der untern Behörde, oder ist die Verfügung von dem Ministerium oder einer andern höhern Verwaltung selbst ausgegangen, so bleibt dem Beamten überlassen, seinen Anspruch Meiner unmittelbaren Bestimmung zu unterwerfen, oder bei der betreffenden höhern Behörde anzutragen, daß seine Beschwerde durch das Staatsministerium untersucht und entschieden werde, in welchem Falle, und wenn Ich Selbst die an Mich gerichtete Beschwerde dem Staatsministerium zuzufertigen Mich veranlaßt sehe, das Verfahren nach der Analogie desjenigen, welches Ich für die unfreiwilligen Pensionirungen vorgeschrieben habe, dahin stattfinden soll, daß das Staats-Ministerium die der Reclamation zum Grunde liegenden, factischen und rechtlichen Verhältnisse auf dem, nach den obwaltenden Umständen jedes einzelnen Falles angemessensten Wege vollständig ermittelt, von dem Anerkenntnisse der Thatsachen, abseiten sowohl der Behörde als des Beamten sich vergewissert, demnächst der Prüfung der Beschwerde, mit Beobachtung der durch Meine Ordre vom 21. Februar 1823 Nr. 5. festgesetzten Formen sich unterzieht, und den Anspruch des Beamten durch den abzufassenden, nebst den Entscheidungsgründen ihm mitzutheilenden Beschluß in jedem Falle definitiv erlediget. Diesen Bestimmungen gemäß, sind die sämmtlichen Behörden zu instruiren, und insbesondere die Gerichte anzuweisen, daß sie eine Klage, die wegen Verkürzung von Diensteinkünften oder ermäßigter Diäten- und Auslage-Liquidationen von ihnen angestellt worden, sofort zurück-, und den klagenden Beamten in den Weg verweisen, den Ich hierdurch vorgezeichnet habe.

Berlin, den 7. Julius 1830.

An das Staats-Ministerium.

Friedrich Wilhelm.

944.

Stempel der notariellen Licitationsverhandlungen.

Das königliche Staatsministerium hat in Hinsicht der Stempel, welche zu den Licitationsverhandlungen erforderlich sind, die nach der in den Rheinprovinzen noch bestehenden Gerichtsverfassung im Auftrage des Gerichts von Notarien aufgenommen worden, beschlossen: daß darauf die im Stempeltarif, bei der Position „Processe" vorkommenden Bestimmungen, wonach der Erkenntnißstempel den übrigen im Laufe des Processes vorkommenden einzelnen Stempel absorbirt, nicht anwendbar sein, daß vielmehr bei solchen notariellen Licitationsverhandlungen zu allen tarifmäßigen stempelpflichtigen Acten auch die vorgeschriebenen besondern Stempel verbraucht werden sollen.

Nach diesem Beschluß haben Sie sich nicht allein selbst zu achten, sondern auch die königlichen Behörden in den Rheinprovinzen demgemäß anzuweisen.

Berlin, den 13. November 1830.

An den königl. General-Procurator Herrn Ruppenthal zu Cöln.

Der Justiz-Minister.
Für denselben
v. Kamptz.

945.

Aufhebung der Sporteltaxe für die fiscalischen Bedienten vom 28. Januar 1788.

Ich will dem Vorschlage des Justizministerii vom 14. d. Mts. gemäß, die Aufhebung der Sporteltaxe für die fiscalischen Bedienten vom 28. Januar 1788 und die allgemeine Anwendung der der Criminalordnung angehängten Gebührentaxe genehmigen. Nach dieser soll in fiscalischen Untersuchungssachen in der Regel nach den niedrigern Sätzen derselben liquidirt, bei Untersuchungen aber über Vergehen, die nur mit Gefängnißstrafe von 4 Wochen und darunter, oder mit verhältnißmäßiger Geldbuße bedroht sind, statt aller Kosten nur ein Pauschquantum von zehn Silbergroschen bis zwei Thalern, und die etwanigen baaren Auslagen an Reise- und Zehrungskosten der Beamten und Zeugen in Ansatz gebracht werden.

Berlin, den 19. December 1830.

An das Justiz-Ministerium.

Friedrich Wilhelm.

Vorstehende Allerhöchste Ordre ist zur Kenntniß der königlichen Gerichtsbehörden in den Rheinprovinzen, mit der Anweisung zu deren Beachtung zu bringen.

Berlin, den 23. December 1830.

Der Justiz-Minister.
Für denselben
v. Kamptz.

An
den königlichen General-Procurator
Herrn Ruppenthal
zu Cöln.

XVI.

1831.

Gesetze, Verordnungen, Rescripte.

946.

Festsetzung der Gebühren der Gerichtsvollzieher in Forstfrevelsachen in den Regierungsbezirken von Coblenz und Trier.

Aus Ihrem Berichte vom 23. December pr. habe ich ersehen, welche Verschiedenheiten in Ansehung des Betrages der Festsetzung und Einziehung der Gebühren der Gerichtsvollzieher in Forstfrevelsachen in einigen Theilen der Regierungsbezirke von Coblenz und Trier, welche früher der Verwaltung der österreich-baierschen Administrations-Commission zu Kreuznach unterworfen waren, in Bezug auf deren Verordnungen vom 30. Juli 1814, §. 145. und 156. und vom 2. December 1815 und die Allerhöchste Kabinets-Ordre vom 5. April 1825 stattfinden.

Hiernach eröffne ich Ihnen Folgendes:

1) Bei den, durch die erste jener Verordnungen verminderten Tarifsätzen gegen das Decret vom 18. Juni 1811 von 8 Sgr. auf 6 Sgr. (75 Cent.) muß es auch fernerhin in jenen Bezirken, für welche sie erlassen worden, sein Bewenden behalten.

2) Die, in der oben gedachten Verordnung den Percipienten nachgelassene directe Einziehung der Gebühren von den Partheien, welche von der österreichisch-baierschen Administrations-Commission bald darauf selbst als nachtheilig erkannt, und deshalb durch deren Verordnung vom 2. December 1815 aufgehoben worden, muß auch in den Gebietstheilen wegfallen, in welchen die letztere, weil jene bereits früher aus dem

Verwaltungsbezirke der Commission ausgeschieden waren, nicht publicirt worden ist, und die betreffenden Gerichtsvollzieher müssen in Zukunft auch diese Gebühren gleich denen in den andern Strafsachen zur Feststellung und Zahlung aus den Staatskassen liquidiren.

3) Die Allerhöchste Kabinets-Ordre vom 5. April 1825 findet auch auf die Gerichtsvollzieher in allen den Gebietstheilen, für welche die Verordnung vom 30. Juli 1814 erlassen wurde, ihre unbedingte Anwendung, wonach auch ihnen nur die Hälfte der vorschriftsmäßigen Gebühren, mithin in den fraglichen Forstfrevelsachen 3 Sgr. sogleich, die andere Hälfte aber erst bezahlt werden soll, wenn dieselbe von den Debenten eingezogen worden.

Diese Bestimmungen, nach welchen, Ihrem Berichte zufolge, die Regierung zu Trier bereits verfahren hat, haben Sie zu deren, so wie zur Kenntniß der königlichen Regierung zu Coblenz zu bringen, und die Oberprocuratoren an beiden Orten zu deren Ausführung und Befolgung anzuweisen.

Ihr Bedenken, daß, weil wahrscheinlich in mehreren friedensgerichtlichen Bezirken die verschiedenen Tarifsätze der Verordnung von 1814 und des Decrets vom 18. Juni 1811 gleichzeitig zur Anwendung gebracht werden mußten, die Controlle erschwert werden würde, erledigt sich dadurch, daß dem Oberprocurator diese Verhältnisse nicht unbekannt sein können, und im Regierungsbezirk Trier danach verfahren worden ist; wie denn der dortige Oberprocurator ohne eine solche Kenntniß nicht den Antrag, den betreffenden Gerichtsvollziehern ihren ganzen Betrag von 6 Sgr., also abweichend von der Rate der übrigen per 4 Sgr. sogleich aus den Staatskassen zu bezahlen, hätte formiren können.

Auch eine Unbilligkeit gegen jene Gerichtsvollzieher kann ich in obigen Bestimmungen nicht finden, da diese ganze Beamtenklasse im Verhältniß zu den übrigen Justizbedienten noch immer ein zu reichliches Auskommen hat, und nehme vielmehr hierbei Veranlassung, Sie zur gutachtlichen Aeußerung aufzufordern, ob nicht der Tarifsatz Art. 71. No. 1. und 2. überhaupt allgemein von 1 Franc auf 6 Sgr. zusammen herabzusetzen sei.

Berlin, den 29. Jauuar 1831. Für der Justiz-Minister.

An Vermöge Allerhöchsten Auftrages

den königlichen General-Procurator v. Kamptz.

Herrn Ruppenthal

zu Cöln.

947.

Verpflichtung der Friedensrichter zur Führung einer Stempelcontrolle über die einzuregistrirenden Urkunden.

Durch die in Uebereinstimmung mit dem königlichen Finanzministerium erlassene, durch die Amtsblätter publicirte Verordnung vom 1. August 1825 ist bereits vorgeschrieben worden, daß in dem nach §. 43. der Notariats-Ordnung zu führenden Repertorium auch der Betrag des zu dem einzutragenden Acte verwendeten Stempels vermerkt werden müsse.

Da nun nach §. 2. des Gesetzes über die Einregistrirung in den Rheinprovinzen vom 23. April 1824 das von den Friedensrichtern zu führende Register die nämliche innere Einrichtung haben soll, wie jenes Repertorium der Notarien, so muß auch dieses Register eine Colonne enthalten, aus welcher ersichtlich ist, ob die einregistrirte Urkunde mit einem Stempel, und mit welchem versehen gewesen.

In Uebereinstimmung mit dem königlichen Finanzministerium werden Sie deshalb veranlaßt, die Friedensrichter zur Befolgung dieser Anordnung anzuweisen, und dieselben darauf aufmerksam zu machen, daß, wenn sie bei der zur Einregistrirung überreichten Urkunde eine Stempelcontravention entdecken, sie deswegen die begehrte Einregistrirung nicht verweigern dürfen, daß sie aber auch gleichzeitig verpflichtet sind, wegen Constatirung und Bestrafung der Contravention nach §. 30. des Stempelgesetzes und der Instruction vom 23. Juni 1828 wegen dessen Ausführung zu verfahren.

Zugleich haben Sie die Landgerichtspräsidenten, welchen nach §. 3. des Gesetzes vom 23. April 1824 die Paginirung und Paraphirung der Register obliegt, von dieser Verfügung in Kenntniß zu setzen.

Berlin, den 7. März 1831. Für den Justiz-Minister.
Vermöge Allerhöchsten Auftrages
v. Kamptz.

An
den königlichen General-Procurator
Herrn Ruppenthal
zu Cöln.

948.

Nebenbeschäftigung der Gerichtsassessoren bei den Verwaltungsbehörden.

So geneigt auch der Justizminister ist, den Oberlandesgerichts-Assessoren, welche den Dienst bei den Verwaltungsbehörden kennen lernen wollen, die Benutzung der ihnen dazu dargebotenen Gelegenheiten zu gestatten, so erlauben es doch die Dienstverhältnisse durchaus nicht, schon etatsmäßig oder mit fixirten Diäten bei den Gerichten beschäftigten Assessoren zu gestatten, bei Verwaltungsbehörden, auf einige Zeit, zu arbeiten.

Die Entfernung eines jeden etatsmäßig oder mit fixirten Diäten angestellten richterlichen Beamten aus seinen Dienstverhältnissen bewirkt jedesmal eine Störung in den von ihm bearbeiteten Geschäften, da ein bedeutender Zeitverlauf nöthig ist, ehe der bestellte Vertreter mit den von dem Vorgänger bearbeiteten Sachen genau bekannt wird. Es ist daher ungenügend, daß derjenige, welcher bei einer andern Behörde, als bei der er angestellt ist, einige Zeit arbeiten will, sein Gehalt oder die Diäten zur Remuneration eines Stellvertreters für die Zeit seiner Entfernung zur Disposition stellt.

Da sich nun in neuern Zeiten die Dispensationsgesuche etatsmäßiger oder mit fixirten Diäten angestellter Beamten, welche bei Verwaltungsbehörden zu arbeiten beabsichtigen, gehäuft haben; so mache Ew. Hochwohlgeboren ich hierdurch bekannt, daß dergleichen Gesuche nicht berücksichtigt werden sollen.

Es soll zwar den Assessoren, welche weder mit Besoldung noch Diäten bei Gerichten angestellt sind, die Erlaubniß zur Beschäftigung bei Verwaltungsbehörden, sobald sie beim Justizministerium darum ansuchen, nicht versagt werden, dagegen können Assessoren, welche Besoldungen oder Diäten beziehen, die Genehmigung zu einer Beschäftigung bei Verwaltungsbehörden nur erhalten, wenn sie die Stelle, welche sie in der Justiz bekleiden, ganz aufgeben, und dadurch deren anderweite definitive Besetzung möglich machen.

Indem ich Sie von diesem Beschlusse in Kenntniß setze, überlasse ich es Ihnen, hiervon denjenigen Assessoren, welche Anträge um eine zeitige Dispensation formiren wollen, Nachricht zu geben, um sich hiernach zu achten und ihre Gesuche zu modificiren.

Berlin, den 16. März 1831.

An den königlichen General-Procurator Herrn Ruppenthal zu Cöln.

Für den Justiz-Minister.
Vermöge Allerhöchsten Auftrages.
v. Kamptz.

949.

Bewilligung von Reisekosten an Hülfsbeamte der gerichtlichen Polizei, wenn die Reise im Auftrage des öffentlichen Ministerii erfolgt ist.

Auf Ihren Bericht vom 6. September v. J., das Gesuch des beigeordneten N. betreffend, wird Ihnen eröffnet, daß wenn bisher den Hülfsbeamten der gerichtlichen Polizei, namentlich den Bürgermeistern und deren Beigeordneten, in Folge der Circular-Verordnung des französischen Justizministers vom 23. September 1812, unter analogischer Anwendung des Art. 88. des Decrets vom 18. Juni 1811 die Reisekosten in den Fällen bewilligt werden, wo der Auftrag zu dem Geschäfte von dem Instructionsrichter ausgegangen war, gar kein Grund vorhanden ist, ihnen die Entschädigung zu verweigern, wenn der Auftrag in Folge des Art. 42. von dem öffentlichen Ministerium ertheilt worden ist, da es zu deren Bewilligung nur darauf ankommen kann, daß der Auftrag zur Reise überhaupt rite erfolgt ist.

Nach diesem Grundsatze sind die Liquidationen des N. zu prüfen und festzustellen, und zur Zahlung anzuweisen, derselbe ist hiernach auf die nebst Anlagen zurückgehende Vorstellung zu bescheiden, und auch in ähnlichen Fällen demgemäß zu verfahren.

Berlin, den 22. März 1831. Für den Justiz-Minister.
Vermöge Allerhöchsten Auftrages.
v. Kamptz.

An
den königlichen General-Procurator
Herrn Ruppenthal
zu Cöln.

950.

Auf die Entwendung des Ginster findet das Gesetz vom 7. Juni 1821 wegen Bestrafung des Holzdiebstahls statt.

Der königliche Justizsenat erhält hierneben Abschrift des Berichts der dortigen Regierung vom 9. Februar d. J. und des Voti des königlichen Finanzministerii vom 27. März c. mit der Anweisung, bei Entwendung der Ginster das Verfahren eintreten zu lassen, welches das Gesetz vom 7. Juni

1821 vorschreibt, und in dieser Art auch das standesherrliche Justizamt Schönstein anzuweisen.

Berlin, den 29. April 1831. Für den Justiz-Minister.
An Vermöge Allerhöchsten Auftrages.
den königlichen Justiz-Senat v. Kamptz.
zu Coblenz.

a.

Das Finanzministerium ist der Meinung, daß auf die Entwendung des Ginsters aus den Forsten die Vorschriften des Gesetzes vom 7. Juni 1821 wegen Untersuchung und Bestrafung des Holzdiebstahls Anwendung finden. Der Ginster ist von den Schriftstellern über Forstcultur und den Botanikern von jeher zu den Holzarten gerechnet worden, weil dieses Gewächs in allen Stücken mit den Holzpflanzungen übereinstimmt, ob es gleich die kürzeste Lebensdauer unter allen Holzarten hat, und bei strengen Wintern leicht völlig erfriert. Bei der Forstwirthschaft ist der Ginster zwar oft mehr schädlich als nützlich, wenn er in zu großer Menge aufwächst und die besseren Holzpflanzen in den Schlägen und Culturen unterdrückt. An den meisten Orten ist es daher den Waldeigenthümern angenehm, wenn sich Leute finden, die den Ginster wegnehmen. Nur da, wo der Holzpreis hoch steht, und der Werth des Ginsters den Hauerlohn übersteigt, gestattet man die unentgeldliche Wegnahme des letztern nicht. Dies ist z. B. in dem Fürstenthum Siegen der Fall. Dort wächst der Ginster in den Haubergen zwischen Eichen und Birken sehr üppig, und erreicht eine Höhe von 5 bis 6 Fuß. Die Eigenthümer der Hauberge schließen daher jeden andern von der Benutzung des darin wachsenden Ginsters aus, und bestreiten damit den größten Theil ihrer Brennholzbedürfnisse.

Berlin, den 27. März 1831. Maassen.
Votum.

951.

Das Armenrecht.

Um die Zweifel zu beseitigen, welche die für die Rheinprovinz gegebene Verordnung vom 16. Februar 1823 über das Armenrecht veranlaßt hat, und um zugleich den Mißbräuchen des Armenrechts so viel als möglich zu steuern, ohne dessen Wohlthätigkeit zu beschränken, bestimme Ich hiermit, auf den Bericht des Staatsministerii vom 13. v. Mts. Folgendes:

1) Wer die Wohlthat des Armenrechts nachsucht, muß dem Gerichte, bei welchem er den Rechtsstreit anhängig machen will, nicht allein nach Vorschrift der Verordnung vom 16. Februar 1823 die Beweise seiner Armuth, sondern auch alle Urkunden vorlegen und die sonstigen Beweismittel angeben, welche zur Begründung seines in dem Rechtsstreite geltend zu machenden Anspruchs dienen können. Diejenigen Inländer, welche außerhalb des Bereiches des rheinischen Rechts wohnen, und die im §. 2. der angeführten Verordnung genannten Beweise wegen Verschiedenheit der Verhältnisse nicht beibringen können, haben ihre Armuth durch das Zeugniß ihrer Localbehörden zu beweisen.

2) Das Gericht hat außer der Armuth auch das Materielle des Anspruchs zu prüfen und, der bewiesenen Armuth ungeachtet, die Ertheilung des Armenrechts zu verweigern, wenn aus den beigebrachten Beweisstücken der Ungrund oder die Unzulässigkeit der anzustellenden Klage oder des einzuleitenden weitern Rechtsmittels hervorgeht.

3) Wird das Armenrecht wegen nicht gehörig bescheinigter Armuth verweigert, so findet dagegen kein Recurs und keine Beschwerde statt; doch bleibt es Jedem unbenommen, den Beweis bei dem nämlichen Gerichte zu ergänzen.

Gegen den Beschluß, welcher wegen der Unhaltbarkeit des geltend zu machenden Anspruchs das Armenrecht verweigert, ist ein Recurs an den unmittelbar höheren Richter zulässig.

4) Gegen die Richter, welche zu dem Erkenntnisse über die Bewilligung oder Verweigerung des Armenrechts mitgewirkt haben, kann hieraus nie ein Recusationsgrund hergeleitet werden.

5) Auf die in den früheren Gesetzen vorgeschriebenen Succumbenzstrafen soll gegen zum Armenrechte zugelassene Partheien ferner nicht erkannt werden, und behält es lediglich bei den Bestimmungen des §. 8. der Verordnung vom 16. Februar 1823 sein Bewenden.

Ich beauftrage das Staatsministerium, diese Bestimmungen durch die Gesetzsammlung zur allgemeinen Kenntniß und Befolgung zu bringen.

Berlin, den 25. Mai 1831.

An das Staats-Ministerium.

Friedrich Wilhelm.

952.

Verpflichtung der richterlichen Beamten, am Orte ihrer Amtsverwaltung zu wohnen.

Auf den am 12. v. Mts. erstatteten Bericht,

die Verpflichtung der gerichtlichen Personen, an dem Orte zu wohnen, wo sie ihr Amt zu verwalten haben, betreffend,

wird dem königlichen Präsidio des Appellationsgerichtshofes und der königlichen General-Procuratur hiermit eröffnet, daß das Justizministerium es bedenklich findet, den Artikel 29. des Decrets vom 18. August 1810 dahin zu interpretiren, daß die Mitglieder des Gerichts nothwendig ihre Wohnung innerhalb der Stadt, und nicht auch in der Vorstadt haben dürfen. Eine solche Beschränkung würde auch allein nicht vermögen, die aus der Lage der Wohnung der Mitglieder des Gerichts für den Dienst entstehenden Uebelstände zu beseitigen, da dieselben in gleichem und oft in größerem Maaße auch bei Wohnungen innerhalb der Ringmauern großer und mittlerer Städte eintreten können.

Ohne daher die in Antrag gebrachte specielle Anweisung an die Mitglieder des Landgerichts zu N. zu erlassen, erwartet das Justizministerium von dem Pflichtgefühle derselben, daß sie bei der Wahl ihrer Wohnungen das Interesse des Dienstes und der collegialischen Verhältnisse im Auge halten, und dieserhalb für die Zukunft zu keinen Beschwerden Veranlassung geben werden.

Hiernach haben Sie das Nöthige an den Präsidenten und Ober-Procurator am Landgericht zu N. zu erlassen.

Berlin, den 13. Juni 1831.

An das königliche Präsidium des Appellationsgerichtshofes und die königl. General-Procuratur zu Cöln.

Für den Justiz-Minister.
Vermöge Allerhöchsten Auftrages.
v. Kamptz.

953.

Die Civilgerichte setzen die gegen Landwehrmänner vor ihrer Einberufung eingeleiteten Untersuchungen fort; die erkannten Strafen vollziehen jedoch die Militairgerichte.

Des Königs Majestät haben durch die an das Militair-Justiz-Departement erlassene Allerhöchste Kabinets-Ordre vom 1. Juni d. J. in Ansehung des Verfahrens in Untersuchungen gegen die eingezogenen Beurlaubten der Landwehr und Kriegs-Reserve zu bestimmen geruht,

daß die Civil-Gerichte diejenigen Untersuchungen, welche gegen Landwehrmänner und Kriegsreservisten zur Zeit ihrer Einberufung zu den Fahnen bereits eingeleitet waren fortsetzen und rechtskräftig darin entscheiden, die Militairgerichte aber diese erkannten Strafen mit Berücksichtigung der für das stehende Heer gegebenen Vorschriften vollstrecken sollen.

Nach dieser Allerhöchsten Bestimmung haben Sie sich in vorkommenden Fällen nicht allein selbst zu achten, sondern auch, in so weit es erforderlich, die Ihnen untergeordneten Gerichtsbehörden demgemäß mit Anweisungen zu versehen, ohne jedoch hierüber eine Bekanntmachung durch die Amtsblätter zu erlassen.

Berlin, den 1. Juli 1831. Für den Justiz-Minister.
Vermöge Allerhöchsten Auftrages.
v. Kamptz.

An
den königlichen General-Procurator
Herrn Ruppenthal
zu Cöln.

a.

Ich bestimme auf die Anfrage des General-Auditoriats und den darüber erstatteten Bericht des Justiz-Ministerii vom 23. v. Mts. wegen des Verfahrens in Untersuchungen gegen die, bei der gegenwärtigen Zusammenziehung der Landwehr eingezogenen Beurlaubten der Landwehr- und Kriegs-Reserve, daß die Civil-Gerichte dergleichen bereits eingeleitete Untersuchungen fortzusetzen und rechtskräftig darin zu entscheiden, die Militairgerichte aber diese während der Dauer der Zusammenziehung ergangenen rechtskräftigen Erkenntnisse mit Berücksichtigung der, für das stehende Heer gegebenen gesetzlichen Vorschriften zu vollstrecken haben. Ich beauftrage das Militair-Justiz-Departement mit der Bekanntmachung dieser Bestimmung.

Potsdam, den 1. Juni 1831.

An das Militair-Justiz-Departement.

Friedrich Wilhelm.

954.

Die Hülfsgerichtsschreiber und deren Beschäftigung.

Eurer Hochwohlgeboren wird auf den Bericht vom 2. v. Mts. unter Zurücksendung der Anlagen eröffnet, daß, wiewohl die Anstellung der sogenannten Hülfsgerichtsschreiber aus der französischen Gesetzgebung bei veränderten organischen Einrichtungen sich nicht deduciren läßt, das Justiz-Ministerium doch gegen die bei allen Landgerichten fortdauernd bestandene Praxis, sich solcher Hülfsarbeiter für die Secretariats-Geschäfte zu bedienen, im Allgemeinen um so weniger etwas zu erinnern findet, als die Beschäftigung der Hülfsgerichtsschreiber-Candidaten bei den Landgerichten sowohl zum Zweck der Erleichterung der Kanzleien, als zur Ausbildung der ersteren schon durch die Rescripte vom 30. Mai 1823 und 2. April 1825 angeordnet worden ist.

Damit jedoch bei diesem Gegenstande ein gleichmäßiges Verfahren eintrete, finde ich mich veranlaßt, Folgendes zu bestimmen:

1) Die in der Uebungszeit begriffenen Gerichtsschreiber-Candidaten können kein Geschäft anders, als unter Aufsicht und Leitung des Obergerichtsschreibers oder des dazu committirten Landgerichtsschreibers vornehmen; alle selbstständige Akte sind ihnen durchaus untersagt.

2) Diejenigen Candidaten, welche sich durch die vorgeschriebene Prüfung für den Gerichtsschreiberdienst qualificirt haben, können zur Aushülfe des Kanzlei-Personals unter dessen Verantwortlichkeit als Hülfsgerichtsschreiber von den Landgerichten angenommen werden.

3) Diese müssen den Gerichtsschreiber-Eid leisten und können dann zu allen Geschäften der Gerichtsschreiber, mit Ausnahme der Assisen-Verhandlungen, verwendet werden; jedoch kann ihnen die Führung der übrigen Audienz-Protocolle auf den Vorschlag des Obergerichtsschreibers von dem Landgerichts-Präsidenten mit Zuziehung des Ober-Procurators nur gestattet werden, wenn dieselbe durch keinen der angestellten Gerichtsschreiber erfolgen kann.

4) Die solchergestalt angenommenen Hülfsgerichtsschreiber haben weder die Eigenschaft von Staatsbeamten, noch irgend einen Anspruch an den Staat; ihre Remuneration richtet sich lediglich nach dem dieserhalb mit dem Kanzlei-Personale getroffenen Abkommen, und ihre Functionen währen nur so lange, als nicht das Gericht das Aufhören derselben beschließt.

Hiernach haben Sie das Weitere zu veranlassen.

Berlin, den 5. Juli 1831. Für den Justiz-Minister.
Vermöge Allerhöchsten Auftrages.
v. Kamptz.

An
den königlichen General-Procurator
Herrn Ruppenthal
zu Cöln.

955.

Vorladung und Präclusion der Interessenten an den Besitzungen des Polcher Dingtages.

Unter den in Ihrem Berichte vom 26. Mai c. angezeigten Verhältnissen autorisire ich Sie, die unbekannten Interessenten, welche an die im Bezirke der Regierung zu Coblenz belegenen, aus der französischen Verwaltung in den Besitz des diesseitigen Domainen-Fiscus übergegangenen Besitzungen des Polcher Dingtages aus irgend einem Rechtsverhältnisse einen Anspruch zu haben vermeinen, vermittelst eines durch die Regierung zu Coblenz zu veranlassenden öffentlichen Aufgebots innerhalb einer Frist von drei Monaten zur Wahrnehmung und Ausführung ihres Rechts unter der Verwarung der Präclusion mit ihren Ansprüchen an den Domainen-Fiscus vorzuladen.

Berlin, den 9. Juli 1831.
Friedrich Wilhelm.

An
den Staats- und Finanz-Minister Maaßen
und an das Justiz-Ministerium.

956.

Verfahren bei Executionen gegen Beamte des Hofstaates Sr. Majestät des Königs und der Prinzen des königlichen Hauses.

Es ist seit einiger Zeit darüber Zweifel entstanden, ob das im Anhange zur Allgemeinen Gerichts-Ordnung §. 160. ff.

bei Executionen gegen Civil-Officianten vorgeschriebene Verfahren auch auf königliche und bei den Hofstaaten der Prinzen und Prinzessinnen des königlichen Hauses angestellte Hofbeamte, Livree- und übrige Hofdienerschaft Anwendung finde? Obgleich dieser Zweifel schon deshalb unbegründet erscheint, weil nach Vorschrift des Allgemeinen Land-Rechts Thl. II. Tit. 10. alle Beamte des Staats, welche zum Militairstande nicht gehören, unter der allgemeinen Benennung von Civilbeamten begriffen sind, und diesen auch die Allgemeine Gerichts-Ordnung Thl. 1. Tit. 2 §. 53. und 100. beitritt, überdem aber bei den Hofstaatsbeamten eben der Grund, der für die Civilbeamten im strengen Sinne gilt, die Erhaltung für den königlichen Dienst eintritt; so hat das Justiz-Ministerium sich doch bewogen gefunden, darüber des Königs Majestät Bericht zu erstatten, und Allerhöchstdieselben haben durch die Allerhöchste Kabinets-Ordre vom 11. Januar d. J. zu bestimmen geruhet, daß es bei dem hergebrachten Verfahren verbleiben und etwanige Zweifel aus den oben angeführten §§. 53. und 100. Tit. II. der Proceßordnung jetzt oder künftig durch das Justiz-Ministerium, nach genommener Rücksprache mit dem Ministerium des königlichen Hauses, beseitigt werden sollen. Aus der Ermittelung der bisherigen Praxis hat sich ergeben, daß die königlichen und prinzlichen Hofbeamten gleich den beim Landesstaat angestellten Civilbeamten nach den §§. 160 — 174 des Anhangs zur Allgemeinen Gerichts-Ordnung behandelt sind, und die Ministerien des königlichen Hauses und der Justiz sind in Gemäßheit der Allerhöchsten Autorisation dahin übereingekommen, daß die Begünstigungen, welche in Schuldsachen nach den angeführten Anhangs-Paragraphen der Allgemeinen Gerichts-Ordnung den Staatsbeamten zu Statten kommen, auch auf alle Hofbeamte Sr. Majestät des Königs und der Prinzen und Prinzessinnen des Allerhöchsten Hauses anwendbar sind, in so weit sie nach ihren Functionen und Verhältnissen den im Staatsdienste befindlichen und jener Begünstigung theilhaftigen Personen gleichzustellen sind.

In Rücksicht der höheren Hofbeamten hat hierüber nie ein Zweifel stattgefunden; allein auch die Hausoffizianten und sämmtliche königliche und prinzliche Livree-Dienerschaft und überhaupt alle diejenigen, welche in wirklichen Dienst- und festen Lohn-Verhältnissen bei dem königlichen Hofstaat und den prinzlichen Hofstaaten stehen, sind hiernach zu behandeln.

Die königliche General-Procuratur hat hiernach zu verfahren und bei etwa entstehendem Zweifel, ob eine dieser Kathegorien vorhanden sei, darüber vor weiterem Verfahren an das Justiz-Ministerium zu berichten.

Berlin, den 14. Juli 1831. Für den Justiz-Minister.
An Vermöge Allerhöchsten Auftrages.
die königliche General-Procuratur v. Kamptz.
zu Cöln.

957.

In unvermögenden Untersuchungssachen fällt die Notirung des Portos weg.

Sie erhalten hierbei in dreien Exemplaren Abschrift eines unterm heutigen Datum an sämmtliche Gerichtsbehörden erlassenen Circulare zur eigenen Nachachtung und mit der Anweisung, die Ihnen untergebenen Behörden mit Rücksicht auf die dort bestehenden Einrichtungen in Kenntniß zu setzen.

Berlin, den 22. Juli 1831. Ministerium der Justiz.
An Sack.
den königlichen General Procurator Herrn Ruppenthal
zu Cöln.

a.

In dem Reglement wegen Sicherstellung und Controllirung des reservirten Porto's vom 9. April 1804 ist unter andern vorgeschrieben, daß auch in Untersuchungssachen bei dem Gebrauche der Bezeichnung: „Unvermögende Untersuchungssachen" das Porto notirt und im Fall der Einziehbarkeit als reservirt zur Postkasse abgeliefert werde. Von dieser Regel soll künftighin für den Fall eine Ausnahme gestattet sein, wenn gleich vom Anfang an feststeht, daß eine Zahlung von Kosten, also auch eine Porto-Einziehung Seitens des Inculpaten gar nicht zu erwarten steht, indem das königliche General-Postamt sich damit einverstanden erklärt hat, daß in einem solchen Falle das Notiren des Porto's als eine nutzlose Arbeit ganz hinwegfallen solle. Dabei versteht es sich jedoch von selbst, daß die Gerichte bemüht und im Stande sein müssen, bei Untersuchungen dieser Art gleich im Anfange derselben sich in Absicht der Nichtzahlungsfähigkeit des Angeschuldigten überzeugende Gewißheit zu verschaffen.

Das bisherige Rubrum:

„Unvermögende Untersuchungssache"

fällt aber in solchen Fällen, wo das Porto nicht notirt wird, weg, und an dessen Statt ist die Rubrik:

„Unbedingte Armen-Untersuchungs-Sache"
zu gebrauchen.

Diesen Bestimmungen gemäß ist für die Zukunft zu verfahren, die Unterbehörden sind hierauf durch die Amtsblätter zu verweisen, und zur Abwendung von Nachtheilen für die königliche Postkasse ist auf die richtige Bezeichnung der Sendungen nach Maaßgabe des verschiedenen Inhalts und der Bestimmung des §. V., VII. und VIII. des Eingangs gedachten Reglements besondere Aufmerksamkeit zu wenden.

Zum Gebrauch erfolgen 3 Abschriften dieser Verfügung.

Berlin, den 22. Juli 1831. Ministerium der Justiz.
An Sack.
sämmtliche Oberlandesgerichte.

958.

Heiraths-Consens der Justiz- und Civilbeamten.

Bereits am 27. April 1821 sind die Civilstandsbeamten in Folge der Allerhöchsten Kabinetsbefehle vom 18. October 1800, 17. Juli 1816 und 3. September 1817 (No. 247. 406.) angewiesen worden, keinen Justizbeamten, mit Ausschluß der Advocaten, Notarien und Gerichtsvollzieher ehelich zu verbinden, in sofern nicht der Heiraths-Consens der competenten Behörde beigebracht worden ist. Es sind aber nicht blos die Justizbedienten mit der vorerwähnten Ausnahme, sondern alle Civilbeamten mit Inbegriff der Prediger und Lehrer ohne Unterschied nach Maaßgabe jener Allerhöchsten Befehle verpflichtet, zu ihrer Verehelichung den Consens ihrer vorgesetzten Dienstbehörden beizubringen, und werden daher die Civilstandsbeamten, in Gefolge Ministerial-Rescripts vom 4. Juli 1831 angewiesen:

a) auf der linken Rheinseite, wo die bürgerliche Trauung der kirchlichen vorangehen muß, vor Vollziehung der Ehe;

b) auf der rechten Rheinseite in den Landgerichtsbezirken Cöln und Düsseldorf, wo nach der Verordnung des General-Gouvernements vom 6. September 1814 §. 5. die kirchliche Einsegnung vor der bürgerlichen Trauung stattfindet, bevor das im zweiten Abschnitte des angeführten §. 5. erwähnte Zeugniß, daß der Vollziehung der bürgerlichen Ehe nichts im Wege steht, ausgestellt wird;

sich den ertheilten Consens vorlegen zu lassen, um solchen als Beilage des Heirathsactes zurückzubehalten.

Cöln, den 24. Juli 1831. Der General-Procurator
Ruppenthal.

Anweisung. In Gefolge Justiz-Ministerial-Rescripts vom 10. October 1831 ist dies Publicandum dahin modificirt, daß solches auf Elementarlehrer keine Anwendung findet, weil diese zum Beitritt zur allgemeinen Wittwen-Casse nicht verpflichtet sind, und deswegen auch des Consenses nicht bedürfen.

959.

Vollstreckung der vor altländischen Gerichten in Processen geschlossenen Vergleiche in der Rheinprovinz.

Es ist von dem königl. Ober-Landesgerichte zu N. angezeigt worden, daß das Landgericht zu N. die Vollstreckbarkeits-Erklärung eines, vor einem altländischen Gericht geschlossenen, und nach dem Circulare vom 7. Juni 1817 von letzterem für vollstreckbar erklärten Vergleichs abgelehnt hat, weil sich die beizutreibende Summe nicht auf ein Judicat, sondern auf einen Vergleich gründe, auch nicht erhelle, daß dieser im Laufe eines Processes errichtet worden.

Da nun nach der Allgemeinen Gerichtsordnung Thl. I. Tit. 24. §. 4. die in einem Processe geschlossenen gerichtlichen Vergleiche den Urtheilen in Hinsicht der Executiven ganz gleich stehen, für die Urtheile der altländischen Gerichte aber schon das Vollstreckbarkeitsverfahren durch das Circulare vom 7. Juni 1817 angeordnet ist, so muß dies nämliche Verfahren auch auf die in Processen geschlossenen gerichtlichen Vergleiche angewandt werden.

Diesem nach haben Sie die dortigen Gerichtsbehörden davon in Kenntniß zu setzen, daß die vor den altländischen Gerichten in Processen geschlossenen Vergleiche gleich den altländischen Urtheilen zur Vollstreckung zu bringen sind, wenn sie in gehörig besiegelter und unterschriebener Ausfertigung, und unter Beifügung der Clausel, daß sie, als vor dem Gerichte in einem bei demselben geschwebten Processe geschlossen, für vollstreckbar erklärt würden, vorgelegt werden.

Die altländischen Gerichte sind hiernach ebenfalls mit Anweisung versehen worden.

Berlin, den 25. Juli 1831. Ministerium der Justiz.
An Sack.
den königlichen General-Procurator Herrn Ruppenthal
zu Cöln.

960.

Gültigkeit des §. 135. der Verordnung der österreichisch-baierschen Landesadministration vom 30. Juli 1814 bei Holzdiebstählen auf dem rechten Mosel-Ufer.

Die Regierung zu Trier hat in einem Berichte vom 23. April v. J. angezeigt, daß auf Veranlassung eines speciellen Falls die Frage entstanden, ob auf dem rechten Moselufer der §. 135. der von der österreichisch-baierschen Landes-Administrationskammer erlassenen Verordnung d. d. Kreuznach den 30. Juli 1814 (No. 170.) noch Anwendung finde.

Nach dem Berichte der Regierung verneinen Sie diese Frage in Beziehung auf eigentliche Holzdiebstähle, weil die gedachte Verordnung, d. d. Kreuznach den 30. Juli 1814, durch das Gesetz wegen Bestrafung des Holzdiebstahls vom 7. Juni 1821 derogirt sei, so daß jetzt wiederum der Art. 16. der französischen Criminal-Gerichtsordnung zur Anwendung kommen müsse.

Die Regierung hat dagegen für die fortwährende Anwendbarkeit des §. 135. der Kreuznacher Verordnung auf dem rechten Moselufer sentirt.

Diese Verschiedenheit der Ansichten hat eine Correspondenz unter den Ministerien der Justiz, des Innern und der Finanzen veranlaßt, und ist einstimmig angenommen worden, daß der angezogene §. 135. der Kreuznacher Verordnung vom 30. Juli 1814 noch fortwährend anwendbar sei, weil das Gesetz vom 7. Juni 1821 wegen Bestrafung der Holzdiebstähle keine Bestimmungen darüber enthält, in welcher Art die Haussuchungen von den Förstern vorgenommen werden sollen.

Dies wird Ihnen zur Nachricht und Beachtung hiermit eröffnet.

Berlin, den 5. August 1831. Ministerium der Justiz.
An Sack.
den königl. Ober-Procurator Herrn Heintzmann
zu Trier.

961.

Die Gerichtsschreiber-Candidaten können nach dem Datum ihrer Aufnahme in das Verzeichniß der Gerichtsvollzieher-Aspiranten eingetragen werden.

Beigehend erhalten Ew. Hochwohlgeboren das Anstellungsgesuch des Gerichtsschreiber Candidaten N. vom 28. v.

M., nebst Anlagen zur Berücksichtigung und mit dem Eröffnen, daß, da die Qualification zum Gerichtsschreiber auch die zum Gerichtsvollzieher, als die niedere in sich schließt, der N. nach dem Datum seiner Aufnahme als Gerichtsschreiber-Candidat in das Verzeichniß der Gerichtsvollzieher-Aspiranten eingetragen werden kann, unter dem Vorbehalt, sich späterhin dennoch zur Stelle eines Gerichtsschreibers melden zu dürfen.

Hiernach haben Sie den Supplicanten zu bescheiden und das Weitere zu veranlassen.

Berlin, den 15. August 1831. Ministerium der Justiz.
An Sack.
den königl. General-Procurator Herrn Ruppenthal
zu Cöln.

962.

Sportelfreiheit des Fiscus bei fiscalischen Processen.

Auf das gefällige Schreiben Ew. Excellenz vom 28. April d. J.,

die Sportelfreiheit des Fiscus bei fiscalischen Processen in den Rheinprovinzen betreffend,

beehrt sich das unterzeichnete Ministerium Hochdenenselben Abschrift des vom General-Procurator Ruppenthal zu Cöln unterm 20. v. M. erstatteten Berichts mitzutheilen, in Bezug auf dessen Inhalt dasselbe nur noch ergänzend ganz ergebenst hinzuzufügen hat, daß der Fiscus bei Cassationsgesuchen von der Depositon der Succumbenzgelder befreit ist; (cf. Art. 17. des Gesetzes vom 24. October 1795. (3. Brum. IV.) Code générale Tom. III. p. 142.) und eine gleiche Befreiung dem Fiscus, auch bei Restitutionsklagen (requête civile) zu Theil wird (art. 494. der Civil-Proceßordnung). Durch Mittheilung dieser Notizen hofft das Justiz-Ministerium dem Wunsche Ew. Excellenz entsprochen zu haben.

Berlin, den 16. August 1831. Ministerium der Justiz.
An Sack.
des königl. wirklichen Geheimen Staats-Ministers, und Ministers der geistlichen, Unterrichts- und Medicinal-Angelegenheiten, Herrn Freiherrn v. Altenstein Excellenz.

a.

Nach dem Hohen Rescripte vom 7. Mai d. J. soll ich, auf den Antrag des königlichen Ministerii der geistlichen,

Unterrichts- und Medicinal-Angelegenheiten über die Sportelfreiheiten des Fiscus, deren dieser sich bei den rheinischen Gerichten erfreut, Bericht erstatten. Die hierdurch nöthig gewordene Nachfrage in dem ostrheinischen Theile des Bezirkes Coblenz, hat die Erledigung dieses Befehles bis jetzt verzögert, indem ich erst jetzt im Besitze aller Materialien bin.

Die von dem königlichen Ministerio der geistlichen etc. Angelegenheiten aufgestellte Frage ist deswegen unbestimmt, weil der Begriff von Sporteln es ebenfalls ist, und in den neueren Zeiten eine Ausdehnung erhalten hat, die man, meines Wissens, vorhin nicht kannte.

Ich glaube deswegen mich auf die Beantwortung der Frage beschränken zu dürfen:

welche Kosten der Fiscus in einem Processe zu tragen hat?

Was die Provinzen betrifft, in welchen das französische Recht noch gilt, so hat der Fiscus drei Formen, deren er sich nach Verschiedenheit des Streitgegenstandes bedient, oder bedienen kann.

Die Processe, welche lediglich das Beitreiben currenter Domainengefälle zum Gegenstande haben, werden schriftlich verhandelt, und auf Denkschriften entschieden.

Der Fiscus, welcher seinem Gegner die Denkschrift zustellen läßt, hat dem mit der Zustellung beauftragten Gerichtsvollzieher seine Gebühren zu zahlen, eben so muß er, wenn er ein Urtheil auf der Gerichtsschreiberei ausfertigen läßt, dieser ihre Gebühren, und eben so alle Gebühren bezahlen, welche im Laufe der Sache, oder bei der Execution dem Gerichtsvollzieher zukommen, weil diese Beamten keinen Gehalt beziehen, und lediglich auf ihre Gebühren verwiesen sind.

Bei anderen Streitigkeiten hat Fiscus, insoweit er durch die königl. Regierung oder die Provinzial-Steuer-Direction vertreten ist, das Recht, sich des öffentlichen Ministerii zu bedienen, und auch in diesem Falle hat er die Gebühren der Gerichtsschreiberei und der Gerichtsvollzieher zu berichtigen.

Die dritte Form ist die, deren sich alle proceßführende Partheien bedienen, nach welcher ein Anwalt bestellt, und der Proceß in gewöhnlicher Form mündlich verhandelt wird.

Daß in diesem Falle Fiscus auch seinen Anwalt nach der Taxe bezahlen müsse, versteht sich von selbst.

Eben so versteht es sich von selbst, daß, wenn Fiscus succumbirt, er seinem Gegner in allen Fällen, die von diesem bestrittenen gesetzlichen Kosten ersetzen muß, so wie im entgegengesetzten Falle der triumphirende Fiscus die von ihm gemachten Kosten von dem unterliegenden Gegner zurückerhält.

Was den ostrheinischen Theil des Bezirks Coblenz betrifft, so hat Fiscus völlige Sportelfreiheit in den Aemtern Linz, Altenkirchen und Freusburg, in Gefolge einer Verordnung vom 11. Januar 1770, in dem Amte Schönstein nach den hierüber bestehenden churcölnischen Gesetzen, in Wetzlar nach einer Verordnung vom 19. December 1812.

Durch bloße Observanz ist Fiscus sportelfrei bei dem königlichen Justizsenate, den Aemtern Ehrenbreitstein, Hammerstein, Atzbach, Braunfels und Greifenstein. Bei dem Amte Hohensolms fehlt es an einem Gesetze, aber auch an einer Observanz, weil man sich nicht erinnert, daß dort ein fiscalischer Proceß anhängig gewesen.

Nur bei dem Amte Friedewald wird behauptet, daß Fiscus sportelpflichtig sei, weil das nassauische Hofgericht zu Wiesbaden am 6. December 1810 verordnet hat, daß Fiscus keine Sportelfreiheit mehr haben solle.

Dies ist indessen ein Irrthum, da das Hofgericht zu Wiesbaden die Befugniß nicht hatte, die durch die Verordnung vom 11. Januar 1770 ausgesprochene Sportelfreiheit aufzuheben. Wenn über diesen Punkt eine Contestation entstehen sollte, so würde sie von der vorgesetzten Behörde ohne Schwierigkeit regulirt werden.

In der Grafschaft Neuwied ist Fiscus ebenfalls sportelfrei in Gefolge der nassauischen respective der alten churcölnischen Verordnungen.

Dem obsiegenden Gegner muß jedoch, wie es die Gerechtigkeit fordert, Fiscus die Kosten ersetzen, und eben so muß er, aus gleichem Grunde seinen eigenen Anwalt remuneriren. Cöln, den 20. Juli 1831.

Der General-Procurator
Ruppenthal.

An
Ein königl. Hohes Justiz-Ministerium
zu Berlin.

963.

Verfahren bei verletzenden Ausdrücken in remittirten Immediat-Eingaben.

Das Verfahren einiger Gerichtshöfe, von verletzenden Ausdrücken in remittirten Immediat-Bittschriften Veranlassung zu fiscalischen Untersuchungen wider die Bittsteller zu nehmen, ist von des Königs Majestät nicht gebilligt, vielmehr bestimmt worden, daß in allen Fällen, wenn Sie Allerhöchstselbst die für anzüglich und verletzend zu achtenden Ausdrücke als strafbar nicht gerügt, und zur Untersuchung verwiesen haben, ein fiscalisches Verfahren von Amtswegen nicht eingeleitet werden dürfe. Es soll aber dem betreffenden Gerichte vorbehalten bleiben, die Untersuchung durch das Justiz-Ministerium bei des Königs Majestät in Antrag bringen zu lassen, wenn dasselbe nach Lage der Acten besonders erschwerende, des Königs Majestät vorher nicht bekannte Umstände anzuzeigen im Stande ist.

Sie haben sich hiernach zu achten.

Berlin, den 26. August 1831. Ministerium der Justiz.
An Sack.
den königlichen General-Procurator Herrn Ruppenthal
zu Cöln.

964.

Strafbestimmungen für die unterlassene Meldung der Kriegsreserve- und Landwehrmannschaften bei Aufenthaltsveränderungen.

Ew. Hochwohlgeboren erhalten in den abschriftlichen Anlagen die,

in Betreff der Strafbestimmungen für die unterlassene Meldung der Kriegsreserve- und Landwehr-Mannschaften bei Aufenthalts-Veränderungen,

ergangenen beiden Allerhöchsten Kabinets-Ordres vom 21. December 1825 und 12. August d. J., um solche zur Kenntniß der königlichen rheinischen Gerichtsbehörden, mit der Anweisung zu deren Beachtung, zu bringen.

Berlin, den 2. Septbr. 1831. Ministerium der Justiz.
An Sack.
den königlichen General-Procurator Herrn Ruppenthal
zu Cöln.

a.

Auf Ihren gemeinschaftlichen Bericht vom 28. October c. über die Nothwendigkeit einer allgemeinen Strafbestimmung für die unterlassene Meldung der Kriegsreserve- und Landwehrmannschaften, bei Aufenthalts-Veränderungen, setze Ich hiermit fest, daß dergleichen unterlassene Meldung auf die Anzeige der betreffenden Landwehr-Bataillons-Commandeure, mit einer, durch die Civilbehörde festzusetzenden, und sofort zu vollziehenden Disciplinarstrafe von zwei Thalern, oder im Unvermögensfalle von dreitägigem, in der Heimath zu erleidenden Gefängniß geahnet, und diese, nur bei ganz besonderen Milderungsgründen auf eintägiges Gefängniß gemildert werden soll. Von dem Vollzug der Strafe ist die Militairbehörde in Kenntniß zu setzen. Die Strafe findet sowohl auf die unterlassene Meldung bei der Ankunft in die Heimath, nach erfolgter Entlassung vom stehenden Heere, als auch bei jedem folgenden Aufenthaltswechsel Anwendung, ohne Unterschied, ob der Compagnie-Bezirk verlassen wird oder nicht; die Meldung aber kann sowohl mündlich, als schriftlich geschehen. Ich beauftrage Sie, diese Bestimmung bekannt machen, und mit Rücksicht auf die Verfassung der Provinzial-Behörden, zur Ausführung bringen zu lassen.

Potsdam, den 21. December 1825.

An Friedrich Wilhelm.

die Staats-Minister v. Schuckmann und v. Hake.

b.

Auf den gemeinschaftlichen Antrag der Ministerien des Krieges, des Innern und der Justiz vom 30. v. M., will Ich Meine Verfügung vom 21. December 1825, welche die Strafbestimmungen für die unterlassene Meldung der Kriegsreserve- und Landwehrmannschaften bei Aufenthalts-Veränderungen feststellt, dahin declariren, daß unter dem darin gebrauchten allgemeinen Ausdruck Meldung, sowohl die Ab- als Anmeldung zu verstehen ist. Ich gebe den gedachten Ministerien anheim, dies bekannt zu machen.

Teplitz, den 12. August 1831.

An Friedrich Wilhelm.

die Ministerien des Krieges, des Innern und der Justiz.

965.

Ermäßigung der von den Forstpolizeigerichten auf Grund der Forstordnung von 1669 erkannten Strafen durch das Finanz-Ministerium.

Ew. Hochwohlgeboren benachrichtige ich hierdurch, daß des Königs Majestät durch die Allerhöchste Kabinets-Ordre vom 31. März 1826, das königliche Finanz-Ministerium zu autorisiren geruhet haben, die von den Forstpolizeigerichten auf den Grund der französischen Forstordnung von 1669 erkannten Strafen, ohne in jedem speciellen Fall die Allerhöchste Genehmigung dazu nachzusuchen, zu ermäßigen.

Berlin, den 23. September 1831.

Für den Justiz-Minister.
Vermöge Allerhöchsten Auftrages.
v. Kamptz.

An
den königl. General-Procurator
Herrn Ruppenthal
zu Cöln.

a.

Ich finde zwar kein Bedenken dabei, Sie nach Ihrem Antrage zu autorisiren, die von den Forst-Polizeigerichten auf den Grund der französischen Forstordnung von 1669 erkannten Strafen zu ermäßigen, ohne in jedem speciellen Fall Meine Genehmigung nachsuchen zu dürfen; es erscheint jedoch angemessen, daß die Strafbestimmungen dieser Forstordnung allgemein suspendirt, und die diesseitigen Gesetze ebenso, wie es in Ansehung der Holzdiebstähle bereits geschehen ist, in Anwendung gebracht werden. Ich trage Ihnen auf, diesen Gegenstand zur Berathung des Staats-Ministeriums, Behufs der gutachtlichen Berichtserstattung an Mich zu befördern. Berlin, den 31. März 1826.

Friedrich Wilhelm.

An
den Staats- und Finanz-Minister v. Motz.

966.

Die Gerichtsvollzieher führen kein Dienstsiegel.

Ew. Hochwohlgeboren wird auf den Bericht vom 3. d. Mts.

die Dienstsiegel der Gerichtsvollzieher betreffend,

unter Zurücksendung der Anlagen eröffnet, daß das Justiz-Ministerium mit Ihrer Ansicht einverstanden ist, nach welcher den Gerichtsvollziehern nicht verstattet worden, ein Dienstsiegel zu führen, und daß daher die Siegel, deren sie sich bedienen, weder einen Adler noch ein anderes Emblem und Inschriften enthalten dürfen, welche ihnen den Schein des Amtssiegels einer öffentlichen Behörde geben könnte.

Dagegen ist aber den Gerichtsvollziehern unverwehrt, gleich jedem Privatmanne ein Siegel, welches nichts als ihren Namen, Stand und Wohnort enthält, zu führen, und sich dessen auch in ihrer Geschäfts-Correspondenz zu bedienen, wobei es sich von selbst versteht, daß Mißbräuche hiermit gleich jeden andern Pflichtverletzungen auf dem vorschriftsmäßigen Wege zu rügen sein werden.

Ew. Hochwohlgeboren werden diese Bestimmungen ohne nähere Bezeichnung der Veranlassung den sämmtlichen Ober-Procuratoren zur weitern Bekanntmachung und Veranlassung mittheilen, wodurch sich auch die Reclamation des Gerichtsvolziehers N. erledigen wird.

Berlin, den 24. September 1831.

Für den Justiz-Minister.
Vermöge Allerhöchsten Auftrages.
v. Kamptz.

An
den königl. General-Procurator
Herrn Ruppenthal
zu Cöln.

967.

Form des Aufgebots verloren gegangener Staatspapiere.

Aus den öffentlichen Blättern hat der Justiz-Minister ersehen, daß ein rheinisches Landgericht das Aufgebot einer verloren gegangenen Bank-Obligation in der Art bewirkt hat, daß der desfallsige Beschluß der Rathskammer seinem ganzen Inhalte nach und mit der executorischen Clausel versehen, in die öffentlichen Blätter eingerückt worden ist.

Diese Form des Aufgebots ist unpassend, und für die Interessenten zu kostspielig. Es genügt, daß diejenigen, welche an ein verlornes Instrument Ansprüche als Eigenthümer, Cessionaire, Pfand- oder sonstige Brief-Inhaber, oder deren Erben, zu haben vermeinen, aufgefordert werden, sich innerhalb der gesetzlichen Frist, spätestens aber in dem vor einem Gerichts-Deputirten anberaumten Termine, zu melden, und ihre Ansprüche zu bescheinigen, unter der Verwarnung, daß im Nichtmeldungsfall ihnen deshalb ein ewiges Stillschweigen auferlegt, sie mit ihren Ansprüchen davon ausgeschlossen, das fragliche Instrument für mortificirt erklärt, und anstatt desselben ein neues ausgefertigt werden soll.

Wenn daher ein Landgericht den Rathskammer-Beschluß auf Amortisation eines verloren gegangenen Instruments abgefaßt hat, so hat es deshalb eine mit obigen Erfordernissen versehene öffentliche Bekanntmachung zu entwerfen, und die Redactionen der öffentlichen Blätter um deren Einrückung in die letzteren zu ersuchen.

Der Parthei oder deren Anwälden darf diese Einrückung

nicht überlassen werden, damit man Sicherheit habe, daß nichts Wesentliches übergangen werde.

Hiernach haben Sie, Herr General-Procurator, die rheinischen Gerichtsbehörden in Kenntniß zu setzen.

Berlin, den 26. September 1831.

Für den Justiz-Minister.
Vermöge Allerhöchsten Auftrages.
v. Kamptz.

An
den königl. General-Procurator
Herrn Ruppenthal
zu Cöln.

968.

Vereinbarkeit des Amtes eines Mitgliedes des Handelsgerichts mit dem eines Mitgliedes des Stadtrathes.

Auf Veranlassung des Gesuchs des Handelsgerichts zu Trier vom 26. August c.

wegen zu verstattender Vereinigung des Amts eines Mitgliedes des Handelsgerichts mit dem eines Mitgliedes des Stadtraths in einer Person,

ist das Justizministerium mit dem königlichen Ministerium des Innern für Handels- und Gewerbeangelegenheiten in Correspondenz getreten, und hat auf dem Wege derselben diesen Gegenstand einer näheren Discussion unterworfen. Beide Ministerien haben sich dahin geeinigt, daß die Vereinbarkeit beider Stellen, da Mitglieder des Gemeinderaths selbst nach dortigen Gesetzen (Gesetz vom 24. Vendemiaire, T. III. Tit. 1. Art. 1.) nicht officiers municipaux sind, nicht allein nicht gesetzlich feststeht, sondern auch überall unnachtheilig ist, und als unnachtheilig sich auch bewährt hat. Das königliche Handels- und Gewerbe-Ministerium hat daher die königlichen Regierungen zu Cöln, Aachen, Düsseldorf, Coblenz und Trier von diesem Entschluß benachrichtigt. Ew. Hochwohlgeboren wird dies daher zur Nachricht und weiteren Bekanntmachung an sämmtliche rheinische Gerichte mitgetheilt, und steht daher der Vereinigung gedachter Stellen nunmehr ein Hinderniß überall nicht entgegen.

Berlin, den 5. October 1831. Für den Justiz-Minister.
Vermöge Allerhöchsten Auftrages.
v. Kamptz.

An
das königliche Appellationsgerichts-Präsidium und die königliche General-Procuratur zu Cöln.

969.

Die Bestimmungen der §§. 22—24. des Ressortreglements vom 23. Juli 1818 finden auf den Regierungsbevollmächtigten der Universität Bonn Anwendung.

Da das Vermögen der Universität Bonn unter unmittelbarer Aufsicht und Verwaltung des dortigen königlichen Regierungsbevollmächtigten steht, so sind die §§. 22—24. des Ressortreglements vom 23. Juli 1818 auch auf letztern, gleich den Chefs der königlichen Regierungen und Ober-Bergamts-Direktoren, anwendbar. Es ist daher auch in Ansehung dieses Beamten nach Maaßgabe jener Bestimmungen zu verfahren, und haben Ew. Hochwohlgeboren hiervon die Gerichtsbehörden und gerichtlichen Beamten in Kenntniß zu setzen.

Berlin, den 7. October 1831. Für den Justiz-Minister.
Vermöge Allerhöchsten Auftrages.
v. Kamptz.

An
den königlichen General-Procurator
Herrn Ruppenthal
zu Cöln.

970.

Einziehung der Strafen und Entschädigung bei Forstdiebstählen.

1) Abschrift der Allerhöchsten Kabinets-Ordre vom 14. September d. J. erhält br. m. der königliche Herr General-Procurator Ruppenthal zur Nachachtung und um solche zur Kenntniß des königlichen Appellationsgerichtshofes und der Ober-Procuratoren bringen zu lassen, mit dem Eröffnen, daß wegen der Publication durch die rheinischen Amtsblätter Verfügung an den Herrn Ober-Präsidenten v. Pestel von Seiten des königlichen Staatsministeriums ergangen ist.

2) Eine Abschrift der Allerhöchsten Kabinets-Ordre vom 14. September d. J. erhält br. m. der königliche Herr General-Procurator des königlichen Cassations- und Revisionshofes zur Kenntnißnahme und um solche zur Kenntniß des gedachten Gerichts zu bringen.

Berlin, den 11. October 1831 Für den Justiz-Minister.
Vermöge Allerhöchsten Auftrages.
v. Kamptz.

a.

Auf den Antrag der rheinischen Provinzialstände wegen Erleichterung der Einziehung rechtskräftig zuerkannter Strafen und Entschädigungen bei Forstdiebstählen setze Ich nach den Vorschlägen des Staatsministeriums in dessen Berichte vom 31. v. Mts. für die Rheinprovinz folgende Modificationen des §. 29. des Gesetzes vom 7. Juni 1821 fest:

1) Wenn die wegen Holzdiebstahls Verurtheilten nicht in der Gemeinde wohnen, welche die Strafe oder Entschädigung zu beziehen hat, oder, wenn der Holzdiebstahl in einer Privatwaldung verübt worden ist; so soll es der Gemeinde oder dem Privatforstbesitzer freistehen, seine Forderung entweder im gewöhnlichen gerichtlichen Executionswege einzuziehen, oder auf Einziehung durch die Gemeindebehörde anzutragen.

2) Wird der letztere Weg gewählt, so ist dem Vorstande der Gemeinde, in welcher der Verurtheilte wohnt, das gerichtliche Erkenntniß mit dem Antrage zu übersenden, daß dem Erheber der Gemeinde-Einkünfte die Einziehung aufgetragen, und derselbe eventuell zur Ausstellung des nach §. 27. des Gesetzes erforderlichen Zeugnisses der Unvermögenheit angewiesen werde.

3) Die Erheber der Gemeinde-Einkünfte sind verpflichtet, sich diesem Geschäft zu unterziehen, und den eingezogenen Betrag, oder das Zeugniß der Unvermögenheit des Verpflichteten binnen vier Wochen an den Vorstand der Gemeinde abzuliefern. Letztere ist verpflichtet, nach dem Ansuchen der empfangberechtigten Gemeinde oder des Privatforstbesitzers den Geldbetrag oder das Zeugniß zu übersenden.

4) Für ihre Mühwaltung erhalten die Erheber außer den Executionskosten den zehnten Theil dessen, was sie einziehen, und bringen ihn von dem abzuliefernden Betrage in Abzug. Dagegen haben sie im Falle der Unvermögenheit des Verurtheilten von der Gemeinde oder dem Privatforstbesitzer keine Entschädigung für ihre Mühe zu fordern, und sind das Zeugniß der Unvermögenheit unentgeldlich auszustellen verpflichtet.

5) Spätestens drei Monate nach Publication des Erkenntnisses sollen die Gemeinden und Privatforstbesitzer dem öffentlichen Ministerio entweder ihre Befriedigung, es sei durch Empfang der Strafgelder, oder durch Forstarbeit anzeigen, oder demselben die vorgeschriebenen Zeugnisse einreichen. Unterlassen sie,

dieser Verpflichtung nachzukommen, so sollen sie an deren Erfüllung erinnert, und nöthigenfalls durch Ordnungsstrafen dazu angehalten werden.

Diesen Meinen Befehl hat das Staatsministerium zunächst nur durch die Amtsblätter der Regierungen in der Rheinprovinz publiciren zu lassen, und dafür zu sorgen, daß daselbst hiernach verfahren werde. Dafern aber auch aus andern Provinzen Anträge auf Anwendung dieser Vorschriften eingehen, so autorisire Ich dasselbe, nach solchen Anträgen zu verfügen, auch das deshalb Erforderliche mit Berücksichtigung der Gerichtsverfassung anzuordnen und bekannt zu machen.

Charlottenburg, den 14. September 1831.

An das Staats-Ministerium.

Friedrich Wilhelm.

971.

Die Taxordnung für die Handelsgerichtsschreiber vom 17. November 1826 findet bei dem Handelsgericht zu Düsseldorf Anwendung.

Auf Veranlassung einer Vorstellung des Ober-Secretairs Schiffers zu Düsseldorf bestimmt das Justizministerium hiermit, daß, da das dasige Landgericht zugleich das Handelsgericht für die Cantons der Friedensgerichte Düsseldorf, Ratingen, Velbert, Mettmann, Gerresheim und Opladen ausmacht, und der Obergerichtsschreiber daselbst zugleich Gerichtsschreiber des Handelsgerichts ist, die unter dem 17. November 1826 für die Handelsgerichtsschreiber gegebene provisorische Taxordnung auch auf den Obergerichtsschreiber des Landgerichts zu Düsseldorf als Handelsgerichtsschreiber Anwendung finden, und die Anwendbarkeit der gedachten Taxordnung auf alle gegenwärtig noch nicht beendigte Concursprocesse von deren Anfange an, so wie auf diejenigen Handelsgerichtsurtheile, welche seit dem 1. November 1830 erlassen, aber noch nicht ausgefertigt worden, erstreckt werden soll, mit der Maaßgabe jedoch, daß der gedachte Obergerichtsschreiber in keinem Falle aus dieser Erhöhung seiner Einnahme einen Anspruch auf Beibehaltung derselben oder auf Entschädigung begründen kann.

Hiernach haben Ew. Hochwohlgeboren das weiter Erforderliche zu veranlassen.

Berlin, den 14. October 1831. Für den Justiz-Minister.
Vermöge Allerhöchsten Auftrages.
v. Kamptz.

An
den königl. General-Procurator
Herrn Ruppenthal
zu Cöln.

972.

Das Hofgericht zu Arnsberg bildet die zweite Instanz in allen Rechtssachen aus dem ostrheinischen Landestheile des Regierungsbezirks Coblenz. — Einführung der preußischen Criminal-Ordnung.

In Erwägung der mit Ew. Hochwohlgeboren bei meiner Anwesenheit in Cöln stattgehabten Erörterungen und vorgetragenen Gründe ist die Entbindung des Appellationshofes von der höhern Instanz für die, dem Justiz-Senat zu Ehrenbreitstein überwiesenen ostrheinischen Landestheile des Coblenzer Regierungs-Bezirks hier wieder aufgenommen. Des Königs Majestät haben in weiterer Nachweisung der abschriftlich anliegenden Allerhöchsten Kabinets-Ordre Allergnädigst geruhet, den Appellationshof von dieser zweiten Instanz so wie von der Oberaufsicht über gedachten Justiz-Senat zu entbinden und die zweite Instanz, sowohl in Civil- als Criminal-Sachen, dem königlichen Hofgericht zu Arnsberg zu übertragen.

Der königliche Appellationshof hat daher von nun an aus diesem Landestheile keine neue Sachen weiter anzunehmen, sondern sowohl diese, als die noch nicht entschiedenen Sachen an das Hofgericht zu Arnsberg abzugeben, die in nassauischen Criminalsachen etwa noch vorliegenden und an den königlichen Revisionshof bisher gelangenden Nullitätsquerelen aber an den Justiz-Senat, welcher deshalb heute näher beschieden ist, zurückzusenden. Wegen Publication der Allerhöchsten Kabinets-Ordre durch das Coblenzer Amtsblatt und wegen der übrigen erforderlichen Maaßregeln ist das Behufige heute an die betreffenden Behörden erlassen und wird Ew. Hochwohlgeboren anheimgestellt, auch Ihrerseits die von Ihnen für nothwendig erachteten Verfügungen zu treffen. Die Aufsichtsacten über den Justiz-Senat zu Ehrenbreitstein haben Sie an das Justiz-Ministerium einzusenden, wogegen die Abgabe der Proceß- und Untersuchungsacten an das königliche Hofgericht zu Arnsberg Ihrer Communication mit demselben überlassen bleibt.

Berlin, den 18. October 1831.

Für den Justiz-Minister.
Vermöge Allerhöchsten Auftrages.
v. Kampß.

An
den königlichen stellvertretenden ersten Präsidenten
des Appellationshofes Herrn Schwarz und
den königlichen General-Procurator Herrn
Ruppenthal Hochwohlgeboren
zu Cöln.

a.

Die im Sommer d. J. theils mit Ew. Hochwohlgeboren, theils mit dem Präsidenten und dem General-Procurator des Appellationshofes zu Cöln erörterten, aus der diesem Gerichtshofe bis jetzt übertragen gewesenen obern Instanz für den Justiz-Senat in Ehrenbreitstein, entstehenden Nachtheile haben sich so einleuchtend dargestellt, daß ich mich bewogen gefunden habe, darüber des Königs Majestät Vortrag zu halten. Sie ersehen aus der in beglaubigter Abschrift beigefügten Allerhöchsten Kabinets-Ordre, daß des Königs Majestät geruhet haben, die gedachte Ober-Instanz für Civil- und Criminal-Sachen von nun an dem königlichen Hofgericht zu Arnsberg zu übertragen und zugleich für das Criminal-Verfahren mildere und festere Bestimmungen zu erlassen. Euer Hochwohlgeboren erhalten daher den Auftrag, die Publication der Allerhöchsten Kabinets-Ordre durch das dortige Amtsblatt und auf andere ihnen angemessen erscheinende Art baldmöglichst zu veranlassen. Sie werden aus der Allerhöchsten Bestimmung mit mehrerem ersehen, daß hierdurch in dem materiellen Privat- und Criminal-Recht, so wie in den Formen des Civil-Processes überall nichts verändert, dagegen aber in dem Criminal-Processe nach der preußischen Criminal-Ordnung vom 11. December 1805 verfahren werden solle. Ew. Hochwohlgeboren überläßt das Justiz-Ministerium, dieserhalb die Untergerichte, mit Ausnahme der fürstlich Wiedschen und fürstlich Solmschen, wegen welcher an die Herren Fürsten heute nach Ausweis der abschriftlichen Anlagen das Nähere von hier aus ergangen ist, mit nähern Anweisungen zu versehen. Der königliche Justiz-Senat hat von nun an hiernach auch seiner Seits sich zu achten und die Civil- und Criminal-Sachen zum fernern Erkenntnisse an das königliche Hofgericht zu Arnsberg zu übersenden. Die von dem Appellationshofe und vom Revisionshofe zurückgehenden Nullitätsquerelen in Criminalsachen hat der Justiz-Senat in das Rechtsmittel der weiteren Vertheidigung einzuleiten und demnächst darin weiter zu verfahren. Der königliche Justiz-Senat ist nunmehr wieder unter die unmittelbare Oberaufsicht des Justiz-Ministeriums getreten und hat daher seine Berichte künftig an dasselbe zu erstatten. Ew. Hochwohlgeboren Vorschlägen wegen des, dem Justiz-Senat anzuweisenden, räthlichen Personals wird baldigst entgegengesehen. Anliegend erhalten sie abschriftlich die an den Revisionshof, an den Appellationshof und an das Hofgericht zu Arnsberg heute ergehenden Verordnungen.

Berlin, den 18. October 1831.

Für den Justiz-Minister.
Vermöge Allerhöchsten Auftrages.
v. Kamptz.

An
den königlichen Landgerichts-Präsidenten
Herrn Wurzer Hochwohlgeboren
zu Coblenz.

b.

Das königliche Hofgericht wird aus der in beglaubter Abschrift anliegenden Allerhöchsten Kabinets-Ordre vom 11. d. Mts. mit mehrerem ersehen, daß des Königs Majestät allergnädigst geruhet haben, den Appellationshof zu Cöln der ihm bisher beigelegt gewesenen Ober-Civil- und Criminal-Instanz für den Justiz-Senat in Ehrenbreitstein zu entheben und gedachte Instanz dem königlichen Hofgericht zu übertragen. Das Collegium ersieht aus den abschriftlichen Anlagen, was dieserhalb an den Revisionshof, an den Appellationshof, an den Präsidenten des Justiz-Senats und an den Herrn Fürsten von Wied ergangen ist. Das königliche Hofgericht wird daher hierdurch angewiesen, von nun an die Ober-Instanz des ostrheinischen Justiz-Senats zu übernehmen und in derselben nach den in der Allerhöchsten Kabinets-Ordre bestimmten Normen zu verfahren und zu entscheiden; die letzte Instanz bleibt der hiesige Cassationshof in seiner Eigenschaft als Revisionshof, in welcher er nach den oben gedachten Normen verfährt und erkennt, obwohl seine Competenz nunmehr blos auf bürgerliche Sachen beschränkt ist, da in Criminalsachen nach der preußischen Criminal-Ordnung verfahren wird. Da die Rechtsverfassung in den nunmehr dem königlichen Hofgerichte beigelegten ostrheinischen Landestheilen des Regierungsbezirks Coblenz mannigfach ist, so erscheint es allerdings angemessen, daß das Präsidium ein Mitglied des Collegiums beauftragt, in Coblenz an Ort und Stelle von den, für diese Landestheile geltenden Gesetze und andern Rechtsquellen nähere Kenntniß zu nehmen und sie zu sammeln; vorläufig wird das Collegium auf die classische Abhandlung des verstorbenen Landgerichtsraths Hertel: über die Rechts- und Gerichts-Verfassung der zum Regierungsbezirk Coblenz gehörigen Landestheile Thl. 2. §. 59. und §. 131. ff. aufmerksam gemacht.

Berlin, den 18. October 1831.

Für den Justiz-Minister.
Vermöge Allerhöchsten Auftrages.
v. Kamptz.

An
das königliche Hofgericht zu Arnsberg.

c.

Ew. Hochwohlgeboren ersehen mit mehrerem aus der in beglaubter Abschrift anliegenden Allerhöchsten Kabinets-Ordre diejenigen Bestimmungen, welche des Königs Majestät geruhet haben, sowohl über die obere Instanz des Justiz-Senats zu Ehrenbreitstein, als über das Criminal-Verfahren in den ostrheinischen Landestheilen des Regierungsbezirs Coblenz zu treffen, so wie Ihnen auch aus den abschriftlichen Anlagen die deshalb an den Appellationshof, an den Justiz-Senat und das Hofgericht zu Arnsberg heute ergehenden Anweisungen zu ersehen gegeben werden. Der Revisions- und Cassationshof wird daher künftig die Acten zum Spruch in der Ober-Appellations-Instanz von dem zuletzt gedachten Gerichte erhalten. Dagegen scheiden von nun an die Criminalsachen aus diesen ostrheinischen Landestheilen aus den Attributionen des königlichen Revisionshofes und sind insonderheit auch diejenigen Nullitätsquerelen in Strafsachen, in welchen das Erkenntniß nicht schon publicirt ist, an den Justiz-Senat zur Umleitung in das Rechtsmittel der weiteren Vertheidigung zu übersenden.

Berlin, den 18. October 1831.

Für den Justiz-Minister.
Vermöge Allerhöchsten Auftrages.
v. Kamptz.

An
den Herrn Präsidenten und den Herrn General-Procurator des königl. Cassations- und Revisionshofes hier.

d.

Durchlauchtiger Fürst!

Ew. Durchlaucht beehre ich mich, hierbei die beglaubigte Abschrift der, von des Königs Majestät wegen einiger Theile des processualischen Verfahrens in den ostrheinischen Landestheilen des Regierungsbezirks Coblenz unterm 11. d. Mts. erlassenen Allerhöchsten Kabinets-Ordre gehorsamst zu übersenden. Sie betrifft zum Theil einen Gegenstand, über welchen Ew. Durchlaucht schon vor einigen Jahren die Güte hatten, gegen mich Sich zu äußern. Während meiner diesjährigen Anwesenheit im Rheinlande habe ich von allen Seiten und selbst von dem Vorstande und dem General-Procurator des Appellationshofes die Bestätigung Eurer Durchlaucht Aeußerungen vernommen, daß es für die Bewohner jener Landestheile und deren Rechtsverhältnisse sehr ersprießlich sei, die zweite Instanz für die zum Justiz-Senat gehörigen Sachen bei einem Gerichtshofe zu haben, zu dessen Gerichtsbarkeit bereits mehrere Districte gehören, in welchen fast eine gleiche Rechtsverfassung, wie in den ostrheinischen Landestheilen stattfindet, und welche daher mehr, wie dies bei dem Appellationshofe in Cöln der Fall sein kann, nach gemeinen deutschen und nach dortigen oder analogen Rechten und Gebräuchen zu entscheiden, gewohnt und geübt sind. Ich habe es daher für Pflicht gehalten, darüber Sr. Majestät alleruntertthänigst Vortrag zu halten, und Allerhöchstdieselben haben Allergnädigst geruht, diesem Bedürfnisse durch die anliegende Kabinets-Ordre abzuhelfen. Durch die dadurch erlassene Allerhöchste Bestimmung ist das materielle Recht, selbst das materielle Criminalrecht, so wie der Civil-Proceß überall unverändert geblieben. Nur bei dem Mangel einer bestimmten Criminal-Proceßordnung und dem schwankenden, oft harten Gerichtsgebrauch haben des Königs Majestät Allerhöchst sich bewogen gefunden, zu bestimmen, daß für das Criminal-Verfahren die preußische Criminal-Ordnung von 1805 beobachtet werden soll.

Die mehrfach erwähnte Allerhöchste Kabinets-Ordre wird ehestens durch das Coblenzer Regierungs-Amtsblatt publicirt werden, und der Präsident Wurzer hat den Auftrag erhalten, die Untergeichte, mit Ausschluß der in Eurer Durchlaucht Grafschaften, mit der etwa erforderlichen nähern Instruction zu versehen. Indem ich Ew. Durchlaucht gehorsamst ersuche, dies in Ansehung der fürstlichen Gerichte veranlassen zu wollen, stelle ich HochIhrem Ermessen lediglich anheim, ob und wie fern es angemessen sein dürfte, darüber mit dem

Landgerichtspräsidenten Wurzer näher zu communiciren, da derselbe heute ein besonderes Commissorium zur Regulirung der speciellen Verhältnisse erhalten hat.

Genehmigen Euer Durchlaucht die erneuerte Versicherung derjenigen ausgezeichnetsten Hochachtung, worin ich die Ehre habe mich zu unterzeichnen.

Berlin, den 18. October 1831.

Für den Justiz-Minister.
v. Kamptz.

An
den regierenden Herrn Fürsten zu Wied, Ritter des schwarzen Adler- und anderer höchsten Orden,
zu Neuwied.

e.

Eurer Durchlaucht beehre ich mich, die in beglaubigter Abschrift angeschlossene Allerhöchste Kabinets-Ordre vom 11. d. Mts. gehorsamst mitzutheilen, vermöge welcher des Königs Majestät Allergnädigst geruhet haben, anstatt des Appellationshofes zu Cöln das königliche Hofgericht zu Arnsberg zur obern Instanz in Civil- und Criminal-Sachen für den Justiz-Senat in Ehrenbreitstein zu bestellen und bei dem gänzlichen Mangel einer geregelten Criminal-Proceß-Ordnung in den ostrheinischen Landestheilen des Coblenzer Regierungsbezirks anzuordnen, daß nach der preußischen Criminal-Ordnung von 1805 verfahren werden soll. Die materiellen Rechtsverhältnisse dieser Landestheile sind hierdurch so wenig berührt, als die Formen des Civil-Processes; sie werden vielmehr durch die neue Ober-Instanz um so mehr gesichert sein, als zu deren Gerichtssprengel bereits mehrere Districte gehören, in welchen fast eine gleiche Rechtsverfassung stattfindet. Die Allerhöchste Kabinets-Ordre wird ehestens durch das Coblenzer Regierungs-Amtsblatt publicirt werden, und der Präsident Wurzer hat den Auftrag erhalten, die Untergerichte, mit Ausschluß der in Eurer Durchlaucht Grafschaften, mit der etwa erforderlichen nähern Instruction zu versehen. Indem ich Ew. Durchlaucht gehorsamst ersuche, dies in Ansehung der fürstlichen Gerichte veranlassen zu wollen, stelle ich HochIhrem Ermessen lediglich anheim, ob und wie fern es angemessen sein dürfte, darüber mit dem Landgerichtspräsidenten Wurzer näher zu communiciren, da derselbe heute ein besonderes Commissorium zur Regulirung der speciellen Verhältnisse erhalten hat.

Genehmigen Ew. Durchlaucht die erneuerte Versicherung

derjenigen ausgezeichnetsten Hochachtung, worin ich die Ehre habe, mich zu unterzeichnen.

Berlin, den 18. October 1831.

Für den Justiz-Minister.
v. Kamptz.

An
den regierenden Herrn Fürsten zu Solms Durchlaucht zu Braunfels und an
den regierenden Herrn Fürsten zu Solms Durchlaucht zu Lich.

f.

Ich setze auf den Bericht des Justiz-Ministeriums vom 13. v. Mts. und nach dessen Antrage hierdurch fest: daß das Hofgericht zu Arnsberg fernerhin in Stelle des rheinischen Appellationsgerichtshofes zu Cöln die höhere Instanz für die dem Justiz-Senat zu Ehrenbreitstein überwiesenen Rechtsangelegenheiten der ostrheinischen Landestheile des Coblenzer Bezirks bilden und das bisherige Verhältniß zwischen dem Appellationsgerichtshofe und dem Justiz-Senat aufhören, die Oberaufsicht über den letztern aber, wie früher, von dem Justiz-Ministerium unmittelbar geführt werden soll. In dem materiellen Civil- und Criminalrecht und in den Formen des Civil-Processes wird hierdurch für die betreffenden Landestheile überall nichts verändert, im Criminal-Proceß dagegen soll nach der preußischen Criminal-Ordnung vom 11. December 1805 verfahren werden, weshalb künftig das Rechtsmittel der weitern Vertheidigung auch alsdann zulässig ist, wenn dasselbe durch neue, bisher in den Acten nicht vorgekommene Umstände oder Beweismittel nicht begründet werden kann. Das Justiz-Ministerium hat hiernach, insonderheit wegen des Termins zur Ausführung das Weitere zu verfügen und Meine Bestimmungen durch Aufnahme in das Amtsblatt der Regierung zu Coblenz bekannt zu machen.

Charlottenburg, den 11. October 1831.

An
das Justiz-Ministerium.

Friedrich Wilhelm.

973.

Subsistenzmittel der zur Auscultatur sich meldenden Rechtscandidaten.

Die Allgemeine Gerichtsordnung verordnet, Thl. III. Tit. 4. §. 2.

der Rechtscandidat müsse von Mitteln und Unterstützung nicht ganz entblößt sein, damit er während der zu seiner Vorbereitung und Prüfung erforderlichen Zeit sich seinen Unterhalt verschaffen, und die Gelegenheit zu seiner Versorgung abwarten könne.

Dies Erforderniß eines Rechtscandidaten scheint in vielen Fällen übersehen worden zu sein, da in neuerer Zeit Unterstützungsgesuche von Auscultatoren und Referendarien eingehen, und mehrere der letztern sogar um Erlaß oder Stundung der Bestallungsgebühren, wegen Dürftigkeit, gebeten haben, und auch von andern Seiten Spuren ihrer für den öffentlichen Dienst nachtheiligen äußersten Dürftigkeit sich zeigen. Es geht daraus hervor, daß das Rechtsstudium sehr oft ohne alle Rücksicht auf die Zukunft, und blos in der Hoffnung gewählt ward, um nur recht bald zu irgend einer Anstellung zu gelangen, und dadurch von Nahrungssorgen sich zu befreien. Wie nachtheilig dies auf den Dienst selbst wirken müsse, und wie wenig sich von solchen Staatsdienern in der Regel erwarten lässe, leuchtet ein, und es ist bei der jetzigen großen Zahl der Bewerber besonders wichtig, auf obige gesetzliche Vorschrift aufmerksam zu machen.

Das rc. hat daher bei den Anmeldungen zur ersten Prüfung den Nachweis des gedachten Erfordernisses zu verlangen, und in den Berichten nach erfolgter zweiter Prüfung, daß demselben genügt sei, zu bemerken.

Berlin, den 19. October 1831.

Für den Justiz-Minister,
Vermöge Allerhöchsten Auftrages.
v. Kamptz.

Circulare
an die königl. Ober-Landesgerichte
und die königl. General-Procuratur
zu Cöln.

974.

Legitimation für adulterini findet nicht statt.

Ew. Hochwohlgeboren erhalten hierneben das mittelst Berichts vom 22. v. M. eingereichte Gesuch des Ackermanns N. zu N. vom 24. Juni d. J. um Legitimation eines von ihm außer der Ehe erzeugten Kindes, nebst Anlagen zurück, um den Bittsteller dahin zu bescheiden, daß die Legitimation nicht stattfinden könne, da der zu Legitimirende im Ehebruch erzeugt sei. Uebrigens werden Sie davon in Kenntniß gesetzt, daß künftig Legitimationsgesuche für adulterini zurückzuweisen sind, und in dieser Beziehung die Instruction vom 1. Februar 1828 eine Aenderung erleidet.

Berlin, den 21. October 1831.

Für den Justiz-Minister.
Vermöge Allerhöchsten Auftrages.
An v. Kamptz.
den königl. General-Procurator Herrn Ruppenthal zu Cöln.

975.

Bei Untersuchungen wegen Verfälschung öffentlicher Papiere muß die königliche Hauptverwaltung der Staatsschulden zugezogen werden.

Ew. Hochwohlgeboren erhalten Abschrift zweier Schreiben der königlichen Haupt-Verwaltung der Staatsschulden vom 28. pr. m. in Untersuchungssachen wider N. wegen Anfertigung preußischer Kassen-Anweisungen, mit dem Eröffnen, daß die Allerhöchste Bestimmung vom 8. Februar 1827 allerdings dahin geht, daß die Haupt-Verwaltung der Staatsschulden bei jeder, die Verfälschung öffentlicher Papiere betreffenden Untersuchung noch vor der Abfassung des Erkenntnisses gehört und zur Untersuchung zugezogen werden soll. Nur das ist zur Erwägung der einzelnen Umstände gestellt, ob diese Zuziehung sogleich im Laufe der Untersuchung mittelst förmlicher Theilnahme an derselben, oder ob solche erst nach geschlossener schriftlicher Untersuchung mittelst Vorlegung der geschlossenen Untersuchungsacten an die Haupt-Verwaltung Behufs ihrer gutachtlichen Aeußerung darüber, was noch nachzuholen, und auf was noch aufmerksam zu machen sein möchte, zu bewirken ist. Diese Vorlegung der geschlossenen Untersuchungsacten vor dem Erkenntnisse muß aber mindestens jederzeit erfolgen. Es ist daher auch hiernach in der jetzt anhängigen Untersuchung wider N. zu verfahren.

Berlin, den 24. October 1831. Für den Justiz-Minister.
Vermöge Allerhöchsten Auftrages.
An v. Kamptz.
den königl. General-Procurator Herrn Ruppenthal zu Cöln.

976.

Disposition über die Diensteinkünfte eines zur gerichtlichen oder Disciplinar-Untersuchung gezogenen Beamten.

Ew. Hochwohlgeboren erhalten in der abschriftlichen Anlage die in Betreff der Disposition über die Diensteinkünfte eines zur gerichtlichen oder Disciplinar-Untersuchung gezogenen Beamten,

unter dem 20. April d. J. an das königliche Staats-Ministerium erlassene Allerhöchste Kabinets-Ordre hierbei abschriftlich mitgetheilt, um in den eintretenden Fällen darauf Rücksicht zu nehmen, und Anträge zu machen.

Die noch beifolgenden 10 Exemplare der Allerhöchsten Ordre sind zur Vertheilung an die königlichen Ober-Procuratoren zu benutzen. Berlin, den 31. October 1831.

Für den Justiz-Minister.
Vermöge Allerhöchsten Auftrages.
v. Kamptz.

An
den königl. General-Procurator Herrn Ruppenthal
zu Cöln.

a.

Mit dem in dem Berichte des Staats-Ministeriums vom 28. Februar d. J. motivirten Antrage einverstanden, genehmige Ich, daß die Diensteinkünfte eines zur gerichtlichen, oder Disciplinar-Untersuchung gezogenen, und mit Entsetzung oder mit Entlassung bestraften Beamten, welche während seiner Amts-Suspension gesammelt, und nicht zu den Kosten der Stellvertretung und Untersuchung, so wie zum Ersatz des etwa verursachten Schadens, verwendet worden sind, zur Verfügung der vorgesetzten obern Dienstbehörde gestellt werden, um sie nach ihrem pflichtmäßigen Ermessen zum Besten und für das dringende Bedürfniß des Beamten selbst zu verwenden, so daß solche ersparte Diensteinkünfte nur dann der Kasse anheim fallen, wenn die obere Behörde eine Verfügung im Interesse des Beamten der Lage der Sache nicht gemäß findet.

Berlin, den 20. April 1831.

Friedrich Wilhelm.

An
das Staats-Ministerium.

977.

Berichtserstattung in den zur Allerhöchsten Bestätigung geeigneten Criminalfällen Seitens des Cassations- und Revisionshofes.

Auf den Bericht des königlichen Revisions- und Cassationshofes vom 19. v. M.

die Berichtserstattung in den zur Allerhöchsten Königlichen Bestätigung geeigneten Criminalfällen betreffend, wird genehmigt, daß:

I. in denjenigen Criminalfällen, wo das Factum nicht complicirt ist, die besonderen Berichte außer dem Actenextracte ganz wegfallen können. Die Entscheidung des königlichen Revisions- und Cassationshofes auf das Cassationsgesuch ist alsdann in der im Art. 439. der Criminal-Proceß-Ordnung vorgeschriebenen Art durch den Herrn General-Procurator an das Justiz-Ministerium zu überreichen, und hat derselbe mit diesem Berichte alsdann auch den vorschriftsmäßigen, für Seine Majestät den König bestimmten Actenextract, welcher nach wie vor von sämmtlichen Mitgliedern des Collegii, welche bei der Entscheidung mitgewirkt haben, zu unterschreiben ist, mit zu überreichen.

II. Für diejenigen Fälle aber, wo das Factum complicirter ist, wünscht der Justizminister zwar die Berichte noch in der bisherigen Form und Ausführlichkeit sowohl zur eigenen Uebersicht, als auch, damit sie wie bisher, dem Herrn vortragenden Geheimen Cabinets-Rathe Albrecht zum Gebrauch beim Immediat-Vortrag übersandt werden können; jedoch wird es genügen, wenn solche von dem Referenten entworfenen Berichte blos von ihm und dem Herrn Präsidenten und dem Herrn General-Procurator unterzeichnet werden.

Was den Actenextract anlangt, so verbleibt es auch in diesen Fällen bei den darüber geltenden Vorschriften.

Es versteht sich übrigens von selbst, daß wenn

III. das Collegium in Fällen der ersten und zweiten Art nach der Individualität der Sache zu einem besondern Antrage auf Begnadigung oder Strafmilderung sich bewogen finden sollte, die besondere Berichtserstattung dem königlichen Revisions- und Cassationshofe frei gestellt bleibt. Eben so muß es aber auch seinem Ermessen überlassen bleiben, alsdann entweder den Bericht in den Fällen sub I. mit dem Berichte des Herrn General-Procurators, und in dem sub II. mit dem des Herrn Referenten zu verbinden, oder mit Beziehung auf diese Berichte die Berichte lediglich auf den Begnadigungs- oder Strafmilderungs-Antrag und die Motivirung desselben zu beschränken. Berlin, den 4. November 1831.

Für den Justiz-Minister.

Vermöge Allerhöchsten Auftrages.

v. Kamptz.

An

den königl. Revisions- und Cassationshof hier.

978.

Die General-Procuratur zu Cöln muß dem Justiz-Minister Anzeige machen, wenn Fideicommißanwarter die Besitzergreifung eines ursprünglichen Fideicommisses wider die Erben des freien Nachlasses des letzten Fideicommißbesitzers gerichtlich anfechten.

Des Königs Majestät haben mittelst Allerhöchster Kabinets-Ordre vom 31. v. M. dem Justiz-Ministerio diejenige Bescheidung abschriftlich zuzufertigen geruhet, welche dem Freiherrn v. Eltz-Rübenach auf seinen Antrag wegen Declaration des §. 2. des Gesetzes vom 23. Mai 1828,

betreffend die Fideicommisse in dem zum vormaligen Großherzogthum Berg gehörig gewesenen Landestheilen, in Bezug auf die durch Erbanfall in das freie Eigenthum des Besitzers übergegangenen Fideicommisse,

ertheilt worden ist.

Indem Ew. Hochwohlgeboren Abschrift dieser Allerhöchsten Bescheidung erhalten, werden Sie zugleich veranlaßt, davon unverzüglich Anzeige zu machen, wenn ein Fideicommißanwarter die Besitzergreifung eines ursprünglichen Fideicommisses wider die Erben des freien Nachlasses des letzten Fideicommißbesitzers gerichtlich anfechten, oder einen Entschädigungs-Anspruch gegen sie anmelden sollte, damit der von Seiner Majestät deshalb erforderte Bericht erstattet werden könne. Um aber selbst von einem solchen Falle Kenntniß zu erhalten, haben Sie die königlichen Procuratoren in dem Herzogthum Berg mit der nöthigen Anweisung zu versehen. Berlin, den 5. November 1831.

Für den Justiz-Minister.
Vermöge Allerhöchsten Auftrags.
v. Kamptz.

An
den königl. General-Procurator
Herrn Ruppenthal
zu Cöln.

979.

Gerichtliches Verfahren gegen Gemüthskranke.

Auf Ihren gemeinsamen Bericht vom 26. v. M., das gerichtliche Verfahren gegen Gemüthskranke in der Rheinprovinz betreffend, bestimme Ich hierdurch, unter Genehmigung der von Ihnen wegen der Aufnahme solcher Personen in die dasigen Irren-Anstalten getroffenen und durch das Ober-Präsidium am 30. Juli 1829 den rheinischen Regierungen bekannt gemachten Anordnungen: daß mit Abänderung der Vorschrift des Artikel 491. des französischen Civilgesetzbuchs, auch wegen solcher Blöd- und Wahnsinnigen, welche Ehegatten oder bekannte Verwandte haben, die Ober-Procuratoren au die Blöd- und Wahnsinnigkeits-Erklärung provociren können, wenn jene Familienglieder die Provocation zum Nachtheile des Gemüthskranken unterlassen. Diese Bestimmung ist durch die Gesetzsammlung zu publiciren.

Charlottenburg, den 6. November 1831.

An Friedrich Wilhelm.

den Staatsminister Freiherrn von Altenstein und an das Justiz-Ministerium.

980.

Das Hofgericht zu Arensberg bildet die zweiten Instanz in allen Rechtssachen aus dem gesammten ostrheinischen Landestheile des Regierungsbezirks Coblenz, welche unter der Jurisdiction sowohl des königlichen Justiz-Senats als des standesherrlichen Obergerichts stehen.

Es ist darüber Bedenken entstanden, ob die wegen der Justiz-Verfassung im Ostrhein unterm 11. v. Mts. erlassene Allerhöchste Kabinets-Ordre und die darin enthaltenen Bestimmungen, insonderheit die Uebertragung der, dem königl. Appellationshofe zu Cöln beigelegt gewesenen obern Instanz in bürgerlichen und Strafsachen, sich nur auf die, zum Gerichtssprengel des königlichen Justiz-Senats gehörigen Fälle beschränke, oder nicht vielmehr den ganzen Umfang der ostrheinischen Landestheile betreffe. Es leidet aber sowohl nach dem Inhalt der angeführten Allerhöchsten Ordre als nach den voraufgegangenen Verhandlungen und deren Absicht und Zweck, wie auch nach den deshalb von des Königs Majestät dem Justiz-Ministerium ertheilten Anweisungen nicht den mindesten Zweifel, und ist vielmehr Sr. Königlichen Majestät Bestimmung, daß mehrerwähnte Allerhöchste Kabinets-Ordre vom 11. v. Mts. und die darin in Ansehung der Rechtspflege und Entscheidungsquellen überhaupt in allen ihren Bestimmungen, so wie insonderheit wegen der Uebertragung aller und jeder richterlichen Functionen des ostrheinischen Senats auf das königliche Hofgericht zu Arensberg auf den ganzen Umfang der ostrheinischen Landestheile, ohne Unterschied, ob diese unter der Gerichtsbarkeit des königlichen Justiz-Senats oder eines standesherrlichen fürstl. Obergerichts stehen, sich erstrecken, mithin ohne jenen Unterschied überall angewendet und befolgt werden sollen. Der königliche Justiz-Senat hat zur Vorbeugung weiterer ungegründeter Zweifel diese nachträgliche Bestimmung durch das Amtsblatt zur öffentlichen Kenntniß und Nachachtung zu bringen. Wegen der Aufsicht über die fürstlich Wiedschen Gerichte wird die nähere Bestimmung ehestens erfolgen, und bleibt daher Gegenstand für jetzt noch auf sich beruhen.

Berlin, den 24. November 1831.

Für den Justiz-Minister.
Vermöge Allerhöchsten Auftrages.
An v. Kamptz.
den königl. ostrheinischen Justiz-Senat.

Dem königlichen Hofgerichte wird hierbei Abschrift der heute an den königlichen Justiz-Senat ergangenen Verfügung mitgetheilt, um daraus zu ersehen, daß dasselbe auch für das fürstlich Wiedsche Obergericht zu Neuwied obere Instanz ist.

Berlin, den 24. November 1831.

Für den Justiz-Minister.
Vermöge Allerhöchsten Auftrages.
An v. Kamptz.
das königliche Hofgericht zu Arensberg.

981.

Ein Mitglied eines Handelsgerichts kann nicht zugleich ein Consulat auswärtiger Regierungen bekleiden.

Bei der früherhin durch das königliche Ministerium der auswärtigen Angelegenheiten erfolgten Anerkennung und Zulassung des Handelsrichters, Kaufmann N., als königlich baierscher Consul ist dem gedachten Ministerium dessen erstgenanntes Amtsverhältniß unbekannt gewesen.

Da die in den Rheinprovinzen geltenden gesetzlichen Vorschriften aber eine solche Vereinbarung zweier verschiedener, leicht Collisionen herbeiführender Stellen untersagen, das königliche Ministerium der auswärtigen Angelegenheiten auch um desfallsige Abhülfe gebeten hat, so veranlasse ich Ew. Hochwohlgeboren, dieses dem rc. N. zu eröffnen, ihn zur Wahl zwischen dem Consulate und dem Richteramte auffordern zu lassen, und über seinen Entschluß zur demnächstigen weitern Verfügung hierher zu berichten.

Berlin, den 27. November 1831.

Für den Justiz-Minister.
Vermöge Allerhöchsten Auftrages.
v. Kamptz.

An
den königlichen General-Procurator
Herrn Ruppenthal
zu Cöln.

982.

Den Domainenbeamten der Standesherrschaft Wildenburg-Schönstein steht die Abhaltung öffentlicher Verkäufe zu.

Der königliche Kammerherr Graf v. Hatzfeldt hat sich in der abschriftlich anliegenden Vorstellung vom 25. October d. J. darüber beschwert, daß die Domainen-Beamten der Standesherrschaft Wildenburg-Schönstein rücksichtlich der Abhaltung öffentlicher Verkäufe als Privaten betrachtet und behandelt werden, und nach Maaßgabe des Bergischen Decrets vom 28. Januar 1813 bestraft werden sollen.

Das Justiz-Ministerium findet die Beschwerde des Grafen v. Hatzfeldt gegründet, denn so viel die

I. Verpachtung der Immobilien durch andere Personen als Notarien, Gerichtsschreiber und Gerichtsvollzieher betrifft, so ist dieselbe jedenfalls gesetzlich erlaubt, da der Art. 19. des Decrets vom 28. Januar 1813, die Einregistrirungen betreffend, (Berg. Gesetzbülletin 1813 No. 42. S. 394—96) sich bloß auf Mobilien bezieht.

Was dagegen die

II. Versteigerung des jährlich zu schlagenden Holzes anlangt; so ist allerdings der allegirte Art. 19. auf diesen Gegenstand anwendbar. Es bedarf einer Untersuchung nicht, ob die standesherrlichen Domainen-Beamten der Herrschaft Wildenburg-Schönstein als privati anzusehen seien oder nicht, da der Art. 19. nicht bloß Privatpersonen die Versteigerung der Mobilien verbietet, sondern allen Personen außer den Notarien, Gerichtsschreibern und Gerichtsvollziehern. Der Schluß des Art. 19. läßt hierüber keinen Zweifel, da solcher

die Notarien Greffiers und Huissiers ausschließend befugt erklärt, dergleichen Verkäufe vorzunehmen.

Allein nichtsdestoweniger ist aus den von dem Grafen v. Hatzfeldt angegebenen Gründen aus Rücksicht theils auf die hier eintretenden eigenthümlichen Verhältnisse, theils auf die Zweckmäßigkeit und die besondern Vortheile, welche für denselben entstehen, wenn er die Verkäufe durch seine Domainen-Beamten bewirken lassen kann, so wie für ihn widrigenfalls entstehenden Nachtheile, eine Ausnahme für die Domainen-Beamten der Herrschaft Wildenburg-Schönstein nicht bloß wünschenswerth, sondern auch zulässig gemacht, da keiner von den Gründen, welche die Wiederherstellung des Art. 19. des Decrets vom 28. Januar 1813 mittelst des Rescripts vom 7. Juli 1826 motivirt haben, auf diese standesherrlichen Beamten anwendbar ist. Von Seiten der Justiz ist daher überall kein Grund vorhanden, den Standesherrn von Wildenburg-Schönstein hierunter zu beschränken. Dies ist dem Grafen v. Hatzfeldt heute eröffnet und er aufgefordert, in Beziehung auf das etwanige Steuer-Interesse weitere Anträge zu machen.

Uebrigens erhalten Sie hierneben Abschrift des Schreibens des verstorbenen Fürsten Staats-Kanzlers vom 13. Juni 1821 und der Allerhöchsten Kabinets-Ordre vom 9. Juni desselben Jahres über den Rechtszustand der dem Herrn Fürsten von Hatzfeld zugehörenden Herrschaften Wildenburg-Schönstein, um daraus zu ersehen, daß Ihre Bedenken in dem Schreiben vom 6. August c. nicht gegründet sind, daß vielmehr beide Herrschaften Standesherrschaften sind, und das Edict vom 30. Mai 1820 auf beide Standesherrschaften in allen von Sr. Majestät dem Könige nicht ausdrücklich aufgenommenen Punkten anwendbar ist.

Berlin, den 2. December 1831.

Für den Justiz-Minister.
Vermöge Allerhöchsten Auftrages.
v. Kamptz.

An
den königlichen General-Procurator
Herrn Ruppenthal
zu Cöln.

a.

Was Seine Majestät der König über den künftigen Rechtszustand der dem Herrn Fürsten von Hatzfeldt zugehörenden Herrschaften Wildenburg-Schönstein, so wie über mehrere von dem Herrn Fürsten zu Gunsten seiner Familie gemachten Anträge zu entscheiden geruhet haben, beehre ich mich unter abschriftlicher Mittheilung der dieserhalb unterm 9. d. Mts. an mich ergangenen Kabinets-Ordre und mit Bezugnahme auf den Immediatbericht vom 23. Juni 1819 Ew. Königlichen Hoheit und dem königlichen Staats-Ministerio gehorsamst und ergebenst zu communiciren. Ich habe eine Abschrift dieser Ordre auch dem Herrn Oberpräsidenten von Ingersleben zur Nachachtung und weiteren Instruirung der Behörden übersandt.

Berlin, den 13. Juni 1821.

An C. Fürst von Hardenberg.
das königl. Staats-Ministerium.

b.

Um Meinem Gesandten am königlich niederländischen Hofe, Fürsten von Hatzfeldt, einen Beweis Meines Wohlwollens und Meiner Anerkennung seiner dem Staate geleisteten nützlichen Dienste zu geben, will Ich über den künftigen Rechtszustand der seiner Familie zugehörigen Herrschaften Wildenburg und Schönstein Folgendes festsetzen:

Beide Herrschaften sollen für die Zukunft Ein untheilbares Ganze unter dem Titel der Standesherrschaft Wildenburg-Schönstein bilden, und es sollen auf diese vereinte Besitzungen die Bestimmungen der Verordnungen vom 21. Juni 1815 und 30. Mai 1820, betreffend die standesherrlichen Verhältnisse, angewendet werden.

Ausgenommen bleiben jedoch hiervon: Die in der deutschen Bundesacte festgesetzte Fortdauer der Standes- und Ebenbürtigkeitsrechte vormals reichsständischer nun standesherrlicher Familien; sodann die Berechtigung zur Theilnahme an der in der Bundesacte eröffneten Aussicht zum standesherrlichen Curiatstimmrecht in dem Pleno der Bundesversammlung; ferner die Befreiung der herrschaftlichen Domanialbesitzungen von ordentlichen Grundsteuern; alsdann die in der Instruction vom 30. Mai 1820 §. 27. zum Vortheil der Standesherren festgesetzte Erhebung und Verwendung der directen Steuern des standesherrlichen Bezirks. Eben so wenig kann Ich den Besitzern der Standesherrschaft Wildenburg-Schönstein die bürgerliche Rechtspflege in zweiter Instanz oder das Recht, das Prädicat „Wir“ zu führen und eine Ehrenwache zu halten, gestatten, da dasselbe nur den vormaligen jetzt mediatisirten wirklichen Landesherren nachgegeben worden ist. Auch kann Ich den genannten Besitzern den privilegirten Austrägal-Gerichtsstand in peinlichen Sachen der Familienhäupter nicht zugestehen, wogegen Ich denselben die Befreiung von ordentlichen Personalsteuern hierdurch zusichere.

Bei der von der großherzoglich Bergschen Regierung im Jahre 1809 verfügten Aufhebung sowohl der Lehnsverbindung, worin die Herrschaft Wildenburg bis zu jener Zeit gestanden, als auch der Wildenburgschen Lehngerechtsame und des für deren Ausübung bestandenen Lehnshofs soll es auch künftighin sein Bewenden behalten und will Ich die Acten dieser Lehnbehörde, welche der Bergschen Regierung eingeliefert werden mußten, dem Fürsten von Hatzfeldt als eine Familienantiquität gegen Zurückbehaltung eines bescheinigten Verzeichnisses unter der Bedingung zurückgeben lassen, daß dadurch eine Wiederherstellung der aufgehobenen Lehnsherrlichkeit auf keine Weise begründet werde. Dagegen bleibt in Hinsicht auf die Herrschaft Schönstein, ungeachtet ihrer gegenwärtigen Vereinigung mit Wildenburg, die von dem herzoglichen Hause Nassau auf die Krone Preußen übergegangene Lehnsherrlichkeit, so wie bisher, auch künftighin bestehen.

Dies sind die Grundzüge des Rechtszustandes, in welchem der Fürst Franz Ludwig von Hatzfeldt und der Graf Edmund von Hatzfeldt die Standesherrschaft Wildenburg-Schönstein besitzen werden, und in welchem dieselbe auf alle andere Mitglieder des fürstlichen und gräflichen Geschlechts Hatzfeldt, welche nach den genannten, auf staats-, lehn- und Familien gesetzmäßige Art zum Besitz derselben gelangen, übergehen wird. Ich füge hier nur noch die Bestimmung bei, daß, wenn die Standesherrschaft, so wie gegenwärtig, von Mehreren besessen wird, die Ausübung der obrigkeitlichen Gerechtsame doch untheilbar sein soll.

Die von dem Fürsten von Hatzfeldt mehrmals nachgesuchte Bestätigung der Erbeinigung seiner Familie vom Jahre 1598 und der darauf gegründeten Fideicommißverfassung derselben, sichere Ich in so weit zu, als der Inhalt jenes Familienstatuts nach erfolgter, in der Instruction vom 30. May pr. §. 21. vorgeschriebenen Begutachtung der Provinzial-Behörden den jetzigen Verhältnissen wird angemessen befunden werden.

Eben so muß Ich Meine Entschließung wegen Festsetzung der von dem herzoglichen Hause Nassau der Hatzfeldtschen Familie zugesicherten Entschädigung für entzogene gutsherrliche Abgaben und Dienste bis dahin aussetzen, wo Mir das desfallsige Gutachten der Behörden zugegangen sein wird.

Nach vorstehenden Bestimmungen haben Sie das Weitere zu veranlassen und dieselben insbesondere auch dem Fürsten von Hatzfeldt mitzutheilen.

Berlin, den 9. Juni 1821.

An Friedrich Wilhelm.

den Staatskanzler Herrn Fürsten von Hardenberg.

983.

Concurrenz der Voluntairgerichte bei Erbtheilungen unter Großjährigen.

Das Justizministerium hat aus dem so erschöpfenden gründlichen Berichte des königlichen Justiz-Senats vom 4. v. Mts.

die Concurrenz der Voluntairgerichte bei Erbtheilungen unter Großjährigen betreffend,

ersehen, wie sich allmälig die Observanz bei mehreren Aemtern gebildet hat, daß alle Erbtheilungen, selbst solche, wobei nur majorenne Erben interessiren, und nur ein Mobiliar-Nachlaß zu theilen ist, vor Gericht vollzogen werden. Obwohl nicht zu leugnen ist, daß diese Observanz nicht durch die Gesetze gebilligt ist, so findet das Justizministerium doch aus den im Berichte angeführten Gründen keine Veranlassung, ex officio einzuschreiten. Den Aemtern soll indeß untersagt werden, majorenne Erben eines bloßen Mobiliar-Nachlasses auf irgend eine Weise zur gerichtlichen Theilung zu nöthigen.

Was die in Antrag gebrachte Remedur der Gesetze über die Voluntair-Jurisdiction betrifft, so hat sich das Justizministerium auch von der Nothwendigkeit einer Revision der darüber bestehenden Gesetze überzeugt, sieht aber auch großen Schwierigkeiten, besonders wegen der Wahl zwischen Schöffengerichten und Landschreibereien, entgegen. Es wird dem Justizministerio daher sehr angenehm sein, wenn der königliche Justiz-Senat sich mit diesem Gegenstande beschäftigen, und den Entwurf eines solchen Gesetzes mit den Motiven einreichen wird. Im Allgemeinen sprechen für die Schöffengerichte die vollgültigsten Gründe, und erscheinen dieselben als eine, in jeder Beziehung zu befördernde Einrichtung.

Berlin, den 5. December 1831. Für den Justiz-Minister.
Vermöge Allerhöchsten Auftrages.
v. Kamptz.

An
den königlichen Justiz-Senat
zu Coblenz.

984.

Competenz der Justizämter und des Stadtgerichts zu Wetzlar in Strafsachen. Körperliches Züchtigungsrecht. Form des Zeugeneides.

Ew. Hochwohlgeboren wird auf die mittelst Berichts vom 19. v. Mts. eingereichte Anfrage Folgendes eröffnet:

Was zuvörderst die Competenz der königlichen Justizämter im Bezirke des königlichen Justizsenats betrifft, so hat denselben bisher keine eigentliche Criminalgerichtsbarkeit zugestanden, und es ist ihnen auch durch die Einführung der Criminalordnung dieselbe nicht beigelegt. Der §. 14. derselben bezieht sich auf die Provinzial-Verfassungen Hinsichts des Umfangs der Polizei-Gerichtsbarkeit, und erhält solche aufrecht, es muß daher bis auf weiteres bei dem Regulativ vom 13. April 1818 und der bisherigen Competenz der königlichen Justizämter sein Bewenden behalten.

Soviel demnächst die Competenz der standesherrlichen Justizämter betrifft; so ist solche durch die Regulativ-Verfügung vom 13. Februar und 4. September 1827 festgesetzt und darin durch die Einführung der Criminalordnung nichts geändert worden.

Was endlich die Competenz des Stadtgerichts zu Wetzlar anlangt, so befindet sich dasselbe im Besitze der Criminal-Jurisdiction, und diese ist ihm durch die Einführung der Criminalordnung nicht entzogen worden, conf. §. 15. derselben; dem königlichen Justizsenat steht jedoch nach §. 99. die Oberaufsicht, und nach §. 513. das Bestätigungsrecht zu, woraus denn von selbst folgt, daß das königliche Hofgericht zu Arensberg auf die eingelegten Rechtsmittel der weiteren Vertheidigung zu erkennen hat.

Auch hinsichtlich der körperlichen Züchtigungen scheint kein Zweifel obzuwalten, denn nach §. 288. der Criminalordnung darf der Inquirent einseitig den Inquisiten nicht züchtigen lassen, nur der königliche Justizsenat, das fürstliche Obergericht zu Neuwied und das Stadtgericht zu Wetzlar als formirtes, mit Criminalgerichtsbarkeit versehenes Collegium, dürfen nach §. 293. eine körperliche Züchtigung in den Fällen des §. 292. und 294. decretiren, wenn die bei den gedachten Gerichten fungirenden Inquirenten oder ein Justizamtmann bei dem vorgesetzten Obergerichte darauf antragen, und in soweit ist die herzoglich nassauische Verordnung vom 26—28. December 1809 abgeändert. Dagegen ist am materiellen Strafrecht nichts geändert, und es darf daher, wo solches gesetzlich untersagt ist, auf körperliche Züchtigung als Strafe eines Vergehens nicht erkannt werden. In wie weit übrigens die Gerichte von dieser ihnen durch den §. 293. verliehenen Befugniß Gebrauch machen wollen, bleibt ihrem richterlichen Ermessen anheimgestellt. Da die Schlußformel des im §. 334. gedachten Zeugeneides auf Antrag der westphälischen Obergerichte hinsichtlich der Katholiken bereits abgeändert worden, so werden die ostrheinischen Gerichte ebenfalls authorisirt, sich der bisherigen üblich gewesenen Formel auch fernerhin zu bedienen.

Ew. Hochwohlgeboren werden authorisirt, diese Verfügung dem königlichen Justizsenate, der fürstlichen Regierung zu Neuwied und den übrigen königlichen und standesherrlichen Untergerichten zur Vermeidung von Mißverständnissen mitzutheilen.

Berlin, den 5. December 1831. Für den Justiz-Minister.
An Vermöge Allerhöchsten Anftrages.
den königlichen Landgerichts- v. Kamptz.
Präsidenten Herrn Wurzer
zu Coblenz.

Abschrift obiger Verfügung erhält das königliche Hofgericht zur Nachricht.

Berlin, den 5. December 1831. Für den Justiz-Minister.
An Vermöge Allerhöchsten Auftrages.
das königliche Hofgericht v. Kamptz.
zu Arnsberg.

985.

Nebenbeschäftigung der Friedensgerichtsschreiber durch Abhaltung von Mobiliar-Auctionen.

Ew. Hochwohlgeboren wird auf den Bericht vom 20. v. Mts., die Dienstverrichtungen der Gerichtsschreiber betreffend, eröffnet, daß, wenn das Gesetz den letzteren erlaubt hat, Mobilien-Auctionen abzuhalten, wie die Notarien und Gerichtsvollzieher, dies unter der sich von selbst verstehenden Bedingung geschehen ist, daß sie dieses Nebengeschäft auch nur in ihren Nebenstunden vornehmen dürfen; auch sind früherhin, da dieses Gesetz erlassen worden, die Friedensgerichtsschreiber wenig beschäftigt gewesen. Wenn dessen ungeachtet gegenwärtig, wo dieselben bei weitem mehr beschäftigt und besser bezahlt sind, sich einige Friedensgerichtsschreiber finden, welche ihre Pflichten als solche verabsäumen, um jenem Nebenverdienste nachzugehen, so ist das öffentliche Ministerium so berechtigt als verpflichtet, im Wege der Disciplin kräftig einzuschreiten, und haben Sie dieserhalb das Nöthige zu veranlassen, und nicht zu statuiren, daß jene Beamten sich ohne hinlängliche Entschuldigungsgründe durch Hülfsschreiber vertreten lassen. Wenn übrigens in manchen Gegenden die Eingesessenen ihre Auctionen lieber durch die

Gerichtsschreiber als durch die Notarien abhalten lassen, so ist dies sehr wahrscheinlich den unverhältnißmäßig hohen Procenten zuzuschreiben, welche die Notarien den Verkäufern dafür in Abzug bringen, daß sie die nach 3 oder 6 Monaten fälligen Kaufschillinge sofort auszahlen, und dafür die Gefahr des Eingehens übernehmen; ein Verfahren, das oft und um so mehr in ein verstecktes wucherliches Geschäft ausartet, als selbst nach Aufhebung des Enregistrements die früher üblich gewesenen Procente beibehalten worden, weshalb denn auch dieser Punkt Ihrer besonderen Aufmerksamkeit empfohlen wird.

Berlin, den 9. December 1831. Für den Justiz Minister.
An Vermöge Allerhöchsten Auftrages.
den königlichen General-Procurator v. Kamptz.
Herrn Ruppenthal
zu Cöln.

986.

Die Pensionen der Mitglieder von den durch die westphälische Regierung aufgehobenen Stiftern sind der Arrestlegung nicht unterworfen.

Seine Königliche Majestät haben mittelst Allerhöchster Kabinets-Ordre vom 7. d. Mts. allergnädigst festzustellen geruhet, daß die von Allerhöchstdenenselben den ehemaligen Mitgliedern und Angehörigen der durch die vormalige westphälische Regierung aufgehobenen Stifter bewilligten Pensionen und Competenzen nach den Grundsätzen des §. 66. des Reichs-Deputations-Schlusses beurtheilt werden, und daher keiner Arrestlegung unterworfen sein sollen.

Sämmtliche königliche Gerichtsbehörden haben sich in vorkommenden Fällen nach dieser Allerhöchsten Bestimmung zu achten.

Berlin, den 9. December 1831. Für den Justiz-Minister.
An Vermöge Allerhöchsten Auftrages.
sämmtliche königliche Gerichtsbehörden v. Kamptz.
und den königlichen General-Procurator
Herrn Ruppenthal
zu Cöln.

987.

Substantiirung der eingehenden Armenrechtsgesuche.

Damit das Gesetz vom 25. Mai d. J. seinen Zweck,

die häufigen Klagen über den Mißbrauch des Armenrechts in den Rheinprovinzen abzustellen, so vollständig als möglich erreiche, veranlasse ich Ew. Hochwohlgeboren, die Ober-Procuratoren mit einer Instruction über die Art und Weise zu versehen, wie sie die bei ihnen eingehenden Armenrechtsgesuche zu präpariren haben, damit die Gerichte von der Ihnen im §. 2. beigelegten Befugniß, das Materielle des Anspruchs zu prüfen, vollständigen Gebrauch machen können.

Die Supplicanten um das Armenrecht gehören größtentheils zu der ungebildeten Volksklasse, weshalb denn ihre Gesuche, sie mögen sie nun selbst aufgesetzt, oder durch einen Winkelconsulenten fertigen gelassen haben, in der Regel so unvollständig sind, daß man daraus die merita causae nicht ersehen kann; in solchen Fällen müssen daher die Ober-Procuratoren die Supplicanten entweder durch die bei den Landgerichten angestellten Referendarien und Auscultatoren oder durch die betreffenden Friedensrichter ausführlich zu Protocoll vernehmen, sie namentlich über ihre Beweismittel befragen und sich die schriftlichen beifügen lassen, damit die Landgerichte daraus die dem Anspruch zum Grunde liegenden Thatsachen ersehen und die Zulässigkeit und die Concludenz der Beweismittel prüfen können.

Es wird ferner zweckmäßig sein, den Ober-Procuratoren aufzugeben, den Bürgermeistern und Steuereinnehmern ein vollständiges Formular zur Ausstellung der Armuths-Atteste mitzutheilen, damit die Gerichte in den Stand gesetzt werden, die Vermögensverhältnisse der Supplicanten stets gründlich zu beurtheilen.

Berlin, den 9. December 1831. Für den Justiz-Minister.
Vermöge Allerhöchsten Auftrages.
v. Kamptz.

An
den königlichen General-Procurator
Herrn Ruppenthal
zu Cöln.

988.

Festsetzung des Normaljahres 1815 gegen Ansprüche des Fiscus.

Wir Friedrich Wilhelm, von Gottes Gnaden, König von Preußen rc. rc. haben auf den Antrag der Stände Unserer Rheinprovinz ihnen bereits in dem Landtagsabschiede vom 15. Juli 1829, die Feststellung eines Normaltermins zum Schutze gegen Ansprüche des Fiscus, aus der Zeit vor dem 1. Januar 1815 herrührend, zugesichert, und ein deshalb zu erlassendes Gesetz verheißen.

Diesem gemäß verordnen Wir auf den Bericht Unseres Staatsministeriums und nach erfordertem Gutachten Unseres Staatsrathes:

§. 1. Gegen die Ansprüche des Fiscus soll in der Rheinprovinz ein Jeder geschützt sein, welcher erweislich am 1. Januar 1815 oder schon vor diesem Zeitpunkt eine Sache oder ein Recht, oder auch die Freiheit von einer Real-Berechtigung ruhig besessen hat.

Jedoch findet diese Bestimmung keine Anwendung, wenn gegen einen solchen Besitzer oder seine Rechtsvorfahren wegen dieses Besitzes vor dem Schlusse des Jahres 1829 von Seiten des Fiscus geklagt worden.

§. 2. Desgleichen sollen alle vor dem 1. Januar 1815 entstandenen Renten oder Schuldforderungen des Fiscus, welche nach diesem Zeitpunkt bis zum Ende des Jahres 1829 weder von dem Fiscus eingeklagt, noch von den Schuldnern anerkannt worden sind, auch ferner nicht geltend gemacht werden.

§. 3. Als Klage des Fiscus (§. 1. und 2.) soll es betrachtet werden, wenn auch nur eine Ladung oder ein Zahlungsbefehl ergangen, oder ein Beschlag gelegt, und das eine oder das andere gehörig zugestellt worden.

§. 4. Durch dieses Gesetz erhält jedoch Niemand die Befugniß, seinen Besitztitel willkührlich zu verändern, und es können daher durch dasselbe diejenigen, welche am 1. Januar 1815 nur pfandweise, wiederkäuflich, als Erbzins, oder mit anderen rechtlichen Beschränkungen eine Sache oder Berechtigung besaßen, kein größeres Recht begründen.

§. 5. Es finden die vorstehenden Bestimmungen auch auf das verheimlichte Staatsgut Anwendung, was nach der Kabinets-Ordre vom 23. Mai 1818, wenn es entdeckt werden möchte, den Ortskirchen überlassen werden sollte, worunter auch das von aufgehobenen geistlichen Corporationen oder Stiftungen herrührende Gut begriffen ist.

§. 6. Auf Hoheitsrechte und die daraus entspringenden Ansprüche des Fiscus findet das gegenwärtige Gesetz keine Anwendung.

Urkundlich unter Unserer Allerhöchsteigenhändigen Unterschrift und beigedrucktem Königlichen Insiegel.

Gegeben Berlin, den 18. December 1831.

Friedrich Wilhelm.

989.

Die Schöffengerichte behalten ihre alten Dienstsiegel.

Dem königlichen Justizsenate wird auf den Bericht vom 2. d. Mts. eröffnet, daß diejenigen Schöffengerichte, welche ihre alten Dienstsiegel noch besitzen, sich derselben nach wie vor zu bedienen haben.

Berlin, den 23. Decbr. 1831. Für den Justiz-Minister.
An Vermöge Allerhöchsten Auftrages.
den königlichen Justiz-Senat v. Kamptz.
zu Coblenz.

990.

Alljährige Einsendung von Conduitenlisten der Auscultatoren und Referendarien.

Nach der an die königliche General-Procuratur unter dem 14. Mai 1824 ergangenen Verfügung mußten bei der Einsendung der alljährigen Conduitenliste auch Verzeichnisse der bei dem königlichen Appellationshofe und den Landgerichten in den Rheinprovinzen fungirenden Auscultatoren und Referendarien eingereicht werden. Seit dem Jahre 1827, wo der Allerhöchste Befehl wegen Ausbildung der rheinischen Justizbeamten bei einem altländischen Obergericht ergangen ist, haben die Präsidenten der letztern bei den Conduitenlisten die zu ihnen übergegangenen rheinischen Referendarien mit aufgenommen. Gegenwärtig aber, wo dieser Allerhöchste Befehl zurückgenommen worden ist, werden Ew. Hochwohlgeboren veranlaßt, diese Listen der Auscultatoren und Referendarien, wie solches im Jahre 1824 bestimmt wurde, wieder alljährig einzureichen.

Berlin, den 29. Decbr. 1831. Für den Justiz-Minister.
An Vermöge Allerhochsten Auftrages
das königliche Appellationsgerichts- v. Kamptz.
Präsidium und die königl. General-
Procuratur zu Cöln.

991.

Die sich zur Auscultatur meldenden Rechtscandidaten müssen das Studienzeugniß No. II. besitzen.

Bei der großen Zahl derjenigen, welche sich dem Staatsdienste als Juristen widmen, ist es nothwendig, diejenigen davon abzuhalten, welche weder durch Talente begünstigt sind, noch durch Fleiß zu den Erwartungen berechtigt haben, welche eine unerläßliche Bedingung ihrer künftigen Beförderung sind. Diejenigen, welche bis zu ihrem ersten Eintritt in den Staatsdienst weder die Kraft und das Talent, noch die Anstrengung besitzen, wegen ihrer Schulstudien sich das Zeugniß No. II. zu erwerben, gewähren keine Hoffnung für die im Staatsdienste erforderliche Anstrengung und Ausdauer. Das Justizministerium verordnet daher, daß derjenige, welcher beim Abgange von Gymnasien nur No. III. erhalte, und auch während der academischen Studien keine höhere Qualification durch die Prüfungen bei den wissenschaftlichen Prüfungs-Commissionen der Universität erworben hat, mit dem Gesuch um Zulassung zur ersten juristischen Prüfung zurückgewiesen werden soll.

Diese Maaßregel soll mit dem October k. J. in Wirksamkeit treten, und bis dahin werden Dispensationsgesuche vom vollständigen triennio academico der inzwischen mit No. III. versehenen Abgegangenen nicht berücksichtigt werden. Sie haben sich hiernach zu achten, und diese Verfügung durch das Amtsblatt zur öffentlichen Kenntniß zu bringen.

Berlin, den 30. Decbr. 1831. Für den Justiz-Minister.
Vermöge Allerhöchsten Auftrages.
v. Kamptz.

An
den königlichen Herrn Präsidenten und
den königlichen Herrn General-Procurator
zu Cöln.

XVII.

1832.

Gesetze, Verordnungen, Rescripte.

992.

Vollstreckung der Executionen in die bei Militairpersonen, Beamten und Pensionairs vorgefundenen baaren Gelder.

Ew. Hochwohlgeboren erhalten in der abschriftlichen Anlage die

wegen Vollstreckung der Executionen in die bei Militairpersonen, Beamten und Pensionairs vorgefundenen baaren Gelder,

unterm 11. December pr. an das königliche Staats-Ministerium ergangene Allerhöchste Kabinets-Ordre, um die Gerichtsvollzieher bei den rheinischen Gerichtsbehörden mit Anweisung zu versehen, daß sie die hiernach dem Beschlage nicht unterworfenen Gelder nicht in Beschlag nehmen, sobald sie durch Vorzeigung der Bestallung oder sonst auf glaubhafte Weise von der, der Execution nicht unterworfenen Summe in Kenntniß gesetzt werden.

Berlin, den 9. Januar 1832. Für den Justiz-Minister.
Vermöge Allerhöchsten Auftrages.
v. Kamptz.

An
den königl. General-Procurator
Herrn Ruppenthal
zu Cöln.

a.

Da Zweifel entstanden sind, ob Civilbeamte, so wie Offiziere und Militairbeamte, wenn Executionen gegen sie verfügt sind, gegen die Pfändung des bei ihnen vorgefundenen baaren Geldes mit dem Einwande gehört werden müssen, daß dasselbe aus dem gesetzlich der Execution nicht unterworfenen Theile ihres Diensteinkommens herrühre, so erkläre Ich, auf den Antrag des Justiz-Ministeriums, und nach dem

Gutachten des Staats-Ministeriums, daß das bei solchen Schuldnern sich vorfindende baare Geld bis auf Höhe derjenigen Summe, welche dem Betrage des gesetzlich freibleibenden Theils des Diensteinkommens für den Zeitraum von der Execution bis zum nächsten Termine der Gehaltszahlung gleich kommt, der Auspfändung nicht unterworfen sein soll. Auch auf die Pensionen der Officiere, der Militair- und der Civilbeamten, soll diese Bestimmung Anwendung finden, eine rückwirkende Kraft aber auf bereits vollzogene Auspfändungen ihr nicht beigelegt werden.

Das Staats-Ministerium hat den gegenwärtigen Erlaß durch die Gesetzsammlung zur allgemeinen Kenntniß zu bringen, und das Justiz-Ministerium die Gerichtshöfe mit den etwa erforderlichen näheren Vorschriften zu versehen.

Berlin, den 11. December 1831.

An das Staats-Ministerium.

Friedrich Wilhelm.

993.

Wittwen-Unterstützungsgelder können mit Arrest nicht belegt werden.

Aus dem in Abschrift beiliegenden Schreiben des königl. Finanz-Ministerii vom 29. December v. J. werden Ew. Hochwohlgeboren ersehen, was dasselbe in Ansehung eines Arrestes, der von dem Baumeister N. gegen die Wittwe des Obersteuer-Controlleurs N. auf die ihr angewiesenen Unterstützungsgelder angelegt worden, angezeigt hat. Da diese von dem N. mit Arrest belegte Unterstützung der Wittwe eines Beamten, welche von dem königlichen Finanz-Ministerio als Surrogat der noch nicht zahlbaren und dem Arrest nicht unterworfenen Pension aus der allgemeinen Wittwenverpflegungsanstalt bewilligt wird, nur zur Erhaltung der Wittwe gewährt wurde, und nicht den Zweck hat, den Gläubigern derselben Mittel zur Befriedigung zu gewähren, so haben Sie zu veranlassen, daß in dem Rechtsverfahren wegen solcher Arreste die königlichen Procuratoren bei ihren Vorträgen, aus dieser Natur der Sache ausführen, daß diese Gelder kein Object der Arrestlegung sein können, wobei sie sich auf analogische Anwendung der Allerhöchsten Kabinets-Ordre vom 23. Mai 1826 beziehen können.

Berlin, den 9. Januar 1832.

Für den Justiz-Minister.
Vermöge Allerhöchsten Auftrages.
v. Kamptz.

An den königl. General-Procurator Herrn Ruppenthal zu Cöln.

a.

Der von allen anderen Mitteln zu ihrem Lebensunterhalt entblößten Wittwe des Ober-Steuercontrolleurs N. ist, da sie erst nach Jahresfrist zu dem Genusse der ihr mit 300 Rthlr. versicherten Wittwenpension gelangt, bis dahin eine Unterstützung von 200 Rthlr. bewilligt worden.

Gegenwärtig hat nun der Provinzial-Steuer-Director zu Cöln angezeigt, daß der Baumeister N. alle Gelder, welche die Wittwe N. von der Steuer-Verwaltung zu beziehen hat, bei dem dortigen Steueramte mit gerichtlichem Arrest habe belegen lassen, und deshalb angefragt, ob die bewilligte Unterstützung der 200 Rthlr. Gegenstand eines Arrestschlages sein könne, da doch durch eine solche Bewilligung einem persönlichen dringenden Bedürfnisse habe abgeholfen werden sollen, dieselbe gewissermaaßen die Bedingung der Unangreifbarkeit, wie die Wittwen- und Alimentar-Pensionen in sich schließe, und der Zweck der Bewilligung in vielen Fällen ganz würde vereitelt werden. Er hält dafür, daß es, wenn eine gesetzliche Bestimmung für den vorliegenden Fall nicht vorhanden sein sollte, dringend nothwendig sei, eine legislatorische Erklärung auszuwirken, welche die den Wittwen verstorbener Beamten bewilligten Unterstützungen derselben Vorrechte theilhaftig mache, welche §. 109. Tit. 24. Thl. I. der A. G. O. zu Gunsten der aus der allgemeinen, so wie aus der Officier-Wittwenkasse zu zahlenden Pensionen, welche vor der geleisteten Zahlung nicht mit Arrest belegt werden können, gewährt und festgesetzt habe.

Ein königliches Hochlöbliches Justiz-Ministerium ersuche ich ganz ergebenst, sich darüber gefälligst äußern zu wollen, ob dasselbe der Meinung ist, daß dergleichen aus Staatscassen, lediglich aus nur persönlichen Rücksichten bewilligte Unterstützungen, nach den bestehenden Gesetzen, durch die Gläubiger des zu Unterstützenden, ihrem Zweck entzogen werden können; ob dasselbe ferner, um Sicherheit dafür zu erhalten, daß dergleichen Zuwendungen auch der dabei gehegten Absicht gemäß verwendet werden, mit dem Provinzial-Steuer-Director, eine besondere gesetzliche Bestimmung für nothwendig hält, und in diesem Falle bereit sein möchte, solche in einem gemeinschaftlichen Berichte an des Königs Majestät in Antrag zu bringen.

Meines Erachtens dürfte es schon in der Eigenthümlichkeit des Rechtsverhältnisses liegen, daß den Gläubigern ein Anspruch auf dergleichen Unterstützungen nicht zusteht. Sie werden aus den Staatscassen zur Verwendung für einen bestimmten Zweck bewilligt; kann dieser Zweck nicht erreicht werden, so haben auch die Staatscassen keine Verbindlichkeit, die zugesicherte Zahlung zu leisten, und der Gläubiger kann also niemals fordern, daß aus der Staatscasse irgend eine, dem Zwecke der Bewilligung zuwiderlaufende Zahlung an ihn geleistet werde. Der durch die Zusicherung der Unterstützung erworbene Anspruch auf deren Zahlung ist ein jus personalissimum des Unterstützten, und kann deshalb von des Letztern Gläubigern nicht mit Beschlag belegt werden. Es tritt dies besonders deutlich hervor, wenn man den Fall erwägt, wo die Hinterbliebenen des Beamten, welchen eine Unterstützung zugesichert ist, während des Zeitraums sterben, für welchen die Unterstützung bewilligt war, da in diesem Falle die Verbindlichkeit zur Fortzahlung des Zugesicherten doch nur deshalb aufhört, weil der Zweck der Zusicherung nicht mehr erreicht werden kann.

Berlin, den 29. December 1831.

An Ein königl. Hochlöbliches Justiz-Ministerium.

Maassen.

994.

Fesselung der Gefangenen in den Arrest- und Gefangenhäusern.

Ew. Hochwohlgeboren erhalten hierneben Abschrift des Schreibens des königlichen Ministerii des Innern und der Polizei vom 18. d. M., und der von demselben erlassenen Verfügung in Betreff der Fesselung der Gefangenen in den rheinischen Arrest- und Gefangenhäusern, zur Benachrichtigung der Landgerichte und Instructions-Aemter.

Berlin, den 30. Januar 1832.

An den königlichen General-Procurator Herrn Ruppenthal zu Cöln.

Für den Justiz-Minister.
Vermöge Allerhöchsten Auftrages.
v. Kamptz.

a.

Einem königlichen Hochlöblichen Justiz-Ministerio ermangele ich nicht, auf das geehrte Schreiben vom 23. December v. J. in der abschriftlichen Beilage die Verfügung, welche ich in Betreff der Fesselung der Gefangenen in den rheinischen Arrest und Gefangenhäusern heute an den Herrn Ober-Präsidenten v. Pestel erlassen habe, zur gefälligen

Kenntnißnahme, mit dem Anheimstellen ganz ergebenst mitzutheilen, danach den General-Procurator Ruppenthal geneigtest instruiren zu wollen. Berlin, den 18. Januar 1832.

Der Minister des Innern und der Polizei
An v. Brenn.
Ein königl. Hochlöbliches Justiz-Ministerium.

b.

Durch die Hausordnung für die rheinischen Arrest- und Gefangenhäuser steht schon fest, daß die Anlegung von Ketten als Disciplinarstrafe nur durch die Straf-Commissionen verfügt werden kann.

Die Fesselung der Gefangenen als Sicherheitsmaaßregel ist dagegen bisher von den Direktoren der Arrest- und Gefangenhäuser ausgegangen. Da es jedoch, womit das königliche Justiz-Ministerium einverstanden ist, angemessen erscheint, die Fesselung der Gefangenen als Sicherheitsmaaßregel bei Untersuchungs-Gefangenen von der Genehmigung des Untersuchungsamts, und bei Strafgefangenen von der Zustimmung des Ortspolizei-Dirigenten oder sonstigen Beamten, dem die Regierung die specielle Aufsicht über das Arrest- oder Gefangenhaus übertragen hat, abhängig zu machen, so ersuche ich Ew. Hochwohlgeboren, demgemäß die Regierungen zur weitern Anweisung der Vorsteher der Arrest- und Gefangenhäuser zu instruiren.

Sollte in dem einen oder andern Falle der Vorsteher der Anstalt besonderer Umstände wegen, die augenblickliche Anlegung von Fesseln für nothwendig halten, so bleibt ihm zwar die Befugniß, diese sofort eintreten zu lassen, alsdann muß er aber unverzüglich die nachträgliche Zustimmung der vorher benannten Beamten einholen.

Berlin, den 18. Januar 1832.

Der Minister des Innern und der Polizei
An v. Brenn.
den königl. Ober-Präsidenten der Rheinprovinz,
Herrn Pestel Hochwohlgeboren
zu Coblenz.

995.

Verfahren bei den zu Freiheitsstrafen verurtheilten Verbrechern jugendlichen Alters.

Dem königlichen Appellationshofe wird hierbei Abschrift

des Schreibens des Herrn Ministers des Innern nnd der Polizei vom 10. d. Mts.

wegen des Verfahrens hinsichtlich der zu Freiheitsstrafen verurtheilten Verbrecher jugendlichen Alters,

und der Anlage zur Nachricht und Nachachtung zugefertiget.

Berlin, den 14. Februar 1832.

An den königlichen Appellationshof zu Cöln.

Der Justiz-Minister.
v. Kamptz.

a.

Auf das geehrte Schreiben vom 6. v. Mts. habe ich wegen des Verfahrens hinsichtlich der zu Freiheitsstrafen verurtheilten Verbrecher jugendlichen Alters dato an die königlichen Ober-Präsidien die abschriftlich angebogene Verfügung erlassen, welche ich Einem königlichen Hochlöblichen Justiz-Ministerium mit dem ergebensten Anheimstellen mitzutheilen nicht ermangele, die Landes-Justiz-Collegien von dem Verfügten gefälligst benachrichtigen zu wollen.

Berlin, den 10. Februar 1832.

An Ein königl. Hochlöbliches Justiz-Ministerium.

v. Brenn.

b.

Bei Vollstreckung der gegen Verbrecher jugendlichen Alters gerichtlich erkannten Freiheitsstrafen ist bisher nicht überall mit der Rücksicht verfahren worden, welche die Verhältnisse dieser Individuen und besonders der Zweck der Besserung derselben in Anspruch nehmen.

Dies veranlaßt mich, die besondere Aufmerksamkeit der königl. Ober-Präsidien auf den gedachten Gegenstand um so mehr hinzuleiten, als einige Gerichtshöfe selbst gegen Kinder auf Zuchthausstrafen erkennen und ihre Erkenntnisse auf die Ansicht gründen, daß unter der im §. 17. Tit. 20. Thl. 2. des Allgemeinen Land-Rechts erwähnten Züchtigung nicht geradezu eine körperliche Züchtigung, sondern auch jede andere das Maaß der ordentlichen Strafe nicht erreichende Correction, mithin auch eine Einsperrung in ein Zuchthaus, auf längere oder kürzere Zeit verstanden werden müsse.

Auf die Anstalt, in welcher die Strafe vollstreckt wird, kommt es nun weniger, als darauf an, daß Unmündige und überhaupt jüngere Personen von den älteren und verdorbeneren Verbrechern möglichst abgesondert gehalten, dabei aber auch sowohl in den Elementar-Schulkenntnissen, als in der Religion sorgfältigst unterrichtet werden. . .

Den Hindernissen, welche in einigen Landestheilen theils durch Mangel an Raum, theils aber auch dadurch herbeigeführt werden möchten, daß noch nicht in allen Straf- und Besserungs-Anstalten für einen ausreichenden Schul- und Religions-Unterricht gesorgt ist, werde ich zwar nach und nach abzuhelfen suchen; immittelst werden aber doch die königlichen Ober-Präsidien, insofern dieserhalb nicht schon eine dem Zwecke entsprechende Einrichtung in der dortigen Provinz getroffen sein möchte, nach Maaßgabe des gegenwärtigen Zustandes und der Einrichtung der Straf- und Besserungs-Anstalten Ihrer Bereiche, diejenige Anstalt, in welcher Verbrecher jugendlichen Alters die gegen sie erkannten Freiheitsstrafen am angemessensten abbüßen können, den betreffenden Justizbehörden namhaft zu machen und dieselben zu ersuchen haben, jugendliche Verbrecher künftig an die Direktion jener Anstalt zur Vollstreckung der Strafe abliefern zu lassen. Indem ich die königlichen Ober-Präsidien ersuche, demgemäß das Erforderliche einzuleiten, fordere ich dieselben zugleich auf, die Direktion der Anstalt, welche zur Aufnahme jugendlicher Verbrecher bestimmt worden, wegen ihres Verfahrens Hinsichts dieser Individuen speciell zu instruiren und mir von dem Verfügten Anzeige zu machen.

Dem königlichen Justiz-Ministerium theile ich eine Abschrift dieses Erlasses mit und stelle demselben anheim, die Landes-Justiz-Collegien von demjenigen, was ich verfügt habe, zu benachrichtigen.

Berlin, den 10. Februar 1832.

Der Minister des Innern und der Polizei.
v. Brenn.

An
sämmtliche königliche Ober-Präsidenten und
das königliche Polizei-Präsidium hier.

996.

Regulativ über die practischen Vorbereitungen und die Prüfungen zum Justiz-Dienst in der Rheinprovinz.

Nachdem des Königs Majestät allergnädigst geruhet haben, durch die Allerhöchste Kabinets-Ordre vom 17. Januar 1831 zu gestatten, daß die Prüfungen der, dem Justizdienst in den Rheinprovinzen sich widmenden Rechtsgelehrten vor den rheinischen Gerichtshöfen erfolgen, die über die Modalitäten dieser Prüfungen nach und nach erlassenen Vorschriften aber theils zerstreut sind, theils nähere Anweisungen erfordern, und daher häufig Anfragen und Aufenthalt veranlassen; so wird über diese Prüfungen zur Ermittelung der Würdigkeit und Fähigkeit zum Justiz-Dienst in den Rheinprovinzen das gegenwärtige Regulativ hiermit erlassen, und den Gerichtshöfen und dem öffentlichen Ministerium in den Rheinlanden, mit Ausschluß des ostrheinischen Theils des Coblenzer Regierungs-Bezirks, zur Richtschnur vorgeschrieben:

I.

Befähigung zur Stelle eines Richters, eines Beamten des öffentlichen Ministerii und eines Advocat-Anwalts.

§. 1.

1) Erste Prüfung. Examen pro Auscultatura.

a) Erfordernisse zur Zulassung zu demselben.

aa) Schulzeugniß No. I. oder II.

Zur dereinstigen Erhaltung einer Stelle der richterlichen Magistratur, im öffentlichen Ministerium und in der Advocatur ist zunächst das Examen pro Auscultatura erforderlich. Die Erfordernisse der Zulassung zu demselben sind folgende:

Da diejenigen, welche bis zu ihrer Anmeldung zum Staatsdienst weder die Kraft, noch das Talent, noch die Anstrengung bewiesen haben, über ihre Schulstudien sich das Zeugniß No. II. zu erwerben, keine Hoffnung auf die im Staats- und insonderheit im Justiz-Dienst so nothwendige Anstrengung und Ausdauer gewähren; so können, wie bereits durch das Circular-Rescript vom 30. December 1831 festgesetzt ist, diejenigen, welche beim Abgange vom Gymnasium nur das Zeugniß No. III. erhalten und auch während ihrer academischen Studien oder nachher keine höhere Qualification durch die Prüfung bei der wissenschaftlichen Prüfungs-Commission einer Universität sich zu erwerben vermocht haben, vom 1. October dieses Jahres an, zum Examen für den Justiz-Dienst weiter nicht zugelassen werden, sondern sind mit dem darauf gerichteten Gesuche zurückzuweisen.

§. 2.

bb) triennium academicum.

Demnächst ist zur Zulassung zu dieser Prüfung der Nachweis eines dreijährigen Studiums der Rechtswissenschaft auf einer deutschen Universität erforderlich. Nur der Justiz-Minister ist berechtigt, diese Dauer des academischen Studiums abzukürzen und daher keinem Gerichte erlaubt, einen Rechtscandidaten zu prüfen, der nicht entweder die Vollendung des dreijährigen Universitäts-Cursus, oder die Dispensation des Justiz-Ministers nachgewiesen hat.

§. 3.

Eine solche Dispensation kann entweder von Amtswegen von dem Landgerichte aus erheblichen bescheinigten Gründen, vermöge eines Rathskammer-Beschlusses derjenigen Abtheilung, welcher der Landgerichts-Präsident vorsitzt, beim Justiz-Minister in Antrag gebracht, oder bei demselben von dem Candidaten selbst nachgesucht werden.

§. 4.

Im ersten Falle wird der Antrag von dem Landgerichts-Präsidenten und dem Ober-Procurator an den Justiz-Minister gerichtet.

§. 5.

cc) Moralität, Sitten und Lebenswandel.

Da Rechtskenntnisse allein weder dem öffentlichen und insonderheit dem Justizbeamten die erforderliche Achtung und Würde, noch den Unterthanen die genügende Sicherheit seiner gewissenhaften und gemeinnützlichen Amtsführung gewähren, sondern, wenn beide gleich wichtige Zwecke erreicht werden sollen, mit Rechtlichkeit, guten Gesinnungen, Sittlichkeit und tadelsfreiem Betragen verbunden sein müssen, so haben die Landgerichte vor der Zulassung zum ersten Examen auch hierauf, und zwar bei Fällen bloßen jugendlichen Leichtsinnes mit väterlicher Milde, dagegen aber in Fällen grober und beharrlicher Unsittlichkeit, ehrenwidrigen, gemeinen Lebenswandels, grober Renitenz gegen öffentliche Ordnung, Gesetze und Obrigkeit, staatswidriger Grundsätze und Gesinnungen und Mangels an Ehrgefühl und sittlichen Gesinnungen mit der, dem Publikum und dem gerichtlichen Stande gebührenden Strenge Rücksicht zu nehmen, und die, in den letztgedachten Fällen sich befindenden Candidaten zum Examen nicht zuzulassen. Die academischen und Gymnasial-Zeugnisse sind daher auch in dieser Beziehung zu beachten und insonderheit diejenigen, die von der Universität relegirt worden, ohne Genehmigung des Justiz-Ministers zum Examen nicht zuzulassen.

§. 6.

dd) Subsistenzmittel.

Die Landgerichte haben auch darauf zu sehen, daß der Rechs-Candidat von Mitteln, um während seiner practischen Vorbereitung zum Justiz-Dienst sich mindestens nothdürftig erhalten zu können, nicht ganz entblößt und diese Mittel wenigstens mit einiger Wahrscheinlichkeit nachweise, wobei jedoch besonders bei ausgezeichneten Fähigkeiten, besondern Rechtskenntnissen, bescheinigtem ausdauernden Fleiße und überhaupt bei vorliegender Kraft und Vorsatz zur weiteren

Fortbildung, mit billiger Erwägung der individuellen Verhältnisse zu verfahren ist.

§. 7.

ee) Eingeborenheit.

Der Candidat hat neben den obererwähnten Erfordernissen gleichzeitig auch den Beweis beizubringen, daß er ein preußischer Unterthan ist, oder als Ausländer in Gemäßheit der Allerhöchsten Kabinets-Ordre vom 1. October 1829 die Erlaubniß zum Eintritt in den königl. Dienst erhalten hat.

§. 8.

ff) curriculum vitae.

Er muß überdem dem Landgerichte ein, in lateinischer Sprache abgefaßtes curriculum vitae vorlegen, in welchem sein Name, Alter und Geburts-Ort, der Name und Stand seiner Aeltern angegeben und eine kurze Geschichte seiner Ausbildung auf Schulen und Universitäten enthalten ist.

§. 9.

b) Antrag auf Zulassung zur Prüfung.

Ein in Gemäßheit vorstehender Bestimmungen zur Zulassung zum Examen qualificirter Candidat ist berechtiget, auf letzteres nach seiner Wahl bei einem der rheinischen Landgerichte anzutragen. Er richtet deshalb sein Gesuch an den Präsidenten dieses Gerichtshofes, unter Beifügung der Urschriften der §. 1. ff. gedachten Zeugnisse und des curriculi vitae, und meldet sich vor dem Examen persönlich bei allen Mitgliedern sowohl des Landgerichts, als des öffentlichen Ministeriums bei demselben.

§. 10.

c) Prüfungsverfahren.

Wenn keine Anstände gegen die Zulassung des Aspiranten zur Prüfung sich ergeben haben; so wird dieselbe angeordnet. Sie wird von einem Rathe des Landgerichts und einem Beamten des öffentlichen Ministeriums bei demselben, von welchen jener von dem Präsidenten, dieser aber von dem Ober-Procurator ernannt wird, abgehalten. Die Prüfung ist blos mündlich und muß sich über alle Theile der Rechtswissenschaft, namentlich über das römische, canonische und deutsche Recht, über das Lehn-, Criminal- und Staats-Recht, über die Rechtsgeschichte und die nächsten, ganz besonders über die historischen Hülfswissenschaften der Jurisprudenz verbreiten, ohne jedoch auf eine nähere Kenntniß der Landesgesetze der alten oder der Rheinprovinzen ausgedehnt zu werden, obwohl, besonders wenn aus dem academischen Zeugniß hervorgeht; daß der Candidat Collegien über französisches oder rheinisches Recht gehört hat, sich zu vergewissern ist, daß er auch in diesen Vorlesungen diejenigen Kenntnisse sich erworben hat, welche jede, mit Ernst und Aufmerksamkeit gehörte Vorlesung gewähren muß. Geordnete klare Begriffe, System, Aneignung der Hauptgrundsätze der obgedachten verschiedenen Zweige der Rechtswissenschaft und der verschiedenen Dogmen derselben und Bekanntschaft mit den, in neuern Zeiten bedauerlich so oft von Studirenden vernachlässigten Quellen des Rechts, besonders des römischen Rechts, sind die Gesichtspunkte, von welchen bei dem Examen vorzugsweise auszugehen ist. Außerdem haben die Examinatoren sich zu vergewissern, daß der Candidat die für jeden Rechtsgelehrten unentbehrlichen Kenntnisse der lateinischen Sprache und die Fertigkeit besitzt, in derselben sich auszudrücken, wozu die so viel möglich in dieser Sprache abzuhaltende Prüfung über das römische Recht und cursorische Uebersetzungen und Erklärungen mehrerer Stellen im corpus juris romani die angemessenste Gelegenheit darbietet.

§. 11.

Ueber diese mündliche Prüfung wird von den Examinatoren ein Protocoll aufgenommen, in welchem die Materien, über welche sie sich verbreitet hat, näher angegeben, und einige der Antworten des Candidaten wörtlich angeführt werden. Nach beendigter Prüfung und Entlassung des Candidaten haben die Examinatoren über das Resultat der ersteren zu berathschlagen und ihr gewissenhaftes Gutachten über die Kenntnisse und Fähigkeiten des Candidaten motivirt entweder zu eben diesem Protocoll oder besonders abzugeben.

§. 12.

d) Zulassungsattest.

Die Examinatoren legen dieses Protocoll mit den, von dem Candidaten etwa eingereichten Schriften ꝛc., dem Landgerichts-Präsidenten und dem Ober-Procurator vor, welche, wenn sie das Resultat befriedigend finden, dem Candidaten ein Attest über die wohl zurückgelegte Prüfung pro auscultatura ertheilen.

§. 13.

e) Zulassung zur Auscultatur und Beschäftigung in derselben.

Auf den Grund dieses Attestes ist der Candidat berechtigt, zum Zweck seiner weitern practischen Ausbildung sowohl bei den rheinischen Landgerichten, als den Gerichten in den übrigen Provinzen der Monarchie, als Auscultator zugelassen zu werden.

Wenn er bei einem Landgericht in den Rheinprovinzen als Auscultator angestellt ist; so hat er, nach Ableistung des im Anhange zur Allgemeinen Gerichtsordnung §. 456. bezeichneten Diensteides, das Recht und die Verpflichtung, bei allen Rathsversammlungen des Landgerichts gegenwärtig zu sein, und es muß darauf gehalten werden, daß dieses regelmäßig geschehe, und daß die Auscultatoren auch den öffentlichen Sitzungen des Gerichts stets pünktlich und ausdauernd mit Aufmerksamkeit beiwohnen, falls sie nicht durch andere ihnen übertragene unverschiebbare Arbeiten daran verhindert sind, in welchem Falle jedoch jeder sein Ausbleiben unter Anführung des Behinderungs-Grundes bei dem Präsidenten zu entschuldigen hat.

§. 14.

Außerdem sind die Auscultatoren soviel wie möglich, theils als Protocollführer in Untersuchungssachen oder andern, einem Mitgliede des Landgerichts aufgetragenen, Geschäften, theils Auftragsweise mit den Functionen des Gerichtsschreibers in den öffentlichen Sitzungen, anfänglich jedoch unter dessen Anleitung und Controlle, späterhin aber selbstständig, so wie in dem Parket des Ober-Procurators bei der Dienstcorrespondenz oder zur schriftlichen Ausarbeitung von Anträgen in Civil- und Strafsachen zu beschäftigen und auch, unter Bestellung eines Correferenten aus den Mitgliedern des Gerichts, mit Relationen und Urtheilsentwürfen zu beauftragen. Sie haben die ihnen übertragenen Relationen nicht blos schriftlich abzufassen, sondern auch in der Rathskammer selbst vorzutragen.

§. 15.

Diese verschiedenen Arbeiten sind, da die eine eine bereits erworbene größere Geschäftsgewandtheit als die andere erfordert, dem Auscultator nach Maaßgabe seiner Fortschritte, Kenntnisse, practischer Beurtheilungskraft und übrigen Befähigung nur successive zu übertragen. Es haben daher die Präsidenten möglichst genaue Kenntniß von den Auscultatoren und ihren Fähigkeiten zu nehmen, und jeden derselben von der leichteren zu der schwereren Arbeit vorschreiten zu lassen, sobald er die für jede derselben erforderliche Fähigkeit sich erworben hat.

§. 16.

Dagegen darf kein Auscultator zu Arbeiten verwendet werden, welche, wie z. B. das bloße Abschreiben, seine Ausbildung und den Zweck seiner Anstellung nicht befördern, vielmehr ihnen hinderlich sind, und eben so wenig darf die besondere Brauchbarkeit in Einem Geschäftszweige ein Grund sein, ihn dabei länger verweilen zu lassen, als jener Zweck erfordert.

§. 17.

Es ergiebt sich hieraus von selbst die Nothwendigkeit, die bei einem Landgerichte beschäftigten Auscultatoren periodisch unter die verschiedenen Kammern und resp. in das Parket zu vertheilen, und bei denselben vorzugsweise arbeiten zu lassen.

§. 18.

2) Zweite Prüfung. Referendariats-Prüfung.

a) Erfordernisse zur Zulassung derselben.

aa) Vorgängige sechsmonatliche Auscultatur.

Nur derjenige, der wenigstens sechs Monate auf die obgedachte Art als Auscultator practisch beschäftigt gewesen ist, darf zur Referendariats-Prüfung zugelassen werden; nur der Justizminister kann von diesem Zeitraum dispensiren.

§. 19.

bb) Bescheinigung des tüchtigen Verhaltens in der Auscultatur.

Ein Auscultator kann aber auch dann nur zur Referendariats-Prüfung zugelassen werden, wenn er in der Auscultatur ihren Zweck erreicht, die beabsichtigte practische Vorbildung gewonnen, die ihm obliegenden Pflichten erfüllt und hierdurch, so wie durch fortgesetztes Studium und gründliche Arbeiten und einen vorwurfsfreien, sittlichen und anständigen Lebenswandel in und außer dem Dienst, zum Vorrücken in eine höhere Dienstkathegorie sich befähigt und würdig gezeigt hat. Dies hat er durch das Zeugniß sowohl des Landgerichts-Präsidenten, als des Ober-Procurators des Gerichtshofes, bei welchem er auscultirt hat, zu bescheinigen.

§. 20.

b) Meldung zur zweiten Prüfung.

Der Auscultator, der diesen Erfordernissen genügt, kann unter urschriftlicher Beilegung der §. 19. gedachten beiden Zeugnisse bei dem Präsidenten und Ober-Procurator auf Zulassung zur Referendariats-Prüfung antragen. Dieser Antrag muß schriftlich geschehen, und der Aspirant vor dem Examen bei sämmtlichen Mitgliedern des Gerichtshofes und des öffentlichen Ministeriums sich persönlich melden.

§. 21.

c) Prüfung.

aa) Mündliches Examen.

Die Referendariats-Prüfung erfolgt bei dem Landgerichte durch drei Examinatoren, von welchen zwei aus den Landgerichtsräthen von dem Präsidenten und der dritte von dem Ober-Procurator aus den Beamten des Parkets gewählt werden; keiner derselben darf aber bei der ersten Prüfung des Candidaten concurrirt haben.

§. 22.

Die Prüfung muß sich nicht allein auf alle Gegenstände des Examens pro auscultatura (§. 10.) erstrecken, sondern außerdem noch, und zwar hauptsächlich, auf eine specielle Kenntniß der in der Rheinprovinz geltenden allgemeinen Rechte und auf allgemeine Kenntnisse der wichtigsten Provinzial- und statutarischen Rechte des Rheinlandes gerichtet sein, und auch über das preußische Allgemeine Landrecht und die preußische Criminalordnung, so wie auf eine allgemeine Kenntniß von der Hypotheken- und Deposital-Ordnung und die spätern darauf sich beziehenden Gesetze und auf speciellere Kenntnisse des römischen Rechts und fortgesetztes Studium desselben sich verbreiten. Die Examinatoren haben hierbei sowohl auf die rechtswissenschaftliche Bildung, als auf das praktische Beurtheilungs-Vermögen des Probe-Candidaten Rücksicht zu nehmen, und über beide in ihrem Gutachten sich zu äußern. Wenn gleich die Prüfung über alle oben erwähnten Gegenstände sich verbreiten muß, so werden doch die Examinatoren in Ansehung der Rechtszweige, bei welchen sie mehr oder minder tief in die Theorie eingehen, auf die individuellen Verhältnisse und die künftige Bestimmung des Examinanden angemessene Rücksicht nehmen, jedenfalls aber gründliche Kenntnisse des römischen und des französischen Rechts, so wie der Hauptgrundsätze des Allgemeinen Landrechts erfordern. Ueber die Prüfung ist in der §. 11. bestimmten Art ein Protocoll anfzunehmen.

§. 23.

bb) Probe-Relation.

Der Candidat hat außerdem eine Probe-Relation nebst Urtheils-Entwurf aus Civil-Acten, welche ihm zu dem Ende von dem Präsidenten des Landgerichts, bei welchem er als Auscultator gestanden, oder desjenigen, bei welchem er das Referendariats-Examen nachsucht, zuzustellen sind. Er muß die Probe-Relation vor der mündlichen Prüfung dem Präsidenten und Ober-Procurator so zeitig einreichen, daß sie vor derselben von den Examinatoren gehörig geprüft werden kann.

§. 24.

d) Verfahren nach geendigter Prüfung.

Die Examinatoren haben nicht allein die Probe-Relation gründlich zu prüfen, und über deren Werth eine schriftliche Censur abzufassen, sondern auch nach vollendeter mündlicher Prüfung ein motivirtes schriftliches Gutachten über die aus beiden sich ergebenden Kenntnisse und Fähigkeiten des Candidaten und dessen Referendariats-Qualification abzufassen, und sowohl dasselbe, als die Probe-Relation und die Censur derselben und das Examinations-Protocoll an den Präsidenten und den Ober-Procurator zu übersenden, von welchen diese Actenstücke nebst dem Nachweise der von dem Candidaten erledigten Militairpflicht, nach Maaßgabe der Rescripte vom 1. Februar und 23. September 1822 (Jahrbücher, Bd. 19. p. 180. und Band 20. p. 49.) mittelst gutachtlichen Berichts dem Justizminister eingereicht werden, welcher über die Beförderung des Candidaten zum Referendariate beschließen wird.

§. 25.

c) Fernere practische Ausbildung des Referendars.

Die Referendarien sind auf eine, ihrem künftigen Berufe und der gründlichen Befähigung zu demselben angemessene, Art bei den Landgerichten zu beschäftigen, und werden zu dem Ende der besonderen Fürsorge des Präsidenten und der Mitglieder, sowohl des Gerichtshofes, als des öffentlichen Ministeriums, angelegentlichst empfohlen. Sie können zwar wenn das Bedürfniß des Dienstes es erfordert, zu den nach §. 14. für die Auscultatoren bestimmten Geschäften verwendet werden, allein ihre Hauptbeschäftigung besteht in Versehung der eigentlich zum richterlichen Amte oder zum öffentlichen Ministerium gehörigen Geschäfte, in Relationen, Vorträgen, in Abhaltung von Commissionsterminen und in Untersuchungen, welche sie selbstständig oder dem Befinden nach unter Leitung eines Gerichtsmitgliedes führen und dergl. Die Referendarien müssen auf einige Zeit, wenigstens während zwei Monate, bei einem Friedensgerichte arbeiten, und kann ihnen sowohl die commissarische Verwaltung vacanter Friedensgerichte, als die einstweilige Vertretung eines durch Krankheit oder aus andern Gründen verhinderten Friedensrichters aufgetragen werden; zur definitiven Anstellung als Friedensrichter sind sie jedoch erst qualificirt, wenn sie ein Jahr, vom Tage ihrer Ernennung zum Referendariate ab, bei dem Landgerichte beschäftiget gewesen, und in demselben mindestens während drei Monate bei einem Untersuchungsamte sich mit gutem Erfolge im Inquiriren geübt haben.

Die Referendarien müssen so viel als möglich mit mündlichen und schriftlichen Vorträgen und Relationen aus gerichtlichen Verhandlungen beschäftigt werden. Sie müssen sowohl den öffentlichen als den Rathskammer-Sitzungen, so weit sie durch anderweitige dringendere Dienstgeschäfte daran nicht behindert sind, pünktlich und mit Aufmerksamkeit beiwohnen, wie sie denn überhaupt stets eingedenk sein müssen, daß die tüchtige Benutzung des wohl vorbereiteten Referendariats die sicherste Gewähr künftiger wahrer Dienstfähigkeit ist.

§. 26.

3) Dritte Prüfung.

a) Erfordernisse zu derselben.

Der Referendar, welcher beabsichtigt, die dritte Prüfung in den Rheinlanden zu den Stellen, in welchen eine anderweitige Prüfung nicht noch erforderlich ist, zu bestehen, muß nicht allein als Auscultator und Referendar zusammen allermindestens während eines ganzen Jahres bei den Gerichten auf die obgedachte Art beschäftigt gewesen sein, sondern auch noch außerdem während eines Jahres bei einem Advocat-Anwalte eines Landgerichts oder des Appellationsgerichtshofes gearbeitet, und unter dessen Assistenz bei dem Gerichte in Civil- und Strafsachen mehrere öffentliche Vorträge gemacht haben. Er muß seinem Gesuche um Zulassung zur dritten Prüfung die Beweise über die Erfüllung der obgedachten Vorschriften, durch die urschriftlichen Zeugnisse des Landgerichts-Präsidenten und des Ober-Procurators über seine Beschäftigung im Gericht und im Parket, des Untersuchungsrichters über seine Beschäftigung im Inquiriren, des Friedensrichters über seine Beschäftigung bei demselben, der Assisen- und Kammerpräsidenten, vor welchen der Referendar als Vertreter der Partheien in Straf- und Civilsachen gesprochen hat, und endlich des Advocat-Anwalts über seine Beschäftigung in dessen Arbeitsstube, bestätigen. Alle diese Beamten haben diese Zeugnisse gewissenhaft und ohne Rücksicht auf die Verhältnisse des Referendars auf ihren geleisteten Amtseid auszustellen. Die Zeugnisse des Landgerichts-Präsidenten und des Ober-Procurators müssen überdem auch über das sittliche und anständige Verhalten des Aspiranten während seines Referendariats in und außerhalb dem Dienst sich verbreiten.

§. 27.

Der Referendar muß zugleich von den Untersuchungen, welche er selbstständig geführt hat, wenigstens zwei bezeichnen, welche er selbst für geeignet hält, um seine im Inquiriren erworbene Fertigkeit darzuthun.

Diese Acten werden von dem ersten Präsidenten des Appellationshofes und von dem General-Procurator eingefordert.

§. 28.

b) Zulassung zur dritten Prüfung.

Die Zulassung zur dritten Prüfung kann nur von dem Justizminister bewilligt werden. Das Zulassungs-Gesuch ist zwar an denselben zu richten, muß jedoch durch den ersten Präsidenten des Appellationshofes und den General-Procurator an ihn gelangen.

Der das dritte Examen nachsuchende Referendar hat daher das darauf gerichtete Gesuch mit den Urschriften der §. 26. vorgeschriebenen Zeugnisse zunächst bei dem Landgerichts-Präsidenten und dem Ober-Procurator des Landgerichts, bei welchem er fungirt, einzureichen und solchergestalt zu dieser Prüfung sich präsentiren zu lassen; beide haben das Gesuch an den ersten Präsidenten des Appellations-Gerichts und den General-Procurator mittelst gutachtlichen Berichts zu befördern, in welchem oder in einem besonderen Zeugnisse der Landgerichts-Präsident sich zu äußern hat, ob der Candidat als vorzüglich, oder als gut, oder als hinreichend vorbereitet zur Prüfung präsentirt werde.

§. 29.

Der erste Präsident und der General-Procurator reichen den Antrag und den Bericht des Landgerichts mit Anlagen, so wie die Verhandlungen über die beiden ersten Prüfungen des Candidaten und die betreffenden Dienst-Acten über denselben, dem Justiz-Minister ein, und äußern sich zugleich gutachtlich über den Aspiranten und dessen Gesuch.

§. 30.

Der Justiz-Minister entscheidet über das Gesuch zur Zulassung zur dritten Prüfung, und ernennt, wenn er letztere gestattet, entweder zwei Räthe des Appellationsgerichtshofes und ein Mitglied des öffentlichen Ministeriums bei demselben zu Examinatoren, oder überträgt diese Ernennung dem ersten Präsidenten und dem General-Procurator. Weder in dem einen, noch in dem andern Fall können diejenigen, welche mit dem Candidaten die Referendariats-Prüfung vorgenommen haben, bei der dritten Prüfung zu Examinatoren ernannt werden.

§. 31.

c) Prüfungs-Verfahren.

Der zur dritten Prüfung zugelassene Referendar muß zwei Probe-Relationen bei dem Appellationsgerichtshofe ausarbeiten, in zwei wichtigen Civilsachen für das öffentliche Ministerium Anträge machen und eine gründliche umfassende Prüfung bestehen.

Diese Prüfung wird von den §. 30. gedachten drei Commissarien unter dem Vorsitz entweder des ersten Präsidenten oder eines von demselben zu ernennenden Senats-Präsidenten vorgenommen.

Die Gegenstände der mündlichen Prüfung sind zwar im Allgemeinen die nämlichen, wie bei dem Referendariats-Examen, nur muß die Prüfung schärfer gehalten werden, tiefer in das Specielle der verschiedenen Rechtszweige eingehen, und auch genauer über die allgemeinen und statutarischen Rechte in den Rheinprovinzen sich verbreiten. Auch bei diesem Examen ist auf das practische Urtheil, das Auffassungs-Vermögen und den Vortrag des Examinanden eben sowohl, als auf geordnete, gründliche Kenntnisse desselben Rücksicht zu nehmen, und über die Prüfung ein Protocoll abzuhalten, in welches ein Theil der Antworten des Examinanden wörtlich aufzunehmen ist.

Die Examinatoren haben die Probe-Relationen schriftlich genau zu censiren, und auch über die von dem Examinanden bezeichneten Untersuchungen und deren Führung (§. 27.) sich motivirt zu äußern.

§. 32.

Nach beendigter Prüfung haben die Examinatoren nach den Probe-Relationen, der Prüfung und den Untersuchungen, über die Qualification des Examinaten zu den Stellen, wozu das dritte Examen erforderlich ist, ein gewissenhaftes, bestimmtes, mit Gründen unterstütztes Gutachten abzufassen und dasselbe mit dem Protocoll und den Probearbeiten, deren schriftlicher Censur und den obgedachten Untersuchungs-Acten, dem ersten Präsidenten und dem General-Procurator vorzulegen, von welchen sie mit gutachtlichem Bericht und unter Anführung desjenigen, was ihnen über den Aspiranten bekannt ist, an den Justiz-Minister zum Beschlusse über die durch die Prüfung nachgewiesene höhere Qualification eingesandt werden.

§. 33.

d) Nothwendigkeit dieser dritten Prüfung.

Nur derjenige, welcher in dieser dritten Prüfung genügend bestanden ist, kann zum Rath, Assessor oder königlichen Procurator bei einem Landgerichte oder zum Advocaten im Bezirk des Appellationsgerichtshofes ernannt werden. In Ansehung der Prüfungen zu Rathsstellen im königlichen Revisions- und Cassationshofe, so wie im königlichen Appellationshofe, haben dagegen des Königs Majestät noch nähere Bestimmung vorbehalten, und werden dieselben demnächst bekannt gemacht werden.

Hinsichtlich der Notarien verbleibt es dagegen bei der

Verordnung vom 25. April 1822 und den über deren Ausführung ergangenen Rescripten vom 26. August 1822 und 12. December 1825.

II.

Befähigung zu der Stelle eines Gerichtsschreibers bei den Friedensgerichten, Landgerichten und bei dem Appellations-Hofe.

§. 34.

1) Erfordernisse zur Prüfung.

Zur Befähigung zu den obgedachten Stellen sind erforderlich:

1) der Nachweis des zurückgelegten 25sten Lebensjahres,
2) der Nachweis der Erledigung der Militairpflicht,
3) die Zeugnisse, daß der Candidat ein und ein halbes Jahr auf den Kanzleien der Gerichte oder im Parket eines der Ober-Procuratoren zur Zufriedenheit gearbeitet und sich dabei die erforderlichen practischen Kenntnisse und Fertigkeiten erworben hat.

Auscultatoren sind jedoch nach einjähriger Uebungszeit am Gericht oder bei einem Advokaten, auch ohne das unter No. 3. gedachte Erforderniß und ohne die, im nachstehenden §. erwähnte Prüfung zu Gerichtsschreiber-Stellen qualificirt.

§. 35.

2. Prüfung.

Mit diesen Zeugnissen versehen, hat der Candidat wegen Zulassung zur Prüfung sich an den General-Procurator am rheinischen Appellationsgerichtshofe zu wenden, welcher mit Rücksicht auf die jedesmal vorhandene Zahl der bereits geprüften Candidaten, der ihm ertheilten Instruction gemäß, das Gesuch entweder zur Zeit zurückzuweisen oder das Landgericht bezeichnen wird, wo die Prüfung stattfinden soll.

§. 36.

Dieselbe muß mündlich und schriftlich erfolgen und durch ein Mitglied des Landgerichts und eines des öffentlichen Ministeriums bewirkt werden.

Der Zweck der mündlichen Prüfung ist die Ermittelung, ob der Candidat eine allgemeine Kenntniß der Rechte und des Processes, so wie sie aus den rheinischen Gesetzbüchern und Proceß-Ordnungen zu erlangen ist, und besonders eine genaue Kenntniß derjenigen Gegenstände und Vorschriften besitzt, welche sich auf die Amtshandlungen der Gerichtsschreiber unmittelbar beziehen.

Die schriftlichen Prüfungs-Arbeiten müssen beweisen, daß der Candidat ein gerichtliches Protocoll aufzunehmen versteht, die Ausfertigung mit Beachtung der Sportelgesetze und übrigen Vorschriften zu besorgen im Stande ist, und überhaupt zu den vorkommenden Amtshandlungen die erforderliche Fertigkeit besitzt.

Das über die Prüfung abzufassende Protocoll wird nebst den schriftlichen Probearbeiten und deren Censur durch den Präsidenten des Landgerichts und den Ober-Procurator mit ihren Bemerkungen und ihrem Gutachten an den General-Procurator am rheinischen Appellationsgerichtshofe eingereicht, durch welchen der Candidat nach Maaßgabe der Prüfung entweder abgewiesen wird, oder das Qualifications-Attest erhält.

§. 37.

3) Weitere practische Ausbildung.

So viel die Art der Beschäftigung der Gerichtsschreiber-Candidaten bei den Gerichten betrifft, so können dieselben

1) keine Geschäfte anders, als unter Aufsicht und Leitung des Obergerichtsschreibers, oder des dazu committirten Landgerichtsschreibers vornehmen; alle selbstständige Acte sind ihnen durchaus untersagt.
2) Diejenigen Candidaten, welche durch die vorgeschriebene Prüfung qualificirt für den Gerichtsschreiberdienst befunden worden, können zur Aushülfe des Kanzlei-Personals unter dessen Verantwortlichkeit als Hülfsgerichtsschreiber von den Landgerichten angenommen werden.
3) Diese müssen den Gerichtsschreibereid leisten und können dann zu allen Geschäften der Gerichtsschreiber verwendet werden, mit Ausnahme jedoch der Assisen-Verhandlungen, wogegen ihnen die Führung der übrigen Audienz-Protocolle auf den Vorschlag des Obergerichtsschreibers von dem Landgerichts-Präsidenten mit Zuziehung des Ober-Procurators dann gestattet wird, wenn dieselbe durch keinen der angestellten Gerichtsschreiber erfolgen kann.
4) Die solchergestalt angenommenen Hülfsgerichtsschreiber haben weder die Eigenschaft eines Staats-Beamten, noch irgend einen Anspruch an den Staat; ihre Remuneration richtet sich lediglich nach dem dieserhalb mit dem Kanzlei-Personale getroffenen Abkommen, und ihre Functionen währen nur so lange, als das Gericht sie zuläßt.

III.

Befähigung zur Stelle eines Gerichtsvollziehers.

§. 38.

Ueber die Befähigung zur Stelle eines Gerichtsvollziehers gelten im Allgemeinen die in den §§. 34—36 enthaltenen Bestimmungen.

Es gilt hierbei dasselbe, was vorstehend ad **II.** gesagt worden, mit folgenden Modificationen:

§. 39.

Die §. 34. No. 3. erforderte practische Vorübung muß jedoch entweder zwei Jahr bei einem Gerichtsvollzieher oder ein Jahr bei diesem und ein Jahr auf einer Gerichts-Kanzlei, oder dem Parket eines Ober-Procurators, oder der Schreibstube eines Anwaltes oder Advocaten stattgefunden haben.

§. 40.

Die mündliche und schriftliche Prüfung ist, wie dort vorzüglich auf Fähigkeit und Fertigkeit zu Amtshandlungen eines Gerichtsschreibers, so hier auf die eines Gerichtsvollziehers zu richten.

IV.

Befähigung zum Notariat.

§. 41.

In Ansehung derselben verbleibt es bei den Vorschriften der Notariats-Ordnung vom 25. April 1822 und muß die im Art. 6. daselbst erwähnte erste Prüfung ganz den Vorschriften der Prüfung pro auscultatura, und der mündliche Theil der Art. 7. gedachten zweiten Prüfung den obgedachten Vorschriften über die Referendariats-Prüfung entsprechen.

Der Justiz-Minister hat bei Abfassung dieses Regulativs nur die Absicht, gründliches gediegenes vielseitiges Rechtsstudium, anhaltenden Fleiß und Ausdauer in demselben, frühzeitige Gewöhnung an ernste und unermüdliche Anstrengung in Erfüllung des Berufes, practische Beurtheilungs-Kraft, Geschäftsgewandheit, einen rechtlichen Sinn und einen tadelsfreien Wandel bei denjenigen jungen Rechtsgelehrten, die in den Rheinprovinzen dem Justizdienst, ohne Unterschied, ob sie darin das Recht sprechen oder dasselbe vertheidigen werden, sich widmen, zu befestigen und zu befördern und dadurch der Rechtspflege selbst die sicherste Gewähr ihrer Güte und ihrer Achtung ferner zu erhalten. So wie er seiner Seits es sich stets besonders angelegen sein lassen wird, zur vorzugsweisen Beförderung und Anerkennung ausgezeichneter Justizbeamten beizutragen; so hat er das volle Vertrauen zu den königlichen Gerichtshöfen und deren Chefs und Mitgliedern, so wie zum öffentlichen Ministerium, daß sie der gewissenhaften und sorgfältigen Prüfung und Fortbildung derjenigen, welche dermaleinst ihre Stelle bekleiden sollen, die verdiente volle Aufmerksamkeit gern widmen werden. Sie werden daher aufgefordert, in ihren Gutachten über die Qualification eines jeden im Examen bestandenen Examinaten anzuführen, in welcher Beziehung er sich besonders bewährt, und überhaupt ob er seine Befähigung ausgezeichnet oder nur ziemlich dargethan hat, damit auf die Anstellung und Beförderung ausgezeichneter junger Männer desto sicherer vorzugsweise Bedacht genommen werden könne. Aus eben diesem Grunde wünscht der Justiz-Minister, daß die jährlich zu erstattenden Personal-Berichte sich über die Fähigkeiten, die Aufmerksamkeit, die Thätigkeit und das fortgesetzte Rechts-Studium der Referendarien und Auscultatoren, so wie über ihrem Wandel in und außer dem Dienste möglichst vollständig verbreiten.

Berlin, den 16. Februar 1832. Der Justiz-Minister.
v. Kamptz.

a.

Extract. ad 6. Von jetzt an ist Niemand zum Notar vorzuschlagen, der sich nicht auf die in den Art. 6. 7. 8. und 9. der Notariats-Ordnung vom 25. April c. vorgeschriebene Weise zum Notariat qualificirt hat. Insbesondere wird zur Ausführung dieser Artikel hinzugefügt:

I. Wenn ein Candidat sich dem ersten theoretischen Examen, welchen der Art. 6. l. c. vorschreibt, unterwerfen will, so hat sich derselbe mit dem Nachweise, daß er drei volle Jahre auf einer deutschen Universität die Rechtswissenschaft studirt hat, bei dem ersten Präsidenten und ersten General-Advocaten des königl. rheinischen Appellationsgerichtshofes zu melden. Diese veranlassen die Prüfung durch einen Landgerichtsrath und einen Beamten des öffentlichen Ministeriums bei dem betreffenden Landgerichte. Die Dispensation von dem triennio academico kann nur von dem Justiz-Minister ertheilt werden. Die Prüfung ist auf die nämliche gründliche Weise anzustellen, wie solche für diejenigen, welche sich zur Auscultatur melden, angeordnet worden, daher beide Prüfungen eigentlich zusammenfallen, und ihnen die nämliche Wirkung beizulegen ist, so daß bei allen denen, welche einmal als Auscultatoren ernannt sind und die Notariats-Carriere einschlagen wollen, die Auscultatur-Prüfung als die im Art. 6. vorgeschriebene erste Prüfung anzunehmen ist, und eben so können die, welche die letzte Prüfung bestanden haben, als Auscultatoren angestellt werden.

Die Prüfungsverhandlungen sind alsdann dem Chef der

Justiz einzusenden, welcher nach dem Ausfall der Prüfung verfügen wird, ob der Geprüfte als Notariats-Candidat zur practischen Ausübung zuzulassen ist oder nicht. Erst von dem Zeitpunkte an, da der Justiz-Minister die Zulassung genehmigt hat, können die zwei Jahre der Notariatsstage, welche durch den Art. 6. vorgeschrieben worden ist, gewährt werden.

II. Die in der zweiten Hälfte des Art. 6. vorbehaltene Dispensation von den Prüfungen und der Uebungszeit kann blos von dem Justiz-Minister ausgehen, an den zu diesem Zwecke von dem ersten Präsidenten und ersten General-Advocaten des königl. rheinischen Appellationsgerichtshofes zu berichten ist. Unter dem Ausdrucke „Justizbeamten" in der gedachten zweiten Hälfte des 6. Artikels sind übrigens blos solche gemeint, deren Stelle an sich ein juristisches academisches Studium erfordert, nicht also Gerichtsschreiber und Gerichtsvollzieher.

III. Die im Art. 8. vorgeschriebene zweite Prüfung ist sowohl eine theoretische als practische. Die theoretische ist nach den Vorschriften einzurichten, welche für das Referendariat gegeben worden sind, daher solche keineswegs, wie dies nur zu oft bei den bisher eingerichteten Notariats-Prüfungs-Verhandlungen bemerkt worden, auf diejenigen Materien, deren Kenntniß einem Notar vorzüglich nothwendig ist, beschränkt werden muß. Die practische Prüfung muß dagegen vorzüglich auf Anfertigung von Notariatsverhandlungen gerichtet werden, und ist statt dessen von diesen Candidaten eine Proberelation nicht zu verlangen.

Berlin, den 26. August 1822. Der Justiz-Minister
v. Kircheisen.

An
den ersten Herrn Präsidenten und den ersten Herrn Generaladvocaten des königl. Appellations-Gerichtshofes zu Cöln.

b.

Sie erhalten die Anlagen Ihres Berichts vom 29. v. Mts. in Betreff der Notariatsstage des dortigen Auscultators N. zurück. In der Verfügung vom 26. August 1822 ist allerdings bestimmt worden:

Die Prüfungsverhandlungen sind dem Chef der Justiz einzusenden, welcher nach dem Ausfall der Prüfung verfügen wird, ob der Geprüfte als Notariats-Candidat zur practischen Ausbildung zuzulassen ist oder nicht. Erst von dem Zeitpunkte an, wo der Justizminister die Zulassung genehmiget hat, können die zwei Jahre der

Notariatsstage, welche durch den Art. 6. vorgeschrieben worden ist, gewährt werden.

Allein damals wurden auch die Verhandlungen über die Prüfungen pro auscultatura zur Bestimmung, ob der Candidat zu derselben zuzulassen, an den Chef der Justiz eingesandt, welches vorzüglich deshalb von Nutzen gewesen ist, weil der Justizminister bemerkt hatte, daß in den ersten Zeiten, nachdem die Prüfungen eingeführt worden waren, man theils nicht fest auf Einhaltung des triennii academici gehalten hatte, theils bei Beurtheilung der Qualification zu milde war. Seitdem aber in beiden Beziehungen kein Grund zu Ausstellungen mehr vorgekommen ist, hat der Justizminister es geschehen lassen, daß die Verfügungen wegen Ernennung von Auscultatoren vom Herrn ersten Präsidenten und von Ihnen, Herr General-Procurator, ausgegangen sind. Hierbei soll es auch ferner sein Bewenden behalten, und wird nur, wie bisher, der einzige Fall ausgenommen, wenn ein Candidat vom triennio academico dispensirt sein will, in welchem Fall vor der Zulassung zur Prüfung die Dispensationsverfügung des Chefs der Justiz einzuholen ist.

Hiernach ist es aber unbedenklich, daß die zweijährige Notariatsstage, welche der Art. 6. der Notariats-Ordnung vom 25. April 1822 vorschreibt, frühestens von dem Tage der Verfügung des Appellationsgerichtspräsidii und der königlichen General-Procuratur, wodurch der Candidat zum Auscultator ernannt worden ist, anfangen kann.

Was die Beschäftigung der Notariats-Candidaten während des Notariatscursus anlangt, so sind deshalb die erforderlichen Bestimmungen im Gesetz, nämlich im Art. 6. der Notariatsordnung vom 25. April 1822 enthalten, wobei es verbleiben muß. Hiernach haben Sie auch in dem einberichteten Fall rücksichtlich des Auscultators N. zu verfahren.

Berlin, den 12. December 1825.

An den königl. General-Procurator Herrn Ruppenthal zu Cöln.

Der Justiz-Minister. Graf v. Danckelmann.

997.

Die Befugnisse der Landgerichtsräthe und Procuratoren, die Epaulette der Räthe V. Classe zu tragen.

Die während meiner Anwesenheit in den Rheinprovinzen mir von mehreren Seiten geäußerten Wünsche und Bemerkungen über die äußern Verhältnisse der dortigen königlichen Landgerichte und deren Mitglieder, sind mir eine angenehme Veranlassung gewesen, diesen Gegenstand hier zur nähern Erörterung zu bringen, und wird er derselben im königlichen Staats-Ministerio unterworfen werden.

Damit aber das Recht, auf den Uniformen Epaulets zu zu tragen, dennoch nicht aufgehalten werde, habe ich darüber des Königs Majestät besonderen Vortrag gehalten, auf welchen des Königs Majestät durch die Allerhöchste Kabinets-Ordre vom 12. d. M. zu bestimmen geruhet haben, daß die rheinischen Landgerichtsräthe und Procuratoren eben die Epaulette, wie die Ober-Landesgerichtsräthe zu tragen berechtigt sein sollen. Das neueste Uniform-Reglement wird ehestens bekannt gemacht werden.

Ich habe den verschiedenen Landgerichts-Präsidien und Ober-Procuratoren von dieser Königlichen Bestimmung heute unmittelbar Nachricht gegeben.

Berlin, den 19. Februar 1832. Der Justiz-Minister
An v. Kamptz.
den königl. ersten Präsidenten des Appellationshofes Herrn Schwarz, und den königl. General-Procurator Herrn Ruppenthal zu Cöln.

a.

Bei dem im Berichte des Staats-Ministerii vom 6. d. M. angezeigten Verhältnissen genehmige Ich, daß die Räthe bei den Landgerichten in den Rheinprovinzen und im Großherzogthum Posen, so wie die in Meiner Ordre vom 6. Februar 1824 Nr. 4. in ein gleiches Rangverhältniß mit den Landgerichtsräthen gesetzten Procuratoren in Ansehung der Uniform-Abstufungen zur 5ten Klasse gezählt werden.

Berlin, den 12. Februar 1832.
An Friedrich Wilhelm.
das Staats-Ministerium.

998.

Verminderung der Portoauslagen bei den an Ausländer durch das Ministerium der auswärtigen Angelegenheiten zu bewirkenden gerichtlichen Insinuationen.

In der Anlage theile Ich Ew. Hochwohlgeboren ein Anschreiben des königlichen Ministerii der auswärtigen Angelegenheiten vom 21. Februar 1832 in Betreff der an Ausländer durch diplomatische Vermittelung zu bewirkenden Insinuationen, und die im Eingange erwähnte, an sämmtliche königliche Gerichtsbehörden erlassene Anweisung vom 31. December 1830 mit, deren zweiter Theil auf die Rheinprovinz ebenfalls Anwendung findet.

Wenn gleich bei der jetzigen Lage der Sachen das Volumen der Zustellungen hauptsächlich durch das Format des Stempelpapiers bedingt wird, dessen sich die Gerichtsvollzieher dabei nach dem Stempeltarif von Urkunden bedienen müssen, so kann doch auch schon jetzt der Zweck des königlichen Ministeriums der auswärtigen Angelegenheiten und jener Anweisung zum Theil erreicht werden, wenn darauf gehalten wird,

1) daß die Gerichtsvollzieher sowohl die Insinuations-Urkunde als die Beilagen so eng schreiben, als dieses in der Sporteltaxe vorgeschrieben ist;
2) daß sie, wenn die Insinuations-Urkunde, wie es in der Regel der Fall sein wird, auf der gestempelten Hälfte des Stempelbogens Platz hat, den leeren halben Bogen abtrennen;
3) daß sie die Beilagen, sofern sie in Abschriften bestehen, jedenfalls auf Briefpapier schreiben.

Ich veranlasse Ew. Hochwohlgeboren hiernach diese Bestimmungen zur Kenntniß der Ober-Procuratoren und Gerichts-Vollzieher zu bringen, auf deren Befolgung zu halten, und darüber, daß ersteres geschehen, so wie für den Fall, daß Sie Bedenken dagegen haben sollten, wegen letzterer baldigst zu berichten. Berlin, den 28. Februar 1832.

Der Justiz-Minister
v. Kamptz.

An
den königlichen General-Procurator Herrn Ruppenthal
zu Cöln.

a.

Nach dem geehrten Schreiben Ew. Excellenz vom 14. März 1831 sind damals dem Wunsche des unterzeichneten Ministeriums gemäß, sämmtliche Gerichtsbehörden angewiesen worden:

> zur Verminderung der Porto-Ausgaben für die durch Vermittelung des Ministerii der auswärtigen Angelegenheiten an Ausländer zu befördernden gerichtlichen Vorladungen und sonstigen Verfügungen, dieselben nebst ihren Anlagen, so weit es thunlich, auf Briefpapier und mit möglichster Raum-Ersparung schreiben zu lassen.

Von den Gerichtsbehörden in denjenigen diesseitigen Provinzen, wo das Allgemeine Landrecht und die Gerichtsordnung gelten, ist zwar seither jene Anweisung bei mehreren vorgekommenen Fällen beobachtet worden, allein die aus den diesseitigen Rheinprovinzen durch den königlichen General-Procurator Ruppenthal zu Cöln für Ausländer hier eingehenden gerichtlichen Vorladungen und sonstigen Urkunden, sind nicht nur nach wie vor auf Kanzleipapier in Folio-Format geschrieben, sondern es kömmt auch öfters vor, daß bei solchen Ausfertigungen halbe Bogen ganz leer gelassen sind.

Letzteres ist unter andern erst neuerlich wieder namentlich bei mehreren Vorladungen der Fall gewesen, welche durch den genannten General-Procurator zur Insinuation an die Marquise Massai, Wittwe des Grafen Ercole Trotti Mosti zu Ferrara hier eingereicht worden sind, und für deren Beförderung durch Vermittelung der diesseitigen Residentur zu Rom, der Porto-Aufwand nicht gering sein wird.

Durch die Seitens des königlichen Hochlöblichen Justiz-Ministeriums unterm 19. Mai 1828 an den gedachten General-Procurator Ruppenthal erlassene Verfügung ist zwar angeordnet, daß dergleichen bei Beförderung gerichtlicher Insinuationen aus den Rheinprovinzen an Ausländer dem unterzeichneten Ministerium erwachsene besondere Kosten, jedesmal von der betreffenden diesseitigen Parthei erstattet werden sollen. Um jedoch auch für diese die möglichste Ersparung in dergleichen Fällen beobachten zu lassen, hat das unterzeichnete Ministerium in der Voraussetzung, daß die Eingangs erwähnte Anweisung nur an die Gerichtsbehörden in denjenigen diesseitigen Provinzen, wo das Allgemeine Landrecht und die Gerichtsordnung gelten, ergangen sein möchte, nicht ermangeln wollen, Ew. Excellenz hiermit ganz ergebenst anheim zu stellen, auch wegen Beobachtung jener Anweisung von den Gerichten in denjenigen Theilen der Rheinprovinzen, wo die französischen Gesetze noch gelten, das Erforderliche an den General-Procurator Ruppenthal gefälligst zu erlassen.

Hinsichtlich der obengedachten Vorladungen an die Marquise Massai ꝛc., bei welchen leere halbe Bogen sich befanden, ist zwar noch zu bemerken, daß solche auf Stempelpapier geschrieben waren, allein es frägt sich, ob nicht zu solchen Ausfertigungen künftig gestempeltes Briefpapier gebraucht werden könnte? wie dies auch bei den aus andern Staaten, namentlich Frankreich, den Niederlanden ꝛc. hier eingehenden gerichtlichen Vorladungen und sonstigen Urkunden der Fall ist.

Da es zur Anfertigung und zum Debit solcher Stempelbogen vielleicht noch einer besondern Anordnung Seitens des königlichen Finanz-Ministers bedürfen wird, so stellt das unterzeichnete Ministerium Ew. Excellenz die desfallsige Rücksprache mit demselben ganz ergebenst anheim, und bittet nur noch um eine demnächstige geneigte Benachrichtigung von der Beschlußnahme in dieser Sache.

Berlin, den 21. Februar 1832.

Ministerium der auswärtigen Angelegenheiten.
Eichhorn.

An
des königl. Geheimen Staats- und Justiz-Minister, Herrn v. Kamptz Excellenz.

b.

Sämmtliche königliche Gerichtsbehörden werden angewiesen:

1) die Termine in den Vorladungen oder sonstigen Verfügungen an Ausländer, mit gehöriger Berücksichtigung der Entfernung des Bestimmungs-Ortes und der zur Beförderung solcher Sachen durch gesandtschaftliche Vermittelung erforderlichen längern Zeit, geräumig genug anzuberaumen;
2) zur Vermeidung der Porto-Ausgaben, dergleichen Vorladungen und Verfügungen, nebst ihren Anlagen, so weit es thunlich, auf Briefpapier und mit möglichster Raumersparung schreiben zu lassen.

Berlin, den 31. December 1830.

Der Justiz-Minister.
Vermöge Allerhöchsten Auftrages.
v. Kamptz.

An
sämmtliche königliche Gerichtsbehörden.

Anmerkung. Durch Circular-Verfügung vom 6. April 1832 ist sämmtlichen Gerichten bekannt gemacht, daß zur Erleichterung der Ausführung dieser Anordnung das königliche Finanz-Ministerium gestattet hat, daß auf besondere Anträge einzelner Gerichte dergleichen Papier für selbige gestempelt, und ihnen gegen Bezahlung verabfolgt werde; auch auf Briefpapier ausgefertigte Documente können beim Stempelmagazin zu Berlin zur Stempelung präsentirt werden.

999.

Mittheilung der Acten in Untersuchungen wegen Münzverbrechen an die Hauptverwaltung der Staatsschulden vor dem Vortrage in der Rathskammer.

Im Einverständniß mit der königlichen Hauptverwaltung

der Staatsschulden werden Ew. Hochwohlgeboren mit Bezug auf die Verfügung vom 24. October v. J.,

in Untersuchungs-Sachen wider N. wegen Münzverbrechen,

zur Vermeidung von Mißverhältnissen darauf aufmerksam gemacht, daß die dort erwähnte Vorleguug der Acten vor dem Erkenntnisse an die königliche Hauptverwaltung der Staatsschulden schon dann erfolgen muß, wenn die Untersuchung im Sinne der Ueberschrift des Cap. 9. Buch I. der rheinischen Criminal-Ordnung für geschlossen geachtet worden, und ehe die Acten nach Art. 127. zum Vortrage bei der Rathskammer gelangen.

Außerdem ist die Zuziehung jener Behörde bei der Feststellung des Thatbestandes in solchen Untersuchungssachen wesentlich erforderlich.

Gleichwie zur Gleichstellung des Verfahrens in der ganzen Monarchie bereits durch das Rescript vom 2. Januar 1826 bei Münzvergehen diese Feststellung nach Maaßgabe der zugleich für die ältern Provinzen gegebenen Vorschriften angeordnet ist, so müssen auch künftig nach Anleitung des §. 200. der preußischen Criminal-Ordnung, die als falsch in Beschlag genommenen Cassen-Anweisungen an die königliche Haupt-Verwaltung der Staatsschulden zum Zwecke des über die Aechtheit oder Falschheit auszustellenden Zeugnisses eingesendet werden.

Hiernach haben Sie die Untersuchungsbehörden anzuweisen und für den Abdruck dieser Verfügung in dem rheinischen Archiv zu sorgen.

Berlin, den 4. März 1832. Der Justiz-Minister
v. Kamptz.

An
den königlichen General-Procurator Herrn Ruppenthal
zu Cöln.

1000.

Die Friedensrichter müssen den Stempel sofort zu dem Sühne-Vergleichs-Protocoll verwenden.

Nach dem abschriftlich beigefügten Schreiben des königl. Finanz-Ministerii vom 21. v. M. ist dasselbe mit Ew. Hochwohlgeboren darüber einverstanden, daß zur Sicherung der Stempel bei Nichtvergleichs-Acten es am zweckmäßigsten sein dürfte, die Friedensrichter anzuweisen, den tarifmäßigen Stempel sofort zu dem Sühne-Vergleichs-Protocoll zu verwenden, und im Fall ein nachfolgender Proceß durch Erkenntniß beendigt wird, jenen Stempel auf den Erkenntniß-Stempel anzurechnen. Der Justiz-Minister findet dagegen nichts zu erinnern. Sie haben daher hiernach das weiter Erforderliche zu veranlassen, so wie das königl. Finanz-Ministerium seiner Seits den Herrn Provinzial-Steuer-Director von dieser Bestimmung benachrichtigen wird.

Berlin, den 5. März 1832. Der Justiz-Minister
An v. Kamptz.
den königl. General-Procurator Herrn Ruppenthal
zu Cöln.

a.

Die in den Rhein-Provinzen von den Friedensrichtern vor Annahme eines Processes beim Landgerichte aufzunehmende Sühne-Verhandlung gehört, wenn ein Vergleich nicht zu Stande, sondern die Sache zum Proceß kommt, zu denjenigen, bei welchen, nach der Tarifposition „Processe" der Stempel suspendirt bleibt, bis derselbe entweder durch den Erkenntniß-Stempel absorbirt wird, oder, falls kein Erkenntniß ergeht, die Nachbringung der Stempel eintritt. Es fehlt aber an Bestimmungen, um für den Fall, daß nach fruchtlos versuchter Sühne die Sache dennoch nicht zum Proceß kommt, den zu dem Sühne-Versuchs-Protocoll erforderlichen Stempel zu sichern.

Nach dem abschriftlich anliegenden Schreiben vom 21. Januar c. hält der General-Procurator zu Cöln in Uebereinstimmung mit dem Provinzial-Steuer-Director es für das zweckmäßigste, um diesem Mangel abzuhelfen, die Friedensrichter anzuweisen, daß sie den tarifmäßigen Stempel zu dem Sühne-Versuchs-Protocoll verwenden, und im Fall ein nachfolgender Proceß durch Erkenntniß beendigt wird, jener Stempel auf den Erkenntniß-Stempel angerechnet werde

Ich finde dagegen nichts zu erinnern, und sofern Ew. Excellenz derselben Meinung sind, bitte ich ganz ergebenst, den General-Procurator gefälligst demgemäß anzuweisen, mich aber zur Benachrichtigung des Provinzial-Steuer-Directors von dem Verfügten zu benachrichtigen.

Berlin, den 21. Februar 1832.
An Maassen.
des königl. wirkl. Geheimen Staats-Ministers
Herrn v. Kamptz Excellenz.

1001.

Constatirung der Recidive in Criminalsachen.

In den, Ew. Hochwohlgeboren heute mit den Urtheilen

des Cassationshofes remittirten Criminalsachen gegen N. N. hat sich Veranlassung zu Ausstellungen über die Art gefunden, in welcher der Fall der Recidive constatirt worden ist.

Im ersten Falle ist dieses ohne Zuziehung der Geschwornen durch den Assisenhof selbst geschehen, und durch die Erwägung motivirt worden, daß der Angeklagte durch Urtheil des Assisenhofes zu Coblenz vom 7. Juni 1819 wegen qualificirten Diebstahls zu 5jähriger Zwangsarbeit verurtheilt worden sei, allein es ist nach den Bemerkungen des königlichen Cassationshofes versäumt worden, eine Erklärung des Angeklagten hierüber in das Audienz-Protocoll aufzunehmen, ungeachtet die Angaben desselben in der Vor-Untersuchung über die Gattung der früher erkannten Strafe differiren, und auch der in dem Urtheils-Extract von Coblenz angegebene Geburtsort des Verurtheilten von dem, vom Angeklagten vor dem Instructionsrichter und dem Assisenhofe angegebenen Geburtsorte abweicht.

In der andern Sache war es versäumt worden, die frühere Verurtheilung des N. durch einen Urtheilsauszug zu den Acten zu constatiren, deren er blos im Allgemeinen in der Vor-Untersuchung erwähnt hatte.

Da gleichwohl dieser Umstand in den Anklageact aufgenommen war, und der Angeklagte in der Audienz es in Zweifel stellte, ob die früher gegen ihn vom Assisenhofe zu Düsseldorf erkannte Strafe eine Criminalstrafe (Zuchthaus) oder Gefängnißstrafe gewesen sei, so sah sich der Assisen-Präsident veranlaßt, den Geschwornen die Frage zu stellen, ob jener durch den Assisenhof früher wegen eines gemeinschaftlichen nächtlichen Diebstahls zu 5 Jahr Zuchthaus verurtheilt worden.

Worauf dieselben natürlich „Nein" antworteten, da es es eine seltsame Voraussetzung war, von ihnen bei Lage der Sache (wo der Zweifel nicht die Identität des Subjects betraf) Kenntniß von dem Inhalte eines frühern Strafurtheils zu erwarten. Damit in Zukunft ähnliche Verstöße vermieden werden, muß dafür gesorgt werden, daß der Punkt der früheren Verurtheilung schon in der Voruntersuchung actenmäßig constatirt werde, daß das Audienz-Protocoll eine Erklärung des Angeklagten hierüber enthalte, und daß der Assienhof, wenn er den Fall der Recidive als vorhanden annimmt, auch die Motive, aus welcher er die frühere Verurtheilung des Angeklagten als constant annimmt, in das Urtheil aufnimmt.

Ew. Hochwohlgeboren fordere ich daher auf, diese Bestimmung zur Kenntniß der Ober-Procuratoren und Assisenhöfe zu bringen, und auf deren Beobachtung auch Ihrer Seits zu halten. Berlin, den 11. März 1832.

Der Justiz-Minister
v. Kamptz.

An
den königl. General-Procurator Herrn Ruppenthal
zu Cöln.

1002.

Wegen der Relevanzbescheide in Processen aus dem ostrheinischen Theile des Regierungsbezirks zu Coblenz.

Nachdem der Justiz-Minister die Berichte des königl. Justiz-Senats vom 11. November und 30. December v. J., des vormaligen ostrheinischen Senats vom 12. November und des königlichen Revisionshofes hierselbst vom 9. Novbr. v. J. wegen der Relevanzbescheide einer gründlichen Prüfung unterworfen, kann derselbe sich nur mit den Ansichten und Anträgen einverstanden erklären, welche in dem letztgedachten, dem königlichen Justiz-Senate unterm 19. November v. J. mitgetheilten Berichte entwickelt sind.

Die herzoglich nassauische Ober-Appellationsgerichtsordnung giebt zwar im §. 134. dem obersten Gerichtshofe das Recht, die Ober-Berufung zurückzuweisen, wenn die Sache bei näherer Prüfung für nicht devolubel oder die Beschwerden für unerheblich gehalten werden, verordnet aber im §. 135. als Regel, daß entgegengesetzten Falls Appellations-Processe zu erkennen und erlaubt nur ausnahmsweise im §. 136. zum Vortheil des Ober-Appellanten ohne Anhörung des Gegentheils reformatorisch zu erkennen, wenn die erhobenen Beschwerden so klar und gegründet erscheinen, daß eine weitere Verhandlung darüber unnütz sein würde, und wenn der Ober-Appellant keine nova, sondern nur solche Gründe zur Unterstützung seiner gravamina ausgeführt hat, über welche der Gegner schon hinreichend gehört worden.

Es ist an und für sich schon bedenklich, diese dem Revisionshofe zustehende Befugniß, von welcher derselbe nicht einmal Gebrauch zu machen pflegt, auch auf den Appellations-Richter zu übertragen, ganz unzulässig aber sie in Bezug auf den letzteren dergestalt auszudehnen, wie die Praxis des Justiz-Senats im Widerspruch mit der Praxis der meisten deutschen, nach gemeinem deutschen Proceß verfahrenden Gerichte sie ausgedehnt hat.

Denn dem Revisionshofe liegen die vollständig instruirten Acten beider ersten Instanzen vor und die Partheien sind jederzeit, wenigstens in der Appellations-Instanz von recipirten Anwälten vertreten gewesen, haben in der Revisions-Instanz weder nova in jure noch in facto angebracht und sind daher die Beschwerden des Ober-Appellanten auf klaren Gesetzen begründet, so ist der Revisionshof im Besitze aller Materialien, um cum plena cognitione causae sein Urtel auszusprechen. Dem Appellations-Richter aber werden oft Untergerichts-Acten zum Spruche in zweiter Instanz vorgelegt, welche in erster Instanz, wo die Partheien entweder in Person erscheinen oder durch nicht recipirte Consulenten vertreten waren, sehr mangelhaft instruirt worden, und kann daher hier der Fall leicht eintreten, daß der Appellat von einem geschickten Anwalte bedient, in zweiter Instanz der anscheinend gegründeten Beschwerde des Appellanten solche nova in jure et facto entgegensetzen würde, welche, wenn sie gehörig gewürdigt worden wären, den Appellations-Richter bestimmt haben würden, die Appellation zu verwerfen. Auch lehrt die Erfahrung, wie häufig der Revisionshof Relevanzbescheide, durch welche der Justiz-Senat zu Gunsten oder zum Nachtheil des Appellanten reformirt hat, aus Gründen wieder aufheben muß, welche, wenn sie contradictorisch in zweiter Instanz verhandelt worden wären, den königlichen Justiz-Senat vielleicht bestimmt haben würden, selbst ein anderes Urtel zu erlassen, und somit den Partheien die größeren Kosten der Revisions-Instanz erspart haben würden. Es ist aber gegen alle Proceßregeln und gegen die Ansprüche einer guten Gerechtigkeitspflege, daß ein vom Instanzrichter erlassenes Urtheil auf die bloße Berufung des einen Theils und ohne Anhörung des andern zu dessen Nachtheil reformirt werde, oder daß ein Urtel zum Nachtheil des Appellanten abgeändert werde, ohne daß der Gegner als Adhärant darauf angetragen hat. Der Justiz-Minister kann daher auch die obengedachte Praxis des königlichen Justiz-Senats in ihrer bisherigen Ausdehnung nicht bestehen lassen. Es leidet keinen Zweifel und ist im Gegentheil dem deutschen Proceß durchaus gemäß, das der Appellations-Richter super relevantia gravamina besonders erkenne, und daher Berufungen, welche offenbar ungegründet sind, auch ohne vorgängiges Gehör des Appellaten durch Relevanzbescheide verwerfe. Allein hiervon ist die Abänderung des Urtels voriger Instanz durch einen, ohne vorgängiges Gehör des Appellaten erlassenen Relevanzbescheid ganz verschieden. Allerdings steht dem Appellations-Richter frei, auch ohne des Appellaten Gehör Verfügungen pro tollendo gravamine oder rescripta de emendando zu erlassen; allein Verfügungen dieser Art dürfen nur auf das Verfahren sich beschränken, nicht aber den Gegenstand des Rechtsstreits selbst betreffen, und das zum Vortheil des Appellanten ergangene Urtheil ohne des Appellaten vorgängiges Gehör zu dessen Nachtheil aufheben und abändern.

Der königliche Justiz-Senat wird daher aufgefordert, hiernach sich zu achten und demnach der reformatorischen Relevanzbescheide sich zu enthalten und die Urtel erster Instanz nicht abzuändern, ohne den Appellanten nicht wenigstens einmal zur Vernehmlassung aufgefordert zu haben.

Die Gründlichkeit der Rechtspflege darf ihrer Wohlfeilheit nie zum Opfer gebracht werden und wenn auch durch diese Verfügung in einzelnen Fällen den Partheien größere Kosten entstehen, so wird der Schmerz geringer sein als der, ungehört verurtheilt worden zu sein.

Berlin, den 15. März 1832. Der Justiz-Minister
An v. Kamptz.
den königlichen Justiz-Senat zu Coblenz.

Der königliche rheinische Revisionshof erhält auf seinen Bericht vom 9. November v. J. Abschrift des dato an den Justiz-Senat zu Coblenz erlassenen Rescripts.

Berlin, den 15. März 1832. Der Justiz-Minister
An v. Kamptz.
den königlichen rheinischen Revisionshof dahier.

1003.

Sind Färber, welche ihr Geschäft im Großen betreiben, als Kaufleute zu betrachten?

In Verfolg der Ihnen auf Ihre Vorstellung vom 31. August v. J. unterm 8. September ejusdem ertheilten vorläufigen Benachrichtigung und nach dem die Berichte des königlichen Appellationsgerichtshofes zu Cöln und des königlichen reinischen Revisionshofes über die Frage: „ob Färber als Kaufleute anzusehen sind?“ eingegangen sind, eröffnet Ihnen der Justiz-Minister, daß die Bejahung dieser Frage keinem Zweifel unterliegt, indem ein Färber, welcher sein Geschäft im Großen betreibt, nicht allein als Kaufmann zu betrachten, sondern im Nichtzahlungsfalle auch als faillit erklärt werden muß. Dieser Grundsatz steht gesetzlich und zweifelsfrei fest. Das Urtheil des Handelsgerichts zu Elberfeld, welches in einem speciellen Falle im entgegengesetzten Sinne erkannt hat, ist daher auch vom königlichen Appellationsgerichtshofe reformirt worden. Deshalb bedarf es auch einer authentischen Declaration der Art. 632. und 437. des Handelskodex gar nicht, da diese Artikel an sich klar sind, und durch fehlerhafte Entscheidungen der Instanzgerichte nicht aufgehoben werden können. Der Justiz-Minister hat indessen zur Vorbeugung fernerer Zweifel, Abschrift dieses Rescripts sowol dem Handelsgericht zu Elberfeld, als dem königlichen ersten Präsidenten des Appellationsgerichts und dem General-Procurator mitgetheilt.

Berlin, den 22. März 1832. Der Justiz-Minister
An v. Kamptz.
die Herren Kaufleute Greiff und Brede,
Schuchard, Heilenbeck rc. zu Barmen.

Abschrift des vorstehenden Rescripts
1. dem königlichen ersten Appellationsgerichts-Präsidenten Herrn Schwartz und dem königlichen General-Procurator Herrn Ruppenthal, und
2. dem königlichen Handelsgericht zu Elberfeld.

Berlin, den 22. März 1832. Der Justiz-Minister
An v. Kamptz.
den königl. ersten Appellationsgerichts-Präsidenten Herrn Schwartz, den königl. General-Procurator Herrn Ruppenthal, und das königl. Handelsgericht zu Elberfeld.

1004.

In den fürstlich wiedschen Rechtssachen steht die Entscheidung in dritter Instanz dem Hofgericht zu Arnsberg zu.

Die im Berichte des königlichen Hofgerichts vom 12. d. Mts. zur Entscheidung gestellte Frage:

ob dem Collegio in den fürstlich wiedschen Rechtssachen die Entscheidung in dritter Instanz zustehe?

ist durch das unterm 24. November v. J. mitgetheilte, an den ostrheinischen Justizsenat zu Ehrenbreitstein erlassene Rescript bejahet und bereits vollständig erledigt. Der königliche Revisionshof hierselbst hat demgemäß bereits eine irrthümlich an ihn gelangte Oberberufung an das königliche Hofgericht verwiesen; letzteres hat daher ohne Bedenken die bei demselben eingeführten Oberberufungen von der fürstlichen Regierung zu Neuwied abzuurtheilen, und es ist die dortige Regierung, Abtheilung für die Justizsachen, hiervon heute in Kenntniß gesetzt.

Berlin, den 27. März 1832. Der Justiz-Minister
An v. Kamptz.
das königliche Hofgericht
zu Arnsberg.

Der fürstlichen Regierung wird in Bezug auf das an das königliche Hofgericht zu Arnsberg unterm 17. v. Mts. erlassene, zur Kenntniß des Justizministers gelangte Schreiben eröffnet, daß das genannte Hofgericht auch die von der fürstlichen Regierung in zweiter Instanz entschiedenen Civil-Processe in dritter Instanz zu entscheiden hat, und demgemäß mit Anweisung zu versehen ist.

Berlin, den 27. März 1832. Der Justiz-Minister
An v. Kamptz.
die fürstlich wiedsche Regierung,
Abtheilung für die Justizsachen,
zu Neuwied.

1005.

Ausführung des §. 6. des Gesetzes vom 7. Juni 1821 wegen der Amtsfunctionen des öffentlichen Ministerii bei den Forst-Polizeigerichten in dem Regierungsbezirk Trier.

Euer Hochwohlgeboren wird auf den Bericht vom 23. v. Mts. eröffnet, daß die Kreuznacher Verordnung vom 30. Juli 1814, in so weit sie die Einrichtung der Forstgerichte betrifft, ungezweifelt durch das Gesetz vom 7. Juni 1821 über die Competenz der Friedensgerichte aufgehoben, und resp. modificirt worden, und daß daher, wenn die Verordnung vom Jahre 1814 das öffentliche Ministerium von dem Forstpolizeigerichte ausgeschlossen hat, der §. 6. des Gesetzes vom Jahre 1821 dasselbe wieder eingeführt hat, wie denn die Bürgermeister und resp. Polizei-Commissaire in den auf dem rechten Moselufer gelegenen Cantons des Regierungsbezirks Coblenz seitdem die dem Beamten des öffentlichen Ministeriums obliegenden Pflichten unweigerlich erfüllt haben. Es ist daher dem Justizminister sehr auffallend gewesen, daß der §. 6. des Gesetzes von 1821 im Regierungsbezirk Trier noch nicht zur Ausübung gekommen. Sie haben mithin den Friedensrichtern eröffnen zu lassen, daß das Justizministerium sie ferner von den Arbeiten, welche verfassungsmäßig den Beamten des öffentlichen Ministeriums obliegen, befreien, und die Beamten des öffentlichen Ministeriums bei den Polizeigerichten im Regierungsbezirk hiernach zu instruiren.

Auf den Widerspruch der Regierung zu Trier kann nichts ankommen, da es sich hier von der Art und Weise handelt, wie die Justiz in Forstsachen nach den bestehenden Gesetzen zu administriren. Die Geldstrafen können ohnehin nur durch die königlichen Forstcassen und durch die Communalcassen eingezogen werden, von wem aber die Ladungen der Frevler ausgehen, und auf wessen Betrieb die Gefängnißstrafen vollstreckt werden, das kann der Verwaltung gleichgültig sein.

Die Anlage des Berichts erfolgt hierneben zurück.

Berlin, den 7. April 1832. Der Justiz-Minister
v. Kamptz.

An
den königlichen General-Procurator
Herrn Ruppenthal
zu Cöln.

1006.

Die Oberprocuratoren und der Justizsenat zu Coblenz müssen von sich ereignenden groben Verbrechen dem Justizministerium Anzeige machen.

Ew. Hochwohlgeboren veranlasse ich, um von den in den Rheinprovinzen begangenen groben oder ein besonderes Aufsehen erregenden Verbrechen so früh als möglich Kenntniß zu erhalten, die Ober-Procuratoren anzuweisen, von jedem derselben gleich, nachdem solches zu ihrer Kenntniß gekommen ist, mir unmittelbar Anzeige zu erstatten. Es gehören dahin insonderheit Tödtung, Mord, Aufruhr und andere Verbrechen gegen den Staat, Münzverbrechen, bedeutender Raub und bedeutende Brandstiftung.

Berlin, den 11. April 1832. Der Justiz-Minister
v. Kamptz.

An
den königlichen General-Procurator Herrn Ruppenthal
zu Cöln.

Abschrift des vorstehenden Rescripts an den königlichen Justiz-Senat in Coblenz, um hiernach in Ansehung der Ostrheinischen Gerichte zu verfahren.

Berlin, den 11. April 1832. Der Justiz-Minister
An v. Kamptz.
den königl. Justiz-Senat
in Coblenz.

1007.

Beschränkung der Befugniß der Haupt-Zoll- und Steuerämter zur Abgabe der zu ihrer Entscheidung gehörigen Untersuchungen an die Gerichte.

Ew. Hochwohlgeboren erhalten anbei zur Nachricht und weitern Veranlassung in Hinsicht der dortigen Gerichte, Abschrift der heute erlassenen Circular-Verfügung über die Beschränkung der Haupt-Zoll- und Haupt-Steuerämter in der Befugniß, die zu ihrer Entscheidung gehörigen Untersuchungen über Zoll- und Steuervergehen, zur gerichtlichen Untersuchung und Entscheidung abzugeben.

Berlin, den 12. April 1832. Der Justiz-Minister
An v. Kamptz.
den königlichen General-Procurator Herrn Ruppenthal
zu Cöln.

a.

Sämmtlichen königlichen Gerichtsbehörden wird zur Nachricht und Achtung bekannt gemacht, daß nach einer Bestimmung des Herrn Finanz-Ministers die Haupt-Zoll- und Haupt-Steuerämter in den Fällen, wo ihnen die summarische Untersuchung und Abfassung des Strafresoluts über Zoll- und Steuervergehen zusteht, nicht befugt sein sollen, diesem Rechte ohne Zustimmung ihrer vorgesetzten Provinzialbehörden zu entsagen, und ohne eine solche vorherige Genehmigung die zu ihrer Entscheidung gehörigen Processe zur gerichtlichen Untersuchung abzugeben.

Die königlichen Gerichtsbehörden werden sich daher in einem solchen Falle die erfolgte Zustimmung durch Mittheilung einer einfachen Abschrift der diesfälligen Verfügung stets nachweisen lassen.

Berlin, den 12. April 1832.

Ministerium der Justiz.
An v. Kamptz. Mühler.
sämmtliche königliche Gerichtsbehörden.

1008.

Fiscus ist nicht befugt, die Annahme der Zahlungen zu verweigern, welche ein Dritter statt des Schuldigen auf die gegen letztern festgesetzten Strafen leisten will.

Mit der in dem sehr verehrten Schreiben Ew. Excellenzien vom 31. v. M. und den hier zurückgehenden Berichten der Regierung zu Achen und Trier von resp. dem 20. März c. und dem 3. December v. J. enthaltenen Entwickelung der Grundsätze, nach welchen der Schuldner und auch ein Dritter, der französischen Gesetzgebung gemäß, das Recht hat, die Anrechnung einer Zahlung auf verschiedene Schuldposten zu bestimmen, und von der Unanwendbarkeit der Bestimmungen von den Vorzugsrechten der Gerichtskosten in dem Falle, wenn mit dem Fiscus kein anderer Gläubiger concurrirt, kann ich mich nur einverstanden erklären.

Da nun kein Gesetz den Fiscus vor andern Gläubigern in Bezug auf die oben gedachten Grundsätze von der Imputation der Zahlung privilegirt, so kann ich die erste der beiden am Schlusse des geehrten Schreibens aufgestellten Fragen nicht anders beantworten, als daß der Fiscus nach dem französischen Rechte nicht befugt ist, die Annahme der Zahlungen zu verweigern, welche ein Dritter statt des Schuldigen auf die gegen den letzteren festgesetzten Strafen zu leisten sich erbietet, sofern dieser Dritte hierbei nicht die Subrogation in die Rechte des Gläubigers außer den Fällen des Art. 1251. (wo diese de jure statt findet) begehrt.

Was die zweite Frage anlangt:

ob die Annahme einer solchen Zahlung die Anwendung der geschärften Strafe des nach vorgängiger Bestrafung wiederholten Vergehens ausschließen werde?

so kann ich diese ebenfalls nur verneinen.

Denn zuvörderst fehlt es an allen Gründen die Existenz der Vollstreckung einer Geldstrafe an etwas anders als die Zahlung derselben zu knüpfen, und dabei auf die Person des Zahlenden und auf die Quelle der Zahlung Rücksicht zu nehmen.

Ferner wird der Rückfall (die recidive) nicht durch den zufälligen Umstand der Vollstreckung einer früheren Strafe, sondern durch die Existenz eines früheren Strafurtheils bedingt. Die französischen Gesetze (Art. 56 und 57 des Strafgesetzbuchs) lassen durch die Bestimmtheit ihrer Ausdrücke keinen Zweifel übrig, und wenn gleich der Ausdruck: „frühern Bestrafung", dessen sich unsere Gesetzgebung zur Bezeichnung des Rückfall verschiedentlich, und namentlich in den Abgaben-Gesetzen von 1818 und 1819 bedient hat, weniger genau ist, indem er an sich auch die Vollstreckung der Strafe in sich zu schließen scheint, so zeigt doch die Vergleichung des §. 1158 und 1159. Tit. 20. Thl. 2. des A. L. R., wo „nicht gestraft worden sein" und „zur Strafe verurtheilt worden sein" als Gegensätze aufgestellt werden, daß unter Bestrafung in dieser Beziehung nichts anders als Verurtheilung verstanden werden kann, und die Annahme des Gegentheils bei den rheinischen Gerichten ist für die Zukunft um so weniger zu befürchten, als bei Gelegenheit eines solchen Falles auch der rheinische Revisions- und Cassationshof durch das in Abschrift beifolgende Urtheil in Sachen gegen Michael Theißen vom 30. März 1831 die obgedachte Meinung angenommen hat.

Berlin, den 13. April 1832.

An v. Kamptz.

des königlichen wirklichen Geheimen Staats- und Finanz-Ministers Herrn Maassen und des königl. wirkl. Geheimen Staats-Ministers und Ministers des Innern und der Polizei Herrn Freiherrn v. Brenn Excellenzien.

Abschrift des obigen Schreibens erhält der königliche General-Procurator Herrn Ruppenthal zur Nachricht und Achtung.

Berlin, den 13. April 1832. Der Justiz-Minister

An v. Kamptz.

den königlichen General-Procurator Herrn Ruppenthal zu Cöln.

1009.

Die Immediat-Justiz-Examinations-Commission muß dem Justizministerium Anzeige leisten, wenn ein Referendar die Proberelationen nicht binnen drei Monaten abliefert.

Der königlichen Immediat-Justiz-Examinations-Commission wird hierdurch eröffnet, daß die unterm 23. v. Mts. getroffene Anordnung:

daß, wenn ein Referendar eine ihm aufgegebene Probe-Relation, ohne Unterschied, ob sie erste oder zweite ist, nicht binnen drei Monaten an die königliche Immediat-Justiz-Examinations-Commission abgeliefert hat, dies dem Justiz-Minister zum Zweck der Zurücknahme des Prüfungs-Auftrags angezeigt werden soll,

auch in Ansehung der aus den Rheinprovinzen sich etwa gemeldeten Referendarien zu befolgen ist.

Berlin, den 16. April 1832. Der Justiz-Minister
An v. Kamptz.
die königliche Immediat-Justiz-Examinations-Commission.

1010.

Entbindung des Fürsten und Altgrafen zu Salm-Reifferscheid-Dyck von der Uebernahme des Amts eines Geschwornen.

Ew. Hochwohlgeboren wird nachrichtlich bekannt gemacht, daß des Königs Majestät mittelst Allerhöchster Kabinets-Ordre vom 17. d. M. den Fürsten und Altgrafen zu Salm-Reifferscheid-Dyck von der Uebernahme des Amtes eines Geschwornen bei den Assisenhöfen zu entbinden geruhet haben, und daß den Präsidien der fünf rheinischen Regierungen hiernach unter dem heutigen dato das Erforderliche bekannt gemacht worden ist.

Berlin, den 25. April 1832. Der Justiz-Minister
An v. Kamptz.
den königlichen General-Procurator Herrn Ruppenthal zu Cöln.

a.

Auf den Bericht und nach dem Antrage des Staats-Ministerii vom 30. v. M. will Ich den Fürsten und Altgrafen zu Salm-Reifferscheid-Dyck für immer von der Uebernahme des Amtes eines Geschwornen bei den Assisenhöfen entbinden, wovon Sie, der Minister der auswärtigen Angelegenheiten, denselben in Kenntniß zu setzen haben.

Berlin, den 17. April 1832.
An Friedrich Wilhelm.
das Staats-Ministerium.

1011.

Es findet keine Legitimation der im Ehebruch erzeugten Kinder statt, selbst wenn die Eltern späterhin in die Ehe treten.

Ew. Hochwohlgeboren erhalten auf Ihren Bericht vom 23. Februar d. J. Abschrift der Allerhöchsten Kabinets-Ordre vom 23. d. M. um den N. ohne daß es nöthig ist die Gründe anzugeben, abschlägig zu bescheiden.

Berlin, den 26. April 1832. Der Justiz-Minister
An v. Kamptz.
den königlichen General-Procurator Herrn
Ruppenthal zu Cöln.

a.

Da das rheinische Civilgesetzbuch den Eltern im Ehebruch erzeugter Kinder nicht gestattet, selbige anzuerkennen, so will Ich nicht, daß die Legitimation außerehelicher Kinder in den Rheinprovinzen zu welcher Ich den Justiz-Minister durch Meine Ordre vom 6. November 1827 autorisirt habe, auf die im Ehebruch erzeugten Kinder, wenn auch die Eltern späterhin in die Ehe treten, erstreckt werde, vielmehr haben Sie in solchen Fällen in Gemäßheit Meiner auf das Gesuch der Wittwe N. erlassenen Ordre vom 21. September 1829 zu verfahren, hiernach auch den N. auf die zurückerfolgende Eingabe ablehnend zu bescheiden, da es auf den in Ihrem Berichte vom 2. d. M. bemerkten Umstand, daß er und seine Ehefrau in einer Trennung von Tisch und Bett gelebt haben nicht ankommen kann, weil das Gesetz hierin keinen Unterschied gemacht hat.

Berlin, den 23. April 1832.
An Friedrich Wilhelm.
den Staats- und Justiz-Minister v. Kamptz.

1012.

Gebührentaxe für die commissarischen Aufträge der Friedensrichter.

Ew. Hochwohlgeboren erhalten hierneben beglaubte Abschrift der Allerhöchsten Kabinets-Ordre vom 28. v. Mts. und der Anlage derselben,

betreffend die Gebühren-Taxe für die commissarischen Aufträge der Friedensrichter in den Rheinprovinzen, mit dem Auftrage, dieselbe und das gegenwärtige Rescript durch die Amtsblätter der Provinz publiciren zu lassen.

Berlin, den 3. Mai 1832. Der Justiz-Minister
An v. Kamptz.
den ersten Präsidenten des königlichen Appellations-Gerichtshofes Herrn Schwarz und den königlichen General-Procurator Herrn Ruppenthal zu Cöln.

a.

Auf Ihren gemeinschaftlichen Bericht vom 13. d. M., die commissarischen Aufträge der Friedensgerichte in der Rheinprovinz betreffend, genehmige Ich, daß dieselben für die Erledigung der ihnen in Gemäßheit der Artikel 255 und 1035. der rheinischen Proceß-Ordnung von den oberen Gerichten ertheilten Aufträge die, in der beiliegend vollzogenen Taxe bezeichneten Gebühren erheben, und autorisire Sie, solches durch die Amtsblätter der Provinz zur öffentlichen Kenntniß zu bringen. Berlin, den 28. April 1832.
An Friedrich Wilhelm.
die Staats-Minister v. Kamptz und Mühler.

Taxe.

Die Friedensgerichte in der Rheinprovinz erhalten

1) Für die Ordonnanz, welche den Tag zur Vernehmung der Zeugen bestimmt, mit Inbegriff des dabei aufzunehmenden Protocolles; ferner für eine Ordonnanz, welche den Tag zur Vernehmung einer Parthei über Artikel, oder zur Ableistung eines Eides, oder des Erscheinens der Partheien zur gegenseitigen Vernehmung, oder des Erscheinens von Sachverständigen zum Zwecke der Verpflichtung festsetzt, für den Richter 15 Sgr., für den Gerichtsschreiber 10 Sgr.
2) Für die Verpflichtung von Sachverständigen und das darüber aufzunehmende Protocoll: eben so viel. Für die Vernehmung der Zeugen oder einer Parthei über Artikel, oder für eine andere contradictorische Verhandlung zwischen den Partheien über streitige Rechnungen und das hierüber aufzunehmende Protocoll, für jede Vacation von dreien Stunden, für den Richter Einen Thaler, für den Gerichtsschreiber 20 Sgr.
3) Für einzelne Stunden, welche keine Vacation machen, für den Richter 15 Sgr., für den Gerichtsschreiber 10 Sgr.
4) Für die Abnahme eines decisorischen Eides, für den

Richter 24 Sgr., für den Gerichtsschreiber 16 Sgr. Muß das Friedensgericht einen Termin außerhalb der Gemeinde worin es seinen Sitz hat, abhalten, so kann der Friedensrichter, statt obiger Terminsgebühren, die im Art. 3 des Tarifs vom 16. Februar 1807 gedachten, und der Gerichtsschreiber zwei Drittel derselben beziehen. Berlin, den 28. April 1832.

Friedrich Wilhelm.

1013.

Der Instanzenzug und die Aufsicht über die standesherrlichen Gerichte in dem ostrheinischen Theile des Regierungsbezirks zu Coblenz.

Ew. Durchlaucht Wünsche den Instanzenzug und die Aufsicht über die standesherrlichen Gerichte betreffend, habe ich nicht ermangelt, zur Allerhöchsten Kenntniß Seiner Majestät des Königs zu bringen, worauf Allerhöchstdieselben die abschriftlich beigefügte Allerhöchste Kabinets-Ordre unter dem 17. d. M. zu erlassen geruhet haben, Inhalts dessen Ew. Durchlaucht geneigtem Antrage gemäß der hiesige rheinische Revisionshof auch für die Nichteximirten der Standesherrschaft Wied zur Oberberufungs-Instanz bestellt worden. Mit der Beaufsichtigung der standesherrlichen Ober- und Untergerichte haben des Königs Majestät, ohne eine Ausnahme vom Gesetze zu machen, kein anderes Gericht als das Obergericht der Provinz für denjenigen Theil, worin das gemeine deutsche Recht gilt, beauftragen können, und den Justiz-Senat zu einem solchen Obergericht erhoben. Ew. Durchlaucht ersuche ich ganz ergebenst, hiernach Ihre Fürstlichen Behörden anweisen zu wollen. Berlin, den 10. Mai 1832.

An des Herrn Fürsten August zu Wied Durchlaucht zu Neuwied.

v. Kamptz.

Der königliche rheinische Revisions- und Cassationshof erhält hierneben beglaubte Abschrift der Allerhöchsten Kabinets-Ordre vom 7. d. Mts. wodurch derselbe auch für die Nichteximirten der Standesherrschaft Wied zur Oberberufungs-Instanz, bestellt worden um danach sich zu achten und zu verfahren. Berlin, den 10. Mai 1832.

An den königlichen rheinischen Revisions- und Cassationshof hierselbst.

Der Justiz-Minister v. Kamptz.

Das königliche Hofgericht erhält hierneben zur Nachricht und Achtung Abschrift der Allerhöchsten Kabinets-Ordre vom 7. d. Mts.

den Instanzenzug und die Aufsicht über die standesherrlichen Gerichte im ostrheinischen Theile des Regierungsbezirks Coblenz betreffend.

Berlin, den 10. Mai 1832. Der Justiz-Minister
An v. Kamptz.
das königliche Hofgericht zu Arnsberg.

Der königliche Justiz-Senat erhält hierneben beglaubte Abschrift der Allerhöchsten Kabinets-Ordre vom 7. d. M.

den Instanzenzug und die Aufsicht über die standesherrlichen Gerichte im ostrheinischen Theile des Regierungsbezirks Coblenz betreffend,

durch welche der königliche Justiz-Senat zum landesherrlichen Obergericht der ostrheinischen Theile des Regierungsbezirks Coblenz erhoben und demselben die Aufsicht über die standesherrlichen Ober- und Untergerichte beigelegt worden. Ueberzeugt, daß diese Ober-Aufsicht von dem königlichen Justiz-Senat mit bewährtem Eifer und Umsicht auf eine unnöthige Contestationen mit den Standesherren vermeidende Art wird verwaltet werden, habe ich bei des Königs Majestät auf diese Erweiterung der Attributionen des königlichen Justiz-Senats angetragen.

Berlin, den 10. Mai 1832. Der Justiz-Minister
An v. Kamptz.
den königlichen Justiz-Senat zu Coblenz.

a.

Auf Ihre Berichte vom 18. Februar und 24. April d. Jahres bestimme Ich, daß nach dem Antrage des Herrn Fürsten zu Wied, von der Publication dieser Meiner Ordre ab, der rheinische Revisionshof in Berlin, an der Stelle des Hofgerichts in Arnsberg die Ober-Berufungs-Instanz auch für die Nichteximirten in der Standesherrschaft Wied bilden und denjenigen Partheien, welche die Ober-Berufungen bei der Regierung in Neuwied bereits angemeldet, beim Hofgericht in Arnsberg aber noch nicht eingeführt haben, die Einführungsfrist beim rheinischen Revisionshofe um einen Monat verlängert werden, das Hofgericht in Arnsberg endlich die bei demselben bereits eingeführten Ober-Berufungen annoch erledigen soll. Da übrigens der

Justiz-Senat zum landesherrlichen Obergericht im ostrheinischen Theile des Regierungsbezirks Coblenz erhoben worden, so finden auf denselben die von Ihnen in Bezug genommenen Bestimmungen der §§. 14. 18. 19 und 44 der Instruction vom 30. Mai 1820 wegen Ausführung des Edicts vom 21. Juni 1815 ihre völlige Anwendung. Ich überlasse Ihnen, die Bekanntmachung dieser Meiner Ordre durch die Amtsblätter der Provinz zu bewirken.

Berlin, den 7. Mai 1832.

An den Staats- und Justiz-Minister v. Kamptz.

Friedrich Wilhelm.

1014.

Prüfung der Bauhandwerker.

Euer Hochwohlgeboren erhalten hierneben Abschrift der Allerhöchsten Kabinets-Ordre vom 18. v. M., die Prüfung der Bauhandwerker in den Rhein-Provinzen betreffend, und der darauf von dem königlichen Ministerium des Innern für Handel und Gewerbe an die rheinischen Regierungen unter dem 10. d. M. erlassenen Verfügung, um Ihrer Seits das Weitere zu veranlassen, damit in künftigen Contraventionsfällen gegen die fraglichen gewerbepolizeilichen Bestimmungen von den Polizeigerichten der §. 33 des Ressort-Reglements vom 20. Juli 1818 gegen die Schuldigen zur Anwendung gebracht werde.

Berlin, den 18. Mai 1832.

Der Justiz-Minister v. Kamptz.

An den königl. General-Procurator Herrn Ruppenthal zu Cöln.

Da über die gesetzliche Kraft der Instructionen, wegen der Prüfung der Bauhandwerker, in den Rheinprovinzen hin und wieder bei den Gerichtshöfen Zweifel entstanden sind, so haben die unterzeichneten Minister sich veranlaßt gefunden, darüber die nähere Bestimmung Sr. Majestät des Königs einzuholen. Die königl. Regierung wird aus der abschriftlich anliegenden Allerhöchsten Kabinets-Ordre vom 18. April d. J. ersehen, daß es die Allerhöchste Absicht Sr. Majestät des Königs allerdings gewesen ist, daß die gedachten Instructionen und zugleich die §§. 94 — 101 des Gesetzes vom 7. September 1811 im ganzen Staate gültig sein und allgemein befolgt werden sollen, so wie, daß Sr. Majestät zu befehlen geruht haben, daß die gedachten §§. des angeführten Gesetzes, da die Publication der Allerhöchsten Kabinets-Ordre vom 25. April 1821 nicht vollständig erfolgt ist, noch jetzt durch das Amtsblatt der königlichen Regierung, jedoch mit der Erklärung bekannt gemacht werden, daß die Verpflichtung zur Prüfung nicht als eine neue, erst jetzt getroffene, sondern als eine schon seit der Bekanntmachung der Instructionen durch die Amtsblätter bestandene Einrichtung betrachtet werden soll.

Die königliche Regierung wird daher angewiesen, sowohl die anliegende Allerhöchste Kabinets-Ordre vom 18. April d. J. und das gegenwärtige Rescript, als auch die §§. 94 — 101 des Gesetzes vom 7. September 1811 durch Ihr Amtsblatt zur Nachachtung zu publiciren.

Berlin, den 10. Mai 1832.

Der Minister des Innern für Handels- und Gewerbe-Angelegenheiten
v. Schuckmann.

Der Justiz-Minister
v. Kamptz.

An
die königl. Regierungen der Rheinprovinzen.

a.

Als Ich durch Meine an den Staats-Minister Grafen v. Bülow unter dem 25. April 1821 erlassene Ordre die Instructionen wegen der Prüfung der Bauhandwerker, mit einigen Modificationen genehmigte und deren Anwendung im ganzen Staate befahl, ging Meine Absicht dahin, daß die Bestimmungen des Gesetzes vom 7. September 1811 §. 94 — 101, welche diesen Instructionen zur Grundlage dienen, ebenfalls allgemein befolgt werden sollten. Da aber nach Ihrer Anzeige vom 27. v. M. die vollständige Publication Meiner Ordre damals nicht stattgefunden hat, und die Gerichte der Rheinprovinz wegen dieses Mangels Anstand nehmen, die gesetzlichen Strafen gegen diejenigen auszusprechen, welche ohne die Prüfung bestanden zu haben, das Gewerbe selbstständig treiben, so will Ich Sie zwar ermächtigen, die gedachten §§. noch jetzt durch die Amtsblätter der rheinischen Regierungen bekannt zu machen, erkläre aber dabei ausdrücklich, daß die Verpflichtung zur Prüfung schon seit der Bekanntmachung der Instructionen durch die Amtsblätter bestanden hat, und nicht als eine neue durch gegenwärtige Ordre getroffene Einrichtung zu betrachten ist.

Berlin, den 18. April 1832. Friedrich Wilhelm.

An
die Staats-Minister des Innern und der Justiz v. Schuckmann und v. Kamptz.

b.

Bei den von Ihnen auseinandergesetzten Umständen und dem Einverständnisse des Staats-Ministerii, genehmige Ich hierdurch: daß die wegen Prüfung der Bauhandwerker in den ältern Provinzen der Monarchie bestehenden, in Gefolge der Gesetzgebung vom Jahre 1811 gegebenen Vorschriften und zwar die Instructionen vom 14. November 1812 wegen Prüfung der Maurer und Zimmerleute, so wie die Instruction vom 24. November 1814 wegen Prüfung der Mühlenwerkverfertiger und der Brunnen- und Röhrmacher unter nachstehenden Modificationen künftig im ganzen Staate zur Anwendung kommen.

1) Der §. 5 der Instructionen vom 14. November 1812 erhält den Zusatz: daß, wenn es an Gelegenheit zu einem Meisterbau fehlen sollte, der Prüfungs-Commission zur Pflicht gemacht wird, sich an den Provinzial-Bau-Director zu wenden, damit dieser einen solchen nachweise.

2) Die §§. 10 und 11 resp. in der Instruction wegen Prüfung der Maurer und Zimmerleute ist in nachstehender Art zu fassen:

„Jeder, welcher Meister werden will, hat sich vorher bei der Prüfungs-Commission zu melden. Wo nach der besondern Provinzial-Verfassung die Gewinnung des zünftigen Meisterrechts zum selbstständigen Betrieb des Maurer- oder Zimmerhandwerks noch unbedingt erforderlich ist, verweist ihn die Commission nach erfolgter Anmeldung an die Zunft, um bei dieser zuvörderst zu leisten, was die Innungs-Artikel fordern. Auch da, wo nach den geltenden Gesetzen, zwar noch Maurer- und Zimmergewerke, jedoch nicht mehr mit ausschließlichen Berechtigungen, bestehen, werden diejenigen zu gleichen Zwecken an die Zunft gewiesen, welche aus freier Wahl das zünftige Meisterrecht erlangen wollen; worüber sich zu erklären, ihnen bei der Anmeldung obliegt. In beiden Fällen wird der Prüfung, welche sodann die Zunft mit dem Aufzunehmenden vornimmt, ein Sachverständiger Seitens der Prüfungs-Commission zugeordnet.

3) Was vorstehend in Ansicht der Fassung der §§. 10 und 11 der Instructionen vom 14. November 1812 bestimmt ist, findet auch resp. auf den §. 9 und §. 10 der Instruction vom 24. November 1814 Anwendung, und kann es daher keinem Bedenken unterworfen sein, die

bezeichneten 4 Instructionen hiernach sowohl im Herzogthum Sachsen als auch im Regierungsbezirk Stralsund, der dort noch bestehenden Zunftverfassung ohnerachtet, gleichfalls zu publiciren und auszuführen.

Berlin, den 25. April 1821. Friedrich Wilhelm.

An
den Staatsminister Grafen v. Bülow.

1015.

Abnahme und Einsendung des Civilversorgungsscheines derjenigen Invaliden, welche ihre Entlassung aus dem Civildienst verschuldet haben.

Die in der Allerhöchsten Kabinets-Ordre vom 17. März 1829 enthaltenen Bestimmungen über die Abnahme und Einsendung des Civil-Versorgungsscheins sind, wie hin und wieder angenommen wird, keinesweges auf diejenigen Invaliden zu beziehen, welche in Folge eines Straf-Erkenntnisses ihrer Civil-Anstellung verlustig geworden, sondern treten überhaupt bei allen Invaliden ein, welche ihre Entlassung aus dem Civildienste verschuldet haben. Die Gerichtsbehörden und Beamten des öffentlichen Ministeriums in den Rheinprovinzen sind daher anzuweisen, in jedem Fall, in welchem ein vormaliger Invalide seine Entlassung aus dem Civildienste selbst verschuldet hat, ohne Unterschied, ob derselbe definitiv oder nur interimistisch, fixirt oder gegen Diäten oder monatliche Remuneration bei der Justiz-Verwaltung angestellt war, und ohne Rücksicht, ob seine Entlassung vermöge eines gerichtlichen Erkenntnisses oder einer Verfügung der vorgesetzten Behörde erfolgt ist, dem entlassenen Invaliden der Civil-Versorgungsschein abzunehmen und letztern dem königl. Kriegs-Ministerium mit Anzeige der Gründe der Entlassung einzusenden.

Berlin, den 22. Mai 1832. Der Justiz-Minister v. Kamptz.

An
den königl. Herrn ersten Präsidenten des Appellations-Hofes und den königl. Herrn General-Procurator zu Cöln.

1016.

Einsendung der bei den rheinischen Gerichten vorkommenden interessanten Erkenntnisse (Art. 5 des Arrêté vom 13. Brumaire Jahr X.).

Wenn gleich die Inconvenienzen, welche daraus, daß

der Art. 5 des Arrêté über die Conflicte vom 13. Brumaire X. außer Uebung gekommen ist, entstehen, sich bei mehreren Veranlassungen geäußert haben, so habe ich doch diesen Gegenstand auf sich beruhen lassen, um zuvor die im öffentlichen Ministerium erforderlich gewesenen Personal-Veränderungen abzuwarten. Da diese nunmehr bei den Gerichtshöfen und insonderheit beim königlichen Appellationshofe erfolgt sind, so erfordert das Interesse des Königlichen Dienstes, daß jene Vorschrift in Ausführung trete. Ew. Hochwohlgeboren beauftrage ich daher, nicht allein die im Art. 5 des Arrêté vom 13. Brumaire X. vorgeschriebenen Berichte und Anzeigen über die bei dem königl. Appellationshofe vorkommenden interessanten Erkenntnisse und andern Gegenstände zu erstatten, sondern auch die Ober-Procuratoren bei sämmtlichen Landgerichten aufzufordern, ein gleiches Verfahren rücksichtlich des Landgerichts, bei welchem sie fungiren, zu beobachten.

Berlin, den 5. Juni 1832. Der Justiz-Minister
An v. Kamptz.
den königl. General-Procurator Herrn Ruppenthal
zu Cöln.

1017.

Befugniß der Justizämter zur Festsetzung einer Ordnungsstrafe gegen dienstwidrige Gefangenwärter.

Auf die von der Regierung zu Coblenz erhobene Beschwerde über die durch das Justizamt zu N. erfolgte Festsetzung einer Ordnungsstrafe wider den dasigen Amtsdiener N. wegen seines dienstwidrigen Betragens als Gefangenwärter ist der Justizminister mit dem königlichen Ministerio des Innern und der Polizei in Correspondenz getreten, und hat sich unter dem 16. v. Mts. in der abschriftlich anliegenden Art geäußert. Hiermit hat sich das obgedachte königliche Ministerium einverstanden erklärt, und nach dem Schreiben vom 4. d. Mts. die Regierung zu Coblenz beschieden, welches dem königlichen Justiz-Senat hiermit nachrichtlich bekannt gemacht wird.

Berlin, den 20. Juni 1832. Der Justiz-Minister
An v. Kamptz.
den königlichen Justiz-Senat
zu Coblenz.

a.

Ew. Excellenz ermangele ich nicht auf das verehrliche

Schreiben vom 5. d. Mts. unter Zurücksendung der Anlagen desselben in ergebenster Antwort zu erwiedern, daß die Verfügung des Justizministerii vom 7. Januar 1822, worauf Hochdieselben sich gefälligst beziehen, von dem Verhältniß der ostrheinischen Justizämter zu den Bürgermeistern spricht. Bis zum Jahre 1817 vereinigten diese Aemter nach deutscher Verfassung in sich die richterlichen und administrativen Functionen, nachdem aber in diesem Jahre eine neue Communalverfassung eingeführt worden, verloren sie die letzteren, und mit ihnen auch die Disciplin über die Bürgermeister, weshalb denn jenes Rescript mit Recht tadelte, daß das Justizamt N. sich angemaßt habe, einen Bürgermeister in Ordnungsstrafe zu nehmen. In einem ganz andern Verhältniß aber, als die Bürgermeister, stehen die Gefangenwärter zu den Justizämtern. Letztere haben zwei verschiedene vorgesetzte Behörden, den Bürgermeister und resp. Landrath, als es sich von der Reinlichkeit, der Sicherheit der Gefängnisse und von der Verpflegung der Gefangenen handelt, und die Justizbeamten müssen, in sofern sie hierbei etwas zu rügen finden, den aufsichtsführenden Verwaltungsbeamten wegen Abstellung der Gebrechen requiriren, und das Justizamt, in sofern es sich von der Festmachung, Absonderung, Behandlung und Vorführung der Inquisiten handelt. In letzterer Hinsicht haben die Justizbeamten mit Ausschluß der Verwaltungsbeamten allein zu verfügen, die Gefangenwärter sind schuldig, ihren Verfügungen Folge zu leisten, sie, die Justizbeamten, müssen die Macht haben, diesen ihren Verfügungen, welche gewöhnlich keinen Verzug leiden, und ohne welche das Resultat einer Untersuchung oft vereitelt werden würde, Nachdruck zu geben, uud es kann wohl keinem Bedenken unterliegen, daß die Justizbeamten in dieser Beziehung einen nachlässigen oder renitenten Gefangenwärter mit einer Ordnungsstrafe belegen können. Ihnen dies Recht streitig machen, heißt nichts anders, als ihnen die Mittel entziehen wollen, die Inquisiten fest zu machen, und die Untersuchungen gegen sie mit Erfolg zu führen, und es würde ein Verstoß gegen das Dienstverhältniß der Gefangenwärter zu den Richtern sein, wenn diese, um ihren Verfügungen Nachdruck zu geben, erst die coordinirte Verwaltungsbehörde angehen, und von deren Ermessen die Ordnungsstrafen abhängig machen sollten, ein Verfahren, welches zugleich eine Kritik der richterlichen Verfügungen von Seiten der Verwaltungsbehörde nach sich ziehen würde. Auch ist in den ältern Provinzen über diese Frage niemals ein Zweifel entstanden.

Im Fall Ew. Excellenz mit dieser Ansicht einverstanden

sind, ersuche ich Hochdieselben ergebenst, hiernach die Regierung zu Coblenz bescheiden, und mir davon geneigte Kenntniß geben zu wollen.

Berlin, den 16. Mai 1832.

An
des königl. wirklichen Geheimen Staats-Ministers und Ministers des Innern und der Polizei Herrn Freiherrn von Brenn Excellenz.

v. Kamptz.

1018.

Verfahren bei Section eines Leichnams.

Ueber den Zeitraum, welcher nach dem Absterben eines Menschen verstrichen sein muß, ehe zu der etwa erforderlichen Section des Leichnams geschritten werden darf, so wie über das bei der Section zu beobachtende Verfahren ist im Jahr 1811 eine Verordnung des königlichen Ministerii des Innern ergangen, und zugleich von Seiten des Justizministerii die abschriftlich beikommende Circular-Verfügung vom 12. November 1811 erlassen worden. Auf den Antrag des königlichen Ministerii des Innern und der Polizei vom 15. v. Mts. werden Euer Hochwohlgeboren veranlaßt, den Inhalt jener Circular-Verfügung sämmtlichen Ober-Procuratoren und Gerichten in den Rheinprovinzen durch die Amtsblätter zur Achtung bekannt zu machen.

Berlin, den 20. Juni 1832.

Der Justiz-Minister
v. Kamptz.

An
den königlichen General-Procurator
Herrn Ruppenthal
zu Cöln.

a.

Durch eine von dem Allgemeinen Polizei-Departement im Ministerio des Innern erlassene Verordnung ist festgesetzt worden:

1) daß Leichen nicht eher als 24 Stunden nach dem Absterben, und auch nach diesem Zeitraume nicht eher secirt werden sollen, als bis der Arzt von der Gewißheit des erfolgten Todes sich dergestalt völlig und so überzeugt hält, daß er solche auf Erfordern einer sachkundigen Behörde erweisen zu können glaubt;
2) daß alle Sectionen soviel als möglich ohne Geräusch, Aufsehen und ohne Jemands vermeidliche Störung

verrichtet werden, und daher Aerzte nur solche Personen beiziehen und zu Hülfe nehmen sollen, für deren anständiges Betragen und Verschwiegenheit sie einstehen können.

Dem königlichen rc. wird von dieser Verordnung zu seiner Achtung in vorkommenden Fällen Nachricht gegeben, mit der Anweisung, die Untergerichte darnach gelegentlich anzuweisen.

Berlin, den 12. November 1811. Der Justiz-Minister
Circulare v. Kircheisen.
an sämmtliche Oberlandesgerichte.

1019.

Die Gerichtsvollzieher erhalten die vollen Reisegebühren in Untersuchungssachen bei Aufträgen außerhalb ihres Bezirks.

Der dortige Ober-Procurator v. Ammon hat angezeigt, daß Eine königliche Hochlöbliche Regierung Anstand genommen habe, dem Gerichtsvollzieher N. von dort die ihm festgesetzten 12 Franken für eine im Auftrage desselben in Untersuchungssachen gegen N. gemachte Dienstreise nach Tönnisheide anzuweisen. Wenn gleich die Allerhöchste Kabinets-Ordre vom 5. April 1825 ohne weiteren Beisatz bestimmt hat, daß den Gerichtsvollziehern in Untersuchungssachen für die Reisen im Auftrage und für Rechnung des Staats keine Gebühren aus dem Criminalfonds gezahlt werden sollen, so ist doch keinesweges die Absicht gewesen, diese Bestimmung auch auf solche Reisen außerhalb ihres Cantons auszudehnen, vielmehr ergiebt sich aus dem Schlußsatze:

„auch beauftrage Ich das Justizministerium, die erforderliche Verfügung zu treffen, daß nur in dringenden Fällen die Gerichtsvollzieher in Straf-Justizsachen Aufträge außerhalb ihres Friedensgerichtsbezirkes erhalten,"

daß gedachte Beamte in solchen Fällen die vollen gesetzlichen Reisegebühren erhalten sollen, wie dieses auch in dem Berichte des Justizministerii, mit welchem Sr. Majestät der Entwurf der fraglichen Kabinets-Ordre in ihrer jetzigen Form vorgelegt worden, ausdrücklich ausgesprochen worden ist; wenn die Justizbehörde daher bei Festsetzung der Liquidation dabei den Fall dringender Nothwendigkeit bescheinigt, so ist für Eine königliche Hochlöbliche Regierung kein Grund vorhanden, die Zahlung zu verweigern, weshalb ich dieselbe veranlasse, sowohl in diesem Falle, als in künftigen ähnlichen Fällen nach obigen Grundsätzen zu verfahren.

Berlin, den 25. Juni 1832.

An v. Kamptz.

Eine königliche Hochlöbliche Regierung zu Düsseldorf.

Abschrift obiger Verfügung erhält der königliche General-Procurator Herr Ruppenthal auf den Bericht vom 10. dieses Mts. zur Mittheilung an den Ober-Procurator v. Ammon zu Düsseldorf.

Berlin, den 25. Juni 1832. Der Justiz-Minister v. Kamptz.

An den königlichen General-Procurator Herrn Ruppenthal zu Cöln.

1020.

Die Procuratoren rangiren nach dem Datum ihres Procurator-Patents mit den Landgerichts-Räthen.

Dem Landgerichts-Präsidenten N. ist auf den in Abschrift anliegenden Bericht vom 14. d. Mts.

in Betreff der Anciennität der als Räthe eintretenden Procuratoren, mit Hinweisung auf das Ministerial-Rescript vom 24. März 1829, eröffnet worden, daß, da die königlichen Procuratoren mit den Landgerichtsräthen gleichen Rang haben, sie bei Ernennung zu Landgerichtsräthen im Collegio unter dessen Räthen den Rang nach dem Datum ihrer Procurator-Bestallungen zu nehmen haben.

Indem Ew. Hochwohlgeboren diese Verfügung mitgetheilt wird, veranlasse ich Sie, zur Vermeidung ähnlicher Contestationen diese Entscheidung den Landgerichtspräsidenten und Ober-Procuratoren der sämmtlichen Landgerichte bekannt zu machen.

Berlin, den 25. Juni 1832. Der Justiz-Minister v. Kamptz.

An den ersten Präsidenten des königlichen Appellations-Gerichtshofes Herrn Schwarz und den königlichen General-Procurator Herrn Ruppenthal zu Cöln.

1021.

Berichtigung der Gebühren der Steuerdiener für Einziehung der von den Gerichten erkannten Geldbußen und Strafgerichtskosten.

Einer königlichen Hochlöblichen Regierung erwiedere auf die Anfrage vom 25. v. Mts., daß in sofern die Anmahnungen wegen Entrichtung der von den Gerichten erkannten Geldstrafen und Strafgerichtskosten, durch die Steuerdiener bisher einen günstigen Erfolg gehabt haben, ich keinen Anstand nehme, zu genehmigen, daß aus den wieder eingezogenen Gerichtskosten die Gebühren der Steuerdiener bezahlt werden, in der Voraussetzung jedoch, daß, wenn in einem einzelnen Fall die eingezogenen Gelder nicht hinreichen, die Kosten und Strafen zu decken, die ersteren als baare Ausgabe dem Criminalfonds vorab erstattet werden, der etwanige Ausfall dagegen die Gerichtsstrafen treffe.

Berlin, den 25. Juni 1832.

An v. Kamptz.

Eine königliche Hochlöbliche Regierung
zu Düsseldorf.

1022.

Die Qualification der Gerichtsschreiber-Candidaten zur Anstellung als Gerichtsvollzieher.

Auf Ew. Hochwohlgeboren Bericht vom 7. Mai c. erhalten Sie hierbei das Anstellungsgesuch des Gerichtschreiber-Candidaten N. vom 5. April c., so wie dessen späteres vom 1. d. Mts. zurück, um denselben in Gemäßheit der Verfügung vom 7. April c. zu bescheiden.

Der Grundsatz, auf welchen dort verwiesen ist, besteht darin, daß die Gerichtsschreiber-Candidaten nach deren, durch die bestandene Prüfung erhaltenen Anciennität auch bei Besetzung von Gerichtsvollzieherstellen berücksichtigt werden sollen, jedoch ohne daß die Anciennität sowohl ihnen, als den Gerichtsvollzieher-Candidaten oder irgend einem Aspiranten ein jus quaesitum auf die zu besetzenden Stellen gebe.

Diese, sowohl in der Verfügung vom 31. December 1829 als vom 15. August 1831 ausgesprochene Ansicht ist keinesweges, wie Ew. Hochwohlgeboren voraussetzen, durch das Rescript vom 19. Februar 1830 modificirt, sondern vielmehr bestätigt, und dabei nur das wirkliche Eintragen der Gerichtsschreiber-Candidaten in die Liste der Gerichtsvollzieher-Aspiranten als eine bloße Operation des Geschäftsganges für etwas Gleichgültiges erklärt worden. Bei jenem Grundsatze muß es auch für die Zukunft verbleiben, dessen öffentliche Bekanntmachung ich Ihrem Antrage gemäß nicht nur genehmige, sondern Sie auch veranlasse, das Publikum dabei auf die unverhältnißmäßige Anzahl der bereits vorhandenen geprüften Aspiranten zu Gerichtsschreiber- und Gerichtsvollzieherstellen aufmerksam zu machen, für deren Versorgung in den nächsten 10 bis 15 Jahren keine Aussicht sei, und daß deshalb auch von jetzt ab bis auf weiteres keine neue Candidaten zu Gerichtsschreiberstellen zu dem Zwecke ihrer practischen Vorbereitung für die Prüfung in den Gerichtsschreibereien und Parketten der Ober-Procuratoren zugelassen werden sollen.

Wegen Ausführung dieser letzten Maaßregel haben Ew. Hochwohlgeboren das Nöthige zu veranlassen, wobei es sich von selbst versteht, daß die Annahme von Lohnschreibern, ohne jenen Zweck, sofern das Bedürfniß des Dienstes es gebietet, nicht ausgeschlossen ist. Die bereits geprüften Candidaten werden hierbei immer eine vorzugsweise Berücksichtigung verdienen. Uebrigens haben obige Bestimmungen auf die gesetzlich feststehenden Versorgungsansprüche der ehemaligen Militair-Personen, namentlich der 9jährigen Unteroffiziere, wie dieses auch schon in früheren Fällen Ihnen eröffnet worden ist, keinen Einfluß. Es darf daher diesen Personen die Vorbereitung zu ihrer Prüfung zu Gerichtsschreiber- sowohl, als Gerichtsvollzieher-Stellen, so wie die Prüfung selbst unter keinen Umständen versagt, und sie müssen, wenn sie die Qualification erlangt haben, ohne Rücksicht auf die Anciennität anderer Concurrenten bei der Besetzung vacanter Stellen und resp. den Vorschlägen dazu vorzüglich berücksichtigt werden.

Berlin, den 26. Juni 1832. Der Justiz-Minister
v. Kamptz.

An
den königlichen General-Procurator
Herrn Ruppenthal
zu Cöln.

1023.

Civil-Uniform der Mitglieder des Justizsenats zu Coblenz.

Ew. Hochwohlgeboren wird auf den Bericht vom 20. d. Mts. eröffnet, daß, da der königliche Justizsenat durch die Allerhöchste Kabinets-Ordre vom 7. v. Mts. zum Provinzial-Justiz-Collegium erhoben worden ist, es keinen Zweifel leidet, daß in Ansehung der Civil-Uniformen der Mitglieder desselben eben diese Bestimmungen eintreten, welche für die Mitglieder der übrigen Provinzial-Justizbehörden gelten.

Berlin, den 27. Juni 1832. Der Justiz-Minister
v. Kamptz.

An
den königlichen Landgerichts-Präsidenten Herrn Wurzer
zu Coblenz.

1024.

Beibringung des Heirathsconsenses der Militairpersonen beim Aufgebot vor den Civilstandsbeamten.

Des Herrn Justizministers Excellenz hat auf Veranlassung eines Schreibens Sr. Excellenz des Herrn Kriegsministers durch Rescripte vom 18. Mai und 23. Juni d. J. mir befohlen, die Beamten des Civilstandes anzuweisen:

> die bei ihnen sich wegen Publication einer beabsichtigten Ehe meldenden Militairpersonen jedesmal vorher zu befragen, ob sie bereits den zu ihrer Verheirathung erforderlichen militairischen Heiraths-Consens erlangt haben, und sie zugleich darauf aufmerksam zu machen, daß, wenn dies der Fall nicht sein sollte, sie sich den schon in den Militairgesetzen für das unconsentirte Eheverlöbniß bestimmten Strafen und Nachtheilen aussetzen.

Daß diese Vernehmung und Verwarnung erfolgt sei, soll von den Civilstands-Beamten durch einen besonderen schriftlichen Vermerk, welchen sie zu ihren Acten zu bringen haben, constatirt werden.

Dem mir gegebenen Befehle gemäß, bringe ich diese hohe Verordnung zur Kenntniß der Beamten des Civilstandes, damit allenthalben danach verfahren werde, mit dem Zusatze, daß von den Beamten der Staatsbehörde bei der vorschriftsmäßigen Revision der Civilstandesregister die Production der angeordneten Vermerke begehrt werden soll, sobald von einem Eheverkündigungs-Acte einer Militairperson die Rede ist.

Cöln, den 8. Juli 1832.

Der General-Procurator
Ruppenthal.

Publicandum.

1025.

Cautionsleistung der Gerichtsvollzieher.

Auf Ew. Hochwohlgeboren Bericht vom 16. März d. J. die Cautionen der rheinischen Justizbedienten betreffend, wird Ihnen nach vorgängiger Communication und in Uebereinstimmung mit dem königlichen hochlöblichen Finanz-Ministerio eröffnet, daß die Vorschriften der Allerhöchsten Cabinets-Ordre vom 11. Februar c. ebenso wie in den alten Provinzen auf die Executoren, so auch für die Rheinprovinz auf die Gerichts-Vollzieher als unter No. 1 litt. c. zu subsummirende Beamte, jedoch mit der Maaßgabe Anwendung findet, daß ohne Rücksicht auf die dort bezeichnete, von der Höhe der Einnahme abhängig gemachte Cautions-Summe, diese nach wie vor auf Zweihundert Thaler fixirt bleibt, und alle übrigen von No. 2 ab in jener Ordre enthaltenen Bestimmungen in Bezug auf die Gerichtsvollzieher in Wirkung treten. Zur Ausführung dieses Gesetzes haben Sie daher jene Vorschriften bei allen künftigen Anstellungen der Gerichtsvollzieher genau zu beobachten, den bereits angestellten aber nach Anleitung der positio 8 einen 6wöchentlichen Termin zur Abgabe ihrer Erklärungen unter dem dort bezeichneten Präjudiz durch eine in die Amtsblätter zu inserirende Aufforderung zu stellen, nach deren Ablauf die betreffenden Regierungen von dem Resultat, nämlich welche von den bisher bestellten, bei Ihnen niedergelegten Cautionen darnach in das Eigenthum des Staates übergehen, oder für welche der Betrag gegen Zurückgabe derselben einzuzahlen ist, unter Mittheilung der eingegangenen Erklärungen zur weitern Veranlassung in Kenntniß zu setzen sind.

Berlin, den 12. Juli 1832. Der Justiz-Minister

An v. Kamptz.

den königl. General-Procurator Herrn Ruppenthal zu Cöln.

a.

Da es bisher an allgemeinen und bestimmten Vorschriften über die Höhe der von den Kassen- und Magazin-Beamten zu bestellenden Dienst-Cautionen, und über die Art, in welcher diese Sicherheit zu leisten, ermangelt, so will Ich Ihren in dem Berichte vom 25. v. M. enthaltenen Anträgen gemäß, hierüber Folgendes festsetzen:

1) Die Cautionen der Beamten, welche eine Staatskasse oder ein Magazin zu verwalten, oder auch blos Einnah-

me von Geld, oder von Materialien dem Staate angehörig, zu besorgen haben, sollen fortan in folgenden Beträgen bestellt werden:

a, von einem Rendanten einer General- oder einer Regierungs-Haupt-Kasse, desgleichen einem Hypothekenbewahrer in den Landestheilen des rheinischen Rechtssystems mit 6000 Rthlr.

b, von einem Rendanten einer Provinzial-Steuer-, Ober-Landesgerichts-Sportel- und Salarien-, Ober-Berg-Amts-, Haupt-Zoll- oder Haupt-Steueramts- und Kreis-Steuerkasse, einer Domainen-Rentei- oder Forstkasse, oder eines größeren Magazins, imgleichen von einem Vorsteher eines bedeutenden Postamts, mit 3000 Rthlr., jedoch nur insofern, als das jährliche Diensteinkommen des Beamten 900 Rthlr. erreicht oder übersteigt;

c, von einem Rendanten einer der eben genannten und allen andern Kassen und Magazinen, imgleichen von dem Vorsteher eines Postamts, dessen jährliches Diensteinkommen die Summe von 900 Rthlr. nicht erreicht, mit dem Betrage eines zweijährigen Diensteinkommens mit der Maaßgabe, daß die Caution $\frac{1}{12}$ der gewöhnlichen einjährigen Einnahme der Kasse nicht übersteigen soll;

d, von einem Ober-Buchhalter bei einer Central- und Regierungs-Hauptkasse als Stellvertreter des Rendanten, und für Kassen-Controlleurs, Kassirer und andere Beamten, welche nächst dem Rendanten an dem Geldempfang oder an der Verwaltung von Magazin-Vorräthen unmittelbar Theil zu nehmen haben mit dem Betrage eines einjährigen Diensteinkommens;

e, von solchen Subalternen und Unterbedienten, insbesondere der Justiz- und Postverwaltung, welchen ihrer dienstlichen Stellung nach die Einforderung oder der Transport von Geld oder geldwerther Gegenstände obliegt, mit dem Betrage eines halbjährigen Diensteinkommens;

f, in den unter c, d, e, bezeichneten Fällen werden die Cautionen nach Abstufungen von 25 Rthlr. durch die vorgesetzten Behörden für die Dauer des Dienstverhältnisses eines jeden Inhabers der Stelle festgesetzt;

g, von einem Beamten welcher mehrere Functionen vereinigt, wofür derselbe kautionspflichtig ist, wird die Caution nur einmal nach seinem Gesammteinkommen der vereinten Stellen geleistet. Sind dabei Stellen verbunden, wofür Cautionssätze nach verschiedenen Maaßstaben (c, d, e) normirt sind, so muß die Caution nach dem höchsten Satze festgestellt werden.

2) Jede Amts-Caution muß fortan baar in Silbergeld erlegt werden, bevor die Einführung des Angestellten in das ihm zugedachte Amt stattfinden kann.

3) Kein zur Cautions-Bestellung nach obigen Bestimmungen verpflichteter Beamte soll von der baaren Einzahlung der Caution befreit sein.

4) Die sämmtlichen Cautionen werden zur General-Staats-Kasse eingezahlt, welche dem Cautionsbesteller darüber eine mit fortlaufender Nummer versehene, und von dem Kassen-Curator visirte Empfangs-Bescheinigung ertheilt. Geschieht die Zahlung der Caution an eine untergeordnete Kasse, so hat diese eine Interimsquittung zu ertheilen und die Beförderung des Geldes an die General-Staatskasse und den Empfangschein zu besorgen.

5) Das Cautions-Kapital soll dem Beamten mit Vier vom Hundert verzinset werden, und ein jeder Cautionsbesteller ist ermächtigt, den Betrag der halbjährigen Zinsen mit Ende des Monats Juni und December aus der von ihm verwalteten Kasse, sofern letztere Ueberschüsse abzuliefern hat, zu entnehmen, und die Quittung als baares Geld einzurechnen. In den Fällen wo die Zinsenerhebung auf diese Weise nicht stattfinden kann, erfolgt dieselbe in den eben gedachten Terminen bei derjenigen Kasse, aus welcher der Beamte sein Gehalt zu erheben hat.

6) Der Betrag der Cautionskapitale wird demnächst bei der Hauptverwaltung der Staats-Schulden als ein besonderes Depositum verwaltet.

7) Sobald das Dienstverhältniß, für welches eine Caution bestellt worden, aufgehört, und aus der Amtsführung nichts mehr zu vertreten ist, wird gegen Auslieferung des quittirten Empfangscheins die baare Zurückzahlung der Caution geleistet.

8) Den gegenwärtig schon angestellten Kassen- und Magazin- und andern Beamten, welche durch Staats- oder andere Schuldscheine oder Verschreibungen oder Verpfändungen von Immobilien ihre Amts-Cautionen geleistet haben, bleibt freigestellt, es dabei unverändert zu belassen, oder innerhalb 6 Wochen, vom Tage der Bekanntmachung dieses Befehls ab, sich zu erklären, daß

sie die bisherige Caution zurücknehmen, und statt deren die Sicherheit in baarem Gelde nach den jetzt ertheilten Vorschriften bestellen wollen. Erfolgt diese Erklärung nicht, dann gehen die als Caution eingelegten Schuld-Documente, mit Ausnahme jedoch der Hypotheken-Verschreibungen auf Grundstücke, in das Eigenthum des Staats über, die darin verschriebenen Summen werden dem Cautionsbesteller nach der Bestimmung zu 5 pCt. verzinset, und es bleibt dem Staate vorbehalten, wenn künftig die Cautions-Verbindlichkeit aufhört, entweder den Betrag der Caution voll nach dem Nennwerthe der Obligation in baarem Gelde zurückzuzahlen, oder dafür eine Schuldverschreibung gleicher Art und zu demselben Betrage, als womit die Caution bestellt worden, zurückzugeben.

Die bisher durch Eintragung auf Grundstücke oder durch Hinterlegung hypothekarischer Activforderungen bestellten Cautionen bleiben unverändert, und der Cautionsbesteller muß sich auch die Zinsen, welche davon zu erheben sind, selbst nach wie vor einziehen.

Sie, der Finanzminister, haben die Bekanntmachung und Ausführung dieser Bestimmungen zu bewerkstelligen, wozu jedes Ministerium und jede Behörde, soweit es deren Geschäftskreis betrifft, mitzuwirken hat.

Berlin, den 11. Februar 1832.

An Friedrich Wilhelm.

die Staatsminister General der Infanterie
Graf v. Lottum und Maassen.

1026.

Die Friedensgerichte und Justizämter müssen den Requisitionen der geistlichen Behörden zur Führung der Disciplinaruntersuchungen Folge leisten.

Ew. Hochwohlgeboren werden aus der abschriftlichen Anlage mit mehrerem ersehen, daß der Herr Minister der geistlichen, Unterrichts- und Medicinal-Angelegenheiten darauf angetragen, daß die Friedensrichter in den Rheinprovinzen angewiesen werden möchten, den von den geistlichen Behörden beider Confessionen an sie ergehenden Requisitionen zur Führung der Disciplinar-Untersuchungen Folge zu leisten. Wenn ich gleich nicht verkenne, daß diese Beamten durch ihre Berufspflichten bereits sehr belastet sind; so sind doch die von dem Herrn Staatsminister Freiherrn v. Altenstein angeführten Bewegungsgründe so wie überhaupt für das Wohl der Provinz, so auch insonderheit für die Rechtspflege so erheblich, daß ich sie nur vollkommen theilen kann. Der Kostenpunkt ist durch die in der Anlage enthaltene Zusicherung erledigt. Euer Hochwohlgeboren beauftrage ich daher, die Friedensrichter in den Rheinlanden hiernach anzuweisen.

Berlin, den 13. Juli 1832. Der Justiz-Minister
An v. Kamptz.
den königl. General-Procurator
Herrn Ruppenthal
zu Cöln.

Dem königlichen Justizsenate übersende ich hierbei Abschrift der an den General-Procurator heut ergehenden Verfügung, um die ostrheinischen Untergerichte auf gleiche Art anzuweisen.

Berlin, den 13. Juli 1832. Der Justiz-Minister
An v. Kamptz.
den königlichen Justizsenat
zu Coblenz.

1027.

Anwendung des §. 2. des Gesetzes vom 23. März 1828 wegen der in dem zum Großherzogthum Berg gehörig gewesenen Landestheilen vor Einführung der französischen Gesetze bestandenen Fideicommisse auf Erbtheilungen.

Auf den Bericht des Staatsministeriums vom 10. d. Mts. will Ich hierdurch zur Declaration des Gesetzes wegen der Fideicommisse im ehemaligen Großherzogthum Berg, vom 23. März 1828, ausdrücklich bestimmen, daß zu denjenigen Dispositionen über die Fideicommisse, die seit Einführung des französischen Civil-Gesetzbuchs bis zur Bekanntmachung des Gesetzes vom 23. März 1828 getroffen, und nach §. 2 desselben auf den Grund der Fideicommiß Eigenschaft weder anzufechten, noch einen Entschädigungs-Anspruch zu begründen geeignet sind, auch Erbtheilungen gehören, durch welche sich die Erben eines Fideicommiß-Besitzers, es sei vermöge der Intestat-Erbfolge oder einer letztwilligen Verfügung, in den Besitz des bisherigen Fideicommisses, als eines freien, der Fideicommiß-Eigenschaft nicht weiter unterworfenen Vermögens, gesetzt haben, so daß die Bestimmungen des §. 2. auch auf dergleichen Erbtheilungen angewendet werden sollen. Das Staatsministerium hat diese Declaration durch die Gesetzsammlung zur öffentlichen Kenntniß zu bringen.

Berlin, den 24. Juli 1832.

An das Staatsministerium.

Friedrich Wilhelm.

1028.

Liquidirung der Extrapostaxe Seitens des Untersuchungsrichters in Criminaluntersuchungen.

Dem königlichen Justizsenat wird auf den Bericht vom 16. v. Mts.,

die Berechnungen der Reisekosten in Criminaluntersuchungen betreffend,

unter abschriftlicher Mittheilung der Allerhöchsten Kabinetsordre vom 1. September 1831 eröffnet, daß nach derselben und der Verordnung vom 28. Juni 1825 in Untersuchungssachen, — es mag der Verurtheilte oder der Fiscus die Untersuchungskosten zu tragen haben, — der Untersuchungsrichter, sobald die Entfernung über eine Viertelmeile außer der Feldmark beträgt, die Extrapost-Taxe liquidiren kann, mag er mit Extrapost, mit einem Lohnkutscher, zu Pferde oder zu Fuß gereiset sein. Da er jedoch die Verpflichtung hat, den Actuarius gratis mitzunehmen, so muß er, wenn er mit diesem zu Fuß gegangen ist, auch die ersparten Gebühren mit ihm theilen.

Der eingereichte Bericht des Justizamts Freusberg erfolgt hierbei zurück.

Berlin, den 27. Juli 1832.

An den königlichen Justizsenat zu Coblenz.

Der Justiz-Minister
v. Kamptz.

a.

Ich gestatte, dem Vorschlage des Justizministerii vom 26. v. Mts. gemäß, daß bei Localcommissionen in Privatangelegenheiten die richterlichen Beamten, wenn ihnen auf geschehene Aufforderung die Parteien kein gehöriges Fuhrwerk stellen, ohne Nachweis, ob sie sich der Extrapost oder sonst eines Fuhrwerks bedient haben, für die Reise die gesetzlichen Extraposten nach der wahren Ortsentfernung liquidiren.

Berlin, den 1. September 1831.

An das Justizministerium.

Friedrich Wilhelm.

1029.

Unmittelbare Correspondenz der Oberprocuratoren mit dem Justizministerio.

Da in dem General-Berichte, welchen Ew. Hochwohlgeboren am 20. Januar c. über die Justizverwaltung im Justizjahre 1830—1831 erstattet haben, mehrere Punkte berührt werden, welche auch in dem Jahresberichte des Herrn ersten Präsidenten in Anregung gebracht sind: so theile ich Ihnen, um Wiederholungen zu vermeiden, den dato an denselben erlassenen Bescheid hierbei abschriftlich mit.

Was Ihre Anträge wegen unmittelbarer Correspondenz der Ober-Procuratoren mit dem Justizministerio betrifft, so habe ich

1) bereits die Verfügung erlassen, daß nur diejenigen vom Cassationshofe an mich eingereichten Untersuchungssachen an Ew. Hochwohlgeboren gesendet werden, in welchen eine Cassation erfolgt, eine Rüge ergangen, oder sonst ein wichtiges Princip sanctionirt worden, und
2) erfordere ich auf eingehende Begnadigungsgesuche direct von den Ober-Procuratoren Bericht; genehmige auch gern
3) daß die Ober-Procuratoren mir die Dispensgesuche,
4) die Vorschläge wegen Formation der Kammern, und
5) ihre Anträge wegen baulicher Einrichtungen, in sofern deren Bewilligung nicht von Ihnen ausgeht,

unmittelbar einsenden, und autorisire Ew. Hochwohlgeboren, die Ober-Procuratoren hiernach zu instruiren u. s. w.

Berlin, den 27. Juli 1832.

An den General-Procurator am königlichen rheinischen Appellations-Gerichtshofe Herrn Ruppenthal Hochwohlgeboren zu Cöln.

Der Justiz-Minister v. Kamptz.

1030.

Aufhebung des eximirten Gerichtsstandes in Untersuchungen gegen die Hülfsbeamten der gerichtlichen Polizei.

Da der bisherige eximirte Gerichtsstand der Hülfsbeamten der gerichtlichen Polizei in den ihre Amtsverbrechen und Staatsvergehen betreffenden Untersuchungen unverkennbar mit Nachtheilen für deren Amtsfunctionen verbunden war, und bei der gegenwärtigen Verfassung der Landgerichte kein Grund mehr obwaltete, diese Beamten der Gerichtsbarkeit der letztgedachten Gerichtshöfe zu entziehen, überdies auch die Untersuchungen wider diese Beamten vor dem Appellationshofe für die Unterthanen mit Kosten, Versäumnissen und Gewerbstörungen verbunden waren, die Abwendung der letzteren aber ein besonderes Augenmerk sein muß; so habe ich in Gemeinschaft mit den Herren Ministern der Finanzen und des Innern bei des Königs Majestät auf Aufhebung dieses eximirten Gerichtsstandes angetragen. Ew. Hochwohlgeboren communicire ich anliegend beglaubte Abschrift der darauf erlassenen Allerhöchsten Kabinets-Ordre vom 17. d. Mts., um solche mit dem gegenwärtigen Rescript dem dortigen königlichen Appellations-Gerichtshofe und sämmtlichen Landgerichten bekannt zu machen. Die Publication durch die Amtsblätter der Provinz wird durch das Ober-Präsidium erfolgen. Daß unter der gewöhnlichen Jurisdiction der Landgerichte die Zuchtgerichte in erster, und die Appellationskammern in zweiter Instanz und resp. die Assisenhöfe zu verstehen sind, folgt von selbst daraus, daß die gerichtlichen Polizeibeamten in dieser letztgedachten Qualität nicht zu den Verwaltungsbeamten gehören, welche nach der Allerhöchsten Kabinets-Ordre vom 6. März 1821 nach den Vorschriften der preußischen Gesetze zu verfolgen sind; auch folgt aus der Aufhebung des eximirten Gerichtsstandes, daß die in der Allerhöchsten Kabinets-Ordre vom 17. d. Mts. genannten Beamten wegen Amtsverbrechen durch die Untersuchungsämter bei den Landgerichten ohne Auftrag von Ihrer Seite zur Untersuchung gezogen werden können, so wie daß die Exemtion für die königlichen Procuratoren und Friedensrichter nach wie vor bestehen bleibt. Um jedoch jeden möglichen Zweifeln der Gerichte zu begegnen, haben Sie denselben zu eröffnen, daß dieses die Absicht der obgedachten, gemeinschaftlich mit den Herren Staatsministern der Finanzen und des Innern und der Polizei extrahirten Allerhöchsten Kabinets-Ordre ist.

Berlin, den 27. Juli 1832. Der Justiz-Minister
An v. Kamptz.
den Präsidenten des königl. Appellations-Gerichtshofes zu Cöln Herrn Schwarz und den königlichen General-Procurator Herrn Ruppenthal zu Cöln.

a.

Auf Ihren Bericht vom 27. v. Mts. will Ich den eximirten Gerichtsstand, der durch die Artikel 483. und 484. der rheinischen Criminalordnung in Untersuchungssachen wider die Hülfsbeamten der gerichtlichen Polizei, wegen ihrer in Ausübung des Amts begangenen Verbrechen und Vergehen, angeordnet ist, hinsichtlich der Bürgermeister, Beigeordneten, Polizei-Commissarien, Förster, Feld- und Waldschützen, hierdurch aufheben und festsetzen, daß diese Beamten wegen der Verbrechen und Vergehen, deren sie sich als Hülfsbeamte der gerichtlichen Polizei schuldig machen, der gewöhnlichen Jurisdiction der Landgerichte unterworfen sein sollen.

Berlin, den 17. Juli 1832.
An Friedrich Wilhelm.
die Staats-Minister, Massen, Freiherrn v. Brenn und v. Kamptz.

1031.

Wegen Cumulation der Strafen.

Da wiederum einige Verstöße gegen die in dem Rescripte vom 9. April 1827., die Cumulation der Strafen betreffend, ausgesprochenen Grundsätze vorgekommen; so veranlasse ich Ew. Hochwohlgeboren, dieselben den sämmtlichen Assisen-Präsidenten, namentlich aber den Ober-Procuratoren durch ein Rundschreiben in das Gedächtniß zurück zu rufen.

Wenn bei einem und eben demselben Landgerichte, sei es auch bei zweien verschiedenen Untersuchungs-Aemtern desselben, gegen ein und eben dasselbe Individuum gleichzeitig wegen verschiedener, nicht connexer Verbrechen mehrere Untersuchungen schweben, welche in verschiedenen Aktenstücken verhandelt werden, so haben die Ober-Procuratoren, denen dieser Umstand nicht unbekannt sein darf, die Beendigung sämmtlicher Untersuchungen abzuwarten und die Acten gleichzeitig der Rathskammer vorzulegen, damit der Anklage-Senat gleichzeitig über die Anklagen erkennen, die Angeklagten gleichzeitig vor den Assisenhof verweisen und dieser gleichzeitig über die verwirkte Strafe urtheilen könne.

Wenn ein Beschuldigter wegen eines Verbrechens durch Rathskammer-Beschluß bereits verwiesen, oder durch Urtel des Accusations-Senats bereits angeklagt, sei es weil er nicht arretirt gewesen oder inzwischen ausgebrochen, ein neues Verbrechen begangen oder später wegen eines älteren Verbrechens zur Untersuchung gezogen wird, weil es erst nachher zur Kenntniß der Behörde gelangte; so muß in der Regel der weiteren Verfolgung des ersteren so lange Anstand gegeben, bis auch die Acten über das letztere spruchreif geworden, und wenn beide nicht gleichzeitig dem Accusations-Senate zur Abfassung eines Verweisungs-Urtels vorgelegt werden können, der Assisen-Präsident requirirt werden, beide Sachen zu einer und eben derselben Sitzung zu verweisen. Denn, wenn derselbe nach Art. 308. der Criminal-Proceß-Ordnung die Verhandlungen kennen kann; so darf er, wie der General-Procurator Eichhorn richtig bemerkt hat, sie auch vereinigen.

Wenn gleichzeitig bei verschiedenen Landgerichten Untersuchungen gegen dasselbe Individuum schweben, so kann dies weder den Ober-Procuratoren, noch Ew. Hochwohlgeboren unbekannt bleiben und muß sich dieser Umstand theils aus den Acten selbst ergeben, theils von den Ober-Procuratoren bei Einsendung der Acten angezeigt werden. Es muß alsdann in der Regel der Schluß sämmtlicher Untersuchungen abgewartet werden, bevor die Acten dem Accusations-Senate zum Erkenntniß vorgelegt werden, damit derselbe über sämmtliche dem Beschuldigten zur Last gelegten Verbrechen in einem Urtel erkenne.

Wenn jedoch ein solcher Aufschub nicht zulässig erscheint, weil die noch schwebende Untersuchung sehr weitläuftig ist und etwanigen Complicen des Angeklagten dadurch ein Nachtheil zugefügt werden würde, oder wenn eine Vereinigung der Anklagen aus der Ursach nicht rathsam ist, weil die verschiedenen Verbrechen desselben Individuums in ganz entfernten Bezirken begangen worden, die Reisen mithin den Zeugen zu viel Zeit und dem Criminalfond zu viel Gebühren kosten würden, oder weil der Angeklagte, da das zweite, vor seiner ersten Verurtheilung begangene Verbrechen zur Sprache kam, schon wirklich wegen des ersteren verurtheilt war, und der Angeklagte ist durch die Jury beider Verbrechen schuldig erklärt worden, so sind zwei Fälle denkbar:

Die Strafen sind nämlich entweder gleicher oder verschiedner Natur, in letzterem Falle wird nur die schwerste vollstreckt, die übrigen werden vom öffentlichen Ministerio, als der vollstreckenden Behörde, für absorbirt angenommen. Nur im ersteren Falle scheint einige Schwierigkeit vorhanden zu sein, wenn z. B. beide Verbrechen mit Zuchthausstrafe belegt sind, jedes einzelne aber von der Art ist, daß keine Veranlassung vorhanden ist, über das Minimum hinaus zu gehen. Wenn in einem solchen Falle zweimal gegen dasselbe Individuum auf 5jährige Zuchthausstrafe erkannt worden, so soll nach der in dem Gutachten vom 28. Februar 1827, welches Ew. Hochwohlgeboren unterm 9. April 1827 mitgetheilt worden, entwickelten Ansicht nur eines dieser Urtheile vollstreckt werden. Ich muß jedoch Bedenken tragen, dieser Meinung unbedingt beizutreten, denn so wie es dem Verbrecher nicht zum Nachtheil gereichen soll, wenn zufällige Umstände veranlaßt haben, daß über mehrere von ihm begangene Verbrechen nicht in einem und eben demselben Strafurtheile gesprochen worden, so darf ihm dieser Umstand eben so wenig zum Vortheil gereichen; wenn er aber wegen jener beiden mit Zuchthausstrafe belegten Verbrechen gleichzeitig vor Gericht gestellt worden, so würden die Richter nicht auf das Minimum erkannt haben. In solchen Fällen müssen daher die Ober-Procuratoren dem Gerichte, welches zuletzt erkannt, wie ohnehin geschieht, von den gegen den Angeklagten schon vorhandenen Strafurtheilen, sie mögen noch gar nicht, oder erst zum Theil vollstreckt worden sein, Kenntniß geben und ihren Strafantrag dahin richten:

> daß gegen den Angeklagten eine längere (z. B. 6jährige) Zuchthausstrafe, mit Inbegriff oder statt der bereits erkannten 5jährigen, zu erkennen.

Ein ähnliches Verfahren besteht bei dem Zuchtpolizei-Gericht zu N., welches sehr häufig gegen Holzdiebe im dritten Wiederholungsfalle, auf eine zusätzliche Strafe erkennt, wenn bereits auf eine vierwöchentliche Gefängnißstrafe erkannt worden, späterhin aber noch andere Frevel-Protocolle, wie dies oft geschieht, gegen dasselbe Individuum zum Vorschein kommen, welche aber ältern Datums als das erste Strafurtheil sind.

Nur auf diese Art kann der Absicht des Gesetzgebers im Art. 365. der Criminal-Proceß-Ordnung vollständig entsprochen und jede Willkühr entfernt werden.

Ew. Hochwohlgeboren haben auch diese ergänzenden Anweisungen zur Kenntniß und Nachachtung der Gerichte und der Ober-Procuratoren zu bringen, und auf deren Befolgung zu achten.

Berlin, den 27. Juli 1832. Der Justiz-Minister
An v. Kamptz.
den königlichen General-Procurator
Herrn Ruppenthal Hochwohlgeboren
in Cöln.

1032.

Die Landgerichte führen bei förmlichen Ausfertigungen das größere königliche Siegel.

Ew. Hochwohlgeboren eröffne ich, daß ich durch die Mißverhältnisse, welche aus der, den königlichen Landgerichten bis jetzt nur gestatteten Führung des kleinen königlichen Siegels entstanden, bewogen worden bin, darüber des Königs Majestät Vortrag zu halten. Allerhöchst dieselben haben in weiterem Nachweise der abschriftlichen Anlage geruht, auf denselben, den königlichen Landgerichten in den Rhein-Provinzen das größere königliche Siegel, dessen sich andere Provinzialbehörden bedienen, zum Gebrauch bei den förmlichen Ausfertigungen beizulegen. Das königliche Landgericht hat daher von dieser Prerogative baldigst Gebrauch zu machen und Euer Hochwohlgeboren werden autorisirt, dies größere königliche Siegel mit der Umschrift: Friedrich Wilhelm von Gottes Gnaden König von Preußen und Großherzog vom Niederrhein und mit den Schildhaltern und dem königlichen schwarzen Adler-Orden anfertigen zu lassen, wozu das größere Siegel der königlichen Regierung die nähere Anleitung geben wird. Das bisherige kleinere Siegel ist dem anderweitigen Gebrauch außer dem Fall förmlicher Ausfertigung vorbehalten.

Berlin, den 27. Juli 1832. Der Justiz-Minister
Circulare v. Kamptz.
an die Herren Landgerichts-Präsidenten
und die Herren Ober-Procuratoren.

a.

Auf Ihrem Antrag vom 15. d. M. will Ich den rheinischen Land-Gerichten zu Cöln, Trier, Coblenz, Cleve, Achen und Düsseldorf zum Gebrauch bei den förmlichen Ausfertigungen das größere Königliche Siegel beilegen, dessen sich andere Provinzialbehörden bedienen, und Ihnen die weitere Verfügung überlassen.

Berlin, den 23. Juli 1832.

An den Staats- und Justiz-Minister v. Kamptz.

Friedrich Wilhelm.

1033.

Erneuerung des §. 33. der Anweisung vom 20. Juli 1818. die Bestrafung einer jeden Uebertretung eines Polizeigesetzes, das nicht besonders verpönt ist.

Das Justiz-Ministerium hat aus mehreren, vom königlichen Revisions- und Cassations-Hofe eingereichten Acten ersehen, daß die rheinischen Gerichtshöfe vielfach Straferkenntnisse über Polizei-Uebertretungen sich deshalb überheben, weil in den einzelnen Polizei-Gesetzen die Uebertretung derselben nicht besonders verpönt worden und daher auf die Uebertretung keine Strafe gesetzt sei. Diese Ansicht ist durchaus unrichtig und sind daher auch die auf dieselben begründeten Urtheile vom königlichen Revisions- und Cassations-Hofe stets und noch neuerlich in bedeutender Anzahl cassirt worden. Die vom königlichen Staats-Ministerium unterm 20. Juli 1818. erlassene und von des Königs Majestät in allen vorkommenden Fällen bestätigte und gesetzmäßig publicirte Anweisung für die Regierungen und Gerichte in den Rheinprovinzen über ihre gegenseitigen Amtsbefugnisse, enthält im §. 33. die Bestimmung:

> Bei jeder Uebertretung eines Polizei-Gesetzes, das nicht besonders verpönt ist, soll von den Polizei-Gerichten auf eine Geldstrafe von 1 bis 5 Rthl. erkannt werden.

und ergiebt sich daraus von selbst, daß die Polizei-Gerichte, falls nicht ein besonderes Polizei-Gesetz eine anderweitige Strafe der Uebertretung angeordnet hat, bei der Uebertretung eines jeden Polizei-Gesetzes, auf eine Polizei-Strafe von 1 bis 5 Rthl. zu erkennen haben. Das Justiz-Ministerium kann weder die Vernachlässigung dieser bestimmten Vorschrift gestatten, noch zugeben, daß der Cassationshof und das öffentliche Ministerium mit unnützen Cassations-Arbeiten belastet und den Angeschuldigten eben so unnütze Kosten verursacht werden. Die Polizei-Gerichte werden daher hierdurch angewiesen, den obgedachten §. 33. künftig genauer zu befolgen und haben Ew. Hochwohlgeboren zu dem Ende das gegenwärtige Rescript durch die Regierungs-Amtsblätter zur Nachachtung der Polizei-Gerichte bekannt zu machen.

Berlin, den 3. August 1832. Der Justiz-Minister
An v. Kamptz.
den königlichen ersten Präsidenten des Appellationshofes Herrn Schwarz und den königlichen General-Procurator Herrn Ruppenthal zu Cöln.

1034.

Beibehaltung des Paraphen-Stempels bei den Civil-Stands-Registern.

Ew. Hochwohlgeboren wird auf den Bericht vom 21. v. Mts. eröffnet, daß,

da die erste und die letzte Seite des eingebundenen Civilstands-Registers mit der Namensunterschrift des Präsidenten versehen und die einzelnen Folien nur paraphirt werden, da ferner bei einem Stempelparaphe einem etwanigen Betruge mehr Hindernisse im Wege zu stehen scheinen, als bei einer schriftlichen Paraphe, indem es leichter ist, eine solche Schriftliche nachzumachen, als eine Gestempelte, endlich aber der Fall eines solchen Betruges noch nicht zur Sprache gekommen ist,

der Minister sich nicht veranlaßt findet, den fernern Gebrauch der Paraphen-Stempel zu untersagen.

Berlin, den 4. August 1832. Der Justiz-Minister
An v. Kamptz.
den königl. General-Procurator Herrn Ruppenthal zu Cöln.

1035.

Feststellung der Appellations-Summen im ostrheinischen Theile des Regierungsbezirks zu Coblenz.

Bei der großen Verschiedenheit der Appellations-Summen in den einzelnen Districten der ostrheinischen Theile des Regierungsbezirks Coblenz, habe ich mich veranlaßt gesehen, bei des Königs Majestät auf die Gleichstellung derselben anzutragen. Seine Königliche Majestät haben geruhet, diesen Antrag durch die unterm 22. Juli c. an das Justiz-Ministerium ergangene Allerhöchste Kabinets-Ordre zu genehmigen. Dem königlichen Justiz-Senate wird letztere hierbei in beglaubter Abschrift mit dem Auftrage übersandt, dieselbe mit dem gegenwärtigen Rescript und den betreffenden Gesetzesstellen durch das Amtsblatt der königlichen Regierung zu Coblenz zu publiciren und den fürstlichen Regierungen zu Neu-Wied und Braunfels abschriftlich mitzutheilen.

Berlin, den 4. August 1832. Der Justiz-Minister
An v. Kamptz.
den königl. Justiz-Senat zu Coblenz.

a.

Auf Ihren Bericht vom 25. Juni c. setze Ich unter Aufhebung der verschiedenen gesetzlichen Bestimmungen über die Appellations-Summe, welche in dem ostrheinischen Theile des Regierungsbezirks Coblenz gegenwärtig gelten, nach Ihrem Antrage fest, daß die Vorschriften im §. 3. Nr. 1. u. 2. Tit. 14. der Proceßordnung und in den §§. 108 — 110. des Anhangs zu derselben, in dem gedachten Landestheile, so weit darin das gemeine Recht gilt, bis auf weiteres befolgt werden sollen und autorisire Sie, diese Ordre durch die Gesetzsammlung und die Amtsblätter der Provinz, welchen letzteren auch die betreffenden Stellen der Proceßordnung und des Anhangs beizudrucken sind, zu publiciren und das weitere zu verfügen.

Berlin, den 22. Juli 1832.
An Friedrich Wilhelm.
die Staats- und Justiz-Minister
v. Kamptz und Mühler.

1036.

Diejenigen Gerichtsvollzieher-Candidaten, welche ihrer dreijährigen Militairpflicht Genüge geleistet, sollen vorzugsweise zur Prüfung zugelassen werden.

Ew. Hochwohlgeboren empfangen anliegend urschriftlich das, von des Königs Majestät nicht berücksichtigte Gesuch des Schreibers N. in Trier um Verstattung zu der Prüfung als Gerichts-Vollzieher, um darauf das Weitere zu verfügen.

Der Billigkeit ist es gemäß, daß diejenigen Candidaten, welche ihrer Militairpflicht genügt und dadurch drei Jahre ihres Lebens dem Staate gewidmet haben, vorzugsweise vor andern zur Prüfung zugelassen werden. Wenn daher zu derselben nur immer 20 Gerichtsvollzieheramts-Candidaten verstattet werden, so ist hierbei denjenigen, welche gedient haben, und weil sie die Disciplin kennen, die besten für den Dienst sein werden, vor den andern der Vorzug zu geben.

In dem an vielen Orten höchst beschwerlichen Amte eines Gerichtsvollziehers gehört ohnehin ein Mann von gesunder und starker Constitution, und Leute die zu schwach sind zum Soldaten, werden das beschwerliche Amt eines Gerichtsvollziehers bald mit dem Verluste der Gesundheit oder des Lebens bezahlen. Ew. Hochwohlgeboren haben daher das Gesuch des N. nach Umständen möglichst zu berücksichtigen.

Berlin, den 14. August 1832. Der Justiz-Minister
An v. Kamptz.
den königlichen General-Procurator
Herrn Ruppenthal zu Cöln.

1037.

Bei Amtsvergehen und Verbrechen der Beamten kommt es darauf nicht an, ob dieselben einen Amtseid geleistet oder nicht.

In der zur Disciplinar-Entscheidung des königlichen Staats-Ministeriums gekommenen Untersuchungs-Sache wider den Steuer-Einnehmer N. ist es aufgefallen, daß der königliche Appellationshof das Erkenntniß des Landgerichts zu Düsseldorf deshalb reformirt hat, weil der N., da er nicht vereidigt worden, als öffentlicher Beamter nicht angesehen werden könne. Das Staats-Ministerium ist hierdurch veranlaßt worden, bei des Königs Majestät auf eine declaratorische Bestimmung anzutragen, und dieselbe ist, für den ganzen Umfang der Monarchie, mithin auch für die Rhein-Provinzen unterm 11. d. Mts. dahin erfolgt, daß es bei Amtsvergehen oder Verbrechen der öffentlichen Beamten darauf, ob sie den Amtseid geleistet haben oder nicht, überall nicht ankomme. Diese Allerhöchste Declaration wird ehestens durch die Gesetzsammlung bekannt gemacht werden.

Berlin, den 14. August 1832. Der Justiz-Minister
An v. Kamptz.
den königlichen ersten Präsidenten des Appellationshofes Herrn Schwarz und den königlichen General-Procurator
Herrn Ruppenthal zu Cöln.

a.

Aus dem Berichte des Staats-Ministeriums vom 19. Juli d. J. habe Ich ersehen, daß einzelne Gerichtshöfe die Anwendung der Strafgesetze wegen Amtsvergehen und Verbrechen, von dem Nachweise des geleisteten Amtseides abhängig machen. Da diese Ansicht unrichtig ist, ein jeder öffentlicher Beamter vielmehr ebenso, wie ein Privatbeamter, mit der Uebernahme des ihm anvertrauten Amtes die Pflichten desselben in ihrer ganzen Ausdehnung zugleich mit übernimmt, und die Ableistung eines Amtseides, wo ein solcher überhaupt erforderlich ist, nur ein religiöser Antrieb zu erhöheter pflichtgemäßer Aufmerksamkeit und zu gewissenhafter Erfüllung seiner Obliegenheiten für ihn sein soll; so setze Ich hierdurch, nach dem Antrage des Staats-Ministeriums, für den ganzen Umfang Meiner Staaten und mit ausdrücklicher Aufhebung aller diesen Vorschriften etwa entgegenstehenden Bestimmungen fest:

1) Ein Jeder, dem ein öffentliches Amt von der betreffenden Behörde provisorisch oder definitiv anvertraut wird, übernimmt dadurch zugleich alle mit diesem Amte verbundene Pflichten.
2) Läßt er sich ein Amts-Vergehen oder Verbrechen zu Schulden kommen, so finden die darauf angeordneten Strafen ihre Anwendung, ohne Unterschied, ob er einen Amtseid geleistet hat oder nicht.

Ich beauftrage das Staats-Ministerium, diesen Befehl durch die Gesetzsammlung zur öffentlichen Kenntiß bringen zu lassen.

Berlin, den 11. August 1832.

An das Staats-Ministerium. Friedrich Wilhelm.

1038.

Unterofficiere, welche wegen neunjähriger Dienstzeit Ansprüche auf Civilstellen machen, müssen mindestens fünf Jahre als wirkliche Unterofficiere gedient haben.

Ew. Hochwohlgeboren haben unter dem 14. d. Mts. angefragt, in welcher Art die Berechnung der, den Unterofficieren einen Anspruch auf Civilstellen gewährenden neunjährigen Dienstzeit geschehen soll.

Ueber diese Frage hat der Herr Kriegs-Minister bereits früher die Allerhöchste Declaration und diese meinem Amtsvorgänger durch das Schreiben vom 5. Mai 1829 bekannt gemacht. Hiernach muß ein Militair, welcher als Unterofficier gedient hat, und wegen neunjähriger Dienstzeit im Militair nach der Allerhöchsten Kabinets-Ordre v. 7. August 1820 Ansprüche auf Versorgung machen will, mindestens fünf Jahre als wirklicher Unterofficier gedient haben.

Berlin, den 24. August 1832. Der Justiz-Minister
An v. Kamptz.
den königlichen General-Procurator
Herrn Ruppenthal zu Cöln.

1039.

Zahlung der Diäten und Reisekosten in Criminalsachen an die Beamten im ostrheinischen Theile des Regierungsbezirks zu Coblenz.

Auf den Bericht der dortigen Regierung vom 15. v. M. ist genehmigt worden, daß die Diäten und Reisekosten in Criminal-Untersuchungssachen, den Justizbeamten rechter Rheinseite auf den Grund gehörig bescheinigter und vom Justiz-Senat festgesetzter Liquidationen jederzeit aus dem Criminal-Kosten-Fond gezahlt, und dagegen, insofern sie nicht dem Staate zur Last fallen, von dem in die Kosten Verurtheilten zu dem gedachten Fond wieder eingezogen werden.

Indem solches dem königlichen Justiz-Senate bekannt gemacht wird, wird demselben aufgegeben, die erforderlichen Maaßregeln zu treffen, daß die gedachte Wiedereinziehung der Kosten in den geeigneten Fällen stets gehörig bewirkt werde.

Berlin, den 8. September 1832. Der Justiz-Minister
An v. Kamptz.
den königlichen Justiz-Senat zu Coblenz.

1040.

Unter dem Ausdruck quinze jours sind zwei Wochen (vierzehn Tage) zu verstehen.

Ew. Hochwohlgeboren erhalten die von dem Ober-Procurator am Landgerichte zu N. unter dem 25. v. Mts. eingereichten Untersuchungs-Acten wider den Handelsmann N. wegen unerlaubten Pfandverkehrs zur weiteren Beförderung hiernach zurück, um bei dieser Gelegenheit, sowohl den Ober-Procurator N. als die übrigen Procuratoren darauf aufmerksam zu machen, daß der französische Ausdruck quinze jours nicht mit 15 Tagen, sondern mit 14 Tagen oder 2 Wochen zu übersetzen ist.

Berlin, den 8. September 1832. Der Justiz-Minister
An v. Kamptz.
den königl. General-Procurator Herrn Ruppenthal
zu Cöln.

1041.

Geschäftsverwaltung beim Justiz-Senat zu Coblenz.

Nachdem Seine Majestät der König den Justiz-Senat als Obergericht des ostrheinischen Theiles des Regierungsbezirks Coblenz bestellt und bei demselben einen besondern Direktor anzustellen geruhet haben; so wird im Vollzuge des Allerhöchsten Willens, zur Vermeidung aller Anstände in der Geschäftsverwaltung bis auf Weiteres Folgendes hierdurch angeordnet:

1) Das Collegium besteht aus dem Präsidenten, dem Direktor und vier Richtern, welche der Justiz-Minister aus dem Personal des Landgerichts auswählt, gegenwärtig den Landgerichtsräthen N. N. und den Assessoren N. N.

2) Der Präsident und der Director vertreten sich gegenseitig bei Verhinderungsfällen; fehlt es an der nöthigen Zahl von Richtern, so werden die Landgerichtsräthe N. N. zu stellvertretenden Mitgliedern des Justiz-Senats andurch ernannt, wogegen die bei dem Justiz-Senat angestellten Richter, die Verpflichtung behalten, wenn es nöthig ist, einen fehlenden Richter bei einer Kammer des Landgerichts zu vertreten.

3) Der Präsident führt die Aufsicht über das Collegium und seine sämmtlichen Mitglieder so wie über den Geschäftsgang überhaupt und die Advocaten; der Direktor zunächst über den Geschäftsgang im Collegio, in der Gerichts-Kanzlei und über die Führung der Subalternen; findet er nöthig, daß eine generelle Verfügung, ein Verweis oder eine Ordnungsstrafe, erlassen werde, so muß er seinen motivirten Antrag dem Präsidenten übergeben.

4) Alle verschlossen eingehende Sachen und alle unverschlossene auf der Kanzlei niedergelegte neue Sachen werden dem Präsidenten zugestellt, welcher die Generalien entweder selbst erledigt oder sie einem Decernenten zum Vortrag zuschreibt, dagegen die Civil- und Criminalproceß-Sachen dem Director zur Ernennung der Decernenten und Referenten übergiebt.

5) Wenn ein Auscultator oder Referendarius zum Referenten bestellt wird, muß stets ein Mitglied des Collegii zum Correferenten ernannt werden.

6) In großen und wichtigen Civilproceß Sachen erster Instanz, so wie in allen Sachen, wobei ein Standesherr interessirt ist, in der Appellations-Instanz, so

oft der Referent auf Reformation anträgt, und in Criminalsachen in den Fällen des §. 479. seq. der Criminalordnung muß ein Correferent bestellt werden.

7) In den unter der vorigen Nummer erwähnten Fällen muß das Collegium zu Fünfen sitzen.

8) Der Justiz-Senat wird künftig wöchentlich zwei Sitzungen halten. Die Generalien und die wichtigeren Sachen, deren Vortrage der Präsident beizuwohnen für gut findet, sollen in der Präsidialsitzung, welche der Präsident ein für allemal zu bestimmen hat, vorgetragen werden.

9) Die Criminal-Commission hört als selbstständige, für sich bestehende Behörde auf und das mit den Untersuchungen zu beauftragende Mitglied tritt in alle Rechte und Pflichten eines Inquirenten, wie solche die Criminal-Ordnung bestimmt.

10) Der Justiz-Minister ernennt auf den Vorschlag des Präsidenten den Inquirenten auf zwei Jahr.

11) Der Inquirent darf in denen Sachen, in welchen er inquirirt hat, nicht zum Referenten bestellt werden, ist jedoch verpflichtet, den Sitzungen beizuwohnen und Vorträge in Civilsachen zu übernehmen.

12) Was die Registratur-, Expeditions- und Kanzlei-Arbeiten betrifft; so sollen dieselben unter die drei Secretarien nach ihren Fähigkeiten und dergestalt vertheilt werden, daß keiner mit Arbeiten überladen wird. Das Collegium hat ein Registratur- und Canzlei-Reglement nach dem Bedürfniß des Dienstes auszuarbeiten und dem Justiz-Minister zur Genehmigung vorzulegen, bei dessen Abfassung auch die Vorschriften der preußischen Gerichts-Ordnung und der nassauischen Ober-Appellations-Gerichts-Ordnung zum Grunde zu legen.

Berlin, den 14. September 1832. Der Justiz-Minister
An v. Kamptz.
den königlichen Justiz-Senat zu Coblenz.

1042.

Einführung der Bestimmungen der preußischen Allgemeinen Gerichtsordnung über das Verfahren in fiscalischen Untersuchungen im ostrheinischen Theile des Regierungsbezirks zu Coblenz.

Dem königlichen Justizsenate wird Abschrift der Allerhöchsten Kabinets-Ordre vom 8. d. Mts., welche ebenfalls dem königlichen Ober-Präsidenten der Rheinprovinzen zur Insertion in die Amtsblätter der Provinz dato mitgetheilt worden ist, mit dem Eröffnen zugefertigt, daß das Collegium in dem Berichte vom 9. Juli c. nach sorgfältiger Erwägung keine erhebliche Hindernisse gegen die Einführung des Abschnitts der Allgemeinen Gerichtsordnung in Betreff der fiscalischen Untersuchungen gefunden, dagegen aber erinnert hat:

a) daß darin auf mehrere Stellen und Verfügungen der Allgemeinen Gerichtsordnung Bezug genommen wird. Der Passus in der Allerhöchsten Kabinets-Ordre: „Es sollen jedoch die, in diesem Abschnitt enthaltenen Vorschriften ausschließend nur bei fiscalischen Untersuchungen in Anwendung kommen" wird jedes Mißverständniß und jede unbeabsichtigte Ausdehnung verhindern;

b) daß der §. 34. dieses Abschnitts auch der im Tit. 34. §. 21—24. bestimmten dritten Classe der Injuriensache erwähne; da jedoch diese Paragraphen durch den §. 216. des Anhangs längst aufgehoben, und die fiscalischen Untersuchungen auf leichte Verwundungen und auf gröbliche Beleidigungen der Personen, welche durch Geburt oder Rang eine vorzügliche Achtung zu fordern berechtiget, beschränkt worden sind, so hat die No. 4. aus dem §. 34. nicht weggelassen werden dürfen, zumal da diese Anordnung auch auf dem linken Rheinufer statt hat.

Indem ich den königlichen Justizsenat auf den §. 216. des Anhangs und die Declaration vom 6. October v. J. No. 3. (Gesetzsammlung S. 224.), so wie auf §§. 223—225. des Anhangs aufmerksam mache, beauftrage ich das Collegium, den zweiten Abschnitt des 35. Titels, §. 34. bis 106. incl., die §§. 216. 223. 224. 225. und 243. bis 265. des Anhangs, mit Ausnahme des §. 247. durch das Amtsblatt der Coblenzer Regierung zur öffentlichen Kenntniß zu bringen, und dabei auf die Declaration vom 6. October 1831 aufmerksam zu machen.

Hinsichtlich des Kostenpunkts, so ist derselbe durch die Allerhöchste Kabinets-Ordre vom 19. December 1830 und die Rescripte vom 11. und 22. Februar, 6. und 9. Mai, 17. October und 12. December 1831 und 9. März d. J. regulirt. Der königliche Justizsenat hat diese Allerhöchste Kabinets-Ordre vom 19. December 1830 mit den erläuternden Rescripten auf Kosten des Kanzleifonds bei dem dortigen Landgerichte in eine hinlänglichen Anzahl von Exemplaren für die fürstliche Regierung zu Neuwied, das Stadtgericht zu Wetzlar und sämmtliche Justizämter besonders abdrucken zu lassen, den beiden ersteren Behörden auch diese Verfügung abschriftlich mitzutheilen.

Berlin, den 14. September 1832. Der Justiz-Minister

An v. Kamptz.

den königlichen Justizsenat
zu Coblenz.

a.

Nachdem Ich bereits durch Meine Ordre vom 11. October v. J. die Einführung der preußischen Criminalordnung in den ostrheinischen Theil des Regierungsbezirks Coblenz, mit Ausnahme der Herrschaft Wildenburg, verfügt habe, will Ich aus den, in Ihrem Berichte vom 27. August d. J. angeführten Gründen auch die Einführung des in den §§. 34. bis 106. des zweiten Abschnitts, Tit. 35. Thl. I. der Allgemeinen Gerichtsordnung abgehandelten Verfahrens in fiscalischen Untersuchungen, mit allen abändernden, ergänzenden und erläuternden Bestimmungen desselben, genehmigen. Es sollen jedoch die, in diesem Abschnitt enthaltenen Vorschriften ausschließend nur bei fiscalischen Untersuchungen in Anwendung kommen, auch sollen die Kosten nach der preußischen Taxe für fiscalische Untersuchungen berechnet werden. Ich überlasse Ihnen, die Publication dieser Meiner Ordre durch die Amtsblätter der Provinz zu verfügen.

Berlin, den 8. September 1832.

An Friedrich Wilhelm.

die Staats- und Justizminister
v. Kamptz und Mühler.

b.

Ich will, dem Vorschlage des Justizministerii vom 14. d. Mts. gemäß, die Aufhebung der Sporteltaxe für die fiscalischen Bedienten vom 28. Januar 1788 und die allgemeine Anwendung der, der Criminalordnung angehängten, Gebührentaxe genehmigen. Nach dieser soll in fiscalischen Untersuchungssachen in der Regel nach den niedrigen Sätzen derselben liquidirt, bei Untersuchungen aber über Vergehen, die nur mit Gefängnißstrafe von 4 Wochen und darunter, oder mit verhältnißmäßiger Geldbuße bedroht sind, statt aller Kosten nur ein Pauschquantum von zehn Silbergroschen bis zwei Thalern und die etwanigen baaren Auslagen an Reise-

und Zehrungskosten der Beamten und Zeugen in Ansatz gebracht werden.

Berlin, den 19. December 1830.

An das Justizministerium.

Friedrich Wilhelm.

c.

Dem königlichen Oberlandesgerichte wird auf die im Berichte vom 18. v. Mts. gemachten Anfragen

wegen Anwendung der, der Criminalordnung angehängten Gebührentaxe auf fiscalische Untersuchungen

eröffnet, daß

ad 1) mit Verrechnung des, statt aller Kosten außer den Reisediäten der Beamten und den Zeugengebühren anzusetzenden Pauschquanti es ebenso, wie mit dem Pauschquanto bei Bagatell-Civilsachen zu halten ist. Insertionskosten werden nicht leicht vorkommen, können dann aber noch besonders liquidirt werden,

ad 2) Die Bescheidung wegen des in zweiter Instanz stattfindenden Pauschquanti ist in dem Rescript vom 23. December v. J. enthalten.

ad 3) In Ansehung des anzuwendenden Stempels hat es lediglich bei den Vorschriften des Stempelgesetzes sein Bewenden.

ad 4) Die Kosten der Strafvollstreckung können noch außer dem Pauschquanto liquidirt werden.

ad 5) Kann das Pauschquantum in allen Fällen genommen werden, wo nur eine Geldstrafe von 50 Thlr. und darunter in den Gesetzen als ordentliche Strafe angeordnet ist. Die Anwendung des Kostensatzes richtet sich nach der ordentlichen Strafe des Vergehens.

ad 6) In den wichtigern Fällen, d. h. in solchen, die mit hohen Strafen bedroht sind, z. B. bedeutenden Zoll- und Steuerdefraudationen, können die höheren Sätze der Criminalgebührentaxe in Anwendung kommen.

Berlin, den 11. Februar 1831.

Für den Justiz-Minister.
Vermöge Allerhöchsten Auftrages.
v. Kamptz.

An das königl. Oberlandesgericht zu Insterburg.

d.

Dem königlichen Oberlandesgerichte wird auf den Bericht vom 18. v. Mts. eröffnet, daß in Ansehung der Anwendung des Stempels bei Untersuchungssachen wegen geringer Vergehen, durch die Allerhöchste Ordre vom 19. December v. J. nichts geändert worden, vielmehr derselbe noch außer dem bestimmten Pauschquanto nach den bestehenden Vorschriften zur Anwendung zu bringen ist.

Berlin, den 22. Februar 1831.

Für den Justiz-Minister.
Vermöge Allerhöchsten Auftrages.
v. Kamptz.

An
das königl. Oberlandesgericht
zu Magdeburg.

e.

Auf die Anfrage im Bericht vom 11. März cur. wird dem königlichen Oberlandesgericht eröffnet, daß das Pauschquantum in fiscalischen Untersuchungen in allen Fällen Anwendung findet, wo das als ordentliche Strafe erkannte Strafmaaß eine 4wöchentliche Gefängnißstrafe oder eine Geldbuße von 50 Thlrn. nicht übersteigt, in allen andern Fällen, wo nicht das Pauschquantum liquidirt, sondern die Criminal-Gebührentaxe zum Grunde gelegt wird, sind auch die Insinuations- und Meilengelder nach dieser zu liquidiren, jedoch nur in Fällen der Vorladung von Zeugen und Angeschuldigten, nicht aber für die Beförderung der Briefe zur Post oder an andere Behörden, bis überhaupt in Ansehung der Ermäßigung der Meilengelder anderweitige Bestimmungen ergehen. Jedenfalls ist dahin zu sehen, daß auch bei Vorladungen in Untersuchungssachen, wenn der Bote mehrere Insinuationen auf derselben Tour vorzunehmen hat, die nur einmal zu liquidirenden Meilengelder unter die einzelnen Sachen vertheilt werden.

Berlin, den 6. Mai 1831.

Für den Justiz-Minister.
Vermöge Allerhöchsten Auftrages.
v. Kamptz.

An
das königl. Oberlandesgericht
zu Königsberg.

f.

Dem königlichen Kammergerichte wird auf den Bericht vom 10. März curr. eröffnet, daß das Pauschquantum in fiscalischen Untersuchungssachen nicht blos in den Fällen, wo die angedrohte Strafe als Maximum 4 Wochen beträgt, sondern auch in allen denen zu nehmen ist, wo nicht über vier Wochen oder eine Geldbuße von 50 Thlrn. als ordentliche Strafe erkannt wird. Das Porto und etwa vorkommende Insertionsgebühren können auch außer dem Pauschquanto in Ansatz gebracht werden, nicht aber die Meilengelder, vielmehr ist dafür dem Boten in Gemäßheit des Rescripts vom 29. Mai 1816 (Jahrbücher, Bd. 8. S. 40.) ein Theil des Pauschquanti anzuweisen. Den Justiz-Commissarien, als Vertheidigern, ist in den hier in Rede stehenden Untersuchungssachen ein Pauschquantum bis zu 2 Thlr. zu bewilligen, wie ihnen dies in Bagatellsachen gleichfalls durch die allgemeine Gebührentaxe angewiesen ist. Eben dies Pauschquantum gebührt ihnen auch nur, wenn sie in diesen Sachen die Rechte des Denuncianten wahrnehmen, und für diesen Termine abwarten oder Schriften ausarbeiten. In Ansehung des neben dem Pauschquanto zu adhibirenden Stempels hat es lediglich bei den Vorschriften des Stempelgesetzes sein Bewenden.

Berlin, den 6. Mai 1831.

Für den Justiz-Minister.
An Vermöge Allerhöchsten Auftrages.
das königliche Kammergericht. v. Kamptz.

g.

Die im Berichte des königlichen Oberlandesgerichts vom 11. Februar curr.

wegen des Kostenansatzes bei Criminal-Untersuchungen wegen geringer Verbrechen und bei fiscalischen Untersuchungen

ad 1. und 2, aufgestellten Grundsätze sind ganz richtig, was aber den Satz sub 3. betrifft, so können außer dem Pauschquanto nur noch Postporto-Stempel und etwa vorkommende Insertionsgebühren, nicht aber außerdem noch Copialien, Meilengelder und Insinuationsgebühren liquidirt werden, vielmehr muß den Beamten, welche auf dergleichen Emolumente Ansprüche haben, ein Theil des Pauschquanti, wie dies in Civilsachen geschieht, angewiesen werden.

Berlin, den 9. Mai 1831.

Für den Justiz-Minister.
An Vermöge Allerhöchsten Auftrages.
das königl. Oberlandesgericht v. Kamptz.
zu Marienwerder.

h.

Wenn die Allerhöchste Kabinets-Ordre vom 19. December 1830 und das von Ew. Excellenz und Einem königlichen Höchstverordneten Justiz-Ministerium unterm 6. Mai d. J. an uns erlassene declarirende Rescript sich bestimmt dahin aussprechen,

> daß das Pauschquantum von 10 Sgr. bis 2 Thlr. in fiscalischen Untersuchungen in allen Fällen Anwendung findet, wo das als ordentliche Strafe erkannte Strafmaaß eine vierwöchentliche Gefängnißstrafe oder eine Geldbuße von 50 Thalern nicht übersteigt,

so muß diese Bestimmung, da keine Ausnahme gemacht ist, auch auf Injurien-Processe bezogen werden, die im Wege der fiscalischen Untersuchung behandelt werden. Erwägt man aber, daß bei dem Ansatze der Kosten in Injurien-Sachen, die im gewöhnlichen Civil-Proceß verhandelt werden, nach der Civil-Sporteltaxe der Betrag der Kosten, incl. Copialien und Botengebühren nebst Meilengeldern, selbst in den geringfügigsten Sachen, das Pauschquantum von 10 Sgr. bis 2 Thlrn. meistens übersteigt, daß ferner bei den schwankenden und gelinden Strafbestimmungen in Injuriensachen die erkannte Strafe, selbst bei deren Einleitung im Wege der fiscalischen Untersuchung, selten das Strafmaaß von vierwöchentlicher Gefängniß- oder funfzig Thalern Geldbuße übersteigen dürfte, so ergiebt sich daraus die unmittelbare Folge,

> daß derjenige, welcher sich einer Injurie unter so erschwerenden Umständen schuldig macht, daß gegen ihn eine Untersuchung begründet ist, in den meisten Fällen in Betreff der Kostenzahlung viel besser wegkommt, als der, welcher bei Begehung einer leichten Injurie viel weniger strafbar gehandelt hat.

Da nun aber die Gesetzgebung, wie sie jetzt ist, mit sehr wenigen Ausnahmen, die Abbüßung der Injurien durch Geldzahlung zuläßt; so wird eben dadurch, und weil es für den Zahlenden gleichgültig ist, ob er eine Summe als Kosten, oder als Strafe zahlen muß, der weniger Strafbare in vielen Fällen härter behandelt werden, als der Strafbare.

Dieses auffallende Mißverhältniß würde uns demnach zu der Meinung veranlassen, daß es nicht in der Absicht der Allerhöchsten Kabinets-Ordre vom 19. December 1830 gelegen, die Herabsetzung der Kosten in geringfügigen Untersuchungen auch auf die fiscalischen Untersuchungen in Injuriensachen auszudehnen, wenn auf der andern Seite nicht wieder ein Mißverhältniß dadurch entstände, daß in diesem Falle Diebe, Betrüger und solche Subjecte, die sich ohne Anwendung besonderer Gewalt selbst Recht verschaffen und sich widersetzen, besser wegkommen würden, als Injurianten, die aus öfters nicht unedlen Motiven strafbar werden.

Wenn inzwischen bisher die Kosten in Injuriensachen, welche im Wege der fiscalischen Untersuchung behandelt werden, nach der Civil-Sporteltaxe berechnet sind, so glauben wir, daß es auch in der Folge dabei verbleiben könne, bitten jedoch Ew. Excellenz und Ein königliches Höchstverordnetes Justizministerium ganz ergebenst um hohe Belehrung.

Königsberg, den 19. September 1831.

Das Oberlandesgericht.

Dem königlichen Oberlandesgericht wird auf die Anfrage in dem Berichte vom 19. v. Mts.,

betreffend die Anwendbarkeit der Allerhöchsten Kabinets-Ordre vom 19. December v. J. auf die im Wege der fiscalischen Untersuchung behandelten Injurienprocesse,

hiermit eröffnet, daß die Gebührensätze, die die gedachte Allerhöchste Kabinets-Ordre zuläßt, nicht auf fiscalische Untersuchungen, wenn solche wegen Injurien eingeleitet worden sind, stattfinden, sondern in diesen stets nach der Civil-Sporteltaxe liquidirt werden muß. Denn es würde ein Mißverhältniß sein, wenn derjenige, welcher wegen Schwere der verübten Injurien zur fiscalischen Untersuchung gezogen werden muß, nur 2 Thlr. Kosten zahlen sollte, während derjenige, welcher wegen leichter Injurien im Civilprocesse belangt wird und eine ganz geringe Strafe erleidet, vielleicht das Zehnfache an Kosten bezahlen muß. Hierzu kommt, daß bereits durch das Rescript vom 10. Januar 1816 (Jahrbücher, Bd. 12. S. 286.) bestimmt ist, daß selbst in Injuriensachen Schreib- und Insinuationsgebühren genommen werden können, und sie, selbst wenn sie als Bagatellsachen zu behandeln sind, doch nicht als Sache unter 20 Thlr. betrachtet werden sollen.

Entscheidend aber ist der Umstand, daß die Einleitung zur Sporteltaxe vom Jahre 1815 §. 9. ausdrücklich über den Kostensatz in Injuriensachen allgemeine Bestimmungen enthält, und nicht festsetzt, daß ein Unterschied deshalb eintreten solle, wenn die Injurie in Form des fiscalischen Processes verfolgt wird. Für die Allgemeinheit dieser Festsetzung in Injuriensachen, sie mögen im Wege des fiscalischen oder des ordinairen Processes gerügt werden, spricht, daß nach dem §. 9. der Einleitung zur Sporteltaxe bestimmt ist, daß die Colonne der Sporteltaxe durch den Stand des Beleidigten oder Klägers festgestellt werden soll, und im § 216. des Anhangs zur Allg. Ger. Ordnung festgesetzt ist, daß bei Beleidigungen angesehener Personen stets die fiscalische Untersuchung eintreten soll. Berlin, den 17. October 1831.

An das königl. Oberlandesgericht zu Königsberg.

Für den Justiz-Minister. Vermöge Allerhöchsten Auftrages v. Kamptz.

i.

Nach der Allerhöchsten Kabinets-Ordre vom 19. December pr. soll bei fiscalischen Untersuchungen über Vergehen, welche nur mit Gefängnißstrafe von vier Wochen und darunter, oder mit verhältnißmäßiger Geldbuße bedroht sind, statt aller Kosten ein Pauschquantum von 10 Sgr. bis zu 2 Thlr. nebst den etwanigen baaren Auslagen in Ansatz gebracht werden.

In einer bei uns schwebenden fiscalischen Untersuchungs-Sache wider den Erbschulzen N. zu N. ist der Denunciat in erster Instanz wegen unbefugter Selbsthülfe und thätlicher Widersetzung gegen die Obrigkeit mit einer vierzehntägigen Gefängnißstrafe belegt worden.

In der ersten Instanz sind die gewöhnlichen Sporteln zum Ansatz gebracht, und die Berechtigung des Gerichts hierzu unterliegt keinem Bedenken, weil das Vergehen nach §§. 157. 166. Tit. 20. Thl. II. des Allg. Landrechts an sich mit einer mehr als vierwöchentlichen Gefängnißstrafe bedroht ist. Ueber den Kosten-Ansatz in der zweiten Instanz aber sind Zweifel entstanden. Denn da auf das von dem Denuncianten eingewendete Rechtsmittel das Erkenntniß erster Instanz nur gemildert werden kann, so behauptet ein Theil des Collegii, daß, da in dem bestimmten Falle das in Rede stehende Vergehen in der zweiten Instanz nur mit einer vierzehntägigen Gefängnißstrafe bedroht sei, der Kostenansatz sich nach der Allerhöchsten Kabinets-Ordre vom 19. December pr. bestimmen müsse.

Anderseits wird hiergegen eingewendet, daß nicht auf den Fall, so wie er sich nach der Entscheidung erster Instanz stellt, sondern auf die Strafe geachtet werden müsse, welche in dem Gesetze im Allgemeinen für das zur Sprache gekommene Vergehen angedroht ist, auch kommt die Unangemessenheit in Betracht, welche entsteht, wenn die Kostennote erster

Instanz von derjenigen der zweiten Instanz sich bedeutend unterscheidet. — Die Majorität des unterzeichneten Collegii hat sich für die zuerst angeführte Ansicht, und zwar um so mehr entschieden, als es im Geiste der Allerhöchsten Kabinets-Ordre liege, die Kosten möglichst zu ermäßigen.

Da jedoch die Sache nicht ohne Wichtigkeit für sämmtliche Salarien-Cassen ist, so bitten Ew. Excellenz und ein Hohes Justiz-Ministerium wir hierdurch ganz gehorsamst, um Hochgeneigte Vorbescheidung darüber:

Ob in fiscalischen Untersuchungs-Sachen auch bei solchen Vergehen, welche im Gesetze an sich mit einer höheren Strafe als vierwöchentlichem Gefängniß oder verhältnißmäßiger Geldbuße bedroht sind, in zweiter Instanz nur das in der Allerhöchsten Kabinets-Ordre vom 19. December pr. angeordnete Pauschquantum zum Ansatz kommen soll, sobald in erster Instanz blos auf eine vierwöchentliche oder noch geringere Gefängnißstrafe oder verhältnißmäßige Geldbuße erkannt worden ist, und es sich lediglich um ein von dem Denunciaten angebrachtes Milderungsgesuch handelt. Breslau, den 21. November 1831.

Der Criminal-Senat des Oberlandesgerichts.

Da die Allerhöchste Kabinets-Ordre vom 19. December 1830 (Jahrbücher Bd. 36. S. 342) sich nur auf Kosten in Untersuchungen bezieht, in welchen die Angeschuldigten mit einer vierwöchentlichen Gefängniß- oder verhältnißmäßigen Geldstrafe bedroht sind, so kommt es bei Beurtheilung des Kostenpunktes nicht auf die erkannte, sondern auf die gesetzlich, auf das Vergehen gesetzte Strafe an. Hiernach regulirt sich der Kostenpunkt in beiden Instanzen, und wird dem Criminal-Senat des königlichen Oberlandesgerichts dies auf die Anfrage vom 21. vor. Mts. zur Nachricht eröffnet.

Berlin, den 12. December 1831.

Für den Justiz-Minister.
Vermöge Allerhöchsten Auftrages
v. Kamptz.

An
den Criminal-Senat des königl.
Oberlandesgerichts zu Breslau.

k.

Dem königl. Oberlandesgericht wird auf die Anfrage vom 31. December v. J. die Kosten in fiscalischen Untersuchungen betreffend, hierdurch Folgendes eröffnet. Die Allerhöchste Kabinets-Ordre vom 19. December 1830 hat keineswegs Criminal=, sondern allein fiscalische Untersuchungen zum Gegenstand. Das in derselben festgestellte Pauschquantum der Kosten von 10 Sgr. bis 2 Thlr. bei Vergehungen die mit Gefängnißstrafe von 4 Wochen oder 50 Thlr. Geldbuße belegt sind, kann mithin nur auf die im fiscalischen Untersuchungs=Prozeß zu rügenden Vergehungen bezogen werden.

In Criminal=Sachen hat es bei den ermäßigten Sätzen der der Criminal=Ordnung beigefügten Gebührentaxe sein Bewenden, bei deren Anwendung der §. 9. der Allgemeinen Anmerkungen nicht zu übersehen ist.

Wie bei polizeimäßig geführten Untersuchungen der Kostenpunkt behandelt werden müsse, ist in dem Rescript vom 30. September 1830. Jahrbücher XXXVI. 174. bestimmt.

Nach dem Inhalt der mehr gedachten Kabinets=Ordre muß aber auch, nach der richtigen Meinung des Collegii, der Grundsatz festgehalten werden,

> daß es überall nur auf die in den Gesetzen angedrohte, und nicht auf die erkannte, und auf den vorliegenden Fall angewendete Strafe ankömmt.

Beträgt mithin die ordentliche des Gesetzes über vier Wochen oder 50 Thlr. Geldstrafe, so sind die Kosten nach der Criminalsportel=Taxe zu berechnen, wenn auch die in concreto erkannte Strafe jenes Strafmaaß nicht übersteigt, und kommt es auf den Unterschied, ob in concreto eine ordentliche oder außerordentliche Strafe statt gefunden hat, nicht weiter an.

Hiernach hat sich das königliche Oberlandesgericht zu richten.

Berlin, den 9. März 1832. Der Justiz=Minister
An Mühler.
das königliche Oberlandesgericht
zu Cöslin.

1043.

Verpflichtung der in den alten Provinzen wohnenden Personen zur Sistirung als Zeugen vor die rheinischen Gerichte.

Aus Veranlassung einer weitern Discussion über die Gestellung der Zeugen aus den Provinzen, in welchen die rheinische Gerichtsverfassung nicht gilt, vor den rheinischen Gerichten, haben sich Gründe zur nähern Bestimmung einzelner Vorschriften des darüber unterm 15. v. Mts. an Ew. Hochwohlgeboren ergangenen General=Rescripts ergeben. Es ist dabei zur Vermeidung doppelter Verfügungen und da die eben gedachte bereits abgegangen war, angemessen befunden, über diesen Gegenstand mit Beseitigung des General-Rescripts vom 15. v. Mts. nachstehende Vorschrift zu erlassen.

Durch eine, beim königlichen Cassationshofe hierselbst geschwebte Untersuchung bin ich nämlich veranlaßt worden, mit des Herrn Staats- und Justiz-Ministers Mühler Excellenz über die Vorladung der in den königlichen alten Provinzen wohnenden Zeugen durch die rheinischen Gerichtshöfe in Beziehung auf das Ministerial-Rescript vom 2. Mai 1823. in nähere Communication zu treten. In Folge derselben und in Erwägung der allgemeinen Vorschriften in den §§. 311. 312. 352 und 345 — 347. der diesseitigen, so wie des Art. 80. der rheinischen Criminal-Ordnung und daß die Verschiedenheit des Gerichtsstandes und der Gesetzgebung nur auf die Strafen der Verweigerung des Zeugnisses und der Entschädigung der Zeugen Einfluß haben kann, sind die diesseitigen Gerichtshöfe von des Herrn Justiz-Ministers Mühler Excellenz angewiesen, den auf Sistirung ihrer Gerichts-Eingesessenen vor rheinischen Justiz-Behörden gerichteten Requisitionen der dortigen Ober-Procuratoren Genüge zu leisten, die Zeugen hiernach zu ihrer Gestellung anzuweisen und im Weigerungsfalle nach §. 312. der diesseitigen Criminal-Ordnung wider sie zu verfahren, wie sie für den umgekehrten Fall der an die Ober-Procuratoren zu richtenden Requisitionen, ein gleiches Verfahren nach dem Art. 80. der rheinischen Criminal-Ordnung zu gewärtigen haben.

Hiernach haben nun in vorkommenden Fällen die Ober-Procuratoren ihre Requisitionen wegen Vorladung diesseitiger Zeugen an die betreffenden diesseitigen Gerichtsbehörden zu richten, welche ihren Gerichtseingesessenen anzubefehlen, in dem anberaumten Termine bei dem rheinischen Gerichte zu erscheinen und auf die Anzeige der Ober-Procuratoren, daß die Zeugen ausgeblieben, gegen die Widerspenstigen nach §. 312. der Criminal-Ordnung zu verfahren haben.

Desgleichen haben die Ober-Procuratoren den Requisitionen diesseitiger Gerichte wegen Vorladung jenseitiger Unterthanen vor dieselben zu genügen und gegen die Renitenten die im Art. 80. der rheinischen Criminal-Ordnung angeordneten Zwangsmittel zu requiriren.

Die beiderseitigen Zeugen haben die Wahl, ob sie nach der an ihrem Wohnorte oder nach der an dem Orte, wo sie erscheinen müssen, geltenden Zeugentaxe entschädiget werden wollen.

Es wird jedoch hierbei vorausgesetzt und den rheinischen Behörden zur besondern Pflicht gemacht, daß dergleichen Vorladungen diesseitiger Zeugen vor die dortigen Gerichte, möglichst zu vermeiden und nur im Falle dringender Nothwendigkeit zu requiriren.

Ew. Hochwohlgeboren werden beauftragt, diese Verfügung zur Kenntniß der rheinischen Gerichte zu bringen.

Berlin, den 21. September 1832. Der Justiz-Minister
An v. Kamptz.
den königlichen ersten Präsidenten am rheinischen Appellations-Gerichtshofe Herrn Schwarz und den königlichen General-Procurator bei dem gedachten Gerichtshofe Herrn Ruppenthal.

1044.

Der Actuar beim Justiz-Amte Linz kann in Criminal-Untersuchungen eine Lohnfuhre liquidiren.

Auf die Anfrage des königlichen Justiz-Senats vom 4. d. Mts. wird demselben zur weiteren Verfügung eröffnet, daß der Actuar bei dem Justiz-Amte Linz für sich und nach dem §. 12. der Taxe für die Subalternbeamten in Criminal-Untersuchungssachen eine Lohnfuhre liquidiren kann.

Berlin, den 21 September 1832. Der Justiz-Minister
An v. Kamptz.
den königlichen Justiz-Senat zu Coblenz.

1045.

Die gesetzlichen Festtage.

Ew. Hochwohlgeboren erhalten hierneben Abschrift der von dem königlichen Finanz-Ministerium unter dem 23. d. Mts erlassenen Verfügung mit dem Eröffnen, wie ich mit der darin entwickelten Ansicht ganz einverstanden bin, daß durch die Allerhöchste Kabinets-Ordre v. 5. Juli d. J., die gesetzlichen Festtage in den Rheinprovinzen betreffend, die Aufhebung des 15. August als eines gesetzlichen Feiertages erfolgt ist, und daß also gegenwärtig nur folgende acht gesetzliche Feiertage, Neujahr, Christihimmelfahrt, Allerheiligen, Christtag, Oster-Montag, Pfingst-Montag, der zweite Weihnachtstag und der Buß- oder Bittag in den Rheinprovinzen bestehen, weshalb Sie veranlaßt werden auch die Justiz-Behörden hiervon zur Nachachtung in Kenntniß zu setzen und den Inhalt dieser Verfügung gleichfalls durch die Amtsblätter zu publiciren.

Berlin, den 25. September 1832. Der Justiz-Minister
An v. Kamptz.
den königlichen ersten Präsidenten des rheinischen Appellationsgerichtshofes Herrn Schwarz und den königlichen General-Procurator Herrn Ruppenthal zu Cöln.

a.

Durch die Allerhöchste Kabinets-Ordre vom. 5. Juli d. J. die gesetzlichen Festtage in den Rheinprovinzen betreffend, ist die von Ew. Hochwohlgeboren in dem Berichte vom 21. Juni d. J. gemachte Anfrage, wegen Schließung der Büreaus der Hypothekenbewahrer am 15. August, dem Mariä Himmelfahrtstage, für erledigt anzusehen. — Die gedachte Kabinets-Ordre setzt zwar den genannten Tag nicht ausdrücklich, als einen gesetzlichen Feiertag, außer Kraft, giebt aber in dem Satze: daß „denjenigen kirchlichen Feiertagen, welche die in den Rheinprovinzen bestehende Gesetzgebung bereits zu gesetzlichen Festtagen erklärt hat, der Ostermontag, der Pfingstmontag, der zweite Weihnachtstag und der Bußtag, mit der rechtlichen Wirkung gesetzlicher Festtage, hinzutreten ꝛc." deutlich zu erkennen, daß nur solchen Tagen, welche zugleich kirchliche Feiertage sind, der Character gesetzlicher Festtage zustehen kann. Da die Feier, Mariä Himmelfahrt in der vom Erzbischofe zu Cöln am 27. Mai 1829. bekannt gemachten Festordnung auf einen Sonntag verlegt worden, der 15. August also auch für die Katholiken kein kirchlicher Feiertag mehr ist, so kann derselbe fernerhin auch nicht mehr als ein gesetzlicher Festtag betrachtet werden, wie solches bei Erlassung der Allerhöchsten Kabinets-Ordre vom 5. Juli d. J. als sich von selbst verstehend vorausgesetzt ist. Ew. Hochwohlgeboren wollen daher die Hypothekenbewahrer der Rheinprovinzen anweisen, ihre Büreaus an dem vorgenannten Tage nicht mehr zu schließen und solches durch die Amtsblätter zur öffentlichen Kenntniß zu bringen.

Berlin, den 23. September 1832. Der Finanz-Minister
An Maassen.
den königlichen Geheimen Oberfinanzrath und Provincialsteuerdirector Herrn v. Schütz Hochwohlgeboren zu Cöln.

b.

Auf den Bericht des Staatsministeriums vom 20. v. M. bestimme Ich zur Erledigung des Zweifels, der sich bei Anwendung der mit Meiner Genehmigung für die Erzdiöcese Cöln am 7. Mai 1829 durch den Erzbischof verkündigten Festordnung der Katholischen Kirche auf die bürgerlichen Verhältnisse in der Rheinprovinz erhoben hat, daß denjenigen kirchlichen Feiertagen, welche die in der Rheinprovinz bestehende Gesetzgebung bereits zu gesetzlichen Festtagen erklärt hat, der Ostermontag, der Pfingstmontag, der zweite Weihnachtstag und der Bußtag mit der rechtlichen Wirkung gesetzlicher Festtage hinzutreten und, unter Einstellung der Amtsverrichtungen jeder öffentlichen Behörde, feierlich begangen werden, auch unter den gesetzlichen Festtagen in allen Fällen begriffen sein sollen, in welchen die Gesetze, namentlich im Wechselverkehr, der Festtage erwähnen, wogegen die übrigen in der Festordnung genannten kanonisch gültigen Feiertage nur kirchlich zu beobachten, und als gesetzliche Festtage nicht anzusehen sind. Das Staatsministerium hat diesen Beschluß durch die Gesetzsammlung bekannt zu machen.

Berlin, den 5. Juli 1832.

An das Staatsministerium.

Friedrich Wilhelm.

1046.

Verkauf der alten Polizeiverhandlungen der Friedensgerichte auf dem rechten Rheinufer bis zum Jahre 1828.

Der von Euer Hochwohlgeboren mittelst Berichts vom 22. d. Mts. in Antrag gebrachte Verkauf der alten Polizeiverhandlungen der Friedensgerichte auf dem rechten Rheinufer bis zum Jahre 1828 einschließlich, nachdem die ergangenen Urtheile davon werden getrennt sein, um in einem besondern Hefte aufbewahrt zu werden, wird hierdurch genehmigt, und haben Sie das weiter Erforderliche dieserhalb zu veranlassen.

Berlin, den 28. September 1832.

Der Justiz-Minister
v. Kamptz.

An
den königlichen General-Procurator
Herrn Ruppenthal
zu Cöln.

1047.

Ausschließung der Oeffentlichkeit der Verhandlungen beim Ueberhandnehmen der Cholera.

In der Ungewißheit, welchen Gang und Grad die göttliche Vorsehung der Cholera in den Rheinprovinzen bestimmen werde, habe ich bei der ersten Anzeige von dem Ausbruch derselben zur Vorbeugung aller Anstände ihrer Abwehrungsmittel bei des Königs Majestät auf die Allerhöchste Autorisation angetragen, die Oeffentlichkeit der gerichtlichen Verhandlungen, unabbrüchig der rechtlichen Gültigkeit derselben, für den Fall, daß die betreffenden administrativen Behörden es nöthig erachten sollten, so weit es nach deren Ermessen die Sorge für die Abwehrung der Cholera erfordert, zu beschränken. Des Königs Majestät haben allergnädigst geruhet, diesen Antrag durch die abschriftlich anliegende Allerhöchste Ordre zu genehmigen. Indem ich Ew. Hochwohlgeboren dies eröffne und bemerke, daß ich der Dringlichkeit wegen hiervon die Herren Landgerichtspräsidenten und Oberprocuratoren unmittelbar in Kenntniß gesetzt habe, fordere ich Sie auf, hiernach auch Ihrerseits zu verfahren, und die zu Ihrer Entscheidung kommenden Anfragen aus diesem von des Königs Majestät genehmigten Gesichtspunkte zu entscheiden. Mit Ew. Hochwohlgeboren Wünschen vereinige ich sehr aufrichtig die meinigen, daß dies Uebel in den Rheinprovinzen den zum Eintritt dieser Maaßregel erforderlichen Grad nicht erreichen möge, die Beurtheilung desselben muß jedoch den dazu bestimmten administrativen Behörden überlassen bleiben, und die Justizbehörden ihre das Wohl der Unterthanen bezielenden Anforderungen kräftigst unterstützen.

Berlin, den 6. October 1832. Der Justiz-Minister
v. Kamptz.

An
den königlichen ersten Appellations-gerichts-Präsidenten Herrn Schwarz und den königl. General-Procurator Herrn Ruppenthal zu Cöln
und
an sämmtliche Herren Landgerichts-Präsidenten und Ober-Procuratoren.

a.

Der in Ihrem Berichte vom 16. v. Mts. angetragenen Maaßregel, wegen des Ausbruchs der Cholera in der Rheinprovinz, die Oeffentlichkeit der gerichtlichen Verhandlungen zu beschränken, wird zwar so viel als möglich Anstand zu geben sein, wenn jedoch die betreffenden Behörden die Ausführung derselben nöthig halten sollten, so will Ich Sie autorisiren, die Gerichte und das öffentliche Ministerium nach den Umständen mit Anweisung zu versehen, damit sie die Oeffentlichkeit der Verhandlungen, ohne Abbruch der rechtlichen Gültigkeit derselben, so weit es erforderlich ist, beschränken.

Teplitz, den 1. October 1832.

An den Staats- und Justizminister v. Kamptz.

Friedrich Wilhelm.

1048.

Anweisung zur Ausführung der Kabinets-Ordre vom 24. September 1832, die Arrest-Anlage auf den abzugsfähigen Gehaltstheil der in der Rheinprovinz befindlichen Militairpersonen betreffend.

Se. Majestät der König haben Allerhöchst geruhet, durch die Allerhöchste Kabinets-Ordre vom 24. September v. J. zu bestimmen,

> daß von jetzt an die Arrest-Anlagen auf den abzugsfähigen Gehaltstheil der in der Rheinprovinz befindlichen Militairpersonen, sofern sie nicht im Wege der gerichtlichen Execution erfolgen, auch wenn der Arrestleger mit dem, im Art. 2. des Decrets vom 18. August 1807 erwähnten Schuldtitel versehen ist, nur in Folge der, Art. 558. der rheinischen Civil-Proceßordnung näher bezeichneten, auf vorgängige Prüfung des Anspruchs selbst und der Gründe des Arrestschlages zu ertheilenden und der Beschlagnahme-Acte beizufügenden richterlichen Ermächtigung erfolgen und stattfinden sollen.

Um dem letzten Theile dieses Allerhöchsten Befehles zu genügen, sieht sich der Justizminister nach vorgängiger Communication mit des Herrn Krieges-Ministers Excellenz veranlaßt, die rheinischen Justizbehörden mit nachstehender Anweisung zu versehen.

Die Behörden, bei welchen die Ermächtigung zur Anlegung eines Arrestes auf den abzugsfähigen Theil des Gehaltes einer Militairperson in der Rheinprovinz nachzusuchen ist, sind nach Art. 558. der rheinischen Civil-Proceßordnung die Präsidenten der Landgerichte, in deren Gerichtsbezirken entweder die Schuldner ihren Wohnsitz haben, oder die Kasse befindlich ist, bei welcher der Beschlag angelegt werden soll.

Die Existenz eines die Forderung selbst begründenden Schulddocuments ist schon nach Art. 2. des Decrets vom 18. August 1807 eine nothwendige Bedingung zur Begründung des bei der Kasse auszubringenden Arrestschlages; ohne ein solches Document ist daher ein hierauf gerichtetes Gesuch durchaus unzulässig.

Wird eine solche Urkunde dem Gesuche beigefügt, so haben die Präsidenten dieselbe sowohl in Hinsicht ihrer formellen Gültigkeit, als in Hinsicht ihres Inhaltes und der darin enthaltenen Begründung des Anspruches selbst der sorgfältigsten Prüfung zu unterwerfen. Ist in dieser Hinsicht nichts zu erinnern, so muß, wie dieses überhaupt bei allen Arrestbewilligungen der Fall ist, ferner geprüft werden, ob Gründe zum Arrestschlage vorhanden sind?

Da die rheinische Gesetzgebung hierüber nichts Näheres anordnet, und die Beurtheilung also dem Ermessen der Präsidenten anheimgegeben ist, so versteht es sich, daß sich dieselben hierbei von eben den Grundsätzen leiten lassen müssen, welche das Gemeine Recht, und die damit übereinstimmende Allgemeine Proceß-Ordnung Tit. 29. namentlich in den §§. 1. 28. 29. aufstellt, wonach der Arrestschlag eine außerordentliche Maaßregel ist, um eine Forderung schon vorläufig sicher zu stellen, welche der Gläubiger zu verlieren fürchtet, wenn dem Schuldner die freie Disposition über das Object des Arrestes verbleiben soll. Diese Gefahr des Verlustes ist also eine wesentliche Bedingung des Arrestschlages; der Richter muß, wie §. 29. gesagt ist, mit genauer Ueberlegung und Bedachtsamkeit zu Werke gehen, da die Unterthanen und diejenigen, welche sich dem Schutze der Gesetze anvertrauet haben, ohne wirkliche und dringende Nothwendigkeit in der Disposition über ihr Vermögen nicht gekränkt werden dürfen.

Ist hiernach die genaue Angabe und Bescheinigung der Umstände, welche die Gefahr im Verzuge motiviren sollen, schon im allgemeinen eine wesentliche Bedingung der Zulässigkeit des Arrestes, so muß die Prüfung über deren Existenz um so strenger stattfinden, wenn es von der Beschlagnahme von Gehältern, zumal der Militairpersonen handelt; und da bei der prompten Justizpflege, welche die rheinischen Gerichtshöfe gewähren, der Gläubiger in der Regel auch im ordentlichen Rechtswege sehr bald zu einem Judicat gelangen kann, auf dessen Grund ihm dann im Wege der Execution die Beschlagnahme des Gehaltes frei steht, so wird es ganz besonders zu motiviren sein, weshalb ihm die Einschlagung dieses Weges besondere Gefahr bringe, und daher die Beschlagnahme zu anticipiren sei. Finden die Herren Landgerichts-Präsidenten nach vorstehenden Grundsätzen das Arrestgesuch für begründet, so ertheilen sie dem Arrestsucher die darüber sprechende schriftliche (auf einem 15 Sgr. Stempelbogen bei Objecten von 50 Thlr. und mehr auszufertigende) Ermächtigung in der üblichen Form.

Was das weitere Verfahren anlangt, so ist dasselbe in der Civil-Proceß-Ordnung und in dem Decrete vom 18. August 1807 und in dem mit der Allerhöchsten Kabinets-Ordre vom 8. September 1822 publicirten §. 165—170 des Anhangs zur Allgemeinen Gerichts-Ordnung geregelt.

Die Justizbehörden werden daher auf deren fernere Anwendung verwiesen. Daß bei der Anlage des Arrestes außer dem Schuldtitel noch die eben gedachte Präsidial-Ermächtigung producirt werden muß, ist bereits in der Allerhöchsten Kabinets-Ordre vom 24. September c. selbst angeordnet.

Durch die Rescripte des Justiz-Ministerii vom 24. Februar und 4. Mai 1829 sind ferner die Behörden bezeichnet, welche nach Verschiedenheit der Klassen der Militairpersonen bei der Gehaltsbeschlagnahme concurriren, und es wird Sache des Arrest-Anlegers sein, die Erhebungsstelle des in Beschlag zu nehmenden Gehaltes für jeden einzelnen Fall hiernach zu ermitteln, indem die dort gedachten Vorschriften, obwohl zunächst nur für den Fall der Gehaltsbeschlagnahme im Wege der Execution gegeben, ebenso für den vorliegenden Fall angewendet werden müssen.

Da übrigens die Schlußbestimmung der Verfügung vom 24. Februar 1829, welche wegen Mitwirkung der Ober-Procuratoren bei der Beschlagnahme auf die Verfügung vom 25. Januar 1822 verweiset, zu Zweifeln und Irrungen Veranlassung gegeben hat, so sieht sich der Justiz-Minister hierbei zu den folgenden berichtigenden Bemerkungen veranlaßt: Die gesetzlichen Formen des Arrestes erlitten in Bezug auf Gehalts-Beschlagnahme gegen Militairpersonen im Anfang des Jahres 1822 eine Abänderung, nämlich zu einer Zeit, wo noch der §. 149. des Anhangs zur Gerichts-Ordnung in den alten Provinzen galt, kraft welches alle Executionen gegen diese Personen mit Ausnahme von Grundstücken und Activa nur durch Requisition des Militairgerichts und resp. des General-Auditoriats vollstreckt werden sollten. Um die Verhältnisse der Militairpersonen in der Rhein-Provinz denen der ältern Landestheile möglichst gleich zu stellen, bestimmte nämlich des Justiz-Ministers v. Kircheisen Excellenz auf den Antrag des königlichen General-Commando's des III. Armee-Corps durch Verfügung vom 25. Januar 1822, daß nicht nur mit obiger Ausnahme die Executionen gegen Militairpersonen nicht durch die Gerichtsvollzieher vollstreckt werden, sondern daß diese eine diesfällige Requisition von Seiten des Ober-Procurators erwirken sollten, daß auch speciell bei Gehaltsbeschlagnahmen dieser letzte Weg eingeschlagen werden solle, gleich wie in den alten Provinzen die Civilgerichte keine unmittelbare Requisition an die Zahlungsbehörde erließen.

Der Zustand der altpreußischen Gesetzgebung, worauf diese Anordnung berechnet war, dauerte jedoch nicht lange, indem durch die Allerhöchste Kabinetsordre vom 4. Juni und 8. September 1822 (Gesetz-Sammlung pag. 209.) und 9ten Januar 1823 (Gesetz-Sammlung pag. 18.) die Vollstreckung der Civil-Executionen gegen Militair-Personen, soweit sie nicht Gehalts-Abzüge betreffen, den Civil-Justiz-Behörden übertragen würde.

Es wurde deshalb mit Beistimmung Eines königlichen Krieges-Ministerii durch die Verfügung vom 24. Januar 1823 die Anordnung getroffen, daß diese Executionen nach Vorschrift der am Rhein bestehenden Gesetze durch die Gerichtsvollzieher jedoch mit den allgemein angeordneten Modalitäten vollstreckt werden sollten; in Folge dessen der Erste General-Advocat Bölling das Rundschreiben vom 19. März 1823 erließ. Wegen des Verfahrens bei Gehalts-Abzügen, war hierbei in der obenerwähnten Verfügung vom 24. Januar nichts geändert worden; es hätte also bei solcher Beschlagnahme — jedoch nur soweit solche Wege der Execution vorgekommen wären, der Vermittelung des Ober-Procurators auch noch ferner bedurft.

Aber auch der in der Allerhöchsten Kabinets-Ordre vom 4. Juni 1822 enthaltene Vorbehalt der fortdauernden Requisition der Militairbehörde bei Gehalts-Abzügen, ist seitdem durch die Allerhöchste Ordre vom 29. Januar 1829 erlediget, indem jetzt der Antrag auf Gehalts-Abzüge ohne Vermittelung des Militairgerichts unmittelbar an die betreffende Verwaltungs-Behörde erfolgen soll. Wenn diese Allerhöchste Kabinets-Ordre der Requisition von Seiten der Civil-Gerichte erwähnt, so hat sie hierbei nur die altpreußische Gesetzgebung im Auge gehabt, welche in allen Fällen die Mitwirkung des Gerichts vorschreibt, ohne jedoch etwas in den abweichenden Formen der rheinischen Proceß-Ordnung ändern zu wollen; und sowie die Kabinets-Ordre vom 4. Juni und 8. September 1822 das Ausscheiden der Ober-Procuratoren von ihrer bisherigen Mitwirkung bei den Executionen gegen Militair-Personen bis auf jenem Vorbehalte bei Beschlagnahmen zur Folge hatte, so muß diese nunmehr in Folge der Allerhöchsten Kabinets-Ordre vom 29. Januar 1829 ganz cessiren, indem eine solche Beschlagnahme, selbst wenn sie im Wege der Execution erfolgt, nie ohne neues rechtliches Gehör des Schuldners statt findet, mithin der Fall eines unbedingten Zahlungsbefehls bei der Arrest-Anlage, welche die Mitwirkung des Militairgerichts nach der Kabinets-Ordre vom 4ten Juni 1822 erfordert, hierbei niemals eintritt.

Nach vorstehender Anweisung haben sich sämmtliche Justiz-Behörden und Justizbeamten der Rheinprovinz zu achten. Berlin, den 11. October 1832.

Der Justiz-Minister
v. Kamptz.

a.

Auf Ihren gemeinsamen Bericht vom 6. dieses Monats bestimme Ich hierdurch, daß von jetzt an die Arrest-Anlagen auf den abzugsfähigen Gehaltstheil der in der Rheinprovinz befindlichen Militairpersonen, sofern sie nicht im Wege der gerichtlichen Execution erfolgen, auch wenn der Arrestleger mit dem, im Artikel 2. des Decrets vom 18. August 1807 erwähnten Schuldtitel versehen ist, nur in Folge der, Art. 558. der rheinischen Civil-Proceßordnung näher bezeichneten, auf vorgängige Prüfung des Anspruchs selbst und der Gründe des Arrestschlages zu ertheilenden und dem Beschlagnahme-Acte beizufügenden richterlichen Ermächtigung erfolgen und stattfinden sollen.

Sie haben diese Bestimmung durch die Gesetzsammlung bekannt machen zu lassen, und die sonst etwa erforderlichen Anweisungen zu erlassen.

Berlin, den 24. September 1832.

An Friedrich Wilhelm.
die Staats-Minister, General der Infanterie
von Hake, von Kamptz und Mühler.

1049.

Der Recurs einer Parthei, welcher vom Appellationsgerichtshofe das Armenrecht verweigert worden.

Es ist die Frage zur Sprache gekommen:

ob der Cassationshof, als solcher, in Gemäßheit der

Allerhöchsten Kabinets-Ordre vom 29. Mai 1831, §. 3., das Armenrecht in den Rheinprovinzen betreffend, über den Recurs einer Parthei zu erkennen habe, welcher von Seiten des Appellationsgerichtshofes zu Cöln das Armenrecht wegen Frivolität des Anspruchs versagt worden?

Die Absicht des Justizministers, welcher das Staatsministerium beigetreten, war keine andere, als daß es der Parthei freistehen sollte, an das betreffende Landgericht zu recurriren, wenn der einzeln stehende Friedensrichter wegen angeblicher Frivolität des Anspruchs ihr Gesuch um das Armenrecht zurückgewiesen. Niemals war es aber die Absicht des Justizministers, daß ein Recurs von einem collegialisch formirten Gerichte an das höhere stattfinden, noch viel weniger aber, daß der Cassationshof in höchster Instanz darüber erkennen solle.

Der zweite Absatz der No. 3. der Allerhöchsten Kabinets-Ordre vom 25. Mai 1831, wie er jetzt redigirt ist, ist bei weiterer Berathung hinzugekommen. Es ist aber dabei keinesweges die Absicht gewesen, daß auch der Cassationshof in letzter Instanz über diese Recurse zu erkennen habe, da eines Theils derselbe als außerordentliches Tribunal nicht ein unmittelbar höherer Richter ist, andern Theils man, ohne den Beweis des facti zu prüfen, über die Frivolität eines Anspruchs nicht wohl entscheiden kann, solche Prüfungen aber nicht zu den Attributionen des Cassationshofes gehören, sondern vielmehr dem Charakter und Wesen desselben geradezu entgegen stehen würden.

Ew. Hochwohlgeboren werden hiernach beauftragt, dem Cassationshofe dieses mitzutheilen, und vorkommenden Falls auf die Unannehmbarkeit des Recurses anzutragen.

Was dagegen die ostrheinischen Sachen betrifft, so scheint allerdings der Revisionshof als unmittelbar höherer Richter auf die Recurse der Partheien gegen die Entscheidungen des Justizsenats zu Coblenz und des Obergerichts zu Neuwied eingehen zu müssen.

Berlin, den 18. October 1832. Der Justiz-Minister
v. Kamptz.

An
den General-Procurator am königlichen rheinischen Revisions- und Cassationshofe
Herrn Eichhorn
hieselbst.

1050.

Befugniß des Inquirenten beim Justizsenate den königlichen und standesherrlichen Untergerichten Aufträge zu ertheilen.

Die Anfrage des Directors des königlichen Justizsenats im Berichte vom 25. v. Mts. wegen des Verhältnisses des Criminal-Commissarius bei dem Collegio zu den Untergerichten des Bezirks erledigt sich von selbst durch die bereits unter dem 14. September c. an denselben erlassenen Ministerial-Verfügung, wodurch auf den Grund der bereits im vorigen Jahre publicirten Criminalordnung, welche ein Institut wie die Criminal-Commission gar nicht kennt, die letztere für aufgehoben erklärt worden ist. Dem königlichen Justizsenat wird übrigens abschriftlich mitgetheilt, was ich dieserhalb an die Justiz-Abtheilung der fürstlichen Regierung zu Neuwied erlassen habe, um sich danach zu achten, und in allen Criminal- und Civilprocessen, wo es sich nicht von dem Aufsichtsrechte des Collegii handelt, die Justiz-Abtheilung der fürstlich Wiedschen Regierung um Hülfsleistungen anzugehen und resp. durch die Inquirenten angehen zu lassen.

Berlin, den 18. October 1832. Der Justiz-Minister
v. Kamptz.

An
den königlichen Justizsenat
zu Coblenz.

Aus einem Berichte des Directors des königlichen Justizsenats vom 25. v. Mts. habe ich ersehen, welche Zweifel bisher über die Stellung der Criminal-Commission bei dem königlichen Justizsenate, gegenüber den Justizämtern, obgewaltet, und zu welchen Remonstrationen von Seiten der Justizämter von Heddesdorf und Dierdorf dieselben Veranlassung gegeben.

Die Stellung der Criminal-Commission, als einer besondern untergerichtlichen Behörde, hat in der Organisation der herzoglich nassauischen Behörden ihren natürlichen Grund gehabt, paßt aber nicht zu der gegenwärtigen Organisation des Justizsenats, und ist nicht allein stillschweigend durch die Einführung der preußischen Criminalordnung, sondern auch ausdrücklich durch das Ministerial-Rescript vom 14. v. M. aufgehoben. Der bei dem Justizsenat angestellte Inquirent muß stets ein Mitglied des Collegii sein, und hat alle Rechte und Pflichten, welche die Criminalordnung dem Inquirenten beilegt, welcher Mitglied eines Obergerichts ist. So wie dem Mitgliede der Justiz-Abtheilung, welches mit Führung der Criminal-Untersuchungen beauftragt ist, vigore commissionis das Recht zusteht, den standesherrlichen Justizämtern Aufträge zu ertheilen, so steht auch dem Inquirenten bei dem Justizsenate das Recht zu, allen Untergerichten, sie mögen königliche oder standesherrliche sein, Aufträge zu ertheilen, und diese müssen unverweigerlich dieselben erledigen. Nur wenn es sich von Verweisen oder Ordnungsstrafen wegen Verzögerung oder mangelhafter Erledigung der Aufträge handelt, muß die Sache durch die Collegia gehen. Hiernach hat die Justiz-Abtheilung der fürstlich Wiedschen Regierung die standesherrlichen Justizämter zu belehren und zu instruiren.

Wenn die Justiz-Abtheilung der fürstlich wiedschen Regierung in ihrem Schreiben vom 30. August c. an den Justizsenat sich auf den §. 20. des Recesses vom 27. Mai 1826 beruft, so verwechselt dieselbe die Lage der Sache, da zu jener Zeit der ostrheinische Senat des Appellationsgerichtshofes das königliche Obergericht bildete, gegenwärtig aber nach der Allerhöchsten Kabinets-Ordre vom 7. Mai c. der Justizsenat an seine Stelle getreten, und zum königlichen Obergericht erklärt worden, da es sich hier auch gar nicht von der Frage handelt, ob der Inquirent in Coblenz vigore commissionis der Justiz-Abtheilung ꝛc., sondern ob derselbe den standesherrlichen Justizämtern directe Aufträge geben kann, welches nach Obigem nicht zu bezweifeln ist.

Berlin, den 18. October 1832. Der Justiz-Minister
An v. Kamptz.
die Justiz-Abtheilung der fürstlichen Regierung
zu Neuwied.

1051.

Beförderung gerichtlicher Insinuationen an Ausländer, insbesondere nach England, und Erstattung des Kostenaufwandes.

Um das Verfahren bei gerichtlichen Insinuationen, welche in Großbrittanien auf diplomatischem Wege bewirkt werden sollen, zu vereinfachen und die Kosten zu vermindern, ist auf Veranlassung des königlichen Ministeriums der auswärtigen Angelegenheiten die Einrichtung getroffen worden:

daß alle aus den diesseitigen Rheinprovinzen, so wie aus

Westphalen und aus sämmtlichen preußischen Provinzen jenseits der Elbe nach England zu befördernden gerichtlichen Insinuationen directe von den betreffenden Obergerichtsbehörden an die königliche Gesandtschaft zu London übermacht und dagegen die Empfangsbescheinigungen darüber auch jedesmal directe von der Gesandtschaft an jene Behörden übersendet werden sollen.

Ueber die Portoauslagen wird die Gesandschaft Contos für die betreffenden königlichen Obergerichtsbehörden halten und dieselben viertel- oder halbjährlich mit ihrer amtlichen Auslagen-Liquidationen dem königlichen Ministerium der auswärtigen Angelegenheiten einreichen, worauf ihr sodann immer im Ganzen der Betrag jener Porto-Auslagen aus der Legationscasse gezahlt und demnächst die Wiedereinziehung von den Gerichten veranlaßt werden wird. Auf diese Weise wird auch die Erstattung der Porto Auslagen an die königliche Gesandschaft bei weitem weniger kostspielig für die betreffenden Partheien sein, als wenn die Gelder von den Gerichtsbehörden in kleinen Summen durch die Post oder mittelst Anweisungen auf Handlungshäuser, der Gesandtschaft übermacht werden müssen.

Um jedoch zu vermeiden, daß die Legationscasse mit dergleichen Zahlungen nicht lange in Vorschuß bleiben dürfe, wird die Gesandtschaft die Portoauslagen in jedem einzelnen Insinuationsfalle der betreffenden Obergerichtsbehörde, jedesmal gleich bei Uebermachung der Empfangsbescheinigung, oder bei Rücksendung der einen und der andern nicht zu insinuiren gewesenen gerichtlichen Urkunde anzeigen und hat diese Behörde darauf den Kostenbetrag einziehen zu lassen und ihn demnächst an das königliche Ministerium der auswärtigen Angelegenheiten à conto der Gesandschaft, in einzelnen Posten oder halbjährig unter Beifügung einer Specification einzusenden. Ew. Hochwohlgeboren wird dieses in Bezug auf das Rescript vom 19. Mai 1828 bekannt gemacht, um sich nicht allein selbst darnach zu achten, sondern auch die königlichen Ober-Procuratoren demgemäß anzuweisen.

Berlin, den 19. October 1832. Der Justiz-Minister

An v. Kamptz.

den königlichen General-Procurator

Herrn Ruppenthal zu Cöln.

a.

Es wird Ihnen mit Bezug auf die Verfügung vom 27. März d. J. in Betreff des zu beobachtenden Verfahrens bei

Beförderung gerichtlicher Insinuationen aus den Rheinprovinzen an Ausländer und der Erstattung des damit verbundenen Kostenaufwandes eröffnet, daß der Chef der Justiz nach nochmaliger Erwägung mit dem königlichen Ministerium der auswärtigen Angelegenheiten sich dahin einverstanden erklärt hat,

daß wenn auch die Weiterbeförderung der Vorladungen oder Significationen hauptsächlich im Interesse des Ausländers geschieht, damit er nämlich nicht ungehört verurtheilt werde, dies dennoch keinen Grund abgeben könne, um den Impetranten von der Erstattung der Kosten zu befreien, die eine unzertrennliche Folge der Vorladung oder der Signification sind, zu welcher derselbe einmal verpflichtet ist, und daß daher solche Kosten, so wie jede andere Proceß-Kosten eingetrieben werden können, was auch allerdings angemessener ist, als eine gänzliche Beiseitelegung jener Significationen, wodurch die Absicht des Gesetzes vereitelt werden würde.

Hiernach wird also die Verfügung vom 27. März c. modificirt und abgeändert, und haben Sie in allen vorkommenden Fällen demgemäß das Weitere veranlassen.

Berlin, den 19. Mai 1828. Der Justiz-Minister

An Graf v. Danckelman.

den königl. General-Procurator
Herrn Ruppenthal zu Cöln.

b.

Auf Veranlassung Ihres Berichts vom 29. August v. J. an das königliche Ministerium der auswärtigen Angelegenheiten und in Verfolg der mit dem letzteren dieserhalb geführten Correspondenz ist in Betreff der Beförderung gerichtlicher Insinuationen an Ausländer und der Erstattung des damit verbundenen Kostenaufwandes festgesetzt worden:

daß bei Insinuationen im Auslande, wobei diesseits gleich vorauszusehen ist, daß solche mit einem besondern Portoaufwande oder Gebühren-Zahlungen verbunden sind, jedesmal zuvor die betreffende diesseitige Parthei befragt werden muß, ob sie jene Kosten erforderlichen Falls zu tragen bereit sei, und nur wenn diese Frage bejahend beantwortet wird, das Insinuandum nach dem Auslande zu befördern, im verneinenden Falle aber dasselbe mit der Eröffnung, daß dies geschehen, blos zu den Acten zu nehmen.

Hiernach haben Sie bei künftigen vorkommenden Fällen sich zu achten.

Berlin, den 27. März 1828. Der Justiz-Minister
An Graf v. Danckelman.
den königlichen General-Procurator
Herrn Ruppenthal zu Cöln.

1052.

Feststellung der Bezirke der Hypothekenämter zu Trier, Saarbrück und Prüm.

Wir Friedrich Wilhelm, von Gottes Gnaden, König von Preußen 2c. 2c.

Um die Irrungen und die Zweifel zu beseitigen, welche daraus entstanden sind, daß die Bekanntmachung des Präsidenten und des Ober-Procurators des Landgerichts zu Trier, die Feststellung der Bezirke der Hypothekenämter zu Trier, Saarbrück und Prüm betreffend, vom 3. November 1821 nicht vollständig, und namentlich nicht in den Regierungsbezirken von Aachen und Coblenz zur Ausführung gekommen ist, verordnen Wir, auf den von der Justiz-Abtheilung des Staats-Raths mitberathenen Antrag Unserer Minister der Finanzen und der Justiz, wie folgt:

§. 1. Die von dem Präsidenten und dem Ober-Procurator des Landgerichts zu Trier unterm 3. November 1821 erlassene Bekanntmachung, nach welcher die Bezirke der Hypotheken-Aemter zu Trier, Saarbrück und Prüm, nach den Grenzen der, an diesen Orten bestehenden Untersuchungs-Aemter gebildet werden, wird hierdurch von Uns genehmigt. Es werden hiernach nicht allein die Veränderungen aufrecht erhalten, welche innerhalb des Regierungs-Bezirkes Trier in jener Bekanntmachung in Ansehung der Bezirke obiger drei Hypotheken-Aemter durch Uebergang einzelner Theile von Saarbrücken nach Trier, und von Trier nach Prüm getroffen worden; sondern es werden auch die in dem Regierungsbezirk Trier belegenen Ortschaften, welche bisher zu den, in den Regierungsbezirken Coblenz und Aachen bestehenden Hypotheken-Aemtern zu Simmern und Malmedy gewiesen waren, den Hypotheken-Aemtern zu Trier und Prüm beigelegt und die zu dem Hypotheken-Amte zu Prüm gehörig gewesenen Ortschaften des Aachener Regierungs-Bezirks gehen an das Hypotheken-Amt zu Aachen über.

§. 2. Den seit jener Bekanntmachung vom 3. November 1821 bei den in Gemäßheit derselben competenten Hypotheken-Aemtern geschehenen Transscriptionen, Inscriptionen und andern hypothekarischen Akten wird, insofern sie sonst den Gesetzen gemäß sind, vom Tage der erfolgten Eintragung an, die volle gesetzliche Wirkung beigelegt.

§. 3. Gleiche gesetzliche Wirkung sollen aber auch diejenigen Transcriptionen und Inscriptionen und andere hypothekarische Acte behalten, welche bis zur Publication der gegenwärtigen Verordnung bei denjenigen Hypotheken-Aemtern erfolgt sind, welche abgesehen von der gedachten Bekanntmachung die competenten waren, und es behalten deshalb auch die ferner daselbst zu ertheilenden hypothekarischen Auszüge und Bescheinigungen ihre gesetzliche Beweiskraft.

§. 4. Die Erneuerungen der bisher nach §§. 2. und 3. genommenen Inscriptionen müssen, gleich allen übrigen künftigen hypothekarischen Acten, bei den nach §. 1. für competent zu achtenden Stellen innerhalb der gesetzlichen Frist vorgenommen werden.

Urkundlich haben Wir diese Verordnung Allerhöchstselbst vollzogen und mit Unserem Königlichen Insiegel bedrucken lassen. Gegeben Berlin, den 30. October 1832.

Friedrich Wilhelm.

1053.

Abänderung des Art. 115. des rheinischen Handelsgesetzbuches.

Auf den Bericht des Staats-Ministeriums vom 19. d. Mts. will Ich nach dem Antrage der Handels-Kammern zu Cöln, Elberfeld und Crefeld, den Art. 115. des rheinischen Handelsgesetzbuches in seiner gegenwärtigen Fassung aufheben und dahin abändern:

> die Deckung muß von dem Aussteller des Wechsels oder von demjenigen angeschaft werden, für dessen Rechnung er gezogen ist.
>
> Hat der Bezogene gewußt, daß der Wechsel für Rechnung eines Dritten gezogen worden, so kann er sich wegen seiner Deckung nur an den Dritten halten und hat keinen Anspruch an den Aussteller, der jedoch dem Indossanten und dem Inhaber persönlich verpflichtet bleibt.

Vorstehende Bestimmung ist durch die Gesetzsammlung bekannt zu machen. Berlin, den 31. October 1832.

An das Staats-Ministerium.

Friedrich Wilhelm.

1054.

Vorläufige Bescheidung der Supplicanten auf die zur Berichtserstattung abgegebenen Immediat-Eingaben.

Des Königs Majestät haben nochmals zu befehlen geruhet, daß die bei Allerhöchstdenenselben mit Vorstellungen eingekommenen Bittsteller, wenn erstere an das betreffende Ministerium zum Bericht oder sonstiger Veranlassung abgegeben werden, auch vor der definitiven Resolution über dasjenige, was auf ihre Vorstellungen verfügt worden, vorläufig beschieden werden sollen. In den alten Provinzen erfolgt letzteres gewöhnlich durch einfache Abschrift des Ministerialbeschlusses auf die Immediat-Vorstellung. In Ansehung der Rhein-Provinzen ist diese Anwendung bisher nur ausnahmsweise zur Anwendung gekommen, theils weil die von dort eingehenden Gegenstände einfacher und daher in kürzerer Frist definitive zu erledigen sind, theils aber um dem Supplikanten das höhere Postporto zu ersparen, da im Auslande die desseitige Rubrik: „Armensache" die Portofreiheit nicht begründet. Damit aber jener Allerhöchsten Anordnung auch in den Rheinprovinzen Folge gegeben werde, ist es nothwendig,

1) daß das öffentliche Ministerium, an welches das Justiz-Ministerium eine Immediat-Vorstellung zum Bericht oder zu einer andern Veranlassung übersendet, sogleich nach dem Eingange des Ministerial-Decrets davon entweder durch Abschrift des letztern oder auf andere Art Kenntniß giebt. Dies ist sowohl in Civil- als in Strafsachen zu beobachten und sind davon nur diejenigen Supplicanten auszunehmen, welche bereits ihre Freiheitsstrafe angetreten haben, und deren Immediat-Antrag auf gänzliche oder theilweise Begnadigung sich erstreckt. Wenn die Bekanntmachung durch bloße Abschrift des Ministerial-Decrets erfolgt: so ist dabei zu bemerken, daß dasselbe auf die Immediat-Vorstellung des N. N. ergangen sei. Am zweckmäßigsten wird es aber sein, wenn das öffentliche Ministerium dem Supplicanten dies durch eine kurze, etwa dahin zu fassende

> dem N. N. wird hierdurch bekannt gemacht, daß dessen bei des Königs Majestät unterm . . . . . . übergebene Vorstellung dem (Tit.) zum Bericht aus dem königlichen Justiz-Ministerio unterm . . . . . zugefertigt worden.
> N. N. den . . . . N. N.
> Ober-Procurator.

Bekanntmachung, wozu die Formulare zu drucken sind, eröffnet.

Es ist aber dabei

2) die Insinuation durch einen Gerichts-Vollzieher keinesweges erforderlich, sondern die Absendung mit der Post genügend, bei letzterer jedoch, wenn dem Ober-Procurator nicht bekannt oder aus den Acten zu ersehen ist, daß die Parthei Vermögen besitzt, die Rubrik: „Armensache" anzuwenden.

Ew. Hochwohlgeboren veranlasse ich, nach dieser Anordnung sowohl selbst zu verfahren, als die Ober-Procuratoren zu instruiren. Berlin, den 31. October 1832.

An den königlichen General-Procurator Herrn Geheimen Ober-Justiz-Rath Ruppenthal zu Cöln.

Der Justiz-Minister v. Kamptz.

Abschrift der vorstehenden Verfügung an den königlichen Justiz-Senat, um nach derselben auch seiner Seits zu verfahren. Berlin, den 31. October 1832.

An den königlichen Justiz-Senat zu Coblenz.

Der Justiz-Minister v. Kamptz.

1055.

Theilung der Extrapostgebühren zwischen dem Kreisphysikus und Kreischirurgen in Criminaluntersuchungen.

Der §. 10. des Gesetzes vom 28. Juni 1825 unterstellt, daß die an einem Orte wohnenden Kreisärzte, wenn sie sich gemeinschaftlich an Ort und Stelle verfügen, sich zu der Reise auch eines gemeinschaftlichen Fuhrwerks bedienen, und bewilligen nur dem Kreisphysikus die Extrapostgebühren unter der Bedingung, daß er den Kreischirurg frei von Fuhrkosten mitgenommen habe.

Sehr häufig ist aber, besonders in gebirgigten Gegenden, der Fall, daß beide Aerzte zu Fuß gehen oder daß beide sich ihrer eigenen oder gemietheten Reitpferde bedienen. Da nun über die Theilung der Reisegebühren oder die in solchen Fällen den Kreischirurgen gebührenden Quote häufig unter beiden Kreisärzten Streit entstanden, so hat das königliche Ministerium der Medicinal-Angelegenheiten auf meine Anregung entschieden, daß den Kreischirurgen 15 Sgr. pro Meile gebühren.

Wenn daher der Kreisphysikus die ganze ihm nach den Gesetz zustehende Reisegebühr liquidiren will, so muß er unter der Liquidation von dem Kreischirurg bescheinigen lassen, daß er diesen gratis mitgenommen, widrigenfalls er von seiner Liquidation pro Meile 15 Sgr. absetzen muß, welche alsdann der Kreischirurg in seiner Liquidation aufzunehmen hat, in sofern sie es nicht vorziehen, gemeinschaftlich zu liquidiren.

Mit diesem Falle ist jedoch jener nicht zu verwechseln, wenn beide Aerzte nicht an demselben Orte wohnen, der Ort, wo der Kreischirurg wohnt, auch nicht so gelegen ist, daß der Kreisphysikus ihn abholen kann, als in welchem Falle jeder Beamte für sich die Reisekosten reglementsmäßig liquidiren kann.

Hiernach werden Ew. Hochwohlgeboren beauftragt, die Oberprocuratoren und durch diese die Kreisärzte zu instruiren.

Berlin, den 1. November 1832. Der Justiz-Minister
An v. Kamptz.
den königl. General-Procurator
Herrn Ruppenthal Hochwohlgeboren
zu Cöln.

1056.

Ertheilung der Heirathsconsense der Justizbeamten im ostrheinischen Theile des Regierungsbezirks zu Coblenz.

Ew. Hochwohlgeboren erhalten anliegend eine Abschrift des unterm 12. März 1821 an die General-Procuratur, in Betreff der Heirathsconsense für die Justizbeamten in den Rheinprovinzen, erlassenen Rescripts, mit dem Eröffnen, daß nunmehr der Heirathsconsens für sämmtliche ostrheinische Justizbeamte, mit Ausnahme der Mitglieder des Justizsenats der fürstlichen Regierung zu Neuwied, von Ihnen ertheilt werden muß. Dies haben Sie den königlichen Beamten bekannt zu machen, da die fürstliche Regierung zu Neuwied von hier aus davon benachrichtigt worden ist.

Berlin, den 9. November 1832. Der Justiz-Minister
An v. Kamptz.
den Landgerichts-Präsidenten und
Präsidenten des ostrheinischen Justizsenats Herrn Wurzer
zu Coblenz.

Ew. Hochwohlgeboren eröffne ich hiermit, daß von jetzt ab der Heirathsconsens für sämmtliche ostrheinische Justizbeamten, mit Ausnahme der Mitglieder des Justizsenats zu Coblenz, der fürstlichen Regierung zu Neuwied, von dem jedesmaligen Präsidenten des Landgerichts zu Coblenz ertheilt werden wird. Hiervon ist der Präsident Wurzer mit der Auflage, dies den dortigen königlichen Beamten zu eröffnen, so wie die fürstliche Regierung zu Neuwied in Kenntniß gesetzt worden.

Berlin, den 9. November 1832. Der Justiz-Minister

An v. Kamptz.

den königlichen General-Procurator,
Geheimen Ober-Justizrath
Herrn Ruppenthal
zu Cöln.

Einer ꝛc. Regierung eröffne ich hiermit, daß von jetzt ab der Heirathsconsens für sämmtliche ostrheinische Justizbeamten, mit Ausnahme der Mitglieder des Justizsenats zu Coblenz, der fürstlichen Regierung zu Neuwied, von dem jedesmaligen Präsidenten des Landgerichts zu Coblenz ertheilt werden wird. Der Präsident des Landgerichts zu Coblenz ist hiervon, Behufs Benachrichtigung an die dortigen königlichen Beamten, in Kenntniß gesetzt worden.

Berlin, den 9. November 1832.

An v. Kamptz.

die fürstliche Regierung zu Neuwied,
Justiz-Abtheilung.

1057.

Gleichzeitige Beschäftigung der Auscultatoren und Referendarien beim Justizsenat und Landgericht zu Coblenz.

Ew. Hochwohlgeboren erhalten in der Anlage das Gesuch des Auscultators N. zur weiteren Verfügung. Es ist meine Absicht, daß die beim Justizsenat angestellten Auscultatoren sich nicht auf die Ausbildung im gemeinen Recht einseitig beschränken, vielmehr die gute Gelegenheit benutzen, sich auch im rheinischen Recht auszubilden, so wie ich es umgekehrt gern sehen werde, wenn die beim Landgericht angestellten Auscultatoren die ihnen dargebotene so vortheilhafte Gelegenheit benutzen, sich practisch mit dem gemeinen Recht bekannt zu machen. Es wird dieses nicht nur zum Nutzen des königlichen Dienstes, sondern auch namentlich zum großen Nutzen jener beim Justizsenat angestellten Auscultatoren und Referendarien gereichen, denn der Bezirk, für welchen sie sich aptiren, ist ein sehr beschränkter, der ihnen nur wenig Aussicht zur Beförderung eröffnet; haben sie sich aber einige practische Kenntnisse im rheinischen Rechte erworben, so können sie im Nothfalle auch eine Anstellung in dem Bereiche desselben erhalten.

Sie werden daher veranlaßt, dafür zu sorgen, daß die Auscultatoren des Justizsenats gleichzeitig bei dem Landgericht arbeiten, und die Examinatoren anweisen, sie beim zweiten Examen auch über die rheinische Gesetzgebung zu befragen.

Den Auscultatoren ist es sehr heilsam, wenn sie eine Zeit lang bei dem Justizamte beschäftigt werden, der Auscultator N. scheint sich daher zu früh um Rückversetzung an den Justizsenat und das Landgericht gemeldet zu haben.

Sie werden jedoch von jeder Bestallung eines Auscultators oder Referendars beim Justizsenat dem Präsidio und dem General-Procurator beim rheinischen Appellationsgerichtshofe Anzeige machen, und ein Verzeichniß der jetzt vorhandenen übersenden.

Berlin, den 9. November 1832. Der Justiz-Minister
An v. Kamptz.
den Landgerichts- und Justizsenats-Präsidenten
Herrn Wurzer Hochwohlgeboren
zu Coblenz.

Ew. Hochwohlgeboren theile ich eine dato an den Präsidenten des Landgerichts zu Coblenz erlassene Verfügung nachträglich und abschriftlich mit.

Berlin, den 9. November 1832. Der Justiz-Minister
An v. Kamptz.
den ersten Präsidenten Herrn Schwarz und
den General-Procurator Herrn Ruppenthal
bei dem königlichen rheinischen Appellations-
Gerichtshofe, Hochwohlgeboren
zu Cöln.

1058.

Befugniß der Ministerien zur Aufhebung der Verordnungen der vormaligen General-Gouvernements.

Es sind über die Befugniß der Ministerien, Verordnungen der ehemaligen General-Gouvernements abzuändern oder aufzuheben neuerdings Zweifel entstanden, welche bei näherer Erwägung der hier eintretenden Verhältnisse nicht hätten entstehen, wenigstens sofort beseitiget werden können. Die General-Gouvernements waren nur Provinzial-Behörden und als solche den obersten Verwaltungs-Behörden untergeordnet, und in ihrer Befugniß lag überdem nicht das Recht, bestehende Gesetze aufzuheben, oder neue zu geben, sondern nur die nach Maasgabe der damaligen Bedürfnisse jene ganz oder theilweise zu suspendiren und einstweilige Anordnungen zu treffen, dies alles aber nur in Unterordnung unter den obersten Staats-Behörden und vorbehältlich der den letztern rücksichtlich der Verordnungen der Provinzial-Behörden zustehenden Attributionen, zu welchen auch die Befugniß der Abänderung jener Gouvernements-Verordnungen gehört, ohne daß es dazu eines Landesherrlichen Gesetzes bedarf. Diese aus den Verhältnissen selbst folgenden Grundsätze sind durch die Verordnung vom 26. December 1808 §. 45. die Regierungs-Instruction vom 23. October 1817 §. 11. und die Allerhöchsten Kabinets-Ordren vom 9. Juni 1819 und vom 24. Juli 1826 in besonderer Beziehung auf die Gouvernements-Verordnungen durch die Allerhöchste Kabinets-Ordre vom 9. September 1822 ausdrücklich anerkannt und bestätigt und notorisch stets befolgt.

Da hiernach diese ministerielle Befugniß auf den allgemeinen Verwaltungs-Grundsätzen und Verwaltungs-Gesetzen beruht; so bedarf es zu ihrer Begründung nicht der Publikation der zuletzt gedachten Allerhöchsten Kabinets-Ordre, da dieselbe jene Befugniß den obersten Staats-Behörden nicht erst beilegt, sondern nur in Gemäßheit derselben entscheidet, und sie dadurch als mit der Allerhöchsten Intention übereinstimmend und gesetzlich und zweifelsfrei voraussetzt.

Um indessen ähnlichen Zweifel vorzubeugen übersende ich Ew. Hochwohlgeboren hierbei beglaubte Abschrift der oft gedachten Allerhöchsten Kabinets-Ordre vom 9. September 1822, um dieselbe mit diesem Rescript durch die rheinischen Amtsblätter zur Kenntniß und Nachachtung bekannt zu machen und in deren Gemäßheit das öffentliche Ministerium anzuweisen.

Berlin, den 10. November 1832. Der Justiz-Minister
v. Kamptz.

An
den königl. General-Procurator Herrn
Geheimen Ober-Justiz-Rath
Ruppenthal zu Cöln.

a.

Aus Ihrem Berichte vom 31. März d. J. habe Ich

ersehen, daß bei den Behörden Zweifel darüber entstanden sind, ob die Verfügung des ehemaligen General-Gouverneurs v. Gruner, wodurch er alle erbschaftlichen Gebühren in dem Gouvernement des Mittel-Rheins aufhob, auch in den späterhin mit der Monarchie vereinigten Theilen jenes Gouvernements von der Zeit ab, noch in Kraft geblieben sei, als zufolge der Verfügung des Finanz-Ministerii vom 14. November 1817 die französischen Gesetze in Absicht der Erbschafts-Gebühren der Ehegatten, der Seiten- und Nicht-Verwandten, wieder in Anwendung gesetzt werden sollten. Da es nicht in den Befugnissen des General-Gouverneurs lag, die vorgefundenen Gesetze förmlich aufzuheben, sondern nur ihre Anwendung zu suspendiren, diese Suspension aber nach dem Ende der provisorischen Verwaltung nur so lange ihre Wirkung behalten konnte, als sie von der neueingetretenen Regierung zugelassen wurde, zur Aufhebung derselben es übrigens keines neuen Gesetzes, sondern, wie sie selbst ursprünglich nur als eine Verwaltungs-Maasregel gelten konnte, der bloßen Anordnung der obersten Verwaltungs-Behörde bedurfte und diese endlich in der Verfügung des Finanz-Ministerii vom 14. November 1817. erfolgt ist, so konnten unbedenklich von dieser Zeit ab die Erbschafts-Gebühren der Ehegatten, Seiten- und Nicht-Verwandten nach den französischen Gesetzen wieder gefordert werden. Es kann daher auch eine Erstattung jener Gebühren, welche bereits gezahlt sind, nicht Statt finden. Sollte sie aber in irgend einem Falle bereits erfolgt sein, so hat es dabei sein Bewenden.

Berlin, den 9. September 1822.

An — Friedrich Wilhelm.

den Staats- und Finanz-Minister v. Klewiz.

1059.

Beachtung des Pensions-Reglements v. 30. April 1825.

Ew. Hochwohlgeboren erhalten anliegend ein Exemplar von dem unterm 30. April 1825. allerhöchst vollzogenen Pensions-Reglement zum Gebrauche und zur Nachachtung bei vorkommenden Anträgen und Berichtserstattungen.

Berlin, den 11. November 1832. — Der Justiz-Minister v. Kamptz.

An

den ersten Präsidenten am rheinischen Appellations-Gerichtshofe Herrn Geheimen Justiz-Rath Schwarz zu Cöln.

Wir Friedrich Wilhelm, von Gottes Gnaden König von Preußen rc. rc., haben es stets als einen vorzüglichen Gegenstand Unserer Landesherrlichen Sorgfalt betrachtet, die öffentlichen Verhältnisse Unserer Staatsdiener, in Beziehung auf ihre Pflichten sowohl als ihre Berechtigungen, durch feste Bestimmungen zu ordnen, und ihr Loos zu sichern. Diese Fürsorge veranlaßt Uns gegenwärtig auch die Grundsätze festzustellen, nach welchen den Dienern des Staats vom Civilstande bei ihrem Austritte aus dem Staatsdienste künftig lebenslängliche Pensionen bewilligt werden sollen. Deshalb verordnen Wir nun, wie folget:

§. 1. 1. Wenn ein Pensions-Anspruch zugestanden wird.

Den Civildienern des Staats, wenn sie
1) ihre Besoldung aus Staatsmitteln beziehen,
2) nach einer bestimmten Dienstzeit und
3) nach einer pflichtmäßigen Dienstführung,
4) durch physisches Unvermögen und körperliche Gebrechlichkeit, oder durch Schwächung der Geisteskräfte und der intellectuellen Thätigkeit dienstunfähig geworden sind,

soll nach den weiter unten folgenden Bestimmungen ein Anspruch auf eine lebenslängliche Pension zugestanden werden.

§. 2. 2. Davon ausgeschlossen sind: a) vorübergehend angenommene Beamte.

Dieses Reglement findet also keine Anwendung auf Amtsverbindungen, deren Dauer durch die Natur des Geschäfts, oder durch ausdrückliche Bestimmung auf eine bestimmte Zeit eingeschränkt, oder durch den Vorbehalt des Widerrufs, oder der Kündigung bedingt ist. Wenn jedoch dergleichen Stellen versorgungsberechtigten Militair-Personen übertragen werden, so soll ihnen die Militair-Pension, welche sie etwa vor dieser Uebertragung bezogen haben, in so fern ihre Entlassung während der hiermit allgemein auf sechs Monat festgesetzten Probezeit erfolgt, aus dem Militair-Pensions-Fonds wieder gewährt werden, wenn sie aber später aus solchen widerruflichen Civilstellen ausscheiden, so hat ihnen der Civil-Pensions-Fonds jeden Falles dasjenige zu gewähren, was ihnen nach ihrem Militairverhältniß zusteht, sie können auch nach Umständen zu einer höheren Pensionsbewilligung, nach Maasgabe des gegenwärtigen Reglements, Uns in Vorschlag gebracht werden.

§. 3. b) Beamte, welche nur ein Nebenamt bekleiden.

Nicht weniger sind solche Beamte ausgeschlossen, deren Zeit und Kräfte durch die ihnen, wenn auch auf Lebenszeit, übertragenen Geschäfte nur nebenbei in Anspruch genommen werden, z. B. die Kreis-Medicinal-Beamten rc.

§. 4. c) die Hof-Dienerschaft. Auch behalten Wir Uns vor, für die Pensionirung der bei Unsern und des königlichen Hauses Hofstaaten angestellten Personen in vorkommenden Fällen besondere Anordnung zu treffen.

§. 5. d) die Geistlichkeit und der Lehrer-Stand. Endlich findet dieses Reglement keine Anwendung auf die Geistlichkeit und das gesammte Personal der Universitäten, der übrigen höheren und städtischen Unterrichtsanstalten und der Ortsschulen, hinsichts deren es bei den Grundsätzen, welche die bestehende Gesetzgebung für die Emeritirung, Bewilligung von Gnadengehalten u. s. w. bereits feststellt, verbleibt, oder nach Befinden weitere specielle Verordnung ergehen wird.

§. 6. 3. Nähere Bestimmung über die Dauer der Dienstzeit. Der im §. 1. zugestandene Anspruch, soll in der Regel erst nach zurückgelegtem funfzehnten Dienstjahre in Gültigkeit treten. Wir behalten Uns jedoch bei besondern Umständen und vorzüglich bei ausgezeichneter Verdienstlichkeit und nachgewiesener Vermögenslosigkeit, die Bewilligung einer den Verhältnissen angemessenen Pension ausnahmweise auch für diejenigen Fälle vor, wo nach vorstehendem den Beamten noch kein Anspruch zusteht.

§. 7. 4. Bestimmung für den Fall einer relativen Dienstunfähigkeit. Wenn die Dienstunfähigkeit, auf welche der Pensions-Anspruch gegründet werden soll, nur relativ und der Beamte noch ein anderes Amt zu bekleiden fähig ist, dessen Verwaltung für ihn weder Degradation, noch Verlust an dem bisherigen Dienst-Einkommen in sich schließt, so kann die Pensionirung nicht eher eintreten, als bis entschieden ist, daß ein solcher anderweiter Gebrauch von demselben für den Staatsdienst nicht zu machen sei.

§. 8. 5. Auf Vermögen und Familienstand ist keine Rücksicht zu nehmen. Bei Begründung des Pensions-Anspruchs kommen die Vermögens- und Familien-Verhältnisse des Staasdieners nicht in Betracht.

§. 9. 6. Anfang der Dienstzeit. Die Dienstzeit, welche der Berechnung über die Dienstdauer (§. 6.) zum Grunde zu legen ist, fängt mit dem Datum der ersten eidlichen Verpflichtung zum Staatsdienst an. Wenn jedoch der Staatsdiener damals noch nicht das zwanzigste Jahr seines Lebens zurückgelegt hatte, so wird die Dienstzeit erst von dem Anfange seines ein und zwanzigsten Lebensjahres ab gerechnet, und die früher im Dienst zugebrachte Zeit nicht berücksichtigt.

§. 10. 7. Welche Jahre hierbei gerechnet werden.

Auch werden nur diejenigen Jahre angerechnet, welche der Beamte wirklich in Staatsdiensten zugebracht hat, ohne Unterschied jedoch, ob diese Dienstzeit in ununterbrochener Folge statt gefunden hat, oder nicht, so wie denn auch eine solche Zwischenzeit, in welcher der Beamte etwa auf Wartegeld gesetzt gewesen ist, mit zur Berechnung kommt. Dagegen werden die Jahre einer freiwilligen Dienstlosigkeit, oder während welcher der Beamte in fremden oder in andern, als unmittelbaren Staatsdiensten gestanden hat, nicht gerechnet.

Hierbei versteht es sich jedoch von selbst, daß denjenigen Beamten, welche in Unsern wieder eroberten oder neu erworbenen Provinzen im Staatsdienste angestellt waren, und mit denselben übernommen worden, die in einem solchen Dienste zugebrachte Zeit zu gut gerechnet werden muß.

§. 11. 8. Was hierbei wegen der in Civildiensten angestellten Militair-Personen Statt findet.

Wenn ein auf Lebenszeit angestellter Civilbeamter vorher im Militair gestanden hat, so kommt auch die im activen Militair-Dienst zugebrachte Zeit zur Berechnung. Der Bestimmung im §. 9. gemäß, kann jedoch auch diese Dienstzeit erst vom Anfang des ein und zwanzigsten Lebensjahres ab, zu gut gerechnet werden; ausschließlich indeß der in einem Kriege stattgefundenen Dienstzeit, welche zur Berechnung gezogen wird, auch wenn der betreffende Beamte das zwanzigste Lebensjahr damals noch nicht vollendet hatte.

Die Zeit des vor dem Feinde geleisteten Militair-Dienstes wird doppelt gerechnet, jedoch nur in dem Falle, wenn solche sogleich bei der Verabschiedung aus dem Militair, von der competenten Militair-Behörde ausdrücklich bescheinigt und die Dauer derselben in dem Abschiede angegeben ist; auf deren nachträglichen Nachweis soll nicht eingegangen werden. Wird ein ehemaliger Militair während der feststehenden Probezeit wieder entlassen; so hat er keinen Anspruch auf Civil-Pension und es wird ihm nur die ihm etwa früher bewilligte Militair-Pension aus dem Militair-Pensions-Fonds wieder gewährt.

Die bei der Land- und Gränz-Gendarmerie angestellten Wachtmeister und Gendarmen erhalten jedoch gleichfalls erst nach zurückgelegter Probezeit, Unserer Bestimmung vom 2ten April 1822 gemäß, wenn sie mit dem Zeugnisse einer unbescholtenen Dienstführung auf eine bestimmte Zeit oder für immer ausscheiden, an Wartegeld oder Pension monatlich, der Wachtmeister Sieben Thaler, und der Gendarm Vier und einen halben Thaler aus dem Civil-Pensions-Fonds; die

Officiere der Gendarmerie dagegen werden lediglich nach den Militair-Pensions-Grundsätzen beurtheilt.

§. 12. 9. Pensions-Klassen-Sätze. Bei der Bestimmung der Höhe der Pension, soll die Dienstdauer und die Besoldung, jene nach den vorbestimmten Grundsätzen und diese nach dem Betrage des Einkommens berechnet, in dessen Genuß sich der Beamte zur Zeit der Entlassung befand, zum Grunde gelegt werden, und sollen hierbei folgende fünf Abstufungen Statt finden.

I. Klasse. Vom zurückgelegten 15ten bis mit dem zurückgelegten 20sten Dienstjahre $\frac{2}{8}$ des Dienst-Einkommens.

II. Klasse. Vom zurückgelegten 20sten bis mit dem zurückgelegten 30sten Dienstjahre $\frac{3}{8}$ des Dienst-Einkommens.

III. Klasse. Vom zurückgelegten 30sten bis mit dem zurückgelegten 40sten Dienstjahre $\frac{4}{8}$ des Dienst-Einkommens.

IV. Klasse. Vom zurückgelegten 40sten bis mit dem zurückgelegten 50sten Dienstjahre $\frac{5}{8}$ des Dienst-Einkommens.

V. Klasse. Vom zurückgelegten 50sten Dienstjahre an $\frac{6}{8}$ des Dienst-Einkommens.

§. 13. 10 Erhöhung in außerordentlichen Fällen. Wenn der Beamte sich durch eine vorzügliche Dienstführung ausgezeichnet hat, oder derselbe sehr hülfsbedürftig, oder wenn bei besondern unverschuldeten Unglücksfällen ein ungewöhnlicher Aufwand nöthig ist, so wird der vorgesetzten obersten Verwaltungs-Behörde gestattet, für ihn eine Erhöhung der reglementsmäßigen Pension, jedoch um nicht mehr als höchstens ein Achtel der Besoldung, bei Uns in Antrag zu bringen.

§. 14. 11. Feststellung einer Gränze für das Minimum. Da die Pensionen zugleich in der Absicht gegeben werden, um den nothwendigen Unterhalt des Beamten zu sichern, so wird als Minimum einer Pension die Summe von 60 bis 96 Thalern jährlich und zwar bei Stellen der Art festgesetzt, wo die Dienstleistungen bloß in gemeinen Arbeiten oder mechanischen Verrichtungen bestehen, innerhalb dieser Gränze bleibt die Bestimmung den Behörden nach den Umständen überlassen.

Für höhere Stellen wird, wenn auch die Besoldung 480 Thaler nicht erreicht, das Minimum auf 120 Thaler gesetzt.

§. 15. 12. Berechnung des Dienstgenusses: Zur Berechnung des Dienstgenusses, von welchem die Pension nach §. 12. einen Theilbetrag ausmacht, ist zu ziehen:

a) fixirtes Gehalt. a) das fixirte Gehalt, wie dasselbe in den Anstellungs-Patenten, Rescripten, Decreten, oder in den von den competenten Behörden vollzogenen Verwaltungs-Etats ausgedruckt ist.

Es geht hiervon jedoch ab:

1) bei Gehaltstheilen, welche ursprünglich nur aus Allerhöchster Gnade als persönliche Zulage bewilligt worden, derjenige Betrag, um welchen die ganze Besoldung des Beamten, einschließlich der persönlichen Zulage, das künftige höchste Normal-Gehalt derjenigen Dienst-Kategorie überschreitet, zu welcher der Beamte gehört;

2) derjenige Theil des Gehalts, welcher nicht wegen der Dienstleistungen selbst, sondern zum Ersatz eines von den Beamten des Dienstes wegen zu bestreitenden Aufwandes ausgesetzt ist; es gehen daher ab, die Entschädigungen für Büreau- und Reisekosten, für den Unterhalt von Fuhrwerk und Wagen, für baare Auslagen, als z. E. Miethe, Unterhalt von Gehülfen u. s. w.

b) freie Wohnung.

b) Der Werth der freien Wohnung ist nur alsdann in Rechnung zu bringen, wenn derselbe entweder bei der Geldbesoldung ausdrücklich in Abzug gebracht ist, oder daraus berichtigt werden muß. Erhält dagegen ein Beamter außer der Normal-Besoldung auch noch freies Quartier, so findet eine Anrechnung nicht Statt.

c) frei Heizung und Licht.

c) Eben so ist die Zurechnung freier Feuerung und freien Lichts nur zulässig, wenn die Emolumente vorher bei der Festsetzung der baaren Normal-Geldbesoldung davon wirklich in Abzug gebracht und dem Beamten als Gehaltstheil angerechnet worden sind.

d) Natural-Bezüge.

d) Natural-Bezüge an Getreide und andern Früchten sind nach den Etatspreisen in Anrechnung zu stellen.

e) Dienst-Grundstücke.

e) Bei Dienst-Grundstücken wird der Ertrag angenommen, wie solcher dem Beamten zur Erreichung der etatsmäßigen Geldbesoldung in Zurechnung gebracht ist.

f) steigende und fallende Dienst-Emolumente.

f) Dienst-Emolumente, die ihrer Natur nach steigend und fallend sind, z. B. Tantiemen bei Einnahmen, Provisionen von verkauften Produkten, Kopialien u. s. w. werden nach dem Durchschnitts-Ertrage der letzten drei Jahre berechnet, sie kommen jedoch nur in soweit zur Anrechnung, als sie das in den bestehenden Normal-Besoldungs-Etats bestimmte Maximum der Besoldung für diejenige Dienst-Kategorie, zu welcher die Stelle gehört, nicht übersteigen.

g) Tafelgelder.

g) Eigentliche Tafelgelder, die bloß zu dieser Bestimmung gegeben werden, gelangen nicht zum Ansatz.

h) accidentieller Dienstgenuß. h) Eben so wenig gehört der bloß accidentelle Dienstgenuß dahin, und sind daher Douceurs, Remunerationen, Gratificationen, Denunciantenantheil und andere solche, außer dem eigentlichen Gehalte, rechtmäßig bezogene Vortheile nicht zu rechnen.

§. 16. Verfahren bei Ermittelung und Bestimmung der Pension: a) Erörterung der Umstände. Der Bestimmung einer Pension für einen zu entlassenden Staatsdiener muß eine genaue Erörterung der Bewegungsgründe und der hierbei zur Sprache gebrachten faktischen Umstände vorangehen.

§. 17. b) wenn das Gesuch vom Staatsdiener ausgeht. Trägt der Staatsdiener auf Entlassung mit Pension an, so muß er ausführlich die Umstände anzeigen, welche sein Austreten aus dem Dienst nöthig machen, und die Gründe auseinandersetzen, auf die er das Pensions-Gesuch stützt. Auf diese Vorstellung hat die betreffende Behörde, dessen pflichtmäßige Dienstführung vorausgesetzt, eine genaue Untersuchung über die Ursachen der Nothwendigkeit des Austritts aus dem Dienste, der Dienstunfähigkeit und ihrer Veranlassung, sowie bei dazu geeigneten Verhältnissen der noch für andere Dienstleistungen, nach Anleitung der Bestimmungen des §. 7. vorhandenen Brauchbarkeit vorzunehmen. Die hiebei sich ergebenden Zweifel, oder sonstigen Bedenken sind vollständig zu erörtern; und wenn die Sache zur Entschließung reif ist, so muß darüber gutachtlich an die betreffende oberste Verwaltungs-Behörde berichtet werden.

§. 18. c) wenn die vorgesetzte Behörde darauf anträgt. Findet dagegen die vorgesetzte Behörde die Entlassung wegen eingetretener Dienstunfähigkeit nöthig und die Bewilligung einer Pension nach den Vorschriften dieser Verordnung motivirt, so sind von derselben die ihren Antrag bedingenden Gründe ausführlich auseinander zu setzen, und der betreffenden obersten Verwaltungs-Behörde einzuberichten; gleichzeitig ist auch dem betreffenden Beamten hiervon Nachricht zu geben. Sollte nach §. 13. der Fall sich zur ausnahmsweisen Bewilligung einer erhöheten Pension eignen, so sind die desfallsigen Gründe ebenfalls genau anzugeben. Die bei den obersten Verwaltungs-Behörden angestellten Beamten sind ebenfalls von ihrer beabsichtigten Pensionirung eine angemessene Zeit vorher in Kenntniß zu setzen.

§. 19. d) Feststellung der Pension. Die Feststellung der Pension, nach den in §. 12. normirten Sätzen und unter Beobachtung der übrigen in dem gegenwärtigen Reglement vorgeschriebenen Bedingungen, so wie die Anweisung der Pensionszahlung innerhalb des von Uns hierzu ausgesetzten

Fonds, erfolgt selbstständig durch die oberste Verwaltungs-Behörde. Dieselbe muß jedoch an Uns berichten:

1) bei der Feststellung der Pension für einen Beamten, dessen Anstellung Wir Allerhöchst Selbst verfügen und
2) wenn die Umstände nach Anleitung des §. 13. von der Art sind, um eine Erhöhung der normalmäßigen Pension nachzusuchen, deren Bewilligung Unserer Allerhöchsten Entschließung vorbehalten bleibt.

§. 20. c) Entscheidung der vorkommenden Beschwerden. Beschwerden über das Verfahren oder Reclamationen gegen die erfolgten Anträge und Festsetzungen werden zunächst von der betreffenden obersten Verwaltungs-Behörde entschieden. Beruhigt sich der Reclamant hierbei nicht, so wird dessen Beschwerde im gesammten Staatsministerium zur Erörterung gebracht, und durch Abstimmung definitiv festgesetzt, ausgenommen bei denjenigen Stellen, deren Besetzung Wir Allerhöchst Selbst verfügen; in diesen letzteren Fällen werden Wir auf den desfalls vom Staatsministerium zu erstattenden Bericht entscheiden. Ein Recurs an die Gerichtsbehörden findet in keinem Falle, weder wegen der erfolgenden Pensionirung, noch wegen einer behaupteten Pensions-Berechtigung, oder der zu bewilligenden Pensions-Summe Statt.

§. 21. 14. Beiträge zum Pensions-Fonds. a) durch Besoldungsabzüge. Um der Staatskasse bei der Bildung des zur Berichtigung der bereits bewilligten und künftig zu bewilligenden Pensionen erforderlichen Fonds einige Erleichterung zu gewähren, sollen die Staatsdiener in Rücksicht der ihnen durch die gegenwärtige Verordnung zugestandenen Ansprüche, nach folgenden Abstufungen, Beiträge von ihrem Einkommen zum Pensionsfonds einzahlen:

1) Sätze für dieselben.

1) von einem Dienst-Einkommen bis mit 400 Rthlr. 1 Procent.
2) von einem Dienst-Einkommen über 400 Rthlr. bis mit 1000 Rthlr. . . . . $1\frac{1}{2}$ "
3) Bei höheren Gehalten wird für das erste Tausend ebenfalls . . . . $1\frac{1}{2}$ "
für die Beträge innerhalb des zweiten Tausends . . . . 2 "
für die Beträge innerhalb des dritten und vierten Tausends . . . . 3 "
für die Beträge innerhalb des fünften und sechsten Tausends . . . . 4 "
und von allen Beträgen über 6000 Rthlr. 5 "

an Abzug, welcher jedoch die Summe von 500 Rthlr. jährlich nicht übersteigen darf, entrichtet.

In diesen einzelnen Abstufungen selbst werden die Procent-Sätze nur von 50 zu 50 Rthlr. berechnet, so daß das, was unter 50 Rthlr. oder zwischen 50 und 100 Rthlr. ist, nicht zur Berechnung kommt.

§. 22. 2) Befreiungen von Zahlung dieser Beiträge. Diejenigen Staatsdiener, auf welche (nach §. 2, 3, 4 und 5.) diese Verordnung keine Anwendung findet, sind auch von Entrichtung dieser Gehalts-Abzüge, so wie des im §. 25. erwähnten Theiles neuer Besoldungen oder Gehalts-Zulagen befreit.

Auch die Wartegeld-Beamten zahlen dergleichen Abzüge nicht, in so fern sie nicht ihr ganzes früheres Einkommen beziehen sollten.

§. 23. 3) Berechnung des Dienst-Genusses. Die §. 21. vorgeschriebenen Gehaltsabzüge werden von demselben Dienstgenusse entrichtet, welcher der Berechnung der Pension des betreffenden Beamten nach §. 12. zum Grunde gelegt, und nach den im §. 15. vorgeschriebenen Grundsätzen ermittelt wird, ausschließlich jedoch der im §. 15. a, 1, erwähnten persönlichen Zulagen, von welchen der Beitrag ebenfalls entrichtet wird, wenn sie auch bei der Berechnung der Pension unberücksichtigt bleiben sollten.

§. 24. 4) Erhebung der Beiträge. Die Gehalts-Abzüge werden in eben den Raten, in welchen die Bezahlung des Gehalts geschieht, durch Abzug an der Geld-Besoldung bei derjenigen Kasse, welche letztere leistet, berichtigt.

§. 25. b) Durch Abzüge von neuen Besoldungen und Gehalts-Zulagen. Ferner soll jeder neu angestellte Beamte, auf welchen das gegenwärtige Reglement Anwendung leidet (§. 2, 3, 4 und 5.) den zwölften Theil der ihm bewilligten jährlichen Besoldung im Laufe des ersten Dienstjahres in monatlichen oder nach Maaßgabe der erfolgenden Gehaltszahlung in vierteljährlichen Raten zum Pensions-Fonds einzahlungen; auch wird von den Gehalts-Erhöhungen, welche den hierher gehörenden Beamten bewilligt werden, der Betrag des ersten Monats zum Besten des Pensions-Fonds zurückbehalten.

§. 26. 15) Einzelne Bestimmungen: a) Beibehaltung der bestehenden Corporations-Verbindungen. Die bereits vorhandenen Corporations-Anstalten, welche die Unterstützung entlassener Civilbedienten oder Arbeiter zum Zweck haben, z. B. die Knappschafts-Kassen u. s. w., werden durch gegenwärtige Verordnung nicht aufgehoben.

§. 27. b) die speciellen Berechtigungen einzelner Stände werden nicht aufgehoben. Die Grundsätze, welche durch die bestehenden Gesetze über die Bewilligung von Gnadengehalten für Geistliche u. s. f. festgestellt sind, bleiben unverändert. Eben so verbleiben die den aus fremden Diensten übernommenen Beamten in Folge von Staatsverträgen hinsichtlich der Pensionsbewilligung zugesicherten Berechtigungen auch für die Zukunft in Kraft, und treten bei ihnen die Vorschriften der gegenwärtigen Verordnung nur in so weit ein, als sie für dergleichen Beamte günstiger sind, jedoch finden auf dieselben die Vorschriften der §§. 21. bis mit 25. völlige Anwendung.

§. 28. c) Abzug an den Pensionen, welche außerhalb Landes gehen. Die Pensionairs, welchen künftig die Erlaubniß, ihre Pension außerhalb der Monarchie verzehren zu dürfen, von Uns ertheilt wird, erleiden einen Abzug von Zehn Procent von dem Betrage der Pension, welcher der Staats-Kasse, Behufs der Bildung des Pensions-Fonds, zu gute geht.

§. 29. d) Aufhören der Pension: 1) mit dem Tode des Pensionairs. Die bewilligten Pensionen verbleiben den Erben des Pensionairs nicht allein für den Monat, in welchem ihr Erblasser gestorben ist, sondern werden auch noch für den darauf folgenden Monat gezahlt.

§. 30. Die Pension wird eingezogen:

2) in sonstigen Fällen.

1) wenn der Pensionair im Staatsdienste wieder angestellt,

2) wenn er der, vor erfolgter Pensionirung, stattgefundenen Begehung eines Verbrechens überführt wird, wegen dessen, wenn es während seiner Dienstzeit zur Sprache gekommen wäre, vom Richter, außer der Criminalstrafe, auch auf Dienstentsetzung erkannt worden sein würde. In Fällen dieser Art ist daher künftig das Erkenntniß auf den Verlust der Pension zu richten,

3) wenn der Pensionair während des Pensionsgenusses ein gemeines Verbrechen begeht, wegen dessen der Richter, wenn es während der Dienstzeit begangen worden wäre, außer der Criminalstrafe, auch auf Dienstentsetzung erkannt haben würde, so geht er auf die Dauer der Strafzeit, der Pension verlustig.

Nach diesem Reglement haben sich alle Staatsbeamten und Behörden für die Folge genau zu achten.

Gegeben Berlin, den 30. April 1825.

Friedrich Wilhelm.

1060.

Wegen der Gehaltsabzüge bei Beurlaubungen.

Durch die Allerhöchste Kabinets-Ordre vom 28. März 1808 ist bestimmt worden, daß die beim Militair bestehende Vorschrift, wonach Officiers, die auf längere Zeit als vier Wochen beurlaubt werden, während der Urlaubszeit nur die Hälfte ihres Gehalts beziehen dürfen, auch auf alle Hof-, Militair- und Civilbeamte in Anwendung gebracht werden soll, wovon jedoch nach einer spätern Allerhöchsten Kabinets-Ordre vom 27. Juli 1810 in den Fällen eine Ausnahme zu machen gestattet ist, wenn der Urlaub für eine Reise ins Bad zur Wiederherstellung der Gesundheit nachgesucht, das letztere durch gehörig qualificirte ärztliche Atteste nachgewiesen, und in diesen zugleich die Zeit der unumgänglich nothwendigen Abwesenheit ausgedrückt wird.

Die königliche Ober-Rechnungskammer hat bemerklich gemacht, daß, dieser Vorschrift ungeachtet, bisher nur sehr wenige Fälle vorgekommen wären, wo sich aus den Rechnungen hätte ersehen lassen, daß bei solchen Beurlaubungen wirklich Gehaltsabzüge stattgefunden haben, und daß der Grund davon vielleicht theilweise darin zu suchen sei, daß, wenn dergleichen Gehaltsabzüge wirklich gemacht worden, solche direct an den Stellvertreter des Beurlaubten gezahlt, und deshalb in den Rechnungen nicht nachgewiesen seien. Sie hat deshalb darauf angetragen:

> allgemeine Vorschriften dahin zu ertheilen, daß in allen Fällen, wo wegen Beurlaubungen Gehaltsabzüge zu machen sind, diese in den Rechnungen ersichtlich gemacht, und entweder als erspart berechnet, oder, wenn sie zur Stellvertretung des Beurlaubten verwendet werden müssen, die desfallsigen Zahlungen speciell nachgewiesen und justificirt werden sollen.

Da die königliche Ober-Rechnungskammer in den Stand gesetzt werden muß, die Allerhöchste Bestimmung bei der Revision der Salarien-Kassenrechnungen controlliren zu können, so hat das Präsidium und die General-Procuratur des königlichen rheinischen Appellationsgerichtshofes bei Beurlaubungen der Beamten und deren Verlängerungen, welche nach den gedachten Königlichen Bestimmungen einen Gehaltsabzug begründen, sogleich die königlichen Regierungen, aus deren Kassen die Besoldung gezahlt wird, zu requiriren, die Gehaltsabzüge zu bewirken und zu berechnen. Sollten diese

Reisen Ausgaben an Stellvertreter, welche aus dem Gehaltsabzuge bestritten werden müssen, nöthig machen, so sind diese bei den gedachten Kassen zu verausgaben, und diese Zahlungen mit den nöthigen Justificatorien zu belegen.

Wenn Beamte der Friedensgerichte einen Urlaub erhalten, der einen Gehaltsabzug nach jenen Vorschriften begründet, so ist solches der königlichen Regierung durch den Oberprocurator zur Verrechnung der Gehaltsabzüge und Remuneration an die Stellvertreter bekannt zu machen.

Diese Verfügung ist den Gerichten mitzutheilen.

Berlin, den 12. November 1832. Der Justiz-Minister
v. Kamptz.

An
das Präsidium und die General-Procuratur
des königlichen rheinischen Appellationsgerichtshofes
zu Cöln.

1061.

Den Gerichten steht die Entscheidung über den Verlust der Kammerherrn-Würde nicht zu.

Eine gegen einen königlichen Kammerherrn eingeleitete Criminal-Untersuchung hat zur Erörterung der Frage Veranlassung gegeben:

> ob von den Gerichten über den Verlust der Kammerherrn-Würde gegen einen in Untersuchung gerathenen Kammerherrn, wenn Gründe zur Amtsentsetzung vorliegen, erkannt werden müsse?

Nach erfolgter Communication mit dem Herrn Minister der Angelegenheiten des Königlichen Hauses, ist in Uebereinstimmung mit demselben den Gerichten eröffnet worden, daß der Verlust der Kammerherrn-Würde kein Gegenstand richterlicher Entscheidung sei. Denn die Kammerherren gehören zu dem Hofstaat; die Beamten der Hofstaaten aber sind in Ansehung ihrer Dienstentlassung nicht den Staatsbeamten gleich gestellt, und des Königs Majestät haben noch durch die Allerhöchste Kabinets-Ordre vom 20. Mai d. J. zu bestimmen geruhet, daß in Ansehung der Beamten des Hofstaats die Entlassung weder von einer richterlichen Entscheidurg, noch von dem Verfahren wegen unfreiwilliger Dienstentlassung der Staatsbeamten abhängig sei.

Die Gerichtsbehörden in den Provinzen des preußischen Rechts sind daher angewiesen worden, hierauf bei der Entscheidung der Untersuchungen gegen Personen dieses Standes Rücksicht zu nehmen, und jedenfalls, so oft eine Untersuchung gegen dieselben eingeleitet wird, davon dem Herrn Minister der Angelegenheiten des Königlichen Hauses Anzeige zu machen, damit dieser des Königs Majestät darüber zu berichten im Stande sei.

Nach vorstehenden Bestimmungen haben die königlichen rheinischen Gerichtsbehörden sich ebenfalls zu achten; die königlichen Ober-Procuratoren sind daher für den Fall, daß Untersuchungen gegen Hofbeamte daselbst eingeleitet werden, auf diese Vorschrift zu verweisen, um die Anträge bei den Gerichten hiernach zu formiren.

Berlin, den 12. November 1832. Der Justiz-Minister
An v. Kamptz.
den königlichen General-Procurator
Herrn Ruppenthal
zu Cöln.

1062.

Abschaffung der Lattenstrafe beim Militair.

Ew. Hochwohlgeboren übersende ich anbei Abschrift der Allerhöchsten Kabinets-Ordre vom 1. d. Mts.,

worin des Königs Majestät bei Vollstreckung der Strafe des strengen Arrestes in der Armee, künftig das Wegfallen der Latten zu befehlen geruhet haben, zur Kenntnißnahme und weitern Bekanntmachung an die Gerichtsbehörden.

Berlin, den 13. November 1832. Der Justiz-Minister
An v. Kamptz.
den königlichen General-Procurator
Herrn Ruppenthal
zu Cöln.

a.

Ich finde Mich bewogen, in Betreff des rühmlichen Zustandes der Disciplin, den ich seit längerer Zeit und insbesondere bei den neuerdings stattgefundenen Zusammenziehungen der Truppen mit Zufriedenheit wahrgenommen habe, in der Vollstreckung der Strafe des strengen Arrestes versuchsweise eine Milderung dahin eintreten zu lassen, daß der strenge Arrest künftig mit Wegfall der Latten, im Uebrigen aber in der bisherigen Art zu vollziehen ist. Ich hege das Vertrauen, daß die Truppen in diesem Anerkenntniß ihres sittlichen Zustandes die Aufforderung finden werden, sich desselben auch ferner würdig zu zeigen, und Mich nicht nur der Nothwendigkeit zu überheben, diese Maaßregel wieder aufzuheben, sondern durch treue Pflichterfüllung der Ausführung Meines Wunsches, dieselbe dauernd zu beschließen, entgegen kommen werden.

In Ansehung der Strafabtheilungen kann Ich Mich zu einer gleichen Berücksichtigung jedoch noch nicht entschließen, und für diese soll es noch bei den Vorschriften wegen der Strafe des strengen Arrestes verbleiben.

Ich beauftrage das Kriegs-Ministerium mit der Bekanntmachung und weitern Ausführung dieses Beschlusses.

Berlin, den 1. November 1832.

An das Kriegs-Ministerium.

Friedrich Wilhelm.

1063.

Befugniß der Ministerien zur Aufhebung der Verordnungen der vormaligen General-Gouvernements.

Ew. Hochwohlgeboren erhalten hierneben in Verfolg des Rescripts vom 12. d. Mts. Abschriften der an die vormaligen General-Gouverneurs Geheime Staats-Räthe Sack und Gruner unter dem 3. Juni 1814 erlassenen Königlichen Kabinets-Ordres, aus welchen Sie das untergeordnete Verhältniß derselben zu den Ministerien näher ersehen werden. Je mehr es zu bedauern ist, daß diese Verhältnisse dem rheinischen Revisions- und Cassationshofe bei Abfassung des Urtheils wider den N. zu N. nicht vorgelegen und daher letzteres den Verhältnissen nicht gemäß aufgestellt ist, desto dringender ist es zu wünschen, daß ähnlichen Fällen vorgebeugt werde. Dies wird theils dadurch geschehen, wenn das öffentliche Ministerium in Fällen dieser Art vorgängig an das Justiz-Ministerium berichtet und die zur Unterstützung seiner Anträge nothwendigen Subsidien von demselben sich erbittet, theils aber Sie die Ihnen zugehenden allgemeinen ministeriellen Vorschriften in extenso publiciren und dadurch den Anständen vorbeugen, welche der Cassationshof in der blos auf eine ministerielle Verfügung sich beziehenden, von Ihnen erlassenen Publicirung gefunden hat.

Berlin, den 17. November 1832.

An den königl. General-Procurator Herrn Ruppenthal zu Cöln.

Der Justiz-Minister
v. Kamptz.

a.

Mit den verbündeten Mächten bin Ich übereingekommen, daß die Länder, welche von der altholländischen Gränze ab längs dem rechten Maas-Ufer der durch den Frieden bestimmten französischen Grenze und dem linken Mosel- und Rhein-Ufer belegen sind, provisorisch, bis das Schicksal dieser Länder definitiv entschieden ist, von Meinen und den damit verbundenen deutschen Truppen besetzt und die Revenüen aus denselben vom 15. d. Mts. ab zu Meinen Kassen eingezogen werden. Wegen der Besetzung habe Ich das Nöthige an den General von der Infanterie v. Kleist erlassen, dem von Mir das Militair-Commando in diesen Ländern übertragen ist. Ihnen aber übertrage Ich hiermit aus besonderem Vertrauen die Civilverwaltung in denselben und fordere Sie daher auf, solche in den Districten, wo Sie solche bisher noch nicht geführt haben, ebenfalls zu übernehmen.

In allen nicht Militairsachen betreffenden Gegenständen werden Sie an die Ministerien zu Berlin, in den Militair-Angelegenheiten aber an den General von der Infanterie v. Kleist berichten, indem Ich ihn autorisirt habe, einstweilen auch die letztern, weil sie die Civil-Administration angehen, in oberster Instanz zu entscheiden. Es ist daher auch um so nothwendiger, daß Sie sich mit dem General von der Infanterie v. Kleist in einem Orte aufhalten und wenn er sein Standquartier nicht in Aachen, sondern Cöln nehmen sollte, dahin ebenfalls verfügen.

Zur Besorgung der Geschäfte wird Ihnen ein Verwaltungs-Rath untergeordnet und das Nähere darüber durch den Finanz-Minister v. Bülow eröffnet werden.

Ich habe übrigens das Vertrauen zu Ihnen, daß Sie auch fernerhin mit Ihrem Mir bekannten rühmlichen Diensteifer Mein Interesse und das Beste des Landes gehörig wahrnehmen werden.

Paris, den 3. Juni 1814.

An Friedrich Wilhelm.
den Geheimen Staats-Rath Sack.

b.

Da nach einem Uebereinkommen der verbündeten Mächte wegen provisorischer Besetzung der deutschen Länder am linken Rheinufer Ihr Gouvernement aufhört, so habe Ich beschlossen, Ihnen einstweilen die Civil-Verwaltung in dem Herzogthum Berg zu übertragen, welches nach dem gedachten Uebereinkommen provisorisch von Meinen und den damit verbundenen deutschen Truppen besetzt werden wird und aus welchem auch die Revenüen von dem 15. d. Mts. ab zu Meinen Kassen fließen. Wegen der Besetzung ist bereits das Nöthige an den General der Infanterie v. Kleist erlassen, der sein Standquartier in Aachen oder Cöln nehmen wird und dem ich das Militair-Commando in dem Herzogthume mit übertragen habe. Er ist von Mir zugleich autorisirt, auch die Militair-Angelegenheiten aus der Civil-Administration einstweilen in oberster Instanz zu entscheiden, weshalb Sie in den dahin gehörigen Fällen an ihn, in den übrigen aber an die Ministerien zu Berlin berichten werden.

Wegen des zu Ihrer Geschäftsführung erforderlichen Personals, und wegen der Grundsätze, nach welchen Sie die einweilige Verwaltung zu führen haben, wird Sie der Finanz-Minister v. Bülow mit weiterer Instruction versehen. Den bisherigen General-Gouverneur Prinz v. Solms-Lich habe Ich seiner Geschäfte entbunden. Ich hege zu Ihnen das Vertrauen, daß Sie bei dem Ihnen gemachten Auftrage überall mit Eifer und Treue Mein Interesse und das Beste des Landes wahrnehmen werden, und fordere Sie daher auf, Sich so bald als möglich nach Düsseldorf zu verfügen und die Verwaltung anzutreten.

Paris, den 3. Juni 1814.

An
den Staats-Rath Gruner zu Mainz.

Friedrich Wilhelm.

1064.

Expeditionsgebühren der Gerichtsschreiber bei den Polizeigerichten von den Contumacial-Urtheilen.

Da der Criminalfond für die Rheinprovinzen in den letzteren Jahren nicht unbedeutende Zuschüsse bedurft hat; so muß ich aber überflüssige Ausgaben zu vermeiden suchen.

Dahin gehören die Expeditionen, welche die Gerichtsschreiber bei den Polizeigerichten von den Contumacial Urtheilen zu geben pflegen, damit sie den Beschuldigten durch die Gerichtsvollzieher significirt werden, statt daß die Signification gemäß Art. 70. des Decrets vom 18. Juni 1811 auf dem Original erfolgen sollte.

Ew. Hochwohlgeboren werden daher beauftragt, die Ober-Procuratoren anzuweisen, auf die Befolgung dieser gesetzlichen Vorschrift zu halten und keine Expeditionsgebühren passiren zu lassen, die Signification müßte denn außer dem Canton geschehen.

Desgleichen sollen sie darauf halten daß die kontradictorischen Polizei-Urtheile nicht in der Expedition, sondern im Auszuge significirt werden, und daß derselbe significirte Auszug mit der executorischen Kostenliquidation versehen an die betreffende Verwaltungsbehörde zur Einziehung der Strafen und Kosten abgegeben, nicht aber zu dem Ende ein zweiter Auszug abgegeben werde.

Bei den Zuchtpolizei-Gerichten würde dies Verfahren Schwierigkeiten machen, weil bei einigen die Originale nicht auf besondere Blätter geschrieben, sondern fortlaufend in ein Urtelbuch eingeschrieben werden, obwohl der citirte Artikel ein anderes Verfahren vorauszusetzen scheint, indessen erwarte ich hierüber Ew. Hochwohlgeboren Gutachten.

Berlin, den 23. November 1832. Der Justiz-Minister
An v. Kamptz.
den königlichen General-Procurator
Herrn Ruppenthal zu Cöln.

1065.

Verfahren bei Requisitionen der altländischen Gerichte an die rheinischen Justiz-Behörden.

Ew. Hochwohlgeboren erhalten anliegend eine Abschrift der von dem Herrn Justiz-Minister Mühler unterm 31. October d. J. erlassenen Verfügung,

betreffend das bei Requisitionen der altpreußischen in Bezug auf die Rheinprovinz zu beobachtende Verfahren.

zur Nachricht.

Berlin, den 25. November 1832. Der Justiz-Minister
An v. Kamptz.
den königlichen General-Procurator, Geheimen
Ober-Justiz-Rath Herrn Ruppenthal.

a.

Durch die Verfügung des Justiz-Ministers v. Kircheisen vom 4. Juni 1824 (Nr. 644) ist bestimmt worden, daß

a) alle von den diesseitigen Justiz-Stellen an die Justiz-Behörden der auf dem linken Rheinufer belegenen Landestheile, so wie derjenigen auf dem rechten Rheinufer belegenen, die zum Regierungsbezirk Düsseldorf gehören, wo das Allgemeine Land-Recht und die Allgemeine Gerichts-Ordnung noch nicht gelten, zu erlassenden Requisitionen und zu machenden Mittheilungen, sei es in officiellen oder auch in Parthei-Angelegenheiten an die bei den rheinischen Landgerichten angestellten Ober-Procuratoren zu Cölln, Düsseldorf, Cleve, Coblenz, Trier und Aachen, oder auch bei Angelegenheiten, welche sämmtliche rheinische Landgerichte betreffen, an den General-Procurator des rheinischen Appellations-Gerichtshofes zu Cöln, und zwar

b) frankirt oder unter porto freier Rubrik erlassen werden sollen.

Gegen diese Bestimmungen ist jedoch oft gefehlt worden. Es findet sich daher der Justiz-Minister veranlaßt, die sämmtlichen diesseitigen Justiz-Behörden auf jene Bestimmungen aufmerksam zu machen, und deren genaue Befolgung zu empfehlen.

Entstehen durch Nichtbeachtung dieser Bestimmungen, und insbesondere durch Rücksendung unfrankirter Requisitionsschreiben Portoauslagen bei den diesseitigen Gerichtsbehörden, so fallen solche denjenigen Beamten zur Last, welche das Versehen begangen haben.

Die Landes-Justiz-Collegien haben demgemäß die Untergerichte ihres Departements von dieser Verfügung durch deren Abdruck in den Amtsblättern in Kenntniß zu setzen.

Berlin, den 31. October 1832. Der Justiz-Minister
Circulare. Mühler.

1066.

In den Erkenntnissen wegen Ausstoßung aus dem Soldatenstande ist der Truppentheil, wozu der Verurtheilte gehört, anzuführen.

In den zur Allerhöchsten Bestätigung gelangenden Erkenntnissen der Civilgerichte, welche auf Ausstoßung aus dem Soldatenstande von Leuten der Kriegsreserve oder der in die Heimath entlassenen Landwehr gerichtet sind, findet sich fast nie der Truppentheil angegeben, dem der Verurtheilte angehört. Da diese Versäumniß von Sr. Majestät gerügt worden ist, so veranlasse ich Ew. Hochwohlgeboren, die Ober-Procuratoren und die rheinischen Landgerichte anzuweisen, dafür zu sorgen, daß jene Angaben in die Erkenntnisse mit aufgenommen werden. Berlin, den 28. November 1832.

An den königlichen General-Procurator, Geheimen Ober-Justiz-Rath Herrn Ruppenthal zu Cöln, und den königlichen ostrheinischen Justiz-Senat zu Coblenz.

Der Justiz-Minister
v. Kamptz.

1067.

Beschlagnahme des Gehalts der Justizbeamten Behufs des Beitritts zur allgemeinen Wittwencasse.

Ew. Hochwohlgeboren eröffne ich auf den Bericht vom 12. vorigen Monats,

betreffend die wider den Friedensrichter N. zu N. wegen unterlassenen Beitritts zur allgemeinen Wittwencasse genommenen Maaßregeln,

daß bei Erlassung des Rescripts vom 30. Januar 1830 es nicht die Absicht gewesen ist, zu bestimmen, daß das ganze Gehalt des betreffenden Beamten mit Beschlag belegt werden müsse, um dadurch dessen Beitritt zur allgemeinen Wittwencasse zu erzwingen, sondern, wie dies auch schon in dem Rescripte vom 9. Januar 1816 vorgeschrieben worden ist, nur so viel, als zum Einkaufe nöthig ist — wobei, da dieser Einkauf auch durch Ausstellung eines Wechsels geschehen kann, hauptsächlich nur der Betrag der zu entrichtenden Retardat-Zinsen in Anschlag zu bringen sein wird.

Hierauf haben Sie also sowohl im vorliegenden, als in allen ähnlichen Fällen nach vorläufiger Erörterung der speciellen Verhältnisse und allenfalls nach Rücksprache mit dem dortigen Bevollmächtigten der allgemeinen Wittwen-Verpflegungsanstalt, Ihre Requisition an die betreffende Casse wegen der Gehaltsbeschlagnahme zu beschränken.

Da Sie übrigens für den vorliegenden Fall anführen, daß der Friedensrichter N. ohne Consens getraut worden ist, so setze ich voraus, daß Sie die gesetzlich vorgeschriebenen Schritte gegen den contravenirenden Beamten, welcher die Trauung vorgenommen, gethan haben werden, welches event. noch geschehen muß. Berlin, den 2. December 1832.

An den königlichen General-Procurator Herrn Ruppenthal zu Cöln.

Der Justiz-Minister
v. Kamptz.

1068.

Declaration der §§. 199 und 200. Tit. 20. Thl. II. des Allgemeinen Landrechts, die Bestrafung des Verbrechens der beleidigten Majestät betreffend.

Da bei einigen Gerichtshöfen der altpreußischen Gerichte über die Auslegung der §§. 199 und 200. Tit. 20. Thl. II. des Allgemeinen Landrechts eine Verschiedenheit der Ansichten obwaltet, so findet sich der Justiz-Minister veranlaßt, Ew. Hochwohlgeboren Nachstehendes zu eröffnen:

Eine nicht bloß die Worte dieser Gesetzstellen, sondern auch deren innern Zusammenhang gehörig beobachtende Interpretation führt zur richtigen Deutung derselben.

Die Majestätsbeleidigung, oder — wie §. 196 des Landrechts a. a. O. sich ausdrückt — die persönliche Beleidigung des Staatsoberhauptes in seiner Würde — kann soweit sie durch Worte, Schriften oder sinnliche Darstellungen bewirkt wird, auf eine doppelte Weise geschehen;

einmal nämlich

„durch solche Schmähungen, welche, auch wenn sie gegen einen Unterthan oder eine Privatperson gerichtet wären, als Injurien strafbar sein würden;

zweitens aber auch

„durch andere ungebührliche Aeußerungen, die zwar für Privat-Injurien noch nicht erachtet werden können, allein gegen den Landesherrn gerichtet, diejenige höchste Ehrfurcht verletzen, welche demselben ausschließlich gebührt."

Dieser Unterschied bildet die Grundlage der beiden in Rede stehenden Paragraphen des Landrechts.

Der §. 199. bezeichnet jene schwereren zugleich die Natur der Privat-Injurien an sich tragenden, Majestäts-Beleidigungen mit den Worten:

„Wer sich des Verbrechens der beleidigten Majestät durch ehrenrührige Schmähungen rc. schuldig macht rc."

und bedroht dieselben mit einer zwei bis vierjährigen Zucht- haus- oder Festungsstrafe.

Der §. 200 aber spricht von der zweiten geringeren Art von Ehrverletzungen, welche als solche nur, weil sie gegen das Staatsoberhaupt gerichtet sind, für strafbar erklärt werden, indem er mit den Worten beginnt:

„Auch schon andere dergleichen boshafte, die Ehrfurcht gegen den Landesherrn verletzende Aeußerungen rc.

Der Einwand, welchen man dieser Auslegung entgegensetzen könnte, daß der §. 200 durch die Worte: „andere dergleichen boshafte — — Aeußerungen" zu erkennen gebe, es sei auch hier nur wieder von einer Art der schon im §. 199 erwähnten „ehrenrührigen Schmähungen," mithin von wirklichen Injurien die Rede, — bewährt sich bei näherer Betrachtung nicht. Er wird zunächst schon durch die starke Betonung widerlegt, welche hinsichtlich auf den beiden ersten Worten des §. 200 „Auch schon andere rc." und besonders auf dem Worte „schon" ruhet, welches gerade zu erkennen giebt, daß hier nicht mehr von dergleichen Schmähungen, sondern von „anderen" geringeren und wie der §. 200 sie auch sogleich milder bezeichnet, nur von „Aeußerungen“ gesprochen werden solle, welche die Ehrfurcht gegen den Landesherrn verletzen. Hieraus folgt zugleich, daß auf das von dem Gesetz hier gebrauchte Beiwort „boshafte“ Aeußerungen kein besonderes Gewicht zu legen ist, und daß dasselbe nur soviel als „böslich“ oder „absichtlich“ bedeuten kann.

Auf das Entscheidenste wird diese, von den meisten Gerichtshöfen als richtig anerkannte Auslegung noch durch die Vergleichung des §. 200 mit dem §. 205. des Landrechts a. a. O. unterstützt. Letzterer verordnet nämlich, daß wörtliche Injurien, wenn sie gegen die Mitglieder der Familie des Landesherrn verübt sind, mit ein- bis zweijähriger Zuchthaus- oder Festungs-Strafe, mithin doppelt so streng, als die im §. 200 nur mit 6 Monat bis ein Jahr Gefängniß rc. bedrohten „ehrfurchtswidrigen Aeußerungen“ über die Person rc. des Landesherrn bestraft werden sollen. Denn hieraus folgt ganz augenscheinlich, daß der Gesetzgeber mit diesen letzteren Aeußerungen nicht wirkliche Injurien gemeint haben kann, da er sie, und noch dazu so bedeutend, geringer bestraft wissen will, als die geringsten gegen die Familie des Landesherrn verübten Injurien.

Bei der Revision der Strafgesetze wird zwar im legislativen Wege auf die Beseitigung der Zweifel über die Deutung jener beiden Paragraphen des Allgemeinen Landrechts durch Berichtigung ihrer Fassung Bedacht genommen werden; indessen fordere ich Sie schon jetzt auf, hierauf die Ober-Procuratoren zur Beobachtung bei Abfassung der Erkenntnisse aufmerksam zu machen.

Berlin, den 4. December 1832. Der Justiz-Minister
An v. Kamptz.
den königlichen General-Procurator
Herrn Ruppenthal zu Cöln.

1069.

Requisitionen altländischer Gerichte wegen Einziehung der Kostenvorschüsse von Bewohnern der Rheinprovinz.

Euer Hochwohlgebren erhalten anliegend eine Abschrift des Berichts des Hofgerichts zu Arnsberg vom 21. v. Mts.
wegen Einziehung der Kostenvorschüsse von Bewohnern des linken Rheinufers,
mit dem Bemerken, daß der Justizminister den Ansichten des gedachten Hofgerichts um so mehr beipflichten muß, als die

Beschränkungen, welche der Ober-Procurator N. in die No. 4. der Verordnung vom 30. Juni 1817 hineinlegt, darin gar nicht enthalten sind, und mit den bekannten Grundsätzen wegen Festsetzung und Einziehung der Gerichtskosten nach der Vorschrift des altpreußischen Proceßrechts ganz in Widerspruch stehen würden.

Sie haben daher den Ober-Procurator N., der jedenfalls darin gefehlt, daß er, statt die Sache mit seinem Antrage an die Rathskammer zu bringen, und deren Entscheidung abzuwarten, sogleich die Requisition ablehnte, nicht nur zur Genügung der Requisition anzuweisen, sondern auch die übrigen Ober-Procuratoren von dieser Bestimmung zur Vermeidung ähnlicher Weiterungen in Kenntniß zu setzen.

Berlin, den 5. December 1832. Der Justiz-Minister
v. Kamptz.

An
den königl. General-Procurator,
Geheimen Ober-Justiz-Rath
Herrn Ruppenthal zu Cöln.

a.

In der hier schwebenden, seitwärts rubricirten Proceßsache ersuchten wir den königlichen Ober-Procurator N., von dem Kläger N. einen Kostenvorschuß von 3 Rthlrn. einziehen und an unsere Salarienkasse einsenden lassen zu wollen. Dieses Ersuchungsschreiben wurde, da N. zum Landgerichtsbezirk zu N. gehört, an den Ober-Procurator N. daselbst abgegeben, der aber, wie aus dem gehorsamst in Abschrift beigefügten Antwortschreiben desselben vom 12. November c. hervorgeht, unserer Requisition aus dem Grunde nicht entsprechen zu können glaubt, weil nach der Verordnung der Immediat-Justizcommission vom 30. Juni 1817 nur Kosten, die durch ein Urtheil feststehen, oder doch mindestens wirklich bereits aufgegangen seien, beigetrieben werden könnten. — Da es indessen, unseres Ermessens, keinen Unterschied machen kann, ob Kosten, die bereits wirklich aufgegangen sind, oder ob ein instructionsmäßig vom Kläger, als Extrahenten, für künftig aufgehende Kosten geforderter Kostenvorschuß beizutreiben ist, auch kein materieller Grund vorliegt, aus welchem die Bewohner in den Rheinprovinzen in dieser Hinsicht anders gestellt sein sollten, als die Unterthanen, welche in den Landestheilen wohnen, in denen die preußischen Landesgesetze Kraft haben; so erlauben wir uns, Ew. Excellenz hiervon mit dem ehrerbietigsten Antrage Kenntniß zu geben:

hochgeneigtest veranlassen zu wollen, daß die rheinischen

Behörden unsern Requisitionen wegen Einziehung von Kostenvorschüssen künftighin Folge leisten.

Arnsberg, den 21. November 1832.

Das Hofgericht.

1070.

Wegen der Gehaltsabzüge bei Beurlaubungen.

Ew. Hochwohlgeboren eröffne ich auf den über die Gehaltsabzüge der beurlaubten Justizbeamten unterm 29. v. Mts. erstatteten Bericht, daß die Circular-Verordnung vom 12. November d. J. auf einem Beschlusse des königlichen Staatsministeriums vom 31. Juli c. beruhet, und daher einseitig von einem Departements-Minister nicht aufgehoben werden kann. Es versteht sich aber dagegen von selbst, das diejenigen Mitglieder der formirten Gerichte, welche nicht zu den Ferien-Senaten gehören, während der Ferien ohne Urlaub innerhalb Landes verreisen können, und daß, da sie hierzu keines Urlaubs bedürfen, sondern eine bloße Anzeige bei dem Präsidenten genügt, ihnen auch keine Gehaltsabzüge gemacht werden können. Daß dies ein Vorzug sei, welchen sie vor den Staats-Procuratoren und den Friedensrichtern voraus haben, ist nicht in Abrede zu stellen; allein sie haben noch viel andere Vortheile vor diesen voraus, und kann dies kein Grund sein, eine gesetzliche Disposition aufzuheben.

Das Rescript vom 20. September 1825 ist durch den Beschluß des königlichen Staatsministeriums vom 31. Juli d. J. für aufgehoben zu achten. Der Abzug vom Gehalte bildet von nun an die Regel, und die Belastung des Gehalts während eines längeren als einmonatlichen Urlaubs muß durch ein besonderes Ministerial-Rescript genehmigt werden.

Sie haben hiernach dem Auftrage vom 12. v. Mts. zu genügen.

Berlin, den 21. December 1832. Der Justiz-Minister

An v. Kamptz.

den königlichen ersten Präsidenten des rheinischen Appellationsgerichtshofes Herrn Schwarz und den königlichen General-Procurator, Geheimen Ober-Justiz-Rath Herrn Ruppenthal zu Cöln.

1071.

Mittheilung der Urtheilssprüche, welche gegen die auf Seereisen begriffenen Schiffsleute abgefaßt werden, an die Ersatz- und Landwehrbehörden.

Ew. Hochwohlgeboren werden hierdurch veranlaßt, die

Ihnen untergeordneten Justizbehörden anzuweisen, daß sie den Ersatz- und Landwehrbehörden von den Urtheilssprüchen, welche gegen die auf Seereisen begriffenen Schiffsleute, wegen eines in den §§. 1606 bis 1616. Thl. 2. Tit. 8. des Allgemeinen Landrechts verbotenen Vergehens, abgefaßt werden, in jedem Falle beglaubigte Abschriften mittheilen.

Berlin, den 22. December 1832. Der Justiz-Minister
An v. Kamptz.
den königlichen General-Procurator,
Geheimen Ober-Justiz-Rath
Herrn Ruppenthal
zu Cöln.

1072.

Die Vorschrift des §. 5. der Kabinets-Ordre vom 14. September 1831 wegen Eintreibung der Forststrafgelder bezieht sich blos auf die Gemeindevorsteher.

Ew. Hochwohlgeboren eröffne ich auf den Bericht vom 14. d. Mts., betreffend die Eintreibung der Forststrafgelder wie ich damit vollkommen einverstanden bin, daß die Vorschrift des §. 5. der Allerhöchsten Kabinets-Ordre vom 14. September v. J. (No. 970.) über diesen Gegenstand, nur auf die Gemeinde-Vorsteher bezogen werden kann.

Berlin, den 30. December 1832. Der Justiz-Minister
An v. Kamptz.
den königl. General-Procurator,
Geheimen Ober-Justiz-Rath
Herrn Ruppenthal
zu Cöln.

XVIII.

1833.

Gesetze, Verordnungen, Rescripte.

1073.

Vereinigung der Bürgermeistereien Freudenburg und Meurich mit dem Friedensgericht Saarburg.

Ich genehmige, Ihrem Antrage vom 4. d. Mts. gemäß, daß die beiden Bürgermeistereien Freudenburg und Meurich vom Friedensgericht Perl getrennt, und dem Friedensgericht Saarburg zugelegt werden.

Berlin, den 13. Januar 1833.

Friedrich Wilhelm.

An
den Staats- und Justizminister
v. Kamptz.

1074.

Mit Wiederverleihung der Nationalkokarde ist immer die Zurückgabe der Kriegsdenkmünze verbunden.

Durch die Allerhöchste Kabinets-Ordre vom 11. d. M. haben des Königs Majestät zu äußern geruhet, daß mit der Wiederverleihung der Nationalkokarde die Zurückgabe der Krieges-Denkmünze allemal verknüpft sei, welches hierdurch Ew. Hochwohlgeboren eröffnet wird, um diese Allerhöchste Bestimmung zur Kenntniß und Nachachtung der Justizbehörden zu bringen.

Berlin, den 16. Januar 1833.

Der Justiz-Minister
v. Kamptz.

An
den königlichen General-Procurator,
Herrn Geheimen Ober-Justizrath Ruppenthal
zu Cöln.

Durch die Allerhöchste Kabinets-Ordre vom 11. d. M. haben des Königs Majestät zu äußern geruhet, daß mit der Wiederverleihung der Nationalkokarde die Zurückgabe der Kriegs-Denkmünze allemal verknüpft sei, welches dem königlichen Justizsenate zur Nachachtung und Bescheidung der Justizbehörden hierdurch eröffnet wird.

Berlin, den 16. Januar 1833. Der Justiz-Minister

An v. Kamptz.

den königlichen Justiz-Senat
zu Coblenz.

1075.

Gültigkeit der Edicte vom 20. October 1798 und 6. Januar 1816 wegen der geheimen Verbindungen in der Rheinprovinz.

Es ist von Seiten einiger Behörden darauf angetragen, die unterm 20. October 1798 und 6. Januar 1816 erlassenen, in No. 2. der Gesetzsammlung des letztgedachten Jahres abgedruckten Verordnungen wider die geheimen Verbindungen, da sie nicht in allen Amtsblättern der Rheinprovinzen abgedruckt oder angezeigt worden, in den gedachten Regierungsblättern abdrucken zu lassen, nnd dadurch allen vermeintlichen Zweifel über die gesetzliche Kraft dieser Gesetze in den Rheinlanden zu beseitigen. Dieser Zweifel ist aber so unbegründet, als jener Antrag, und beruhen beide eben so wohl auf einem Mißverständnisse der Verordnung vom 9. Juni 1819, als dabei gänzlich übersehen worden, daß die beiden erstgedachten Edicte zu denjenigen Gesetzen gehören, welche die vermöge Allerhöchster Kabinets-Ordre vom 6. März 1821 eingeführten §§. des Allgemeinen Landrechts, Thl. 2. Tit. 20. erläutern und ergänzen, und daher mit letzteren selbst gesetzliche Kraft in der Rheinprovinz erhalten haben. Der unterzeichnete Justizminister ist, dieser Gründe ungeachtet, veranlaßt worden, zur Vorbeugung jeder Zweifel darüber mit dem Herrn Minister des Innern und der Polizei in Communication zu treten, und demnächst Seiner Königlichen Majestät gemeinschaftlichen Vortrag zu halten. Allerhöchstdieselben haben darauf unterm 30. v. Mts. diejenige Allerhöchste Kabinets-Ordre erlassen, welche ich Ew. Hochwohlgeboren hierbei mit dem Auftrage abschriftlich zufertige, um sie nicht allein zur Kenntniß und Nachachtung des königlichen Appellationshofes zu bringen, sondern auch auf die Befolgung der Allerhöchsten Bestimmungen zu halten.

An die Ober-Procuratoren, so wie an die Präsidenten des Justizsenats zu Coblenz und des Hofgerichts zu Arnsberg ist heute gleichmäßig unmittelbar verfügt worden.

Berlin, den 17. Januar 1833. Der Justiz-Minister v. Kamptz.

An die königlichen General-Procuratoren des hiesigen Revisionshofes und des Appellations-Gerichtshofes zu Cöln, an sämmtliche Herren Ober-Procuratoren, den Herrn Präsidenten Wurzer zu Coblenz und den Herrn Hofgerichtsdirector Mettler in Arnsberg.

a.

Der Zweifel, der nach Ihrem Berichte vom 17. d. M. über die Rechtsverbindlichkeit der Verordnung gegen die geheimen Verbindungen vom 6. Januar 1816 für die Rheinprovinzen angeregt wird, ist unbegründet. Das Institut der Gesetzsammlung, als Organ der Bekanntmachung der Gesetze, gehört zu den Central-Einrichtungen des Staats, mit welchen es auf jede neu erworbene Provinz stillschweigend übergeht, ohne daß es dazu einer besondern Publication bedarf. Die Verordnung vom 6. Januar 1816 ist jedoch nicht allein ausdrücklich auf alle Provinzen der Monarchie erstreckt, sondern es ist auch, als das abweichende Verfahren der rheinischen Regierungen bei Bekanntmachung der Gesetze vom 27. October 1810 und 28. März 1811, die Gesetzsammlung und das Amtsblatt betreffend, zur Sprache gebracht und durch die Verordnung vom 9. Juni 1819 eine Gleichförmigkeit des Verfahrens vorgeschrieben wurde, im Eingange dieser Verordnung besonders festgesetzt worden, daß es in Ansehung der bereits bekannt gemachten Gesetze dabei zu lassen und die neuere Bestimmung nur auf die Publication künftig zu erlassender Gesetze anzuwenden sei. Aber auch hiervon abgesehen, kann die Anwendbarkeit der Verordnung vom 6. Jannar 1816 und des mit derselben in der Gesetzsammlung abgedruckten Edicts wider die geheimen Verbindungen vom 20. October 1798 auf die Rheinprovinzrn keinem Bedenken unterliegen, weil sie zu den Erläuterungen der landrechtlichen Vorschriften, auf welche das Edict ausdrücklich Bezug nimmt, gehören und diesen Vorschriften des Landrechts durch Meinen gesetzlich publicirten Erlaß vom 6. März 1821 unter No. 3. für die Einwohner der Rheinprovinz rechtliche Wirkung beigelegt ist. Bei diesen Umständen bedarf es keiner wiederholten Bekanntmachung, die Ich vielmehr untersage; Sie, der Justizminister v. Kamptz, haben aber diejenigen Gerichtsbehörden, welche sich dieserhalb in Zweifel befinden möchten, zu belehren.

Berlin, den 30. December 1832.

An die Staatsminister Freiherr v. Brenn und v. Kamptz.

Friedrich Wilhelm.

1076.

Veränderungen in den Bezirken der Untersuchungsämter zu Simmern, Aachen und Malmedy.

Ew. Hochwohlgeboren erhalten in der Anlage vidimirte Abschrift der unterm 12. d. Mts. ergangenen Allerhöchsten Kabinets-Ordre, wonach der

1) Friedensgerichtsbezirk Zell dem Untersuchungsamte zu Simmern,

2) der Friedensgerichtsbezirk Eupen dem Untersuchungsamte zu Aachen,

3) der Friedensgerichtsbezirk Blankenheim dem Untersuchungsamte zu Malmedy und

4) der Friedensgerichtsbezirk Zülpich dem Untersuchungsamte zu Bonn überwiesen worden ist, mit dem Auftrage, solche zur Kenntniß der Gerichte und durch die Amtsblätter zur Kenntniß des Publikums zu bringen. Der Allerhöchste Befehl muß mit dem 1. März c. zur Ausführung gebracht werden, dergestalt, daß alle Anzeigen über neue Verbrechen und Vergehen vom 1. März c. ab an die nach dieser Allerhöchsten Bestimmung competenten Procuratoren abgesandt, die früher eingesandten aber von den bisher competenten Untersuchungsämtern bis zu Ende instruirt werden. Zur Vermeidung von Irrungen, wie solche früher in Trier entstanden, muß bei der Publication ausdrücklich bemerkt werden, daß diese Veränderung in den Bezirken einiger Untersuchungsämter auf die Sprengel der Hypothekenämter nicht den entferntesten Einfluß haben.

Berlin, den 18. Januar 1833.

Der Justiz-Minister v. Kamptz.

An den königlichen ersten Präsidenten und den General-Procurator beim königlichen rheinischen Appellations-Gerichtshofe zu Cöln.

a.

Aus den in Ihrem Bericht vom 27. v. Mts. enthaltenen Gründen genehmige Ich, nach Ihrem Antrage, daß der Friedensgerichtsbezirk Zell dem Untersuchungsamte zu Simmern, Eupen dem zu Aachen, Blankenheim dem zn Malmedy, und Zölpich dem zu Bonn überwiesen werden, wonach Sie das Weitere zu verfügen haben. Die Anlagen Ihres Berichts erfolgen zurück. Berlin, den 12. Januar 1833.

An
den Staats- und Justizminister
v. Kamptz.

Friedrich Wilhelm.

1077.

Sorgfältige Führung der Untersuchungen gegen die wegen politischer Umtriebe eingezogenen Individuen.

Das Justiz-Ministerium hat nur mit Bedauern die große Leichtigkeit ersehen können, mit welcher von den rheinischen Gerichten sowohl die Bewachung der wegen politischer Umtriebe zur Untersuchung gezogenen Individuen, als die Untersuchung selbst behandelt und geführt wird. Daher ist es den mehrsten dieser Individuen geglückt, durch die Flucht der weiteren Untersuchung oder Strafe sich zu entziehen, und die Untersuchungen selbst sind so oberflächlich und schlecht gewesen, daß sie ihrem Zweck nicht entsprachen, zum Theil ganz unbrauchbar waren. Bei der Gründlichkeit mit welcher Untersuchungen wegen anderer Verbrechen und Vergehen in den Rheinprovinzen geführt worden, kann das Justiz-Ministerium jene Mängel nur dadurch erklären, daß seit einer Reihe von Jahren politische Umtriebe und Vergehen wider den Staat in den Rheinprovinzen unbekannt waren und demagogische Schwindler erst kürzlich versucht haben, ihre verbrecherischen Umtriebe auch dahin zu verbreiten und daß daher die königlichen Justizbeamten mit Untersuchungen dieser Art weniger bekannt sind. Das Justiz-Ministerium findet sich deshalb um so mehr zu nachstehenden Eröffnungen bewogen.

Untersuchungen wegen dieses Gegenstandes müssen überhaupt mit ganz vorzüglicher Vorsicht, Umsicht und Sorgfalt und mit steter Festhaltung ihres Hauptzweckes so wie mit unausgesetzter Rücksicht auf die Anhänger und Genossen der Angeklagten geführt werden. Es ist ein ebenso grundloser als schädlicher Wahn, wenn hin und wieder geglaubt wird, Verbrechen gegen den Staat seien minder gefährlich und schwer, als Privatverbrechen und daher die Untersuchungen wegen derselben, so wie die Angeschuldigten leichter zu nehmen. Diese Ansicht ist wider die Gesetze, der Richter hat nur diese zu befolgen, Gnade und Nachsicht aber dem Landesherrn zu überlassen. Hoffentlich werden Untersuchungen dieser Art in den Rheinprovinzen bald nicht mehr nothwendig werden, so lange sie aber noch vorkommen, wird das Justiz-Ministerium jene Ansicht nicht dulden und bei jeder derselben sorgfältig prüfen, ob darin mit dem gesetzlichen und eben dem Ernst, wie wegen Privatvergehen und Verbrechen, verfahren worden ist und diejenigen Justiz-Beamten, welche hierbei ein Vorwurf träfe, zur Verantwortung ziehen. Eben so gesetzwidrig und schädlich ist es, daß den wegen Umtriebe wider die Ruhe und Ordnung des Staats Angeschuldigten während der Haft eine weit größere Freiheit und insonderheit eine ausgedehntere Freiheit der mündlichen oder schriftlichen Communication als den wegen Privatvergehen Detinirten gestattet wird. Es ist Ungerechtigkeit und Compromittirung zugleich, wenn dem wegen eines geringfügigen Diebstahls Angeschuldigten, die Correspondence mit seinen zurückgelassenen Angehörigen nur unter strenger Controlle, den politischen Umtreibern aber ohne weitere Controlle Materialien und Freiheit gestattet, und dadurch offene Gelegenheit gegeben wird, ihr Verhältniß mit Gleichgesinnten und Genossen fortzusetzen, und dadurch selbst die Resultate der Untersuchung zu eludiren, und ihre Vergehen aus dem Gefängniß selbst fortzusetzen. Solchen Personen sind Schreibmaterialien, Besuche und Correspondenzen, wenn überhaupt, doch auf keinen Fall anders als unter der sorgfältigsten Aufsicht, zu gestatten, wofür die betreffenden Justizbeamten persönlich verantwortlich sind. Eben dies gilt von der Freiheit des Genusses der frischen Luft; Verhaftete dieser Art sind darin keinesweges zu beschränken, sondern vielmehr dabei möglichst zu berücksichtigen, bei ihnen ist es aber ganz besonders nothwendig, darauf strenge zu achten, daß sie diese Freiheit nicht zu oft unbemerkbaren Collusionen mißbrauchen. Es ist daher bei der Wahl der Aufsichtsbeamten und des Locals ihrer Bewegungen hierauf ganz besonders Rücksicht zu nehmen und daher, höchst unschicklich, wenn, wie neulich geschehen ist, die öffentlichen Straßen und Promenaden in der Stadt dazu gewählt werden. Individuen dieser Art bedürfen wegen der Collusionen mit andern einer ganz besondern Vorsicht und Beaufsichtigung. Auch in Ansehung der bei ihrer Entweichung zu erlassenden Steckbriefe hat das Ministerium einen unnöthigen und schädlichen Unterschied zwischen Staats- und Privat-Verbrechern wahrgenommen. Gegen Personen, welche wegen politischer Umtriebe und Vergehen angeklagt sind, sind, wie das Ministerium hierdurch bestimmt, jedesmal und auch wenn der Erfolg noch so zweifelhaft sein sollte, Steckbriefe zu erlassen, und nicht bloß durch die rheinischen Amtsblätter, sondern auch durch einige gelesene Blätter des benachbarten Auslandes öffentlich bekannt zu machen.

Dem Justiz-Ministerio ist bis jetzt kaum eine Untersuchung wegen dieser Art von verbrecherischen Handlungen bekannt geworden, in welcher der eigentliche Zweck derselben festgehalten wäre. Dieser besteht neben der Ermittelung der eigenen Schuldbarkeit des Angeschuldigten darin, das ganze Gewebe und alle Verzweigungen der Umtriebe, so wie deren Genossen und Theilnehmer möglichst genau zu ermitteln, um sie dadurch möglichst vollständig zu übersehen und zu verfolgen. Diese Umtriebe überhaupt und ihre Totalität, nicht aber die Handlungen, durch welche der einzelne Angeschuldigte daran betheiligt ist, sind das eigentliche corpus delicti und selbst die Strafbarkeit dieser Handlungen ist ohne nähere Kenntniß der Zwecke und übrigen Verhältnisse jener Umtriebe vollständig nicht zu beurtheilen. Aber auch in der oben getadelten beschränkten Richtung hat es nicht an sehr oberflächlichen und schlechten Untersuchungen gefehlt, da in denselben Angaben und Behauptungen des Angeschuldigten, wie unwahrscheinlich und selbst widersinnig sie auch waren, bloß zu Protocoll genommen worden, ohne daß darüber eine weitere Ermittelung und Vernehmung anderer Individuen, oder eine Communication mit den betreffenden Behörden eingetreten wäre. Solche oberflächliche Untersuchungen sind nirgend schädlicher als gegen Individuen, von welchen es sich hier handelt, da ihre Unerschöpflichkeit in Versuchung, die Wahrheit und Mitgenossen zu verhehlen, nur noch vergrößert wird, wenn die Untersuchung selbst ihnen die Ueberzeugung gewährt, daß ihre Antworten und Ausreden ungeprüft und ohne weitere Folgen bleiben.

Die preußische Criminal-Ordnung, nach welcher in Gemäßheit der Allerhöchsten Kabinets-Ordre vom 6. März 1821 in Fällen dieser Art zu verfahren ist, enthält über das Untersuchungs-Verfahren Vorschriften bei deren Befolgung Verstöße wie die obgedachten, nicht vorfallen können. Das Justiz-Ministerium muß auf Befolgung dieser Vorschriften und auf den gehörigen Ernst und die nothwendige erschöpfende Gründlichkeit dieser Untersuchungen schlechterdings und zwar um so mehr strenge halten, als durch mehrere Fälle der Entweichung oder seichte und oberflächliche Untersuchungen die öffentliche Ruhe und Sicherheit gefährdet und das Ansehen und die Würde der Rechtspflege compromitirt werden.

Ew. Hochwohlgeboren werden daher aufgefordert, diesem Gegenstande ihre ganz besondere Aufmerksamkeit zu widmen, das gegenwärtige Rescript zur Kenntniß und Nachachtung des königlichen Landgerichts, der Beamten des öffentlichen Ministeriums und aller untergeordneten Behörden und Beamten zu bringen, auf dessen genaue und vollständige Befolgung zu halten, Vernachlässigungen sofort abzustellen und zu rügen, demnächst aber zur Kenntniß des Justiz-Ministeriums zu bringen.

Je strenger hiernach verfahren wird, desto sorgsamer werden auswärtige Demagogen unsere Rheinprovinzen meiden, desto früher werden ihre Umtriebe in denselben aufhören und desto früher werden Untersuchungen dieser Art, die früher in den Rheinprovinzen unbekannt waren, aufhören die Justiz zu beschäftigen.

Berlin, den 26. Januar 1833. Der Justiz-Minister
v. Kamptz.

Circulare
an die königlichen Herren Landgerichts-Präsidenten und Ober-Procuratoren, und an den königlichen Justiz-Senat zu Coblenz.

Das Justiz-Ministerium communicirt Ew. Hochwohlgeboren hierbei abschriftlich das an die Orts-Procuratoren erlassene Rescript, um nach demselben auch von Ihrer Seite zu verfahren.

Berlin, den 26. Januar 1833. Der Justiz-Minister
v. Kamptz.

An
den Herrn ersten Präsidenten des königlichen Appellationshofes und den königlichen Herrn General-Procurator zu Cöln.

1078.

Verhältnisse der Verwaltungs- und Justiz-Behörden bei Gegenständen der Staats-Polizei.

Aus Veranlassung der, wider Individuen, welche verdächtig waren, die politischen Umtriebe in Süddeutschland zu befördern, angeordneten Vernehmungen und andern Maaßregeln, haben sich zwischen den Justiz- und den administrativen Behörden, Competenz-Conflicte erhoben, welche lediglich aus der Vermischung der gerichtlichen- und der Staats-Polizei entstehen. Die Maaßregeln welche die Regierung in Ansehung derjenigen anordnet, welche der innern oder äußern Sicherheit des Staats, der Beförderung politischer oder anderer Umtriebe oder anderer gleichartiger Bestrebungen schuldig oder verdächtig sind, gehören, in so weit sie auf Erforschung und Ermittlung dieser Bestrebungen und auf die gegen dieselben und die dabei betheiligten Individuen zu nehmenden Sicherheits-Maaßregeln sich beschränken, lediglich zur Competenz der Staats-Polizei und der Verwaltungs-Behörden, von welchen die Sache erst, sobald es von der gerichtlichen Untersuchung und von der Bestrafung solcher Individuen sich handelt, an die Justiz-Behötden abzugeben ist.

Dieser in der Sache selbst liegende Grundsatz gilt auch in den Rheinprovinzen, da jene Befugniß der Regierung zum innern Staatsrecht gehört und letzteres für alle Provinzen des Staats dasselbe ist. Die in den Rheinprovinzen bestehende Rechts- und Gerichts-Verfassung kann diesem um so weniger entgegen stehen, als auch nach derselben, wie insonderheit aus der Constitution von 1799. Art. 46., dem organischen Senatus-Consult vom 18. Mai 1804 §. 61. ff. und dem kaiserlichen Decret vom 3. März 1810 hervorgeht, solche Maaßregeln und Anordnungen überall nicht zur Competenz und Beurtheilung der gerichtlichen Autorität, sondern lediglich zu den Attributionen der Verwaltung gehörten, überdem aber auch der Polizei bei Verbrechen wider die innere Ruhe und Sicherheit des Staats die Verhängung der Haft und eine vorläufige Untersuchung schon deshalb zusteht, weil bei Verbrechen und Vergehen dieser Art in Gemäßheit der Allerhöchsten Kabinets-Ordre vom 6 März 1821 nach den altländischen Gesetzen verfahren werden soll, nach letzteren und namentlich nach dem §. 2. des Allgemeinen Landrechts Thl. II. Tit. XVII. aber die Polizei zu dieser vorläufigen Untersuchung berechtigt ist.

Diese Grundsätze sind bereits im Jahre 1819 mit Zuziehung rheinischer Justizbeamten in reifliche Erwägung gezogen, und von des Königs Majestät bestätigt und vorgeschrieben. Die dennoch in neueren Zeiten entstandenen Conflicte können daher nur daraus hervorgegangen sein, daß, da in den Rhein-Provinzen kaum ein Fall der Anwendung dieser Allerhöchsten Bestimmung sich ereignet hat, letztere selbst nicht allen Behörden und Beamten bekannt ist. Wir haben daher zur Vorbeugung aller Conflicte und Contestationen für nöthig erachtet, dieselbe den Behörden des uns allergnädigst übertragenen Ressorts wiederholentlich bekannt zu machen, und übersenden Ew. Hochwohlgeboren hierbei abschriftlich, sowohl die von des Königs Majestät unterm 21. August 1819 erlassene Allerhöchste Kabinets-Ordre, als auch das in deren Gemäßheit aus dem Justiz-Ministerium unterm 12. des folgenden Monats ergangene Rescript (No. 333.) um sich darnach zu achten, davon die betreffenden Behörden und Beamten in Kenntniß zu setzen und darauf zu halten, daß auch sie danach verfahren.

Ew. Hochwohlgeboren werden hieraus ersehen, daß diese Bestimmungen lediglich auf die obengedachten Gegenstände der Staats-Polizei und der in der Allerhöchsten Kabinets-Ordre vom 6. März 1821 erwähnten Verbrechen und Vergehen, und die dabei eintretenden Sicherungs-Maaßregeln und vorläufigen polizeilichen Untersuchungen sich beschränken und weder die Polizei-Contraventionen, noch die eigentliche gerichtliche Polizei betrifft, in Ansehung deren es vielmehr bei den darüber bestehenden Vorschriften und insonderheit den §§. 27. ff. des Competenz-Regulativs verbleibt. Um jedoch auch in Ansehung der letzteren einem kürzlich entstandenen Bedenken abzuhelfen, wird Ew. Hochwohlgeboren eröffnet, daß die Bestimmungen der §§. 28 und 29. des Competenz-Regulativs sich nur von den Fällen verstehen, in welchen die Verhaftung an einem Orte erfolgt ist, an welchem ein Gericht oder ein zur Vernehmung berechtigter gerichtlicher Beamter sich befindet, indem, wenn dies der Fall nicht sein sollte, die Polizei allerdings berechtigt ist, den Inhaftirten im Arrest zu behalten, ihn vorläufig zu vernehmen und sowohl die Ueberführungsmittel herbeizuschaffen, als die dringenden Maaßregeln zur Sicherstellung der Entschädigung des Damnificaten durch Beschlagnahme oder sonst einzuleiten, jedoch verpflichtet ist, von der erfolgten Verhaftung sofort der competenten Gerichtsbehörde Kenntniß zu geben. Wir können nicht umhin, bei dieser Gelegenheit zu bemerken, daß die von Gerichtsbeamten hin und wieder gegen Polizeibehörden wegen Auslieferung verhafteter Personen eingeleiteten Zwangsmaaßregeln der Ressort-Verfassung nicht gemäß sind, sondern daß vielmehr, wenn darüber zwischen diesen Behörden Differenzen entstehen sollten, Anträge bei der zunächst vorgesetzten Behörde zu machen sind, von welcher gegründete Beschwerden sofort nachdrücklich werden abgestellt werden.

Wir beauftragen Ew. Hochwohlgeboren, hiernach sich zu achten und diese Bestimmungen den Gerichtshöfen und den

Beamten des öffentlichen Ministeriums zur Nachachtung bekannt zu machen. Berlin, den 26. Januar 1833.

Der Minister des Innern und der Polizei v. Brenn. Der Justiz-Minister v. Kamptz.

An
den königlichen Herrn General-Procurator
zu Cöln.

1079.

Auslieferung der Verbrecher in Bezug auf das Königreich der Niederlande.

Ew. Hochwohlgeboren erhalten hierneben Abschrift des Schreibens des königlichen Ministerii der auswärtigen Angelegenheiten vom 23. d. Mts. mit Bezug auf den Bericht vom 3. October v. J. wegen Auslieferung des Wilhelm van Loeck. In künftigen ähnlichen Fällen haben Sie jedoch nach Maaßgabe der Rescripte vom 14. Januar 1820, 7. April und 19. October 1827 (Jahrbücher Band 15. S. 57. — Band 29. S. 215. — Band 30. S. 388.), sich unmittelbar an die königlich preußische Gesandtschaft in Haag zu wenden. Berlin, den 28. Januar 1833.

An
den königlichen General-Procurator
Herrn Ruppenthal zu Cöln.

Der Justiz-Minister
v. Kamptz.

a.

Nach der in dem Königreiche der Niederlande bestehenden Verfassung kann die Auslieferung eines Verbrechers aus dem gedachten Königreiche nicht von Unterbehörde zu Unterbehörde, sondern nur auf diplomatischem Wege, und nur alsdann erfolgen, wenn entweder ein, den Auszuliefernden verurtheilendes Erkenntniß oder doch eine Verfügung, welche die Verhaftung desselben anordnet, beigebracht wird. Auf den Antrag des königlichen Ministerii der auswärtigen Angelegenheiten wird daher das königliche rc. rc. hierdurch angewiesen, sich wegen solcher Auslieferungen an die königliche Gesandschaft im Haag unmittelbar zu wenden und derselben das ergangene Straferkenntniß oder die Verhaftsverfügung zum Zweck der Reclamation in beglaubter Form mitzutheilen. Sollte es in einem speciellen Falle auf die Ausstellung von Reversalien de observando reciproco ankommen, so muß deshalb nach wie vor der gesetzlichen Vorschrift gemäß, an den Justiz-Minister berichtet werden. Hiernach hat das

Collegium sich nicht allein selbst zu achten, sondern auch den Untergerichten seines Bezirks durch das Amtsblatt das Nöthige zu eröffnen. Berlin, den 14. Januar 1820.

An das königliche Oberlandesgericht zu Cleve, das königliche Oberlandesgericht zu Münster, das königliche Hofgericht zu Arnsberg.

Der Justiz-Minister v. Kircheisen.

b.

Durch die mit dem königlichen Ministerio der auswärtigen Angelegenheiten concertirte Verfügung vom 14. Januar 1820 ist den Provinzial-Justizbehörden in Westphalen und am Rhein zur Beschleunigung der Criminal-Rechtspflege nachgelassen worden, sich in vorkommenden Fällen zum Zwecke der Auslieferung eines in den Niederlanden befindlichen diesseitigen Verbrechers, unter Beifügung der nach jenseitigem Gerichtsgebrauche erforderlichen gerichtlichen Verhaftsbefehle, unmittelbar an die königliche Gesandtschaft am Niederländischen Hofe mit ihren diesfälligen Anträgen zu wenden, und bei dieser Verfügung soll es auch ferner verbleiben. Da es jedoch der Geschäftsgang bei dem königlichen Ministerio der auswärtigen Angelegenheiten nothwendig macht, daß dasselbe sofort von dergleichen unmittelbaren Schriftwechseln der diesseitigen inneren Behörden mit der betheiligten Gesandtschaft Nachricht erhalte, so wird das königliche Oberlandesgericht (Hofgericht) auf den Antrag des gedachten Ministerii, hierdurch angewiesen, so oft es sich zu obgedachtem Zwecke an die königliche Gesandtschaft im Haag unmittelbar wendet, eine Abschrift des ergangenen Requisitionsschreibens an das königliche Ministerium der auswärtigen Angelegenheiten gleichzeitig einzusenden. Berlin, den 7. April 1827.

An das königliche Oberlandesgericht zu Münster, Hamm, Paderborn und das königliche Hofgericht zu Arnsberg.

Der Justiz-Minister Graf v. Danckelmann.

c.

Es ist von Seiten der königlich Niederländischen Regierung festgesetzt worden, daß bei allen künftigen Anträgen auf Auslieferung flüchtig gewordener Verbrecher, nicht nur der gerichtliche Verhaftsbefehl sondern auch das bereits gefällte Urtel oder doch der Nachweis einer schon eingeleiteten gerichtlichen Verfolgung gegen das reclamirte Individuum beigebracht werden soll.

Diese Bestimmung wird dem königlichen 2c. zur Nachricht und Nachachtung in vorkommenden Fällen hiermit bekannt gemacht. Berlin, den 19. October 1827.

An sämmtliche königliche Oberlandesgerichte.

Der Justiz-Minister Graf v. Danckelmann.

1080.

Beschäftigung der Auscultatoren und Referendarien bei der Justizabtheilung der fürstlich Wiedschen Regierung. — Forum der in der Wiedschen Standesherrschaft wohnenden Advocaten.

Der fürstlich Wiedschen Regierung wird auf den Bericht vom 16. vorigen Monats,

die Annahme und Beschäftigung von Auscultatoren und Referendarien betreffend,

hiermit eröffnet, daß die Prüfung und Anstellung der Auscultatoren dem königlichen Justiz-Senate zusteht. Derselbe kann jedoch die Auscultatoren und Referendarien, welche es wünschen, auch einige Zeit an die Justiz-Abtheilung der fürstlich Wiedschen Regierung committiren. Dieselbe muß sich daher an den gedachten Justiz-Senat wenden, welcher dieserhalb instruirt worden ist. Die in der Standesherrschaft wohnenden Advocaten stehen in Civil- und Criminal-Sachen unter dem Forum des Justiz-Senats, sind jedoch der Disciplin der Justiz-Abtheilung der fürstlich Wiedschen Regierung in Bezug auf die bei derselben schwebenden Processe, in welchen sie fungiren, unterworfen.

Berlin, den 1. Februar 1833.

Der Justiz-Minister v. Kamptz.

An die fürstlich Wiedsche Regierung, Justiz-Abtheilung.

Abschrift vorstehender Verfügung und des von der fürstlich Wiedschen Regierung unterm 16. v. Mts. erstatteten Berichts wird dem königlichen Justiz-Senate mit der Anweisung zugefertigt, auf den Antrag der Justiz-Abtheilung der fürstlich Wiedschen Regierung einen oder den andern Auskultator oder Referendarius, der dazu bereit ist, auf höchstens sechs Monat nach Neuwied zu senden.

Berlin, den 1. Februar 1833.

Der Justiz-Minister v. Kamptz.

An den königlichen Justiz-Senat zu Coblenz.

1081.

Aufhebung der General-Gouvernements-Verordnung vom 20. September 1814 wider die Anreizung der Fabrikarbeiter zum Auswandern, Exportation von Fabrikmaschinen und Offenbarung der Fabrikgeheimnisse.

Die Regierung zu Aachen hat angefragt, in wiefern die Verordnung des vormaligen General-Gouvernements daselbst vom 20. September 1814

wider die Anreizung diesseitiger Fabrikarbeiter zum Auswandern, die Exportation von Fabrikmaschinerien und die Offenbarung der Fabrikgeheimnisse an Auswärtige,

noch jetzt gültig sei?

Wir beauftragen Euer Hochwohlgeboren durch die Amtsblätter bekannt zu machen, daß dieselbe nicht mehr anwendbar ist. Denn was die Auswanderungen an sich betrifft, so ist darüber das Gesetz vom 15. September 1818 für die ganze Monarchie maaßgebend. Wegen Anreizung zur Auswanderung, so wie wegen Mittheilung von Fabrikgeheimnissen bedarf es aber keines Special-Gesetzes, da das in dortiger Provinz geltende Strafgesetzbuch diese Fälle berücksichtigt.

Das Verbot endlich, Maschinen auszuführen, ist durch die Gesetzgebung vom 26. Mai 1818 über die Ein-, Aus- und Durchgangs-Abgaben, wodurch die Ausfuhr der Maschinen freigegeben ist, aufgehoben.

Berlin, den 2. Februar 1833.

Der Minister des Innern für Handel und Gewerbe v. Schuckmann. Der Minister des Innern und der Polizei v. Brenn. Der Justiz-Minister v. Kamptz.

An
den königlichen Ober-Präsidenten der Rheinprovinz Herrn v. Pestel Hochwohlgeboren zu Coblenz.

1082.

Gültigkeit der Tit. 20. Thl. II. des Allgemeinen Landrechts enthaltenen Strafbestimmungen gegen Verbrechen wider den Staat, in der Rheinprovinz.

Aus Veranlassung des von dem königlichen Landgericht in der Untersuchung wider den N. eingeschrittenen höchst auffallenden, mit der klaren Vorschrift der Allerhöchsten Kabinets-Ordre vom 6. März 1821 im graden Widerspruche stehenden Verfahrens, nach welchem die Verunglimpfung der Behörden und der Staats-Beamten vermeintlich nach französischen Formen und Gesetzen zu untersuchen und zu bestrafen sein sollen, habe ich des Königs Majestät Bericht erstattet. Allerhöchstdieselben haben ein solches Verfahren mit Befremden ersehen und dessen ernstliche Berichtigung verordnet. Ew. Hochwohlgeboren übersende ich hierbei die darüber heute eingegangene Allerhöchste Kabinets-Ordre mit der Aufforderung, dieselbe nicht allein durch die Amtsblätter der Rheinprovinz und das Sandt'sche Archiv gemeinkundig zu machen, sondern sie auch sowohl dem königlichen Appellationshofe, als den sämmtlichen Ober-Procuratoren, letzteren zur Bekanntmachung an die betreffenden Landgerichte mit der Anweisung zugehen zu lassen, auf diese Allerhöchste Bestimmung pflichtmäßig zu wachen. Berlin, den 4. Februar 1833.

An
den königlichen General-Procurator,
Herrn Geheimen Ober-Justizrath
Ruppenthal Hochwohlgeboren zu Cöln.

Der Justiz-Minister
v. Kamptz.

Ew. Hochwohlgeboren communicire ich hierbei Abschrift der gestrigen Allerhöchsten Kabinets-Ordre über das Verfahren wegen Beleidigungen der Staats-Beamten, worüber in den rheinischen Gerichtshöfen Zweifel entstanden war, ob sie nach französischen oder preußischen Vorschriften zu untersuchen und zu bestrafen. Euer Hochwohlgeboren ersuche ich dieselbe zur Kenntniß des königlichen Revisions- und Cassationshofes zu bringen und auf deren Befolgung zu wachen.

Berlin, den 4. Februar 1833.

An
den königlichen General-Procurator Herrn
Eichhorn Hochwohlgeboren hier.

Der Justiz-Minister
v. Kamptz.

a.

Ich kann nicht umhin, auf Ihren Bericht vom 24. v. Mts. Ihnen Mein Befremden zu äußern, wie von rheinischen Justiz-Behörden über die Anwendung Meiner Bestimmungen vom 6. März 1821 auf die in den §§. 207—209 Tit. XX. Thl. II. L. R. namhaft gemachten und mit Strafen bedroheten Verletzungen der Ehrfurcht gegen den Staat, durch welche die Staats-Beamten in und bei Ausübung ihres Amts beschimpft werden, ein Bedenken habe erhoben werden können, da Ich ausdrücklich festgesetzt habe, daß alle Verbrechen und Vergehungen gegen den Staat, auf welche sich die in den §§. 91 bis 213 enthaltenen Strafvorschriften beziehen, in den Formen der Criminal-Ordnung vom 11ten

December 1805 untersucht und mit den nach dem Landrechte verwirkten Strafen belegt werden sollen, mithin nicht einzusehen ist, weshalb die in den mitbenannten §§. 207—209. als Vergehungen gegen den Staat bezeichneten strafbaren Handlungen ausgenommen und ausschließend einem andern Verfahren unterworfen werden sollen. Ich beauftrage Sie daher, die betreffende Justizbehörde durch den General-Procurator hierüber ernstlich berichtigen zu lassen und sonst diesem gemäß zu verfügen.

Berlin, den 3. Februar 1833.

An den Staats- und Justizminister v. Kamptz.

Friedrich Wilhelm.

1083.

Unmittelbare Correspondenz der rheinischen Justizbehörden mit dem königlichen Ministerium der auswärtigen Angelegenheiten bei Insinuationen, Requisitionen u. s. w. nach dem Ausland.

Eurer Hochwohlgeboren übersende ich hierdurch Abschrift des dato an das Ministerium der auswärtigen Angelegenheiten wegen der unmittelbaren Correspondenz der rheinischen Justizbehörden mit ersterem erlassenen Anschreibens, um mit Bezug auf die gleichfalls abschriftlich mitfolgende, am 16. December 1825 (No. 726.) an den General-Procurator erlassene Verfügung und das Rescript vom 10. September 1830

a) die Ober-Procuratoren mit der nöthigen Anweisung zu versehen und sich selbst danach zu achten, wobei es sich von selbst versteht, daß in Fällen von höherem Belange, wo die Mitwirkung des Justizministerii nöthig ist, wie in Auslieferungs-Angelegenheiten,

b) die Correspondenz nach wie vor von Ew. Hochwohlgeboren geführt wird, und daß in den besonderen, die Niederlande betreffenden Bestimmungen, so wie in der Verfügung vom 19. October v. J. die Correspondenz mit der preußischen Gesandtschaft zu London betreffend, nichts geändert wird.

Berlin, den 9. Februar 1833.

Der Justiz-Minister v. Kamptz.

An den Herrn General-Procurator Ruppenthal zu Cöln.

Dem königlichen Justizsenat übersende ich hierdurch Abschrift des dato an das Ministerium der auswärtigen Angelegenheiten wegen der unmittelbaren Correspondenz der rheinischen Justizbehörden mit ersterem erlassenen Anschreibens, um mit Bezug auf die gleichfalls abschriftlich mitfolgende, am 16. Decbr. 1825 an den Generalprocurator (No. 726.) erlassene Verfügung und das Rescript vom 10. Septbr. 1830 sich danach zu achten, wobei es sich von selbst versteht, daß in Fällen von höherem Belange, wo die Mitwirkung des Justizministerii nöthig ist, wie in Auslieferungs-Angelegenheiten, die Berichtserstattung nach wie vor hierher erfolgen muß, und daß in den besondern, die Niederlande betreffenden Bestimmungen, so wie in der Verfügung vom 19. October v. J., die Correspondenz mit der preußischen Gesandtschaft zu London betreffend, welche letztere dem Collegio hiermit zur eigenen Beachtung mitgetheilt wird, nichts geändert wird.

Berlin, den 9. Februar 1833. Der Justiz-Minister
An v. Kamptz.
den königlichen Justizsenat
zu Coblenz.

a.

Als im Jahre 1825 durch Einigung des königlichen Hochlöblichen Ministerii der auswärtigen Angelegenheiten mit dem Justizministerium festgesetzt wurde, daß in den, das Ausland betreffenden Insinuations-, Requisitions- rc. und anderen Angelegenheiten geringerer Bedeutung die Verwendung der Gerichtsbehörden an das auswärtige Departement unmittelbar und ohne Dazwischenkunft des Justizministerii erfolgen solle, hatte letzteres in seinem Schreiben vom 16. December 1825 bei Bezeichnung der Justizbehörde, welche diese unmittelbare Correspondenz zu führen berechtigt sei, den General-Procurator am Appellhofe zu Cöln als die Behörde für die „nieder- und ostrheinischen Provinzen" (wodurch man den damaligen Gerichtsbezirk des Appellhofes zu Cöln, mit Einschluß des ostrheinischen Theiles des Regierungsbezirks Coblenz ausdrücken wollte) genannt. Dieses Verhältniß hat sich seitdem geändert, indem den Ober-Procuratoren der sechs rheinischen, die Stelle der Provinzial-Justizcollegien einnehmenden Landgerichte zu Cöln, Coblenz, Trier, Aachen, Düsseldorf und Cleve ebenso die unmittelbare Führung der Correspondenz mit den Centralbehörden in Angelegenheiten ihres Ressorts, als wie dem General-Procurator in Ansehung der unmittelbar bei dem Appellhofe schwebenden Sachen beigelegt worden ist, außerdem aber der unter dem Justizsenat zu Coblenz als Provinzialbehörde stehende ostrheinische Theil des Regierungsbezirks Coblenz der Jurisdiction des Appellhofes zu Cöln gänzlich entzogen, und jenes Collegium als Aufsichtsbehörde dem Justizministerium unmittelbar untergeordnet worden ist, und also für die Angelegenheiten seines Ressorts ebenso zur unmittelbaren Correspondenz mit dem Ministerium Eurer Excellenz in den bezeichneten Angelegenheiten competent ist.

Hiervon habe ich nicht ermangeln wollen, Euer Excellenz ganz ergebenst in Kenntniß zu setzen, und demgemäß auch das Nöthige dato an die rheinischen Justizbehörden erlassen.

Berlin, den 9. Februar 1833.

An des königlichen wirklichen Geheimen Staatsministers und Ministers der auswärtigen Angelegenheiten Herrn Ancillon Excellenz.

v. Kamptz.

b.

Bei der durch die Verfügung vom 16. December 1825 angeordneten unmittelbaren Communication der Gerichtsbehörden mit dem königlichen Ministerio der auswärtigen Angelegenheiten zur Bewirkung von Insinuationen und Beförderung von Schreiben an ausländische Behörden wird von den Gerichten darin ein verschiedenes Verfahren beobachtet, daß einige die zu befördernden Verfügungen und Anschreiben offen, andere dieselben zwar verschlossen, aber unter Beifügung einer Abschrift, noch andere aber verschlossen ohne Beifügung der Abschrift dem gedachten königlichen Ministerio einreichen. Da es indessen erforderlich ist, daß letzteres, bevor es seine Mitwirkung in jedem einzelnen Falle eintreten läßt, von der Angelegenheit, in welcher dieselbe verlangt wird, Kenntniß erhält, so wird das ꝛc. angewiesen, die Schreiben und Verfügungen, um deren Beförderung das Collegium das königliche Ministerium der auswärtigen Angelegenheiten ersucht, entweder offen (in welchem Falle das Siegel des Gerichts der Unterschrift beizufügen), oder zwar verschlossen, jedoch mit einer vollständigen Abschrift des Inhalts des verschlossenen Schreibens dem gedachten königlichen Ministerio einzureichen. Hiernach sind auch die Unterbehörden des Collegii mit Anweisung zu versehen.

Berlin, den 19. September 1830. Der Justiz-Minister.
In dessen Abwesenheit.
v. Kamptz.

Circulare an sämmtliche königliche Oberlandesgerichte.

1084.

Abfassung der Assisenprotocolle.

Der Justizminister hat die mit Ew. Hochwohlgeboren Bericht vom 21. October v. J. eingereichten Formulare zu den Protocollen der Assisensitzungen dem königlichen Revisions- und Cassationshofe zum Gutachten vorgelegt.

Sie erhalten anliegend eine Abschrift des Berichts desselben vom 19. v. Mts., des Votums seiner Commission vom 17. ejusd., so wie das mit Bemerkungen versehene eingesandte Exemplar, und endlich den genehmigten Entwurf des Protocolls der Assisensitzungen mit dem Auftrage, letzteres bei sämmtlichen Assisenhöfen einzuführen, und sämmtlichen Obergerichtsschreibern zu untersagen, sich ferner eines andern gedruckten Formulars zu bedienen.

Es wird zur Vereinfachung der Sachen und Ersparung der Kosten dienen, wenn Sie, Herr General-Procurator, die Formulare für sämmtliche Assisenhöfe auf den Bedarf von etwa zwei Jahren, unter Ihrer Aufsicht drucken lassen, und sie sodann nach Maaßgabe des Bedürfnisses vertheilen.

Zugleich werden Sie, Herr Präsident, veranlaßt, die Assisen-Präsidenten aufzufordern, die von früheren Geständnissen und Aussagen abweichenden Erklärungen der Angeklagten und Zeugen, so wie die relevanten Aussagen der in der schriftlichen Untersuchung nicht vernommenen Zeugen in gedrängter Kürze zu Protocoll zu nehmen, und Sie, Herr General-Procurator, die Ober-Procuratoren anzuweisen, durch ihre Anträge darauf zu wachen, daß dies geschehe.

Den Präsidenten und den Gerichtsschreibern ist jedoch bei Zufertigung der Protocoll-Formulare zu eröffnen, daß der Justizminister entfernt sei, den Gebrauch dieser Formulare bestimmt vorzuschreiben, derselbe vielmehr nur den Gebrauch der älteren Formulare untersage, und den Gebrauch der neueren nur mit der Maaßgabe gestatte, daß sie dadurch von ihrer Verantwortlichkeit wegen jeder stehen gebliebenen Stelle eben so wenig entbunden würden, als wenn dieselbe von ihnen geschrieben und resp. unterschrieben wäre.

Der Justizminister gewärtiget übrigens, daß künftighin, namentlich in größeren, mehrere Tage währenden Sachen, wo der größte Theil der Gründe für die Gestattung der

Formulare wegfällt, die ordentlich geschriebene Redaction der Protocolle gewählt werde.

Berlin, den 15. Februar 1833. Der Justiz-Minister
v. Kamptz.

An
den ersten Präsidenten des königl. Appellationsgerichtshofes Herrn Schwarz und den königlichen General-Procurator Herrn Ruppenthal zu Cöln.

a.

Oeffentliche Sitzung des königlichen Assisenhofes zu
vom achtzehnhundert Uhr
mittags, wo anwesend waren die Herren

Gerichtsschreiber.

Die Geschwornen, welche nach dem heute über die Ziehung aufgenommenen Separat-Protocoll für die Criminalprocedur gegen

bestimmt worden sind, nahmen nach der in dem Ziehungsprotocolle bezeichneten Reihenfolge ihre von dem Publikum und d Angeklagt getrennten Sitze d letztern gegenüber in folgender Ordnung ein:

No.	Namen.	Vornamen.	Alter.	Stand.	Wohnort.
1.					
2.					
3.					
4.					
5.					
6.					
7.					
8.					
9.					
10.					
11.					
12.					

Hierauf wurde auf Befehl des Herrn Präsidenten ungefesselt und nur von einer Wache begleitet, vorgeführt

welche durch das von dem Anklagesenate des rheinischen Appellationsgerichtshofes erlassene Urtheil vom

vor dem königlichen Assisenhof hierselbst verwiesen und angeklagt

Der solchergestalt vorgeführte Angeklagte von dem Herrn Präsidenten nach Namen, Vornamen, Alter, Stand, Gewerbe, Wohn- und Geburtsort befragt, antwortete hierauf:

Der Herr Präsident machte hierauf d anwesenden Vertheidiger Herr Advocat

die im Art. 311. der Criminal-Proceßordnung vorgeschriebene Vorhaltung.

Sodann richtete der Herr Präsident an die Geschwornen die im Artikel 312 ibidem vorgeschriebene Anrede, welche diese stehend und mit entblößtem Haupte anhörten

Geschworne, einzeln von dem Herrn Präsidenten aufgerufen, antwortete sodann mit aufgehobener Hand

Hierauf forderte der Herr Präsident d Angeklagte auf, aufmerksam zu sein auf dasjenige, was jetzt hören werde und befahl sodann dem Gerichtsschreiber, das Urtheil des Anklagesenates des rheinischen Appellationsgerichtshofes vom

welches die Verweisung an den königlichen Assisenhof hierselbst enthält, so wie den Anklageact vom

zu verlesen.

Der Gerichtsschreiber verrichtete diese Vorlesung mit lauter Stimme, und wiederholte hierauf der Herr Präsident de Angeklagten den Hauptinhalt des Anklageactes mit dem Zusatze:

Das ist es, wessen angeklagt, werde nunmehr die Beweise vernehmen, welche man gegen vorbringen wird.

Von dem Herrn Procurator wurde hiernächst der Gegenstand der Anklage näher entwickelt, und das Verzeichniß derjenigen Zeugen übergeben, welche

vernommen werden sollen. Dieses Verzeichniß wurde von dem Gerichtsschreiber mit lauter Stimme abgelesen, und beim namentlichen Aufrufe der Zeugen

Der Herr Präsident erinnerte hierauf sämmtliche Zeugen an die Heiligkeit und Wichtigkeit des Eides, an die Pflicht die Wahrheit zu sagen, machte sie aufmerksam auf die in dem Art. 361. des Strafgesetzbuchs gegen den Meineid verhängte Strafe, und befahl ihnen, sich in das für sie bestimmte Zimmer zu begeben, und daselbst so lange zu verweilen, bis sie vorgerufen würden.

Nachdem in Folge dieses Befehls sämmtliche Zeugen sich aus dem Sitzungssaal entfernt hatten, wurden nach dieser Entfernung d Angeklagte über den Inhalt der Anklage umständlich vernommen, wobei d selbe erklärte

Nach dieser Vernehmung d Angeklagten wurden sodann die Zeugen einer nach dem andern wieder in den Sitzungssaal geführt, und mündlich abgehört in folgender Ordnung:

1)

Der Zeuge erklärte sodann auf Befragen des Herrn Präsidenten:

Ich heiße

D Angeklagte habe ich vor der in der Anklage enthaltenen That gekannt.

Der Zeuge gab hierauf seine Aussage zur Sache selbst ab.

Am Schlusse der Aussage eines jeden Zeugen befragte der Herr Präsident denselben, ob es d gegenwärtige Angeklagte wovon er gesprochen habe, so wie auch d Angeklagte , ob auf dasjenige, was so eben gegen bekundet worden, etwas erwiedern wolle.

Auch ließ der Herr Präsident im Laufe der Verhandlung d Angeklagten die vorhandenen Ueberführungsgegenstände vorzeigen, und forderte auf, sich über die Anerkennung derselben zu erklären.

Diese nämliche Vorzeigung geschah auch den Zeugen, so wie sich die Veranlassung dazu ergab.

Nachdem solchergestalt das Zeugenverhör beendigt war, entwickelte der

Herr Procurator die zur Unterstützung der Anklage gereichenden Gründe und trug de Vertheidiger Herr Advocat

die Vertheidigung de Angeklagten vor.

Auf Befragen des Herrn Präsidenten äußerte d Angeklagte sodann, daß nichts mehr zu sagen habe , und erklärte der Herr Präsident demnach die Verhandlungen für geschlossen, trug in einer kurz gefaßten Darstellung die Sache vor, machte die Geschwornen auf die vorzüglichsten Beweise für und gegen d Angeklagte aufmerksam, erinnerte sie an die ihnen obliegenden Pflichten, stellte und verlas sodann die von ihnen zu beantwortende Frage

Der Herr Präsident übergab die Frage mit dem Anklageact, so wie mit dem Protocolle über die Feststellung des Thatbestandes und mit den übrigen Untersuchungsacten, jedoch mit Ausnahme der schriftlich aufgenommenen Erklärungen der Zeugen, an die Geschwornen in der Person ihres Vorstehers, wobei die ersteren von dem Herrn Präsidenten zugleich bedeutet wurden, daß sowohl für als gegen d Angeklagt die Entscheidung nach der Stimmenmehrheit abzufassen sei, und bei etwaiger Stimmengleichheit die gelindeste Meinung den Vorzug erhalte, daß aber, wenn d Angeklagte nur mit sieben Stimmen gegen fünf der Hauptthat für schuldig erklärt werde , dieses im Eingange ihrer Erklärung bemerkt werden müsse.

Der Herr Präsident ließ d Angeklagte sodann aus dem Sitzungssaale abführen, und verfügten die Geschwornen sich in das für sie bestimmte Zimmer, um dort über die ihnen gestellte Frage zu berathen.

Auch wurde von dem Herrn Präsidenten dem Befehlshaber der Wache der besondere Befehl schriftlich ertheilt, den Zugang zu dem Berathungszimmer der Geschwornen zu bewachen.

Nachdem die Geschwornen in den Sitzungssaal zurückgekehrt waren, und ihre Sitze wieder eingenommen hatten, befragte der Herr Präsident dieselben nach dem Resultat ihrer Berathung, worauf sodann der Herr

Vorsteher der Geschwornen, von seinem Sitze aufstand, die Hand auf das Herz legte und sprach:

Auf meine Ehre und auf mein Gewissen vor Gott und vor den Menschen, die Erklärung der Geschwornen ist folgende:

Frage:

Diese Erklärung der Geschwornen wurde hierauf in Gegenwart der übrigen von dem erwähnten Vorsteher unterschrieben und dem Herrn Präsidenten überreicht, welcher solche ebenfalls unterschrieb und ebenso die Unterschrift des fungirenden Gerichtsschreibers beifügen ließ.

D Angeklagte wurde sodann auf Befehl des Herrn Präsidenten wieder in den Sitzungssaal geführt, und in Gegenwart die Erklärung der Geschwornen durch den Gerichtsschreiber mit lauter Stimme vorgelesen:

Zufolge der vorstehenden Erklärung der Geschwornen wurde hierauf von dem Herrn Procurator der Antrag dahin genommen:

D Angeklagte

wurde sodann von dem Herrn Präsidenten befragt, ob zur Vertheidigung nichts mehr anzuführen hätte

Der Gerichtshof schritt demnächst zur Berathung

wonach der Herr Präsident die Artikel

verlas, und mit lauter Stimme in Gegenwart des Publikums und d Angeschuldigten das von dem königlichen Assisenhof erlassene Urtheil verkündigte, durch welches d Angeklagte

Von dem Herrn Präsidenten wurde sodann d Verurtheilte darauf aufmerksam gemacht, daß ih die Befugniß zustehe, von dem Rechtsmittel der Cassation Gebrauch zu machen, welches Rechtsmittel jedoch binnen drei Tagen, von dem Ablaufe des heutigen Tages an gerechnet, in der Kanzlei des hiesigen Landgerichts angemeldet werden müsse.

Die Sitzung wurde hiermit aufgehoben, und ist über alles dieses von dem Gerichtsschreiber gegenwärtiges Protocoll aufgenommen und mit dem Herrn Präsidenten unterschrieben worden.

So geschehen in dem gewöhnlichen Sitzungssaale des königlichen Assisenhofes hierselbst am

1085.

Herausgabe der Protocolle über die von Gerichtsschreibern und Gerichtsvollziehern abgehaltenen freiwilligen Mobiliar-Auctionen.

Ew. Hochwohlgeboren eröffne ich auf den General-Bericht vom 6. v. Mts.,

die Justiz-Verwaltung in der Rheinprovinz während des Gerichtsjahrs 1831 — 32 betreffend,

daß, obgleich nicht behauptet werden kann, daß die von den Gerichtsschreibern und Gerichtsvollziehern bei freiwilligen Mobiliar-Auctionen aufgenommenen Protocolle Privatacte seien, da die Formen eines Actes unter Privatunterschrift auf sie nicht anwendbar sind, dennoch, indem auch die Protocolle der Gerichtsvollzieher bei Zwangsverkäufen dem extrahirenden Gläubiger übergeben werden müssen, auch nur den Notarien nach der neuen Notariats-Ordnung die Herausgabe der Urkunden en brevet untersagt worden ist, die in Ihrem Generalbericht vorgetragene Ansicht wegen Herausgabe der Protocolle an die Verkäufer genehmigt wird, dagegen aber der Antrag, die Taxe gänzlich aufzuheben, nicht motivirt zu sein scheint.

Die Verordnung, daß die Gerichtsschreiber und Gerichtsvollzieher für freiwillige Verkäufe nicht mehr nehmen sollen, als die Notarien, soll nur die unwissende Parthei gegen Uebervortheilungen schützen, verhindert aber Niemanden, sich auf einen geringeren Satz mit dem Auctionator zu vereinigen. Dies geschieht auch in der Regel von allen Vorsichtigen, und da ein executorischer Titel mehr gilt als ein simpler, so würden ohnehin jene Beamte wenig Verkäufe zu machen haben, wenn sie dieselben nicht für geringere Gebühren übernehmen wollten, als die Notarien.

Da das Gesetz die Gerichtsschreiber und die Gerichtsvollzieher, da wo es keine besonderen Auctions-Commissare giebt, mit den Functionen derselben beauftragt hat, so kann es übrigens keinem Zweifel unterliegen, daß falsa in demselben als bei Ausübung ihrer Functionen gemacht, zu betrachten sind.

Berlin, den 22. Februar 1833. Der Justiz-Minister
An v. Kamptz.
den königlichen General-Procurator
Herrn Ruppenthal zu Cöln.

1086.

Beachtung der im Art. 78. 79. 88 und 89. des Decrets v. 6. Juli 1810 vorgeschriebenen Fristen über den Anfang der Assisensitzungen, der Ernennung der Assisenpräsidenten rc.

Die Art. 78. 79. 88 und 89. des Decrets vom 6. Juli 1810 schreiben gewisse Fristen vor, welche bei Bestimmung des Anfangs der Assisensitzungen, der Ernennung der Assisenpräsidenten und bei den gesetzlichen Bekanntmachungen zu beobachten sind. Von mehreren Landgerichten ist der Wunsch geäußert, daß diese gesetzlichen Bestimmungen stets genau befolgt werden mögen, indem sich nicht allein die Instruenten mit ihren Instructionen, sondern auch die Landgerichts-Präsidenten bei der Ernennung der Richter des Assisenhofes, die Kammer-Präsidenten bei Festsetzung der Termine und die Advocaten mit ihren Arbeiten darnach richten müssen.

Da ich nun alle Hindernisse eines regelmäßigen Geschäfts-Ganges bei den Landgerichten hinweg zu räumen wünsche, so veranlasse ich Ew. Hochwohlgeboren, in Zukunft dem gedachten Wunsche derselben zu willfahren.

Berlin, den 22. Februar 1833. Der Justiz-Minister
An v. Kamptz.
den ersten Präsidenten des rheinischen Appellations-Gerichtshofes Herrn Schwarz zu Cöln.

1087.

Verminderung der Criminal-Kosten. Contumacial-Urtheile in Polizei-Sachen, Signification der contradictorischen Urtheile, Appellationen, Verweisungs-Ordonnanz.

Ew. Hochwohlgeboren erwiedere ich auf den Bericht vom 9. d. Mts.,

die Verminderung der Criminal-Kosten betreffend, hiermit Folgendes: Was

1) die Contumacial-Urtheile in Polizeisachen betrifft; so können die Friedensgerichtschreiber zur Ersparung des Papiers auf halben Bogen schreiben, wenn sie wollen, sie dürfen aber nicht gegen eine gesetzliche Bestimmung reclamiren. Wenn die Ablieferung der Originalien binnen 24 Stunden nicht geschehen kann, so muß man dem Gerichtsvollzieher längere Frist gestatten. Ein Verlust des Originals ist in diesen Sachen nicht mehr, als in Civil-Sachen zu befürchten, und sind die Gerichtsvollzieher für den Verlust verantwortlich.

2) Was die Signification der contradictorischen Polizei-Urtheile betrifft, so ist der Verurtheilte gehörig benachrichtigt, wenn er den Extract erhält, woraus sich ergiebt, weshalb und wozu er verurtheilt worden ist. Sollte er aber die näheren Umstände nicht wissen, was doch nur selten der Fall sein wird, so kann er sich auf seine Kosten eine Abschrift geben lassen.

Ew. Hochwohlgeboren Amts-Vorgänger hat die Verfügung des französischen Justiz-Ministers vom 30. December 1812 den Ober-Procuratoren zur Nachachtung mitgetheilt, und, wo sie bisher zur Ausführung gebracht, hat sie keinen Widerspruch gefunden. Es ist also ein solcher abzuwarten. Uebrigens wird die schriftliche Zustellung contradictorischer Urtheile in der über die Modification der Criminal-Ordnung zu erlassenden Verordnung wahrscheinlich gänzlich aufgehoben werden.

3) Dagegen abstrahire ich aus den von Ihnen angeführten Gründen von der Ausdehnung der Vorschrift des Art. 70. auf die Zuchtpolizei-gerichtlichen Urtheile, es wird aber dagegen verordnet, daß, wenn in einer zuchtpolizeilichen Sache appellirt wird, der Appellations-Kammer das zuchtpolizeiliche Urtel im Original und nicht in der Expedition vorgelegt werde, desglei-

chen bei den nach preußischer Form instruirten Sachen, und sind die Ober-Procuratoren anzuweisen, der Gerichtsschreiberei kein Gebühren passiren zu lassen, wenn sie die Abschriften statt der Urschriften beigelegt.

4) So viel dem Justiz-Ministerium bekannt ist, hat Ihr Amts-Vorgänger auch nur die mündliche Bekanntmachung der Verweisungs-Ordonnanz den Ober-Procuratoren zur Pflicht gemacht, und erledigt diese Verfügung einen offenbaren Mangel im Gesetz. Eine abschrifliche Mittheilung der Ordonnanz ist jedoch nicht nöthig. Es wird Ihnen vielmehr überlassen, das in Coblenz übliche Verfahren, wonach der Diensthabende Gerichtsvollzieher den Verwiesenen die Ordonnanz vorlieset, und daß dieses geschehen darunter vermerkt zu generalisiren, oder nach Ihrem Vorschlage gedruckte Notificatorien einzuführen, wodurch jedoch die Schreiberei des Parkets wieder vermehrt wird.

Berlin, den 22. Februar 1833. Der Justiz-Minister
An v. Kamptz.
den königlichen General-Procurator
Herrn Ruppenthal zu Cöln.

1088.

Beweiskraft der Angaben der interimistisch angestellten Forstschutz-Beamten. (§. 19. des Gesetzes vom 7. Juni 1821).

Der königlichen General-Procuratur wird hierdurch bekannt gemacht, das nach Seiner Königlichen Majestät Allerhöchsten Entscheidung königliche Forstschutz-Beamte auf Lebenszeit angestellt sein müssen, wenn ihren Angaben die im §. 19. des Gesetzes vom 7. Juni 1821 gedachte Beweiskraft beigelegt werden soll, daß aber auch interimistisch angestellte Forstschutz-Beamte, die einen Anspruch auf lebenslängliche Anstellung haben und nach der Vorschrift im §. 20. des Gesetzes vereidet worden, hinsichtlich jener Beweiskraft für lebenslänglich Angestellte zu achten sind.

Damit sich diejenigen interimistisch angestellten königlichen Forstschutz-Beamten, welchen die oben bezeichneten Eigenschaften beiwohnen, darüber vor Gericht sogleich auszuweisen im Stande sind, wird einem jeden von ihnen von der vorgesetzten Provinzial-Regierung ein Attest des Inhalts ertheilt werden:

daß der darin benannte Beamte gehörig verpflichtet sei, einen Anspruch auf lebenslängliche Anstellung habe, und auf der, bestimmt anzugebenden Stelle interimistisch angestellt sei.

Hiernach hat sich also die königliche General-Procuratur nicht nur selbst zu achten, sondern dazu auch die unter ihrer Aufsicht stehenden Justiz-Behörden, bei Mittheilung dieser Verfügung, durch die Provinzial-Amts-Blätter anzuweisen.

Berlin, den 25. Februar 1833.

Der Finanz-Minister Maassen. Der Justiz-Minister v. Kamptz.

An
die königliche General-Procuratur
zu Cöln.

1089.

Bestimmung wegen der Hülfsschreiber auf den Parketten der Ober-Procuratoren.

Auf Ew. Hochwohlgeboren unterm 6. Januar c. erstatteten General-Bericht, und auf Ihre Anzeige wegen des Mangels an Hülfsarbeitern auf den Parketten der Ober-Procuratoren, habe ich folgendes beschlossen:

1) Die Uebungszeit derjenigen Individuen, welche sich dem Gerichtsschreiber-Amt widmen und zum Gerichtsschreiber-Examen zugelassen werden wollen, wird, wie solches bei den Candidaten des Gerichtsvollzieher-Amts bereits vorgeschrieben worden, auf zwei Jahre festgesetzt. Diese Verfügung soll jedoch keine rückwirkende Kraft auf diejenigen haben, welche die Prüfung bereits glücklich bestanden. Sie rechtfertigt sich schon hinlänglich durch den Umstand, daß diejenigen, welche das Gerichtsschreiber-Examen bestehen, dadurch auch die Qualification zum Gerichtsvollzieher-Amte erlangen, sie daher auf keine kürzere Uebungszeit als die Candidaten zum Gerichtsvollzieher-Amte angewiesen werden können.
2) Während dieser zweijährigen Stage müssen sie ein Jahr lang ausschließlich auf dem Parket des Ober-Procurators fleißig gearbeitet haben und darüber ein Attest beibringen.
3) Diejenigen Individuen, welche sich dem Gerichtsvollzieher-Amte widmen, und die Prüfung noch nicht bestanden haben, sollen ferner nicht die Wahl haben, die ganze zweijährige Stage bei einem Gerichtsvoll-

zieher zu machen, oder die Hälfte der Zeit bei einem Landgerichte zu arbeiten, sondern wenn sie zur Prüfung zugelassen werden wollen, durch ein Attest nachweisen, daß sie ein Jahr lang fleißig auf dem Parket eines Ober-Procurators gearbeitet haben.

4) Obige Bestimmungen gelten für alle Candidaten, welche ihre Stage sei es vor dem Rescript vom 26. Juni v. J. oder als wegen geleisteter Militairdienste privilegirte bereits angetreten haben und noch antreten werden.

5) Diejenigen Candidaten, welche vor mehreren Jahren ihre Prüfungen bestanden und als die ältesten auf den Listen den nächsten Anspruch auf Anstellung haben, sollen der Reihe nach aufgefordert werden, wenigstens 3 Monat auf dem Parket eines Ober-Procurators zu arbeiten, damit sie Gelegenheit haben, sich wieder mit den Geschäften vertraut zu machen und die Ober-Procuratoren überzeugen können, daß sie in den seit ihrer Prüfung verflossenen Jahren das früher Erlernte nicht vergessen haben. Es ist denselben dabei zu eröffnen, daß diejenigen, welche sich dieser Aufforderung fügen, vorzugsweise angestellt werden sollen, insofern sie sich tüchtig erweisen, und die Ober-Procuratoren werden diejenigen unter ihnen, welche keine Mittel haben, gerne aus ihrem Kanzleifond, so weit dieser reicht, unterstützen.

Diejenigen examinirten Candidaten, welche nach ihrer Prüfung auf dem Parket, in der Kanzlei eines Land- oder Handelsgerichts oder als Hülfsgerichtsschreiber bei einem Friedens-Gericht fortwährend gearbeitet haben und dadurch in der Uebung geblieben, sind jedoch von obiger Verfügung ausgenommen.

6) Wenn nach obigen Bestimmungen bei einem Landgerichte gleichzeitig mehrere, bei dem andern wenige oder keine Hülfsarbeiter sind, so werden Ew. Hochwohlgeboren autorisirt, diejenigen, welche nicht an einem bestimmten Orte durch ihre Familien- und Vermögensumstände gebunden sind, an ein anderes Landgericht zu verweisen, und wird diese Autorisation auch auf diejenigen ausgedehnt, welche künftig ihre Uebungszeit antreten werden.

7) Sollte dieser Bestimmungen ungeachtet auf dem Parket eines Ober-Procurators ein gänzlicher Mangel an Hülfsschreibern eintreten, so werden Ew. Hochwohlgeboren ermächtigt, demselben ausnahmsweise zu er-

lauben, unter denen Individuen, welche sich zu Gerichtsschreibern oder Gerichtsvollziehern qualificiren wollen, dasjenige, welches sich durch eine gute Handschrift, Kenntniß der deutschen Sprache, einige Schulbildung und moralische Führung am meisten empfiehlt, zur Stage zuzulassen.

Ich hoffe, daß diese Maaßregeln hinreichen werden, der Verlegenheit der Ober-Procuratoren abzuhelfen, bis es mir künftig möglich wird, den Mangel, den ich anerkennen muß, durch Anweisung neuer Fonds zu beseitigen.

Berlin, den 1. März 1833. Der Justiz-Minister
v. Kamptz.

An
den königlichen General-Procurator,
Geheimen Ober-Justizrath Herrn
Ruppenthal zu Cöln.

1090.

Einstellung der alljährlichen Eidesleistung der Advocaten.

Aus den von Ew. Hochwohlgeboren, dem Herrn General-Procurator, in dem Jahresberichte vom 6. Januar c. vorgetragenen Gründen hebe ich die reglementarischen Vorschriften der Art. 101. des Decrets vom 30. März 1808, Art. 34. des Decrets vom 6. Juli 1810 und den Art. 8. des Gesetzes vom 20. April 1810 hiermit auf. Die Stellung und das Verhalten der rheinischen Advocaten begründet zu ihrer Rechtlichkeit und Treue das Vertrauen, daß es der jährlichen Erneuerung ihres Amtseides nicht erst bedarf, um der Regierung und ihren Partheien die Gewähr für ihre treue Pflichterfüllung zu leisten. Es soll daher diese jährliche Eideserneuerung künftig wegfallen und genügen, daß bei Wiedereröffnung der Sitzungen nach den Ferien der erste Präsident den versammelten Mitgliedern des Appellations-Gerichtshofes und der Advocatur diese Wiedereröffnung und was sonst etwa vom allgemeinen Interesse sein möchte, bekannt macht und die Advocaten mit wenigen Worten an die Wichtigkeit und Pflichten ihres Amts erinnert. Der General-Procurator aber wird jedes Jahr, sobald er die Berichte der Ober-Procuratoren über die Justiz-Verwaltung sämmtlich erhalten und mit den Materialien versehen worden, in einer zu diesem Zweck durch den ersten Präsidenten anzuberaumenden General-Versammlung dem Appellationsgerichtshofe die Resultate der Justizverwaltung im verflossenen Justizjahr, die erfolgten Personalveränderungen, etwaige Justiz-Mängel und deren Abstellung ꝛc. vortragen.

Ew. Hochwohlgeboren werden beauftragt, dies dem gedachten Gerichtshofe bekannt zu machen und sich danach zu achten. Berlin, den 1. März 1833.

An
den königlichen ersten Präsidenten am rheinischen Appellations-Gerichtshofe Herrn Schwarz und den königlichen General-Procurator, Herrn Geheimen Ober-Justizrath Ruppenthal zu Cöln.

Der Justiz-Minister
v. Kamptz.

1091.

Niedersetzung einer Prüfungs-Commission für das dritte Examen in Cöln.

Es wird zur Beförderung der Referendariatsprüfungen und zur näheren Feststellung des Verfahrens bei denselben beitragen und angemessen sein, zu diesen Prüfungen für jedes Justizjahr eine besondere Prüfungs-Commission niederzusetzen, welche alle während dieses Zeitraums vorkommenden dritte Prüfungen abzuhalten hat. Diese Commission besteht wie bisher aus zwei Appellationsgerichtsräthen und einem Mitgliede des öffentlichen Ministeriums; soviel die Appellationsräthe betrifft, so wird es damit im Fall der Verhinderung des einen oder des andern die Prüfungen nicht abgehalten werden, rathsam sein, alljährlich vier Räthe zu Mitgliedern der Prüfungscommission zu ernennen, aus welchen Sie, Herr Präsident, für jede Prüfung die zwei Examinatoren bestellen werden. Für das gegenwärtige Justizjahr werden die Appellationsgerichtsräthe N. N., der General-Advocat N. oder bei dessen Verhinderung einer aus den Beamten des öffentlichen Ministerii am Appellationshofe von Ihnen, Herr General-Procurator, zu bestellenden Substituten zu Mitgliedern dieser Prüfungs-Commission ernannt und haben Sie daher hiernach das Weitere zu veranlassen und gegen Ablauf des Justizjahres Behufs der anderweitigen Ernennung nähere Vorschläge zu machen.

Berlin, den 1. März 1833.

An
den königlichen ersten Präsidenten des rheinischen Appellations-Gerichtshofes Herrn Schwarz und den königlichen General-Procurator Herrn Ruppenthal zu Cöln.

Der Justiz-Minister
v. Kamptz.

1092.

Modification der Verfügung vom 5. April 1824 wegen Besetzung der Secretarien- und Actuarienstellen bei den Justizämtern mit Referendarien und Auscultatoren.

Mit den in dem Berichte des Präsidenten vom 12. v. Mts. enthaltenen Gründen einverstanden wird die Verfügung vom 5. April 1824 in der Art hiermit modificirt, daß die Stellen der Secretarien oder Actuarien bei den Justizämtern mit Referendarien und Auscultatoren zu besetzen sind, insofern sie sich darum bewerben und daß nur bei Ermangelung solcher Bewerber die Gerichtsschreiber-Candidaten dazu ernannt werden sollen. Ein rc. hat hiernach den zu Asbach im Kreise Neuwied wohnenden Schreiber N. auf sein Gesuch vom 9. Januar d. J. abschlägig zu bescheiden.

Berlin, den 11. März 1833. Der Justiz-Minister
An v. Kamptz.
den königlichen Justiz-Senat zu Coblenz.

1093.

Verfahren wider Winkelconsulenten.

Da die Klagen über den Unfug der Winkelconsulenten fortdauern, so habe ich diesen Gegenstand auf Ew. Hochwohlgeboren Bericht vom 26. v. Mts. noch einmal in Berathung genommen. Als Resultat derselben hat sich allerdings ergeben, daß es der Revision der Gesetze vorzubehalten, diejenigen Maaßregeln anzuwenden, welche am geeignetesten sind, jenen Unfug zu verhindern, und daß daher von einem umfassenden Gesetz gegen dieselben mindestens für jetzt zu abstrahiren sei. Es kann aber deshalb jener Unfug von der fortgesetzten Aufmerksamkeit der Behörden nicht ausscheiden, sondern liegt vielmehr letztern die Pflicht ob, demselben so viel irgend möglich zu steuern. Die Friedensrichter sind daher verpflichtet, die Winkelconsulenten möglichst zu entfernen, oder wenigstens in strenger Ordnung zu erhalten, so wie den Ober-Procuratoren obliegt, die Friedensrichter hierin zu beobachten und an die bestehenden Instructionen zu erinnern. Die Ober-Procuratoren sollen in ihren Jahresberichten diejenigen Friedensrichter namentlich anzeigen, welche durch ein verständiges Benehmen jeden Unfug der Winkelconsulenten verhindern, so wie diejenigen, welche durch ein sorgloses oder schlaffes Benehmen jenen Unfug gestatten.

Wenn auch der Art. 9. der Proceßordnung den Partheien erlaubt, sich vor dem Friedensgericht vertreten zu lassen, so versteht es sich doch von selbst, daß diese Vertretung auf eine Art geschehen muß, welche den Anstand und die Würde des Gerichts und die demselben schuldige Achtung nicht verletzt. Diese wird aber verletzt, wenn die Parthei einen Vertreter schickt, der wegen Verbrechen oder Vergehen verurtheilt, oder wohl gar interdicirt ist, oder durch ein ausschweifendes Leben oder andere Handlungen sich um die Achtung seiner Mitbürger gebracht hat, und von dem es bekannt ist, daß er aus gewinnsüchtigen und andern tadelnswürdigen Absichten Partheien vor Gericht vertritt, und diese Vertretung zu ähnlichen Zwecken übernimmt und sich in dieselbe hineindrängt. Solche Subjecte sollen daher als Bevollmächtigte gar nicht zugelassen, sondern, wenn sie erscheinen, zurückgewiesen werden, und hat wenn solche Individuen dennoch fortfahren sollten, ihr Geschäft im Geheimen zu betreiben, der Ober-Procurator durch das Regierungs- oder Kreisblatt öffentlich bekannt zu machen, daß denselben die Vertretung der Partheien vor Gericht untersagt worden und sie nicht angenommen werden würden, und das Publikum mithin vor ihnen gewarnt werde.

Ew. Hochwohlgeboren haben dies den Friedensrichtern durch die Oberprocuratoren bekannt machen zu lassen, letztere anzuweisen, die Friedensrichter darin streng zu controlliren, und die Anträge wegen Erlassung eines besonderen Gesetzes gegen die Winkelconsulenten auf sich beruhen zu lassen.

Die Acten des Oberprocurators zu Trier erfolgen hierbei zurück.

Berlin, den 15. März 1833. Der Justiz-Minister
v. Kamptz.

An
den königlichen General-Procurator
Herrn Ruppenthal
zu Cöln.

1094.

Ueber die Lethalität der Wunden.

Die in dem abschriftlich beiliegenden Berichte des Geheimen Justizraths Schmitz vom 13. Januar d. J. enthaltenen Bemerkungen über den nachtheiligen Einfluß der in Folge der Instruction der königlichen Immediat-Justiz-Commission vom 4. Februar 1818 von den Sachverständigen abgegebenen Gutachten über die Lethalität der Wunden auf den Ausspruch der Geschwornen, welche schon öfter zur Sprache gekommen, geben mir Veranlassung, mich über diesen Gegenstand gegen Ew. Hochwohlgeboren auszusprechen.

Zuvörderst scheint bei Anwendung jener Gutachten auf die Feststellung des Thatbestandes der Tödtung sowohl, als der Schuld des Angeklagten ganz übersehen worden zu sein, daß die Immediat-Justiz-Commission, weit entfernt, durch die getroffene Anordnung etwas in den Vorschriften der rheinischen Criminalgesetze abändern zu wollen, sich über die entgegengesetzte Absicht im §. 19. a. a. O. ausdrücklich ausgesprochen hat. Wenn daher gleichwohl im §. 14. ebendaselbst vorgeschrieben ist, daß bei Tödtungen das Gutachten sich näher darüber äußern soll, ob die Verletzung absolut, und zwar

1) allgemein, oder
2) individuell tödtlich gewesen, ob sie dieses
3) aus Mangel eines zur Heilung erforderlichen Umstandes oder
4) durch den Zutritt einer äußerlichen Schädlichkeit geworden sei.

Es ist hierdurch der Frage:

in welchen von diesen Fällen der Thatbestand der Tödtung als feststehend anzunehmen?

eben so wenig präjudicirt, als daraus die Folgerung abzuleiten ist, daß dazu die absolute Lethalität der Verletzung gehöre, die Lethalität wegen Mangel eines zur Heilung erforderlichen Umstandes aber nicht hinreiche.

Es wird daher zunächst darauf ankommen, daß die Geschwornen hierauf aufmerksam gemacht werden, um sie vor irrthümlichen Ansichten und Aussprüchen zu bewahren, wie ein solcher erst vor kurzem in der Untersuchung wider den N. von N. Veranlassung zu einer Cassation der Procedur im Interesse des Gesetzes durch Urtel des Revisions- und Cassationshofes vom 28. April 1832 gegeben hat. In diesem Falle hatten die Geschwornen, statt die Frage zu beantworten: ob die Verletzte an den Folgen der Verletzung gestorben sei, sich begnügt zu erklären, daß die Verletzung nicht absolut lethal gewesen sei.

Besondere Rücksicht verdienen hierbei die Fälle, in welchen die Sachverständigen die Verletzung für zufällig oder per accidens tödtlich erklären. Denn, obwohl jener Kunstausdruck, welchen der §. 169. No. 3. der preußischen Criminal-Ordnung (der Quelle der Verordnung der Immediat-Justiz-Commission) dem oben ad 3) erwähnten Falle der Tödtlichkeit durch Mangel eines zur Heilung erforderlichen Umstandes beigefügt hat, in die Verordnung vom 4. Februar 1818 mit Recht nicht aufgenommen worden ist, so pflegt er doch von den Sachverständigen zur Bezeichnung dieses Falles gebraucht zu werden, und führt dann nothwendig, wenn nicht eine Verständigung über ihn erfolgt, zu Mißverständnissen, da er im gemeinen Sprachgebrauche eine durchaus verschiedene, ja oft entgegengesetzte Bedeutung hat.

Wenn die Geschwornen den Causal-Zusammenhang einer Handlung mit einer Wirkung feststellen sollen, so muß es ihnen widerstreben, diesen anzunehmen, wenn ihnen gesagt zu werden scheint, daß ein Zufall, ein von dem Willen des Handelnden unabhängiges, oder von dem gewöhnlichen Laufe der Dinge abweichendes Ereigniß die Wirkung herbeigeführt hat.

Wird ihnen aber, wenn die Sachverständigen anwesend sind, durch die von diesen selbst abzugebenden Erläuterungen deutlich gemacht, daß jener Kunstausdruck oft etwas ganz anderes bedeute; daß letztere z. B. die Tödtung durch Einschlagen des Schädels in der Kunstsprache ebenfalls unter diese Rubrik bringen würden, weil die Trepanation gar nicht, oder wie sich bei der Section ergiebt, an der unrechten Stelle angewendet worden, so werden die Geschwornen durch jenen in solchen Fällen gebrauchten Ausdruck nicht irre geführt werden. Sie werden, wenn sonst der Causalzusammenhang zwischen der That und dem Erfolge feststeht, den Thatbestand richtig würdigen, und eben so gut als festgestellt annehmen, als z. B. den des Verbrechens der Brandstiftung, wenn der Angeklagte das Feuer angelegt, und letzteres die dazu bestimmten Gegenstände verzehrt hat, obwohl letzteres der Fall nicht gewesen sein würde, wenn die Feuerlöschungs-Anstalten zur Stelle gewesen wären.

Aehnliche Mißverständnisse von Kunstausdrücken der Sachverständigen werden auch dann veranlaßt, wenn dieselben, wie es oft geschieht, nur die unmittelbare innere Ursache des Todes und die Form, unter welcher er eintritt, ins Auge fassen und angeben, z. B. bei einem Erhängten, Erstickten, Ertränkten dieselbe als Apoplexie bezeichnen, welches, da dieses Wort im gewöhnlichen Sprachgebrauche eine natürliche Todesursache andeutet, ohne die nöthigen Erläuterungen ebenfalls zu falschen Urtheilen der Geschwornen führen kann.

Wenn die Assisenpräsidenten sich Mühe geben, die Kunstausdrücke der Sachverständigen in ihrer wahren Bedeutung den auch nicht wissenschaftlich gebildeten Geschwornen klar zu machen und sie dadurch in den Stand zu setzen, mit voller Sachkenntniß das Gutachten der ersteren sowohl in Beziehung auf den Thatbestand, als auf die Verschuldung des Angeklagten anzuwenden, so zweifle ich nicht, daß die behaupteten Nachtheile jener Verordnung der Immediat-Justiz-Commission verschwinden werden, wogegen unter eben dieser Voraussetzung der Nutzen der nach diesen Vorschriften eingerichteten Gutachten, selbst in Bezug auf die Feststellung der Schuld des Angeklagten, unverkennbar ist, indem die Absicht desselben bei der Handlung häufig nur aus der Wirkung der letzteren erkannt werden kann, und bei einer Nothwendigkeit der letzteren nach allgemeiner Erfahrung sich bündigere Schlüsse darauf, daß der Thäter diese Wirkung vorhergesehen und gewollt habe, ziehen lassen, als wenn der eingetretene Erfolg für einen ungewöhnlichen oder minder nothwendigen zu achten ist.

Um jedoch auch eine zweckmäßigere Fassung der Gutachten selbst möglichst herbeizuführen, müssen die vier in dem oben erwähnten §. 14. der Instruction in zwei Fragen zusammengedrängten Fälle in die vier besonderen Fragen aufgelöset werden, nämlich:

1) Mußte die Verletzung im Alter des Verletzten unbedingt und unter allen Umständen den Tod zur Folge haben?
2) Mußte sie dies nach dessen individueller Beschaffenheit für sich allein?
3) Hatte sie im Alter des Verletzten den Tod aus Mangel eines zur Heilung erforderlichen Gegenstandes zur Folge?
4) Entstand diese Folge nur durch den Zutritt einer äußeren Schädlichkeit?

und es muß darauf gehalten werden, daß sich die Sachverständigen in dem dritten Falle des weder durch den Sprachgebrauch noch durch das Gesetz gerechtfertigten Ausdrucks: „zufällig“ nicht ferner bedienen. Ueberhaupt müssen dieselben bei der Redaction des Gutachtens nicht vergessen, daß es zunächst für Laien bestimmt ist, und daher mit möglichster Vermeidung dieser den letzteren unverständlichen Kunstausdrücke in einer allgemein faßlichen Sprache abgefaßt sein muß; ferner, daß es für den Zweck des Strafverfahrens bei Tödtungen hauptsächlich darauf ankommt:

ob der Tod als die Folge der dem Beschuldigten zur Last gelegten Handlung anzusehen sei oder nicht?

In dem vierten Falle wird diese Frage immer zu verneinen, in dem ersten immer, aber auch in dem zweiten und dritten Falle in der Regel zu bejahen sein. Nachdem also im Context des Gutachtens nicht allein jene vier Fragen, sondern auch noch die übrigen, deren die §§. 7 und 8. der mehr gedachten Instruction erwähnen, oder wozu die Eigenthümlichkeit des Falles Veranlassung giebt, erörtert worden sind, muß am Schlusse eine bestimmte Antwort auf die obige Hauptfrage als das Hauptresultat des Gutachtens abgegeben, oder (besonders im zweiten und dritten Falle) die Gründe angegeben werden, warum dieses ausnahmsweise nicht geschehen könne, damit die Geschwornen, welche sich mehr an das Resultat, als an dessen Motive halten, eine sichere Basis für ihr Urtheil gewinnen.

Auch kann man die Frage, ob das königliche Medicinal-Collegium um ein ferneres Gutachten zu ersuchen, nicht wie im §. 18. der vorallegirten Instruction geschehen ist, dem Ermessen des Instructions-Richters allein anheimstellen, sondern die Raths-Kammer muß solche auf den Antrag des öffentlichen Ministeriums und auf den Vortrag des Instructions-Richters entscheiden, und die Entscheidung motiviren, damit das Medicinal-Collegium ersehe, worüber das Gericht zweifle.

Hiernach werden die gedachten Paragraphen der Instruction vom 4. Februar 1818 modificirt. Ew. Hochwohlgeboren fordere ich daher auf, diese Verfügung dem Appellations-Gerichtshofe, den Assisen-Präsidenten, den Landgerichten und Ober-Procuratoren zur Nachachtung mitzutheilen, und durch letztere auch den Friedensgerichten und Kreis-Aerzten mittheilen zu lassen, auch die Beamten der gerichtlichen Polizei anzuweisen, den Medicinal-Beamten bei Aufnahme der Obductions-Protocolle stets dieselbe in Erinnerung zu bringen, und darauf zu halten daß sie beobachtet werde.

Berlin, den 15. März 1833.

Der Justiz-Minister
v. Kamptz.

An
den ersten Präsidenten am königlichen rheinischen Appellations-Gerichtshofe Herrn Schwarz und den königlichen General-Procurator Herrn Ruppenthal Hochwohlgeboren zu Cöln.

1095.

Die in Gemäßheit der Allerhöchsten Kabinets-Ordre vom 6. März 1821 zu verfolgenden Verbrechen und Vergehen gegen den Staat.

Aus Ew. Hochwohlgeboren und andern Berichten habe ich ersehen, daß den Allerhöchsten Kabinets-Ordres vom 6. März 1821 und vom 3. v. Mts. dadurch, daß sie auf alle Injurien gegen Staatsbeamte, ohne Unterschied, ob diese Beleidigungen zugleich auf eine Verletzung der dem Staate und der Regierung schuldigen Ehrfurcht oder sonst wider den Staat gerichtet werden oder nicht, für anwendbar gehalten werden, eine Ausdehnung gegeben wird, die überall nicht in der Allerhöchsten Absicht Sr. Majestät des Königs und in dem Sinn und Zweck jener Königlichen Bestimmungen liegt.

Schon die Veranlassung der Kabinets-Ordre vom 6. März 1821 beweiset dieses, indem die damaligen demagogischen Umtriebe die zur Leitung der Untersuchung derselben niedergesetzte Ministerial-Commission bewogen, bei des Königs Majestät auf jene Bestimmung anzutragen, diese Commission aber theils nur für die in die Kathegorie solcher Umtriebe gehörigen Verunglimpfungen öffentlicher Beamten competent war: theils aber auch nur in solchen Verunglimpfungen ein Motiv zu jenem Antrage fand und daher nach Ausweisung der Acten auch nur in deren Beziehung diesen Antrag gemacht hat. Die Fassung der darauf ergangenen Allerhöchsten Kabinets-Ordre bestätigt diese Absicht sehr bestimmt, indem sie nur Verbrechen und Vergehen gegen den Staat zum Gegenstande hat, zu denselben aber nicht jede Injurie gegen jeden Staatsbeamten, sondern nur diejenigen gerechnet werden können, welche, indem sie Staatsbeamten in und bei Ausübung ihres Amts zugefügt werden, die Ehrfurcht gegen den Staat verletzen und andre demselben schädliche Tendenzen haben, Verläumdungen und Verunglimpfungen, die nicht sowohl gegen die Beamten selbst gerichtet, als vielmehr Mittel sind, den Staat und die Verwaltung zu verläumden, Unzufriedenheit und Mißtrauen im Volke zu erregen, die Behörden und Beamten in der öffentlichen Meinung herabzusetzen oder andre gleichartige strafbare Zwecke zu verfolgen.

Die öffentliche Verhandlung solcher Verläumdungen ist den Verläumdern gewöhnlich sehr erwünscht, indem dadurch nicht allein ihre Verunglimpfungen noch mehr, als durch ihre Libelle veröffentlicht, sondern sie auch in den Stand gesetzt werden, unter dem Vorwande ihrer Vertheidigung sie noch weiter auseinander zusetzen und in ihrem hämischen Sinne über die Staats-Verwaltung einseitige und entstellte Discussionen zu veranlassen und dadurch ihren verbrecherischen Zweck der Aufregung des Publicums zu befördern. Die Verhütung eines solchen gemeinschädlichen Verfahrens war actenmäßig ein Hauptgrund, welcher die Ministerial-Commission zu dem obgedachten Antrage bei des Königs Majestät bestimmte und die Allerhöchste Kabinets-Ordre bewirkte, verbunden mit der Absicht, zugleich zu verhüten, daß das ganze, oft unschuldige Personen compromittirende, oft Mitgenossen zu früh entlarvende Gewebe solcher politischer Vergehen öffentlich entwickelt und zur allgemeinen Kenntniß gebracht werde. Je mehr rechtliche Staatsbeamte über solche Verunglimpfungen erhaben sind und sie daher unbeachtet lassen, desto mehr hat die Regierung Beruf, zu verhüten, daß dem Verläumder Gelegenheit dargeboten werde, seine Verunglimpfungen vor einem, für Staatsbeamten allerdings sehr beachtungswürdigen Publicum zu erneuern und zu steigern.

Daß dies und keine andere die Absicht Sr. Majestät des Königs gewesen und daher auch die frühern Rescripte des Justiz-Ministeriums nur solchergestalt verstanden werden, ergiebt sich auch daraus und wird dadurch bestätigt, daß seit der Publication der Königlichen Kabinets-Ordre vom 6. März 1821 eine sehr bedeutende Anzahl von Beleidigungen öffentlicher Beamte, welche in jene Cathegorie nicht gehören, zur Kenntniß des Ministeriums und selbst Sr. Majestät des Königs gekommen sind, ohne daß bei einer einzigen es gerügt oder nur aufgestellt wäre, daß sie nicht in Gemäßheit der mehrmals gedachten Kabinets-Ordre, sondern nach dortigen Gesetzen untersucht worden. Der N.'sche Fall war seit Publication der Königlichen Kabinets-Ordre vom 6. März 1821 der erste Fall in den Rheinprovinzen, in welchem die Beleidigung öffentlicher Beamten, obwohl sie offensichtlich ein politisches Vergehen war, nach französischen Gesetzen erörtert und bestraft ward und hat daher auch dieser Fall, damit die Allerhöchste Absicht aufrecht erhalten werde, die Allerhöchste Kabinets-Ordre vom 3. v. Mts. sofort zur Folge gehabt.

Es ergiebt sich hieraus aber auch von selbst, daß es mit diesen Königlichen Anordnungen in dem gradesten Widerspruche stehen würde, Vergehen, die ganz unmittelbar gegen den Staat gerichtet sind, in Ansehung sowohl der Untersuchung, als der Entscheidungs-Norm von den in jene Kathegorien gehörigen Vergehen gegen Staatsbeamte zu trennen. Beide hangen auf das genaueste zusammen, beide gehen aus dem nämlichen Motiv hervor, beide sind nur verschiedene Wege der Ausführung desselben Vergehens und können daher, wie dies auch schon früher bemerkt ist, ohne Verwirrung des Verfahrens nicht getrennt werden; eine solche Trennung würde überdem den oben angedeuteten Zweck der Verhütung der öffentlichen Verhandlung über diese Gegenstände gänzlich verfehlen lassen und ist daher den Königlichen Bestimmungen durchaus entgegen und mithin ganz unstatthaft.

Hiernach ergeben die Absicht und die Gränzen der angeführten Allerhöchsten Bestimmungen sich von selbst dahin, daß in den, von diesen Motiven betroffenen Fällen nach der Königlichen Kabinets-Ordre vom 6. März 1821, in den außerhalb derselben liegenden Fällen aber nach der allgemeinen dortigen Gesetzgebung zu verfahren ist, da letztere nicht abgeändert worden. In die erstgedachte Cathegorie gehören alle Verunglimpfungen und Beleidigungen der Staatsbeamten, und alle beleidigende und gehässige Aeußerungen über ihre Amtsführung, Gesinnungen und Grundsätze, welche erregung von Unzufriedenheit im Volk, Herabsetzung der Behörden und einzelner Beamten, Verminderung des Vertrauens in ihre Amtsführung und ihre Amtsachtung bezwecken und überhaupt alle diejenigen Verunglimpfungen, welchen eine politische Absicht oder Richtung zum Grunde liegt, mögen diese Beleidigungen gegen einen Staatsbeamten allein oder zugleich gegen den Staat und die Regierung mitgerichtet sein. Der Character des Unterschiedes zwischen diesen politischen und andern, einem Beamten aus leidenschaftlicher Aufwallung, Selbsthülfe, persönlicher Feindschaft oder andern Bewegungsgründen im Amte zugefügten Beleidigungen, liegt hiernach von selbst so klar vor, daß er in jedem einzelnen Falle sich von selbst ergeben wird. Der Schuldner, der den Gerichtsvollzieher, derjenige, der den ihn zur Ruhe verweisenden Polizeibeamten, beleidigt, verletzt allerdings den, der Regierung schuldigen Gehorsam und den öffentlichen Beamten derselben, aber er hat dabei eben so wenig die Absicht, die Regierung zu verunglimpfen, Unzufriedenheit und Mißtrauen gegen dieselbe zu erregen und überhaupt eine politische Tendenz, als die öffentliche Verhandlung über seine strafbare Thathandlung mit irgend einer der oben erwähnten nachtheiligen Folgen verbunden sein kann.

Ew. Hochwohlgeboren beauftrage ich daher, zur Vorbeugung fernerer Mißverständnisse in der Anwendung der Eingangs gedachten Allerhöchsten Kabinets-Ordre und damit dieselbe der Absicht Sr. Majestät des Königs gemäß ausgeführt werde, das gegenwärtige Erläuterungs-Rescript den Gerichtshöfen und den Beamten des öffentlichen Ministeriums zur Nachachtung baldigst mitzutheilen und auf dessen Befolgung zu halten.

Berlin, den 18. März 1833. Der Justiz-Minister
v. Kamptz.

An
den königlichen General-Procurator, Geheimen Ober-Justiz-Rath Herrn Ruppenthal zu Cöln.

1096.

Verfahren bei der Legalisation von Urkunden.

Da in Betreff des Legalisations-Verfahrens bei solchen Urkunden,

welche, von öffentlichen Behörden des Auslandes aufgenommen, bei den diesseitigen Behörden producirt werden; oder welche von diesseitigen Behörden aufgenommen, zur Vorlegung bei den Behörden des Auslandes bestimmt sind,

nicht immer die in Anwendung zu bringenden Grundsätze beachtet werden, und mehrere, das Verhältniß zu einzelnen auswärtigen Staaten betreffende Bestimmungen theils ohne zureichenden Grund generalisirt, theils aber auch im Laufe der Zeit vereinfacht worden sind: so finden sich die unterzeichneten Ministerien veranlaßt, folgende Erläuterungen hierüber zur Kenntniß der Gerichte zu bringen.

Zuvörderst ist die Frage:

ob eine Urkunde in Beziehung auf ihren Inhalt und ihre Form, nach den Gesetzen des Orts, woselbst sie aufgenommen worden, rechtsgültig sei,

eine bloße Rechtsfrage, bei deren Beantwortung die Bestimmungen der auswärtigen Gesetzgebung, Falls solche der diesseitigen Behörde, auf deren Entscheidung es ankommt, nicht völlig unzweifelhaft bekannt sind, einen Gegenstand des von den Partheien beizubringenden Beweises bilden, und zwar eines Beweises, der wie bei jeder andern Behauptung in jure, nicht füglich durch ein diplomatisches Attest geführt werden kann.

Das Legalisations-Verfahren hat es dagegen nur

mit der Aechtheit einer Urkunde, oder mit dem Nachweis der Richtigkeit ihrer Signatur und Vollziehung

zu thun.

Dieser Beweis, wie der einer jeden andern Thatsache, kann eben deshalb zum Gegenstand des Attestes einer öffentlichen Behörde, welche zur Ausstellung solches Zeugnisses verfassungsmäßig berechtigt ist, gemacht werden.

Der Zweck des Legalisations-Verfahrens ist, gleich dem Zwecke eines jeden Urkundenbeweises, dem Richter, auf dessen Prüfung und Entscheidung es ankömmt, die Ueberzeugung von der Aechtheit der Urkunden zu verschaffen. Wo also in Folge der Vermuthung, welche im Allgemeinen für die Aechtheit jedes öffentlichen Siegels und jeder amtlichen Unterschrift streitet, jene Ueberzeugung von der Aechtheit einer Urkunde schon ohne ein besonderes Beglaubigungs-Verfahren, dem Richter auf Grund der obwaltenden Umstände beiwohnt, und keine besondere Veranlassung zu Verdacht in dieser Beziehung vorhanden ist, da erscheint auch ein jedes anderweitige Legalisations-Verfahren überflüssig, und als eine nutzlose Erschwerung des Verkehrs.

Es können daher allgemein durchgreifende Vorschriften über die Fälle, wo und wie ein Legalisations-Verfahren zu veranlassen, nicht füglich gegeben werden, und muß vielmehr die Individualität jedes speciellen Falles mit Rücksicht auf das Verhältniß der Behörde des auswärtigen Staates, von welcher die Ausfertigung der Urkunde ausgegangen ist, zu der diesseitigen, welche die Prüfung vorzunehmen hat, den Richter bei seiner Entscheidung darüber leiten, ob ein Legalisations-Verfahren zu veranlassen, und welches, ob ein mehr oder minder weitläuftiges. Der Richter hat hierbei nur die Ansicht festzuhalten, daß, während das Legalisations-Verfahren auf der einen Seite dazu dienen soll, Schutz zu gewähren gegen die Vertretung möglicher Versehen bei der Prüfung der Aechtheit einer Urkunde, dasselbe doch auf der andern Seite nicht die Richtung nehmen darf, den Verkehr der diesseitigen Unterthanen und Behörden mit dem Auslande ohne Noth zu hemmen und zu erschweren.

Sofern nun aber eine Gerichtsbehörde bei Prüfung der Aechtheit ihr vorgelegter Urkunden, gleichviel, bei welchem ausländischen Staate dieselben aufgenommen worden, nicht schon durch deren gewöhnliche Ausfertigung und Signatur ihre etwanigen Zweifel beseitigt, vielmehr aus besonderen Rücksichten dafür hält, eine nähere Beglaubigung verlangen zu müssen, hat dieselbe den Grundsatz festzuhalten,

> daß nach der Natur der Sache die Legalisation als solche eine diplomatische sein muß, jedes Verfahren hierbei auch überhaupt für beendigt zu erachten ist, sobald das mitunterzeichnete Ministerium der auswärtigen Angelegenheiten, als die letzte diplomatische Legalisations-Instanz die Frage über die Aechtheit einer ausländischen Urkunde durch sein diesfallsiges Attest entschieden hat.

Die Individualität des Falles entscheidet wieder darüber, theils, ob die ministerielle Schlußbeglaubigung noch erforderlich, theils, ob es zweckmäßiger und leichter ausführbar sei, entweder durch den, bei dem betreffenden Staate des Auslandes accreditirten preußischen Gesandten, oder aber durch den am preußischen Hofe accredirten Gesandten des betreffenden auswärtigen Staates die Richtigkeit der Signatur auf der fraglichen Urkunde beglaubigen zu lassen.

Wenn auch der, eine Rechtsfrage betreffende Beweis

über die Competenz des Ausstellers einer Urkunde zu deren Ausfertigung,

zum Gegenstand des diplomatischen Legalisations-Attestes, wie erwähnt, nicht gemacht werden kann, so wird doch mit Rücksicht darauf, daß öfters Behufs der endlichen diplomatischen Legalisation die Concurrenz beglaubigender Zwischenbehörden eintritt, solche Zwischenbehörde füglich ihr diesfallsiges Legalisationsattest zugleich auf jene Frage der Competenz des Ausstellers, gültig mit ausdehnen, sofern dieser Behörde die Entscheidung hierüber an sich amtlich zusteht. Hierdurch würde nicht nur ein doppelter Vortheil durch Ein Verfahren erreicht, indem anderweitigen Rückfragen wegen der Rechtsgültigkeit der Urkunde in gedachter Beziehung vorgebeugt wird, sondern es kann auch nach Umständen die eigentliche diplomatische Legalisation selbst eben dadurch entbehrlich werden, daß sich das Attest einer Oberbehörde, Behufs der zu bescheinigenden Competenz auf derselben befindet, indem diejenige Vermuthung, welche im Zweifel für die Aechtheit einer mit öffentlichem Siegel und amtlicher Unterschrift versehenen Urkunde streitet, durch die Anzahl der solchergestalt beglaubigenden öffentlichen Behörden verstärkt wird.

Insonderheit scheint es daher angemessen, wenn die obere provinzielle Gerichtsbehörde jede von einer Unterbehörde ausgestellte Urkunde zuvörderst mit ihrer Unterschrift und ihrem Siegel beglaubigt, und, Falls es sich von einer Notariats-Urkunde handelt, annoch das Attest hinzufügt:

„daß der Aussteller als öffentlicher Notar zur Ausstel-
„lung der von ihm ausgefertigten Urkunde berechtigt
„sei."

Die diesseitigen Gerichtsbehörden werden sich mit Recht oft bei solchem Verfahren um so mehr begnügen können, als die Bescheinigung der Competenz des Ausstellers einer ausländischen Urkunde nur verlangt werden kann, wenn die Gesetze selbst eine solche Bescheinigung, wie dies bei den Kirchen-Attesten geschehen, verlangen.

Da, wo anderweitige Legalisationsformen durch specielle

Verordnungen festgesetzt worden sind, wie dies in Betreff der in Frankreich aufgenommenen Urkunden der Fall ist — welche aber nicht ausdehnend zur Anwendung kommen dürfen — bleibt es zwar bis zur Aufhebung der bestehenden Bestimmungen bei dem vorgeschriebenen Verfahren; doch gilt auch für diese Fälle der allgemeine Grundsatz, daß eine diplomatisch beglaubigte Urkunde für gehörig legalisirt zu erachten ist.

Was endlich die inländischen zur Production bei ausländischen Behörden bestimmten Urkunden betrifft, so wird auch für diese, sofern eine Beglaubigung derselben überhaupt verlangt werden sollte, die Beglaubigung Seitens der Landes-Justiz-Collegien in der oben angegebenen Art in der Regel genügen; wenn aber annoch eine fernere Beglaubigung der Urkunden der Unterbehörden oder der von Provinzial-Behörden selbst aufgenommenen Urkunden verlangt würde, so ist dieselbe, wie erwähnt, auf diplomatischem Wege zu bewirken. Berlin, den 22. März 1833.

Die Ministerien der Justiz und der auswärtigen Angelegenheiten.

v. Kamptz. Mühler. Ancillon.

Instruction
für sämmtliche Gerichte.

1097.

Einziehung und Verrechnung der Geldstrafen in den standesherrlichen Gebieten.

Dem königlichen Justiz-Senat wird anbei eine Abschrift der von dem Finanz-Minister, Minister des Innern und der Polizei und vom Justiz-Minister unterm 23. d. Mts. erlassenen Verfügung,

betreffend die Einziehung und Verrechnung der Geldstrafen in den standesherrlichen Gebieten rc.

mitgetheilt, um einen Auszug bei den königlichen Untergerichten circuliren, und sowohl der fürstlichen Regierung zu Neuwied als der zu Braunsfels von dem Resultate jenes Beschlusses Nachricht zu geben, und denselben zu überlassen, den standesherrlichen Untergerichten davon Kenntniß zu geben. Ebenso sind die Aemter zu Hohensolms und Schönstein von dem Resultate der Verfügung zu benachrichtigen.

Berlin, den 29. März 1833. Der Justiz-Minister
v. Kamptz.

An
den königlichen Justiz-Senat zu Coblenz.

a.

Die in dem Berichte vom 23. September 1829, betreffend die Einziehung und Verrechnung der Geldstrafen in den standesherrlichen Gebieten, vorgetragene Ansicht, daß außer den in den Gesetzen ausdrücklich als fiscalisch bezeichneten, oder dem Staate vorbehaltenen Geldstrafen, auch alle von den standesherrlichen Behörden erkannten Geldbußen, welche wegen Vergehungen gegen die Landes-Polizei-Gesetze und wegen Beeinträchtigung fiscalischer Gerechtsame statt finden, so wie überhaupt diejenigen, welche mehr als 5 Thlr. betragen, als fiscalisch, der Staatscasse gebühren sollen, kann nicht gebilligt werden.

Wir stimmen zwar der königlichen Regierung darin bei, daß, in Ermangelung besonderer Festsetzungen der mit den einzelnen standesherrlichen Häusern abgeschlossenen Recesse, bei Beurtheilung der Frage:

in wiefern den Standesherren die von ihren Behörden erkannten Geldbußen zufallen?

zufolge des §. 29. der Instruction vom 30. Mai 1820 die Vorschriften des Allgemeinen Landrechts Thl. II. Tit. 17. §§. 113 bis 126, obwohl dieses Gesetzbuch in den ostrheinischen Theil des dortigen Departements noch nicht eingeführt ist, zu Grunde zu legen sind. Aus diesem Principe lassen sich aber die Folgerungen, welche die königliche Regierung aus demselben ableitet, nicht rechtfertigen. Außer bei Steuer-Contraventionen ist der Begriff von fiscalischen Strafen nicht allgemein an gewisse Gattungen von Vergehen gebunden, und ebensowenig hängt er von einem gewissen Betrage der Strafe ab, vielmehr beruht derselbe darauf, daß in dem Gesetze die Strafe als eine fiscalische, oder als eine solche, welche dem Staate vorbehalten, oder dem Fiscus zu erlegen ist, bezeichnet worden. Vergl. Allg. Landrecht Thl. II. Tit. 17. §§. 119. 126. Criminal-Ordnung §. 576, und das Rescript des Justiz-Ministeriums vom 13. August 1814 — in den Juristischen Jahrbüchern Band IV. S. 10. —

In der dem Berichte der königlichen Regierung sub IV. beigefügten Denkschrift wird zwar auszuführen versucht, daß zwischen fiscalischen Geldstrafen und solchen, die nach gesetzlicher Vorschrift dem Fiscus zu erlegen sind, ein Unterschied zu machen sei; allein es ist gar nicht abzusehen, worin der Unterschied liegen solle, und wenn er auch in thesi begründet sein sollte, so würde daraus doch nichts zu Gunsten der Standesherren folgen, da die letztern Strafen unbedenklich mit zur Kategorie der dem Staate vorbehaltenen Strafen zu zählen sein würden, auf welche die Standesherren nach §. 29. obenerwähnter Instruction in Verbindung mit dem §. 119. Tit. 17. Thl. II.

des Allg. Landrechts keinen Anspruch haben. Nach der Vorschrift des Allg. Landrechts Thl. II. Tit. 17. §. 115. sind die Polizei-Geldstrafen als Nutzungen der Gerichtsbarkeit zu betrachten. Dabei macht es nach einer Allerhöchsten Bestimmung keinen Unterschied, ob die Strafen durch ein Vergehen gegen ein Landes- oder Local-Polizeigesetz verwirkt worden, sowie auch durch den Umstand allein, daß die Contravention einem Landes-Polizei-Gesetze entgegen läuft, die Competenz der Local-Polizei-Behörden nicht ausgeschlossen ist (Juristische Jahrbücher Band 35 S. 283). Insofern daher den standesherrlichen Behörden die Cognition wegen Vergehen wider die Landes-Polizei-Gesetze zusteht, gebühren ihnen auch die dieserhalb ausgesprochenen Geldstrafen. Diese kommen ihnen sogar in dem Falle zu, wo sie von einer Staatsbehörde festgesetzt worden, die Festsetzung aber an sich zur Competenz der standesherrlichen Behörden gehört hätte.

Daß alle Geldbußen wegen Beeinträchtigung fiscalischer Gerechtsame, wenn sie auch von andern, als königlichen Behörden verfügt worden, dem Fiscus zu entrichten sind, ist in keinem Gesetze ausgesprochen. Der §. 29. der Instruction vom 30. Mai 1820 bestimmt solches nur in Ansehung der Steuer-Contraventions-Strafen, und giebt hierdurch, indem er sonst nur im Allgemeinen dem Staate die fiscalischen Strafen beilegt, deutlich zu erkennen, daß, außer den gedachten, nicht auch alle übrigen Strafen wegen Beeinträchtigung der Rechte des Fiscus, als fiscalische, für einen Vorbehalt des Staats anzusehen sind. Das in dem §. 3009. der von Strombeckschen Ergänzungen angeführte Rescript, auf welches die königliche Regierung Bezug nimmt, spricht nur von einem speciellen Gegenstande, den Postcontraventionsstrafen, welche durch besondere Gesetze den Post-Cassen beigelegt worden sind. Der §. 576. der Criminal Ordnung unterstützt die Meinung der königlichen Regierung, daß alle Geldbußen über 5 Thlr. als fiscalische zu betrachten, nicht allein nicht, sondern beweist sogar das Gegentheil. Die in den von Strombeckschen Ergänzungen §. 3008. allegirten Rescripte vom resp. 29. Juni 1798 und 13. Januar 1803 betreffen hauptsächlich die Frage, ob die Salarien-Cassen der königlichen Gerichte die über 5 Thlr. betragenden Geldbußen behalten können, oder solche an die Haupt-Casse der Kriegs- und Domainen-Kammern abzuführen haben. Sie sind daher hier nicht entscheidend, und wenn auch aus ihrer Fassung sich Argumente für die Ansicht der königlichen Regierung entnehmen ließen, so würden solche doch durch die klaren Vorschriften des Allgemeinen Landrechts Thl. II. Tit. 17. §. 119. und der Criminal-Ordnung §. 576. völlig widerlegt werden. Daß Geldstrafen über 5 Thlr., wenn sie nicht dem Fiscus oder der Armen-Casse besonders vorbehalten worden, dem Inhaber der Criminal-Gerichtsbarkeit gehören, ist bisher niemals bezweifelt worden.

Hiernach können von den durch die standesherrlichen Behörden erkannten Geldbußen nur diejenigen, welche wegen Steuer-Contraventionen verwirkt, oder sonst in den Gesetzen besonders als fiscalisch bezeichnet oder dem Staate vorbehalten worden sind, für die Staats-Cassen in Anspruch genommen werden; alle übrige, von der königlichen Regierung für den Fiscus reclamirten Geldbußen müssen dagegen den Standesherren verbleiben. Bei der Entscheidung darüber, welche Geldstrafen bei einzelnen Verbrechen als dem Fiscus vorbehalten zu betrachten? kann übrigens nur auf die im ostrheinischen Theile des dortigen Departements geltenden Gesetze, und nicht auf die daselbst bisher nicht publicirten Vorschriften in dem Tit. 20. Thl. II. des Allgemeinen Landrechts gesehen werden. Berlin, den 23. März 1833.

Der Finanz-Minister	Der Minister des Innern und der Polizei	Der Justiz-Minister
Maaßen.	v. Brenn.	v. Kamptz.

An
die königliche Regierung zu Coblenz.

1098.

Secretariats-, Registratur- und Kanzlei-Ordnung des Justiz-Senats zu Coblenz.

Der von dem königlichen Justiz-Senat mittelst Berichts vom 8. d. Mts. eingereichte Entwurf der

Secretariats-, Registratur- und Kanzlei-Ordnung für den königlichen Justiz-Senat zu Coblenz

ist vollkommen angemessen und ist daher genehmigt. Der königliche Justiz-Senat erhält hierbei die Ausfertigung dieser Ordnung mit dem Auftrage, dieselbe den betreffenden Beamten zu publiciren und auf deren Befolgung zu halten.

Berlin, den 30. März 1833. Der Justiz-Minister v. Kamptz.

An
den königlichen Justiz-Senat zu Coblenz.

Nachdem der königliche Justiz-Senat zu Coblenz in Gefolge der ministeriellen Geschäfts-Ordnung vom 14. September v. J. und insonderheit des §. 12. derselben eine

Secretariats= Registratur= und Kanzlei=Ordnung entworfen und dem Justiz=Ministerium zur Genehmigung vorgelegt hat; so wird obgedachte Ordnung Kraft dieses genehmigt und bestätigt und wie folgt, zur Nachachtung vorgeschrieben.

§. 1. Geschäftsvertheilung. Um die Vorschriften des §. 12. des im Eingange gedachten Rescripts, wonach die Secretariats=, Registratur= und Kanzlei=Arbeiter unter die drei Secretaire vertheilt werden sollen, in Ausführung zu bringen, wird festgesetzt, daß von nun an

1) der erste Secretair vorzugsweise die Secretariats=, insbesondere die Expeditions= und gewisse andere, im Nachstehenden speciell namhaft gemachte Geschäfte;
2) der andere Secretair hauptsächlich die Kanzlei=Arbeiten;
3) der dritte Secretair namentlich die Registraturgeschäfte besorge, in der Art jedoch, daß Jeder von ihnen verpflichtet ist, nach Bedürfniß des Geschäfts die andern in ihren Arbeiten zu unterstützen.

Dem ersten Secretair gebührt zunächst die Aufsicht und Oberleitung der Registratur= und Kanzleigeschäfte [1]). In Strafsachen führt sodann zunächst der ernannte Inquirent die Aufsicht, und wegen der Aufsicht über das ganze Subalternpersonal im Allgemeinen wird auf Art. 3. der Geschäftsordnung verwiesen [2]).

§. 2. Fortsetzung. Da in Folge der Bestimmung des Art. 9. der Geschäftsordnung die Criminal=Commission als selbstständige, für sich bestehende Behörde zu existiren aufgehört hat, und ein Mitglied des Collegiums auf je zwei Jahre zum Inquirenten ernannt, und als solcher mit Führung sämmtlicher Untersuchungen, einschließlich der fiscalischen, beauftragt wird resp. ist; so versteht es sich von selbst, daß die Criminal=Secretariats=, Registratur= und Kanzlei=Geschäfte nunmehr auf das ganze Subalternen=Personal übergehen, und sich unter die dazu gehörigen Beamten, ebenso wie die andern Sachen, nach Vorschrift dieser Ordnung theilen, dergestalt, daß dann insbesondere auch sämmtliche hier anzulegenden Acten in Strafsachen das Rubrum:

„Acta des königlichen Justizsenats zu Coblenz in Criminal= (fiscalischen) Untersuchungssachen ꝛc."

erhalten, und in der Registratur des Collegiums aufbewahrt werden.

---

1) Ob. App. Ger. Ordn. §. 45.
2) Crim. Ordn. §. 73—75.

§. 3. Arbeitszeit. Es werden für das Subaltern-Personal wochentäglich 8 Arbeitsstunden, und zwar Morgens von 9 bis 1 Uhr, und Nachmittags von 3 bis 7 Uhr als Regel festgesetzt [3]).

§. 4. Pflichten des ersten Secretairs. Die Pflichten des ersten Secretairs bestehen im Allgemeinen darin [4]), daß derselbe die Verfügungen des Collegiums, so weit sie (wie zur Zeit die Regel ist) nicht schon von den Referenten in extenso concipirt sind, expedirt, die Abschriften der Original-Concepte fertigen, und jene dahin, wo es sich gehört, befördern läßt, imgleichen das Haupt-Journal und andere unten namhaft zu machenden Listen führt, ferner in den Sitzungen des Collegiums gegenwärtig ist, und darin das Sitzungs-Protocoll aufnimmt, welches, mit Ort und Datum versehen, die Namen der an- und abwesenden Mitglieder, Referendarien und Auscultatoren resp. die Angabe des Grundes der Abwesenheit und die Dauer der Sitzung enthält. Special-Protocolle über abweichende Vota, Decrets-Entwürfe u. dgl. werden von dem Secretair nach specieller Anweisung verfaßt.

§. 5. Pflichten des mit den Kanzleiarbeiten beauftragten Secretairs. Der vorzugsweise mit den Kanzlei-Arbeiten beauftragte Secretair fertigt sämmtliche Abschriften, welche, nach gehöriger Collationirung seiner Seits, unter Assistenz des einen der beiden andern Secretaire, von demjenigen der beiden letztern vidimirt werden, welcher im einzelnen Falle assistirt hat [5]).

§. 6. Siegelung und Beförderung zur Unterschrift. Die Siegelung der Reinschriften und die Beförderung derselben an den Präsidenten rc. zur Unterzeichnung wird von dem ersten Secretair unter Hülfsleistung des Kanzleidieners besorgt [6]).

§. 7. 3) Pflichten des mit den Registraturgeschäften beauftragten Secretairs. Der vorzugsweise mit den Registratur-arbeiten beauftragte Secretair trägt vorzüglich für die ordentliche Formirung, Aufbewahrung, Aufsuchung und Beilegung der Acten Sorge, und läßt das Heften derselben nach seiner Anweisung durch den Kanzleidiener verrichten, wogegen er selbst das Foliiren und Rotuliren besorgt [7]).

---

3) Allg. Ger. Ordn. Thl. 3. Tit. 5. §. 19. 25. 58. — Reg. und Kanzlei-Reglement §. 2. — Ob. App. Ger. O. §. 59. 65.
4) Ob. App. Ger. Ordn. §. 38. 39. 40. 42. 46. 41. 43.
5) Ob. App. Ger. Ordn. §. 64 seq.
6) Ob. App. Ger. Ordn. §. 40. 44.
7) Ob. App. Ger. Ordn. §. 49 seq. 56.

§. 8. Einrichtung der Registratur. Die Registratur [8]) theilt sich local in verschiedene Haupt- und Unterabtheilungen, von denen eine jede mit gewissen Zahlen und resp. Buchstaben bezeichnet wird, um danach die einzelnen Theile kurz allegiren zu können. Die über letztere zu führenden Bücher werden ebenfalls nach den correspondirenden Zeichen benannt, und diese auch auf den Deckeln der einzelnen Actenstücke vermerkt, wie dieses im Verfolg näher erläutert werden soll.

§. 9. Hauptabtheilungen. Die localen Hauptabtheilungen [9]) der Registratur sind die Fächer

sub No. I. für die General- und Civilacten,

sub No. II. für die Criminal- incl. fiscalischen Untersuchungsacten.

§. 10. Exhibitions-Journale No. I und II. Um diese Grundabtheilung, in Betracht, daß den Strafsachen, wie gesetzlich vorgeschrieben, vorzugsweise Beschleunigung gesichert werde, gehörig gesondert zu halten, wird künftig statt des bisher über sämmtliche Exhibita ungesondert geführten „Justizsenats-Protocolls," wovon hier sub No. I. ein Schema notitiae causa beigefügt wird, ein „Journal" in zwei nach §. 9. gesonderten Abtheilungen sub No. I und II. von dem ersten Secretair in der Art geführt, wie dies in dem anliegenden Schema I. II. näher vorgeschrieben ist [10]).

Uebrigens dienen die Journale als Grundlage bei dem Sportel-, Stempel- und Strafgelder-Wesen. (§. 15. 23—26.)

§. 11. Ordnung der gewöhnlichen Verrichtungen bei allen Exhibitis. Wegen der verschlossen eingehenden Sachen resp. wegen der unverschlossen eingereichten neuen (noch nicht schwebenden) Sachen wird auf Art. 4. der Geschäftsordnung verwiesen [11]).

§. 12. Fortsetzung. Da in Gemäßheit des Art. 8. daselbst jetzt wöchentlich statt der bisherigen einen Sitzung deren zwei gehalten werden; so cessirt das unter den frühern Umständen der Beschleunigung halber eingeführte schriftliche Votiren resp. Decrets-Unterzeichnen per Circulum in aedibus; jedoch, wie sich von selbst versteht, insbesondere mit Ausnahme der schleunigen, ausdrücklich ad votandum per circulum in Gang gesetzten und ähnlichen Sachen, z. B. solchen, die in

---

8) Reg. u. Kanzlei-Reglem. §. 17 seq. — Ob. App. Ger. Ordn. §. 38—63 passim.

9) Reg. u. K. Regl. §. 17. 22.

10) Ob. App. Ger. Ordn. §. 42. 50.

11) Ob. App. Ger. Ordn. §. 17. 51. 52.

der Sitzung vorgetragen, jedoch noch nicht unterzeichnet worden [12]).

§. 13. Fortsetzung. Gleich nach Eingang der Exhibita wird jede Piece durch den ersten Secretair präsentirt und von demselben in die §. 10. erwähnten Journale eingetragen [13]) so daß die ersten 4 Colonnen ausgefüllt werden. Auf jedes Exhibitum wird die correspondirende Journal-Nummer gesetzt, z. B. „I. No. 30."

Der Decernent resp. Referent, und, Falls kein solcher ernannt, und die Piece eine Strafsache betrifft, der Inquirent erhält alsdann die für ihn eingegangene Exhibita zur Verfügung resp. zum Vortrage ad acdes, versteht sich, unter Beilegung der, vorher von der Registratur aufgesuchten, dazu gehörigen anteriora cum adhibendis, wenn solche vorhanden sind [14]).

§. 14. Fortsetzung. Wenn die Sachen in der Sitzung oder sonst, mit gehörig unterzeichneten Verfügungen rc. versehen, dem ersten Secretair, welcher sie in Empfang zu nehmen hat, zukommen, so füllt derselbe sofort, wenigstens an demselben Tage noch, die Colonne 5. der Journale aus. Derselbe wacht darüber, daß diese Colonne nicht zu lange offen bleibt [15]).

Jede Piece übrigens, die mehrmals zur Verfügung an die Referenten ergeht, erhält, wie sich schon von selbst versteht, jedesmal eine neue, auch im Journal einzutragende Nummer.

Noch wird hier darauf aufmerksam gemacht, daß der Inquirent nach der Criminalordnung §. 71. 105. 353. 354. 454. 472. 515. 520. das Recht hat, in der Regel in criminalibus, alle Verfügungen (im Gegensatze von Urtheilen) selbstständig, unter alleiniger Unterschrift, ohne Rückfrage an das Collegium zu erlassen; es muß ihnen daher unbedingt Genüge geleistet werden.

§. 15. Fortsetzung. Nach Inhalt der Verfügungen besorgt sodann der erste Secretair das Nöthige [16]) (was sich bei etwaigen frühen, vorläufigen Präsidial- oder Directorial-Verfügungen von selbst versteht), trägt insbesondere sogleich der Kanzlei die Fertigung der nöthigen Abschriften auf, bemerkt nach deren Rücklieferung hierauf, so wie auf

12) Ob. App. Ger. Ordn. §. 51.
13) Ob. App. Ger. Ordn. §. 50.
14) Ob. App. Ger. Ordn. §. 53.
15) Ob. App. Ger. Ordn. §. 41. 42.
16) Ob. App. G. O. §. 39. 40. 56. 75.

den Originalien die Taxen, Stempel und etwaigen Ordnungsstrafen (die zugleich in besondere Listen (conf. unten §. 24. 25.) eingetragen werden), füllt die letzte Colonne der Journale I. resp. II. aus, und händiget sodann die munda nach deren vorgängiger Vidimirung resp. Siegelung und Unterzeichnung dem Kanzleidiener zur Bestellung ein, der nach derselben zu den einzelnen Actenstücken darüber referirt. Demnächst gehen Letztere, nebst den Original exhibitis und Verfügungen rc. zur Registratur zurück, wo diese alsbald geheftet, foliirt, und danach in die Notel eingetragen werden.

Der erste Secretair wacht über die möglichste Beschleunigung aller dieser Verrichtungen, die, der Regel nach, in längstens acht Tagen beendigt sein müssen.

§. 16. Schluß. Auch sämmtliche Bescheide und Urtheile, welche übrigens auch in den Distributionsbüchern des Präsidiums und Directoriums ihre Controlle finden, werden in die Journale eingetragen. Die Publication der Urtheile in civilibus besorgt der erste Secretair in der bisher üblichen Art.

§. 17. Unterabtheilungen der Registratur: Haupt-Abtheilung No. 1. und Repertorien. Currente-Registratur. Die weitren Abtheilungen der Registratur und die darüber zu haltenden Repertorien betreffend, so sondert sich die Abtheilung Nr. I. räumlich in folgende Unterabtheilungen (zusammenliegende Fächer [17]). Lit. A. bezeichnet die Unterabtheilung für sämmtliche Generalia.

Es gehören dazu im Allgemeinen die, im §. 47. Tit. 5. Thl. III. der Allg. G. O. für die königlichen preußischen Staaten (auf welche Vorschrift hier verwiesen wird) angegebenen Sachen, insbesondere also auch Beschwerden (in Sachen die hier nicht schon schweben), Requisitionen und alle Exhibita, welche Erbschaftstheilungen, Moratorien- Majorennitäts-Erklärungs-Dispensations-Gesuche und ähnliche betreffen. Exhibita gleicher Art können, wenn nicht ein und andres weitere Verfügungen und Verhandlungen, und hierdurch Special-Fascikel nöthig macht, in ein Volumen zusammengeheftet werden.

Im Uebrigen ist wegen der Ordnung, Art der Anlegung und Rubricirung so wie über die Listen das Nöthige theils verfügt, theils soll nach Bedürfniß der vorkommenden Fälle das Nähere speciell verordnet werden.

Lit. B. Civil-Proceß-Akten Iter } Instanz
Lit. C. — — — IIter }

---

17) Ob. App. G. O. §. 55. — Allg. G. O. Thl. III. Tit. 5. §. 37 seq. 47. — Reg. u. Kanzlei-Reglmt. §. 17. 25b 30a 31.

Lit. D. Vormundschafts- } Acten.
Lit. E. Concurs-

Diesen letztern vier Registratur-Abtheilungen entsprechen eben so viel „Repertorien" [18]), welche mit den correspondirenden Buchstaben B. C. D. E. bezeichnet und darnach kurz allegirt werden. Sie werden nach den anliegenden Formularen sub. B. C. D. E. und den darauf befindlichen Erläuterungen angelegt und von dem mit den Registratur-Arbeiten beauftragten Secretair geführt. Es versteht sich von selbst, daß über jeden Civil-, jeden Concurs-Proceß und jede Vormundschafts Sache besondere Actenhefte angelegt werden, in Concurs-Sachen in specie die nöthigen General-Fascikel (über Activ- und Passiv-Masse rc. rc.) und über jede Liquidation Special-Volumina. Jedes Actenstück erhält auf dem Deckel den Buchstaben der Registratur-Abtheilung zu der es gehört, und außerdem die Zeichen, welche sich auf das betreffende Repertorium, worin es eingetragen, beziehen. (Vergl. die Schemata.)

§. 18. Reponirte Registratur der Haupt-abtheilung No. I. — Die Registratur-Abtheilungen B. C. D. E. und die correspondirenden Repertorien unter den gleichen Buchstaben beziehen sich nur auf diejenigen Sachen, welche in bestimmten Monaten current sind. Nahe liegende Gründe machen es nöthig, daß diejenigen Sachen, welche aufhören current zu sein, in eben dem Monate davon getrennt und abgesondert niedergelegt (reponirt) werden. Diejenigen Fächer, in welchen diese Reposition erfolgt, werden zusammen mit dem Buchstaben F. bezeichnet. Sie sind indessen weiter in vier Theile gesondert, die den im §. 17. aufgeführten vier Theilen B. C. D. E. entsprechen, nur aber, daß jene mit den Buchstaben (kleine) b. c. d. e. bezeichnet werden. Es genügt indessen, daß über diese reponirte Registratur nur ein Repertorium sub lit. F. von dem, mit den Registratur-Arbeiten beauftragten Secretair geführt wird [19]).

Das Schema zu diesem Repertorium liegt, mit den nöthigen Erläuterungen versehen, sub lit. F. hier bei.

§. 19. Zeit der Eintragung in die Repertorien der Hauptabtheilung. I. — Mit einem, zu den Registratur-Abtheilungen B — E. incl. gehörigen, neuen Exhibitum werden Acten angelegt, und die Piece wird in das betreffende Repertorium eingetragen [20]), sobald

18) Allg. G. O. l. c. §. 37 — 46. 49. — Reg. u. Kanzl. Regl. l. c.

19) Allg. G. O. l. c. §. 27. 39. seq. — Reg. u. Kanzlei-Regl §. 22. 27. 30c 37.

20) Reg. u. Kanzlei-Regl. §. 24.

1) auf eine Klage die Communication an den Verklagten (Lit. B.)
2) auf eine Appellations- (Restitutions- Nichtigkeits-) Einführungs-Schrift die Communication, Acten-Advocation oder Berichts-Erstattung (Lit. C.)
3) auf eine Anzeige wegen Einleitung einer Vormundschaft, wegen dieser Einleitung (Lit. D.)
4) auf einen Antrag auf Concurseröffnung, diese selbst (Lit. E.) verfügt und resp. erkannt wird.

Exhibita der ad 1 — 4. gedachten Art, werden, wenn darauf eine rejectorische Verfügung ergeht, und die Sache nicht weiter verfolgt oder jene Verfügung bestätiget wird, in einem besondern Fache der General-Registratur aufbewahrt. So lange ad 4. über die Concurseröffnung contradictorisch verhandelt wird, gehört die Sache zur Registratur B. Credit- oder Debit-Sachen dagegen gehören mit zur Registratur E.

Die Eintragung der neuen und alten Sachen geschieht in dem Zeitpunkte, wenn die Exhibita resp. Acten nach §. 15. in fine zur Registratur zurückkommen.

Als reponirt darf eine Sache niemals eher eingetragen werden, als bis die Reposition vom Collegium ausdrücklich verfügt ist.

§. 20. Unterabtheilungen der Criminal-Registratur (No. II.) und Repertorien.

Das Criminal- Expeditions- Kanzlei- und Registratur-Wesen muß durchaus getrennt gehalten (§. 9. 10. oben) und auch mit deshalb nach §. 1. oben, zunächst von den Inquirenten beaufsichtigt werden [21]).

Außer dem Journal No. II. werden in der Registratur darüber folgende Bücher gehalten:

I. Ueber die currenten Sachen (welche auch hier, wie in andern Sachen (§. 18. oben) von den reponirten räumlich getrennt, jene in Fächern lit. G., diese in den Fächern lit. H. aufbewahrt werden) wird ein Repertorium sub. lit. G. nach dem, in der Criminal-Ordnung Seite 238 und 239 abgedruckten, Schema geführt. Dieses Schema wird, zumahl unter Vergleichung dessen, was ad Schemata Repert. B. C. D. E. bemerkt ist, verständlich sein. Es ist alphabetisch nach dem Namen der Beschuldigten und unter den einzelnen Buchstaben mit Sonderung jeder einzelnen Sache nach chronologisch fortlaufenden Nummern zu führen.

Es versteht sich von selbst, daß jedes Protocoll und Decret des Inquirenten, jeder Bericht, jedes Schreiben an ihn,

21) Allg. G. O. l. c. §. 46.

überhaupt, jedes zu Criminalacten gehörige Exhibitum durch das Journal II. und Repertorium G. gehen muß. Eben so gelten auch bei Criminalacten die Vorschriften am Ende des §. 17. oben mutalis mutandis und muß bei jedem Actenstück, welches sich auf einen in Haft befindlichen Beschuldigten bezieht, auf dem Deckel deutlich bemerkt werden „Personal-Arrest-Sache".

Die eigenthümlichen Verhältnisse des Gerichtshofes machen indessen einige Modificationen des Schema S. 238 und 239. der Criminal-Ordnung nöthig. Es wird und ist nämlich nach Art. 10. der Geschäfts-Ordnung für jede 2 Jahre ein ständiger Inquirent ernannt. Es bedarf daher für seinen Namen der Colonne 2. im Schema nicht.

Andere Umstände machen indessen die Vermehrung der Colonnen nöthig. Fast alle Untersuchungen werden nämlich ganz oder doch dem größten Theile nach commissarisch von den Untergerichten geführt und diese pflegen, vorzüglich in geringfügigen Sachen, die Untersuchungen einzuleiten und erst dann darüber zu berichten, wenn sie die geschlossenen Acten einsenden. In seltenen Fällen leitet aber auch das Collegium Untersuchungen ein und committirt dann ein Amt, oder aber der hiesige Inquirent, schreitet ex commissione generali zur Führung der Untersuchung. Es ist nützlich und nothwendig, dies alles zu controlliren und zu diesem Zweck ergeben sich folgende Colonnen.

Mit Beibehaltung der Col. 1. des Schema fällt das Rubrum Col. 2. daselbst weg, und es tritt das Rubrum 3. unter No. 2., das Rubrum 4 unter Col. 3., das Rubrum 5 unter Col. 4. ein.

Statt der Rubrik 6 (welche unter Col. 5 treten würde) sind dann folgende 4 Colonnen zu setzen:

No. 5.	No. 6.	No. 7.	No. 8.
Untersuchendes Gericht.	Tag der Einsendung.	Tag des Anfangs der Untersuchung.	Besonderes Commissorium.

Die Colonne 8 hat noch folgende 3 Unterabtheilungen:

a.	b.	c.
Datum.	Untergericht.	Erledigung.

Nach Colonne 8 folgt dann Colonne 7 des Schemas, doch unter der No. 9, Colonne 8 des Schemas unter No. 10 ꝛc.

Um den erforderlichen, durch die neuen Colonnen absorbirten, Raum wieder zu gewinnen, sollen dann unter Colonne 9 (7 des Schemas) immer nur die Nummern des Journals II. eingetragen werden, versteht sich mit Ausnahme der Nummern, welche schon in die Rubriken 5. 6. 7. 8. 10. 11. 12. (neues Schema) ihrem Inhalte nach besonders vermerkt werden.

Ist eine Untersuchung gegen mehrere Theilnehmer an dem Verbrechen eingeleitet, so werden zwar die Acten nach dem Namen eines Beschuldigten rubricirt und der Gang der Sache nur auf dem Folium bemerkt, wo die Sache unter jenem Namen im Repertorium vorkommt. Es müssen aber auf den Actendeckeln auch die Namen der übrigen Compliçen angegeben und ferner dieselben auch unter die betreffenden Buchstaben im Repertorium mit deutlicher Verweisung auf das Folium eingetragen werden, wo der Name des Haupt-Beschuldigten (nach welchem die Sache kurz benannt wird) vermerkt ist.

II. Dann wird in der Registratur ein Repertorium sub litt. **H.** über die reponirten Criminal-Sachen ganz nach Analogie des Schema litt. **F.** geführt. Jenes führt indessen unter jedem Buchstaben des Alphabets (nach den Anfangsbuchstaben des Beschuldigten) nur die Colonne 1. 2. des Schemas **F**, dann unter No. 3. die Rubrik „Journal G" und unter No. 4. die Rubrik 7 Repertorium F.

Unter dem Ausdruck Criminalsachen werden hier auch fiscalische Untersuchungen verstanden.

§. 21. Unterschied zwischen Journalen resp. Repertorien (Registern) und Tabellen. Es versteht sich von selbst, daß außer den, durch gegenwärtige Ordnung eingeführten „Journalen" und „Repertorien" d. h. solchen Registern, die einzig und allein zur fortwährenden Erhaltung der Ordnung und Controlle bei dem Collegium geführt werden, diejenigen „Tabellen" d. h. Verzeichnisse, welche zu gewissen Zeiten für die Aufsichtsbehörden, Behufs der General-Controlle gefertiget und an dieselbe eingesendet wurden, nach wie vor zu diesen Zeiten (jedoch von jetzt ab, wie sich von selbst versteht, aus den hierdurch eingeführten Registern) gefertiget und eingesendet werden müssen. Es ist nicht der Zweck der gegenwärtigen Ordnung über diese Tabellen irgend etwas zu bestimmen oder gar zu ändern, vielmehr bleibt es insbesondere bei denjenigen Tabellen und den darüber ergangenen nähern Bestimmungen, von welchen ersteren der Vollständigkeit wegen hier die Formulare sub No. 2. No. 3. und No. 4. beigelegt werden.

§. 22. Termin- und Reproductions-Kalender. Der erste Secretair führt ferner folgende Bücher resp. Listen.

Vor allen Dingen einen Termin- und einen Reproductions-Kalender.

Es können dazu zwei käufliche, eventualiter 2 zu schreibende, Geschäfts-Kalender der Art, in welchen auf jeder Seite ein oder höchstens zwei Tage bemerkt sind, wenn solche zuvor mit Papier durchschossen, benutzt werden, der eine ausschließlich für die anstehenden Termine, der andere ausschließlich für die Reproducenda.

In jedem Kalender sind bei jedem Tage zwei Colonnen

1.	2.
In Untersuchungssachen.	In General- und Civil-Sachen.

zu bemerken, und versteht es sich von selbst, daß die Termine bei dem Tage, auf welchen sie fixirt sind, und die Reproducenda bei dem Tage, an welchem die Piece reproducirt werden soll, vermerkt werden müssen.

§. 23. Besondere Geschäfte des ersten Secretairs. Dem ersten Secretair liegt ferner die Verwaltung des Stempel- und Sportel-Wesens, insbesondere die Einziehung und Vertheilung der Copialien und Insinuations- (Kanzleidiener-) Gebühren, endlich die Uebertragung der fiscalischen Sporteln, der Ordnungs- und anderer Strafgelder an die königliche Regierung und sonst, zur Einziehung resp. Verrechnung ob.

§. 24. Dessen Sportel-, Stempel- und Stempelstraf-Verwaltung. Ueber die Art der, dem ersten Secretair übertragenen, Sportel- und Stempel- resp. Stempel-Strafverwaltung bleibt es bei den darüber ergangenen speciellen Bestimmungen.

§. 25. Dessen Verwaltung in Betreff der sonstigen Strafgelder. Ueber die Strafgelder (exclusive der, vorstehend §. 24. in fine erwähnten) führt der Secretair [22]) zwei Verzeichnisse:

1) das Eine nach dem sub litt. K. beiliegenden Schema über die Ordnungsstrafen, die per decretum gegen Aemter, Gerichte, Beamte, insbesondere Advocaten festgesetzt werden, wohin auch Ordnungsstrafen, welche in Urtheilen rc. z. B. den Advocaten auferlegt werden, gehören.

2) das Zweite nach dem sub L. beigefügten Formular über die Geldbußen, welche durch Urtheile in Untersuchungs-Sachen erkannt werden.

Ueber die Art der Uebertragung dieser Strafgelder zur Einziehung an die königliche Regierung bleibt es bei den darüber ergangenen speciellen Bestimmungen.

§. 26. Geschäfts-Vertheilung unter den jetzigen Secretarien und dem Criminal-Actuar. Die in dieser Ordnung gedachten Geschäfte

1) des einen (ersten) Secretairs werden hiermit dem Justiz-Senats-Secretair v. Speicher;

2) des andern (zweiten) Secretairs, dem Justiz-Senats-Secretair Hellinger;

3) des dritten Secretairs, dem Criminal-Actuar Reifferscheidt übertragen.

22) Ob. App. Ger. Ordn. §. 42.

Es soll jedoch durch diese Geschäfts-Vertheilung weder in dem bisherigen Range noch in den, in dieser Ordnung nicht erwähnten, sonstigen Rechten und Verbindlichkeiten dieser drei zeitigen Beamten irgend etwas geändert werden.

Die im Bisherigen nicht gedachte Verbindlichkeit zur Führung der Criminal-Protocolle muß bei vorkommenden Fällen von dem Criminal-Actuar Reifferscheidt oder dem Justiz-Senats-Secretair Hellinger, vorzugsweise und zunächst aber von dem Erstern, übernommen werden. In so weit und in so lange der Eine oder der Andere von ihnen hierdurch gehindert wird, die ihm obliegenden Registratur- resp. Kanzlei-Geschäfte selbst zu besorgen, gilt für dessen Vertretung dasjenige, was wegen wechselseitiger Unterstützung der drei Secretarien in Verhinderungsfällen des einen oder andern im §. 3. bestimmt ist. Von der Führung des Criminal-Protocolls bleibt jedoch der Justiz-Senats-Secretair v. Speicher befreit.

Sämmtliche betreffende Beamte werden hierdurch angewiesen, in Gemäßheit der vorstehenden Ordnung zu verfahren.

Berlin, den 30. März 1833. Der Justiz-Minister

v. Kamptz.

Zu §. 10. Justiz-Senats-Protokoll

vom ten 183

№	Dies praes.	Rubrik.	Dies expedit.	Ref.	Resolutum.

Zu §. 10. Journal № I. pag. 1.

über die **Exhibita** in General- und Civilsachen

für das Jahr 183 (erste Semester 183).

1. №	2. Präsent. Datum.	3. Rubrik und Inhalt des Exhibitums.	4. Namen des Referenten rc.	5. Inhalt und Datum der Verfügung rc.	6. Datum der Expedition.
1.	Januar d. 1.	Klage in S. N. contra N.	N. N.	decretum v. 3. ej. ad excipi.	Januar d. 6.

Journal № II. pag. 1.
über die Exhibita in Strafsachen
für das Jahr 183 (erste Semester 183).

	Rubriken wie vor-	stehend	ad I.	

Jedes Journal besteht aus einem gehefteten, hiernach liniirten Folio-Buche, welches paginirt ist.

Die Nummern werden chronologisch von 1. an eingetragen, und fangen mit dem Kalender-Jahr an. Die Erfahrung wird lehren, ob sie durch ein ganzes Jahr, oder besser durch ein Semester fortlaufen können.

Der Inhalt ist in Kolonnen 3 und 5, natürlich ganz kurz anzugeben.

Der Raum der Kolonne ist nach Bedürfniß zu bestimmen (nicht nach den Maßen des Schema's).

Eine Sache aus diesem Journal wird allegirt: J. I. 1833. pag. 13. Nr. 86. ꝛc.

Jede Sache wird, so oft als sie von Neuem zum Referenten geht, jedesmal unter einer neuen Nummer eingetragen. Diese neue Nummer wird nach Durchstreichung der alten auf das Exhibitum gesetzt.

Anlagen sub litt.
Zu §. 17. Repertorium B. B. C. D. und E.
über die currenten Civil-Proceßacten 1ster Instanz.
Z. (z. B.) nach dem Anfangsbuchstaben des Klägers. pag. 93.

1. Nummer der Sache.	2. Namen der Partheien.	3. Namen des Referenten	4. Namen, unter der die Sache im Journal I. vorkommt, resp. Lage der Sache.	5. Bemerkungen.
				Hier werden z. B. Adhibenda bemerkt u. s. w.

Repertorium C.
über die currenten Civil-Proceßacten IIter Instanz.

M. (z. B.) nach dem Anfangsbuchstaben des Appellanten ꝛc. p. 73.

	Rubri-	ken wie	beim Repertorium	B.

Repertorium D.
über die currenten Vormundschaftssachen.

P (z. B.) nach dem Anfangsbuchstaben des Curanden. pag. 21.

1. Wie oben ad 1.	2. Namen des Cu-randen.	3. Namen des Vormundes.	4. Namen des Referenten.	5. Wie oben ad 4.	6. Wie oben ad 5.

Repertorium E.
über die currenten Concurssachen. pag. 15.

S. (z. B.) nach dem Anfangsbuchstaben des Gemeinschuldners.

Wie oben ad 1.	Namen des Ge-mein-schuldners.	des Curators und Contradic-tors.	des Refe-renten.	Wie oben ad 4.	Wie oben ad 5.
					Hier Angabe der Zahl der General-Fascikel und Zahl der Spezial-Fascik. Am Schluß jeden Jahres wird be-merkt: 1) wieviel Sp. F. in instruct. 2) wie viel ge-schlossen und spruch-reif.

Bemerkungen.

Jedes Repertorium B. C. D. E. besteht aus einem besondern paginirten Buch, welches nach dem Anfangsbuchstaben der Namen der Kläger, resp. Appellanten, Nichtigkeitskläger, Restituenten, Curanden und Gemeinschuldner geführt wird. Die unter einem Buchstaben vorkommenden Sachen werden durch chronologisch fortlaufende Zahlen unterschieden. Für jeden Buchstaben werden eine verhältnißmäßige Anzahl Blätter bestimmt, die alle oben deutlich mit dem betreffenden Buchstaben bezeichnet werden. Auf jedem Blatte werden alsdann eine verhältnißmäßige Anzahl von Sachen in gehöriger Entfernung, um für die Colonnen 4 (5) einen, wo möglich für mehrere Jahre ausreichenden Platz zu gewinnen, eingetragen. Das erste Exhibitum, mit dem eine neue Sache beginnt, wird, wenn dasselbe (nach §. 19, der Ordnung qualificirt) vom Secretair zur Registratur kommt (§. 15. eod. in fine) in die Bücher durch Ausfüllung der 3 (4) ersten Colonnen sub Nr. 1. eingetragen. Die höhere oder niedrigere Nummer des Journals bestimmt die höhere oder niedrigere Nummer der Bücher. Sodann wird in Colonne 4 (5) die gedachte erste Journals-Nummer, jedoch unter Vorbemerkung der Jahreszahl eingetragen. Bei den folgenden Nummern jeder Sache bedarf es alsdann blos der Eintragung dieser Nummern des Journals sub Col. 4 (5), nur muß, wenn eine neue Jahreszahl eintritt, diese vorbemerkt werden; so wie ferner nach allen Nummern, wodurch

a) ein Commissorium erlassen ist, die Worte: »Commissorium an das Amt«,

b) die Acten reponirt werden, »resposit. actorum« und Hinsichts des Repert. B. C. bei den Nummern, welche

c) einen Vor- oder Endbescheid enthalten, oder eines Vergleichs oder Entsagung erwähnen, diese Worte;

d) bei Absendung oder Rücksendung der Acten an und von committirten Gerichten oder höhern Spruchcollegien die Worte: »Ab- resp. Rücksendung an das ꝛc. von dem ꝛc.« vermerkt werden müssen.

Ebenso ist in Repert. D. bei den Nummern, wo Rechnungs-Decharge ertheilt wird, dies Wort zu notiren.

Wird eine Sache, die in das Repertorium der reponirten Sachen eingetragen ist, wieder current, z. B. durch Executionsgesuche, so ist sie unter einer neuen Nummer einzutragen. So lange sie aber noch nicht in das Repertorium der reponirten Sachen eingetragen ist, wird sie stets unter der alten Nummer des currenten Repertoriums fortgesetzt.

Nach dem Buchstaben, der Nummer des Repert. (**B. C. D.** oder **E.**) in der Colonne **1.**, der ersten Jahrszahl und der Pagina des Repert. wird alsdann jedes Actenstück auf den Deckel bezeichnet, z. B.:

Repert. **C. Litt. No. No. 4. d. a. 1833.**

Die Bücher qu. sind übrigens wo möglich so einzurichten, daß sie auf mehrere Jahre hinreichen. Wenn neue angelegt werden, sind in diese die zu der Zeit noch currenten Sachen aus den alten zuvörderst zu übertragen, und nach diesen erst, die nach der Anlegung eingehenden neuern Sachen zu vermerken.

Zu §. 18. Anlage Litt. F.

Repertorium F.

über die reponirten Civil-Proceß, Vormundschafts- und Concurs-Acten. Buchstabe M. pag. 40.

Jahrgang 1833.

1. №	2. Namen der Sache.	3. Journal B.	4. Journal C.	5. Journal D.	6. Journal E.	7. Zahl der Vol.
1.						
2.						
3.						
etc.						

Jahrgang 1834.

1.						
2.						
3.						
etc.						

Dies Repertorium ist alphabetisch, für jeden Buchstaben verhältnißmäßige Blätteranzahl, getheilt. Unter jeden Buchstaben werden die Sachen, deren Reposition verfügt ist, gleich nach Einlieferung der Repositions-Verfügung, chronologisch nach Nummern, die durch das ganze Jahr laufen, eingetragen. So wie ein Jahr zu Ende ist, wird die nächstfolgende Jahrszahl eingetragen, und die Nummern beginnen wieder mit **No. 1.** Unter die Rubriken **3.**, **4.**, **5.**, **6.**, kommen die

Allegate der resp. currenten Repertorien, also unter Colonne 4. z. B.:

M. 3. 1833. p. 16.

Sobald eine Sache als reponirt eingetragen ist, wird auf den Actendeckel der Vermerk über die currente Registratur durchstrichen, und die Nummer nebst Jahreszahl des Repertoriums F. allegirt,

z. B. Repertorium F. No. 8. d. a. 1833.

Es versteht sich, daß alsdann das Actenstück in die unter F. liegenden Registratur-Fächer kommt.

Zu §. 21.

Liste

über die, beim königlichen Justiz-Senate zu Coblenz vom 1. November 1833 anhängigen und entschiedenen Civil-Processe.

№	Am 1. November 1832 waren abhängig. Rubrik.	№	Seit 1. Novbr. 1832 bis 1. Novbr. 1833 sind hinzugekommen. Rubrik.	Hiervon sind entschieden				Summa.	Ist Rückstand am 31. October 1833.
				durch Relevanzbescheide oder Erkenntnisse ohne stattgehabte contradictorische Verhandlung in appellatorio. Nummer.	durch Urtheile oder Erkenntnisse nach stattgehabter contradictorischer Verhandlung in Ister und IIter Instanz. Nummer.	durch Contumazial-Erkenntnisse. №	Vergleich oder Entsagung. №		

Zu §. 21.

Tabelle

über die unter der unmittelbaren Leitung des königl. Justiz-Senats zu Coblenz stehenden Vormundschaftssachen vom Jahre 183

№	1. Namen und Stand nebst Wohnort der Curanden.	2. deren Sterbzeit.	3. Zeit des errichteten Inventars.	4. Namen der Curanden.	5. deren Alter nach Jahren.	6. Namen der Vormünder.	7. Zeit deren Bestellung.	8. Rechnung abgelegt bis einschließlich des Jahrs.	9. Vermögensbetrag. Rthlr.	Sgr.	10. Namen des Decernenten.	11. Allgemeine Bemerkungen, insbesondere über Sicherstellung des Vermögens.

Tabelle

der bei dem königl. Justiz-Senate zu Coblenz am 1. Novbr. 1831 anhängigen und bis zum 1. Novbr. 1832 hinzugekommenen Concurs-Processe (der Privilegirten).

Am 1. Novbr. 1831 sind abhängig.	Seit 1. Novbr. 1831 bis dahin 1832 sind hinzugekommen.	Total.	Durch Classifications-Erkenntnisse sind entschieden.	Bleiben Rückstand die Nummern.	Bemerkungen.

Zu §. 25.

Liste K.

über die per decreta festgesetzten Ordnungsstrafen gegen Untergerichte, Beamte, insbesondere Advokat-Anwälde ꝛc.

1.	2.	3.	4.	5.		
				Datum des Dekrets.		
№	Rubrik der Sache.	Wem die Strafe angedroht und Wohnort desselben.	Betrag derselben.	der Androhung.	der Festsetzung.	Niederschlagung.

Liste L.

über die Geldstrafen, welche durch rechtskräftige Urtheile in solchen Strafsachen, wo die Uebertragung an die Regierung erfolgt, erkannt worden.

1.	2.	3.	4.	5.	6.
№	Rubrik der Sache.	Namen und Wohnort des Bestraften.	Datum des rechtskräftigen Urtheils.	Betrag der Strafe.	Datum der Niederschlagung.

Nummern chronologisch fortlaufend. Zeit der Ausfüllung ist von selbst klar.

1099.

Personalarrest in Handelssachen in den zum Jurisdictionsbezirke des Appellationshofes gehörigen, auf dem rechten Rheinufer gelegenen Landestheilen.

Auf den Bericht des Staatsministeriums vom 24. v. Mts. verordne Ich, um nach dem Art. 2070. des rheinischen Civilgesetzbuchs die Lücke auszufüllen, welche durch die unterlassene Publication des französischen Gesetzes vom 4. April 1798 für die am rechten Rheinufer gelegenen, zum

Jurisdictionsbezirk des rheinischen Appellationsgerichtshofes zu Cöln gehörigen Landestheile in der Gesetzgebung entstanden ist, wie folgt:

1) In den am rechten Rheinufer gelegenen, zum Jurisdictionsbezirke des rheinischen Appellationsgerichtshofes zu Cöln gehörigen Landestheilen, soll gegen alle wegen Handelsverbindlichkeiten verurtheilte Personen auf Personalarrest, im Nichtzahlungsfall, erkannt werden.

2) Ausgenommen von dem Personalarrest sind jedoch:
   a) Personen weiblichen Geschlechts, in sofern sie nicht als solche, welche öffentlichen Handel betreiben, anzusehen sind;
   b) Minderjährige beiderlei Geschlechts und die ihnen gleich geachteten Personen, wenn sie nicht, nach der Bestimmung des Handelsgesetzbuchs, als volljährig betrachtet werden;
   c) die Wittwen und Erben, welche als solche vor dem Handelsgerichte, wegen eines von ihrem Erblasser eingegangenen Handelsgeschäfts auftreten, oder vor dasselbe geladen werden.

3) Wenn von nicht Handel treibenden Personen Wechsel, welche nach dem Art. 112. des Handelsgesetzbuchs als bloße Promessen betrachtet werden, oder billets à ordre ausgestellt, oder als Bürgen oder Indossanten unterschrieben worden, so kann bei ihrer Verurtheilung nur dann auf Personalarrest erkannt werden, wenn sich diese Wechsel oder Billets auf kaufmännische Geschäfte im Großen oder Kleinen, auf Wechsel-Bank- und Mäklergeschäfte gründen.

4) Die Bestimmungen des 15. Titels des fünften Buchs, ersten Theils der rheinischen Civil-Proceßordnung sind auch auf die Handelssachen anwendbar, in soweit durch gegenwärtige Ordre nicht ein Anderes verfügt ist.

5) Die nach Art. 789. und 791. der angeführten Civil-Proceßordnung im Voraus zu hinterlegenden Alimentationsgelder werden für Handels- und andere Sachen auf sechs Thaler für den Kalender-Monat bestimmt. Auf mehr als einen Monat ist die Hinterlegung nur gestattet, wenn sie für ganze Monate geschieht.

6) Die Vorschrift des Art. 800. No. 5. dieser Civil-Proceßordnung ist auf Handelssachen nicht anwendbar.

7) Der persönliche Arrest soll von Rechtswegen nach Ab-

lauf einer fünfjährigen ununterbrochenen Gefangenschaft aufhören.

8) Auch muß der Verurtheilte zu jeder Zeit der Haft entlassen werden, wenn er ein Drittel der Schuld baar bezahlt, und für den Ueberrest eine Bürgschaft stellt, welche bei dem Widerspruch des Gläubigers von dem betreffenden Landgerichte als hinreichend anerkannt wird.

9) Wegen Handelsverbindlichkeiten, welche vor der Verkündigung dieses Gesetzes eingegangen waren, kann der Personalarrest nur erkannt werden, wenn er zur Zeit der eingegangenen Verbindlichkeit schon zulässig war.

Das Staatsministerium hat diese Ordre durch die Gesetzsammlung zur allgemeinen Kenntniß zu bringen.

Berlin, den 17. April 1833.

An das Staatsministerium.

Friedrich Wilhelm.

1100.

Bestrafung derjenigen, welche geistliche Functionen sich anmaßen.

Da die rheinischen Gerichte, wie Ich aus Ihrem Berichte vom 4. d. Mts. ersehen, Anstand nehmen, die Artikel 196. 197. 258 und 259. des rheinischen Strafgesetzbuchs auf Geistliche und auf diejenigen anzuwenden, welche, ohne dazu befugt zu sein, sich geistliche Functionen anmaßen oder geistliche Amtskleidungen tragen; so will Ich die in den vorgenannten Artikeln enthaltenen gesetzlichen Vorschriften hierdurch auch für anwendbar auf den geistlichen Stand und auf geistliche Functionen und Amtskleidungen erklären. Sie haben die Bekanntmachung dieser Bestimmung zu veranlassen.

Berlin, den 23. April 1833.

An die Staatsminister Freiherr von Altenstein und von Kamptz.

Friedrich Wilhelm.

1101.

Remunerirung der Friedensrichter für die Aburtelung in Holzdiebstahls- und Forstfrevelsachen.

Ew. Hochwohlgeboren erhalten beigehend eine Abschrift

des von den Herren Staatsministern Maaßen und Freiherrn v. Brenn unterm 20. d. Mts. an mich erlassenen Schreibens

wegen Remunerirung der Friedensrichter in der Rheinprovinz für die Aburtelung der Holzdiebstahls- und Forstfrevelsachen,

so wie der von den gedachten Herren Staatsministern an die königliche Regierung zu Trier an demselben Tage erlassenen Verfügung zur Mittheilung an die Ober-Procuratoren.

Berlin, den 26. April 1833. Der Justiz-Minister v. Kamptz.

An
den königlichen General-Procurator
Herrn Ruppenthal
zu Cöln.

a.

Ew. Excellenz geben wir uns die Ehre, anliegend zur gefälligen Kenntnißnahme Abschrift derjenigen Verfügung ganz ergebenst zu übersenden, welche auf Dero sehr geehrtes Schreiben vom 11. Februar d. J. wegen Remunerirung der Friedensrichter in der Rheinprovinz für die Aburtelung der Holzdiebstahls- und Forstfrevelsachen an die competenten Regierungen heute erlassen worden ist.

Die Anlage des sehr geehrten Schreibens remittiren wir beigefügt ganz ergebenst.

Berlin, den 20. April 1833.

Maassen. v. Brenn.

An
des königlichen wirklichen Geheimen Staatsministers Herrn von Kamptz
Excellenz.

b.

Der Herr Geheime Staats- und Justizminister v. Kamptz Excellenz hat diejenige Verfügung mitgetheilt, welche die königliche Regierung in der Angelegenheit wegen Remunerirung der Friedensrichter für die Aburtheilung der Holzdiebstahls- und Forstfrevelsachen unterm 4. August v. J. erlassen hat, weil einige Friedensrichter Vorstellung dagegen eingereicht haben.

Der Gegenstand der Vorstellung ist die Zahlung der Remuneration in solchen Fällen, in welchen die Untersuchungen nicht Holzdiebstahl, sondern andere Forstfrevel in Communal- und Privatwaldungen betreffen, und die Strafen in die Staatskassen fließen. In diesen Fällen kann die Remuneration aus den zur Staatskasse fließenden Strafgeldern gezahlt werden. Denn der Grund der Unzulässigkeit der Remuneration bei Untersuchungen wegen Vergehen in Communal- und Privatwaldungen liegt nur darin, daß solche Waldbesitzer, da die Allerhöchste Kabinets-Ordre vom 15. August 1829 sie nicht betrifft, keine Verbindlichkeit dazu haben, und dieser Grund fällt weg, wenn die Zahlung nicht von ihnen gefordert, sondern aus den zur Staatskasse eingezogenen Strafgeldern geleistet wird. Demnach ist

1) die Remuneration zu zahlen in den Untersuchungen wegen Holzdiebstahls in den königlichen Forsten; unzulässig aber ist sie bei den Untersuchungen wegen Holzdiebstahls in Communal- und Privatwaldungen, und es ist unrichtig, wenn die königliche Regierung in jener Verfügung äußert, daß die Friedensrichter vor der Hand noch die Remuneration in Holzdiebstahlssachen in Gemeine- und Instituten-Waldungen beziehen sollen; denn in diesen Fällen bezieht nicht die Staatskasse die Strafe, sondern sie gebührt nach dem Gesetz vom 7. Juni 1821 den Gemeinen und Instituten, und es tritt gerade in diesen Fällen der Grund der Unzulässigkeit ein, der vorher angegeben worden.
2) Die Remuneration ist ferner zu zahlen bei den Untersuchungen wegen Forstfrevel, die nicht zur Klasse der Holzdiebstähle gehören, in soweit entweder die Frevel in königlichen Forsten begangen worden, oder doch die Strafen in die Staatskasse fließen, und daher aus diesen Strafen die Remuneration gezahlt wird.

Berlin, den 20. April 1833.

Der Finanzminister
Maassen.

Der Minister des Innern
und der Polizei
v. Brenn.

An
die königliche Regierung
zu Trier.

1102.

Aufhebung des Art. 163. der Gouvernements-Verordnung vom 30. Juli 1814 wegen Umwandlung der Geldbußen in Gefängnißstrafe bei Forstfrevel auf dem rechten Moselufer.

Ew. Hochwohlgeboren ersehen aus dem abschriftlich anliegenden Berichte der königlichen Regierung zu Trier vom 21. April, daß darüber Zweifel entstanden ist: ob rücksichtlich der von den Gerichten bei Erkennung der Geldbußen zu substituirenden Gefängnißstrafen in den Forstfrevelsachen auf der rechten Moselseite nach der Allerhöchsten Kabinets-Ordre vom 18. September 1824 oder nach dem Art. 163. der Gouvernements-Verordnung vom 30. Juli 1814 zu verfahren sei. Es ist aber die unzweifelhafte Absicht Seiner Majestät des Königs bei Erlassung der Allerhöchsten Kabinets-Ordre vom 18. September 1824 gewesen, daß die sämmtlichen Bewohner der Rheinprovinzen bei Verwandlung der Geld- in Gefängnißstrafe nach demselben Maaßstabe wie die übrigen Bewohner des preußischen Staats zu behandeln seien, und daß daher der Art. 163. der Verordnung vom 30. Juli 1814 durch jene Allerhöchste Bestimmung aufgehoben worden. Wenn gleich über diesen Sinn der Allerhöchsten Kabinets-Ordre vom 18. September 1824 überall kein Zweifel obwalten kann, so wird dennoch zum Ueberfluß der Art. 163. der gedachten Gouvernements-Verordnung vom 30. Juli 1814 hiermit vermöge der den Ministerien rücksichtlich der Gouvernements-Verordnungen zustehenden Befugnisse hierdurch ausdrücklich aufgehoben, und ist daher auch auf der rechten Moselseite in Forstfrevelsachen nach Maaßgabe der Königlichen Kabinets-Ordre zu verfahren und die Substitution der Gefängnißstrafe auszusprechen.

Ew. Hochwohlgeboren werden hirrdurch beauftragt, dieses Rescript durch die Amtsblätter der königlichen Regierungen zu Coblenz und Trier publiciren zu lassen und die dortigen königlichen Ober-Procuratoren mit der etwa erforderlichen nähern Anweisung zu versehen.

Berlin, den 10. Mai 1833. Der Justiz-Minister v. Kamptz.

An
den königlichen General-Procurator
Herrn Ruppenthal zu Cöln.

1103.

Feststellung der Complicität in Forstfrevelsachen.

Eine rheinische Regierung hat sich bei dem königlichen Finanz-Ministerium darüber beschwert, daß die Forstrichter für jeden abgeurtheilten Frevler die ihnen zukommenden 2 Groschen liquidiren, wenn auch mehrere Frevler unter einer Nummer des Forststrafregisters oder in demselben Protocoll eingetragen worden; es hat sich aber gefunden, daß die Beschwerde ungegründet gewesen und daß die Förster irrthümlich mehrere Frevler, welche sie zu derselben Zeit und an demselben Orte frevelnd betroffen, unter einer Nummer eingetragen, ohne Thatsachen anzugeben, woraus auf eine Complicität zu schließen. Das königliche Finanz-Ministerium wird nun die rheinischen Regierungen dahin instruiren, daß wenn mehrere Frevler gemeinschaftlich frevelnd betroffen werden, z. B. gemeinschaftlich einen Baum fällen, oder gemeinschaftlich einen Karren Holz wegfahren, diesen Frevel nur für einen Fall zu rechnen, wenn auch noch so viel Individuen dabei betheiliget, daß jedoch der Förster genau die Thatsachen angeben muß, woraus die Complicität erhellt, daß dagegen, wo keine Complicität erwiesen, mithin auch nicht auf solidarische Verbindlichkeit zur Zahlung der Strafe und Kosten erkannt worden, die Freisprechung oder Verurtheilung eines jeden einzelnen Individui einen besondern Fall bildet.

Ew. Hochwohlgeboren veranlasse ich durch die Ober-Procuratoren den Forstrichtern solches eröffnen und sie anweisen zu lassen, daß wenn dessen ungeachtet künftig mehrere Individuen, ohne daß Complicität vorhanden, unter derselben Nummer eingetragen werden, sie zuförderst damit beginnen müssen, zu erkennen, daß keine Complicität erwiesen und demnächst gegen jeden einzelnen ein besonderes Strafurtheil zu erlassen haben.

Berlin, den 17. Mai. 1833. Der Justiz-Minister
An v. Kamptz.
den königlichen General-Procurator Herrn
Ruppenthal zu Cöln.

Der (Tit.) erhält hierneben die an den königlichen General-Procurator in Cöln unter dem heutigen Dato in Forstfrevel-Strafsachen erlassene Verfügung in Abschrift, um demzufolge das Nöthige an die ostrheinischen Gerichte zu veranlassen.

Berlin, den 17. Mai 1833. Der Justiz-Minister
An v. Kamptz.
den königlichen Justiz-Senat
zu Coblenz.

1104.

Verhältnisse der Medicinalpersonen bei Selbstdispensiren von Arzneien.

Die königliche Regierung zu N. hat dem Ministerio der

geistlichen, Unterrichts- und Medicinal-Angelegenheiten angezeigt, daß bei einer den N. treffenden Beschuldigung des Selbstdispensirens von Arzneien der Ober-Procurator zu N. die ausschließliche Competenz der Gerichte zur Einleitung der Untersuchung und Entscheidung in Anspruch genommen und auch den Bürgermeister in N. deshalb angewiesen habe, die Anzeige von solchen Contraventionen ihm, dem Ober-Procurator, direct zu machen, weil diese That sich als ein nach der Gouvernement-Verordnung vom 17. Mai 1814 mit einer zuchtpolizeilichen Strafe belegtes Vergehen darstelle.

Es hat hierüber eine Correspondenz zwischen jenem Ministerio und dem meinigen Statt gefunden, als deren Resultat Ew. Hochwohlgeboren eröffnet wird, daß ich die Ansichten des Ober-Procurators zu N. nicht billigen kann.

Die Aerzte der Rheinprovinzen werden gleich denen der alten Provinzen auf Beobachtung der preußischen Medicinal-Verordnungen besonders verpflichtet, sie gehören daher unbedenklich zu derjenigen Classe von Personen, welche den Beamten im weiteren Sinne

(conf. die Ueberschrift des 8. Abschnitts des Tit. 20. Thl. II. Allg. Landrecht; das marginale zum §. 505. und die Allerhöchste Kabinets-Ordre vom 20. Mai 1833 Gesetzsammlung S. 36.)

in Beziehung auf die Disciplin gleich zu stellen sind.

Das Selbstdispensiren von Arzneien, dessen Zulässigkeit der §. 6. der gedachten Gouvernements-Verordnung überdem an eine Bedingung, den Wohnsitz auf dem Lande, von allen Apothekern entfernt knüpft, deren Vorhandensein allein von der Aufsichtsbehörde richtig festgestellt und erkannt werden kann, ist offenbar eine Handlung, deren Beurtheilung in Rücksicht ihrer Zulässigkeit oder Strafbarkeit lediglich der vorgesetzten Amtsbehörde zusteht und zur gerichtlichen Cognition sich nicht eignet. Die Regierungen sind daher nach §. 35. des Ressort-Reglements vom 20. Juli 1818 berechtigt, ohne Einmischung der Gerichte Vergehen der Aerzte als reine Dienstvergehen disciplinarisch zu rügen, deshalb Ordnungsstrafen festzusetzen und zu vollstrecken, und die Gerichtsbehörden dürfen nach §. 36. ibidem dieserwegen nicht anders als auf Verlangen der betreffenden Regierung die Untersuchung einleiten, wenn nicht die in eben diesem Paragraphen bezeichnete Ausnahme eintritt, nämlich wenn zugleich ein delictum commune subversirt, z. B. die Beschuldigung zugleich dahin geht, daß durch das Verabreichen der Arzneien eine culpose Tödtung (Art. 319. des Strafgesetzbuchs) bewirkt worden.

Hiernach veranlasse ich Ew. Hochwohlgeboren, den Inhalt dieser Verfügung sämmtlichen Ober-Procuratoren mitzutheilen, und sie zur genauen Befolgung der darin aufgestellten Grundsätze und namentlich dahin anzuweisen, daß sie die zu ihrer Kenntniß gelangenden Fälle des Selbstdispensirens der Aerzte, sofern nicht die letztgedachte Ausnahme eintritt, nicht an das Gericht zu bringen, sondern lediglich der betreffenden Regierung zu deren weiteren Veranlassung anzuzeigen haben.

Berlin, den 6. Juni 1833. Der Justiz-Minister
v. Kamptz.

An
den königlichen General-Procurator beim rheinischen Appellations-Gerichtshofe und Geheimen Ober-Justiz-Rath Herrn Ruppenthal Hochwohlgeboren
zu Cöln.

1105.

Berechnung der Strafzeit, wenn Cassation nachgesucht ist.

Abschrift des Berichts des Herrn Ober-Procurators am Landgericht zu Trier vom 25. v. Mts. und der darauf erlassenen Verfügung vom heutigen Tage erhält der Herr General-Procurator Ruppenthal zur Nachricht und ebenmäßiger Bescheidung der übrigen Procuratoren.

Berlin, den 7. Juni 1833. Der Justiz-Minister
v. Kamptz.

a.

Ew. Excellenz erlaube ich mir ehrerbiethigst anzuzeigen, daß nach der mir vom Herrn General-Procurator ertheilten Instruction ich bisher die Strafzeit vom Tage der Entscheidungen des Cassationshofes berechnet habe, wenn nicht etwa die Verurtheilten auf ihr Verlangen vorläufig an den Strafort abgeführt worden sind, in welchem Falle die Strafe vom Tage der Ankunft daselbst beginnt, wenn dieser ein früherer ist, als der der Cassationsurtheile.

Dies Verfahren scheint den §§. 557. 558 und 560 der preußischen Criminal-Ordnung gemäß und auch deshalb angeordnet worden zu sein, weil Ausstellungen jetzt äußerst selten vorkommen und der Art. 23. des Strafgesetzbuchs daher keine Anwendung finden kann, übrigens auch die Zeit der Verhaftung zwischen Anmeldung des Cassationsrecurses und der Entscheidung des Cassationshofes als Untersuchungsarrest zu betrachten ist.

Wenn nun Ew. Excellenz befohlen haben, daß die Strafzeit vom Tage des publicirten Erkenntnisses laufen soll, so ist bei mir das Bedenken entstanden, ob Höchstdieselben das Urtheil des Assisenhofes oder jenes des Cassationshofes gemeint haben.

Da indessen die Ehefrau des Verurtheilten gewiß gebeten haben wird, die Strafe schon vom Tage des Assisenurtheils zu berechnen, so werde ich den ehemaligen Bürgermeister N. am 13. Juni d. J. in Freiheit setzen, bitte aber Ew. Excellenz, mir zu meiner Direction für künftige Fälle gnädigst eröffnen zu wollen, ob die Dauer der Strafzeit in allen Fällen vom Tage der Assisenurtheile zu laufen anfangen soll.

Trier, den 25. Mai 1833. Der Ober-Procurator
Heintzmann.

b.

Ew. Hochwohlgeboren wird auf die Anfrage in dem Berichte vom 25. v. Mts. eröffnet, daß was die Strafzeit des ehemaligen Bürgermeisters N. anlangt, diese nach den besonderen in dieser Sache statt gefundenen Allerhöchsten Bestimmungen mit dem 13. d. Mts. abläuft.

Was aber die allgemeine Anfrage anlangt, von wo ab der Anfang der Strafzeit verhafteter Personen in Sachen, wo Cassation nachgesucht ist, läuft, so ist es richtig, daß der terminus a quo der Tag der Entscheidung des Cassations-Gesuchs ist, wenn nicht etwa die Verurtheilten auf ihr Verlangen vorläufig an den Strafort abgeführt worden sind, in welchem Falle die Strafe vom Tage der Ankunft daselbst beginnt, wenn dieser ein früherer ist, als der der Cassation-Urtheile.

Diese vorläufige Antretung der Strafe muß übrigens den Verurtheilten nicht allein bei Criminal-, sondern auch bei polizeilich und correctionel erkannten Gefängnißstrafen und ohne Unterschied, ob das Rechtsmittel von ihnen selbst oder vom öffentlichen Ministerium eingelegt ist, und bei den Gefängnißstrafen schon nach Publication des Urtheils erster Instanz freistehen und sie deshalb darauf bei Einlegung der Rechtsmittel ausdrücklich aufmerksam gemacht werden. Hiernach haben Sie das Weitere zu veranlassen.

Berlin, den 7. Juni 1833. Der Justiz-Minister
v. Kamptz.

An
den königlichen Ober-Procurator Herrn
Geheimen Justiz-Rath Heintzmann
zu Trier.

1106.

Instruction, das Amt der Gerichtsvollzieher und deren Gebühren betreffend.

Um verschiedenen Uebelständen, welche bei der Amtsführung der Gerichtsvollzieher in der Rheinprovinz sich bisher geäußert haben, abzuhelfen, die Taxe ihrer Gebühren nach dem Münzfuß des Landes zu fixiren, und zugleich die Lage der dienstunfähig gewordenen Gerichtsvollzieher, so wie die der Wittwen und Kinder der verstorbenen zu erleichtern, werden nach erfolgter Allerhöchster Genehmigung, folgende Bestimmungen erlassen und zur Nachachtung vorgeschrieben:

§. 1. Die Zahl der in jedem Landgerichtsbezirk anzustellenden Gerichtsvollzieher richtet sich nach dem Bedürfniß, und die provisorische Anstellung derselben erfolgt, auf die Anträge der Landgerichts-Präsidenten und der Ober-Procuratoren, durch den königlichen General-Procurator zu Cöln. Die Landgerichte weisen den Angestellten ihre Wohnsitze an, welche diese, bei Vermeidung der Entlassung, zu beziehen haben; die Gerichtsvollzieher können indessen wegen Vergehen, Nachlässigkeiten und anderer Dienstfehler, und überhaupt, wenn der Nutzen des Dienstes es erfordert, von einem Ort an den anderen versetzt werden, ohne daß ihnen dagegen ein Reclamationsrecht zusteht. Innerhalb des Landgerichtsbezirks kann die Versetzung durch den betreffenden Landgerichts-Präsidenten und den Ober-Procurator erfolgen; die Versetzung in einen anderen Bezirk findet aber nur durch den General-Procurator Statt. Die Gerichtsvollzieher, welche sich durch ihre Führung auszeichnen, erhalten dadurch Ansprüche auf Versetzung auf eine andere, einträglichere Stelle.

Der Appellationshof, die Land- und die Handelsgerichte wählen in der gedachten Folgeordnung aus denen an ihren Sitzen angestellten Gerichtsvollziehern die zum Dienst in den Audienzen in Civil- und Untersuchungssachen, und die Friedensrichter die zum Dienst bei den Friedens- und Polizeigerichten erforderliche Anzahl von Gerichtsvollziehern.

Die Artikel 1, 3, 6, 7, 8, 9, 14, 21 des Decrets vom 14. Juni 1813 und Artikel 5 des Gesetzes vom 28. Floréal X. (18. Mai 1802) sind aufgehoben.

§. 2. Jeder Gerichtsvollzieher ist verpflichtet, zwei Repertorien und ein Journal zu führen, wozu der General-Procurator das Formular vorschreiben wird. In das erste Repertorium werden alle Acte mit dem Verzeichniß der Kosten eingetragen, welche der Gerichtsvollzieher für Rechnung des Criminalfonds gefertiget hat; in das zweite alle übrigen Acte mit den Kosten, und in das Journal werden von Tag zu

Tag in ununterbrochener Reihefolge, ohne Zwischenraum und Ueberschreibung, alle Aufträge, welche ihm gegeben werden, mit Benennung der Parteien und Angabe der Natur des aufgetragenen Geschäfts bemerkt. Eben so ist der Gerichtsvollzieher verpflichtet, jeder Partei, auch wenn sie es nicht begehrt, eine Bescheinigung des erhaltenen Auftrags oder einen Empfangsschein über die erhaltenen Actenstücke und den ihm gegebenen Vorschuß einzuhändigen und auf demselben die Nummer zu bemerken, unter welcher das Geschäft in dem oben erwähnten Journal verzeichnet ist.

Ausgenommen hiervon sind die von Anwalt zu Anwalt zuzustellenden Urkunden und die von der Staatsbehörde ausgehenden Aufträge. In allen übrigen Fällen wird jede Contravention gegen diese Vorschrift mit einer Geldbuße von wenigstens Einem Thaler bestraft.

Die Repertorien und das Journal werden auf ungestempeltem Papier geführt und von dem Friedensrichter des Cantons, worin der Gerichtsvollzieher seinen Wohnsitz hat, paraphirt.

§. 3. Die Gerichtsvollzieher dürfen die Bezahlung ihrer Gebühren nur von der Partei, in deren Auftrage sie handeln, von derjenigen, gegen welche sie instrumentiren, aber nur dann fordern und annehmen, wenn ihnen gleichzeitig alle der requirirenden Partei zukommenden Summen und Kosten vollständig ausbezahlt werden.

Jede Zuwiderhandlung zieht den Verlust der Gebühren und eine Geldbuße von 5 Thalern nach sich, vorbehaltlich strengerer Strafe im Wiederholungsfalle.

§. 4. Bedient sich eine Partei eines anderen, als des in dem Friedensgerichtsbezirk, wo der Act vorgenommen werden soll, wohnenden Gerichtsvollziehers, so darf sie ihrem Gegner von den Gebühren und Reisekosten nur so viel in Anrechnung bringen, als sie dem zunächst wohnenden Gerichtsvollzieher hätte bezahlen müssen.

Ausgenommen hiervon sind die Fälle, in welchen das Gericht den Gerichtsvollzieher mit einem Geschäfte außerhalb des Cantons beauftragt, wenn ein in dem Canton begonnenes Geschäft zu seiner Vollendung die Reise des Gerichtsvollziehers in einen anderen Canton nothwendig macht, und wenn die in dem Canton wohnenden Gerichtsvollzieher gesetzlich verhindert sind, in der Sache zu instrumentiren.

§. 5. Die königlichen Procuratoren können in Untersuchungssachen nur aus erheblichen Gründen einen Gerichtsvollzieher beauftragen, außer dem Canton seines Wohnortes zu instrumentiren, und müssen alsdann diese Gründe in ihrem Befehle, welcher auch den Namen des Gerichtsvollziehers, die Bestimmung der Anzahl und Natur der Acte, und die Angabe des Orts, wo sie vollzogen werden sollen, enthalten muß, anführen. Dieser Befehl muß der Rechnung des Gerichtsvollziehers beigelegt werden.

§. 6. Die Gerichtsvollzieher, welchen die Urtheile und Beschlüsse der Gerichte im Original zur Insinuation anvertraut worden, müssen den Gerichtsschreibern den Empfang bescheinigen und dieselben binnen 24 Stunden nach der Insinuation, bei Vermeidung nachdrücklicher Strafe und, dem Befinden nach, der persönlichen Verhaftung wieder ausliefern.

§. 7. Die Gerichtsvollzieher sollen die Protocolle wegen Haussuchung nicht anders, als auf den Grund eines Verhafts- oder Criminal-Arrestbefehls oder eines Urtheils, welches eine Verurtheilung zu einer Criminal- oder Gefängnißstrafe enthält, abfassen.

§. 8. Wird ungeachtet der durch den Gerichtsvollzieher gemachten Haussuchungen der Beschuldigte, Angeklagte oder Verurtheilte nicht verhaftet, so muß dem Polizei-Director, Polizei-Commissär oder Bürgermeister, und auf dem platten Lande dem Landrathe, eine in gehöriger Form abgefaßte Abschrift der Urkunde, worauf die Verhaftung geschehen soll, zugestellt werden, damit dieselben an ihre Untergeordneten den Befehl baldigst erlassen, den Gerichtsvollziehern in ihren Nachforschungen beizustehen.

§. 9. Jeder Gerichtsvollzieher, welcher sich weigert, in einer Civil- oder Untersuchungssache die gesetzlichen Aufträge der Beamten des öffentlichen Ministerii oder der Parteien zu vollziehen, oder den Dienst zu leisten, welchen er den Gerichten schuldig ist, soll, mit Vorbehalt des vollständigen Schadenersatzes und der verwirkten Strafen, das erste Mal suspendirt, im Wiederholungsfalle aber seines Amtes entsetzt werden.

§. 10. Vom Tage der Publication dieser Instruction ab haben die Gerichtsvollzieher die in der dieser Instruction beigefügten Gebühren-Taxe festgesetzten Gebühren zu beziehen, und es ist ihnen, bei Strafe der Suspension, im Wiederholungsfalle aber der disciplinarischen Amts-Entlassung verboten, andere zu fordern oder anzunehmen, vorbehaltlich der Anwendung des Art. 174 des Strafgesetzbuchs in schweren Fällen.

§. 11. Die Gerichtsvollzieher sollen für alle Amtsverrichtungen, welche sie in Strafsachen auf Befehl des öffentlichen Ministeriums oder einer richterlichen Behörde vornehmen und für welche sie aus den Criminal-Fonds bezahlt werden, keine

Reisekosten innerhalb ihrer Cantons (Nr. 17 des 5. Abschnitts der Gebühren-Taxe), und nur die Hälfte ihrer Gebühren vorschußweise, die Reisekosten und die andere Hälfte der Gebühren aber nachgezahlt erhalten, wenn solche von dem Angeschuldigten in Gefolge eines gegen ihn ergangenen Urtheils eingezogen worden.

§. 12. Die Vorschriften des Kapitels III. des ersten Buchs, des ersten Titels, des fünften Kapitels zweiten Titels des zweiten Buchs des ersten Decrets vom 16. Februar 1807; des zweiten Decrets von demselben Dato, so weit es die Gerichtsvollzieher betrifft; des sechsten Kapitels des ersten Titels des Decrets vom 18. Juni 1811, und des Decrets vom 7. April 1813, so weit es die Gerichtsvollzieher betrifft, sind aufgehoben.

§. 13. Die Gerichtsvollzieher eines jeden Landgerichtsbezirkes bilden einen Unterstützungs-Verein und haben eine eigene Casse, welche von einem am Hauptorte des Bezirks befindlichen Ausschusse verwaltet wird.

Der Ausschuß besteht aus drei Mitgliedern, welche von sämmtlichen Gerichtsvollziehern des Bezirks gewählt werden; ihre Functionen dauern ein Jahr; sie können jedoch wieder gewählt werden.

Wer im Wege der Disciplin zu einem Verweise oder einer Geldbuße verurtheilt worden, darf in dem darauf folgenden Jahre in den Ausschuß nicht gewählt werden.

Wer mit einer Suspension bestraft worden, kann in den folgenden drei Jahren nicht Mitglied des Ausschusses werden.

Ein Mitglied des Ausschusses, welches im Disciplinarwege gestraft wird, muß sogleich austreten.

§. 14. Der Bestand der gemeinschaftlichen Casse wird durch die gegen die Gerichtsvollzieher im Wege der Disciplin erkannten Geldbußen und durch jährliche Beiträge der einzelnen Gerichtsvollzieher gebildet.

Die Höhe der Beiträge wird im Anfange eines jeden Jahres unter Genehmigung des Landgerichts bestimmt. Sie dürfen nie den zehnten Theil der Summe übersteigen, welche ein Gerichtsvollzieher im vorhergehenden Jahre nach seinem Repertorium für Original-Urkunden und Vacationen, mit Ausnahme jedoch der Zustellungen von Anwalt zu Anwalt und derjenigen, welche nach dem fünften Abschnitt der beifolgenden Gebühren-Taxe bezahlt werden, bezogen hat.

Jeder Gerichtsvollzieher muß daher jährlich einen Auszug seines Repertoriums dem Ausschusse einreichen. Eine Unrichtigkeit dieses Auszuges zieht eine Geldbuße von 25 Rthlrn. nach sich.

Die Beiträge müssen in vierteljährigen Raten an den Kassirer des Ausschusses bezahlt werden. Im Nichtzahlungsfalle wird auf Betreiben des Kassirers der Auszug aus der Vertheilungsliste durch den betreffenden Friedensrichter executorisch erklärt, und in der gesetzlichen Art vollstreckt.

Die Geldbußen werden ebenfalls durch den Kassirer in Gefolge des ergangenen Straf-Erkenntnisses eingetrieben.

§. 15. Aus der gemeinschaftlichen Kasse werden bestritten:

1) die dem Kassirer und dem Protokollführer etwa zu bewilligende Remuneration, so wie die übrigen Bureau-Bedürfnisse des Ausschusses;
2) die Unterstützungen für hülfsbedürftige Gerichtsvollzieher oder für die Wittwen und Kinder der Verstorbenen.

§. 16. Die Rechnung muß in jedem Jahre dem neugewählten Ausschusse gelegt und demnächst dem Landgerichte zur Bestätigung eingereicht werden.

Jedem Gerichtsvollzieher muß, wenn er es begehrt, die Einsicht der Rechnung gestattet werden, um seine Bemerkungen dagegen vorbringen zu können.

§. 17. Die Bestimmungen der Art. 93., 94. und 95. des Decrets vom 14. Juni 1813 werden dahin beigehalten, daß die Gebühren für die Zustellung der Anwalts-Acte und für das Aufrufen der Parteien in der Audienz zwischen den Audienz-Gerichtsvollziehern in gleiche Theile vertheilt werden. Der dritte Theil des Decrets vom 14. Juni 1813 ist aufgehoben.

Die Behörden und Justiz-Beamten, insonderheit aber die Gerichtsvollzieher, haben sich nach diesen Bestimmungen zu achten. Berlin, den 10. Juni 1833.

Der Justiz-Minister
v. Kamptz.

Gebühren-Taxe
für die Gerichtsvollzieher in dem Sprengel des rheinischen Appellations-Gerichtshofes.

Erster Abschnitt,
die Gebühren der Gerichtsvollzieher in den zur Competenz der Friedensgerichte gehörigen Sachen enthaltend.

	Erste Kolonne.		Zweite Kolonne.	
	Sg.	Pf.	Sg.	Pf.
1) Für die Insinuation der Ladung, in welcher eine Klage enthalten ist	10	—	12	6

	Erste Kolonne Sg.	Erste Kolonne Pf.	Zweite Kolonne Sg.	Zweite Kolonne Pf.
2) Für die Zustellung eines Urtheils und für die Aufforderung, Caution zu stellen, oder um bei deren Stellung gegenwärtig zu sein . . .	10	—	12	6
3) Für die Zustellung eines Einspruchs gegen ein Contumacial-Urtheil, mit Ladung einer Klage auf Gewährleistung, der Ladung an Zeugen oder Sachverständigen, oder der Partei zum Sühneversuch, der Mitglieder eines Familienrathes, der Zustellung eines Gutachtens eines Familienrathes, eines Einspruchs gegen Siegelanlage, oder Aufforderung zur Abnahme der Siegel	12	—	15	—
4) Für jede Abschrift der Urkunden sub Nro. 1 und 2.	2	6	3	—
und der sub Nro. 3.	3	—	3	6
5) Für die Abschriften derjenigen Actenstücke, welche gleichzeitig mitgetheilt werden müssen, für jedes Blatt von 20 Zeilen auf einer Seite und 10 Sylben in der Zeile . . .	1	6	1	6
6) Für das jedesmalige Aufrufen einer Sache in der Sitzung	1	—	1	—
7) Für jeden Licitations-Termin, in welchem sie die Gebote auszurufen, die Kerzen zu liefern und anzuzünden haben, nach den Kolonnen der Gebühren-Taxe vom 17. August 1822, 10 Sg., 15 Sg. und 20 Sg.				
8) die Gerichtsvollzieher bei den Friedensgerichten der Städte Aachen No. 1., Cöln No. 1. und 2., Trier No. 1., Coblenz, Düsseldorf, Elberfeld und Barmen liquidiren nach der ersten, alle übrigen nach der zweiten Kolonne.				
9) Die Ersteren erhalten für jede zurückgelegte Meile fünf Silbergroschen Entschädigung, die Letzteren nur dann, wenn sie außerhalb ihres Cantons instrumentiren müssen. Die Reise wird berechnet, indem die Entfernung von dem Sitze des Friedensgerichts bis zum Orte, wo das Geschäft verrichtet werden soll, und der Rückweg zusammen gezogen wird. Beträgt die				

	Erste Kolonne.		Zweite Kolonne.	
	Sg.	Pf.	Sg.	Pf.
Entfernung hin und zurück weniger als eine Meile, so darf für Reisekosten nichts liquidirt werden. Die Reise-Gebühren werden nur nach halben und ganzen Meilen berechnet, und was zwischen beiden fällt, darf nicht in Ansatz kommen.				

Zweiter Abschnitt,
die Gebühren der Gerichtsvollzieher in den zur Competenz des Appellationsgerichtshofes, der Landgerichte und der Handelsgerichte gehörigen Sachen betreffend.

10) Für Vorladungen aller Art an die Partei, zur Erscheinung vor einem Gerichte, vor Schiedsrichtern, vor einem Commissar, in der Gerichtskanzlei; für Vorladungen an dritte nicht betheiligte Personen, Zeugen, Sachverständige, Inhaber von Urkunden oder mit Arrest belegter Sachen; für Zustellung von Erklärungen oder Aufforderungen, von Urtheilen jeder Art, Ordonnanzen oder von Titeln, zum Zweck einer beabsichtigten Execution und der übrigen dadurch nöthig werdenden Acte; Zustellung eines Einspruches gegen Contumacial-Urtheile, oder andere Acte oder beabsichtigte Handlungen; für Arrest-Anlagen und die dabei weiter nöthigen Acte; für Zahlungsbefehle zum Zwecke der Execution in Mobilien oder Immobilien, Zustellungen von Appellationen von den Urtheilen der Friedensgerichte, der Fabrikgerichte, Handelsgerichte und Landgerichte, so wie von den Erkenntnissen der Schiedsrichter, es mögen diese freiwillig oder in Gefolge gesetzlicher Vorschriften ernannt worden sein;

überhaupt für alle Acte der Gerichtsvollzieher, für welche in den hiernach folgenden Bestimmungen nicht namentlich andere Gebühren bewilligt sind . . . 12 Sg.

11) Für jede Abschrift . . . . 3 Sg.

12) Für die gleichzeitig zugestellten Abschriften von Urkunden für jedes Blatt von 20 Zeilen und 10 Sylben in der Zeile . . . . 1 Sg. 6 Pf.

13) Für das Original der Recusation eines Friedensrichters (Art. 45.) . . . . 16 Sg.

14) Für die Abschriften . . . . 4 Sg.

15. Für die Urkunde über eine Mobiliar-Pfändung, wenn solche drei Stunden dauert, mit Einschluß der Zeit, welche verwandt wird, um, wo es nöthig ist, den Friedensrichter, Polizei-Commissar oder einen andern competenten Beamten herbeizurufen, mit Einschluß der den Zeugen zu zahlenden Entschädigung (Art. 585., 586., 587., 588., 589., 590., 601., 819.. 822., 825. der Civil-Proceßordnung) . . . . 1 Thlr 15 Sg.

16. Dauert die Handlung länger, als drei Stunden, so wird für jede weitere Vacation von drei Stunden, mit Inbegriff der Entschädigung der Zeugen, bewilligt 1 Thlr.

Jede angefangene Stunde wird für voll gezählt.

In obigen Gebühren ist die Taxe für die an den Gepfändeten und den Hüter abzugebenden Abschriften mit einbegriffen.

17. Der assistirende Polizei-Commissar oder andere Beamte erhält, wenn er Entschädigung fordert, . . . 20 Sg.

18. Für die Vacation des Gerichtsvollziehers bei der Deposition des bei der Pfändung vorgefundenen baaren Geldes (Art. 590) . . . . 12 Sg.

19. An Hütergebühren werden während der ersten zwölf Tage bewilligt . . . . 10 Sg.

Später für den Tag . . . . 5 Sg.

20. Für das Protocoll über das Vorhandensein der gepfändeten Gegenstände, wenn der Hüter von der ferneren Aufsicht entbunden wird (Art. 606) . . 16 Sg.

Nur die Sachen, welche fehlen, werden in dem Protocolle genannt. Der abgehende Hüter erhält eine Abschrift des Protocolls und giebt dagegen die Abschrift des Beschlagnahme-Protocolls dem neuen Hüter, welcher die Aufsicht durch Unterschrift des oben erwähnten Protocolls übernimmt.

21. Für jede Abschrift dieses Protocolls . . . . 4 Sg.

22. Im Falle, daß der Gerichtsvollzieher eine frühere Pfändung und einen bestellten Hüter vorfindet, und dann nach Vorschrift des Art. 611 verfährt, mit Inbegriff zweier Abschriften . . . . 1 Thlr. 6 Sg.

23. Muß eine dritte Abschrift gegeben werden, für diese 4 Sg.

24. Für das Protocoll über das Vorhandensein der gepfändeten Gegenstände, welches vor deren Verkauf aufgenommen wird, und in welchem nur die fehlenden Stücke angegeben werden, mit Inbegriff der Gebühren der zugezogenen Zeugen (Art. 616) . . . 1 Thlr. 6 Sg.

Abschrift hiervon wird nicht gegeben.

25. Müssen die gepfändeten Sachen zum Zwecke des Verkaufs an einen andern Ort transportirt werden, so werden dem Gerichtsvollzieher die Auslagen dafür erstattet, nach dem Inhalte der vorgelegten Quittungen oder, wenn die Empfänger nicht schreiben können, auf seine amtliche Versicherung.

26. Für das Original der Bekanntmachung des Verkaufs 6 Sg.

27. Für jede geschriebene Copie . . . . 3 Sg.

Für die gedruckten Exemplare werden die Druckkosten nach den Quittungen vergütet.

28. Für die über den Anschlag der Bekanntmachung aufzunehmende Urkunde, von welcher keine Abschrift gegeben wird (Art. 619) . . . . 16 Sg.

Die Auslagen für Insertion in ein öffentliches Blatt werden besonders vergütet.

29. Für jede Vacation von drei Stunden, bei dem Verkaufe der gepfändeten Sachen, mit Einschluß des dabei aufzunehmenden Protocolls . . . . 1 Thlr.

30. Wenn nach Vorschrift der Art. 620 u. 621 eine besondere Publication oder eine öffentliche Ausstellung Statt finden muß, so erhält der Gerichtsvollzieher für jede der beiden ersten Publicationen oder Ausstellungen 24 Sg.

Die dritte Publication oder Ausstellung wird nicht besonders bezahlt.

Diese Gebühren fallen weg an den Orten, wo ein öffentliches Blatt erscheint, weil hier die besondere Publication oder Ausstellung durch Insertion in dieses Blatt ersetzt wird.

31. Wird von einer Partei Abschrift des Versteigerungs-Protocolls begehrt, so wird dem Gerichtsvollzieher für jedes Blatt von 25 Zeilen auf jeder Seite und 10 bis 12 Sylben in jeder Zeile bezahlt . . . . . 4 Sg.

32. Für die Bewirkung der Festsetzung der Gebühren auf das Versteigerungs-Protocoll (Art. 657) . . 12 Sg.

33. Für Hinterlegung der Kaufgelder . . . . 12 Sg.

34. Für die Pfändung der Früchte auf dem Halme (Art. 627), wenn dabei nicht über drei Stunden zugebracht worden, ... 1 Thlr.

35. Für jede folgende Vacation von drei Stunden 24 Sg.

36. Für jede abzugebende Abschrift (Art. 628) . . 6 Sg.

Die übrigen Acte werden wie bei der Mobiliarpfändung taxirt.

37. An Hütungsgebühren werden dem Feldschützen vergütet für den Tag . . . . 6 Sg.
38. Wenn ein Anderer, als der Feldschütze, zum Hüten be
39. Für die Beschlagnahme einer Rente im Falle des Art. 637. . . . . 24 Sg.
stellt worden (Art. 628) . . . . 10 Sg.
40. Für die Abschrift . . . . 6 Sg.

Die übrigen hierbei nöthigen Acte werden nach Nr. 10 bezahlt.

41. Für die Zustellung eines den Personal-Arrest erkennenden Urtheils, mit Zahlungs-Aufforderung (Art. 780) 12 Sg.
42. Für die Abschrift . . . . 3 Sg.
43. Für Auswirkung der Ordonnanz des Friedensrichters (Art. 781) . . . . 16 Sg.
44. Für das Protocoll über die Verhaftung eines Schuldners und Eintragung in das Gefangenregister mit Einschluß der Entschädigung der Zeugen (Art. 783) 8 Thlr.

Für die Aufsuchung des Schuldners und übrigen besondern Bemühungen wird nichts vergütet.

45. Für die Vacation, wenn der verhaftete Schuldner auf sein Begehren dem Präsidenten des Gerichtes vorgeführt wird . . . . 1 Thlr. 10 Sg.
46. Für die Abschrift des Protocolls über die Verhaftung und Eintragung in das Register des Gefängnisses (Art. 789.) . . . . 16 Sg.
47. Dem Gefangenwärter, welcher das Urtheil in sein Register einträgt, für jedes Blatt der Ausfertigung des Urtheils (Art. 790) . . . . . . 2 Sg.
48. Für die Empfehlung eines schon verhafteten Schuldners (Art. 792, 793) . . . . 24 Sg.
49. Für die Abschrift . . . . 6 Sg.
50. Für die Zustellung eines Urtheils, welches die Verhaftung nichtig erklärt, und die Entlassung des Schuldners . . . . 24 Sg.
51. Für die Abschrift, welche der Gefangenwärter erhält, 6 Sg.
52. Für das über ein Real-Anerbieten aufgenommene Protocoll (Art. 813) . . . . 16 Sg.
53. Für die Abschrift . . . . 4 Sg.
54. Für das über die Consignation aufgenommene Protocoll (Art. 1259 des Civilgesetzbuches) . . . 1 Thlr.
55. Für jede Abschrift . . . . . . 8 Sg.
56. Für das Protocoll zum Zwecke einer Arrest-Anlegung auf Mobilien, wegen Eigenthums-Ansprüche, wenn gegen die Arrest-Anlage opponirt, oder die Oeffnung der Thür verweigert wird, mit Ladung und mit Inbegriff der Entschädigung der Zeugen (Art. 829) . 1 Thlr.

57. Das Protocoll über die Beschlag-Anlegung selbst wird wie eine Möbelpfändung taxirt.

58. Für die Erklärung eines Hypotheken-Gläubigers, daß er den nochmaligen öffentlichen Verkauf des von seinem Schuldner veräußerten Grundstücks begehre (Art. 2185 des Civilgesetzbuches), ... 1 Thlr.

59. Für die Abschrift . . . . . . 8 Sg.

60. Für das Protocoll über die Wiederholung der Erklärung eines Schuldners, daß er seine Güter abtrete, wenn solche auf dem Gemeindehause geschieht (Art. 901), ... 24 Sgr.

61. Für das Protocoll über die Abführung des Schuldners aus dem Gefängnisse, um diese Erklärung abzugeben (Art. 902) . . . . . . 1 Thlr. 10 Sg.

62. Ein Protest-Act, mit Haussuchung verbunden (Art. 173 des Handelsgesetzbuches), mit Inbegriff der Gebühren für die Assistenten, so wie für die Abschriften 1 Thlr.

Dritter Abschnitt,

die Gebühren der Gerichtsvollzieher enthaltend, welche zum innern Dienste bei den Gerichten berufen sind.

63. Für den jedesmaligen Aufruf einer zur Verhandlung in der Sitzung des Handelsgerichts gebrachten Sache 3 Sg.

64. Für den Aufruf einer Sache zur Verhandlung in der Sitzung des Landgerichts, wenn ein definitiver oder interlocutorischer Bescheid ergeht, ... 5 Sg.

Bei bloß präparatorischen Bescheiden und Vertagungen wird nichts bewilligt.

65. Für die Publication der Bedingungen bei den nach Vorschrift der rheinischen Proceß-Ordnung Statt findenden öffentlichen Verkäufen . . . . . 10 Sg.

66. Für den definitiven Verkauf einschließlich der Kerzen 20 Sg.

67. Bei Subhastationen, welche nach der Verordnung vom 1. August 1822 vor einem Deputirten des Landgerichts Statt haben, einschließlich der Kerzen . 20 Sg.

68. Für die Zustellung aller Arten von Urkunden von Anwalt zu Anwalt, bei den Landgerichten, welche in Urschrift und Abschrift dem Gerichtsvollzieher eingehändigt werden, ... 4 Sg

69. Für den Aufruf einer Sache in der Sitzung des Appellationsgerichtshofes, und wenn ein definitives oder interlocutorisches Erkenntniß ergeht, . . 12 Sg.

Bei blos präparatorischen Bescheiden und Vertagungen wird nichts bewilligt.

70. Für die Zustellung aller Art von Urkunden von Anwalt zu Anwalt beim Appellationsgerichtshofe erhält der Gerichtsvollzieher . . . . 6 Sg.

Vierter Abschnitt.

Allgemeine Bestimmungen.

71. Für die Vorlegung der Urkunden, welche visirt werden müssen, ... 6 Sg.
und wenn

72. der Gerichtsvollzieher wegen Weigerung des zur Visirung berufenen Beamten das Visa des Staats-Procurators nachsuchen muß . . . . . . 12 Sg.

73. An Reisekosten erhält der Gerichtsvollzieher in den nicht zur friedensgerichtlichen Competenz gehörigen Civilsachen für jede Meile . . . . 10 Sg.
Die Berechnung geschieht, wie im ersten Abschnitt sub No. 9 bestimmt worden.

74. Die Taxen der im zweiten Abschnitt erwähnten Geschäfte, Urkunden und Vacationen werden zu Gunsten der in den Städten Cöln, Aachen und Düsseldorf angestellten Gerichtsvollzieher um ein Viertel erhöht; diese Erhöhung bezieht sich jedoch weder auf die Abschriften ihrer eigenen, noch auf die Abschriften der sonstigen mitgetheilten Urkunden.

75. Zu Gunsten der in den Städten Coblenz, Trier und Cleve angestellten Gerichtsvollzieher werden die Taxen im zweiten Abschnitte für die darin sub No. 16, 29, 34, 35 gedachten Vacationen, und die sub No. 32, 33, 41, 62 gedachten Acte ebenfalls unter der obigen Beschränkung um ein Viertel vermehrt.

76. Endlich werden die sub No. 12 erwähnten Copialien für die sub No. 74 und 75 genannten Gerichtsvollzieher auf 2 Sg. erhöht.

77. Bei freiwilligen Mobiliar-Verkäufen erhalten sämmtliche Gerichtsvollzieher ohne Unterschied des Wohnorts für die Vacation von drei Stunden Einen Thaler Gebühren und zehn Silbergroschen für jede fernere Stunde. Für die öffentliche Bekanntmachung und Entwerfung der Bedingungen und für den Empfang der Gelder liquidiren sie, wie in der Taxordnung für die Notarien bei dem Worte „Auction" von Mobilien vorgeschrieben ist.

Fünfter Abschnitt.

Von den Gebühren der Gerichtsvollzieher in Untersuchungs-Sachen.

In Untersuchungs-Sachen, wozu auch die Disciplinar-Sachen gehören, und mit Ausnahme der Holzdiebstahls-Sachen, erhalten die Gerichtsvollzieher:

1. Für alle Vorladungen, Insinuationen, Anzeigen, Mittheilungen und Erscheinungs-Befehle . . 4 Sg.
2. Für jede Copie der oben erwähnten Acte . 4 Sg.
3. Für die Vollstreckung der Vorführungs- und Verhafts-Befehle, das Insinuations-Instrument und die Copie mit einberechnet . . . . 1 Thlr. 15 Sg.
4. Für die Vollstreckung der Verwahrungs-Befehle, das Insinuations-Instrument und die Copie mit eingerechnet . . . . 24 Sg.
5. Für Ergreifung oder Gefangennehmung der Person, kraft eines einfachen Polizei-Erkenntnisses, ohne daß eine Gebühr für die Nachspürung bewilligt werden kann, 20 Sg.
6. Für die Verhaftnehmung kraft eines Arrestbefehls oder eines Urtheils in correctionellen Sachen, welches Gefängnißstrafe enthält, ... 2 Thlr.
7. Für Gefangennehmung kraft eines Criminal-Arrestbefehls oder eines Urtheils, welches zur Zuchthausstrafe, Zwangsarbeit oder härtern Strafe verurtheilt, 3 Thlr.
8. Für die Abholung eines jeden Gefangenen aus dem Gefangenhause, für dessen Vorführung vor den Richter und das Zurückführen in das Gefangenhaus 4 Sg.
9. Für das Protocoll über eine Haussuchung, wovon in dem Art. 109 des Gesetzbuches über das gerichtliche Verfahren in Strafsachen Erwähnung geschehen und worauf die Gefangennehmung nicht erfolgt ist, das Insinuations-Document und die Copie des Verhafts- oder Criminal-Arrestbefehls oder des Urtheils oder Bescheids, welcher die Haussuchung veranlaßt hat, mit eingerechnet 24 Sg.

   In der nämlichen Sache soll für jedes Individuum nur ein Protocoll bezahlt werden, wie häufig auch immer die Haussuchungen in einer und derselben Gemeinde gemacht sein mögen.
10. Für die Verkündigung bei Trompetenschall oder Trommelschlag, und für die Anheftung der Verordnung, welche nach Vorschrift der Art. 465 und 466 des Ge-

setzbuchs über das gerichtliche Verfahren in Strafsachen gegen die Angeklagten, welche wegen ungehorsamen Nichterscheinens in contumaciam angeklagt sind, erlassen und bekannt gemacht werden muß, daß über die Verkündigung gefertigte Protocoll und die Auslagen mitgerechnet . . . . 3 Thlr.

Geschehen die besagten Verkündigungen und Anheftungen in zwei verschiedenen Gemeinden, und es werden dazu mehrere Gerichtsvollzieher beauftragt, so erhält jeder derselben nur die Hälfte der in dem Art. 54, No. 10 bestimmten Taxe.

11. Für die Ablesung des Todesurtheils, wovon in dem Art. 13 des Strafgesetzbuchs Erwähnung geschieht, 4 Thlr.

12. Betragen die mitzutheilenden Abschriften mehr, als ein Blatt, so werden für jedes folgende Blatt 2 Sg. bezahlt; jedes Blatt muß 24 Linien von 15 Sylben im Durchschnitt enthalten.

13. Für die Gegenwart bei der Eintragung des Beschuldigten in die Liste der Gefangenen, wenn derselbe schon eingekerkert ist, ... 4 Sg.

14. Ist gegen ein und dasselbe Individuum ein Vorführungs- und Verwahrungs-Befehl erlassen und in den nämlichen 24 Stunden von dem Gerichtsvollzieher vollzogen worden, so erhält derselbe ein- für allemal nur den Satz für den Vorführungs-Befehl mit 1 Thlr. 15 Sg.

15. Sind die Individuen, wogegen Urtheile ergangen sind, welche eine persönliche Verhaftnehmung nach sich ziehen, auf jede andere Art schon wirklich verhaftet, so werden den Gerichtsvollziehern für die Vollstreckung der oben erwähnten Acte in Ansehung ihrer nur die unter No. 1 für die Ladungen, Insinuationen und Anzeigen bestimmten Gebühren entrichtet. Das Nämliche findet bei der Vollstreckung der Vorführungs-Befehle Statt, wenn das Individuum wirklich schon früher verhaftet ist, wenn es sich freiwillig gestellt hat, oder wenn es nicht ergriffen werden konnte.

16. Die Gebühren für die von den Gerichtsvollziehern zugezogenen Zeugen fallen jedes Mal den Gerichtsvollziehern, welche sie gebraucht haben, zur Last.

17. Die Gerichtsvollzieher erhalten für jede zurückgelegte Meile, wenn der Verurtheilte zahlungsfähig ist, der Civilkläger den Auftrag ertheilt hat, oder die Reise sie in einen anderen Canton führte, ... 5 Sg. und werden die Entfernungen nach No. 9 erstern Abschnitts dieser Tax-Ordnung berechnet.

18. Für den nothwendigen, gehörig bescheinigten Aufenthalt auf der Reise, für jeden Tag, ohne Abzug 10 Sg.
19. Für den Audienzdienst bei Zuchtpolizei- und Polizeigerichten erhalten sie nichts.
20. Für den Audienzdienst bei den Assisenhöfen für jeden Tag . . . . 15 Sg.

Berlin, den 10. Juni 1833. Der Justiz-Minister.
v. Kamptz.

a.

Ich habe die mit Ihrem Berichte vom 22. v. Mts. Mir vorgelegte Instruction, das Amt der Gerichtsvollzieher in der Rheinprovinz betreffend, nebst der Gebühren-Taxe für dieselben genehmigt, und sende Ihnen solche mit der Authorisation zurück, sie zu vollziehen und mittelst Meiner gegenwärtigen Ordre ihre Bekanntmachung zu verfügen.

Berlin, den 9. Juni 1833.

An den Staats- und Justiz-Minister v. Kamptz.

Friedrich Wilhelm.

1107.

Authorisation zur Einleitung einer gerichtlichen Untersuchung gegen Verwaltungsbeamten.

Ew. Hochwohlgeboren Bericht vom 16. April d. J. in der Untersuchungssache gegen den Steueraufseher N. hat eine fernere Correspondenz mit dem Herrn Finanz-Minister zur Folge gehabt, als deren Resultat Ihnen hiermit eröffnet wird, daß die höhere Authorisation der Provinzialbehörde zum Antrage auf gerichtliche Untersuchung wegen Dienstvergehen überhaupt allerdings beigebracht werden muß, wie dies die auf die Correspondenz des Justiz-Ministeriums mit den Ministerien der Finanzen und des Innern gegründete, in den Jahrbüchern Bd. 25. S. 139. abgedruckte, und an Sie selbst außerdem speciell erlassene Verfügung vom 10. Januar 1825 (No. 672) außer Zweifel setzt.

Dieser Nachweis wird sowohl im Interesse der Verwaltung, als des Beschuldigten geboten, damit nicht durch Mißverständniß gegen den Willen des Gesetzes und der vorgesetzten Ministerien Gegenstände in den Kreis gerichtlicher Untersuchung gezogen werden, welche ihr fremd bleiben sollen. Dagegen muß es den Gerichten genügen, wenn das ihnen zu producirende Authorisationsdecret den Bericht, auf welchen dasselbe ertheilt worden, bezeichnet und die Vergehen, weshalb die Untersuchung in Antrag zu bringen ist, im Allgemeinen angeführt werden, ohne das eine specielle Angabe derselben erforderlich ist, wodurch die Sache dahin zu stehen kommen würde, daß die Anklage-Acte gegen die Beamten in dem Ministerium festgestellt werden müßten, was dessen Stellung und der Dienstverfassung nicht gemäß sein würde und durch die Allerhöchste Kabinets-Ordre vom 3. August 1824 auch nicht beabsichtigt ist.

Nach diesen Grundsätzen haben Ew. Hochwohlgeboren für die Folge zu verfahren und auch die Ober-Procuratoren zu ihrer Direction für die Zukunft davon in Kenntniß zu setzen 2c.

Berlin, den 16. Juni 1833. Der Justiz-Minister
An v. Kamptz.
den königlichen General-Procurator
Herrn Ruppenthal zu Cöln.

1108.

Verweigerung der Auszüge aus den Civilstands-Registern für ausgetretene Militairpflichtigen.

Die königlichen Ministerien des Krieges und des Innern und der Polizei haben darüber Beschwerde geführt, daß die rheinischen Civilstands-Beamten die ausgetretenen Militair-Dienstpflichtigen und die eigentlichen Deserteurs nicht allein mit den Auszügen aus den Civilstands-Registern zum Behuf ihrer Aufnahme in der Fremde versehen, sondern sie auch aufbiethen, damit sie sich daselbst verheirathen können.

Ein solches Verfahren ist aber ganz unzulässig, indem derjenige, welcher den geleisteten Eid gebrochen und seine Fahne verlassen und ohne Beobachtung der gesetzlichen Vorschriften ausgewandert, um sich seiner Militairpflicht zu entziehen, unmöglich einen rechtlichen Anspruch an das Ministerium eines preußischen Civilstands-Beamten machen kann. Ew. Hochwohlgeboren veranlasse ich daher sämmtliche Civilstands-Beamte durch die Ober-Procuratoren baldmöglichst anweisen zu lassen:

1) Bei Aufgeboten preußischer Unterthanen, welche im Auslande wohnen, um sich zu vergewissern, daß dieselben weder desertirt sind, noch sich ihrer Militairpflicht entzogen haben, insofern sich nicht aus den Bürgermeisterei-Acten schon ergiebt, daß dieses nicht der Fall sei, die Bescheinigung der Gesetzlichkeit des Aufenthalts im Auslande von denselben zu fordern, und

2) den gedachten Ausgetretenen und Deserteurs oder ihren Bevollmächtigten keine Auszüge aus den Geburtsregistern zuzustellen und, wenn ein Dritter einen solchen Act begehrt, sich von ihm das eigene Interesse bescheinigen zu lassen und nach bescheinigtem eigenen Interesse unter dem Acte zu bemerken, daß derselbe nur in Rücksicht auf dieses Interesse ausgefertigt sei.

Endlich veranlasse ich Sie

3) Die Landgerichtspräsidenten zu requiriren, den Urkunden, welche dem Verbot zuwider etwa ausgefertigt und für das Ausland bestimmt werden möchten, in den geeigneten Fällen, die Legalisation durch ihre Unterschriften nicht nur zu versagen, sondern vielmehr an sich zu behalten und die Rüge gegen den betreffenden Civilstandsbeamten zu veranlassen.

Berlin, den 21. Juni. 1833. Der Justiz-Minister v. Kamptz.

An den königlichen General-Procurator Herrn Ruppenthal zu Cöln.

1109.

Die Ausübung der Fischerei in den Landestheilen auf dem linken Rheinufer.

Wir Friedrich Wilhelm, von Gottes Gnaden, König von Preußen ꝛc. verordnen wegen Ausübung der Fischerei in den auf dem linken Rheinufer belegenen Landestheilen Unserer Monarchie, auf den Antrag Unseres Staatsministeriums, nach Anhörung Unserer getreuen rheinischen Provinzialstände, und nach erfordertem Gutachten Unseres Staatsraths, wie folgt:

§. 1. Mit der Bekanntmachung dieses Gesetzes treten die Bestimmungen der Verordnung des ehemaligen General-Gouvernements am Nieder- und Mittelrhein vom 18ten August 1814., wegen der Fischerei, außer Kraft, und es wird wegen Benutzung und Ausübung derselben derjenige Zustand wieder hergestellt, welcher vor Erlaß jener Verordnung rechtlich stattgefunden hat.

§. 2. Wer, ohne dazu befugt zu sein, zu fischen sich erlaubt, verfällt in eine Geldbuße von Fünf bis Zwanzig Thalern. Bei Wiederholung der Kontravention muß gegen den Kontravenienten eine Strafe von Zwanzig Thalern erkannt werden. Bei ferneren Wiederholungen erfolgt eine Strafe von Zwanzig bis Vierzig Thalern und kann mit einer Gefängnißstrafe von Vierzehn Tagen bis zu Drei Monaten verbunden werden.

In allen diesen Fällen werden die gebrauchten Werkzeuge zum Vortheile des Fischerei-Berechtigten konfiszirt, und bleibt diesem außerdem seine Entschädigung vorbehalten.

Urkundlich unter Unserer Höchsteigenhändigen Unterschrift und beigedrucktem Königlichen Insiegel.

Gegeben Berlin, den 23sten Juni 1833.

Friedrich Wilhelm.

1110.

Ueber die Verpflichtung des öffentlichen Ministeriums, auch die Unschuld der Angeklagten zu berücksichtigen.

In einem speciellen Falle, in welchem vor einem Assisenhofe über eine wegen Mordes erhobene Anklage verhandelt wurde, ist von des Herrn Justiz-Ministers Excellenz gerügt worden, daß in dem Sitzungsprotocolle nur gesagt ist,

daß der Oberprocurator die Gründe, worauf die Anklage beruht, entwickelt habe.

Sr. Excellenz bemerkt, daß diese Entwickelung unter allen Umständen die Pflicht des Oberprocurators sei, daß dieser aber auch auf Verurtheilung antragen müsse, wenn er von der Schuld des Angeklagten persönlich überzeugt ist, auf Freisprechung aber, wenn er von der Schuld nicht überzeugt ist, oder endlich, wenn er selbst zweifelhaft ist, die Gründe für und wider mit gewissenhafter Unpartheiligkeit vortragen und die Entscheidung der eben so gewissenhaften Ueberzeugung der Geschwornen anheimstellen müsse, und in dem einen wie in dem andern Falle sein Antrag bestimmt aus den Acten erhellen müsse, wenn auch die Gründe nicht in das Protocoll gehören; daß es schlechthin nicht zu gestatten sei, daß aus den Acten und insonderheit aus dem Audienzprotokolle nicht einmal der Antrag der Staatsbehörde erhelle, und diese dadurch außer Stand gesetzt werde, bei unangemessenen oder gar actenwidrigen Aussprüchen der Geschwornen gegen den Vorwurf der Theilnahme an ersteren sich zu rechtfertigen.

Nach diesen Bemerkungen, welche ich wörtlich wiedergegeben habe, bin ich angewiesen, den Herrn Oberprocuratoren aufzugeben, in allen wichtigen Criminaluntersuchungssachen ihre Anträge an die Juri schriftlich zu den Acten zu geben, welche alsdann die Gerichtsschreiber in die Protocolle aufzunehmen haben.

Schon früher hatte ich Gelegenheit, des Herrn Justiz-Ministers Excellenz die Versicherung zu geben, daß die bei den Assisen fungirenden Beamten der Staatsbehörde die Gründe für und wider den Angeklagten mit gleicher Gründlichkeit würdigen, und diese Versicherung ist von Sr. Excellenz wohlgefällig aufgenommen worden; es ist mir jedoch noch besonders aufgegeben, diese gründliche Würdigung der Beweise für und wider, den Beamten der Staatsbehörde noch ganz besonders zur Pflicht zu machen.

Des Herrn Justiz-Ministers Excellenz bemerkt hierbei, daß die Ermittelung und der Schutz der Unschuld für die Regierung eben so sehr Pflicht und eben so wichtig sei, als die Ermittelung und Bestrafung des Verbrechens, daß das erstere in völlig gleichem, selbst in noch höherem Grade zu den Bestimmungen des öffentlichen Ministeriums gehöre, als die letztere, indem sonst das öffentliche Ministerium von seiner hohen Bestimmung zu einem bloßen öffentlichen Ankläger herabgewürdigt würde.

Ew. Hochwohlgeboren werden daher nicht versäumen, künftig hiernach selbst zu verfahren, und auch ihre Gehülfen hiernach anweisen.

Cöln, den 27. Juni 1833. Der General-Procurator
Circulare Ruppenthal.
an die Herrn Oberprocuratoren.

1111.

Ueber das Forum in Desertions- und Confiscations-Processen.

Nach einer Benachrichtigung von Seiten des königl. Kriegs-Ministerii haben des Königs Majestät mittelst Allerhöchster Kabinets-Ordre vom 11. Juni d. J. zu bestimmen geruht, daß gegen Individuen, welche

1) von Truppentheilen, die getrennt vom Divisions-Commando in einer Festung stehen, oder
2) von Reserve-Regimentern, Jäger- und Schützen-Abtheilungen, der Artillerie und den Pioniren, welche außerhalb des Bezirks desjenigen Armeecorps, dem sie nach der Armee-Eintheilung angehören, sich befinden, desertirt sind,

der Desertions- und Confiscations-Proceß im ersteren Falle von dem abwesenden Divisionsgerichte, im zweiten Falle von dem Corpsgerichte desjenigen Armeecorps, dem der Truppentheil nach der ursprünglichen Armee-Eintheilung angehört, geführt werden soll.

Von dieser Allerhöchsten Bestimmung werden hiermit die Gerichtsbehörden in Kenntniß gesetzt.

Berlin, den 1. Juli 1833. Das Justiz-Ministerium.
An v. Kamptz. Mühler.
sämmtliche königl. Gerichtsbehörden und
den königl. General-Procurator, Herrn Ruppenthal
zu Cöln.

1112.

Die Kosten, welche bei den Civil-Justizbehörden durch Erledigung der von Militair-Justizbehörden ergangenen Requisitionen entstehen, werden von dem Criminalfonds der Civil-Justiz getragen, und umgekehrt.

In Gefolge Ihres Berichts vom 2. v. M. die an die Militairbehörden zu erstattenden, resp. von denselben zu reclamirenden Criminalkosten betreffend, wird Ew. Hochwohlgeboren eröffnet, wie das königl. Kriegs-Ministerium laut dessen Schreibens vom 5. d. M. ganz damit einverstanden ist, es in den Rheinprovinzen bei der bisherigen Observanz zu belassen, wornach die Kosten, welche bei den Civil-Justizbehörden durch die Erledigung der an sie von Seiten der Militair-Justizbehörden ergangenen Requisitionen entstanden, von dem Criminalfonds der Civil-Justiz, und so umgekehrt, getragen und resp. nicht zurückgefordert worden sind. Ew. Hochwohlgeboren werden angewiesen, hiernach sämmtliche Procuratoren und Instructionsrichter zu instruiren.

Berlin, den 9. Juli 1833. Der Justiz-Minister.
(In Abwesenheit des Herrn Justiz-Ministers v. Kamptz)
An Mühler.
den königl. General-Procurator, Geheimen
Ober-Justiz-Rath Herrn Ruppenthal in Cöln.

1113.

Glaubwürdigkeit der von den Lazareth-Administrationen auszustellenden Todtenscheine.

Zur Beseitigung von Zweifeln, welche über die Glaubwürdigkeit der von den Lazareth-Administrationen auszustellenden Todtenscheine aus dem §. 79. der Militairkirchen-

Ordnung vom 12. Febr. 1832 entnommen werden könnten, bestimme Ich:

daß den Todtenscheinen, welche von Lazareth-Beamten, die in Eid und Pflicht stehen, auf den Grund vorschriftsmäßig geführter Register ausgestellt worden, gleichmäßig mit den Attesten aus den Kirchenbüchern die §. 117. Thl. 1. Tit. 10. der Allg. Gerichtsordnung erwähnte Beweiskraft von öffentlichen außergerichtlichen Urkunden überall beizulegen ist.

In Ansehung der Rheinprovinzen erkläre Ich: daß die Vorschriften des Artikels 80. in dem dort geltenden Civilgesetzbuch durch den §. 79. der Militairkirchen-Ordnung nicht aufgehoben, mithin die Vorsteher der in den Rheinprovinzen befindlichen Militairlazarethe die in denselben sich ereignenden Todesfälle den Civilstandsbeamten anzuzeigen schuldig sein sollen, wobei Ich zugleich festsetze: daß die von den Lazareth-Administrationen und Militairpredigern auf den Grund vorschriftsmäßig geführter Register auszustellenden Todtenscheine mit den Auszügen aus dem Civilstandsregister in den Rheinprovinzen gleiche Beweiskraft haben sollen.

Uebrigens genehmige Ich, daß die von Militairpersonen zu errichtenden Testamente in den Feld-Kriegs-Cassen aufbewahrt werden können, indem Ich noch bestimme, daß solchen in der Feld-Kriegs-Casse deponirten militairischen Testamenten, mit den in dem Feldnachlasse der Militairpersonen vorgefundenen Testamenten, gemäß §. 183. Th. 1. Tit. 12. des Allg. Landrechts gleiche Gültigkeit beizulegen ist. Diese Bestimmungen sind durch die Gesetzsammlung bekannt zu machen.

Berlin, den 11. Juli 1833. Friedrich Wilhelm.

An
die Justiz-Minister von Kamptz und Mühler und an den Generallieutenant von Witzleben.

1114.

Versiegelung der Handelsbücher wegen Verdachts einer Defraudation.

Ew. Hochwohlgeboren eröffne ich auf Ihren Bericht vom 5. d. M.

betreffend die Versiegelung der Handelsbücher wegen Verdachts einer Defraudation,

daß das Circulare des Geheimen Oberrevisionsraths und ersten Generaladvokaten Boelling vom 12. Febr. 1820, welches den in Bezug auf diesen Gegenstand gefaßten Beschluß des königlichen Staats-Ministerii vom 13. October 1819 zur öffentlichen Kenntniß bringt, bereits die Friedensrichter in Gemäßheit eines Rescripts vom 29. Januar ejusd. anweist,

sich allemal auf Antrag und Denunciation der Verwaltungsbehörde der Versiegelung der Handelsbücher zu unterziehen.

Diese Weisung kann der Justiz-Minister nur wiederholen. Dem gedachten Staatsministerialbeschlusse ist es nun aber ferner ganz gemäß, daß wenn die Vorlegung der Handlungsbücher verweigert und somit die Sache so anzusehen ist, als sei auf gerichtliche Untersuchung provozirt worden, die Maaßregel der Versiegelung der Bücher zur einstweiligen Sicherung und als Vorsichtsmaaßregel unbedenklich noch von der Verwaltungsbehörde veranlaßt werden kann und daß daher der betreffende Richter, welcher um die Versiegelung requirirt wird, solche sofort vorzunehmen hat, ohne sich seinerseits noch erst auf eine Prüfung der Verdachtsgründe einzulassen.

Hiernach ist die von Ihnen in dem Berichte vom 5. d. M. entwickelte Ansicht die richtige und überlasse ich Ihnen demgemäß die Friedensrichter mit fernerer Weisung zu versehen.

Berlin den 23. Juli 1833. Der Justiz-Minister
(In Abwesenheit des Hrn. Justiz-Minister v. Kamptz)
Mühler.

An
den königlichen General-Procurator
Herrn Ruppenthal zu Cöln.

1115.

Form der Zeugenvernehmungen.

Ew. Hochwohlgeboren werden auf den Bericht vom 5. d. M. hierdurch authorisirt, die Gerichte in der Rheinprovinz anzuweisen, bei Requisitionen der Gerichtshöfe in den Provinzen des Allgemeinen Landrechts so wie in dem Departement des königl. Justiz-Senats zu Coblenz, besonders in Criminal-Untersuchungen die abzuhörenden Zeugen nach den Vorschriften und in der Form der Allgemeinen Criminalordnung zu verpflichten. Bei den Zeugenverhören in der Rheinprovinz wird, wie ich hierbei nicht unbemerkt lassen kann, dem Buchstaben des Gesetzes so genau nachgegangen, daß dem Zeugen die Frage: ob er im Dienste des Angeschuldigten oder einer der Parteien stehe? auch dann gestellt wird, wenn die Unmöglichkeit eines solchen Verhältnisses offenbar vorliegt. Ich selbst habe während meines Aufenthalts in dieser Provinz Gerichts-Sitzungen beigewohnt, in welchen Prediger, königliche Beamte und insonders Polizeibeamte und obrigkeitliche oder andere angesehene Personen befragt worden, ob sie im Dienste der angeklagten Dienstbothen, Vagabonden, Diebe oder Knaben stehen? Der für die Würde und den Ernst gerichtlicher Verhandlungen hieraus entstehende nachtheilige Eindruck liegt eben so sehr von selbst vor, als daß es nicht die Absicht des Gesetzgebers sei, diese Frage in einer, auch Fälle der Unmöglichkeit ihrer Anwendbarkeit umfassenden, Allgemeinheit vorzuschreiben und dadurch den Ernst und die Würde der öffentlichen gerichtlichen Verhandlung wenigstens für einen Augenblick zu unterbrechen. Euer Hochwohlgeboren veranlasse ich daher, die rheinischen Gerichte anzuweisen, diese Frage in allen denjenigen Fällen zu übergehen, in welchen schon aus den persönlichen und übrigen Verhältnissen des Angeklagten oder der Partheien sich von selbst die Unmöglichkeit ergiebt, daß der Zeuge in ihren Diensten stehen könne. Der von des Königs Majestät wiederholt angeordnete Ernst und Würde bei gerichtlichen Eidesabnahmen wird nicht allenthalben beobachtet, besonders wird hin und wieder in Friedensgerichten die Verwarnung aus religiösem Standpunkt ganz unterlassen und die ganze Handlung als eine bloße gerichtliche Form behandelt. Ew. Hochwohlgeboren veranlasse ich daher auch in dieser Beziehung eine Aufforderung an die Gerichte der Provinz ergehen zu lassen.

Aachen, den 26. Juli 1833.

An den königl. General-Procurator Herrn Ruppenthal zu Cöln.

Der Justiz-Minister
v. Kamptz.

Abschrift der vorstehenden Verfügung an den königl. Justiz-Senat zu Coblenz zur Nachricht und Nachachtung.

Aachen, den 26. Juli 1833.

Der Justiz-Minister
v. Kamptz.

1116.

Beschleunigung der Einsendung der Verhandlungen über die Referendariatsprüfungen.

Da die Verhandlungen und Berichte über die Resultate der abgehaltenen Referendariats-Prüfungen sich hin und wieder in die Länge ziehen, dadurch aber die qualificirten jungen Männer in ihrer Dienstlaufbahn billigerweise nicht aufgehalten werden können; so werden Ew. Hochwohlgeboren hierdurch veranlaßt, auf die möglichste Beförderung jener Prüfungen und der sie betreffenden Verhandlungen zu halten. Ueberdem wird hierdurch denjenigen Auscultatoren, welche vom Collegium auf die Prüfungsverhandlungen für referendariatsfähig erachtet werden, gestattet, sogleich nach diesem Beschlusse des Collegiums noch vor Eingang der Bestellung als Referendarius diejenigen practischen Vorbereitungen und Stagen zu machen, welche zum dritten Examen erforderlich sind und ist der dazu vorgeschriebene Zeitraum von dem Anfange dieser Vorbereitungen zu berechnen. Es versteht sich hierbei von selbst, daß Letzteres nur dann eintreten kann, wenn der Auscultator auf jene Prüfung zum Referendarius bestellt wird, indem er widrigenfalls gleich nach Eingang der entgegengesetzten Resolution sofort aus den obgedachten ferneren vorbereitenden practischen Beschäftigungen aus, und in die der Auscultatoren oder des Referendariats-Examens zurücktreten muß.

Aachen, den 28. Juli 1833. Der Justiz-Minister
v. Kamptz.

Circulare
an die königlichen Herrn Landgerichtspräsidenten
und Oberprocuratoren.

Abschrift des vorstehenden Circulars dem königl. ersten Präsidenten des rheinischen Appellationsgerichtshofes Herrn Schwarz und dem königl. Generalprocurator Herrn Ruppenthal Hochwohlgeboren.

Aachen, den 28. Juli 1833. Der Justiz-Minister
v. Kamptz.

1117.

Ueberweisung eines Excesses zwischen Militair- und Civilpersonen an die General-Commandos zur Anordnung einer gemischten Commission.

Ich bin auf die anliegende Anfrage des General-Auditoriats damit einverstanden, daß ein Exceß zwischen Militair- und Civil-Personen zur Anordnung der gemischten Commissionen nur dann an die General-Commando's zu verweisen ist, wenn Militair-Personen dabei konkurriren, welche nicht bei einem und demselben Militairgerichte den Gerichtsstand haben; in allen andern Fällen aber das betreffende Divisions-Commandantur- oder Gouvernementsgericht mit der ressortirenden Civil-Behörde unmittelbar das Erforderliche einzuleiten hat, und beauftrage das Militair-Justiz-Departement, demgemäß das Nöthige an die Gerichtsbehörden zu erlassen.

Berlin, den 6. Juli 1833.

An das Militair-Justiz-Departement. Friedrich Wilhelm.

Abschrift der Allerhöchsten Ordre vom 6. Juli 1833. dem General-Procurator Ruppenthal zu Cöln zur weitern Verfügung.

Berlin, den 29. Juli 1833. Der Justiz-Minister
(In Abwesenheit des Herrn Justiz-Ministers v. Kamptz.)
Mühler.

1118.

Modification der bergischen Gouvernements-Verordnung vom 6. Sept. 1814, die Abschließung der Ehen betreffend.

In der Anlage erhalten Ew. Hochwohlgeboren Abschrift der an das königl. Staats-Ministerium ergangenen Allerhöchsten Ordre vom 23. Juni d. J., wodurch die von dem General-Gouverneur des ehemaligen Großherzogthums Berg am 6. Sept. 1814 über die Abschließung der Ehen erlassene Verordnung modificirt worden ist. Die Publication dieser Allerhöchsten Verordnung durch die Amtsblätter ist bereits verfügt worden; um aber dem am Schlusse der gedachten Allerhöchsten Ordre dem Herrn Minister der geistlichen Angelegenheiten und dem Justiz-Minister in specie ertheilten Befehle zu genügen, werden Ew. Hochwohlgeboren hiermit aufgefordert, den Oberprocurator am Landgerichte zu Düsseldorf und durch diesen die betreffenden Civilstandsbeamten zur ungesäumten und pünktlichen Befolgung der mehrgedachten Allerhöchsten Kabinets-Ordre anzuweisen.

Berlin, den 5. August 1833. Der Justiz-Minister
(In Abwesenheit des Herrn Justiz-Ministers v. Kamptz.)
An Mühler.
den königlichen General-Procurator
Herrn Ruppenthal
zu Cöln

a.

Auf den Bericht des Staats-Ministerii vom 6. d. M. will Ich die von dem General-Gouverneur des ehemaligen Großherzogthums Berg am 6. September 1814 über die Abschließung der Ehe erlassene Verordnung für diejenigen Theile der Rheinprovinz, in welchen sie zur Zeit noch gültig ist, dahin abändern:

1) der copulirende Pfarrer hat, bei Vermeidung einer Ordnungsstrafe, sofort nach der priesterlichen Trauung dem betreffenden Civilstandsbeamten von der Copulation Nachricht zu geben und das in §. 6. der Verordnung erwähnte Copulations-Zeugniß nicht, wie darin vorgeschrieben ist, den Copulirten selbst einzuhändigen, sondern unmittelbar dem Civilstands-Beamten zuzusenden, von welchem dasselbe den Getrauten erst nach berichtigtem Civilstands-Act ausgeantwortet werden darf.

2) Der Civilstandsbeamte hat, bei Vermeidung der in den Art. 192. und 193. des bürgerlichen Gesetzbuchs angedrohten Strafe, seiner Seits sogleich nach Empfang des Copulations-Zeugnisses die Parteien, wenn sie sich nicht von selbst vor ihm gestellt haben, zu einem höchstens auf 8 Tage hinauszusetzenden Termine, unter Androhung der unter No. 4. bestimmten Strafe, zur Aufnahme des Civil-Acts vorzuladen, und, wenn sie in dem Termine sich nicht beide einfinden, hiervon dem Oberprocurator unverzüglich Anzeige zu machen, damit dieser wegen der Säumniß gegen die Ausgebliebenen sofort vor dem Landgerichte einschreite.

3) Gleichzeitig hat der Civilstandsbeamte in eben den Formen, unter welchen nach §. 5. der Verordnung vom 6. September 1814 vor der priesterlichen Trauung das bürgerliche Aufgebot publicirt werden muß, die Nichtvollziehung des bürgerlichen Ehe-Acts zur Warnung des Publikums bekannt zu machen, wonächst es den betreffenden Parteien überlassen bleibt, die später erfolgte Berichtigung des Civil-Acts wiederum öffentlich anzuzeigen.

4) Statt der im §. 10. der gedachten Verordnung auf jeden Tag des Verzuges in Vollziehung des Civil-Acts gesetzten Geldstrafe vou drei Thalern wird überhaupt eine Geldbuße von fünf bis funfzig Thalern festgesetzt.

Das Staats-Ministerium hat vorstehende Bestimmungen

durch die Amtsblätter der betreffenden Regierungen bekannt machen zu lassen, auch haben Sie, der Minister der geistlichen Angelegenheiten und der Justiz die Beamten Ihrer Ressorts noch besonders mit der erforderlichen Anweisung zu versehen.

Berlin, den 23. Juni 1833.

An das Staats-Ministerium.

Friedrich Wilhelm.

1119.

Aufnahme der Friedensgerichtlichen Verhandlungen in französischer Sprache beim Friedensgericht zu Malmedy.

Der von Ihnen unterm 30. v. M. gemachte Antrag beruht auf so guten Gründen, daß die Gewährung desselben unbedenklich ist. Es wird Ihnen daher hierdurch gestattet, wenn die Partheien, Zeugen oder andere betheiligte Personen der deutschen Sprache nicht völlig kundig und mächtig sind, die Verfügungen und Verhandlungen in französischer Sprache abzufassen und aufzunehmen. Der Uebersetzung der Acten in die deutsche Sprache wird es auch für die weitere Instanz in der Regel nicht bedürfen. Auch die Wallonischen Bewohner Ihres Friedensgerichtsbezirks haben sich also treue, brave und gute Unterthanen Sr. Majestät des Königs bewiesen, daß es mir zur großen Freude gereicht, Ihren obgedachten Wunsch zu erfüllen.

Aachen den 7. August 1833.

Der Justiz-Minister
von Kamptz.

An den königl. Friedensrichter Herrn Huberty zu Malmedy.

Abschrift der vorstehenden Resolution an den königl. General-Procurator Herrn Ruppenthal und den königl. Oberprocurator Herrn Biergans.

Aachen den 7. August 1833.

Der Justiz-Minister
von Kamptz.

1120.

Wegen der Winkelconsulenten.

Bei meiner Anwesenheit in der Rheinprovinz habe ich auf der einen Seite allenthalben Klagen über die nachtheiligen

Einwirkungen der sogenannten Winkelconsulenten auf die friedensrichterliche Rechtspflege und besonders die gütliche Beilegung der Rechtsstreitigkeiten, auf der andern Seite aber nicht selten die Behauptung eines auf das Consuliren und Vertreten vor den Friedensgerichten, zustehenden Rechts vernommen. Diese letzte Behauptung ist von jedem gesetzlichen Grunde entblößt. Die Gesetze gestatten allerdings den Partheien vor den Friedensgerichten entweder in Person oder durch Bevollmächtigte zu erscheinen, allein sie machen nirgend diese Stellvertretung zu einem Erwerbmittel und zu einem Gewerbe. Die Freilassung, durch Bevollmächtigte zu erscheinen, bezweckt lediglich die Erleichterung der Partheien, keineswegs aber den Vortheil der Bevollmächtigten und für diese ein Gewerbe und Erwerbmittel zu begründen, wie schon daraus hervorgeht, daß der Auftrag der gesetzlichen Regel nach ein unentgeldliches Geschäft ist. Da aber jede Parthei in der Führung ihrer Prozesse den Gesetzen und der gerichtlichen Ordnung unterworfen ist, so ist sie denselben auch sowohl bei jener Bevollmächtigung überhaupt, als bei der Wahl ihres Bevollmächtigten untergeordnet und darf in keiner dieser Beziehung die Lage der Gegenparthei erschweren. Sie darf daher weder, wenn ihr persönliches Erscheinen angeordnet ist, durch einen Mandatar erscheinen, noch wo dies letztere zulässig ist, Bevollmächtigte wählen, die entweder die zu der gerichtlichen Verhandlung erforderlichen Eigenschaften und Förmlichkeiten nicht besitzen oder bemüht sind, aus Gewinnsucht Vergleiche zu hindern, die Wahrheit zurückzuhalten, den Prozeß zu verzögern und die Kosten zu vermehren und überhaupt anstatt, wie das Gesetz voraussetzt, Vertrauensmänner der Parthei zu sein, sich ihr aus Eigennutz aufdringen und die Stellvertretung gewinnsüchtig als Erwerbzweig und Gewerbe übernehmen und betreiben. Hierdurch wird der Zweck der Rechtspflege und der mit ihr verbundenen Vergleichsstiftung verhindert, die Lage der Gegenparthei verschlimmert, den Friedensrichtern ihr Amt erschwert und deren, den Gerichtseingesessenen nützliche Bestimmung und Wirksamkeit beschränkt. Es liegt daher eben so sehr in den Pflichten als in den Befugnissen der Friedensrichter, Individuen, welche in die eine oder in die andere dieser Beziehungen gehören, als zu der Vertretung einer Parthei nicht geeignete Bevollmächtigte eben so zurückzuweisen, wie in allen andern Verhältnissen ungeeignete Substituten nicht zugelassen werden. Da diese Vertretung der Partheien kein Erwerbzweig und kein Gewerbe, sondern lediglich eine der Parthei selbst beigelegte Befugniß ist, der Bevollmächtigte mithin kein selbstständiges Recht vor Gericht aufzutreten hat; so wird durch die Nichtzulassung desselben nicht sowohl sein Recht, als vielmehr das des Gewaltgebers verletzt und kann daher darüber eine Contestation zwischen dem Friedensrichter und dem Bevollmächtigten überall nicht, sondern wenn sie überall zulässig, allenfalls nur zwischen dem erstern und dem Gewaltgeber Statt finden. Der Gesichtspunkt, daß die Wahrnehmung der Rechte der Parthei durch einen Bevöllmächtigten für letztern ein Erwerbzweig und ein Gewerbe sei und daß irgend Jemand auf dieses Geschäft einen wohlbegründeten Anspruch habe, ist daher durchaus gesetzwidrig und kann mithin nicht gestattet werden. Bei den fortdauernden Klagen über die zunehmende Anzahl und Anmaßlichkeit der für Andre gewerbsmäßig auftretenden und sich aufdringenden Bevollmächtigten und sogenannten Winkelconsulenten fordere ich Ew. Hochwohlgeboren auf, diesen Erlaß bekannt zu machen, damit diejenigen die es angeht und insonderheit die Friedensrichter Ihres Bezirks sich danach achten, so wie Sie denselben, wenn Sie hiernach mit gewissenhafter Umsicht verfahren, die erforderliche Unterstützung eben so sehr gewähren, als entgegengesetzten Falls das Recht der Unterthanen, innerhalb der gesetzlichen Schranken durch Bevollmächtigte zu erscheinen, schützen werden.

Aachen, den 7. August 1833.

Der Justiz-Minister
v. Kamptz.

Circulare
an sämmtliche königl. Oberprocuratoren.

1121.

Dispensation von der gesetzlichen Trauerzeit.

Da die von Ihnen am 23. v. Mts. abschriftlich eingereichte an das öffentliche Ministerium in Düsseldorf erlassene Verfügung der ehemaligen Immediat-Justiz-Commission zu Cöln vom 30. October 1817 ohne ersichtliche Motive den Spielraum der Dispensation von der Vorschrift des Art. 228 des Civilgesetzbuchs gegen die Vorschrift des Allgemeinen Landrechts Th. II. Tit. I. §. 23. beschränkt, welches letztere bei Bewilligung der rheinischen Dispensationen in Ehesachen, (nach den Allerhöchsten Kabinets-Ordres vom 18. Mai und 23. Juni 1817 und der eigenen Bekanntmachung der Immediat-Commission vom 6. Juni 1817), beachtet werden soll, so werden sie hierdurch angewiesen, ohne Rücksicht auf jene Verordnung vom 30. October 1817 bei Behandlung der Dispensationsgesuche zur Wiederverheirathung vor Ablauf der gesetzlichen zehnmonatlichen Trauerzeit lediglich die Vorschriften des Allgemeinen Landrechts zu berücksichtigen.

Berlin, den 12. August 1833. Der Justiz-Minister
An v. Kamptz.
den königlichen Ober-Procurator Herrn
v. Ammon zu Düsseldorf.

a.

Da sehr häufig Gesuche der Wittwen um Dispensation von der Vorschrift des Art. 228. des Civilgesetzbuchs eingehen, so wollen wir Ihnen, Herr Staats-Procurator, deshalb im Allgemeinen bemerklich machen, daß selbst in den Fällen, wo besondere Gründe zur Dispensation vorhanden sind, diese doch vor zurückgelegten sechs Monaten nach dem Ableben des Ehemanns nicht ertheilt werden wird, und also dergleichen zu frühzeitige Dispensationsgesuche zurückzuweisen sind. Cöln, den 30. October 1817.

Königliche Immediat-Justiz-Commission
An Sethe.
den Herrn Staats-Procurator bei
dem Kreisgerichte zu Düsseldorf.

1122.

Bestreitung der einer zum Armenrecht zugelassenen Parthei zur Last fallenden baaren Auslagen.

Während meiner Anwesenheit in den Rheinprovinzen sind mir mehrmals Fälle bekannt geworden, in welchen Processe und andere Rechtsangelegenheiten der zum Armenrecht zugelassenen Partheien einen Fortgang nicht haben erhalten können, sondern beruhen geblieben sind, weil die Armen-Parthei unvermögend war, die zum Fortgang der Sache erforderlichen baaren Kosten aufzubringen, die französische Gesetzgebung aber über die anderweitige Aufbringung dieser Kosten keine genügende Fürsorge, wie sie in der preußischen Allgemeinen Gerichtsordnung Thl. I. Tit. 23. §. 36. sich befindet, enthält. Es ist durchaus unverantwortlich, die Justiz einer Parthei deshalb zu verschließen, weil sie unvermögend ist, die zu deren Verwaltung erforderlichen Kosten aufzubringen und wird daher wegen Abstellung dieses Mißstandes das Weitere darüber vorbehalten. Allein diese recht eigentliche und drückende Ungleichheit vor dem Gesetz kann auch nicht bis zu dieser definitiven Abhülfe weiter geduldet werden und wird daher hierdurch bis auf weitres bestimmt, daß wenn in einem Civilproceß oder in einer andern gerichtlichen Angelegenheit die zu deren Fortgang erforderlichen Kosten und insonderheit die Reise- und andre Kosten der Vernehmung der am persönlichen Erscheinen im Gerichtslocal behinderten Zeugen oder der Localbesichtigungen von der Armen-Parthei, wenn sie zum Armenrecht nicht zugelassen wäre, aufzubringen oder mindestens vorzuschießen sein würden, von jetzt an unter Berücksichtigung des Decrets vom 18. Juni 1811 Art. 2. No. 44. und Art. 88. mit Vorbehalt etwaniger Wiedererstattung von Seiten des unterliegenden Theils auf den Criminaljustizfonds des betreffenden Gerichts liquidirt und von demselben getragen werden sollen. Die Gerichtshöfe haben jedoch hierbei möglichst darauf Bedacht zu nehmen, daß solche gerichtliche Verhandlungen benachbarten Friedensrichtern übertragen werden.

Ew. Hochwohlgeboren beauftrage ich hiernach das Weitere zu veranlassen und darauf zu halten, daß wegen Mangel an Fonds zur Bestreitung der Kosten armen Partheien die Rechtspflege nicht verschränkt werde.

Achen, den 30. August 1833. Der Justiz-Minister
Circulare v. Kamptz.
an sämmtliche Landgerichts-Präsidenten
und Ober-Procuratoren.

Abschrift des vorstehenden Circulars an den königlichen ersten Herrn Präsidenten des Appellationsgerichtshofes und an den königlichen Herrn General-Procurator zur Nachricht und Nachachtung.

Achen, den 30. August 1833. Der Justiz-Minister
v. Kamptz.

1123.

Verfahren beim Anklage-Senate des Appellationshofes.

Aus dem Berichte des General-Procurators Ruppenthal vom 27. Juni c. die Verurtheilung des N. betreffend habe ich ersehen, daß nach der jetzigen Praxis der Anklage-Senat des rheinischen Appellationsgerichtshofes sofort auf den mündlichen Vortrag des königlichen Procurators über die Anklagen erkennt, während früher eines der Mitglieder die Acten in aedibus näher prüfte. Obwohl das jetzige Verfahren gesetzlich und zur Beschleunigung der Sachen im Allgemeinen ganz zweckmäßig ist, und insonderheit in einfachen und klaren Fällen genügt, so liegt doch von selbst vor, daß es in verwickelten und in Kapital-Sachen die erforderliche Sicherheit nicht gewährt. Ew. Hochwohlgeboren veranlasse ich daher in diesen Fällen, es bei dem früheren Verfahren zu belassen, damit vor der Berathung durch eines der Senats-Mitglieder genau geprüft werde, ob der Thatbestand des Verbrechens gehörig constatirt worden und ob die Anzeigen wirklich von der Art sind, daß man sich von der öffentlichen Verhandlung vor den Geschwornen ein angemessenes Resultat versprechen könne.

Verschiedene Criminalfälle, wo weder der Thatbestand des Verbrechens hinlänglich constatirt, noch irgend ein Beweis der nicht auf bloßen Vermuthungen beruhte, vorhanden war, und welche dennoch vor die Assisen verwiesen worden, haben theils unangemessene Entscheidungen der Geschwornen, theils viele Zeit und Kosten absorbirende und unfruchtbare Verhandlungen erzeugt. Der Anklage-Senat muß prüfen, ob der Thatbestand gehörig constatirt ist und falls er hierbei irgend einen Mangel findet, denselben durch nachträgliche Instruction und Befragung der Medicinalbehörden ergänzen, er muß ferner prüfen, ob sich aus den schriftlichen Verhandlungen ein dringender Verdacht gegen den Beschuldigten ergebe, und wenn dies nicht der Fall ist, ihn lieber außer Verfolgung setzen, da dieses nicht hindert, den Beschuldigten abermals zur Untersuchung zu ziehen, wenn späterhin neue Anzeigen zum Vorschein kommen, während eine auf bloße entfernte Indicien beruhende Anklage zu einer Freisprechung Veranlassung giebt, die spätere Verfolgungen unmöglich macht.

Auf den bloßen mündlichen Vortrag des königlichen Procurators aber kann in Kapital-Sachen wohl nicht sofort über beide Fragen mit Sicherheit entschieden werden und veranlasse ich dieserhalb Ew. Hochwohlgeboren über diese Angelegenheit mit dem Präsidenten des Anklage-Senats zu conferiren, damit in solchen Sachen eines der Mitglieder die Untersuchungs-Acten mit nach Hause nehme und sie einer genauen Prüfung unterwerfe und daß das Urtel zu dem Ende auf höchstens acht Tage vertagt werde.

Von dem Resultate werden Ew. Hochwohlgeboren mich benachrichtigen.

Berlin, den 20. September 1833. Der Justiz-Minister
An v. Kamptz.
den ersten Präsidenten des rheinischen
Appellations-Gerichtshofes Herrn
Schwarz zu Cöln.

1124.

Declaration des bei remitirten Begnadigungsgesuchen gebrauchten Ausdrucks „erschwerende Umstände".

Ew. Hochwohlgeboren eröffne ich auf Ihren über das Verfahren in Begnadigungssachen unterm 27. Juli d. J. erstatteten Bericht, daß unter den erschwerenden Umständen bei deren Vorhandensein, wenn die Verfügung auf ein Begnadigungsgesuch dahin lautet, das Gesuch um Herabsetzung von Diebstahlsstrafen zurückgewiesen werden soll, die von dem Allgemeinen Landrechte Thl. II. Tit. 20. §. 1137. u. f. als solche bezeichneten verstanden werden.

Es wird indeß durch eine solche Verfügung die Befugniß der Herrn Ober-Procuratoren nicht ausgeschlossen, wenn die Untersuchungs-Acten in einzelnen Fällen andere gravirende Umstände ergeben sollten, darüber Anzeige zu leisten und näheren Vorbescheid nachzusuchen, inwiefern das Begnadigungsgesuch zugelassen oder zurückgewiesen werden solle.

Hiernach haben Sie zu verfahren.

Berlin, den 20. September 1833. Der Justiz-Minister
An v. Kamptz.
den königlichen Ober-Procurator, Herrn
Geheimen Justiz-Rath Heintzmann
zu Trier.

Abschrift vorstehender Verfügung erhalten Ew. Hochwohlgeboren zur gleichmäßigen Beachtung in vorkommenden Fällen.

Berlin, den 20. September 1833. Der Justiz-Minister
An v. Kamptz.
den königlichen Ober-Procurator zu Aachen,
Cleve, Coblenz, Cöln und Düsseldorf.

1125.

Wegen Bestreitung der Reparaturen der Gerichtslocalien.

Alle Reparaturen, welche bei den Localien des Appellationshofes und der Landgerichte im Innern derselben nothwendig sind, müssen wenn sie funfzig Thaler oder weniger betragen, aus dem Kanzleifonds bestritten werden und bedarf es dieserhalb weder einer Anfrage noch nothwendig eines vorhergehenden Anschlages von Seiten der Baubehörde, es genügt, wenn die Präsidenten und die Beamten des öffentlichen Ministerii bescheinigen, daß die Reparaturen wirklich gemacht worden und daß der betreffende königliche Bau-Inspector unter den Rechnungen attestirt, daß die Arbeit gut und der Preis angemessen sei. Reicht aber der Kanzleifonds nicht aus, sämmtliche kleine Reparaturen zu bestreiten oder betragen dieselben über 50 Thlr., so muß die Anweisung der Kosten derselben nach einem von der Baubehörde revidirten Anschlage bei dem Justiz-Minister in Antrag gebracht werden. Eben so verhält es sich mit den Reparaturen, welche bei den Localien der Friedensgerichte nothwendig werden, sie mögen bis funfzig Thaler oder mehr betragen, jedoch dürfen wenn die Kosten unter funzig Thaler betragen, und die Reparaturen erweislich keinen Aufschub erleiden, die Präsidenten und Ober-Procuratoren vorläufig die Reparatur erlauben, müssen jedoch sofort die Anweisung der Kosten nachsuchen. — Ohne Authorisation dürfen die Friedensrichter keine Reparaturen vornehmen lassen.

Alle Reparaturen über funfzig Thaler müssen im letzten Semester jeden Jahres von den Präsidenten und Ober-Procuratoren der betreffenden Landgerichte angezeigt und mit den nöthigen Bescheinigungen über die Nothwendigkeit der Reparatur und den Anschlägen begleitet sein, damit sie auf dem allgemeinen Justizbaufonds für das nächste Jahr zeitig notirt und angewiesen werden können, widrigenfalls die zu spät eingehenden zum nächstfolgenden Jahr verwiesen werden müssen.

Endlich müssen alle Reparaturen über 50 Thlr. unter Aufsicht und Leitung eines königlichen Baubeamten oder durch einen von Seiten der Baubehörde angenommenen Unternehmer und unter ihrer Aufsicht geschehen.

Hiernach werden Ew. Hochwohlgeboren veranlaßt die

Landgerichts-Präsidenten und Ober-Procuratoren zu instruiren.

Berlin, den 20. September 1833. Der Justiz-Minister
An v. Kamptz.
den königlichen General-Procurator
Herrn Ruppenthal zu Cöln.

1126.

Verfahren bei der dritten Prüfung vor der Immediat-Justiz-Examinations-Commission.

Des Herrn Justiz-Ministers Mühler und ich haben die bisherigen Grundsätze für das dritte juristische Examen einer näheren Prüfung unterworfen und darüber an des Königs Majestät Vortrag erstattet. Obwohl ein Theil der vorgeschlagenen anderweitigen Einrichtungen noch einer näheren Erörterung bedarf; so haben doch des Königs Majestät durch die unterm 30. Juli d. J. an uns erlassene Allerhöchste Kabinets-Order schon gegenwärtig diejenigen Bestimmungen des entworfenen neuen Regulativs genehmigt, welche in dem abschriftlich anliegenden Rescript an die Immediat-Justiz-Examinations-Commission enthalten sind und welche Ew. Hochwohlgeboren hierdurch zur weitern Veranlassung bekannt gemacht werden.

Berlin, den 23. September 1833. Der Justiz-Minister
An v. Kamptz.
den königlichen ersten Präsidenten des Appellations-Gerichtshofes Herrn Schwarz und den königlichen General-Procurator Herrn Ruppenthal zu Cöln.

a.

Von des Königs Majestät ist durch Allerhöchste Ordre vom 30. v. Mts. genehmigt worden, daß von den Candidaten des dritten Examens Probe-Instructionen ferner nicht erfordert, die Candidaten vielmehr ein Verzeichniß aller von ihnen geführten Instructionen und Untersuchuugen einreichen sollen, welches die Benennung der Partheien, den Gegenstand des Processes, den Tag des Anfangs und des Schlusses der Instruction, eine kurze Proceßgeschichte und die Bemerkung, ob die Partheien die Instruction persönlich abgewartet haben, enthalten muß, wobei dem Candidaten jedoch die Befugniß zusteht, den dritten Theil der verzeichneten Instructionen als solche, nach denen sie nicht beurtheilt zu werden wünschen, zu bezeichnen, daß die Immediat-Justiz-Examinations-Commission drei von den verzeichneten, nicht recusirten Instructionen, deren Auswahl dem Vorsitzenden der Immediat-Examinations-Commission zustehen soll, von dem betreffenden Gerichte zur Censur einfordern soll, und endlich, daß die Probe-Relationen vorzugsweise aus den kurrenten Acten eines der Provinzial-Landes-Justiz-Collegien oder auch des Geheimen Ober-Tribunals anzufertigen sind.

Die königliche Immediat-Justiz-Examinations-Commission wird hiervon zur Nachachtung in Kenntniß gesetzt und veranlaßt, vom ersten October dieses Jahres an, keine Probe-Instructionen mehr zu erfordern, sondern aus den, von den Candidaten bei ihrer Meldung zum dritten Examen einzureichenden Verzeichnissen, drei Instructionen oder Untersuchungen zur Censur sich vorlegen zu lassen und zu Probe-Relationen, wenn der Fall eintritt, daß der Candidat dieselben bei dem Geheimen Ober-Tribunal anzufertigen wünscht, nur kurrente Acten des Geheimen Ober-Tribunals zu gebrauchen, zu welchem Ende den Mitgliedern der königlichen Immediat-Justiz-Examinations-Commission, welche Räthe des Geheimen Ober-Tribunals sind, gestattet wird, die ihnen zugetheilten Acten des letztern zu den Probe-Relationen zu vertheilen, diese Relationen, insofern sie damit einverstanden sind, demnächst als Relationen bei dem Geheimen Ober-Tribunale zu gebrauchen und zu diesem Zwecke die Candidaten anzuweisen, die Probe-Relation in duplo einzureichen.

Es bedarf übrigens wohl kaum der Erwähnung, daß, wenn einem Candidaten vor dem ersten October d. J. bereits Probe-Instructionen zugetheilt worden sind, demselben freisteht, diese zu vollenden und demnächst vorzulegen.

Berlin, den 12. August 1833. Der Justiz-Minister
Mühler.

An
die königliche Immediat-Justiz-Examinations-Commission hier.

Abschrift vorstehender Verfügung dem königlichen ꝛc. ꝛc. zur Nachricht, mit folgenden Anweisungen:

1) Die Candidaten können sich zum 3. Examen nur erst dann melden, wenn sie mindestens Ein volles Jahr nach erfolgter Ernennung zu Referendarien bei den Landes-Justiz-Behörden und den Inquisitoriaten zur Zufriedenheit ihrer Präsidenten gearbeitet haben.
2) Bei der Meldung überreichen sie die Zeugnisse der Räthe, unter deren besonderen Aufsicht sie in den verschiedenen Zweigen des Dienstes beschäftiget worden.

Der Präsident trägt das Gesuch in dem Collegio oder Senaten vor, welche die Generalien, Hypotheken-, Verlassenschafts- und wichtigen Civil-Proceß-Sachen zu bearbeiten haben und verstattet nach dem Concluso derselben den Candidaten zu den Probe-Relationen.

3) Hierzu hat der Präsident vorzugsweise solche Sachen auszuwählen, wobei 2 Mitglieder des Collegii zu Referenten ernannt werden müssen, oder nach seinem Urtheile ernannt werden können, — also wichtige Criminal-Sachen, wovon jedoch höchstens eine zu distribuiren ist, Revisions-Sachen oder andere in letzter Instanz ergehende erheblichere Civil-Sachen. Ein Mitglied des Collegii ist Correferent und Censor und das zweite Mitglied fertigt selbstständig sein Referat an.

Es ist bei diesen Probe-Arbeiten darauf zu halten, daß sie zum praktischen Gebrauch mit Sorgfalt gearbeitet werden, daß kein erheblicher Moment übergangen seyn darf, daß der schriftliche Vortrag sich aber dennoch durch eine gedrängte Kürze und durch Klarheit sowohl der factischen Zusammenstellung als der Rechtsausführung empfehlen muß.

4) Sind die Relationen vorzüglich gut, oder mindestens gut gerathen, so reicht der Candidat das Verzeichniß seiner Instructionen und wichtigern Criminal- und fiscalischen Untersuchungen ein.

Er fügt diesem Verzeichnisse eine ganz kurze Erzählung der Haupt-Momente des Processes oder der Untersuchung bei, damit die Immediat Examinations-Commission in den Stand gesetzt wird, eine Auswahl zu treffen.

5) Mit dem Berichte des Präsidenten über die Zulassung zum 3ten Examen sind:

a) die vorschriftsmäßigen Atteste und ein neu ausgearbeitetes Curriculum vitae des Candidaten;

b) das Verzeichniß der Instructionen mit dem dazu gehörigen geschichtlichen Vortrage;

c) die angefertigten beiden Probe-Relationen mit den Correferaten, Censuren und den Relationen der 2ten Referenten

einzureichen.

Es versteht sich übrigens, daß wenn die Probe-Relationen nicht gut ausgefallen sind, dem Candidaten nach dem Ermessen des Collegii entweder bald oder nach einiger Zeit andere Probe-Relationen zugetheilt werden können. Die nicht gelungenen Relationen werden in keinem Falle eingesandt. Sollte ein Candidat es wünschen, bei dem Geheimen Ober-Tribunal die Probe-Relationen anzufertigen, so ist ihm dies zu gestatten und es werden alsdann mit dem Berichte des Präsidenten nur die zu 5 a und b bezeichneten Requisite eingereicht.

Berlin, den 12. August 1833. Der Justiz-Minister
Circulare Mühler.
an die Präsidien der königlichen
Obergerichte.

1127.

Die Schlußformel bei Eiden der Katholiken im ostrheinischen Theile des Regierungsbezirks zu Coblenz.

Dem (Tit.) wird auf die Anfrage in dem Berichte vom 2. v. Mts.

betreffend die im §. 334. der Allgemeinen Criminal-Proceß-Ordnung am Schlusse des Zeugen-Eides für die Katholiken vorgeschriebene besondere Bekräftigungs-Formel,

anliegend eine Abschrift der von des Herrn Justiz-Ministers Mühler Excellenz an das Oberlandesgericht zu Hamm, über den hier in Rede stehenden Gegenstand, unterm 29. October v. J. erlassenen Verfügung mitgetheilt, um danach auch seiner Seits zu verfügen.

Berlin, den 27. September 1833. Der Justiz-Minister
An v. Kamptz.
den königlichen Justiz-Senat zu Coblenz.

a.

Es ist schon früher dem Justiz-Ministerio bekannt geworden, daß mehrere katholische Glaubensgenossen Bedenken tragen, den Eid mit der in der Criminal-Ordnung §. 334. vorgeschriebenen Schlußformel:

so wahr mir Gott, die Jungfrau und Mutter Gottes Maria sammt allen lieben Heiligen helfe,

abzuleisten.

Es ist deswegen durch eine an das königliche Oberlandesgericht zu Münster am 11. Januar 1817 und an das königliche Oberlandesgericht zu Paderborn am 25. Januar 1817 (Jahrbücher Bd. 39. S. 211.) erlassene Verfügung genehmigt, daß diese Schlußformel der Eide fortbleibe und statt derselben die Worte:

so wahr mir Gott helfe und sein heiliges Evangelium, gebraucht werden.

Beim 3ten Landtage der Provinz Westphalen ist von den Ständen eine Petition gegen den Gebrauch der in der Criminal-Ordnung vorgeschriebenen Schlußformel der Eide eingereicht. Des Königs Majestät haben hierauf im Landtagsabschiede vom 22. Juli d. J. in Berücksichtigung der gedachten Petition die früher erlassenen Verfügungen des Justiz-Ministerii genehmigt, und Allerhöchst befohlen, daß eine gleiche Verfügung an die übrigen Landes-Justiz-Collegien erlassen werde.

Das königliche Oberlandesgericht wird von dieser Allerhöchsten Bestimmung in Kenntniß gesetzt, und erhält den Befehl, die Untergerichte seines Bezirks hiervon in Kenntniß zu setzen.

Berlin, den 29. October 1832. Der Justiz-Minister
An Mühler.
das königliche Oberlandesgericht
zu Hamm.

1128.

Publication der Erkenntnisse in den von der Oeffentlichkeit ausgeschlossenen Untersuchungen.

Es sind bei einigen rheinischen Gerichtshöfen mehrmals darüber Bedenken entstanden, ob in den von der Oeffentlichkeit ausgeschlossenen gerichtlichen Fällen das abgefaßte Erkenntniß öffentlich zu publiciren sei. Der Zweck und Inhalt der Allerhöchsten Verordnung vom 31. Januar 1822 kann es aber nicht zweifelhaft lassen, daß die Publication des Erkenntnisses ebenfalls von der Oeffentlichkeit ausgeschlossen sein und daher nicht öffentlich erfolgen solle. Wenn der Gesetzgeber von der Oeffentlichkeit gewisse Verbrechen ausschloß; so hatte er dabei die Absicht, dieselben nicht zur öffentlichen Kenntniß gelangen zu lassen, und sie dem aus ihrer Verhandlung hervorgehenden Aergerniß zu entziehen, ein Zweck, der keinesweges erreicht werden würde, wenn das Publikum nur während des Verhörs entlassen würde, vor den verschlossenen Gerichtsthüren nicht allein auf die Publication des Urtels harrte, sondern sich noch vermehrte und endlich durch die öffentliche Verkündigung des Urtheils das Ergebniß der Untersuchung veröffentlicht würde. So unverkennbar dies nicht die Absicht des Gesetzgebers war, so unumwunden ist auch die Vorschrift der Verordnung vom 31. Januar 1822, welche für die dazu bestimmte Fälle „das öffentliche Verfahren“ der Gerichte unbedingt und ganz allgemein ausschließt, zu demselben aber die Publication des Erkenntnisses ganz wesentlich gehört und, wie auch aus den Verhandlungen hervorgeht, darunter mitverstanden worden. Aus Veranlassung einiger kürzlich vorgekommene Fälle beauftrage ich daher Ew. Hochwohlgeboren zur Vorbeugung ähnlicher Uebelstände hiernach die Gerichtshöfe baldigst anzuweisen, hierunter der Vorschrift der mehrgedachten Allerhöchsten Verordnung gemäßer zu verfahren und in den darunter begriffenen Fällen auf die Publication der Erkenntnisse von der Oeffentlichkeit auszuschließen.

Berlin, den 28. September 1833. Der Justiz-Minister
An v. Kamptz.
den königlichen ersten Präsidenten des Appellationshofes Herrn Schwartz und den königlichen General-Procurator Herrn Ruppenthal zu Cöln.

1129.

Auslegung des §. 98. Tit. 35. Thl. I. der Allgemeinen Gerichtsordnung, die bei fiscalischen Untersuchungen competente Dienstbehörde betreffend.

Ew. (Tit.) erhalten anliegend eine beglaubte Abschrift der Allerhöchsten Kabinets-Ordre vom 10. April d. J.
die Auslegung des §. 98. Tit. 35. Thl. I. der Allgemeinen Gerichtsordnung von fiscalichen Processen rc. betreffend,
zur Kenntnißnahme und weitern Verfügung.

Berlin, den 28. September 1833. Der Justiz-Minister
An v. Kamptz.
den königlichen General-Procurator Herrn Ruppenthal zu Cöln und an den königlichen Justiz-Senat zu Coblenz.

a.

Auf Ihrem Bericht vom 19. v. Mts. erkläre Ich in Uebereinstimmung mit Ihrem Antrage, daß in fiscalischen Untersuchungen, welche nach No. 3. §. 34. Tit. 35. der Proceß-Ordnung bei Widersetzlichkeiten gegen königliche Bediente in Ausübungen ihrer Dienstpflichten eingeleitet werden, unzweifelhaft eben so, wie bei den nach No. 5. verfügten fiscalischen Untersuchungen gegen Staatsdiener wegen

Amtsvergehungen, jederzeit die vorgesetzte Dienstbehörde der Beamten, gegen welchen die Widersetzlichkeit verübt worden, diejenige im §. 98. benannte fiscalische Behörde ist, welche das daselbst gestattete Rechtsmittel wider das nach ihrem Ermessen zu gelinde Erkenntniß einzuwenden hat. Ich authorisire Sie, den Justiz-Minister, hiernach sowohl den zweiten Senat des Oberlandesgerichts zu N. über dessen irrthümliche Auslegung des §. 98. Tit 35. der Proceß-Ordnung in der fiscalischen Untersuchung wider N. und N., worin das Aggravationsgesuch dem Provinzial-Steuerdirektor gesetzlich gebührte, zu berichtigen, als auch die Gerichtsbehörden überhaupt diesem gemäß mit Anweisung zu versehen. Berlin, den 10. April 1833.

An die Staats-Minister Maaßen und Mühler.

Friedrich Wilhelm.

1130.

Die Reisekosten der bei den Friedensgerichten fungirenden Gerichtsvollzieher fallen weg. — Gebühren für Zustellung der Acten von Anwald zu Anwald. — Aufrufungsgebühren.

Ew. Hochwohlgeboren eröffne ich auf den wegen der Gebührentaxe für die Gerichtsvollzieher unterm 8. d. Mts. erstatteten Bericht, daß in der neuen Taxe vom 10. Juni d. J. den bei den Friedensgerichten fungirenden Gerichtsvollziehern, welche in den Angelegenheiten, die zur Competenz der Friedensrichter in Civilsachen gehören, Reisen zu machen haben, eben deshalb eine höhere Taxe zugebilligt worden ist, weil sie gegenwärtig in solchen Angelegenheiten keine Reisekosten mehr liquidiren sollen.

Es hat denjenigen Bewohnern der Rheinprovinz, welche zufällig nicht am Sitze des Friedensgerichts wohnen, zu gerechten Beschwerden der Umstand Veranlassung gegeben, daß ihnen ein Prozeß am Friedensgerichte das Doppelte und Dreifache koste, was derselbe ihren Mitbürgern, welche zufällig am Sitze des Gerichts wohnen, kostet. Dies hat mich bewogen, die Kosten um so mehr auszugleichen, als der Bewohner des Hauptorts eines Cantons ohnehin den Vortheil hat, daß er seine Zeit durch Reisen nicht zu versäumen braucht und daher über Erhöhung der Gebühren sich um so weniger beschweren kann, als er auch häufig in den Fall kommt, einen Mitbürger vorladen zu lassen, welcher 3 — 4 Stunden vom Hauptorte wohnt. Ob die Gerichtsvollzieher bei der neuen Taxe bestehen können, muß die Erfahrung lehren. Die Einrichtung der gemeinschaftlichen Unterstützungskasse nöthiget sie, über ihre Gebühren in Civilsachen Rechnung zu legen, aus deren Einsicht das Weitere sich ergeben wird; vorläufig sind die Gebühren um so viel erhöht worden, als die Summe der Reisegebühren eine Quote sämmtlicher Gebühren gewesen ist. Ein anderer Maaßstab hat nicht zur Richtschnur gedient.

Die Gebühren für Zustellung der Acten von Anwald zu Anwald haben erhöht werden müssen, weil die Geschäfte der Gerichte sich vervielfacht und der Dienst in den Audienzen den Gerichtsvollziehern einen großen Theil ihrer Zeit entzieht. Die geringen Aufrufungsgebühren bei den Friedensgerichten können keine Parthei drücken und sind mit als ein Aequivalent der aufgehobenen Reisekosten angesehen worden.

Berlin, den 20. October 1833. Der Justiz-Minister

An v. Kamptz.

den königlichen Ober-Procurator, Herrn Geheimen Justiz-Rath Biergans in Aachen.

1131.

Anweisung zur Ausführung der Instruction vom 10. Juni 1833, das Amt der Gerichtsvollzieher und deren Gebühren betreffend.

Die mit Allerhöchster Genehmigung erlassene, durch die Amtsblätter der rheinischen Regierungen bekannt gemachte, Instruction vom 10. Juni 1833, das Amt der Gerichtsvollzieher und deren Gebühren betreffend, enthält mehrere Bestimmungen, zu deren Ausführung noch eine weitere Anweisung erforderlich ist, welche nach erfolgter Genehmigung des königlichen hohen Justiz-Ministeriums und in Gemäßheit des Auftrages desselben in Nachstehendem gegeben und denjenigen, welche es angeht, zur Nachachtung vorgeschrieben wird.

§. 1. (zu §. 2.) Abweichend von der bisherigen Gesetzgebung verordnet der §. 2. der erwähnten Ministerial-Instruction, daß die Gerichtsvollzieher außer einem Journale zwei Repertorien führen sollen, das eine derselben ist blos bestimmt für die Acte, welche für Rechnung des Criminalfonds gefertigt werden, das zweite für alle übrigen Acte.

Zu den ersten gehören alle Acte in Strafsachen, das heißt in polizeilichen, zuchtpolizeilichen und peinlichen Angelegenheiten, außer diesen aber auch alle andere Angelegenheiten, in welchen die Staatsbehörde von Amtswegen zu handeln berufen ist, wie dies durch die Art. 117. und folgende des Decrets vom 18. Juni 1811 bestimmt ist.

Das Formular zu den Repertorien findet sich am Schlusse der gegenwärtigen Anweisung, eben so wie das Formular zu dem von den Gerichtsvollziehern zu führenden Journale. In dieses Journal werden von Tag zu Tag alle Aufträge, welche dem Gerichtsvollzieher gegeben werden, eingeschrieben. Der Zweck dieses Journals liegt klar am Tage; es dient dazu, die Amtsführung und die Thätigkeit des Gerichtsvollziehers in jeder einzelnen, ihm übertragenen, Sache beurtheilen zu können.

Oft wurde Beschwerde geführt über Vernachlässigung oder Verschleppung der ertheilten Aufträge, und gewöhnlich suchte der Gerichtsvollzieher mit überhäufter Arbeit oder damit sich zu entschuldigen, daß ihm der Beschwerdeführer nicht alle nöthigen Actenstücke eingehändigt habe; oft war auch die Zeit der Uebergabe dieser Actenstücke ungewiß und bestritten, und der Grund oder Ungrund der Beschwerde konnte in den mehrsten Fällen nicht ermittelt werden.

Diesem Mangel wird durch die befohlene Führung des Journals abgeholfen, weil dessen Vergleichung mit dem Repertorium die Aufsichtsbehörde in den Stand setzen wird, zu beurtheilen, ob der Gerichtsvollzieher die ihm gegebenen Aufträge mit der Pünktlichkeit erledigt hat, welche jeder, der sich seines Beistandes bedient, zu fordern berechtigt ist. Deswegen wird aber auch auf die regelmäßige Führung dieses Journals mit Strenge zu halten sein, und jeder Gerichtsvollzieher, welcher in dieser Hinsicht der Vorschrift nicht genügt, ist deshalb gerichtlich zu verfolgen, damit die festgesetzte Strafe gegen ihn ausgesprochen werde.

§. 2. (zu §§. 3 und 4.) Die §§. 3 und 4. der Instruction haben die Absicht, einem Mißbrauche ein Ende zu machen, der an verschiedenen Orten bemerklich geworden ist; der Gerichtsvollzieher darf in Zukunft seine Gebühren von der Parthei, gegen welche er instrumentirt, nur in dem einzigen Falle annehmen, wenn auch alle Forderungen der Parthei, in deren Auftrage er handelt, zugleich vollständgi berichtigt worden.

Die Reisekosten außerhalb des friedensgerichtlichen Bezirkes müssen zwar, wie bisher, dem Gerichtsvollzieher von der requirirenden Parthei bezahlt, aber sie dürfen der Gegenparthei nur für den Betrag in Anrechnung gebracht werden, welchen diese dem zunächst wohnenden Gerichtsvollzieher hätte bezahlen müssen.

In dem Falle also, daß alle in einem friedensgerichtlichen Bezirke wohnenden Gerichtsvollzieher gesetzlich verhindert wären, den Act aufzunehmen, werden die Reisegebühren des instrumentirenden Gerichtsvollziehers der Gegenparthei nur in dem Betrage zur Last gelegt, den sie an den zunächst wohnenden Gerichtsvollzieher des benachbarten Bezirkes zu entrichten verpflichtet gewesen wäre.

Bisher ist die Bestimmung der Gesetze, nach welcher die Gerichtsvollzieher in dem ganzen Bezirke des Landgerichts zu instrumentiren berechtigt sind, zum großen Nachtheile der Gerichtseingesessenen mißbraucht, und es sind die Gerichtskosten durch die Reisen der Gerichtsvollzieher in entfernte Cantone oft auf eine nicht zu rechtfertigende Art vermehrt worden.

Diesem Uebelstande ist nun durch die Vorschrift des §. 4. abgeholfen, und werden die gerichtlichen Behörden ernstlichst angewiesen, diese Vorschrift mit Ernst und Strenge zur Anwendung zu bringen.

Es kann dies um so unbedenklicher geschehen, als die mit den Gerichtsvollziehern vor ihrer Anstellung vorgenommene Prüfung dafür bürgt, daß jeder derselben zur Aufnahme aller Amtshandlungen gehörig befähigt ist, und die Staatsbehörde dieselben zur Thätigkeit anhalten wird.

Daß jeder Gerichtsvollzieher verpflichtet ist, die ihm bestimmten, in seine Amtsbefugnisse einschlagenden, Aufträge anzunehmen, versteht sich von selbst und ist zum Ueberflusse in dem Art. 9. der Instruction wiederhohlt. Es bedarf jedoch keiner Erinnerung, daß diese allgemeine Vorschrift die gesetzlichen Bestimmungen nicht aufhebt, welche den Gerichtsvollziehern in gewissen Fällen, z. B. wegen zu naher Verwandtschaft mit einer der Partheien, für dieselben zu instrumentiren verbietet.

Eben so wenig ist die Bestimmung des §. 4. der Instruction auf solche Geschäfte anwendbar, welche nicht eigentlich zu den Amtsattributionen der Gerichtsvollzieher gehören, deren Besorgung ihnen vielmehr nur in Concurrenz mit anderen Beamten erlaubt ist, wie dies namentlich bei freiwilligen Mobilarverkäufen der Fall ist.

Zur Abhaltung eines solchen Mobilarverkaufs ist daher der Gerichtsvollzieher gegen seinen Willen nicht verpflichtet.

Von der andern Seite dürfen aber die Gerichtsvollzieher auch keine Geschäfte übernehmen, welche zu ihren Amtsbefugnissen nicht allein nicht gehören, sondern deren Besorgung sie sogar verhindern kann, ihren Amtspflichten zu genügen.

Es ist daher den Gerichtsvollziehern unbedingt untersagt, sich mit Consuliren abzugeben, oder Partheien bei den Friedensgerichten zu vertreten, namentlich die Betreibung von Subhastationen zu übernehmen.

Dies ist bisher mißbräuchlich an verschiedenen Orten geschehen, und manche Gerichtsvollzieher haben sich sogar erlaubt, sich als Geschäftsmänner in öffentlichen Blättern anzukündigen.

Je weniger dieses gebilligt werden kann, desto sorgfältiger werden die Aufsichtsbehörden darauf wachen, daß die Gerichtsvollzieher die Gränzen ihrer Amtsbefugniß in keiner Art überschreiten, daß sie durch unbefugte Einmischung in Geschäfte, die ihrem Amte fremd sind, die Gerichtseingesessenen weder gefährden, noch belästigen, und in den Geschäftskreis anderer Beamten nicht eingreifen.

In Rücksicht auf diesen letzten Punkt ist namentlich zu bemerken, daß die Gesetze den Gerichtsvollziehern ausnahmsweise das Abhalten von Mobilarverkäufen gestatten, daß diese Befugniß, gerade weil sie eine Ausnahme ist, den Gerichtsvollziehern durch ein spezielles Gesetz beigelegt worden, daß daher auch diese Ausnahme nicht, wie bisher an manchen Orten zur Ungebühr geschehen, über die gesetzlichen Gränzen ausgedehnt werden darf.

Es kann folglich den Gerichtsvollziehern nicht ferner gestattet werden, andere als Mobilar-Verkäufe, im gesetzlichen Sinne, öffentlich abzuhalten.

Die öffentlichen Versteigerungen von Holz auf dem Stamme, von Früchten auf dem Halme, so wie öffentliche Verpachtungen von Grundstücken sind daher den Gerichtsvollziehern untersagt, und es ist gegen die, welche dieser Bestimmung zuwiderhandeln, im Wege der Disciplin zu verfahren, oder deren Versetzung ohne weiteres, und beides jedesmal unter disciplinarer Anweisung der Herausgabe der erhobenen Diäten oder jeder anderen Remuneration zu verfügen.

Als unbefugte Einmischung in fremdartige Geschäfte ist es auch zu betrachten, wenn Gerichtsvollzieher, wie ebenfalls bisher an manchen Orten geschehen ist, sich mit Abfassung von Privaturkunden gegen Remuneration oder Entgeld beschäftigen, und es wird denselben untersagt, fernerhin sich damit abzugeben.

Die vorgesetzten Behörden werden stets darauf bedacht sein, den Gerichtsvollziehern die Mittel zu einer anständigen und sorgenfreien Existenz zu sichern, es wird deswegen aber auch von diesen Beamten gefordert, daß sie sich auf ihre Berufsgeschäfte beschränken und das Einkommen anderer Beamten nicht zu schmälern suchen.

§. 3. (zu §. 13.) Eine der wichtigsten Bestimmungen der Instruction vom 10. Juni ist die über die Vereinigung aller Gerichtsvollzieher eines Landgerichtsbezirkes in einen Verein, die dadurch nöthig gewordene Bildung eines Ausschusses und einer gemeinschaftlichen Casse (§. 13. ff.).

Der Ausschuß soll seinen Sitz in dem Hauptorte des Bezirkes haben, und diese Vorschrift ist in Beziehung auf die Wahl der Mitglieder wichtig.

Zwar kann jeder, auch entfernt vom Hauptorte wohnende, Gerichtsvollzieher als Mitglied des Ausschusses gewählt werden; aber es ist einleuchtend, daß er seinen Pflichten als Mitglied des Ausschusses, gerade wegen der Entfernung, nicht so, wie es zu wünschen ist, nachkommen kann, und daß selbst bei einer unvollständigen Erfüllung seiner Pflichten, wegen der Reisekosten und des Zeitverlustes, immer für ihn fühlbare Opfer unvermeidlich sein würden.

Es wird daher bei der Wahl der Mitglieder des Ausschusses in der Regel wohl auf die Gerichtsvollzieher Rücksicht zu nehmen sein, welche an dem Sitze des Landgerichts, oder doch ganz in dessen Nähe wohnen.

Die Mitglieder des Ausschusses sollen von den Gerichtsvollziehern des ganzen Bezirks gewählt werden.

Bei der großen Ausdehnung der Landgerichtsbezirke ist aber eine Vereinigung aller Gerichtsvollzieher am Hauptorte des Bezirks znm Zwecke der Wahl nicht ausführbar, theils wegen der großen Entfernung und der mit der Reise verbundenen Kosten, welche manchen von der Theilnahme an der Wahl abhalten möchten, theils weil die Gerichtseingesessenen und die Gerichte selbst während mehrerer Tage der Beamten entbehren müßten, deren sie zu jeder Stunde sich müssen bedienen können.

Es haben deswegen die Gerichtsvollzieher ihre Stimmen bei dem Friedensrichter, in dessen Bezirke sie wohnen, abzugeben; jeder überreicht dem Friedensrichter, offen oder verschlossen, einen Zettel, auf welchem die Namen dreier Gerichtsvollzieher sich befinden; über die Abgabe des Stimmenzettels wird von dem Friedensrichter eine kurze Notiz gehalten, welche er mit den Stimmenzetteln an den Ober-Procurator einsendet, sobald die zur Wahl festgesetzte Frist abgelaufen ist.

Sobald diese Notizen von allen Friedensrichtern eingegangen sind, wird durch den Ober-Procurator oder einen von ihm kommittirten Procurator in Gegenwart zweier, von dem Ober-Procurator zu bezeichnenden, an dem Hauptorte wohnenden, Gerichtsvollzieher das Resultat der Wahl zusammengestellt und der Ausschuß aus denjenigen, welche die mehrsten Stimmen haben, ohne daß eine absolute Majorität erforderlich wäre, zusammengesetzt.

Bei stattfindender Stimmengleichheit giebt das Dienstalter den Vorzug, und, wenn auch dieses ungewiß oder gleich sein sollte, so hat der Ober-Procurator den Candidaten, der in den Ausschuß treten soll, zu bezeichnen.

Die über diese Bildung des Ausschusses aufzunehmende Verhandlung wird in das Protocoll des Ausschusses eingetragen, die Urschrift bleibt aber in der Kanzlei des Ober-Procurators.

Dieser bestimmt sodann, welcher der Gewählten der Vorsteher des Ausschusses, der Cassirer, der Protocollführer sein soll.

Der Ausschuß tritt mit dem 1. Januar in Thätigkeit, in dem präclusivischen Zeitraume vom 15. bis 25. November müssen die Wahlzettel für die Bildung des Ausschusses des künftigen Jahres in der oben angegebenen Art eingereicht werden, und der neue Ausschuß muß vor dem 15. December gebildet sein. Dieser hat alsdann den Gerichtsvollziehern des Bezirks die Namen seiner Mitglieder und deren Qualität im Ausschusse bekannt zu machen.

Die Funktionen des Protocollführers ergeben sich schon aus seinem Namen; er ist mit Aufnahme der Verhandlungen des Ausschusses und deren Aufbewahrung beauftragt und besorgt die Correspondenz.

Der Cassirer hat die Verwaltung der gemeinschaftlichen Casse, sorgt für das regelmäßige Eingehen der für diese Casse bestimmten Summen und für die Berichtigung der auf die Kasse lautenden Anweisungen.

Er ist für die treue Verwaltung der Casse verantwortlich, und, wenn der Ausschuß es fordert, zur Stellung einer Kaution verpflichtet.

Dem Cassirer wird durch den Ober-Procurator von jeder im Wege der Disciplin gegen einen Gerichtsvollzieher ergangenen Verurtheilung zu einer Geldbuße Nachricht gegeben, damit er deren Einziehung bewirke.

Hinsichtlich der durch die Gerichtsvollzieher zu entrichtenden Beiträge ist bestimmt, daß solche nie den zehnten Theil der Summe übersteigen dürfen, welche ein Gerichtsvollzieher in dem vorhergehenden Jahre nach seinem Repertorium, mit Ausnahme der in dem §. 14. der Instruction genannten Acte, für Original-Urkunden und Vacationen zu beziehen hatte.

Zu Anfang eines jeden Jahres muß der Ausschuß sich vor allem angelegen sein lassen, das wahrscheinliche Bedürfniß für das beginnende Jahr möglichst genau zu ermitteln, damit die aus dem abgelaufenen Jahre vorhandenen Bestände vergleichen und die alsdann durch Beiträge noch aufzubringende Summe bestimmen.

In dem ersten Jahre sind, außer den allenfalls beigetriebenen Geldbußen, keine Bestände vorhanden, und das ganze Bedürfniß wird deswegen vorzüglich, wo nicht einzig, durch Beiträge der Einzelnen zu decken sein.

In dem folgenden Jahre muß aber spätestens bis zum 15. Januar von dem Cassirer ein Status vorgelegt werden, aus welchem wenigstens mit Wahrscheinlichkeit der Zustand der Casse zu entnehmen ist.

Der Beschluß, welchen alsdann der Ausschuß über die Höhe der zu zahlenden Beiträge fassen wird, muß dem betreffenden königl. Landgerichte, gehörig motivirt, zur Prüfung und Genehmigung vorgelegt werden.

Ist diese erfolgt, so schreitet der Ausschuß zur Vertheilung der zu erhebenden Summe auf die einzelnen Gerichtsvollzieher nach dem schon angegebenen Maßstabe, und, um ihn hierzu in den Stand zu setzen, verpflichtet der §. 14. der Instruction jeden Gerichtsvollzieher, jährlich einen Auszug seines Repertoriums an den Ausschuß einzusenden.

Dieser Vorschrift muß in jedem Jahre vor dem ersten Februar, und zwar ohne besondere Aufforderung genügt werden.

Der Auszug des Repertoriums muß genau nachweisen, auf welche Summe die Gebühren für Original-Urkunden und Vacationen nach §. 14. der Instruction in dem unmittelbar vorhergehenden Jahre sich belaufen haben.

Eine Unrichtigkeit in diesem Auszuge wird mit einer Geldbuße bestraft; der Cassirer des Ausschusses hat demnach das Recht wie die Pflicht, wenn er Ursache hat, eine Unrichtigkeit zu vermuthen, sich das Repertorium vorlegen zu lassen.

Jeder Gerichtsvollzieher, der die Vorlegung seines Repertoriums verweigern sollte, ist im Wege der Disciplin dazu anzuhalten.

Sobald die Repartition in der angegebenen Art gemacht ist, wird jedem Gerichtsvollzieher durch den Cassirer die von ihm zu entrichtende Summe bekannt gemacht, und diese muß sodann in vierteljährigen Raten in den Monaten März,

Juni, September und December an den Cassirer bezahlt werden.

Wenn im Laufe des Jahres ein Gerichtsvollzieher aus einem Landgerichtsbezirke in einen anderen versetzt wird, so zahlt er den festgesetzten Beitrag des Quartals, in welchem seine Versetzung erfolgt, an den Cassirer des Ausschusses, in dessen Bezirke er bisher fungirt hat, die Beiträge der folgenden Quartale aber an den Ausschuß des Bezirks, in welchen er versetzt worden.

Der Cassirer hat dem Ausschusse vierteljährig die Lage der Casse bekannt zu machen, die im Rückstande gebliebenen Debenten zu bezeichnen und nachzuweisen, welche Schritte geschehen sind, um den Rückstand beizutreiben.

Sollte, was jedoch nicht zu vermuthen ist, ein Gerichtsvollzieher Ursache zu haben glauben, zu behaupten, daß er zu hoch angeschlagen sei, so ist ihm eine Reclamation bei dem Ausschusse, und, wenn diese keinen Erfolg hat, der Recurs an das königl. Landgericht gestattet, doch muß er den ihm zugetheilten Betrag vorläufig und vorbehaltlich der Ausgleichung bei künftigen Zahlungen unverweigerlich entrichten, und kann, des Recurses ungeachtet, zu dessen Bezahlung im Wege der Execution angehalten werden.

Welche Ausgaben aus der gemeinschaftlichen Casse bestritten werden sollen, bestimmt die Instruction im §. 15.

Die dem Cassirer und dem Protocollführer zu bewilligende Remuneration und die Büreau-Bedürfnisse des Ausschusses können schon im Anfange des Jahres wenigstens mit Wahrscheinlichkeit berechnet und der hierüber zu fassende Beschluß kann daher auch sogleich dem königl. Landgerichte zur Prüfung und Genehmigung vorgelegt werden.

Anders ist aber hinsichtlich der Unterstützungen hülfsbedürftiger Gerichtsvollzieher und der Wittwen und Kinder der Verstorbenen.

Jeder darüber gefaßte Beschluß muß dem königl. Landgerichte besonders zur Genehmigung vorgelegt werden, wobei es sich von selbst versteht, daß alle Verhältnisse der zu unterstützenden Personen genau ermittelt und nachgewiesen werden müssen.

Diese Verhältnisse können sich ändern, es kann eine Erhöhung der bewilligten Unterstützung nöthig werden, es kann auch ein gänzliches Aufhören derselben sich rechtfertigen lassen.

Es muß daher jeder Beschluß die Zeit angeben, für welche die Unterstützung bewilligt ist; sie kann nie auf mehr als ein Jahr bewilligt werden, vorbehaltlich durch einen weiteren Beschluß das Fortbestehen derselben zu gestatten.

Wenn der Ausschuß aus unzureichenden Gründen eine Unterstützung ganz verweigern, oder zu gering bestimmen sollte, so hat das königliche Landgericht auf die, an dasselbe gelangende Reclamation das Erforderliche zu bestimmen.

Die Ordnung in dem Geschäftsgange erfordert, daß die Rechnung nach Ablauf des Jahres baldigst geprüft und abgeschlossen werde. Deswegen ist der Cassirer verpflichtet, die vollständig geordnete Rechnung mit allen Belägen spätestens bis zum 15. Februar dem Ausschusse vorzulegen.

Dieser hat dieselbe zu prüfen und mit seinem Gutachten begleitet vor dem 1. Mai dem königl. Landgerichte zur definitiven Festsetzung einzureichen.

§. 4. (zu §. 17.) Die Instruction bestätigt die früheren Gesetze hinsichtlich der Gebühren der Audienz-Gerichtsvollzieher für die Zustellung der Anwaltsacte und für das Aufrufen der Partheien in der Sitzung des Gerichts.

Diese Gebühren sollen zwischen den Audienz-Gerichtsvollziehern in gleichen Raten vertheilt werden, und kommen bei Festsetzung der an die gemeinschaftliche Casse zu machenden Zahlungen nicht zur Anrechnung.

Die Audienz-Gerichtsvollzieher eines jeden Gerichts haben sich hierüber monatlich oder vierteljährig, wie sie es angemessen finden, mit einander zu berechnen; auch ist es ihnen überlassen, Einem unter ihnen den Auftrag zu geben, die Gebühren bei den Anwälten zu erheben.

Cöln, den 22. October 1833.

Der General-Procurator
bei dem königl. Rheinischen Appellations-Gerichtshofe
Ruppenthal.

Civil-

Civil-Repertorium der Gerichtsvollzieher.

1.	Fortlaufende Nummer.
2.	Datum der Urkunde.
3.	Datum des Auftrages.
4.	Nummer des Journals.
5.	Namen, Vornamen und Wohnort der Partheien, die zustellen lassen.
6.	Namen, Vornamen und Wohnort der Partheien, welchen die Zustellung geschieht.
7.	Ort der Zustellung.
8.	Natur des Actes.
9.	Gebühren der Urschriften: Anwalts-Acte. Tl. Sg. Pf.
10.	Gebühren der Urschriften: sonstige Urkunden. Tl. Sg. Pf.
11.	Der Abschriften dieser Urkunden. Anzahl derselben.
12.	Der Abschriften dieser Urkunden. Gebühren. Tl. Sg. Pf.
13.	Der abschriftlich mitgetheilten Actenstücke. Rollenzahl.
14.	Der abschriftlich mitgetheilten Actenstücke. Gebühren. Tl. Sg. Pf.
15.	Einholung des Visa. Zahl derselben.
16.	Einholung des Visa. Gebühren. Tl. Sg. Pf.
17.	Der zurückgelegten Meilen. Zahl derselben.
18.	Der zurückgelegten Meilen. Gebühren. Tl. Sg. Pf.
19.	Vacationen. Zahl derselben.
20.	Vacationen. Gebühren. Tl. Sg. Pf.
21.	Stempel. Tl. Sg. Pf.
22.	Nummer des Kostentarifs.
23.	Bemerkungen.

Criminal-Repertorium der Gerichtsvollzieher.

1.	2.	3.	4.	5.	6.	7.	8.	9.	10.	11.	12.	13.	14	15.	16	17
Fortlaufende Nummer.	Datum des Actes.	Ort der Zustellung.	Natur des Actes.	Namen, Vornamen und Wohnort der Partheien.		Urschrift der Zustellung.	Anzahl der Abschriften.	Betrag derselben.	Anzahl der Rollen der zugestellten Schriften.	Gebühren dieser Rollen.	Anzahl der Assistenzen bei Eintragung in das Gefangen-Register.	Gebühren derselben.	Zurückgelegte Meilen.	Reisekosten.	Nr. des Kostentarifs.	Bemerkungen
				die zustellen lassen.	denen zugestellt wird.	Tl. Sg. Pf.		Tl. Sg. Pf.		Tl. Sg. Pf.		Tl. Sg. Pf.		Tl. Sg. Pf.		

Dienst-Journal der Gerichtsvollzieher.

1.	2.	3.	4.	5.	6.	7.	8.	9.	10.
Fortlaufende Nr.	Datum des erhaltenen Auftrages.	Namen, Stand und Wohnort der		Natur des erhaltenen Auftrages.	Betrag der für den Requirenten erhobenen Gelder.	Datum.		Tag der Ablieferung oder Einsendung der Papiere an den Requirenten.	Bemerkungen.
		Requirenten.	Gegenpartei.		Thlr. Sg. Pf.	des Empfanges.	der Ablieferung an den Requirenten resp. der Hinterlegung.		

1132.

Trennung der Untersuchungen, wenn dasselbe Individuum zweier Verbrechen oder Vergehen beschuldigt wird, wovon das eine nach rheinischen, das andere nach preußischen Gesetzen zu verfolgen ist.

Ew. Hochwohlgeboren wird auf den Bericht vom 6. August d. J. hiermit eröffnet, daß der Justiz-Minister nur die Meinung derjenigen Mitglieder des Kollegiums bestätigen kann, welche in dem Falle, wo dasselbe Individuum zweier Verbrechen oder Vergehen beschuldigt wird, von welchen das eine nach französischen, das andere nach preußischen Gesetzen zu verfolgen und zu bestrafen sei, die Untersuchungen trennen, in besonderen Actenstücken instruiren und über jedes in besonderen Urtheilen erkennen wollen, wie dies auch schon in einem ganz ähnlichen Falle in dem Rescripte des Justiz-Ministers v. Kircheisen vom 7. August 1821. ausdrücklich vorgeschrieben worden ist. Wo gleichzeitig zwei verschiedene Criminalproceduren und Gesetze herrschen, sind Collisionen der angegebenen Art nicht zu vermeiden.

Daß die Verurtheilten nicht durch Vollstreckung mehrerer Criminalstrafen härter behandelt werden, als wenn nur ein Strafgesetzbuch gälte, dafür muß das öffentliche Ministerium bei der Strafvollstreckung sorgen, und wenn der Verurtheilte nicht, wie dies in der Regel geschieht, den Weg der Gnade versucht, so muß der Beamte des öffentlichen Ministeriums in jedem einzelnen, ohnehin selten vorkommenden Falle an den Justiz-Minister wegen Vollstreckung der erkannten mehreren Strafen berichten, wo denn nach den Grundsätzen des Allgemeinen Landrechts die Reduction der Strafen ohnehin, in Gemäßheit des dem Justiz-Minister ertheilten Allerhöchsten Auftrags, erfolgen wird.

Berlin, den 1. November 1833. Der Justiz-Minister.
v. Kamptz.

An
den königl. Landesgerichts-Präsidenten
Herrn Hoffmann und
de königl. Ober-Procurator Herrn
Geh. Justizrath Biergans
zu Aachen.

Abschrift vorstehender Verfügung erhalten Ew. Hochwohlgeboren auf den unterm 14. v. M. erstatteten Bericht zur Nachricht.

Berlin, den 1. November 1833. Der Justiz-Minister.
An v. Kamptz.
den königl. Ersten Präsidenten am rheinischen Appellationsgerichtshofe Herrn Schwarz und den königl. General-Procurator Herrn Ruppenthal zu Cöln.

1133.

Gebühren der Gerichtsvollzieher als sauf gardien, — für Empfangnahme des beizutreibenden Geldes, — für Protestacte.

Die Gerichtsvollzieher N. N. haben in angeblichem Auftrage ihrer Kollegen in einer an des Herrn Justiz-Ministers Excellenz gerichteten Vorstellung mehrere, wie sie zu glauben scheinen, zweifelhafte Fragen berührt, und um deren Beantwortung gebeten, welche sie auch erhalten haben würden, wenn sie, wie es ihr Dienstverhältniß mit sich bringt, sich an ihren nächsten Vorgesetzten, den Herrn Oberprocurator, gewandt hätten. Ich bin angewiesen, sie zu bescheiden.

Die erste Frage lautet: in wiefern die Gebühren als sauf gardien laut Art. 455. des Handelsgesetzbuchs von dem Gerichtsvollzieher zu liquidiren sind.

Ich antworte hierauf, daß diese Frage an sich durchaus kein practisches Interesse hat, weil in N. ein Arresthaus existirt, in welches die Falliten gebracht werden können; weil, wenn dies auch nicht geschieht, doch in der Regel ein Polizeidiener oder ein Gensdarm, selten oder vielleicht nie aber ein Gerichtsvollzieher gewählt, und weil, wenn dies Letztere geschehen sollte, das Handelsgericht die dem Gerichtsvollzieher zukommende Entschädigung in eben der Art bestimmen wird, wie es solche für einen Polizeidiener oder Gensdarmen normirt.

Auf die zweite Frage bemerke ich, daß es die Pflicht des Gerichtsvollziehers ist, die Aufträge der Partheien, so weit sie seine Amtsbefugnisse berühren, auszuführen, also auch das Geld zu empfangen, dessen Zahlung er betreiben soll. Für diesen Empfang hat der Gerichtsvollzieher nichts zu fordern, und es ist seine Sache, vorsichtig zu handeln, um sich vor Schaden zu verwahren.

Die in dem zweiten Abschnitte Art. 62. des neuen Tarifs festgesetzte Gebühr ist nur dann zu liquidiren, wenn mit dem Protestacte eine Haussuchung verbunden ist.

Ein einfacher Protestact wird nach No. 10. des neuen Tarifs bezahlt.

Hierdurch erledigt sich auch die dritte Frage.

Cöln, den 4. November 1833.

Der General-Procurator
Ruppenthal.

An
die Gerichtsvollzieher N. N.

1134.

Die Oberprocuratoren und Instructionsrichter müssen das Verfahren bei Obductionen selbst leiten.

In der wegen Ersparung der Criminalkosten am 31. Dezember 1825 ergangenen Circular-Verfügung ist unter Anderen gesagt, daß Local-Untersuchungen in der Regel den Friedensrichtern aufgetragen werden können, es ist aber zugleich gesagt, daß eine Ausnahme hiervon zu machen sei, wenn die Natur und Schwere des Verbrechens die eigene Einschreitung und Mitwirkung des Instructionsamtes nöthig machen sollte, und es sind namentlich die Fälle eines Todschlags, Mordes, einer Brandstiftung genannt.

Diese letztere Bestimmung ist häufig übersehen und es sind bei sehr wichtigen Fällen die Friedensrichter mit Obductionsverhandlungen beauftragt werden, welche später, wegen ihrer Unvollständigkeit, dem Zwecke nicht entsprachen, auch nicht mehr verbessert werden konnten und deswegen das Resultat der Untersuchung zweifelhaft lassen. Ein neuerer Fall hat dieses so augenscheinlich bewiesen, daß ein Präsident der Assisen sich veranlaßt gefunden hat, in seinem an des Herrn Justiz-Ministers Excellenz erstatteten Berichte die Mangelhaftigkeit des Obductions-Verfahrens herauszuheben. Um das Verfahren bei einer Obduction so zu leiten, um das hierüber aufzunehmende Protocoll so abzufassen, das alle Verhältnisse aufgeklärt, jeder dabei zu beachtende Umstand gehörig beleuchtet werde, ist eine Gewandheit erforderlich, die nur durch eine längere Erfahrung erworben werden kann.

Den Friedensrichtern fehlt aber die Gelegenheit, um solche Erfahrungen zu machen, weil glücklicherweise die Verbrechen nicht so häufig sind, als sie sein müßten, um jedem isolirt stehenden Beamten diese Gelegenheit zu verschaffen.

44*

Auch mag nicht jedem Arzte eine so vollendete Gewandtheit zugetraut werden, daß man sich auf ihn verlassen dürfte.

Auf ausdrücklichem Befehl des Herrn Justiz-Ministers Excellenz muß ich daher die Herren Ober-Procuratoren und die Herren Instructionsrichter auf die Bestimmung in der Circular-Verfügung vom 31. December 1825 aufmerksam machen und denselben anempfehlen, bei Obductionen selbst gegenwärtig zu sein und das Verfahren zu leiten.

Von Seiten des öffentlichen Ministerii werden daher auch die Anträge in diesem Sinne zu machen sein.

Die Herren Ober-Procuratoren ersuche ich, diese Verfügung den an ihrem Wohnsitze fungirenden Instructionsrichtern und den Procuratoren mitzutheilen; an die abgesonderten Instructionsämter habe ich von hieraus direct verfügt.

Cöln, den 13. Novbr. 1833. Der General-Procurator
Circulare Ruppenthal.
an die Herren Oberprocuratoren
und an die Instructionsämter.

1135.

Die Landgerichtspräsidenten und Oberprocuratoren senden die Vorschläge wegen jährlicher Bildung der Kammern unmittelbar an das Justiz-Ministerium ein.

Die Resolution auf Euer Hochwohlgeboren über den Wechsel der Mitglieder der Kammern in den königlichen Landgerichten bereits unterm 8. September v. J. erstatteten Bericht ist bis jetzt ausgesetzt, um allenfalls auch die Erfahrungen bei dem diesjährigen Mitglieder-Wechsel zu benutzen. Nach genauer Erwägung der hier eintretenden Verhältnisse kann ich es in der Hauptsache nur bei dem bisherigen Verfahren belassen, nach welchem der Wechsel von dem Landgerichtspräsidenten nach vorgängiger Berathung mit dem Oberprocurator ausgeht, und mit letzterem gemeinschaftlich dem Justizministerium zur Bestätigung vorgeschlagen wird. Es ist jedoch, wie in einzelnen Fällen sich bestätigt hat, nothwendig, daß die Präsidenten vor Erstattung des Berichts an das Ministerium von dem Wechsel diejenigen Mitglieder, welchen derselbe nach dem Vorschlage des Präsidenten und Oberprocurators bevorsteht, benachrichtigen, mit ihnen darüber Rücksprache nehmen und so weit es thunlich ist, deren Wünsche berücksichtigen. Da die Vorschläge der Mitglieder der einzelnen Kammern in den verschiedenen Landgerichten für Euer Hochwohlgeboren kein näheres Interesse haben, und die Verminderung Ihrer ohnehin schon so über häuften Geschäfte wünschenswerth ist; so haben die Präsidenten und Oberprocuratoren die Berichte und Vorschläge zur Bildung der verschiedenen Kammern künftig unmittelbar an das Ministerium zu erstatten. Euer Hochwohlgeboren haben dies Rescript den Landgerichts-Präsidenten und Oberprocuratoren zu ihrer Direction abschriftlich mitzutheilen.

Berlin, den 15. November 1833. Der Justiz-Minister

An v. Kampß.

den ersten Präsidenten Herrn Schwarz und den General-Procurator Herrn Ruppenthal am königl. Appellationsgerichtshofe zu Cöln.

1136.

Bei freiwilligem Eingeständniß des Angeschuldigten tritt keine Schärfung der Strafe ein.

Ew. Hochwohlgeboren erhalten beigehend eine Abschrift der Allerhöchsten Kabinets Ordre vom 9. v. M., nach welcher des Königs Majestät für die alten Provinzen zu befehlen geruhet haben, daß gegen einen Angeschuldigten, der, noch ehe er der That überführt ist, freiwillig gesteht, keine Schärfung der sonst verwirkten gesetzlichen Strafe, also keine körperliche Züchtigung und immer nur der geringste Grad der nach Lage der Sache durch die That an sich und unter den obwaltenden Umständen verwirkten ordentlichen Strafe erkannt werden soll.

Sie haben diese Allerhöchste Bestimmung den rheinischen Gerichten und Oberprocuratoren bekannt zu machen, um darnach in denen durch die Allerhöchste Kabinets-Ordre vom 6. März 1821 ihnen überwiesenen Sachen zu verfahren.

Berlin, den 15. November 1833. Der Justiz-Minister

An v. Kampß.

den königl. General-Procurator Herrn Ruppenthal zu Cöln, desgl. an den königl. Landgerichtspräsidenten und Präsidenten des Justiz-Senats zu Coblenz.

a.

Ich will auf Ihren Bericht vom 30. v. M. dem Schifferknecht Remus in der Strafanstalt zu Racvicz, dessen Bittschrift zurückerfolgt, den Ueberrest der gegen ihn erkannten Zuchthausstrafe erlassen; auch finde Ich nach der bei Gelegenheit dieses Falles von Ihnen gemachten Bemerkung, daß in der Verurtheilung allerdings zwischen dem Verbrecher, welcher sich durch Bekenntniß der Wahrheit zuwendet, und dem Uebelthäter, welcher durch Leugnen seine Schuld vergrößert, ein Unterschied stattfinden muß. Ich will daher, daß gegen einen Angeschuldigten, der, noch ehe er der That überführt ist, freiwillig gesteht, keine Schärfung der sonst verwirkten gesetzlichen Strafe, also keine körperliche Züchtigung und immer nur der geringste Grad der, nach Lage der Sache durch die That an sich, und unter den obwaltenden Umständen verwirkten ordentlichen Strafe erkannt werden soll, und veranlasse Sie, die Gerichtsbehörden auf die pflichtmäßige Beachtung der Vorschriften des §. 59. Titel 20. Theil 2. des Allgemeinen Landrechts besonders aufmerksam zu machen.

Berlin, den 9. October 1833. Friedrich Wilhelm.

An
den Staats- und Justiz-Minister Mühler.

1137.

Vollstreckung der Executionen gegen Militairpersonen in Kasernen und andern ähnlichen Dienstgebäuden.

Um allen Irrungen und Weiterungen bei Ausführung der Allerhöchsten Kabinets-Ordre vom 4. Januar dieses Jahres vorzubeugen, nach welcher executivische Maaßregeln gegen die in Kasernen und ähnlichen Dienstgebäuden wohnenden Militairpersonen, wenn sie in diesen Gebäuden zur Ausführung kommen müssen, nicht durch die Civilgerichte, sondern nur durch Requisition der Militairgerichte vollstreckt werden sollen, bestimmt der Justiz-Minister nach vorgängiger Einigung mit dem königlichen Kriegs-Ministerium, auf Ew. Hochwohlgeboren Bericht vom 9. v. M., daß in allen den Fällen, in welchen eine Execution in einem militairischen Gebäude zur Vollstreckung zu bringen ist, der Gläubiger sich mit seinem Executions-Antrage an das öffentliche Ministerium des betreffenden Landgerichts zu wenden, und dieses das Vorhandensein eines gültigen Executionstitels nach der dortigen Gesetzgebung, so wie überhaupt nach den dafür vorhandenen Bestimmungen die Zulässigkeit des Executionsantrags zu prüfen, demnächst aber, wenn es solchen zulässig findet, die nöthige Requisition, wegen dessen Erledigung an das betreffende Militairgericht zu erlassen habe, welches dann der Requisition nachzukommen nicht unterlassen wird.

In letzterer Hinsicht wird ihnen zugleich eröffnet, daß die Militairgerichte zur Ausführung der Execution selbst nicht nöthig haben, sich der Gerichtsvollzieher zu bedienen, und daß dies nach der Allerhöchsten Kabinets-Ordre vom 4. Januar d. J. nicht einmal zulässig ist.

Es wird Ihnen ferner eröffnet, daß nach dem §. 155 des Anhangs zur Allgemeinen Gerichts-Ordnung und der Allerhöchsten Kabinets-Ordre vom 8. November 1831, die Execution in das Mobiliare diensthuender Officiere, Unterofficiere und gemeinen Soldaten nicht stattfindet, sondern nur ausstehende Forderungen, öffentliche Papiere, ingleichen baares Geld, goldene, silberne und andere Medaillen, Juwelen und Kleinodien, welche ein Officier, Unterofficier und gemeiner Soldat besitzt, der Execution unterworfen sind. Auch gestattet das Gesetz nicht, die Militair-Personen durch den Executor anzuhalten, ihre Behältnisse aufzuschließen, damit dieser sich überzeugen könne, ob der Schuldner Gegenstände, welche der Execution unterworfen sind, besitze, sondern der §. 155. a. a. O. bestimmt nur, daß der Schuldner darüber, ob er dergleichen besitze, vorher vernommen, und bei vorhandenem Zweifel, zum Manifestations-Eide verstattet werde.

Von einer Execution gegen Officiere, Unterofficiere und gemeine Soldaten in der Kaserne oder in einem ähnlichen Dienstgebäude kann daher überhaupt nur in dem seltenen Falle die Rede sein, wenn er bei der im §. 155. l. c. vorgeschriebenen Vernehmung oder bei Ableistung des Manifestations-Eides erklärt, daß er einen der Execution unterworfenen Gegenstand besitze, denselben jedoch nicht herausgiebt.

Für dergleichen seltene Fälle kann dem Auditeur die Leitung der Execution gegen gemeine Soldaten und Unterofficiere, unter Beiordnung eines Feldwebels, und wenn dieselbe gegen einen Officier gerichtet werden soll, unter Beiordnung eines Officiers höheren Ranges, als der Exequendus bekleidet, übertragen werden.

Die Militairgerichte werden also die Executions-Maaßregeln sehr wohl durch ihre eigenen Organe zur Ausführung bringen können.

Würden sich aber bei diesen Executions-Vollstreckungen Einsprüche gegen dieselben erheben, oder sonst Rechtsstrette entstehen, über welche gerichtlich zu entscheiden wäre, so werden alsdann die Militairgerichte, als nur requirirte Behörden, die Entscheidung nicht selbst vor sich ziehen, sondern den Partheien überlassen, solche bei den competenten Civilgerichten zur Entscheidung zu bringen.

Hiernach sind die Militair-Behörden von dem königl. Kriegs-Ministerium angewiesen worden, und werden Ew. Hochwohlgeboren beauftragt, diese Verfügung durch die Amtsblätter zur Kenntniß des Publikums zu bringen.

Berlin, den 29. November 1833.

An den königlichen General-Procurator Herrn Ruppenthal zu Cöln.

Der Justiz-Minister
v. Kamptz.

a.

Um die Uebelstände zu beseitigen, welche mit der Executions-Vollstreckung gegen Militair-Personen in Kasernen und andern ähnlichen Dienstgebäuden bei Anwendung der deshalb bestehenden Vorschriften verbunden sind, will Ich auf Ihren des Justiz-Ministers Mühler Bericht vom 20. v. M. hiermit festsetzen: daß executivische Maßregeln gegen die in Kasernen und andern ähnlichen Dienstgebäuden wohnenden Militair-Personen, so weit sie nach dem §. 155. des Anhangs zur Allgemeinen Gerichts-Ordnung und Inhalt der Ordre vom 8. November 1831 überhaupt zulässig sind, und in der Kaserne oder dem Dienstgebäude selbst vollstreckt werden müssen, nicht durch die Civil-Gerichte, sondern nur durch Requisitionen der Militair-Gerichte und beziehungsweise des General-Auditoriats, in sofern die Schuldner der Gerichtsbarkeit desselben unmittelbar untergeordnet gewesen, vollstreckt werden sollen. Ich beauftrage Sie mit der Bekanntmachung dieser Bestimmung.

Berlin, den 4. Januar 1833.

An den Kriegs-Minister, General der Infanterie, v. Hake und die Minister der Justiz v. Kamptz und Mühler.

Friedrich Wilhelm.

b.

Auf Ihren Bericht vom 12. v. M. bestimme Ich hierdurch, daß die Vorschrift in §. 155. des Anhangs zur Allgemeinen Gerichtsordnung, nach welcher das Mobiliar dienstthuender Offiziere an ihrem Garnison-Orte keiner Auspfändung unterworfen werden kann, auch auf das Mobiliar der im wirklichen Dienste stehenden Unterofficiere und gemeinen Soldaten an ihrem Garnison-Orte Anwendung finden soll.

In Beziehung auf die Militairbeamten jeden Ranges treten die Bestimmungen ein, welche im §. 156. für die Civilbeamten ertheilt worden sind. Sie haben diesen Erlaß durch die Gesetzsammlung bekannt zu machen.

Charlottenburg, den 8. November 1831.

An Friedrich Wilhelm.

den Staats- und Kriegs-Minister, General der Infanterie, v. Hake und das Justiz-Ministerium.

1138.

Bestrafung derjenigen Handlungen, wodurch die gerichtliche Pfändung beweglicher Sachen in der Rheinprovinz vereitelt wird.

Aus dem Berichte der Justiz-Minister habe Ich ersehen, daß es in der Rheinprovinz einer gesetzlichen Bestimmung gegen die strafbaren Handlungen bedarf, durch welche die gerichtlichen Pfändungen beweglicher Sachen vereitelt werden, indem der Art. 600. der bürgerlichen Proceßordnung für den Fall, wenn gepfändete bewegliche Sachen der Beschlagnahme entzogen werden, auf das Straf-Gesetzbuch verweiset und dieses keine erschöpfende Strafbestimmung darüber enthält. Ich setze daher nach dem Antrage der Justiz-Minister fest: daß der von dem Gerichtsvollzieher bestellte Hüter, wenn er selbst gepfändete, bewegliche Sachen, oder auf dem Halme stehende Früchte der Beschlagnahme entzieht, oder daß es von Andern geschehe, gestattet, mit Gefängniß von einem Monat bis zu zwei Jahren bestraft, dieselbe Strafe auch wider den Gepfändeten, dessen Ehe-Gattin und Verwandte oder Verschwägerte in auf- und absteigender Linie, wenn sie sich des obgedachten Vergehens schuldig machen, ohne Unterschied, ob sie zu Hütern bestellt worden, oder nicht., erkannt werden, gegen andere Personen aber die Strafe des Diebstahls eintreten soll. Das Staats-Ministerium hat diese Bestimmung durch die Gesetzsammlung bekannt zu machen.

Berlin, den 11. December 1833.

An Friedrich Wilhelm.

das Staats-Ministerium.

1139.

Die Audienz-Gerichtsvollzieher betreffend.

Aus dem Bericht des königlichen General-Procurators am rheinischen Appellationsgerichtshofe vom 25. v. M. und aus dem Berichte, welchen Sie, Herr Präsident, unterm 22. ejusdem über denselben Gegenstand erstattet, habe ich ersehen, welchen Beschluß das königliche Landgericht zu Cöln am 21. August c. wegen der Theilung der Gebühren für Aufrufung der Processe und Zustellung der Anwaldsacten erlassen hat.

Weder die französischen Gesetze und Decrete, noch die Praxis bei den französischen und rheinischen Gerichtshöfen, haben je zwischen denen bei ihnen den innern Dienst habenden Gerichtsvollziehern einen Unterschied gemacht, je nachdem sie gerade bei dieser oder jener Kammer, im Parket oder am Untersuchungsamt beschäftigt gewesen, und wenn darüber irgend ein Zweifel hätte statt finden können, so würde derselbe durch die klaren Bestimmungen der §. 1 und 17. der Instruction vom 10. Juni d. J. gehoben worden sein.

Nach dem §. 1. sind diejenigen Gerichtsvollzieher, welche von den Landgerichten bestimmt werden, um den Dienst in Civil- und Untersuchungssachen unmittelbar bei denselben zu verrichten, Audienz-Gerichtsvollzieher, und nach §. 17. sollen die Gebühren, welche sie für die Zustellung der Anwaldsacte und das Aufrufen der Sachen beziehen, zu gleichen Theilen unter sie vertheilt werden. Der Art. 95. des Decrets vom 14. Juni 1813, worauf sich der Paragraph ausdrücklich bezieht, hat aber durch die Worte: et sans aucune distinction entres ces huissiers de quelque manière que le service interieur ait été distribué entre eux, jeden Zweifel gänzlich ausgeschlossen.

Da nun bei den Zuchtpolizeigerichten weder Aufrufungs- noch Gebühren für die Zustellung der Anwaldsacten passiren, so würden diejenigen Audienz-Gerichtsvollzieher, welche gerade bei diesen oder dem Instructionsamte beschäftigt sind, leer ausgehen, für den Zeitverlust keine Entschädigung erhalten und auf die geringen Gebühren beschränkt sein, welche ihnen die Nummer 8 des fünften Abschnitts der Taxe zubilligt, wenn man ihnen gegen den klaren Inhalt des §. 17. ihren Antheil an den sub No. 64 und 68. des dritten Abschnitts der Taxe erwähnten Gebühren entziehen wollte.

Es ist übrigens meine Absicht, daß die zu Audienz-Gerichtsvollziehern Ernannten abwechselnd den Dienst bei den verschiedenen Kammern und in den verschiedenen Parkets verrichten sollen, damit keiner sich wegen Prägravation beschweren könne; eine Verschiedenheit in der Qualification kann hierbei kein Hinderniß sein, da bei jedem zum Audienz-Gerichtsvollzieher Ernannten die Qualification, das Amt eines solchen auch in einer Civilsitzung verwalten zu können, vorausgesetzt werden muß und eine Uebung von wenig Wochen hinreicht, diesen mechanischen Dienst kennen zu lernen; einige Gerichtsvollzieher davon auszuschließen aber nichts anders sein würde, als ihnen die Gelegenheit dazu zu entziehen.

Ob nun dieser Wechsel mit jedem Justizjahr, jedem Monate oder jeder Woche geschehen soll, das bleibt der Bestimmung des königlichen Landgerichts überlassen. Ob die Zustellung der Anwaldsacte ausschießlich durch die bei den Civilkammern fungirenden Gerichtsvollzieher oder gleichzeitig durch die übrigen Audienz-Gerichtsvollzieher geschehen solle, ist für diese gleichgültig hinsichtlich der Arbeit, wenn der Wechsel statt findet und hinsichtlich der Einnahme, wenn die Gebühren gemeinschaftlich getheilt werden und es bleibt dem Landgericht daher überlassen, auch diesen Punkt nach den Umständen zu reguliren. Hierdurch wird der Beschluß des königlichen Landgerichts vom 21. August d. J. aufgehoben und beauftrage ich Ew. Hochwohlgeboren, solches demselben zu eröffnen und die Gerichtsvollzieher nach vorstehenden Grundsätzen zu instruiren rc. rc.

Berlin, den 13. December 1833. Der Justiz-Minister
v. Kamptz.

An
den Präsidenten des königlichen Landgerichts Herrn v. Oppen und den königlichen Ober-Procurator Herrn v. Collenbach
zu Cöln.

Ew. Hochwohlgeboren erhalten auf Ihren Bericht vom 25. v. M. Abschrift des Dato an den Präsidenten und Ober-Procurator beim königlichen Landgericht zu Cöln erlassenen Rescripts, die Audienz-Gerichtsvollzieher betreffend, um nach den darin enthaltenen Grundsätzen nöthigenfalls auch die übrigen Landgerichte zu bescheiden.

Berlin, den 13. December 1833. Der Justiz-Minister
v. Kamptz.

An
den königlichen General-Procurator, Herrn Geheimen Ober-Justiz-Rath Ruppenthal
zu Cöln.

1140.

Anwendbarkeit des Gesetzes vom 6. Frimaire VII. bei Bestrafung der Fährpächter.

Der Herr Finanz-Minister hat mir angezeigt, daß die Gerichte in den Rheinprovinzen Anstand nehmen, den Art. 174. des rheinischen Strafgesetzbuchs auf die Fährpächter anzuwenden. Dies hat mir Veranlassung gegeben, mich mit dem gedachten Herrn Minister in Correspondenz zu setzen und das Gutachten des hiesigen rheinischen Revisions- und Cassationshofes über die Anwendbarkeit oder Nichtanwendbarkeit des gedachten Art. 174. auf die Fährpächter zu erfordern. Dieser Gerichtshof hat sich mit der Ansicht des Appellationsgerichtshofes zu Cöln, wie solche sich in dem Urtheile des Anklage-Senats vom 25. September d. J. wider N. ausgesprochen, einverstanden erklärt, jedoch, wie Ew. Hochwohlgeboren aus dem abschriftlich beiliegenden Extracte des Berichts des Cassationshofes vom 30. v. Mts. ersehen werden, die Anwendbarkeit des Gesetzes vom 6. Frimaire VII. behauptet. Sie werden deshalb aufgefordert, die bei dem Accusations-Senate des dortigen königlichen Appellationsgerichtshofes arbeitenden königlichen Procuratoren und die sämmtlichen königlichen Ober-Procuratoren hiernach zu instruiren, und die Polizeigerichte durch sie instruiren zu lassen.

Berlin, den 13. December 1833. Der Justiz-Minister
An v. Kamptz.
den königlichen General-Procurator Herrn Ruppenthal zu Cöln.

1141.

Abfassung der Urteln in den nach preußischen Criminalgesetzen verhandelten Criminalsachen und die Ministerial-Bestätigung derselben.

Die Erfahrung hat gelehrt, daß in denjenigen Criminalsachen, in welchen nach den preußischen Criminalgesetzen verfahren und daher in einigen wenigen Fällen die vorgängige ministerielle Bestätigung des Urtheils erforderlich ist, aus Unbekanntschaft mit der preußischen Criminalverfassung hin und wieder eine schwankende Praxis Statt findet und dies Verfahren wohl gar aus Unkunde der preußischen Gesetze als Schärfung eines gerichtlichen Erkenntnisses angesehen wird. Das Justiz-Ministerium findet sich hierdurch zur

Vorbeugung jener Inconvenienzen und zur Berichtigung dieser Irrthümer zu nachstehenden Erläuterungen bewogen.

Nach der preußischen Criminalverfassung bedürfen bekanntlich in den gesetzlich bestimmten Fällen die Erkenntnisse der Untergerichte die vorgängige Bestätigung des ihnen vorgesetzten Oberlandesgerichts und die der letztern die des Justiz-Ministeriums und sind bis zu dieser Bestätigung nicht richterliche Urtheile, sondern dergestalt nur Entwürfe und Gutachten zu denselben, daß, wie Ew. Hochwohlgeboren aus dem in den Jahrbüchern der preußischen Gesetzgebung Bd. 36. S. 339 abgedruckten Ministerial-Circular-Rescript vom 13. December 1830 mit Mehreren ersehen werden, das aus Versehen ohne diese Bestätigung publicirte Urtheile kraftlos und als nicht vorhanden angesehen werden muß. Diese zur Bestätigung eingesandten Gutachten werden sowohl in den Provinzialgerichtshöfen, als im Justiz-Ministerium nach den Acten und Gesetzen genau geprüft und, falls sie mit den erstern oder letztern nicht übereinstimmen sollten, mit denselben in Einklang gesetzt. Von den Oberlandesgerichten geschieht dies von denselben selbst in Rescriptsform; im Justiz-Ministerium hingegen werden nach fast allgemeiner neuern Praxis die Acten an ein anderes Obergericht versandt und von demselben ein in Urtelsform abgefaßtes Gutachten erfordert. Nachdem über dasselbe im Justiz-Ministerium Vortrag geschehen, Beschluß gefaßt und es vom Justiz-Minister bestätigt ist und dadurch Urtel geworden ist, wird dasselbe mit den Acten an das Gericht, welches letztere eingesandt hat, zurückgesandt, um das mit der ministeriellen Bestätigung versehene Urtel in der durch die Allerhöchste Kabinets-Ordre vom 18. März 1831 — (Jahrbücher Bd. 37. S. 122.) — bestimmten Form dem Angeschuldigten zu publciren, welchem, wie sich von selbst versteht, dagegen alle in der Sache selbst zulässigen Rechtsmittel in eben dem Maaße zustehen, als gegen ein weder der obergerichtlichen noch der ministeriellen Bestätigung bedürfendes Urtheil. Dieses ist der einfache Gang dieses nach der preußischen Criminaljustizverfassung seit deren Begründung bestehenden, sowohl durch die Criminalordnung §. 536. als durch die obgedachte Allerhöchste Kabinets-Ordre noch ganz neuerlich bestätigten und den Mangel eines in Criminalsachen der Regierung nicht zustehenden Rechtsmittels einigermaaßen ergänzenden Verfahrens, in welchem schon deshalb nur Unkunde und Irrthum, wenn das bestätigte zweite Gutachten gelinder, als das erste ausfallen sollte, eine ministerielle Milderung und sollte es härter ausgefallen sein als das erste, eine ministerielle Schärfung eines gerichtlichen Urtheils und einer zuerkannten Strafe finden kann, weil nach jenem verfassungsmäßigen Verfahren noch gar kein gerichtliches Urtheil, sondern nur ein gerichtliches Gutachten vorliegt, und durch letzteres weder überhaupt noch weit weniger aber eine Strafe erkannt werden kann.

Hieraus ergeben sich daher folgende Resultate:

1) Dies Verfahren findet nach der die Allgemeine Criminal-Ordnung §. 508. seq. modificirenden Allerhöchsten Kabinets-Ordre vom 4. December 1824 No. 3. (Gesetzsammlung von 1824. S. 221.) nur dann statt, wenn die Untersuchung wegen Hochverraths, Landesverrätherei oder beleidigter Majestät eröffnet und jederzeit, wenn auf Todesstrafe oder lebenswierige Freiheitsentziehung erkannt worden.

2) Es muß von dem erkennenden Gerichte nach geschlossener Untersuchung und berichtigtem Defensionspunkte eben so förmlich und vollständig re- und correferirt und überhaupt verfahren werden, als in allen anderen Criminalfällen schwerer Art.

3) Da das Urtheil aber der höhern Bestätigung bedarf, und vor derselben kein gerichtliches Urtheil, sondern nur ein Gutachten des Collegiums ist, so wird es zwar in Form eines richterlichen Erkenntnisses und zwar in der nach der preußischen Verfassung hergebrachten Art abgefaßt, allein es wird dem Angeschuldigten nicht publicirt, sondern

4) es mag lossprechend oder verurtheilend ausgefallen sein (Allgemeine Criminalordnung §. 508.) mit den Acten und der Relation und Correlation, falls das entworfene Urthel in der einen oder der andern nicht angehängt ist, an das Justiz-Ministerium zur Bestätigung eingesandt; und

5) nachdem es von demselben an das Gericht mit der Bestätigung zurückgesandt worden, früher mit dem Bestätigungs-Rescript (Allgemeine Criminal-Ordnung §. 515) nach der Allerhöchsten Kabinets-Ordre vom 18. März 1831 und frühern und spätern Bestimmungen aber mit der Bemerkung im Eingange des Urtels, „daß von dem Gerichte auf den Grund des von dem Justiz-Minister bestätigten Gutachtens des königlichen rc. Gerichts" oder „daß in Gemäßheit des Bestätigungs-Rescripts des Justiz-Ministers" dem Angeschuldigten publicirt.

6) Wenn dem Bestätigungs-Rescript das von einem an-

dern Obergericht abgefaßte und durch die Bestätigung als Urtheil bekräftigte Gutachten beigefügt und letzteres schlechthin bestätigt worden; so ist dasselbe genau nach dessen und eventualiter nach dem im Bestätigungs-Rescript enthaltenen tenor (Allgemeine Criminal-Ordnung §. 536.) abzufassen und zu publiciren; ist ein solches Gutachten nicht beigefügt, so normirt die im Bestätigungs-Rescript stets ausdrücklich und bezeichnend vorgeschriebene Urtheilsform. (Ministerial-Rescript vom 4. November 1831 Jahrbücher Band 38. S. 436.)

7. In jeder Urthelsform ist der erfolgten Bestätigung des Justiz-Ministers ausdrücklich zu erwähnen.
8. Dem Angeklagten stehen gegen diese bestätigten Urtheile alle ihm nach den Preußischen Gesetzen gegen jede Criminalurtheile bewilligten Rechtsmittel, mithin sowohl die weitere Vertheidigung, als in den dazu geeigneten Fällen, die Restitution in gleichem Maaße zu.
8. In den ferneren Instanzen findet eben das Verfahren, wie in den ersten Statt.

Durch diese Grundsätze der Preußischen Gesetzgebung werden die bisherigen Abweichungen im Verfahren beseitigt werden, und veranlasse ich daher Ew. Hochwohlgeboren dies auch zur Kenntniß des Collegii zu bringen.

Berlin, den 22. December 1833.

Der Justiz-Minister
v. Kamptz.

Circulare
an die Herrn Landgerichtspräsidenten und Herren Oberprocuratoren, und den königlichen Justiz-Senat zu Coblenz.

Ew. Hochwohlgeboren communicire ich hiermit abschriftlich das heute an die Präsidenten und Oberprocuratoren bei den königlichen Landgerichten erlassene Rescript.

Berlin, den 22. December 1833.

Der Justiz-Minister
v. Kamptz.

An
den königlichen General-Procurator, Herrn Geheimen Ober-Justiz-Rath Ruppenthal zu Cöln.

1142.

Abänderung des im Artikel 351. der Criminal-Proceßordnung vorgeschriebenen Verfahrens.

Wir Friedrich Wilhelm, von Gottes Gnaden, König von Preußen ꝛc. ꝛc.

Zur Verhütung der Rechtsunsicherheit, welche für die Einwohner der Rheinprovinz durch die Anwendung des im Artikel 351. der rheinischen Criminal-Proceßordnung vorgeschriebenen Verfahrens entsteht, verordnen Wir, auf den Antrag Unserer Justizminister und nach dem Gutachten Unsers Staatsministeriums, wie folgt:

§. 1. Die Vorschrift im Artikel 351. der rheinischen Criminal-Proceßordnung, nach welcher, wenn der Angeklagte durch die einfache Stimmenmehrheit der Geschwornen der Haupt-Thatsache für schuldig erklärt worden, die Stimmen der Richter und der Geschwornen zusammengezählt werden, wird hierdurch aufgehoben.

§. 2. In allen Fällen, in welchen die einfache Mehrheit der Stimmen bei der Entscheidung der Geschwornen stattgefunden hat, sie mag die Haupt-That oder das Dasein eines erschwerenden Umstandes betreffen, haben die Richter des Assisenhofes selbst in Berathung zu treten und nach Mehrheit ihrer Stimmen zu entscheiden.

§. 3. Die nach Artikel 341. der rheinischen Criminal-Proceßordnung den Geschwornen durch den Präsidenten des Assisenhofes zu ertheilende Anweisung, muß sich nicht auf die That selbst beschränken, sondern sich auch auf die in den entworfenen Fragen enthaltenden Umstände erstrecken.

§. 4. Bei der Beantwortung der ihnen zugestellten Fragen, haben die Geschwornen in Ansehung nicht blos der That selbst, sondern auch der erschwerenden Umstände, im Eingange ihrer Erklärung bestimmt und ausdrücklich anzuzeigen, ob die bejahte Frage durch eine einfache Stimmenmehrheit von ihnen entschieden sei.

§. 5. Der Präsident des Assisenhofes hat den Vorsteher der Geschwornen, insofern die Anzeige nach §. 4. nicht unmittelbar erfolgt, jedesmal zu befragen: ob die Entscheidung wider den Angeklagten überall, es sei über die That selbst, oder über einen erschwerenden Umstand, auf der absoluten, oder auf der einfachen Stimmenmehrheit beruhe.

§. 6. Die Befolgung vorstehender Vorschriften muß im Audienz-Protocoll angemerkt werden.

§. Jedes Versäumniß dieser Bestimmungen (§.§. 3—6.) zieht die Nichtigkeit des Verfahrens nach sich.

Wir befehlen Unsern rheinischen Gerichten, sich nach vorstehender durch die Gesetzsammlung bekannt zu machender Verordnung überall zu achten.

Gegeben Berlin, den 31. December 1833.

Friedrich Wilhelm.

Inhalts-Verzeichniß

der in den Jahren 1826, 1827, 1828, 1829, 1830, 1831, 1832 und 1833 ergangenen

Gesetze, Verordnungen, Rescripte.

No.	1826	
731	2. Jan.	Gebühren und Reisekosten der gerichtlichen Aerzte und Wundärzte.
732	2. Jan.	Bei Münzverbrechen muß die Begutachtung über das corpus dilecti von der königl. General-Münzdirection eingeholt werden.
733	2. Jan.	Verfahren zur Abstellung der bei Visitation der Gefangenhäuser sich ergebenden Unregelmäßigkeiten durch die Assisenpräsidenten.
734	2. Jan.	Sämmtliche Justizbeamte, welche Sporteln und Gebühren beziehen, müssen diese Emolumente buchen.
735	9. Jan.	Bescheinigung des Lebensalters und der Dienstzeit des Beamten bei Pensions-Vorschlägen.
736	13. Jan.	Festsetzung der Reisekosten der Justizbeamten in Untersuchungssachen nach dem Decrete vom 18. Juni 1811.
737	16. Jan.	Die Untersuchung von Verbrechen auf frischer That muß bei Feststellung des Thatbestandes zugleich auf Entdeckung des Thäters, an Ort und Stelle, ausgedehnt werden.
738	18. Jan.	Wiederherstellung der Adelsrechte auf dem linken Rheinufer.
739	23. Jan.	Authorisation für den General-Procurator zur Verfolgung der Personenstandesbeamten bei unregelmäßiger Führung der Personenstandes-Register.
740	6. Febr.	Belegung der gerichtlichen Depositen des lin-

No.	1826	
		ken Rheinufers bei der General-Depositen-Casse in Düsseldorf.
741	6. Febr.	Die aus dem Verkauf von Gütern vacanter Erbschaften eingehenden Gelder werden bei der General-Depositen-Casse in Düsseldorf deponirt.
742	25. Febr.	Errichtung der Familien-Fideicommisse.
743	3. März	Modification der Forstordonnanz vom Jahre 1669, die Begrenzung der Staatswaldungen von Privatwaldungen.
744	6. März	Bei Untersuchung gegen Unmündige muß der königl. Regierung Nachricht von den Verhältnissen des Angeschuldigten und Abschrift des Erkenntnisses mitgetheilt werden.
745	20. März	Stempelfreiheit der Festsetzungs-Decrete über die von den Advocaten nach Beendigung der Sachen liquidirten Gebühren u. s. w.
746	25. März	Uebergang der Cognition über alle Handlungen, mit denen außer der Polizeicontravention ein vorsätzliches oder schuldbares Vergehen oder eine Privatrechtsverletzung verbunden ist, auf das Stadtgericht zu Wetzlar.
747	25. März	Ressort der Militairgerichtsbehörden Behufs der Vollstreckung der Execution aus Civilerkenntnissen gegen Militairpersonen.
748	2. April	Beschlagnahme des Vermögens der Deserteure in den Provinzen, woselbst das Allgemeine Landrecht keine Gesetzeskraft hat.
749	10. April	Bei Trauungen durch die Prediger der Garnisonen zu Mainz und Luxemburg muß der Civilact vorangehen.
750	21. April	Inventarisirung der aus Staatsfonds angeschaften Utensilien, Bücher u. s. w.
751	22. April	Veränderung der Sprengel einzelner Friedensgerichte in den Landesgerichtsbezirken von Düsseldorf, Coblenz und Trier.
752	11. Mai	Beschleunigung der Untersuchung gegen Brandstifter.
753	19. Mai	Contumacialverfahren bei Verbrechen.
754	19. Mai	Die Niederschlagung der inexigiblen Reste der Criminalgerichtskosten erfolgt von der General-Procuratur des Appellhofes.
755	21. Mai	Erläuterung des in der Taxordnung der Notarien befindlichen Ausdrucks „Emonitur“.

No.	1826	
756	23. Mai	Beschlagnahme von Besoldungen und Pensionen der Staatsbeamten.
757	29. Mai	Organisation des für die ehemals reichsunmittelbaren Besitzungen des Herrn Fürsten zu Wied zu bildenden Gerichts zweiter Instanz.
758	29. Mai	Rezeß über die Organisation der Behörden des Gebietes des Herrn Fürsten zu Wied.
759	4. Juni	Gebühren der Gerichtsvollzieher in Strafsachen.
760	5. Juni	Verfahren bei Chaussee-Contraventionen.
761	12. Juni	Vorlegung der Acten in Steuerprocessen an die Steuerbehörde.
762	12. Juni	Bei Bestimmung der den unvermögenden Holzdieben aufzuerlegenden subsidiairen Gefängnißstrafe kommt blos der Betrag der erkannten Geldstrafe in Betracht.
763	7. Juli	Aufhebung der bergischen Gouvernements-Verordnung vom 31. August 1814 wegen öffentlicher Verkäufe und Verpachtungen aus freier Hand.
764	17. Juli	Bestimmung wegen Versetzung in die zweite Klasse des Soldatenstandes bei Holzdiebstählen.
765	21. Juli	Dienstvergehungen der Gerichtsschreiber und Gerichtsvollzieher.
766	21. Juli	Bei Gewerbesteuer-Contraventionen sind die Transportmittel des Contravenienten der Confiscation nicht unterworfen.
767	28. Juli	Uebereinkommen wegen des, preußischen Communen in den Niederlanden, und wegen des, niederländischen Communen im preußischen Gebiete gehörigen Vermögens.
768	11. Aug.	Für die Einziehung und Auszahlung der Gebühren der Gerichtsvollzieher in Strafsachen wird keine Tantieme erhoben.
769	18. Aug.	Personal-Arrest in Schuldsachen gegen Standesherren.
770	11. Sept.	Befugniß der Anwälde zu Coblenz zur Ausübung der Praxis bei dem Obergerichte zu Neuwied; privilegirter Gerichtsstand der beim Appellhofe immatriculirten Advocaten und Anwälde.
771	15. Sept.	Verfahren bei Confiscation des Vermögens der Deserteure.

No.	1826	
772	2. Oct.	Inventarisirung der aus Staatsfonds angeschaften Utensilien und Bücher.
773	16. Oct.	Pensionsberechtigung der standesherrlichen Beamten
774	16. Oct.	Verfahren gegen Frankreich wegen Auslieferung der Verbrecher.
775	27. Oct.	Berichtigung der durch Verfolgung der Zoll- und Steuerdefraudanten entstehenden baaren Auslagen aus dem Criminalfonds.
776	30. Oct.	Authorisation der General-Procuratur zur Abschließung der Miethsverträge über die Friedensgerichtslocalien.
777	17. Nov.	Taxordnung für die Handelsgerichtsschreiber.
778	22. Nov.	Erläuterung der Verordnung vom 25. Januar 1823 wegen streitiger Auslegung der Staatsverträge.
779	24. Nov.	Bekleidung der in die Straffectionen abzuliefernden Landwehrmänner und Kriegs-Reservisten.
780	4. Dec.	Aufhebung der Bergischen Decrete vom 17. December 1811 und 21. Febr. 1813 über die Ermächtigung der Gemeinden zur Auflage directer oder indirecter Communal-Steuern.
781	9. Dec.	Bestrafung der Verfälschung von Geldbeuteln u. s. w. in den Rheinprovinzen.
782	15. Dec.	Bestrafung der Cassenverbrechen; öffentliche Arbeit bis zum Ersatz des Defects.
783	18. Dec.	Die Genehmigung zu Reparaturen und Beschaffung von Utensilien bei den Friedensgerichten bis zum Betrage von 50 Rthlrn. geht von der General-Procuratur aus.
	1827	
784	12. Jan.	Gerichtliche Vorladungen an die Militairintendanturen erfolgen durch die Ober-Procuratoren.
785	12. Jan.	Die bei Geldbuße in subsidium erkannte Gefängnißstrafe cessirt bei nachträglicher Zahlung der Geldbuße.
786	26. Jan.	Wählbarkeit der Mennoniten bei Erneuerung der Handelsgerichte.
787	29. Jan.	Competenz der standesherrlichen Untergerichte in Strafsachen.
788	2. Febr.	Verfahren bei Verwandlung der Geldbuße in Gefängnißstrafe bei Defraudationssachen.

No.	1827	
789	4. Febr.	Mitwirkung des Inquirenten bei Abfassung der Criminal-Erkenntnisse im Bereiche des Justiz-Senats zu Coblenz.
790	12. Febr.	Abforderung der noch nicht verjährten Zinscoupons von den in den Depositorien vorhandenen Staatsschuldscheinen und Erhebung der Capitalien von den verloosten Staatsschuldscheinen.
791	12. Febr.	Bei Untersuchungen wegen Verfälschung öffentlicher Papiere soll die mit Verwaltung dieser Papiere beschäftigte Behörde zugezogen werden.
792	16. Febr.	Die Niederschlagung der inexigiblen polizeilichen und correctionellen Strafen und Gerichtskosten erfolgt von den königlichen Regierungen.
793	16. Febr.	Ermittelung und Angabe des Werths der gestohlenen Gegenstände bei Untersuchungen wegen Diebstahls.
794	18. Febr.	Feststellung der bei Subhastationen dem Käufer zu Last fallenden Kosten.
795	19. Febr.	Vollständige Aeußerung der Geschwornen in ihren Antworten über die erschwerenden Umstände des Verbrechens. Art. 345 Nr. 3. der Criminal-Ordnung.
796	25. Febr.	Vorladung eines Ausländers vor die rheinischen Gerichte; insbesondere der Waldeckschen Unterthanen.
797	6. März	Dem Waldeigenthümer kommen die von sämmtlichen Theilnehmern an einem Holzdiebstahl verwirkten Geldstrafen und Forstarbeiten zu gut.
798	11. März	Wegen der von den Mennoniten statt des Eides abzugebenden Versicherungen.
799	22. März	Anwendung des §. 54 des Anhangs zur preuß. Allgemeinen Gerichts-Ordnung in der Rheinprovinz.
800	26. März	Gerichtliche Einwirkung bei Aufnahme gemüthskranker Personen in Irren-Anstalten.
801	28. März	Beitreibung der Forststrafgefälle. Verjährung der Forststrafsachen.
802	30. März	Die Concurrenz des Inquirenten bei Abfassung der Criminalurtheile fällt bei dem fürstlich Wiedschen Obergerichte fort.

No.	1827	
803	9. April	Wegen Cumulation der Strafen.
804	3. Mai	Rezeß über die Organisation der Behörden des Gebietes des Herrn Fürsten zu Solms-Braunfels.
805	14. Mai	Die inexigiblen Kosten der Vollstreckung der Erkenntnisse in Zoll- und Steuersachen werden aus dem Criminalfonds bestritten.
806	20. Mai	Verfahren bei Gehaltsabzügen der Beamten in der Rheinprovinz.
807	21. Mai	Entschädigung der Gerichtsschreiber bei den Landgerichten und Untersuchungsämtern für die zu liefernden Schreibmaterialien.
808	23. Mai	Insinuationen auf Requisition französischer Justizbehörden sind kostenfrei.
809	24. Juli	Auslieferung fremder Verbrecher.
810	20. Aug.	Unter dem Ausdruck „achttägiger Arrest" wird der Arrest „während einer Woche" verstanden.
811	23. Aug.	Verlust der Nationalkokarde und des Militärabzeichens.
812	27. Aug.	Diäten und Reisekosten der Medizinalbeamten in Untersuchungssachen.
813	30. Aug.	Competenz der rheinischen Gerichte in Processen gegen Bewohner der ältern Provinzen und die Insinuationen und Vorladungen an dieselben.
814	5. Sept.	Wegen Beobachtung der Nothfristen in den ostrheinischen Rechtssachen aus dem Bezirke der Regierung zu Coblenz.
815	2. Oct.	Fortbezug der Meilengelder in einfachen Holzdiebstahlssachen Seitens der Unterschulzen im ostrheinischen Theile der Regierung zu Coblenz.
816	10. Oct.	Verwaltungsverhältnisse des Dorfs Irlich und des Condominats Mayscheid.
817	15. Oct.	Verfahren gegen solche Beamte, welche wegen mangelhafter Dienstführung und moralischer Gebrechen pensionirt werden sollen ꝛc.
818	16. Oct.	Zulässigkeit der Beschlagnahme des Vermögens im Laufe der Untersuchung.
819	19. Oct.	Verfahren bei Insinuationen und Vorladungen an die außerhalb der Rheinprovinz wohnenden altpreußischen Unterthanen.
820	26. Oct.	Die Wittwen derjenigen Justizbeamten, welche der Wittwenverpflegungs-Anstalt nicht bei-

No	1827	
		getreten, haben durch den ausgestellten Revers sich der Ansprüche auf Pension und Unterstützung der Kinder begeben.
821	3. Nov.	Competenz der rheinischen Gerichte in Processen gegen Bewohner der ältern Provinzen und die Insinuationen und Vorladungen an dieselben.
822	6. Nov.	Wegen der Legitimationen in der Rheinprovinz.
823	12. Nov.	Ablehnung der Vollstreckung auswärtiger Urtheile in Untersuchungen gegen diesseitige Unterthanen.
824	13. Nov.	Expropriations-Verfahren zur Anlage der Häuser in der neuen Straße zu Aachen.
825	26. Nov.	Diäten und Reisekosten der Medizinalbeamten in Untersuchungssachen im Bereiche des Justiz-Senats zu Coblenz.
826	27. Nov.	Vorlegung der Acten in Steuerprocessen an die Steuerbehörde.
827	30. Nov.	Erkenntnisse in einfachen Holzdiebstahlssachen sind stempelfrei.
828	13. Dec.	Gerichtliche Einwirkung bei Aufnahme gemüthskranker Personen in Irrenanstalten.
829	24. Dec.	Behandlung der bei den rheinischen Gerichten vorkommenden Asservaten.
830	29. Dec.	Depositalverwaltung im ostrheinischen Theile des Regierungsbezirks Coblenz.
831	29. Dec.	Vormundschaftswesen im ostrheinischen Theile des Regierungsbezirks Coblenz.
	1828	
832	12. Jan.	Qualification der Notarien.
833	15. Jan.	Hypothekenwesen im ostrheinischen Theile des Regierungsbezirks Coblenz.
834	15. Jan.	Führung der Contractenbücher im ostrheinischen Theile des Regierungsbezirks Coblenz.
835	18. Jan.	Deputirung eines Mitgliedes des öffentlichen Ministerii bei Revision der Festungsbaugefangenanstalten.
836	21. Jan.	Bestimmung der Gerichtsbarkeit der Regierung zu Neuwied als standesherrliches Obergericht über Eximirte.
837	1. Febr.	Verfahren bei Legitimationen.
838	19. Febr.	Der Mandatsproceß im ostrheinischen Theile des Regierungsbezirks Coblenz.
839	29. Febr.	Behandlung der summarischen Processe im ost-

No.	1828	
		rheinischen Theile des Regierungsbezirks Coblenz.
840	1. März	Controlle über den Vollzug rechtskräftiger Urtheile im ostrheinischen Theile des Regierungsbezirks Coblenz.
841	17. März	Behandlung des Concursprocesses im ostrheinischen Theile des Regierungsbezirks Coblenz.
842	23. März	Wegen der in den zum vormaligen Großherzogthum Berg gehörig gewesenen Ländertheilen vor Einführung der französischen Gesetze bestandenen Fideicommisse.
843	25. März	Gerichtliche Einwirkung bei Aufnahme gemüthskranker Personen in Irrenanstalten.
844	27. März	Vereinbarkeit des Notariats mit dem Bürgermeisteramte.
845	24. April	Die Gesuche um Legitimationen müssen bei der General-Procuratur des Appellhofes eingereicht werden.
846	3. Mai	Verordnung das Aufgebot und die Amortisation verlorner oder vernichteter Staatspapiere.
847	5. Mai	Bei Einklagen von Forderungen gegen Magazin- und Cassenbeamten der Militairverwaltung müssen die Gerichte den Militair-Intendanturen Nachricht geben.
848	21. Mai	Bezeichnung der Grundstücke bei Veräußerung und Theilung derselben nach Maaßgabe der Grundsteuer-Mutterrollen.
849	16. Juni	Wegen des den Fideicommiß-Anwärtern in den zum Großherzogthum Berg gehörig gewesenen Ländertheilen gestellten Präclusiv-Termins zur Anmeldung ihrer Ansprüche bei den Hypothekenbehörden.
850	19. Juni	Zurückweisung der von den Niederländischen Gerichten ausgehenden Requisitionen wegen Vollstreckung rechtskräftiger Erkenntnisse.
851	23. Juni	Instruction über die Anwendung des §. 30. des Stempelgesetzes vom 7. März 1822.
852	23. Juni	Ueber die Auslegung der Allerhöchsten Kabinets-Ordre v. 1. Aug. 1817, wegen Entschädigung vormals fremdherrlicher Beamten findet kein Rechtsverfahren statt.
853	30. Juni	Verfahren bei Competenz-Conflicten zwischen den Gerichten und den Verwaltungsbehörden.

No	1828	
854	4. Juli	Competenz der Militair-Intendanturen zum Betrieb aller Processe ihres Ressorts.
855	16. Juli	Definition des im Stempelgesetz v. 7. März 1822 enthaltenen Ausdrucks „Legalisation".
856	21. Juli	Dem Gebiet des Herrn Fürsten Wied wird in der Geschäftscorrespondenz die Benennung „Grafschaft" beigelegt.
857	2. Aug.	Erleichterung der Todeserklärungen der aus den Kriegen von 1806 bis 1815 nicht zurückgekehrten Personen.
858	4. Aug.	Verfahren bei Competenz-Conflicten zwischen den Gerichten und den Verwaltungsbehörden.
859	5. Aug.	Ermittelung und Angabe des Werths der gestohlenen Gegenstände bei Untersuchungen wegen Diebstahls.
860	18. Aug.	Translocation der correctionell Verurtheilten bei Ueberfüllung der Gefängnisse.
861	7. Sept.	Anwendbarkeit der fürstlich Wiedschen Verordnung vom 26. März 1805 über die Zulässigkeit und religiöse Form der Eide.
862	6. Oct.	Zurückweisung der von den Niederländischen Gerichten ausgehenden Requisitionen wegen Vollstreckung rechtskräftiger Erkenntnisse.
863	22. Oct.	Wiederverleihung der Nationalkokarde.
864	22. Oct.	Anwendbarkeit der fürstlich Wiedschen Verordnung vom 26. März 1805 über die Zulässigkeit und religiöse Form der Eide.
865	23. Oct.	Anstellung der nach neunjähriger Dienstzeit entlassenen Unteroffiziere.
866	31. Oct.	Hausordnung für die rheinischen Arrest- und Correctionshäuser.
867	5. Nov.	Die documenta insinuationis in Appellationssachen aus dem ostrheinischen Theile des Regierungsbezirks Coblenz werden ohne Begleitungsbericht an den Revisionshof gesandt.
868	6. Nov.	Ehedispensationen evangelischer Glaubensgenossen im ostrheinischen Theile des Regierungsbezirks Coblenz gehen vom rheinischen Consistorio aus.
869	7. Nov.	Gesuche um Wiedereinsetzung in den vorigen Stand gegen versäumte Appellationsfrist in Sachen aus dem ostrheinischen Theile des Regierungsbezirks Coblenz.

No.	1828	
870	18. Nov.	Gebührenfreiheit für Eintragung der Contracte in das Contractenbuch im ostrheinischen Theile des Regierungsbezirks Coblenz.
871	22. Nov.	Die zu den Heirathsacten beizubringenden Notorietätsurkunden.
	1829	
872	10. Jan.	Stempelpflichtigkeit der für die Proceßvollmachten der Advocaten beim Revisionshofe in Rechtssachen aus dem ostrheinischen Theile der Regierung zu Coblenz erforderlichen Legalisationen.
873	19. Jan.	Aufhebung der Verordnung der österreichisch-baierschen Administrations-Commission vom 4. Aug. 1814 und der Bergischen Gouvernements-Verordnung vom 15. April 1815, Notorietätsacten bei Heirathen betreffend.
874	19. Jan.	Disciplinarstrafrecht des General-Postamts.
875	21. Jan.	Gerichtsstand der vormals reichsständigen Familien im Neuwiedschen Gebiete.
876	22. Jan.	Das Bettlerwesen.
877	24. Febr.	Executionsvollstreckung gegen Militairpersonen auf Gehalts- und Pensionsabzüge.
878	4. März	Verfahren beim Bauen längs den Staats- und Bezirksstraßen.
879	5. März	Gegen Bombardiere und Vice-Bombardiere kann auf Einstellung in eine Strafsection nicht erkannt werden, ohne zugleich die Degradation auszusprechen.
880	9. März	Die Begleitung des Missethäters zum Richtplatze durch einen Geistlichen fällt weg.
881	6. April	Instanzenzug in den Rechtssachen aus dem königlichen Antheile an dem Condominat Maischeid.
882	28. April	Verlängerung der Anmeldungsfrist für die Fideicommißanwärter in den Landestheilen des vormaligen Großherzogthums Berg.
883	30. April	Die von dem Herrn Fürsten zu Wied ernannten standesherrlichen Unterjustizbeamten bedürfen der Bestätigung der obern Staatsbehörden nicht.
884	1. Mai	Beicassirung des zu den Notariatsurkunden zu adhibirenden Stempels.
885	16. Mai	Die für den Verlust von Orden und Ehren-

No	1829	
		zeichen gegebenen Vorschriften gelten auch für das Dienstauszeichnungskreuz.
886	24. Mai	Entschädigung für Chaussee-, Brücken- und Fährgeld bei Reisen der Justizbeamten.
887	11. Juni	Prüfung der Cautionen der Hypothekenbewahrer.
888	1. Juli	Erneuerung der Hypotheken-Inscriptionen nach Ablauf des zehnjährigen Zeitraums.
889	2. Juli	Ordnung der katholischen Festtage.
890	13. Juli	Verweigerung des Armenrechts an Kirchen bei Processen.
891	13. Juli	Präjudiz der Versäumung der verlängerten Frist zur Rechtfertigung der Oberappellation in den Rechtssachen aus dem ostrheinischen Theile des Regierungsbezirks Coblenz.
892	15. Juli	Gebühren der Anwälde in fiscalischen Processen.
893	27. Juli	Prüfung der Cautionen der Hypothekenbewahrer.
894	27. Aug.	Verfahren bei streitigen Provinzial- und Communal-Kriegsschulden aus den Jahren $180\frac{6}{7}$ und $181\frac{2}{5}$.
895	10. Sept.	Fixation der Transscriptionsgebühren für das linke Rheinufer bei Veränderungen des Grundeigenthums.
896	11. Sept.	Strafcompetenz der standesherrlichen Justizämter.
897	1. Oct.	Verfahren bei dem gegen ein Strafresolut in Stempelcontraventionen ergriffenen Recurse (§. 6 der Instruction v. 23. Juni 1828).
898	8. Oct.	Modification der in den fürstlich Wiedschen Aemtern Neuwied und Heddesdorf geltenden Verordnung v. 26. März 1805 wegen der Eidesleistungen.
899	26. Oct.	Ausländer können nur mit Allerhöchster Immediat-Genehmigung zur Auscultatur zugelassen werden.
900	31. Oct.	Bei Todeserklärungen ist der Tag des publicirten Erkenntnisses als der Todestag des Verschollenen anzusehen.
901	5. Nov.	Unentgeltliche Ausfertigung der Erkenntnisse über Todeserklärungen von Militairpersonen.
902	5. Nov.	Gerichtsstand der fürstlich Wiedschen Räthe.

No.	1829	
903	11. Nov.	Löschung der für Kirchen, Seminarien und andere Anstalten eingetragenen Hypotheken.
904	12. Nov.	Feststellung der Remuneration in Forstdefraudations-Processen.
905	12. Nov.	Bestreitung der Kosten der wider Beamten verfügten Untersuchung aus dem Gehalte desselben.
906	19. Nov.	Bei Cessionen ist die in der Cessionsurkunde enthaltene Quittung über bezahlte Valuta stempelfrei.
907	30. Nov.	Die Friedensgerichte sind verpflichtet, die Beitreibung des unbezahlt gebliebenen Porto auf Requisition der Postbehörde zu verordnen.
908	28. Dec.	Die den Gerichten von den Regierungen aufgetragenen Untersuchungen und eidliche Vernehmung der Zeugen.
909	31. Dec.	Die Qualification zum Gerichtsschreiber schließt auch die zum Gerichtsvollzieher in sich.
	1830	
910	14. Jan.	Die Standesherren haben keine Verpflichtung, die Subaltern- und Unterbeamtenstellen bei ihren Gerichten mit Militairinvaliden zu besetzen.
911	15. Jan.	Revision der Notariatsstuben.
912	25. Jan.	Authorisation zur gerichtlichen Eintreibung laufender Gefälle und Zinsen der Gemeinden, Kirchen, Fabriken und Armenanstalten.
913	30. Jan.	Die Justizbeamten können durch Beschlagnahme des Gehalts zum Einkauf ihrer Ehefrauen in die allgemeine Wittwenkasse angehalten werden.
914	10. Febr.	Einreichung von Uebersichten der jährlich eingeleiteten Untersuchungen über einige Arten von Verbrechen.
915	11. Febr.	Gleichzeitige Untersuchung und Bestrafung der Verbrechen, welche in der Rheinprovinz und in einer alten Provinz von dem nämlichen Individuum begangen sind.
916	13. Febr.	Abschaffung der Confirmations-, Manutenenz- und Währschaftsgelder im ostrheinischen Theile des Regierungsbezirks Coblenz.
917	19. Febr.	Die Qualification der Gerichtsschreiber zur Anstellung als Gerichtsvollzieher.

No	1830	
918	6. März	Feststellung und Einziehung des Werthstempels in Fallitsachen.
919	13. März	In den Uebersichten über die Verhandlungen der Assisen fällt die namentliche Angabe der Urtheilsgeschworenen, der dispensirten und der Supplementargeschwornen fort.
920	15. März	Den standesherrlichen Gerichten steht der Titel eines königlichen Gerichts nicht zu.
921	21. März	Das Gerichtsamt Maischeid führt den Namen „königliches und fürstliches Condominatsgericht".
922	27. März	Vollstreckbarkeit der wider militairpflichtige Individuen bei den Civilgerichten ergangenen Erkenntnisse.
923	14. April	Ausschließung der Oeffentlichkeit der Verhandlungen über Münzverbrechen.
924	17. April	Ausübung der Jagd auf dem linken Rheinufer.
925	19. April	Feststellung der Remuneration in Forstdefraudations-Processen.
926	21. April	Aufhebung der in einem Theile des standesherrlichen Gebiets Solms-Braunfels bestandenen Vorschrift wegen Errichtung gerichtlicher Eheverträge.
927	23. April	Das Bettlerwesen.
928	7. Mai	Delegation der Gerichtsverwaltung zweiter Instanz im Condominat Maischeid an die fürstlich Wiedsche Regierung.
929	16. Mai	Die Rechtsverhältnisse der Mennoniten in den westlichen Provinzen hinsichtlich ihrer Militairpflicht.
930	27. Mai	Zusammensetzung des Raths der Gewerbeverständigen zu Cöln.
931	11. Juni	Wegen Verlustes der Nationalkokarde.
932	11. Juni	Aufhebung der Verpflichtung der Mandatarien, für die Stempelstrafe ihrer Mandanten zu haften.
933	24. Juni	Jede gegen einen beurlaubten Landwehrofficier eröffnete Untersuchung muß der vorgesetzten Militairbehörde angezeigt werden.
934	28. Juni	Unmittelbare Zahlung von Gehaltsabzügen aus königlichen Cassen an einen einzelnen Gläubiger.
935	2. Juli	Die Ernennung und Entlassung der Schöffen

No.	1830	
		im Condominat Maischeid erfolgt von der fürstlich Wiedschen Regierung.
936	7. Juli	Innehaltung der Fristen zur Einreichung der Exceptional-Verhandlungen in den Rechtssachen aus dem ostrheinischen Theile der Regierung zu Coblenz.
937	13. Juli	Anwendung der in den Jahrbüchern der Gesetzgebung enthaltenen allgemeinen administrativen Anordnungen in der Rheinprovinz.
938	23. Juli	Die den Gerichten von den Regierungen aufgetragenen Untersuchungen und eidliche Vernehmung der Zeugen.
939	21. Aug.	Vollstreckung der im Wege der Disciplin von Verwaltungsbehörden gegen Beamte festgesetzten Gefängnißstrafen.
940	24. Aug.	Verpflichtung, einem Erhängten augenblicklich Hülfe zu leisten.
941	26. Oct.	Einsendung der Signaturen der Gerichtspräsidenten Behufs der Legalisirung von Urkunden.
942	5. Nov.	Verfahren in Ansehung der bei einigen Verbrechen aufgehobenen Oeffentlichkeit der Verhandlung.
943	12. Nov.	Verfahren bei Ansprüchen der Staatsbeamten wegen entzogener Diensteinkünfte.
944	13. Nov.	Stempel der notariellen Licitations-Verhandlungen.
945	19. Dec.	Aufhebung der Sporteltaxe für die fiscalischen Bedienten vom 28. Januar 1788.
	1831	
946	29. Jan.	Festsetzung der Gebühren der Gerichtsvollzieher in Forstfrevelsachen in den Regierungsbezirken von Coblenz und Trier.
947	7. März	Verpflichtung der Friedensrichter zur Führung einer Stempel-Controlle über die einzuregistrirenden Urkunden.
948	16. März	Nebenbeschäftigung der Gerichts-Assessoren bei den Verwaltungsbehörden.
949	22. März	Bewilligung von Reisekosten an Hülfsbeamte der gerichtlichen Polizei, wenn die Reise im Auftrage des öffentlichen Ministerii erfolgt ist.
950	29. April	Auf die Entwendung des Ginster findet das

No.	1831	
		Gesetz v. 7. Juni 1821 wegen Bestrafung des Holzdiebstahls statt.
951	25. Mai	Das Armenrecht.
952	13. Juni	Verpflichtung der richterlichen Beamten, am Orte ihrer Amtsverwaltung zu wohnen.
953	1. Juli	Die Civilgerichte setzen die gegen Landwehrmänner vor ihrer Einberufung eingeleiteten Untersuchungen fort; die erkannten Strafen vollziehen jedoch die Militairgerichte.
954	5. Juli	Die Hülfsgerichtsschreiber und deren Beschäftigung.
955	9. Juli	Vorladung und Präclusion der Interessenten an den Besitzungen des Polcher Dingtages.
956	14. Juli	Verfahren bei Executionen gegen Beamte des Hofstaates Sr. Majestät des Königs und der Prinzen des Königlichen Hauses.
957	22. Juli	In unvermögenden Untersuchungs-Sachen fällt die Notirung des Portos weg.
958	24. Juli	Heiraths-Consens der Justiz und übrigen Civilbeamten.
959	25 Juli	Vollstreckung der vor altländischen Gerichten in Processen geschlossenen Vergleiche in der Rheinprovinz.
960	5. Aug.	Gültigkeit des §. 135 der Verordnung der österreichisch-baierschen Landesadministration v. 30. Juli 1814 bei Holzdiebstählen auf dem rechten Moselufer.
961	15. Aug.	Die Gerichtsschreiber-Candidaten können nach dem Datum ihrer Aufnahme in das Verzeichniß der Gerichtsvollzieher-Aspiranten eingetragen werden.
962	16. Aug.	Sportelfreiheit des Fiscus bei fiscalischen Processen.
963	26. Aug.	Verfahren bei verletzenden Ausdrücken in remittirten Immediat-Eingaben.
964	2. Sept.	Strafbestimmungen für unterlassene Meldung der Kriegsreserve und Landwehrmannschaften bei Aufenthaltsveränderung.
965	23. Sept.	Ermäßigung der von den Forstpolizeigerichten auf Grund der Forstordnung von 1669 erkannten Strafen durch das Finanz-Ministerium.
966	24. Sept.	Die Gerichtsvollzieher führen kein Dienstsiegel.
967	26. Sept.	Form des Aufgebots verloren gegangener Staatspapiere.

No.	1831	
968	5. Oct.	Vereinbarkeit des Amtes eines Mitgliedes des Handelsgerichts mit dem eines Mitgliedes des Stadtrathes.
969	7. Oct.	Die Bestimmungen der §§. 22 — 24 des Ressortreglements v. 23. Juli 1818 finden auf den Regierungsbevollmächtigten der Universität Bonn Anwendung.
970	11. Oct.	Einziehung der Strafen und Entschädigung bei Forstdiebstählen.
971	14. Oct.	Die Taxordnung für den Handelsgerichtsschreiber vom 17. Nov. 1826 findet bei dem Handelsgericht zu Düsseldorf Anwendung.
972	18. Oct.	Das Hofgericht zu Arnsberg bildet die zweite Instanz in allen Rechtssachen aus dem ostrheinischen Landestheile des Regierungsbezirks Coblenz. —. Einführung der preußischen Criminal-Ordnung.
973	19. Oct.	Subsistenz-Mittel der zur Auscultatur sich meldenden Rechtscandidaten.
974	21. Oct.	Legitimation für adulterini findet nicht statt.
975	24. Oct.	Bei Untersuchungen wegen Verfälschung öffentlicher Papiere muß die königliche Hauptverwaltung der Staatsschulden zugezogen werden.
976	31. Oct.	Disposition über die Diensteinkünfte eines zur gerichtlichen oder Disciplinar-Untersuchung gezogenen Beamten.
977	4. Nov.	Berichterstattung in den zur Allerhöchsten Bestätigung geeigneten Criminalfällen Seitens des Cassations- und Revisionshofes.
978	5. Nov.	Die General-Procuratur zu Cöln muß dem Justizministerio Anzeige machen, wenn Fideicommiß-Anwärter die Besitzergreifung eines ursprünglichen Fideicommisses wider die Erben des freien Nachlasses des letzten Fideicommißbesitzers gerichtlich anfechten.
979	6. Nov.	Gerichtliches Verfahren gegen Gemüthskranke.
980	24. Nov.	Das Hofgericht zu Arnsberg bildet die zweite Instanz in allen Rechtssachen aus den gesammten ostrheinischen Landestheilen des Regierungsbezirks Coblenz, welche unter Jurisdiction sowohl des königlichen Justiz-Senats als des standesherrlichen Obergerichtes stehen.

No.	1831	
981	27. Nov.	Kein Mitglied eines Handelsgerichts kann zugleich ein Consulat auswärtiger Regierungen bekleiden.
982	2. Dec.	Den Domainenbeamten der Standesherrschaft Wildenburg-Schönstein steht die Abhaltung öffentlicher Verkäufe zu.
983	5. Dec.	Concurrenz der Voluntairgerichte bei Erbtheilung unter Großjährigen.
984	5. Dec.	Competenz der Justizämter und des Stadtgerichts zu Wetzlar in Strafsachen. — Körperliches Züchtigungsrecht. — Form des Zeugeneides.
985	9. Dec.	Nebenbeschäftigung der Friedensgerichtsschreiber durch Abhaltung von Mobiliar-Auctionen.
986	9. Dec.	Die Pensionen der Mitglieder von den durch die westphälische Regierung aufgehobenen Stiftern sind der Arrestlegung nicht unterworfen.
987	9. Dec.	Substantiirung der eingehenden Armenrechtsgesuche.
988	18. Dec.	Festsetzung des Normaljahres 1815 gegen Ansprüche des Fiscus.
989	23. Dec.	Die Schöffengerichte behalten ihre alten Dienstsiegel.
990	29. Dec.	Alljährige Einsendung von Conduitenlisten der Auscultatoren und Referendarien.
991	30. Dec.	Die sich zur Auscultatur meldenden Rechtscandidaten müssen das Studienzeugniß Nr. II. besitzen.
	1832	
992	9. Jan.	Vollstreckung der Executionen in die bei Militairpersonen, Beamten und Pensionairs vorgefundenen baaren Gelder.
993	9. Jan.	Wittwen-Unterstützungsgelder können mit Arrest nicht belegt werden.
994	30. Jan.	Fesselung der Gefangenen in den Arrest- und Gefangenhäusern.
995	14. Febr.	Verfahren bei den zu Freiheitsstrafen verurtheilten Verbrechern jugendlichen Alters.
996	16. Febr.	Regulativ über die practischen Vorbereitungen und die Prüfungen zum Justizdienst in der Rheinprovinz.
997	19. Febr.	Die Befugniß der Landgerichtsräthe und Pro-

No.	1832	
		curatoren die Epaulette der Räthe V. Classe zu tragen.
998	28. Febr.	Verminderung der Protoauslagen bei den an Ausländer durch das Ministerium der auswärtigen Angelegenheiten zu bewirkenden gerichtlichen Insinuationen.
999	4. März	Mittheilung der Acten in Untersuchungen wegen Münzverbrechen an die Hauptverwaltung der Staatsschulden vor dem Vortrage in der Rathskammer.
1000	5. März	Die Friedensrichter müssen den Stempel sofort zu dem Sühne-Vergleichs-Protocoll verwenden.
1001	11. März	Constatirung der Recidive in Criminalsachen.
1002	15. März	Wegen der Relevanzbescheide in Processen aus dem ostrheinischen Theile des Regierungsbezirks zu Coblenz.
1003	22. März	Sind Färber, welche ihr Geschäft im Großen treiben, als Kaufleute zu betrachten?
1004	27. März	In den fürstlich Wiedschen Rechtssachen steht die Entscheidung in dritter Instanz dem Hofgericht zu Arnsberg zu.
1005	7. April	Ausführung des §. 6 des Gesetzes vom 7. Juni 1821 wegen der Amtsfunctionen des öffentlichen Ministerii bei den Forstpolizeigerichten in dem Regierungsbezirk Trier.
1006	11. April	Die Oberprocuratoren und der Justiz-Senat zu Coblenz müssen von sich ereignenden groben Verbrechen dem Justizministerium Anzeige machen.
1007	12. April	Beschränkung der Befugniß der Hauptzoll- und Steuerämter zur Abgabe der zu ihrer Entscheidung gehörigen Untersuchungen an die Gerichte.
1008	13. April	Fiscus ist nicht befugt, die Annahme der Zahlungen zu verweigern, welche ein Dritter statt des Schuldigen auf die gegen letztern festgesetzten Strafen leisten will.
1009	16. April	Die Immediat-Justiz-Examinations-Commission muß dem Justiz-Ministerium Anzeige leisten, wenn ein Referendar die Proberelationen binnen drei Monaten nicht abliefert.

No.	1832	
1010	25. April	Entbindung des Fürsten und Altgrafen zu Salm-Reifferscheid-Dyck von der Uebernahme des Amts eines Geschwornen.
1011	26. April	Es findet keine Legitimation der im Ehebruch erzeugten Kinder statt, selbst wenn die Eltern späterhin in die Ehe treten.
1012	3. Mai	Gebührentaxe für die commissarischen Aufträge der Friedensrichter.
1013	10. Mai	Der Instanzenzug und die Aufsicht über die standesherrlichen Gerichte in dem ostrheinischen Theile des Regierungsbezirks zu Coblenz.
1014	18. Mai	Prüfung der Bauhandwerker.
1015	22. Mai	Abnahme und Einsendung des Civilversorgungscheins derjenigen Invaliden, welche ihre Entlassung aus dem Civildienste verschuldet haben.
1016	5. Juni	Einsendung der bei den rheinischen Gerichten vorkommenden interressanten Erkenntnisse (Art. 5 des Arrêté vom 13. Brumaire J. X.).
1017	20. Juni	Befugniß der Justizämter zur Festsetzung einer Ordnungsstrafe gegen dienstwidrige Gefangenwärter.
1018	20. Juni	Verfahren bei Section eines Leichnams.
1019	25. Juni	Die Gerichtsvollzieher erhalten die vollen Reisegebühren in Untersuchungssachen bei Aufträgen außerhalb ihres Bezirks.
1020	25. Juni	Die Procuratoren rangiren nach dem Datum ihres Procurator-Patents mit den Landgerichtsräthen.
1021	25. Juni	Berichtigung der Gebühren der Steuerdiener für Einziehung der von den Gerichten erkannten Geldbußen und Strafgerichtskosten.
1022	26. Juni	Die Qualification der Gerichtsschreiber-Candidaten zur Anstellung als Gerichtsvollzieher.
1023	27. Juni	Die Civiluniform der Mitglieder des Justiz-Senats zu Coblenz.
1024	8. Juli	Beibringung des Heirathsconsenses der Militairpersonen beim Aufgebot vor den Civilstandesbeamten.
1025	12. Juli	Cautionsleistung der Gerichtsvollzieher.
1026	13. Juli	Die Friedensgerichte und Justizämter müssen

No.	1832	
		den Requisitionen der geistlichen Behörden zur Führung der Disciplinaruntersuchungen Folge leisten.
1027	24. Juli	Anwendung des §. 2 des Gesetzes v. 23. März 1828 wegen der in den zum Großherzogthum Berg gehörig gewesenen Landestheilen vor Einführung der französischen Gesetze bestandenen Fideicommisse, auf Erbtheilungen.
1028	27. Juli	Liquidirung der Extrapostaxe Seitens des Untersuchungsrichters in Criminaluntersuchungen.
1029	27. Juli	Unmittelbare Correspondence der Oberprocuratoren mit dem Justiz-Ministerio.
1030	27. Juli	Aufhebung des eximirten Gerichtsstandes in Untersuchungen gegen die Hülfsbeamten der gerichtlichen Polizei.
1031	27. Juli	Wegen Cumulation der Strafen.
1032	27. Juli	Die Landgerichte führen bei förmlichen Ausfertigungen das größere Königliche Siegel.
1033	3. Aug.	Erneuerung des §. 33 der Anweisung vom 20. Juli 1818 die Bestrafung einer jeden Uebertretung eines Polizeigesetzes, das nicht besonders verpönt ist.
1034	4. Aug.	Beibehaltung des Paraphenstempels bei den Civilstandesregistern.
1035	4. Aug.	Feststellung der Appellations-Summen im ostrheinischen Theile des Regierungsbezirks Coblenz.
1036	14. Aug.	Diejenigen Gerichtsvollziehercandidaten, welche ihrer dreijährigen Militairpflicht Genüge geleistet, sollen vorzugsweise zur Prüfung zugelassen werden.
1037	14. Aug.	Bei Amtsvergehen und Verbrechen der Beamten kommt es darauf nicht an, ob dieselben einen Amtseid geleistet oder nicht.
1038	24. Aug.	Unteroffiziere, welche wegen neunjähriger Dienstzeit Ansprüche auf Civilstellen mamachen, müssen mindestens fünf Jahre als wirkliche Unteroffiziere gedient haben.
1039	8. Sept.	Zahlung der Diäten und Reisekosten in Cri-

No.	1832	
		minalsachen an die Beamten im ostrheinischen Theile des Regierungsbezirks Coblenz.
1040	8. Sept.	Unter dem Ausdruck »quinze jours« sind zwei Wochen (vierzehn Tage) zu verstehen.
1041	14. Sept.	Geschäftsverwaltung beim Justiz-Senat zu Coblenz.
1042	14. Sept.	Einführung der Bestimmungen der Preuß. Allgemeinen Gerichtsordnung über das Verfahren in fiscalischen Untersuchungen im ostrheinischen Theile des Regierungsbezirks zu Coblenz.
1043	21. Sept.	Verpflichtung der in den alten Provinzen wohnenden Personen zur Sistirung als Zeugen vor die rheinischen Gerichte.
1044	21. Sept.	Der Actuar beim Justizamte Linz kann in Criminaluntersuchungen eine Lohnfuhre liquidiren.
1045	25. Sept.	Die gesetzlichen Festtage.
1046	28. Sept.	Verkauf der alten Polizeiverhandlungen der Friedensgerichte auf dem rechten Rheinufer bis zum Jahre 1828.
1047	6. Oct.	Ausschließung der Oeffentlichkeit der Verhandlungen beim Ueberhandnehmen der Cholera.
1048	11. Oct.	Anweisung zur Ausführung der Kabinetsordre v. 24. Sept. 1832 die Arrestanlage auf dem abzugsfähigen Gehaltstheil der in der Rheinprovinz befindlichen Militairpersonen.
1049	18. Oct.	Aufhebung der Befugniß des Cassationshofes über den Recurs einer Parthei zu erkennen, welcher vom Appellationsgerichtshofe das Armenrecht verweigert worden.
1050	18. Oct.	Befugniß des Inquirenten beim Justiz-Senate, den königlichen und standesherrlichen Untergerichten Aufträge zu ertheilen.
1051	19. Oct.	Beförderung gerichtlicher Insinuationen an Ausländer, insbesondere nach England, und Erstattung des Kostenaufwandes.

No.	1832	
1052	30. Oct.	Feststellung der Bezirke der Hypothekenämter zu Trier, Saarbrück und Prüm.
1053	31. Oct.	Abänderung des Art. 115 des rheinischen Handelsgesetzbuches.
1054	31. Oct.	Vorläufige Bescheidung der Supplicanten auf die zur Berichtserstattung abgegebenen Immediat-Eingaben.
1055	1. Nov.	Theilung der Extrapostgebühren zwischen dem Kreisphysicus und Kreischirurgen in Criminaluntersuchungen.
1056	9. Nov.	Ertheilung der Heirathsconsense der Justizbeamten im ostrheinischen Theile des Regierungsbezirks Coblenz.
1057	9. Nov.	Gleichzeitige Beschäftigung der Auscultatoren und Referendarien beim Justiz-Senat und Landgericht zu Coblenz.
1058	10. Nov.	Befugniß der Ministerien zur Aufhebung der Verordnungen der vormaligen General-Gouvernements.
1059	11. Nov.	Beachtung des Pensionsreglements vom 30. April 1825.
1060	12. Nov.	Wegen der Gehaltsabzüge bei Beurlaubungen.
1061	12. Nov.	Den Gerichten steht die Entscheidung über den Verlust der Kammerherren-Würde nicht zu.
1062	13. Nov.	Abschaffung der Lattenstrafe beim Militair.
1063	17. Nov.	Befugniß der Ministerien zur Aufhebung der Verordnungen der vormaligen General-Gouvernements.
1064	23. Nov.	Expeditionsgebühren der Gerichtsschreiber bei den Polizeigerichten von den Contumacialurtheilen.
1065	25. Nov.	Verfahren bei Requisitionen der altländischen Gerichte an die rheinischen Justizbehörden.
1066	28. Nov.	In den Erkenntnissen wegen Ausstoßung aus dem Soldatenstande ist der Truppentheil, wozu der Verurtheilte gehört, anzuführen.
1067	2. Dec.	Beschlagnahme des Gehalts der Justizbeamten, Behufs des Beitritts zur allgemeinen Wittwencasse.
1068	4. Dec.	Declaration der §§. 199 und 200. Tit. 20.

No.	1832	
		Th. II. des Allgemeinen Landrechts, die Bestrafung des Verbrechens der beleidigten Majestät.
1069	5. Dec.	Requisitionen altländischer Gerichte wegen Einziehung der Kostenvorschüsse von Bewohnern der Rheinprovinz.
1070	21. Dec.	Wegen der Gehaltsabzüge bei Beurlaubungen.
1071	22. Dec.	Mittheilung der Urtheilssprüche, welche gegen die auf Seereisen begriffenen Schiffsleute abgefaßt werden, an die Ersatz- und Landwehrbehörden.
1072	30. Dec.	Die Vorschrift des §. 5 der Kabinetsordre vom 14. Sept. 1831 wegen Eintreibung der Forststrafgelder bezieht sich blos auf die Gemeindevorsteher.
	1833	
1073	13. Jan.	Vereinigung der Bürgermeistereien Freudenburg und Meurich mit dem Friedensgericht Saarburg.
1074	16. Jan.	Mit Wiederverleihung der Nationalkokarde ist immer die Zurückgabe der Kriegsdenkmünze verbunden.
1075	17. Jan.	Gültigkeit der Edicte vom 20. Oct. 1798. und 6. Jan. 1816. wegen der geheimen Verbindungen in der Rheinprovinz.
1076	18. Jan.	Veränderungen in den Bezirken der Untersuchungsämter zu Simmern, Aachen und Malmedy.
1077	26. Jan.	Sorgfältige Führung der Untersuchungen gegen die wegen politischer Umtriebe eingezogenen Individuen.
1078	26. Jan.	Verhältnisse der Verwaltungs- und Justizbehörden bei Gegenständen der Staatspolizei.
1079	28. Jan.	Auslieferung der Verbrecher in Bezug auf das Königreich der Niederlande.
1080	1. Febr.	Beschäftigung der Auscultatoren und Referendarien bei der Justizabtheilung der fürstlich Wiedschen Regierung. — Forum der in der Wiedschen Standesherrschaft wohnenden Advocaten.

No.	1833	
1081	2. Febr.	Aufhebung der General-Gouvernements-Verordnung v. 20. Sept. 1814, wider die Anreizung der Fabrikarbeiter zum Auswandern, Exportation von Fabrikmaschinen und Offenbarung der Fabrikgeheimnisse.
1082	4. Febr.	Gültigkeit der, Tit. 20. Th. II. des Allgemeinen Landrechts enthaltenen Strafbestimmungen gegen Verbrechen wider den Staat in der Rheinprovinz.
1083	9. Febr.	Unmittelbare Correspondence der rheinischen Justizbehörden mit dem königlichen Ministerium der auswärtigen Angelegenheiten bei Insinuationen und Requisitionen nach dem Ausland.
1084	15. Febr.	Abfassung der Assisenprotocolle.
1085	22. Febr.	Herausgabe der Protocolle über die von Gerichtsschreibern und Gerichtsvollziehern abgehaltenen freiwilligen Mobiliar-Auctionen.
1086	22. Febr.	Beachtung der im Art. 78, 79, 88 und 89 des Decrets vom 6. Juli 1810 vorgeschriebenen Fristen über den Anfang der Assisensitzungen, Ernennung der Assisenpräsidenten u. s. w.
1087	22. Febr.	Verminderung der Criminalkosten. Contumacial-Urtheile in Polizeisachen; Signification der contradictorischen Urtheile; Appellationen, Verweisungsordonnanz.
1088	25. Febr.	Beweiskraft der Angaben der interimistisch angestellten Forstschutzbeamten (§. 19 des Gesetzes vom 7. Juni 1821).
1089	1. März	Bestimmung wegen der Hülfsschreiber auf den Parketten der Ober-Procuratoren.
1090	1. März	Einstellung der alljährlichen Eidesleistung der Advocaten.
1091	1. März	Niedersetzung einer Prüfungs-Commission für das dritte Examen in Cöln.
1092	11. März	Modification der Verfügung vom 5. April 1824 wegen Besetzung der Secretarien- und Actuarienstellen bei den Justizämtern mit Referendarien und Auscultatoren.

No.	1833	
1093	15. März	Verfahren wider Winkelconsulenten.
1094	15. März	Ueber die Lethalität der Wunden.
1095	18. März	Die in Gemäßheit der Allerhöchsten Kabinetsordre vom 6 März 1821 zu verfolgenden Verbrechen und Vergehen gegen den Staat.
1096	22. März	Verfahren bei der Legalisation von Urkunden.
1097	29. März	Einziehung und Verrechnung der Geldstrafen in den standesherrlichen Gebieten.
1098	30. März	Secretariats-Registratur- und Kanzleiordnung des Justiz-Senats zu Coblenz.
1099	17. April	Personalarrest in Handelssachen in den zum Jurisdictionsbezirk des Appellationshofes gehörigen, auf dem rechten Rheinufer gelegenen Landestheilen.
1100	23. April	Bestrafung derjenigen, welche geistliche Functionen sich anmaßen.
1101	26. April	Remunerirung der Friedensrichter für die Aburtelung in Holzdiebstahls- und Forstfrevelsachen.
1102	10. Mai	Aufhebung des Art. 163 der Gouvernements-Verordnung vom 30. Juli 1814 wegen Umwandlung der Geldbußen in Gefängnißstrafe bei Forstfrevel auf dem rechten Moselufer.
1103	17. Mai	Feststellung der Complicität in Forstfrevelsachen.
1104	6. Juni	Verhältnisse der Medizinalpersonen bei Selbstdispensiren von Arzneien.
1105	7. Juni	Berechnung der Strafzeit, wenn Cassation nachgesucht ist.
1106	10. Juni	Instruction das Amt der Gerichtsvollzieher und deren Gebühren betreffend.
1107	16. Juni	Authorisation zur Einleitung einer gerichtlichen Untersuchung gegen Verwaltungsbeamten.
1108	21. Juni	Verweigerung der Auszüge aus den Civilstandesregistern für ausgetretene Militairpflichtigen.
1109	23. Juni	Die Ausübung der Fischerei in den Landestheilen auf dem linken Rheinufer.

No.	1833	
1110	27. Juni	Ueber die Verpflichtung des öffentlichen Ministeriums, auch die Unschuld des Beklagten zu berücksichtigen.
1111	1. Juli	Ueber das Forum in Desertions- und Confiscationsprocessen.
1112	9. Juli	Die Kosten, welche bei den Civiljustizbehörden durch Erledigung der von Militairjustizbehörden ergangenen Requisitionen entstehen, werden von dem Criminalfonds der Civiljustiz getragen, und umgekehrt.
1113	11. Juli	Glaubwürdigkeit der von den Lazareth-Administrationen auszustellenden Todtenscheinen.
1114	23. Juli	Versiegelung der Handelsbücher wegen Verdachts einer Defraudation.
1115	26. Juli	Form der Zeugenvernehmungen.
1116	28. Juli	Beschleunigung der Einsendung der Verhandlungen über die Referendariats-Prüfungen.
1117	29. Juli	Ueberweisung eines Excesses zwischen Civil- und Militairpersonen an die Generalcommandos zur Anordnung einer gemischten Commission.
1118	5. Aug.	Modification der Bergischen Gouvernements-Verordnung vom 6. Sept. 1814, die Abschließung der Ehen betreffend.
1119	7. Aug.	Aufnahme der friedensgerichtlichen Verhandlungen in französischer Sprache beim Friedensgericht zu Malmedy.
1120	7. Aug.	Wegen der Winkelconsulenten.
1121	12. Aug.	Dispensation von der gesetzlichen Trauerzeit.
1122	30. Aug.	Bestreitung der einer zum Armenrecht zugelassenen Parthei zur Last fallenden baaren Auslagen.
1123	20. Sept.	Verfahren beim Anklage-Senat des Appellationshofes.
1124	20. Sept.	Declaration des bei remittirten Begnadigungsgesuchen gebrauchten Ausdrucks „erschwerende Umstände.“

No.	1833	
1125	20. Sept.	Wegen Bestreitung der Reperaturen der Gerichtslocalien.
1126	23. Sept.	Verfahren bei der dritten Prüfung vor der Immediat-Justiz-Examinations-Commission.
1127	27. Sept.	Die Schlußformel bei Eiden der Katholiken im ostrheinischen Theile des Regierungsbezirks zu Coblenz.
1128	28. Sept.	Publication der Erkenntnisse in den von der Oeffentlichkeit ausgeschlossenen Untersuchungen.
1129	28. Sept.	Auslegung des §. 98. Tit. 35. Th. I. der Allgemeinen Gerichtsordnung, die bei fiscalischen Untersuchungen competente Dienstbehörde.
1130	20. Oct.	Die Reisekosten der bei den Friedensgerichten fungirenden Gerichtsvollzieher fallen weg. — Gebühren für Zustellung der Acten von Anwald zu Anwald — Aufrufungsgebühren.
1131	22. Oct.	Anweisung zur Ausführung der Instruction vom 10. Juni 1833, das Amt der Gerichtsvollzieher und deren Gebühren betreffend.
1132	1. Nov.	Trennung der Untersuchungen, wenn dasselbe Individuum zweier Verbrechen oder Vergehen beschuldigt wird, wovon das eine nach rheinischen, das andere nach preußischen Gesetzen zu verfolgen ist.
1133	4. Nov.	Gebühren der Gerichtsvollzieher als sauf gardien — für Empfangnahme des beizutreibenden Geldes — für Protestacte.
1134	13. Nov.	Die Oberprocuratoren und Instructionsrichter müssen das Verfahren bei Obductionen selbst leiten.
1135	15. Nov.	Die Landgerichtspräsidenten und Oberprocuratoren senden die Vorschläge wegen der jährlichen Bildung der Kammern unmittelbar an das Justiz-Ministerium.
1136	15. Nov.	Beim freiwilligen Eingeständniß des Angeschuldigten tritt keine Schärfung der Strafe ein.

No.	1833	
1137	26. Nov.	Vollstreckung der Executionen gegen Militairpersonen in Kasernen und andern ähnlichen Dienstgebäuden.
1138	11. Dec.	Bestrafung derjenigen Handlungen, wodurch die gerichtliche Pfändung beweglicher Sachen in der Rheinprovinz vereitelt wird.
1139	13. Dec.	Die Audienzgerichtsvollzieher betreffend.
1140	13. Dec.	Anwendbarkeit des Gesetzes v. 6. Frimaire VII. bei Bestrafung der Fährpächter.
1141	22. Dec.	Wegen Abfassung der Urteln in den nach der preußischen Criminalordnung zu verhandelnden Criminalsachen und der Ministerialbestätigung derselben.
1142	31. Dec.	Abänderung des im Art. 351 der rheinischen Criminal-Proceßordnung vorgeschriebenen Verfahrens, die Entscheidung der Geschwornen betreffend.

Nachtrag.

Verordnungen, welche die Rechts- und Gerichtsverfassung der zum ehemaligen Großherzogthum Frankfurt gehörig gewesenen Stadt Wetzlar nebst Gebiet betreffen.

---

1. Besitznahme-Patent der großherzoglich frankfurtischen Lande durch die verbündeten Mächte.

Sr. kaiserl. königl apostolischen Majestät General-feldmarschall-Lieutenant und Inhaber eines Infanterieregiments, Großkreuz des königl. preußischen rothen Adler- und des hessischen Löwenordens, Ritter des kaiserl. österreichischen Theresien- und des kaiserl. russischen St. Georgen-Ordens, General-Gouverneur des Großherzogthums Frankfurt und des Fürstenthums Isenburg.

Nachdem die verbündeten Mächte das Großherzogthum Frankfurt und die fürstlich isenburgischen Lande in militairischen Besitz genommen, und mich als General-Gouverneur beider Staaten aufgestellt haben, so eile ich, diese Maaßregel zur öffentlichen Kenntniß zu bringen.

Alle obrigkeitliche Personen und Staatsbeamte beider Länder werden provisorisch beibehalten, und in ihren öffentlichen Functionen bestätiget. Den Freiherrn von Albini Excellenz bestimme ich zum Vorsitz in dem Ministerialconseil des Großherzogthums Frankfurt.

Sämmtliche Behörden werden die Verwaltung unter meiner Oberleitung fortführen, und mir für die pünktliche Befolgung aller jener Anordnungen, die ich zu treffen für nöthig finden werde, verantwortlich gemacht.

Ich zweifle nicht, daß sie durch treue Erfüllung ihrer Pflichten stets des Zutrauens der hohen verbündeten Mächte würdig bleiben, zur Erhaltung öffentlicher Ordnung und zum gemeinen Besten nach Kräften mitwirken, und dadurch zu Erreichung der auf die Befreiung Deutschlands und Begründung dessen Wohlfahrt gerichteten Absichten beizutragen trachten werden. Frankfurt, am 6. November 1813.

Philipp, Prinz zu Hessen-Homburg.

2. Oberaufsicht des General-Gouvernements über sämmtliche Civil- und Militairbehörden.

Sr. kaiserl. königl. apostolischen Majestät General-Feldmarschall-Lieutenant ꝛc. ꝛc.

Da die Civil- und Militair-Polizeistellen der großherzoglich frankfurtischen und fürstlich isenburgischen Staaten meinem Obergubernio untergeordnet sind; so werden selbe angewiesen, in allen von ihrem Wirkungskreise abhängenden Geschäften von mir Weisung einzuholen, alle öffentliche Kundmachungen und Zeitungsredactionen jedesmal der von mir anzuordnenden Censur zu unterlegen, und nichts zum Druck zu befördern, ehe und bevor es nicht meine Beistimmung erhalten hat. Frankfurt, am 6. November 1813.

Philipp, Prinz zu Hessen-Homburg.

3. Aufhebung des Enregistrements.

Sr. kaiserl. königl. apostolischen Majestät General-Feldmarschall-Lieutenant ꝛc.

Da das durch die Verordnung vom 14. Januar 1811 in dem Großherzogthum Frankfurt eingeführte französische Institut der Enregistrirung auf deutsche Sitten und Gebräuche nicht passend ist, — da überdies durch die in dem deutschen Geschäftsgange vorgeschriebene genaue Protocollirung der Rechtsgeschäfte und durch die Proceßordnung des Großherzogthums die Sicherung des Eigenthums und der Verträge ohnehin erreicht wird; so ist verordnet:

1) Das in dem Großherzogthum Frankfurt eingeführte Institut der Enregistrirung und die damit verbundenen Abgaben sind mit dem Ende des laufenden Jahres, also mit dem 1. Januar 1814, nebst allen dahin sich beziehenden seitherigen Verordnungen aufgehoben.

2) Bis zum 1. Jannar 1814 bleibt jedoch das Gesetz über die Enregistrirung noch in Kraft, und die dahin sich beziehenden Abgaben müssen noch fort entrichtet werden.

3) Mit dem Jahre 1814 sollen die, seit Einführung des Enregistrirungsgesetzes, in Beziehung auf die Rechtsgeschäfte und Verträge aufgehobenen älteren Abgaben wieder erhoben werden.

4) Die durch die Aufhebung der Enregistrirung nöthig werdenden ferneren Verfügungen werden bis zum Schlusse des laufenden Jahres nachfolgen.

5) Gegenwärtige Verordnnng soll auf die gewöhnliche Art öffentlich bekannt gemacht, und zum Drucke befördert werden. Frankfurt, am 9. December 1813.

Philipp, Prinz zu Hessen-Homburg.

4. Aufhebung der Enregistrirung und des damit in Verbindung stehenden Stempels.

Sr. kaiserl. königl. apostolischen Majestät General-Feldmarschall-Lieutenant ꝛc.

In Beziehung auf die Verordnung vom 9. December d. J., welche die Aufhebung des bisher im Großherzogthum Frankfurt bestandenen Enregistrirungs-Instituts, so wie der damit in Verbindung stehenden Abgaben, worunter die des Stempels insonderheit begriffen sind, befiehlt;

und in Betracht, daß es erforderlich ist, dem hierdurch in dem Finanz-Etat entstehenden Ausfall auf eine der Verfassung, so wie den individuellen Verhältnissen anpassende Art, diejenige theilweise Deckung zu verschaffen, welche den zukünftigen Bedürfnissen angemessen ist;

in fernerer Erwägung, daß diese Deckung durch die möglichste Herstellung derjenigen Intraden am füglichsten zu bewerkstelligen ist, welche nach Einführung der Enregistrements- und Stempelverwaltung als aufgehoben erklärt worden;

verordnet andurch:

Art. 1. Die Stempelgebühren sollen in dem Umfange des Gebiets von Frankfurt und Wetzlar, sodann der Departements Aschaffenburg und Fuld, mit dem Anfang des Jahres 1814, nach denjenigen Normen wieder erhoben werden, wie solche vor Einführung des Enregistrirungs- und Stempelgesetzes vom 14. Jannar 1811 in den verschiedenen Theilen des Großherzogthums bestanden haben. Namentlich werden hierin für Frankfurt die Rathsverordnungen vom 2. September 1690 und 28. August 1804 als maaßgebend erklärt.

Art. 2. Die Währschafts- und Ausrufgebühren treten in dem Gebiet von Frankfurt, vom 1. Januar 1814 an, nach denjenigen Bestimmungen wieder in Wirksamkeit, welche in Betreff des ersten Gegenstandes in den Rathsbeschlüssen vom 3. Februar und 28. April 1801, und in Betreff des zweiten Gegenstandes in der Verordnung vom 22. September 1801 enthalten sind, jedoch mit der Modification, daß bei den Währschaften, statt 20 Xr. pro hundert Gulden, künftig ein Gulden erhoben werden soll.

Art. 3. Die Gerichtstaxen, Sporteln und Siegelgebühren werden sowohl in Frankfurt und Wetzlar, als in den beiden Departements Aschaffenburg und Fuld, nach den vor Einführung des Enregistrements bestandenen Rollen, jedoch mit der Abänderung erhoben, daß:

a) bei den Posten, wo die alte Gerichtstaxordnung geringer

ist, als die neue vom 19. December 1812, letztere angenommen werden soll, und daß

b) wo in der alten Proceßordnung jene Gebühren nicht vorkommen, welche in der neuen enthalten sind, die Taxen nach der neuen Rolle zu erheben sind.

Art. 4. Die Verwaltung, Verrechnung und Einnahme der Stempel- und Ausrufgebühren zu Frankfurt soll dem ehemaligen Recheneiamt, und die Währschaftsgebühren dem Insatzbuchführer anvertraut werden; beide Stellen haben in dieser Hinsicht die vormals bestandenen Instructionen zur Richtschnur anzunehmen.

Art. 5. Für die Verwaltung und Verrechnung der Stempelintraden in den Departements Aschaffenburg und Fuld, so wie in der Stadt Wetzlar, werden für jedes ein Verwalter, ein Controlleur und ein Stempler angeordnet, wovon dem ersten die Anschaffung und Administration des Materials, dem zweiten der Debit und die Verrechnung der Gelder, dem dritten die Stempelung, jedoch unter Aufsicht des Verwalters anzuvertrauen sein wird.

Art. 6. Was den Rechnungsschluß sämmtlicher mit der Einnahme und Verrechnung der Enregistrements- und Stempelintraden bisher beauftragten Beamten betrifft, so wird darüber besondere Weisung erfolgen.

Art. 7. Gegenwärtige Verordnung soll in das Regierungs- und in die Intelligenzblätter von Frankfurt, Aschaffenburg und Fuld eingerückt werden.

Frankfurt, am 29. December 1813.

Philipp, Prinz zu Hessen-Homburg.

5. Geschäfts-Ordnung in Polizei-, Zucht- und Criminalsachen.

Auszug
des General-Gouvernements-Protocolls des Großherzogthums Frankfurt de 8. Januar 1814.

Bericht der Unterpräfectur zu Wetzlar vom 1. dieses, die neue Geschäftsordnung in Polizeiangelegenheiten, auch in Zucht- und Criminalsachen daselbst u. s. w.

Beschluß.

1) Es wird der Polizeikommissair von Bostel angewiesen, künftighin die Berichte in Zucht- und Criminal-Polizei-Angelegenheiten an das Gericht erster Instanz zu Wetzlar, in den zu der administrativen Polizei gehörigen Sachen aber an die Unterpräfectur zu Wetzlar zu erstatten und von da Erledigung zu gewärtigen, wobei ihm jedoch unbenommen

bleibt, in Ansehung der wichtigeren zur oberen Polizei gehörigen Gegenstände, Berichte an den zu Besorgung der obern Polizei als Direktor ernannten kaiserl. königl. Herrn Rath Göhhausen dahier zu erlassen.

2) Ist Auszug des Protocolls an das Gericht erster Instanz zu Wetzlar mit dem Auftrage zu fertigen, in Zucht- und Criminal-Polizei-Angelegenheiten das Geeignete, vorbehaltlich des Recurses an hiesiges Gouvernement, zu erkennen.

3) Wird die Unterpräfectur zu Wetzlar angewiesen, in den zu der administrativen Polizei gehörigen Gegenständen das Geeignete auf Bericht des Polizeikommissär zu verfügen.

Zur Beglaubigung Böhmer,
Chef der zweiten Section.

6. Abschaffung der französischen Gesetzgebung.

Von wegen des von den hohen verbündeten Mächten angeordneten General-Gouvernements des Großherzogthums Frankfurt.

Nachdem, unter dem Beistand der Alles leitenden Vorsehung, Deutschlands Unabhängigkeit und Freiheit wieder erkämpft worden ist; so fordert das allgemeine Nationalinteresse, daß deutsche Gesetze und Gewohnheiten, deren wohlthätiger Einfluß erprobt ist, an die Stelle eines fremden Gesetzbuchs treten, welches weder dem Volkscharakter, der Denkungsart, den Sitten und der Moralität der Nation entspricht, noch der Staatsverfassung angemessen ist, über dessen Güte, Vorzüge und Dauer, selbst in dem französischen Reiche, eine längere Erfahrung den Ausspruch noch nicht gethan hatte, das auch eben deßwegen nur in wenigen andern deutschen Staaten, und selbst in keinem derselben unbedingt und ohne wesentliche Abänderung und Vorbehalte, eingeführt war, und dessen Beibehaltung Deutschlands Unterwürfigkeit unter fremde Oberherrschaft auf ewige Zeiten offenbar beurkunden und immer fester knüpfen würde.

Wenn gleich diese allgemein gewünschte Abänderung der Gesetzgebung und der Uebergang von den bestehenden französischen Gesetzen zu den ehemaligen deutschen Rechten in einzelnen Beziehungen hie und da noch nähere Bestimmungen erfordern wird; so darf doch dermalen die Vollziehung einer Maaßregel nicht länger ausgesetzt bleiben, welche für die deutsche Nationalehre und Selbstständigkeit sowohl, als insbesondere für die Gesammtheit der dem großherzoglich frankfurtischen General-Gouvernement anvertrauten Landestheile von hoher Wichtigkeit ist.

Das für die großherzoglich frankfurtischen Lande von den Allerhöchst verbündeten Mächten angeordnete General-Gouvernement verordnet daher Folgendes:

1) Der Code Napoléon, der französische Code pénal und die das Verfahren in bürgerlichen und peinlichen Rechtssachen bestimmende, seit dem 1. Januar 1813 eingeführte Proceßordnung, sammt allen in Beziehung auf die französische Gesetzgebung seit ihrer Einführung erschienenen und damit zusammenhängenden Verordnungen, Vorschriften und Decreten sind mit dem 1. Februar dieses Jahres in den großherzoglich frankfurtischen Landen und Gebietstheilen außer Kraft, Gültigkeit und Wirkung gesetzt.

2) Von diesem benannten Zeitpunkte an erhalten die ehemaligen, vor Einführung des Code Napoléon, in jedem einzelnen Landestheile in Gültigkeit und Gebrauch gewesenen eigenen älteren Rechte, Verordnungen, Vorschriften, Gewohnheiten und Verfahrungsnormen wiederum ihre vorige verbindliche Kraft und Gültigkeit.

3) Da kein Gesetz eine rückwirkende Kraft haben darf; also sind auch alle während der Zeit, wo die nun abgeschafften französischen Rechte Gesetzeskraft gehabt haben, bereits erworbene Rechte, rechtmäßig ergangene Entscheidungen und Urtheile, so wie alle Contrakte, Uebereinkünfte, Testamente, Hypotheken, sammt allen andern Gattungen öffentlicher und Privatgeschäfte darnach zu bemessen, und rücksichtlich ihrer Verbindlichkeit zu beurtheilen.

4) Die seit dem 1. Januar 1813 bis den 1. Februar 1814 anhängig gewordenen Klagsachen sind nach der Vorschrift der bisherigen Proceßordnung bis zum Endurtheile zu behandeln; jedoch mit Ausnahme dessen, was auf die französischen Formen Beziehung hat, nämlich der Vorladung der Partheien zur Anhörung des Actenauszugs und der Einwirkung des staatsprocuratorischen Amtes.

5) Die Beurkundung des bürgerlichen Rechtszustandes, welche seit 1811 den Polizeibehörden und Ortsvorständen, unter der Aufsicht der betreffenden Gerichte erster Instanz, übertragen war, ist künftig, wenn nicht früher schon eigene Kirchenbuchführer bestanden haben, den Seelsorgern wieder überlassen, welche dieselbe, wie vorhin, durch gut eingerichtete Kirchenbücher zu bewerkstelligen haben.

Die seit dem 1. Januar 1811 geführten Civilstandsregister, wovon die Duplicate stets an die Gerichte erster Instanz abgeliefert wurden, sollen von den Civilstandsbeamten auch für den Monat Januar d. J. annoch dahin eingesendet, ihre eigenen Register aber auf das Gemeindehaus verwahrlich niedergelegt werden.

6) Sämmtliche Stellen und Justizbehörden haben sich nach dieser Verordnung zu bemessen, und in vorkommenden Zweifeln, Anständen, oder etwa nöthig werdenden weiteren Verfügungen an das angeordnete General-Gouvernement Bericht zu erstatten, Frankfurt, am 16. Januar 1814.

Fürst und General-Gouverneur Reuß XIII.

7. Volljährigkeits-Erklärung.

Höchste Verordnung vom 28. Februar 1814.

Von Seiten des Gouvernements des Großherzogthums Frankfurt wird auf erfolgte Anfrage: ob diejenigen, welche das 21ste Jahr vor Ausgang des Monats Januar beschritten, nach den vorhin bestandenen französischen Gesetzen als volljährig anzusehen oder nach älteren Gesetzen zu beurtheilen seyen, hierdurch verfügt, daß zwar

1) alle diejenigen, welche die Verwaltung ihres Vermögens wirklich angetreten, und auf eigene Rechnung Geschäfte geführt haben, forthin als volljährig zu betrachten und ihnen alle desfallsige Rechte zuständig seyen; daß dahingegen aber

2) allen denjenigen, welche in dem väterlichen Hause, ohne eignen Hausstand, geblieben, die Rechte der Großjährigkeit vor erlangtem 25sten Jahre nicht zustehen sollen, sondern forthin nach älteren Gesetzen zu beurtheilen seyen. Sollten jedoch

3) derlei Personen bereits verbindliche Contracte eingegangen haben, so sind solche zwar allerdings zu Recht beständig, jedoch unter der Beschränkung, daß unter Strafe der Nichtigkeit sothane Contracte binnen 6 Wochen von dem Tage der Verkündigung dieses an, entweder erweißlicher Maßen bei Gericht angezeigt oder den Eltern des Contrahenten vorgelegt und zur Kenntniß gebracht werden, welch letzteren sonach überlassen bleibt, ihre Nothdurft insofern zu wahren, als sie sich dadurch gekränkt erachten werden.

Zur Beglaubigung Böhmer,
Chef der zweiten Section.

8. Anordnung eines Consistoriums und Ehegerichts.

Durch verehrlichen Beschluß des hohen General-Gouvernements vom 2ten d. M. ist in Erwägung, daß, nach geschehener Trennung der Stadt Frankfurt von dem Großherzogthum die Anordnung eines eigenen Consistoriums und Ehegerichts für den Evangelischen Theil der hiesigen Bürgerschaft erforderlich war, die Herstellung desselben provisorisch nach Maaßgabe der höchsten Verordnung vom 29. November 1803 verfüget; und sind hiezu außer dem Unterzeichneten die beiden Evangelisch-lutherischen Prediger, Herr Consistorialrath Follenius und Herr Pfarrer Blum, die beiden ältesten Herren Municipalräthe Daniel Bepler und Andreas Hert, imgleichen als Actuar Herr Consyndikus Büßer gnädigst berufen worden. Welches andurch zur allgemeinen Kenntniß gebracht wird. Wetzlar, den 6. April 1814.

Directorialrath Münch.

9. Bestimmung der Appellationsinstanz gegen die vom Stadtgerichte gefällten Urtheile.

Auszug des General-Gouvernements-Protocolls des Großherzogthums Frankfurt und des Fürstenthums Isenburg d. d. Frankfurt den 23. April 1814.

Bittschrift des N. N. zu Wetzlar, um Bestimmung der Appellations-Instanz zur Fortsetznng der gegen ein vom dasigen Stadtgerichte gefälltes Urtheil eingelegten Berufung.

Beschluß.

Es wird dem Appellationsgericht zu Frankfurt provisorisch der Auftrag ertheilt, in zweiter Instanz in allen durch Berufung von Erkenntnissen des Stadtgerichts zu Wetzlar an eine höhere Instanz zu bringenden Rechtsfällen zu erkennen und wird hievon dem Gericht erster Ihstanz zu Wetzlar zu Verbescheidung der Parthien, sodann dem Appellationsgerichte per extractum protocolli Nachricht ertheilt.

Zur Beglaubigung Böhmer,

Chef der zweiten Section.

10. Competenz in Appellations-Sachen von zu Wetzlar ergangenen Urtheilen.

Auszug des General-Gouvernements-Protocolls des Großherzogthums Frankfurt d. d. Frankfurt den 10. Juli 1815.

Note des Schöffen-Appellationsgerichts dahier von dem 7ten dieses, die fernere Competenz in Appellations-Sachen von zu Wetzlar ergangenen Urtheilen, in specie die in Sachen des Landkrankenhauses wider den Juden Mayer Hirsch Epstein mittelst Decrets von dem 3. Juni angeordnete, dritte Instanz betr.

Beschluß.

Es wird dem Stadtgericht zu Wetzlar andurch eröffnet, daß, nachdem das vorhin dahier provisorisch bestandene Appellationsgericht aufgelöset, somit aber das gegenwärtig bestehende Schöffen-Appellationsgericht in keinerlei nexu mit dem General-Gouvernement ist, die vorhin demselben zukommende

Gerichtsbarkeit in der Appellations-Instanz, so viel die Stadt Wetzlar betrifft, gänzlich erloschen und die Einleitung dahin getroffen worden sey, damit sämmtliche acta, welche durch den Weg der Berufung von dem Stadtgericht zu Wetzlar anhero gelanget sind, remittiret werden.

Gleichwie nun unter solchen auch acta in Sachen des Landkrankenhauses zu Fulda wider den Juden Mayer Hirsch Epstein, zwei verkaufte Stiftungsgüter betreffend, begriffen sind, so wird verordnet, daß die ferneren Verhandlungen in dieser Berufungssache zwar forthin bei dem Stadtgerichte zu Wetzlar eingereichet, jedoch acta instructa causa inrotuliret und entweder an das sonach bestehende höhere Gericht zur Entscheidung eingesendet, oder aber, falls hieran noch ein Mangel erscheinen würde, zum Spruch Rechtens an eine auswärtige von denen Parthien nicht ausgenommene Rechtsfacultät versendet werden sollen.

Dem Stadtgericht zu Wetzlar wird dahero aufgegeben, die vorhin angestellt gewesenen Anwälde von dieser Verfügung zu benachrichtigen, unter dem Anfügen jedoch, daß extractus protocolli an das Departementsgericht zu Fulda gefertiget werde, mit dem Auftrag, beiden Theilen von dem Inhalt Kenntniß zu geben.

Demnächst wird dem Stadtgericht aufgetragen, in allen noch unentschiedenen Appellationssachen, davon die verhandelten Acten demselbigen remittiret werden, oder in Ansehung nun erst eingelegt werdender Berufung auf gleiche Weise zu verfahren und die Partheien hiernach zu verbescheiden, übrigens aber bei etwa vorwaltendem Anstand besondern Bericht zu erstatten.

Zur Beglaubigung Böhmer,
Chef der zweiten Section.

11. Preußische Besitznahme der Stadt und des Gebiets Wetzlar.

Nachdem die Stadt Wetzlar vermöge Uebereinkunft der hohen verbündeten Mächte d. d. Wien den 9ten des vorigen Monats, mit ihrem Gebiet an Se. Königl. Majestät von Preußen übergehet und Vollmacht zur Uebergabe dem Herrn Gouvernementsrath Böhmer unter dem heutigen von mir ertheilt worden ist, so werden nach erfolgtem Vollzug dieses Auftrags, sämmtliche sowohl geistliche als weltliche Staatsdiener, Bürger und Angehörige der Stadt Wetzlar der bishero gegen das General-Gouvernement des Großherzogthums Frankfurt getragenen Dienst- und Unterthans-Pflichten feierlich entlassen und wird zugleich den sämmtlichen Staatsdienern für ihre während des Unterschriebenen Civil-Verwaltung des Großherzogthums geleistete eifervolle Dienste und bewährte Treue die verdiente Zufriedenheit öffentlich bezeuget.

Frankfurt, den 25. Juli 1815.

Johann Aloys Joseph Freiherr von Hügel,
Sr. k. k. österr. Majestät wirkl. geh. Rath ꝛc. ꝛc. ꝛc.

Durch die Uebereinkunft der auf dem Congreß zu Wien versammelt gewesenen Mächte ist die Stadt Wetzlar und deren Gebiet und Zubehör mit voller Oberherrlichkeit an Preußen überwiesen und daher von dem unterzeichneten dazu beauftragten Commissarius heute im Namen Sr. Königlichen Majestät von Preußen in Besitz genommen worden. Sämmtliche Einwohner der Stadt und des Gebiets von Wetzlar werden davon hierdurch in Kenntniß gesetzt und zugleich aufgefordert, ihrem neuen Landesherrn die schuldige Ergebenheit und Treue zu erweisen. Vorerst bleibt die bestehende Verfassung ungeändert, die Beamten behalten ihre Stellen und sämmtliche in obgedachtem Umkreise befindliche Behörden fahren in den ihnen angewiesenen Geschäftszweigen mit Besorgung der Verwaltungsangelegenheiten fort, jedoch mit dem Unterschiede, daß ihr bisheriges Verhältniß zu dem General-Gouvernement des ehemaligen Großherzogthums Frankfurt sowohl als zu andern Behörden desselben, nunmehr gänzlich aufhört und von jetzt an lediglich der Unterzeichnete die unmittelbare Aufsicht und Leitung der Verwaltung übernimmt.

Wetzlar, den 27. Juli 1815.

Königl. preuß. zur Besitznahme und Verwaltung von Wetzlar bevollmächtigter Commissarius
Sotzmann.

Publicandum
an sämmtliche Einwohner der Stadt und des Gebiets von Wetzlar.

12. Strafgewalt in Polizeisachen.

Das königliche Ministerium der Polizei hat sich bewogen gefunden rücksichtlich der Strafgewalt in Polizeisachen bis zur definitiven Organisation der hiesigen Verwaltung vorläufig folgende Bestimmung zu treffen:

1) Die hiesige Polizei-Commission erkennt künftighin in allen mit einem Criminalvergehen nicht verbundenen Uebertretungen der Polizeigesetze, ohne Rücksicht auf Gattung und Höhe der Strafe;

2) dem Verurtheilten steht jedoch frei

a) wenn die Strafe eine Geldbuße von fünf Thalern (nach hiesiger Währung 8 Fl. 45 Xr.) oder eine vierzehntägige Arrest- oder Arbeitsstrafe, oder endlich eine mäßige körperliche Züchtigung übersteigt, innerhalb zehn Tagen nach seiner Wahl entweder den Recurs an mich, und von da weiter an das Polizei-Ministerium zu nehmen oder gerichtliches Gehör und Verfahren vor seinem ordentlichen Gerichtsstande zu verlangen, in welchem letztern Falle die Sache den weitern Justiz- und Instanzenmäßigen Gang geht, oder

b) wenn die Strafe jene respective Höhe oder Dauer nicht übersteigt, die Berufung auf ein gerichtliches Verfahren mithin nicht zulässig ist, binnen drei Tagen den Recurs an mich und von da weiter an das Polizei-Ministerium zu nehmen.

Wird nach der Bestimmung sub a) gegen die Strafresolute der Polizei-Commission auf den Rechtsweg provoziret, so geht die Sache nach der bisherigen Einrichtung, wenn der Gegenstand die Summe von 75 Fl. nicht übersteigt, an das Stadtamt und im entgegengesetzten Fall an das Stadtgericht über. Wetzlar den 18. August 1815.

Königl. preuß. Regierungsrath und zur Verwaltung von Wetzlar bevollmächtigter Commissarius Sotzmann.

13. Die provisorische Justizverfassung von Wetzlar.

Der Justizminister stimmt dem königlichen Oberlandes-Gerichts-Präsidenten Herrn Sethe in der, in dem Berichte vom 13. d. M., betreffend die provisorische Justiz-Verfassung in Wetzlar, geäußerten Meinung völlig bei, daß während des jetzigen provisorischen Zustandes der Administration daselbst es nicht zweckmäßig sein würde, eine Reform in der Justiz-Verwaltung, welche hiernächst nicht bestehen könnte, zu veranlassen. Die Verfassung muß daher im Allgemeinen so, wie sie gegenwärtig ist, bis zur künftigen Organisation verbleiben. Dahingegen wird es genehmiget, daß der Revisionshof zu Coblenz, statt des jetzt nicht mehr fungirenden Appellationshofes zu Frankfurt, sowohl in civilibus als criminalibus die Appellations-Instanz bilde, die geringfügigen Recurse aber gegen die Detentions-Strafen bis zu drei Monaten dem Justizsenat zu Ehrenbreitstein überwiesen werden.

Der Herr Präsident wird autorisirt, den Regierungs-Rath Sotzmann hiervon in Kenntniß zu setzen, und solchergestalt jeder Stockung in den Justiz-Geschäften zu begegnen.

Berlin, den 23. November 1815. Der Justiz-Minister v. Kircheisen.

An
den königl. Ober-Landes-Gerichts-Präsidenten
Herrn Sethe zu Düsseldorf.

14. Die gegen Strafresolute der Rentmeisterei zu ergreifende Recurse.

Durch das Gesetz vom 26. October 1810 (großherzogl. frankfurtsches Regierungsblatt B. 1. Bl. 10.) ist den administrativen Stellen bei Defraudationen öffentlicher Gefälle und Contraventionen gegen Abgabengesetze die Befugniß zur Untersuchung und Entscheidung durch Strafresolute beigelegt, jedoch dabei verordnet, daß diejenigen, welche sich dadurch für beschwert erachten, an den Präfecten zu verweisen sind, der die Sache an den Präfecturrath zu bringen hat, von dessen Erkenntniß der weitere Recurs an den Staatsrath ergriffen werden kann. Hierbei behält es auch rücksichtlich der hiesigen Rentmeisterei sein Bewenden, was aber die weitere Berufung von den Strafresoluten derselben anbetrifft, so wird wegen Trennung der hiesigen Stadt von der Präfectur Frankfurt und der durch die preußische Besitznahme eingetretenen Veränderung hierdurch nach Analogie der in den älteren königlich preußischen Provinzen bestehenden Verfassung einstweilen festgesetzt:

daß es denjenigen, welche sich bei dem Resolut der Rentmeisterei in Contraventions- oder Defraudationssachen nicht beruhigen können, frei steht, binnen zehn Tagen nach Publication oder Insinuation des gedachten Resoluts bei dem Unterzeichneten um Milderung der Strafe nach zu suchen, oder auf gerichtliches Erkenntniß zu provoziren. In dem letzten Fall haben sie binnen dieser Frist nicht nur die Provocation bei der Rentmeisterei anzumelden, sondern auch die Gründe, aus welchen sie darauf antragen, bei derselben schriftlich auszuführen, damit die Rentmeisterei sodann den Antrag von ihrem Gutachten begleitet und die Acten an das hiesige Stadtgericht zur weiteren gerichtlichen Untersuchung und Entscheidung gelangen lassen kann.

Wetzlar, den 26. December 1815.

Königl. preuß. Regierungsrath und zur Verwaltung von Wetzlar bevollmächtigter Commissarius

Sotzmann.

15. Instanzenzug in den aus der Stadt und dem Gebiet Wetzlar und dem Amte Atzbach anhängigen Rechtssachen.

Um den Zweifeln zu begegnen, welche in verschiedenen Fällen über den Instanzenzug in den aus der Stadt und dem Gebiete Wetzlar, imgleichen dem Amte Atzbach rechtshängigen Sachen erregt worden sind, finden wir uns zu den nachfolgenden Bestimmungen, zu der General-Gouvernements-Verordnung von dem 9. November 1815 und dem Justizministerial-Rescripte vom 23sten desselben Monats, näher veranlaßt:

1) In den aus der Stadt und dem Gebiete Wetzlar rechtshängigen Sachen, in welchen das Stadtgericht daselbst in Erster Instanz erkannt hat, geht die Appellation an den königl. Justiz-Senat zu Ehrenbreitstein, und die Revision an das Plenum des königl. Revisionshofes zu Coblenz, vor welches ebenfalls die der Revision unterworfenen Sachen in dritter Instanz gehören, in welchen das Stadtamt in Erster und das Stadtgericht in Zweiter Instanz erkannt hat.

2) In Absicht des Instanzenzuges in den aus dem Amte Atzbach rechtshängigen Sachen tritt der königl. Justiz-Senat zu Ehrenbreitstein in die Stelle des herzogl. nassauischen Hofgerichtes zu Dillenburg und der königl. Revisionshof zu Coblenz in die des herzogl. nassauschen Ober-Appellations-Gerichtes zu Wiesbaden. In Untersuchungssachen aus diesem Amte üben beide Gerichtshöfe dieselbe Gerichtsbarkeit und Befugnisse wie in den übrigen vormals nassauschen Landestheilen, aus.

3) In Absicht der Competenz des königl. Revisionshofes zu Coblenz und des königl. Justiz-Senats zu Ehrenbreitstein in den aus der Stadt und dem Gebiete Wetzlar vorkommenden Untersuchungssachen bleibt die Justizministerial-Verordnung von dem 23. November 1815 aufrecht.

4) Der königl. Justiz-Senat zu Ehrenbreitstein übt in gleicher Art, wie in den übrigen vormals nassauschen Gebieten, auch in der Stadt und dem Gebiete Wetzlar, so wie auch in dem Amte Atzbach über die daselbst bestehenden Gerichtsstellen, die Aufsicht aus. Cöln, den 31. October 1817.

Königl. Immediat-Justiz-Commission.
Sethe.

Die vorstehende Verordnung wird dem königl. Revisionshofe zu Coblenz, dem Justiz-Senate zu Ehrenbreitstein, dem Stadtgerichte und Stadtamte zu Wetzlar und dem Stadt-Amte zu Atzbach abschriftlich zur Nachricht und Achtung mitgetheilt. Cöln, den 31. October 1817.

Königl. Immediat-Justiz-Commission.
Sethe.

16. Provisorische Vereinigung der zu Wetzlar bisher getrennten Gerichtsbarkeit.

Da wegen des erfolgten tödtlichen Hintritts des Herrn Stadtgerichts-Direktors Bissing die Ergänzung des Stadtgerichts zu Wetzlar dringend nöthig geworden, die dasige Gerichtsbarkeit dermals aber ohnehin unter zu viele Behörden getheilt und keine derselben gehörig beschäftiget ist, so wird provisorisch hierdurch verordnet:

1) Von dem Tage der Bekanntmachung dieses an geht die streitige Jurisdiction des Stadtamtes und des königl. Consistoriums zu Wetzlar an das königl. Stadtgericht daselbst über, welches demnach in allen diesen Sachen von Erster Instanz wegen zu erkennen hat.

2) Wegen derjenigen Gegenstände, welche bisher vor dem Stadtamte verhandelt wurden, soll die Instruction auch künftighin vor einem in turno zu bestellenden Commissarius des Stadtgerichtes gegen taxmäßige der königlichen Rentkasse zu verrechnende Gebühren summarisch und protocollarisch geschehen.

3) Die Hypothekenbewahrung wie auch die concurrente Ausübung der Voluntar-Jurisdiction bleibt noch zur Zeit dem bisher dafür angestellten Beamten überlassen.

4) Die Prüfung von Beschwerden gegen Verfügungen in Voluntar-Jurisdictionssachen wird zunächst dem Stadtgerichts-Collegio vorbehalten, dagegen geht

5) Die Appellation von allen Erkenntnissen des königlichen Stadtgerichtes mit einstweiliger Beibehaltung der Appellationssummen von 36 Rthlr. 15 Gr. — je nachdem der Streitgegenstand zur Competenz des Stadtamtes oder des Stadtgerichtes gehört haben würde, künftig unmittelbar an den Justiz-Senat zu Coblenz. Hiernach haben die betreffenden Justiz-Behörden und alle diejenigen, welche es angeht, sich genau zu achten. Cöln, den 9. April 1818.

Königl. Immediat-Justiz-Commission.
Sethe.

Die vorstehende Verordnung wird dem königlichen Revisionshofe zu Coblenz, dem königl. Justiz-Senate daselbst, dem Königl. Stadtgerichte zu Wetzlar und dem dasigen Consistorio abschriftlich zur Nachricht und Bemessung mitgetheilt.
Cöln, den 9. April 1818.

Königl. Immediat-Justiz-Commission.
Sethe.

17. Vereinigung der zu Wetzlar bisher getrennten Gerichtsbarkeit.

Die von der königlichen Immediat-Justiz-Commission nach dem Berichte vom 9ten c. getroffenen provisorischen Einrichtungen wegen Vereinigung der zu Wetzlar bisher getrennten Gerichtsbarkeit werden hierdurch genehmiget und hat dieselbe dahin zu sehen, daß darnach verfahren werde, ohne den prompten Justizgang zu hemmen.

Berlin, den 21. April 1818. Der Justiz-Minister

An v. Kircheisen.

die königliche Immediat-Justiz-Commission zu Cöln.

a.

In der mehr nicht als 4000 Seelen zählenden Stadt Wetzlar war die streitige Jurisdiction bisher unter drei Behörden getheilt, indem summarische und Bagatellsachen vor dem aus Einem Beamten, den Stadtschuldheissen Münch, bestehenden Stadtamte, — die Sponsalien- und Ehestreitigkeiten der Evangelischen Religionsverwandten vor dem für die administrativen kirchlichen Angelegenheiten niedergesetzten aus eben diesem Beamten und zwei Stadtpfarrern bestehenden Consistorio, — alle übrigen Rechtsstreite hingegen vor dem zuletzt auf drei rechtsgelehrte Mitglieder zusammengeschmolzenen Stadtgerichte collegialisch entschieden wurden. Am 29sten v. M. ist indeß der Stadtgerichts-Direktor Bissing mit Tode abgegangen. Da hiernach das Stadtgericht kein formirtes Collegium mehr bilden konnte; so haben wir, um keinen Geschäftsstillstand eintreten zu lassen, die stadtamtlichen Geschäfte mit denen des Stadtgerichts provisorisch vereinigt und den für die erstere bisher ausschließlich bestellt gewesenen Stadtschuldheissen Münch dem Stadtgerichte als jüngstes Mitglied einstweilen beigeordnet, dem Stadtgerichte zugleich auch zur vorbereitlichen Vereinfachung der Gerichtsverfassung die streitigen Ehesachen, welche bisher vor dem eigentlich nur für administrative kirchliche Gegenstände bestehenden Consistorium verhandelt wurden, hingewiesen.

Ew. Excellenz halten wir uns verpflichtet, von dieser provisorisch getroffenen Anordnung die ganz gehorsamste Anzeige abzustatten. Cöln, den 9. April 1818.

Die Immediat-Justiz-Commission.

An Sethe.

den königl. wirklichen Geheimen Staats- und Justizminister Herrn v. Kircheisen Excellenz.

Berichtigung.

Die Verordnung No. 149. (Bd. I. S. 229 ist nicht vom 9. September 1815, sondern vom 9. November 1815.

Die Verordnung No. 370. (Bd. II. S. 40) ist nicht vom 17. Juni 1820, sondern vom 17. Juli 1820.

Berlin, gedruckt bei C. Feister.

www.ingramcontent.com/pod-product-compliance
Lightning Source LLC
LaVergne TN
LVHW092113300926
849161LV00002B/124
* 9 7 8 3 1 1 2 6 6 6 4 9 4 *